ानन्द साहित्य

द्वितीय खंड

अद्वैत आश्रम
(प्रकाशन विभाग)
५ डिही एण्टाली रोड • कोलकाता ७०००१४

प्रकाशक
स्वामी शुद्धिदानन्द
अध्यक्ष, अद्वैत आश्रम
मायावती, चम्पावत, उत्तराखण्ड, भारत
कोलकाता स्थित प्रकाशन केन्द्र द्वारा प्रकाशित
Email: mail@advaitaashrama.org
Website: www.advaitaashrama.org

प्रथम संस्करण, १९६३
तेरहवाँ पुनर्मुद्रण, अगस्त २०२१
2M2C

ISBN 978-81-7505-155-3 (अजिल्द सेट)
ISBN 978-81-7505-157-7 (अजिल्द खड २)
ISBN 978-81-7505-166-9 (सजिल्द सेट)
ISBN 978-81-7505-168-3 (सजिल्द खड २)

मुद्रक
ट्रायो प्रोसेस
कोलकाता ७०० ०१४

विषय-सूची

शिकागो में, सितम्बर १८९३

ज्ञानयोग

मनुष्य का यथार्थ स्वरूप

(लन्दन में दिया हुआ भाषण)

इस पंचेन्द्रियग्राह्य जगत् से मनुष्य बड़ी आसक्ति से चिपका रहना चाहता है। किन्तु वह इस बाह्य जगत् को, जिसमें वह जीता और क्रिया-कलाप करता है, चाहे जितना ही सत्य क्यों न समझे, प्रत्येक व्यक्ति और जाति के जीवन में एक समय ऐसा अवश्य आता है, जब वे सहज ही जिज्ञासा करते हैं--'क्या यह जगत् सत्य है?' जिन व्यक्तियों को अपनी इन्द्रियों की विश्वसनीयता में शंका करने का तनिक भी समय नहीं मिलता, जिनके जीवन का प्रत्येक क्षण किसी न किसी प्रकार के विषय-भोग में ही व्यस्त रहता है, मृत्यु एक दिन उनके भी सिरहाने आकर खड़ी हो जाती है और विवश होकर उन्हें भी कहना पड़ता है—'क्या यह जगत् सत्य है?' इसी एक प्रश्न से धर्म का आरम्भ होता है और इसके उत्तर में ही धर्म की इति है। इतना ही क्यों, सुदूर अतीत काल में, जहाँ इतिहास की कोई पहुँच नहीं, उस रहस्यमय पौराणिक युग में, सभ्यता के उस अस्फुट उषाकाल में भी, हम देखते हैं कि यही एक प्रश्न उस समय भी पूछा गया है—'इसका क्या होता है? क्या यह सत्य है?'

कवित्वमय कठोपनिषद् के प्रारम्भ में हम यह प्रश्न देखते हैं—'कोई कोई लोग कहते हैं कि मनुष्य के मरने पर उसका अस्तित्व समाप्त हो जाता है, और कोई कहते हैं कि नहीं, उसका अस्तित्व फिर भी रहता है, इन दोनों बातों में कौन सी सत्य है?'—**येयं प्रेते विचिकित्सा मनुष्ये, अस्तीत्येके नायमस्तीति चैके**। संसार में इस सम्बन्ध में अनेक प्रकार के उत्तर मिलते हैं। जितने प्रकार के दर्शन या धर्म संसार में हैं, वे सब वास्तव में इसी प्रश्न के विभिन्न उत्तरों से परिपूर्ण हैं। अनेक बार तो इन प्रश्नों का--'परे क्या है? सत्य क्या है?' प्राणों की इस महती अशांति का—अवदमन करने की चेष्टा की गयी है। किन्तु जब तक मृत्यु नामक वस्तु जगत् में है, तब तक इस प्रश्न को दबा देने की सारी चेष्टाएँ विफल रहेंगी। यह कहना सरल है कि हम जगदातीत सत्ता का अन्वेषण नहीं करेंगे, इसके प्रति सोचना बंद करने के लिए कठिन संघर्ष करेंगे और अपनी समस्त आशा और आकांक्षा को प्रस्तुत क्षण में ही सीमित रखेंगे; बहिर्जगत् की सारी वस्तुएँ भी

हमें इन्द्रियों की सीमा के भीतर बन्द करने में सहायता पहुँचाती है। सारा संसार भी एक हो हमें वर्तमान की क्षुद्र सीमा के बाहर दृष्टि डालने से रोक सकता है। पर जब तक जगत् में मृत्यु रहेगी, तब तक यह प्रश्न बार बार उठेगा—'हम जो इन सब वस्तुओं को सत्य का भी सत्य, सार का भी सार समझकर इनमें भयानक रूप से आसक्त हैं, तो क्या मृत्यु ही इन सब का अन्तिम परिणाम है?' जगत् तो एक क्षण में ही ध्वंस होकर न जाने कहाँ चला जाता है। ऊपर है अत्युच्च गगनचुम्बी पर्वत और नीचे है गहरी खाई, मानो मुँह फैलाये जीव को निगलने के लिए आ रही हो। इस पर्वत के किनारे खड़े होने पर, कितना ही कठोर अन्तःकरण क्यों न हो, निश्चय ही सिहर उठेगा और पूछेगा—'यह सब क्या सत्य है?' कोई तेजस्वी हृदय जीवन भर बड़े प्रयत्न के साथ जिस आशा को अपने हृदय में सँजोये रहा, वह एक मुहूर्त में ही उड़कर न जाने कहाँ चली गयी; तो क्या हम इस सब आशा को सत्य कहेंगे? इस प्रश्न का उत्तर देना होगा। काल प्राणों की इस आकांक्षा की, हृदय के इस गम्भीर प्रश्न की शक्ति का कभी भी ह्रास नहीं कर सकता, प्रत्युत काल का स्रोत ज्यों ज्यों आगे बढ़ता जाता है, त्यों त्यों इस प्रश्न की शक्ति भी बढ़ती जाती है।

फिर मनुष्य को सुखी होने की इच्छा होती है। अपने को सुखी करने के लिए वह सभी ओर दौड़ता फिरता है—इन्द्रियों के पीछे पीछे भागता रहता है—पागल की भाँति बाह्य जगत् में कार्य करता जाता है। जो युवक जीवन-संग्राम में सफल हुए हैं, उनसे यदि पूछो, तो कहेंगे, 'यह जगत् सत्य है'—उन्हें सभी बातें सत्य प्रतीत होती हैं। ये ही व्यक्ति जब बूढ़े हो जायँगे, जब सौभाग्य-लक्ष्मी उन्हें बार बार धोखा देगी, तब उनसे यदि पूछो, तो शायद यही कहेंगे, 'अरे भाई, सब भाग्य का खेल है।' इतने दिनों बाद वे जान सके कि वासना की पूर्ति नहीं होती। वे जिधर जाते हैं, उधर ही मानो वज्र के समान दृढ़ दीवार उनके सामने खड़ी हो जाती है, जिसे लाँघना उनके बस की बात नहीं। प्रत्येक इन्द्रिय-कर्मण्यता के परिणामस्वरूप प्रतिक्रिया होती ही है। हर वस्तु क्षणस्थायी है। विलास, वैभव, शक्ति, दारिद्रय, यहाँ तक कि जीवन भी क्षणस्थायी है।

मनुष्य के लिए दो उत्तर रह जाते हैं। एक है—शून्यवादियों की भाँति विश्वास करना कि सब कुछ शून्य है, हम कुछ भी नहीं जान सकते—भूत, भविष्य या वर्तमान के भी सम्बन्ध में कुछ नहीं जान सकते; क्योंकि जो व्यक्ति भूत-भविष्य, को अस्वीकार कर केवल वर्तमान को स्वीकार करते हुए इसीमें अपनी दृष्टि को सीमित रखना चाहता है, वह निरा पागल है। यह तो बस वैसे ही हुआ, जैसे माता-पिता के अस्तित्व को अस्वीकार करते हुए सन्तान के अस्तित्व को स्वीकार

करना ! दोनों समान रूप से युक्तिसंगत हैं। भूत और भविष्य को अस्वीकार करने का अर्थ है, वर्तमान को भी अस्वीकार करना। यह एक भाव हुआ—यह शून्यवादियों का मत। पर मैंने ऐसा मनुष्य आज तक नहीं देखा, जो एक मुहूर्त के लिए भी शून्यवादी हो सके; मुँह से कहना अवश्य बड़ा सरल है।

दूसरा उत्तर यह है कि इस प्रश्न के वास्तविक उत्तर की खोज करो—सत्य की खोज करो—इस नित्य परिवर्तनशील नश्वर जगत् में क्या सत्य है, इसकी खोज करो। कुछ भौतिक परमाणुओं के समष्टिस्वरूप इस देह के भीतर क्या कोई ऐसी चीज़ है, जो सत्य हो? मानव जीवन के इतिहास में सदैव इस तत्त्व का अन्वेषण किया गया है। हम देखते हैं कि अति प्राचीन काल से ही मनुष्य के मन में इस तत्त्व का अस्पष्ट प्रकाश उद्भासित हो गया था। हम देखते हैं कि उसी समय से मनुष्य ने स्थूल देह से अतीत एक अन्य देह का भी पता पा लिया था, जो अनेक अंशों में इस स्थूल देह के ही समान होने पर भी पूर्ण रूप से वैसा नहीं है; वह स्थूल देह से श्रेष्ठ है—शरीर का नाश हो जाने पर भी उसका नाश नहीं होता। हम ऋग्वेद के एक सूक्त में, मृत शरीर को दग्ध करनेवाले अग्निदेव के प्रति यह मंत्र पाते हैं—'हे अग्नि ! तुम इसे अपने हाथों में लेकर धीरे धीरे ले जाओ—इसे सर्वांगसुन्दर, ज्योतिर्मय देह से सम्पन्न करो—इसे उसी स्थान में ले जाओ, जहाँ पितृगण वास करते हैं, जहाँ दुःख नहीं है, जहाँ मृत्यु नहीं है।' तुम देखोगे कि सभी धर्मों में यह भाव विद्यमान है, और इसके साथ ही हम और एक विचार पाते हैं। आश्चर्य की बात है कि सभी धर्म एक स्वर से घोषणा करते हैं कि मनुष्य पहले निष्पाप और पवित्र था, पर आज उसकी अवनति हो गयी है, इस भाव को फिर वे रूपक की भाषा में, या दर्शन की स्पष्ट भाषा में अथवा कविता की सुन्दर भाषा में क्यों न प्रकाशित करें, पर वे सब के सब अवश्य इस एक तत्त्व की घोषणा करते हैं। सभी शास्त्रों और पुराणों में यही एक तत्त्व पाया जाता है कि मनुष्य जैसा पहले था, वैसा अब नहीं है—आज वह पहले से गिरी हुई दशा में है। यहूदियों के धर्मग्रंथों में आदम के पतन की जो कथा है, उसका भी मर्म वास्तव में यही है। हिन्दू शास्त्रों में इसका बार बार उल्लेख हुआ है। हिन्दुओं ने सतयुग कहकर जिस युग का वर्णन किया है—जब कि मनुष्य की मृत्यु उसकी इच्छानुसार होती थी, जब मनुष्य जितने दिन चाहे अपने शरीर को धारण कर सकता था, जब मनुष्यों का मन शुद्ध और दृढ़ था—उसमें भी इसी सार्वभौमिक सत्य का संकेत मिलता है। वे कहते हैं कि उस समय मृत्यु नहीं थी, किसी प्रकार का अशुभ या दुःख नहीं था, और वर्तमान युग उसी उन्नत अवस्था का भ्रष्ट भाव मात्र है। इस वर्णन के साथ साथ हम सभी धर्मों में जल-प्लावन अर्थात् प्रलय का वर्णन भी पाते हैं।

प्रलय की यह कथा ही इस बात को प्रमाणित करती है कि सभी धर्म वर्तमान युग को प्राचीन युग की भ्रष्ट अवस्था ही मानते हैं। जगत् की भ्रष्टता क्रमशः बढ़ती गयी। इसके बाद जब प्रलय हुआ, तो अधिकांश जगत् उसमें डूब गया। फिर उन्नति आरम्भ हुई। और अब यह जगत् अपनी उसी प्राचीन, पवित्र अवस्था को प्राप्त करने के लिए धीरे धीरे अग्रसर हो रहा है। तुम सब प्राचीन व्यवस्थान (Old Testament) के प्रलय की कथा जानते ही हो। ठीक इसी प्रकार की कथा प्राचीन बेबिलोन, मिस्र, चीन और हिन्दुओं में भी प्रचलित थी। हिन्दू शास्त्रों में प्रलय का इस प्रकार का वर्णन है: "महर्षि मनु एक दिन गंगातट पर संध्या-वन्दन में लगे थे, तब एक छोटी सी मछली ने आकर उनसे कहा, 'मुझे आश्रय दीजिए।' मनु ने उसी क्षण पास रखे हुए पात्र में उसे रखकर उससे पूछा, 'तू क्या चाहती है?' मछली बोली, 'एक बड़ी मछली मुझे मार डालने के लिए मेरा पीछा कर रही है। आप मेरी रक्षा कीजिए।' मनु उसे घर ले गये। सबेरे देखा, वह बढ़कर पात्र के बराबर हो गयी है। मछली बोली, 'मैं अब इस पात्र में नहीं रह सकती।' तब मनु ने उसे एक कुण्ड में रख दिया। दूसरे दिन वह कुण्ड के बराबर हो गयी और कहने लगी, 'मैं इसमें भी नहीं रह सकती।' तब मनु ने उसे नदी में डाल दिया। सबेरे देखा कि उसका शरीर सारी नदी में फैल गया है। तब उन्होंने उसे समुद्र में डाल दिया। तब मछली कहने लगी, 'मनु, मैं जगत् का सृष्टिकर्ता हूँ! मैं प्रलय से जगत् को ध्वंस करूँगा। तुम्हें सावधान करने के लिए मैं मछली का रूप धारण करके आया था। तुम एक बहुत बड़ी नौका बनाकर उसमें सभी प्रकार के प्राणियों का एक एक जोड़ा रखकर उनकी रक्षा करो और स्वयं भी सपरिवार उसमें जा बैठो। जब सारी पृथ्वी जल में डूब जायगी, तब उस जल में तुम्हें मेरा एक सींग (काँटा) दिखेगा, तुम नौका को उससे बाँध देना। उसके बाद जल घट जाने पर नौका से उतरकर प्रजावृद्धि करना।'" इस प्रकार प्रलय हुआ और मनु ने अपने परिवार सहित प्रत्येक प्राणी के एक एक जोड़े और उद्भिदों के बीजों की प्रलय से रक्षा की, और प्रलय समाप्त हो जाने पर इस नौका से उतरकर वे प्रजा उत्पन्न करने में लग गये—और हम लोग मनु के वंशज होने के कारण मानव कहलाने लगे।

अब देखो, मानवीय भाषा उस आभ्यन्तरिक सत्य को प्रकाशित करने का प्रयत्न मात्र है। मेरा तो दृढ़ विश्वास है कि एक छोटा बच्चा भी अपनी अस्पष्ट तोतली बोली में उच्चतम दार्शनिक सत्य को प्रकट करने की चेष्टा कर रहा है—पर हाँ, उसके पास उसे प्रकाशित करने के लिए कोई उपयुक्त इन्द्रिय अथवा साधन नहीं है। उच्चतम दार्शनिक और शिशु की भाषा में जो भेद है, वह प्रकारगत

नहीं है, वह केवल परिमाणगत है। आजकल के विशुद्ध, प्रणालीबद्ध, गणित के समान कटी-छँटी भाषा और प्राचीन ऋषियों की अस्फुट, रहस्यमय, पौराणिक भाषा में अन्तर केवल मात्रा के तारतम्य में है। इन सब कथाओं के पीछे एक महान् सत्य छिपा है, जिसे प्रकाशित करने का प्राचीन लोग मानो प्रयत्न कर रहे हैं। बहुधा इन सब प्राचीन, पौराणिक कथाओं के भीतर ही बहुमूल्य सत्य रहता है, और मुझे यह कहते दुःख होता है कि आधुनिक लोगों की चटपटी भाषा में बहुधा भूसी ही रहती है, तत्त्व नहीं। अतएव रूपक में सत्य छिपा है, यह कहकर अथवा वह अमुक-तमुक के विचारों से मेल नहीं खाता, यह कहकर सभी प्राचीन बातों को एक किनारे कर देना उचित नहीं। 'अमुक महापुरुष ने ऐसा कहा है, अतएव इस पौराणिक कथा पर विश्वास करो'—इस प्रकार घोषणा करने के कारण ही यदि सभी धर्म उपहासास्पद हो जाते हों, तब तो आजकल के लोग और भी अधिक उपहासास्पद हैं। आजकल यदि कोई मूसा, बुद्ध, अथवा ईसा की उक्ति उद्धृत करता है, तो उसकी हँसी उड़ायी जाती है; किन्तु हक्सले, टिण्डल अथवा डारविन का नाम लेते ही बात एकदम अकाट्य और प्रामाणिक बन जाती है! 'हक्सले ने ऐसा कहा है', इतना कहना ही बहुतों के लिए पर्याप्त है! हम लोग सचमुच अन्धविश्वास से मुक्त हैं! पहले था धर्म का अन्धविश्वास, अब है विज्ञान का अन्धविश्वास; फिर भी पहले के अन्धविश्वास में से एक जीवनप्रद आध्यात्मिक भाव आता था, पर आधुनिक अन्धविश्वास के भीतर से तो केवल काम और लोभ ही आ रहे हैं। वह अन्धविश्वास था ईश्वर की उपासना को लेकर, और आजकल का अन्धविश्वास है महाघृणित धन, यश और शक्ति की उपासना को लेकर। बस, यही भेद है।

हाँ, तो पौराणिक कथाओं की बात चल रही थी। इन सब कथाओं में यही एक प्रधान भाव देखने में आता है कि मनुष्य जिस अवस्था में पहले था, अब उससे गिरी हुई दशा में है। आजकल के तत्त्वान्वेषी इस बात को एकदम अस्वीकार करते हैं। क्रमविकासवादी विद्वानों ने तो मानो इस सत्य का सम्पूर्ण रूप से खण्डन ही कर दिया है। उनके मत से मनुष्य एक विशेष प्रकार के क्षुद्र मांसल जन्तु (mollusc) का क्रमविकास मात्र है, अतएव पूर्वोक्त पौराणिक सिद्धान्त सत्य नहीं हो सकता। पर भारतीय पुराण दोनों मतों का समन्वय करने में समर्थ है। भारतीय पुराण के मतानुसार सभी प्रकार की उन्नति तरंगाकार होती है। प्रत्येक तरंग एक बार उठती है फिर गिरती है, गिरकर फिर उठती है और फिर गिरती है। इसी प्रकार क्रम चलता रहता है। प्रत्येक गति चक्रों में होती है। आधुनिक विज्ञान की दृष्टि से देखने पर भी यह दिखेगा कि मनुष्य केवल क्रमविकास का परिणाम है,

यह बात सिद्ध नहीं होती। क्रमविकास कहने के साथ ही साथ क्रमसंकोच की प्रक्रिया को भी मानना पड़ेगा। विज्ञानवेत्ता ही तुमसे कहते हैं कि किसी यंत्र में तुम जितनी शक्ति का प्रयोग करोगे, उसमें से तुम्हें बस उतनी ही शक्ति मिल सकती है। असत् (कुछ नहीं) से कभी भी सत् (कुछ) की उत्पत्ति नहीं हो सकती। यदि मानव---पूर्ण मानव---बुद्ध-मानव, ईसा-मानव एक क्षुद्र मांसल जन्तु का ही विकास हो, तब तो इस क्षुद्र जन्तु को भी संकुचित या अव्यक्त बुद्ध कहना पड़ेगा। यदि ऐसा न हो, तो ये सब महापुरुष फिर कहाँ से उत्पन्न हुए? असत् से तो कभी सत् की उत्पत्ति नहीं होती। इसी प्रकार हम शास्त्र के साथ आधुनिक विज्ञान का समन्वय कर सकते हैं। जो शक्ति धीरे धीरे नाना सोपानों में से होती हुई पूर्ण मनुष्य के रूप में परिणत होती है, वह कभी भी शून्य से उत्पन्न नहीं हो सकती। वह कहीं न कहीं अवश्य वर्तमान थी; और यदि तुम विश्लेषण करते करते इस प्रकार के क्षुद्र मांसल जन्तुविशेष या जीविसार (protoplasm) तक ही पहुँचकर, उसीको आदि कारण सिद्ध करते हो, तो यह निश्चित है कि इस जीविसार में ही यह शक्ति किसी न किसी रूप में विद्यमान थी।

आजकल यह विवाद चल रहा है कि क्या पंचभूतों की समष्टि यह देह ही आत्मा, चिन्तन-शक्ति या विचार आदि नामों से परिचित शक्तियों के विकास का कारण है? अथवा चिन्तन-शवित ही देहोत्पत्ति का कारण है? निश्चय ही संसार के सभी धर्म कहते हैं कि विचार नामक शवित ही शरीर की प्रकाशक है, और वे इसके विपरीत मत में आस्था नहीं रखते। अनेक आधुनिक विचारधाराएँ (Comte's Positivism) मानती है कि चिन्तन-शक्ति केवल शरीर नामक यन्त्र के विभिन्न अंशों के एक समायोजन से उत्पन्न होती है। यदि इस द्वितीय मत को मान लिया जाय अर्थात् यह स्वीकार कर लिया जाय कि यह आत्मा या मन, या इसे किसी भी नाम से क्यों न पुकारो, इस जड़ देहरूप मशीन का ही फलस्वरूप है---जिन जड़ परमाणुओं से मस्तिष्क और शरीर का गठन होता है, यह उन्हींके रासायनिक अथवा भौतिक योग से उत्पन्न होनेवाली वस्तु है, तब तो यह प्रश्न ही असमाधेय रह जायगा। शरीर की रचना कौन करता है, कौन सी शक्ति इन भौतिक अणुओं को शरीर के रूप में परिणत करती है? कौन सी शक्ति प्रकृति में पड़ी हुई जड़ वस्तु के ढेर में से कुछ अंश लेकर तुम्हारा शरीर एक प्रकार का और मेरा शरीर दूसरे प्रकार का बना डालती है? ये सब अनन्त विभेद कैसे होते हैं? यह कहना कि आत्मा नामक शक्ति शरीर के भौतिक परमाणुओं के विभिन्न संघातों से उत्पन्न होती है, ठीक वैसा ही है, जैसे बैल के आगे गाड़ी जोतना। ये संघात कैसे उत्पन्न हुए? किस शक्ति ने ऐसा

कर दिया ? यदि तुम कहो कि अन्य किसी शक्ति ने यह संघात कर दिया है और आत्मा, जो इस समय एक विशेष जड़राशि के साथ संहत दिखायी दे रही है, इन्हीं सब जड़ परमाणुओं के संघात का फल है, तब तो यह कोई उत्तर न हुआ। जो मत अन्यान्य मतों का बिना खण्डन किये, चाहे सबकी न हो, पर अधिकतर घटनाओं की, अधिकतर विषयों की व्याख्या कर सकता है, वही ग्राह्य है। अतएव यही बात अधिक युक्तिसंगत है कि जो शक्ति जड़ तत्व को लेकर उससे शरीर का निर्माण करती है और जो शक्ति शरीर के भीतर व्यक्त है, वे दोनों एक ही हैं। अत: यह कहना कि 'जो चिन्तन-शक्ति हमारे शरीर में व्यक्त है, वह केवल जड़ अणुओं के संयोग से उत्पन्न होती है और इसीलिए शरीर से पृथक् उसका कोई अस्तित्व नहीं' बिल्कुल निरर्थक है—इस कथन में कोई तत्त्व नहीं। फिर, शक्ति कभी जड़ तत्व से उत्पन्न हो नहीं सकती। बल्कि यह प्रमाणित करना अधिक सम्भव है कि हम जिसे जड़ कहकर पुकारते हैं, उसका अस्तित्व ही नहीं है, वह केवल शक्ति की एक विशेष अवस्था है। यह सिद्ध किया जा सकता है कि ठोसपन, कठिनता आदि जो सब जड़ के गुण हैं, वे गति के फल हैं। द्रवों को प्रचुर शीर्षीय गति देने से वे ठोस हो जायँगे। वायुपुंज में यदि अतिशय शीर्षीय गति उत्पन्न कर दी जाय, जैसे तूफ़ान में, तो वह ठोस सा हो जाता है और अपने आघात से ठोस पदार्थों को तोड़ या काट सकता है। यदि मकड़ी के जाले के एक तंतु को अनंत वेग दिया जाय तो, वह लोहे की जंजीर जैसा सशक्त हो जायगा और अनेक पेड़ को काटकर पार हो जायगा। इस प्रकार से विचार करने पर यह सिद्ध करना सहज है कि हम जिसे जड़ तत्त्व कहते हैं, उसका कोई अस्तित्व ही नहीं है। किन्तु दूसरा मत सिद्ध नहीं किया जा सकता।

शरीर के भीतर यह जो शक्ति की अभिव्यक्ति देखी जाती है, यह है क्या ? हम सभी यह बात सरलता से समझ सकते हैं कि यही शक्ति, फिर वह चाहे जो हो, जड़ परमाणुओं को लेकर उनसे एक विशेष आकृति—मनुष्य देह—तैयार कर रही है। अन्य कोई आकर तुम्हारे या मेरे शरीर को नहीं बना देता। ऐसा मैंने कभी नहीं देखा कि दूसरा कोई मेरे लिए भोजन कर लेता हो। मुझे ही इस भोजन का सार शरीर में लेकर उससे रक्त, मांस, अस्थि आदि का गठन करना पड़ता है। यह अद्भुत शक्ति क्या है ? बहुतों को भूत और भविष्य सम्बन्धी सिद्धान्त भयावह प्रतीत होते हैं, बहुतों को तो वे केवल आनुमानिक व्यापार ही प्रतीत होते हैं।

हम प्रस्तुत विषय को ही लेंगे। वह शक्ति क्या है, जो इस समय हममें काम कर रही है ? हम देख चुके हैं कि सभी प्राचीन शास्त्रों में इस शक्ति को,

इसी शक्ति की अभिव्यक्ति को शारीरिक आकृतिवाला एक ऐसा ज्योतिर्मय पदार्थ माना गया है, जो इस शरीर के नष्ट हो जाने पर भी बचा रहता है। क्रमशः हम देखते हैं कि केवल ज्योतिर्मय देह कहने से सन्तोष नहीं होता--एक और भी उच्चतर भाव लोगों के मन पर अधिकार करता दिखायी देता है। वह यह है कि किसी भी प्रकार का शरीर शक्ति का स्थान नहीं ले सकता। जिस किसी वस्तु की आकृति है, वह बहुत से परमाणुओं की एक संहति मात्र है, अतएव उसको चलाने के लिए दूसरी कोई चीज़ चाहिए। यदि इस शरीर का गठन और परिचालन करने के लिए इस शरीर से भिन्न अन्य किसी वस्तु की आवश्यकता होती हो, तो इसी तर्क के बल पर, इस ज्योतिर्मय देह का गठन और परिचालन करने के लिए भी इससे भिन्न अन्य कोई वस्तु चाहिए। यह 'अन्य कोई वस्तु' ही संस्कृत भाषा में आत्मा नाम से सम्बोधित हुई। यह आत्मा ही इस ज्योतिर्मय देह में से मानो स्थूल शरीर पर काम कर रही है। यह ज्योतिर्मय शरीर ही मन का आधार कहा जाता है, और आत्मा इसके अतीत है। आत्मा मन भी नहीं है, वह मन पर कार्य करती है और मन के माध्यम से शरीर पर। तुम्हारे एक आत्मा है, मेरे भी एक आत्मा है--सभी के अलग अलग आत्मा है और एक एक सूक्ष्म शरीर भी; इस सूक्ष्म शरीर की सहायता से हम स्थूल शरीर पर कार्य करते हैं। अब प्रश्न उठने लगा--आत्मा और उसके स्वरूप के सम्बन्ध में। शरीर और मन से पृथक् इस आत्मा का क्या स्वरूप है? बहुत से वाद-प्रतिवाद होने लगे, नाना प्रकार के सिद्धान्त और अनुमान होने लगे, अनेकविध दार्शनिक अनुसन्धान होने लगे। इस आत्मा के सम्बन्ध में वे जिन सिद्धान्तों पर पहुँचे, मैं तुम्हारे समक्ष उनका वर्णन करने का प्रयत्न करूँगा।

भिन्न भिन्न दर्शनों का इस विषय में मतैक्य देखा जाता है कि आत्मा का स्वरूप जो कुछ भी हो, उसका कोई रूपाकार नहीं होता, और जिसका रूपाकार नहीं, वह अवश्य सर्वव्यापी होगा। काल का आरम्भ मन से होता है--देश भी मन के अन्तर्गत है। काल को छोड़ कार्य-कारणवाद नहीं रह सकता। क्रम की भावना के बिना कार्य-कारणवाद नहीं रह सकता। अतएव, देश-काल-निमित्त मन के अन्तर्गत है और यह आत्मा, मन से अतीत और निराकार होने के कारण, देश काल-निमित्त के परे है। और जब वह देश-काल-निमित्त से अतीत है, तो अवश्य अनन्त होगी। अब हमारे दर्शन का उच्चतम विचार आता है। अनन्त कभी दो नहीं हो सकता। यदि आत्मा अनन्त है, तो केवल एक ही आत्मा हो सकती है, और यह जो अनेक आत्माओं की धारणा है--तुम्हारी एक आत्मा, मेरी दूसरी आत्मा--यह सत्य नहीं है। अतएव मनुष्य का प्रकृत स्वरूप एक ही है, वह

अनन्त और सर्वव्यापी है, और यह प्रातिभासिक जीव मनुष्य के इस वास्तविक स्वरूप का एक सीमाबद्ध भाव मात्र है। इसी अर्थ में पूर्वोक्त पौराणिक तत्त्व भी सत्य हो सकते हैं कि प्रातिभासिक जीव, चाहे वह कितना ही महान् क्यों न हो, मनुष्य के इस अतीन्द्रिय, प्रकृत स्वरूप का धुँधला प्रतिबिम्ब मात्र है। अतएव मनुष्य का प्रकृत स्वरूप—आत्मा—कार्य-कारण से अतीत होने के कारण, देश-काल से अतीत होने के कारण, अवश्य मुक्तस्वभाव है। वह कभी बद्ध नहीं थी, न ही बद्ध हो सकती थी। यह प्रातिभासिक जीव, यह प्रतिबिम्ब, देश-काल-निमित्त के द्वारा सीमाबद्ध होने के कारण बद्ध है। अथवा हमारे कुछ दार्शनिकों की भाषा में, 'प्रतीत होता है, मानो वह बद्ध हो गयी है, पर वास्तव में वह बद्ध नहीं है।' हमारी आत्मा के भीतर जो यथार्थ सत्य है, वह यही कि आत्मा सर्वव्यापी है, अनन्त है, चैतन्यस्वभाव है; हम स्वभाव से ही वैसे हैं—हमें प्रयत्न करके वैसा नहीं बनना पड़ता। प्रत्येक आत्मा अनन्त है, अतः जन्म और मृत्यु का प्रश्न उठ ही नहीं सकता। कुछ बालक परीक्षा दे रहे थे। परीक्षक कठिन कठिन प्रश्न पूछ रहे थे। उनमें यह भी प्रश्न था—"पृथ्वी गिरती क्यों नहीं?" वे गुरुत्वाकर्षण के नियम आदि सम्बन्धी उत्तर की आशा कर रहे थे। अधिकांश बालक-बालिकाएँ कोई उत्तर न दे सके। कोई कोई गुरुत्वाकर्षण या और कुछ कह कहकर उत्तर देने लगे। उनमें से एक बुद्धिमती बालिका ने एक और प्रश्न करके इस प्रश्न का समाधान कर दिया—"पृथ्वी गिरेगी कहाँ पर।" यह प्रश्न ही तो ग़लत है! पृथ्वी गिरे कहाँ? पृथ्वी के लिए गिरने और उठने का कोई अर्थ नहीं। अनन्त देश में ऊपर और नीचे नहीं होता; ये दोनों सापेक्ष देश में हैं। जो अनन्त है, वह कहाँ जायगा और कहाँ से आयेगा?

जब मनुष्य भूत और भविष्य की चिन्ता का—उसका क्या होगा, इस चिन्ता का—त्याग कर देता है, जब वह देह को सीमाबद्ध और इसलिए उत्पत्ति-विनाशशील जानकर देहाभिमान का त्याग कर देता है, तब वह एक उच्चतर आदर्श में पहुँच जाता है। देह भी आत्मा नहीं और मन भी आत्मा नहीं; क्योंकि इन दोनों में ह्रास और वृद्धि होती है। जड़ जगत् से अतीत आत्मा ही अनन्त काल तक रह सकती है। शरीर और मन सतत परिवर्तनशील हैं। वे दोनों परिवर्तनशील कुछ घटना-श्रेणियों के केवल नाम हैं। वे मानो एक नदी के समान हैं, जिसका प्रत्येक जल-परमाणु सतत चलायमान है, फिर भी वह नदी सदा एक अविच्छिन्न प्रवाह सी दिखती है। इस देह का प्रत्येक परमाणु सतत परिणामशील है; किसी भी व्यक्ति का शरीर, कुछ क्षण के लिए भी, एक समान नहीं रहता। फिर भी मन पर एक प्रकार का संस्कार बैठ गया है, जिसके कारण

हम इसे एक ही शरीर समझते हैं। मन के सम्बन्ध में भी यही बात है; क्षण में सुखी, क्षण में दुःखी; क्षण में सबल और क्षण में दुर्बल! वह सतत परिणामशील भँवर के समान है! अतएव मन भी आत्मा नहीं हो सकता; आत्मा तो अनन्त है। परिवर्तन केवल ससीम वस्तु में ही सम्भव है। अनन्त में किसी प्रकार का परिवर्तन हो, यह एक असम्भव बात है। यह कभी हो नहीं सकता। शरीर की दृष्टि से तुम और मैं एक स्थान से दूसरे स्थान को जा सकते हैं; जगत् का प्रत्येक अणु-परमाणु नित्य परिणामशील है; पर जगत् को एक समष्टि के रूप में लेने पर उसमें गति या परिवर्तन असम्भव है। गति सर्वत्र सापेक्ष है। मैं जब एक स्थान से दूसरे स्थान को जाता हूँ, तब किसी वस्तु के संदर्भ में ही। जगत् का कोई परमाणु किसी दूसरे परमाणु की तुलना में ही परिणाम को प्राप्त हो सकता है; किन्तु सम्पूर्ण जगत् को एक समष्टिरूप में लेने पर किसकी तुलना में उसका स्थान-परिवर्तन होगा? इस समष्टि के अतिरिक्त और कुछ तो है नहीं। अतएव यह अनन्त इकाई अपरिणामी, अचल और निरपेक्ष है, और यही पारमार्थिक सत्ता है। अतः हमारा सत्य सर्वव्यापकता में है, सान्तता में नहीं। यह धारणा कि मैं एक क्षुद्र, सान्त, सतत परिणामी जीव हूँ, कितनी ही सुखद क्यों न हो, फिर भी यह पुराना भ्रम ही है। यदि किसीसे कहो कि 'तुम सर्वव्यापी, अनन्त पुरुष हो', तो वह डर जायगा। सबके माध्यम से तुम कार्य कर रहे हो, सब पैरों द्वारा तुम चल रहे हो, सब मुखों से तुम बातचीत कर रहे हो, सब हृदयों से अनुभव कर रहे हो।

ऐसी बातें यदि तुम किसीसे कहो, तो वह डर जायगा। वह तुमसे बार बार पूछेगा कि क्या फिर उसका अपना व्यक्तित्व नहीं रह जायगा? क्या मैं नहीं रह जाऊँगा? यह व्यक्तित्व—मैं—क्या है? यदि जान पाऊँ, तो अच्छा हो! छोटे बालक के मूँछें नहीं होतीं। बड़े होने पर उसके दाढ़ी-मूँछ निकल आती है। यदि 'अहं' शरीर में रहता होता, तब तो बालक का 'व्यक्तित्व' नष्ट हो गया होता। यदि 'अहं' या व्यक्तित्व शरीरगत होता, तब तो हमारी एक आँख अथवा हाथ नष्ट हो जाने पर वह नष्ट हो जाता। फिर शराबी का शराब छोड़ना ठीक नहीं, क्योंकि तब तो उसका व्यक्तित्व ही नष्ट हो जायगा! चोर का साधु बनना भी ठीक नहीं, क्योंकि इससे वह अपना व्यक्तित्व खो बैठेगा! तब तो फिर कोई भी अपना व्यसन छोड़ना न चाहेगा। पर बात यह है कि अनन्त को छोड़कर और किसी में व्यक्तित्व है ही नहीं। केवल इस अनन्त का ही परिवर्तन नहीं होता, और शेष सभी का सतत परिवर्तन होता रहता है। 'व्यक्तित्व-भाव' स्मृति में भी नहीं है। स्मृति में यदि 'व्यक्तित्व-भाव' रहता, तो मस्तिष्क में गहरी चोट

लगने से स्मृति-लोप हो जाने पर, वह नष्ट हो जाता; हमारा बिल्कुल लोप हो जाता। बचपन के पहले दो-तीन वर्षों का मुझे कोई स्मरण नहीं है और यदि स्मृति और अस्तित्व एक है, तो फिर कहना पड़ेगा कि इन दो-तीन वर्षों में मेरा अस्तित्व ही नहीं था। तब तो, मेरे जीवन का जो अंश मुझे स्मरण नहीं, उस समय मैं जीवित ही नहीं था——यही कहना पड़ेगा। यह 'व्यक्तित्व' का बहुत संकीर्ण अर्थ है।

हम अभी तक 'व्यक्ति' नहीं हैं। हम इसी 'व्यक्तित्व' को प्राप्त करने के लिए संघर्ष कर रहे हैं, और वह अनन्त है, वही मनुष्य का प्रकृत स्वरूप है। जिनका जीवन सम्पूर्ण जगत् को व्याप्त किये हुए हैं, वे ही जीवित हैं, और हम जितना ही अपने जीवन को शरीर आदि छोटे छोटे सान्त पदार्थों में बद्ध करके रखेंगे, उतना ही हम मृत्यु की ओर अग्रसर होंगे। जितने क्षण हमारा जीवन समस्त जगत् में व्याप्त रहता है, दूसरों में व्याप्त रहता है, उतने ही क्षण हम जीवित रहते हैं। इस क्षुद्र जीवन में अपने को बद्ध कर रखना तो मृत्यु है और इसी कारण हमें मृत्यु-भय होता है। मृत्यु-भय तो तभी जीता जा सकता है, जब मनुष्य यह समझ ले कि जब तक जगत् में एक भी जीवन शेष है, तब तक वह भी जीवित है। जब वह कह सकता कि 'मैं सब वस्तुओं में, सब देहों में, सब प्राणियों में, वर्तमान हूँ; मैं ही सब जगत् हूँ, सम्पूर्ण जगत् ही मेरा शरीर है। जब तक एक भी परमाणु शेष है, तब तक मेरी मृत्यु कहाँ? कौन कहता है कि मेरी मृत्यु होगी?' तब ऐसे व्यक्ति निर्भय हो जाते हैं——तभी निर्भीक अवस्था आती है। सतत परिणामशील छोटी छोटी वस्तुओं में अविनाशत्व कहना भारी भूल है। एक प्राचीन भारतीय दार्शनिक ने कहा है कि आत्मा अनन्त है, इसलिए आत्मा ही 'व्यक्ति——अविभाज्य' हो सकती है। अनन्त का विभाजन नहीं किया जा सकता——अनन्त को खण्ड खण्ड नहीं किया जा सकता। वह सदा एक, अविभक्त समष्टिस्वरूप अनन्त आत्मा ही है और वही मनुष्य का यथार्थ 'व्यक्तित्व' है, वही 'प्रकृत मनुष्य' है। 'मनुष्य' के नाम से जिसको हम जानते हैं, वह इस 'व्यक्तित्व' को व्यक्त जगत् में अभिव्यक्त करने के संघर्ष का फल मात्र है; 'क्रमविकास' आत्मा में नहीं है। यह जो सब परिवर्तन हो रहा है——बुरा व्यक्ति भला हो रहा है, पशु मनुष्य हो रहा है——यह सब कभी आत्मा में नहीं होता। कल्पना करो कि एक परदा मेरे सामने है और उसमें एक छोटा सा छिद्र है, जिसमें से मैं केवल कुछ चेहरे देख सकता हूँ। यह छिद्र जितना बड़ा होता जाता है, सामने का दृश्य उतना ही अधिक मेरे सम्मुख प्रकाशित होता जाता है, और जब यह छिद्र पूरे परदे को व्याप्त कर लेता है, तब मैं तुम

सबको स्पष्ट देख लेता हूँ। यहाँ पर, तुममें कोई परिवर्तन नहीं हुआ; तुम जो थे, वही रहे। केवल छिद्र का क्रमविकास होता रहा, और उसके साथ साथ तुम्हारी अभिव्यक्ति क्रमशः अधिक होती रही। आत्मा के सम्बन्ध में भी यही बात है। किसी पूर्णता को उपलब्ध नहीं करना है। तुम पहले से ही मुक्त और पूर्ण हो। धर्म, ईश्वर या परलोक सम्बन्धी ये सब धारणाएँ कहाँ से आयीं? मनुष्य 'ईश्वर, ईश्वर' करता क्यों घूमता फिरता है? सभी देशों में, सभी समाजों में मनुष्य क्यों पूर्ण आदर्श का अन्वेषण करता फिरता है—भले ही वह आदर्श मनुष्य में हो अथवा ईश्वर में या अन्य किसी वस्तु में? इसलिए कि वह भाव तुम्हारे भीतर ही वर्तमान है। वह थी तुम्हारे हृदय की धड़कन और तुम उसे नहीं जानते थे; तुम सोचते थे कि बाहर की कोई वस्तु यह ध्वनि कर रही है। तुम्हारी आत्मा में विराजमान ईश्वर ही तुम्हें अपना अनुसन्धान करने को—अपनी उपलब्धि करने को प्रेरित कर रहा है। यहाँ, वहाँ, मन्दिर में, गिरजाघर में, स्वर्ग में, मर्त्य में, विभिन्न स्थानों में, अनेक उपायों से अन्वेषण करने के बाद अन्त में हमने जहाँ से आरम्भ किया था, वहीं अर्थात् अपनी आत्मा में ही हम एक चक्कर पूरा करके वापस आ जाते हैं और देखते हैं कि जिसकी हम समस्त जगत् में खोज करते फिर रहे थे, जिसके लिए हमने मन्दिरों और गिरजों में जा जा कातर होकर प्रार्थनाएँ कीं, आँसू बहाये, जिसको हम सुदूर आकाश में मेघराशि के पीछे छिपा हुआ अव्यक्त और रहस्यमय समझते रहे, वह हमारे निकट से भी निकट है, प्राणों का प्राण है, हमारा शरीर है, हमारी आत्मा है—तुम्हीं 'मैं' हो, मैं ही 'तुम' हूँ। यही तुम्हारा स्वरूप है—इसीको अभिव्यक्त करो। तुम्हें पवित्र होना नहीं पड़ेगा—तुम तो स्वयं पवित्र ही हो। तुम्हें पूर्ण होना नहीं पड़ेगा—तुम तो पूर्ण ही हो। सारी प्रकृति देश-कालातीत सत्य को परदे के समान ढाँके हुए है। तुम जो कुछ भी अच्छा विचार या अच्छा कार्य करते हो, उससे मानो वह आवरण धीरे धीरे छिन्न होता रहता है और देश-कालातीत वह शुद्धस्वरूप, अनन्त ईश्वर स्वयं अभिव्यक्त होता रहता है।

यही मनुष्य का सारा इतिहास है। यह आवरण जितना ही सूक्ष्म होता जाता है, उतना ही प्रकृति के पीछे स्थित प्रकाश भी अपने स्वभाववश क्रमशः अधिकाधिक दीप्त होता जाता है, क्योंकि उसका स्वभाव ही इस प्रकार दीप्त होना है। उसको जाना नहीं जा सकता; हम उसे जानने का वृथा ही प्रयत्न करते रहते हैं। यदि वह ज्ञेय होता, तो उसका स्वभाव ही बदल जाता, क्योंकि वह स्वयं नित्य ज्ञाता है। ज्ञान एक सीमाबद्ध भाव है; ज्ञान-लाभ करने के लिए ज्ञान को विषयाश्रित करना पड़ता है। वह तो सारी वस्तुओं का ज्ञाता

है, सब विषयों का विषयीस्वरूप है, इस विश्व-ब्रह्माण्ड का साक्षिस्वरूप है, तुम्हारी ही आत्मा है। ज्ञान तो मानो एक निम्न अवस्था है---एक भ्रष्ट भाव मात्र है। हमीं वह नित्य ज्ञाता---आत्मा हैं, फिर उसे हम किस प्रकार जानेंगे? प्रत्येक व्यक्ति वह आत्मा है और सब लोग विभिन्न उपायों से इसी आत्मा को जीवन में प्रकाशित करने का प्रयत्न कर रहे हैं? यदि ऐसा न होता तो ये सब नीति-संहिताएँ कहाँ से आतीं? सारी नीति-संहिताओं का तात्पर्य क्या है? सभी नीति-संहिताओं में एक ही भाव भिन्न भिन्न रूप से प्रकाशित हुआ है और वह है---दूसरों का उपकार करना। मनुष्यों के प्रति, सारे प्राणियों के प्रति दया ही मानव जाति के समस्त सत्कर्मों का पथप्रदर्शक प्रेरक है, और ये सब 'मैं ही विश्व हूँ, यह विश्व एक अखण्डस्वरूप है', इसी सनातन सत्य के विभिन्न भाव मात्र हैं। यदि ऐसा न हो, तो दूसरों का हित करने में भला कौन सी युक्ति है? मैं क्यों दूसरों का उपकार करूँ? परोपकार करने को मुझे कौन बाध्य करता है? सर्वत्र समदर्शन से उत्पन्न जो सहानुभूति की भावना है, उसीसे यह बात सिद्ध होती है। अत्यन्त कठोर अन्तःकरण भी कभी कभी दूसरों के प्रति सहानुभूति से भर जाता है। और तो और, जो व्यक्ति 'यह आपातप्रतीयमान व्यक्तित्व वास्तव में भ्रम मात्र है; इस भ्रमात्मक व्यक्तित्व में आसक्त रहना अत्यन्त नीच कार्य है', ये सब बातें सुनकर भयभीत हो जाता है, वही व्यक्ति तुमसे कहेगा कि सम्पूर्ण आत्मत्याग ही सारी नैतिकता का केन्द्र है। किन्तु पूर्ण आत्मत्याग क्या है? सम्पूर्ण आत्मत्याग हो जाने पर क्या शेष रहता है? आत्मत्याग का अर्थ है, इस मिथ्या आत्मा या 'व्यक्तित्व' का त्याग सब प्रकार की स्वार्थपरता का त्याग। यह अहंकार और ममता पूर्व कुसंस्कारों के फल हैं और जितना ही इस 'व्यक्तित्व' का त्याग होता जाता है, उतनी ही आत्मा अपने नित्य स्वरूप में, अपनी पूर्ण महिमा में अभिव्यक्त होती है। यही वास्तविक आत्मत्याग है और यही समस्त नैतिक शिक्षा का आधार है, केन्द्र है। मनुष्य इसे जाने या न जाने, समस्त जगत् धीरे धीरे इसी दिशा में जा रहा है, अल्पाधिक परिमाण में इसीका अभ्यास कर रहा है। यह बात केवल इतनी ही हैं कि अधिकांश लोग इसे अचेतनपूर्वक कर रहे हैं। वे इसे चेतनपूर्वक करें। यह 'मैं और मेरा' प्रकृत आत्मा नहीं है, किन्तु केवल एक सीमाबद्ध भाव है, यह जानकर वे इस मिथ्या व्यक्तित्व को त्याग दें। आज जो मनुष्य नाम से परिचित है, वह जगत् के परे उस अनन्त सत्ता की एक झलक मात्र है, उस सर्वस्वरूप अनन्त अग्नि का एक स्फुलिंग मात्र है; किन्तु वह अनन्त ही उसका यथार्थ स्वरूप है।

इस ज्ञान का फल---इस ज्ञान की उपयोगिता क्या है? आजकल सभी विषयों को उनकी उपयोगिता के मापदण्ड से नापा जाता है। अर्थात् संक्षेप में

यह कि इससे कितने रुपये, कितने आने और कितने पैसों का लाभ होगा ? लोगों को इस प्रकार प्रश्न करने का क्या अधिकार है ? क्या सत्य को भी उपकार या धन के मापदण्ड से नापा जायगा ? मान लो कि उसकी कोई उपयोगिता नहीं है, तो क्या इससे सत्य घट जायगा ? उपयोगिता सत्य की कसौटी नहीं है। जो भी हो, इस ज्ञान में बड़ा उपकार तथा प्रयोजन भी है। हम देखते हैं, सब लोग सुख की खोज करते हैं; पर अधिकतर लोग नश्वर, मिथ्या वस्तुओं में उसको ढूँढ़ते फिरते हैं। इन्द्रियों में कभी किसीको सुख नहीं मिलता। सुख तो केवल आत्मा में मिलता है। अतएव आत्मा में इस सुख की प्राप्ति ही मनुष्य का सबसे बड़ा प्रयोजन है। और एक बात यह है कि अज्ञान ही सब दुःखों की महान् जननी है, और मूलभूत अज्ञान तो यही है कि जो अनन्तस्वरूप है, वह अपने को सान्त मानकर रोता है, चिल्लाता है; समस्त अज्ञान का आधार यही है कि हम अविनाशी, नित्य, शुद्ध, पूर्ण आत्मा होते हुए भी सोचते हैं कि हम छोटे छोटे मन हैं, हम छोटी छोटी देह मात्र हैं; यही समस्त स्वार्थपरता की जननी है। ज्यों ही मैं अपने को एक क्षुद्र देह समझ बैठता हूँ, त्यों ही मैं संसार के अन्यान्य शरीरों के सुख-दुःख की कोई परवाह न करते हुए अपने शरीर की रक्षा में, उसे सुन्दर बनाने के प्रयत्न में लग जाता हूँ। उस समय मैं तुमसे पृथक् हो जाता हूँ। ज्यों ही यह भेद-ज्ञान आता है, त्यों ही वह सब प्रकार के अशुभ के द्वार खोल देता है और सर्वविध दुःखों की उत्पत्ति करता है। अतः पूर्वोक्त ज्ञान की प्राप्ति से लाभ यह होगा कि यदि वर्तमान मानव जाति का एक बिल्कुल छोटा सा अंश भी इस क्षुद्र, संकीर्ण और स्वार्थी भाव का त्याग कर सके, तो कल ही यह संसार स्वर्ग में परिणत हो जायगा; पर नाना प्रकार की मशीन तथा बाह्य जगत् सम्बन्धी भौतिक ज्ञान की उन्नति से यह कभी सम्भव नहीं हो सकता। जिस प्रकार अग्नि में घी डालने से अग्निशिखा और भी वर्धित होती है, उसी प्रकार इन सब वस्तुओं से दुःखों की वृद्धि होती है। आत्मा के ज्ञान बिना जो कुछ भौतिक ज्ञान अर्जित किया जाता है, वह सब आग में घी डालने के समान है। उससे दूसरों के लिए प्राण उत्सर्ग कर देने की बात तो दूर ही रही, स्वार्थपर लोगों को दूसरों की चीजें हर लेने के लिए, दूसरों के रक्त पर फलने-फूलने के लिए एक और यंत्र—एक और सुविधा मिल जाती है।

एक और प्रश्न है—क्या यह व्यावहारिक है ? वर्तमान समाज में क्या इसे कार्य-रूप में परिणत किया जा सकता है ? इसका उत्तर यह है कि 'सत्य, प्राचीन अथवा आधुनिक किसी समाज का सम्मान नहीं करता। समाज को ही सत्य का सम्मान करना पड़ेगा, अन्यथा समाज नष्ट हो जाय।' समाजों को सत्य के अनुरूप ढाला जाना चाहिए, सत्य को समाज के अनुसार अपने को ढालना नहीं पड़ता।

यदि निःस्वार्थपरता के समान महान् सत्य समाज में कार्य-रूप में परिणत न किया जा सकता हो, तो ऐसे समाज को छोड़कर वन में चले जाना ही बेहतर है। इसीका नाम साहस है। साहस दो प्रकार का होता है। एक प्रकार का साहस है—तोप के मुँह में दौड़ जाना। दूसरे प्रकार का साहस है—आध्यात्मिक विश्वास। एक बार एक दिग्विजयी सम्राट् भारतवर्ष में आया। उसके गुरु ने उसे भारतीय साधुओं से साक्षात्कार करने का आदेश दिया था। बहुत खोज करने के बाद उसने देखा कि एक वृद्ध साधु एक पत्थर पर बैठे हैं। सम्राट् ने उनसे कुछ देर बातचीत की और उनके ज्ञान से बड़ा प्रभावित हुआ। उसने साधु को अपने साथ देश ले जाने की इच्छा प्रकट की। साधु ने इसे स्वीकार नहीं किया और कहा, "मैं इस वन में बड़े आनन्द में हूँ।" सम्राट् बोला, "मैं समस्त पृथ्वी का सम्राट् हूँ। मैं आपको असीम ऐश्वर्य और उच्च पद-मर्यादा दूँगा।" साधु बोले, "ऐश्वर्य, पद-मर्यादा आदि किसी बात की मेरी इच्छा नहीं।" तब सम्राट् ने कहा, "आप यदि मेरे साथ न चलेंगे, तो मैं आपको मार डालूँगा।" इस पर साधु प्रशांतपूर्वक हँसे और बोले, "राजन्, आज तुमने अपने जीवन में सबसे मूर्खतापूर्ण बात कही। तुम्हारी क्या हस्ती कि मुझे मारो? सूर्य मुझे सुखा नहीं सकता, अग्नि मुझे जला नहीं सकती, तलवार मेरा संहार नहीं कर सकती, क्योंकि मैं तो जन्मरहित, अविनाशी, नित्य-विद्यमान, सर्वव्यापी, सर्वशक्तिमान आत्मा हूँ।" यह आध्यात्मिक साहस है और दूसरा है, शेर या सिंह का साहस। सन् १८५७ ई० के ग़दर के समय एक मुसलमान सिपाही ने एक संन्यासी महात्मा को बुरी तरह घायल कर दिया। हिन्दू विद्रोहियों ने उस मुसलमान को पकड़ लिया और उसे स्वामी जी के पास लाकर कहा, "आप कहें, तो इसका वध कर दें।" स्वामी जी ने उसकी ओर प्रशान्तपूर्वक देखा और कहा, "भाई, तुम्हीं वह हो, तुम्हीं वह हो—**तत्त्वमसि**।" और यह कहते कहते उन्होंने शरीर छोड़ दिया। यह दूसरा उदाहरण है। यदि तुम ऐसे समाज की रचना नहीं कर सकते, जिसमें सर्वोच्च सत्य को स्थान मिले, अपने बाहुबल की, अपने पाश्चात्य संस्थानों की श्रेष्ठता की बात करनी व्यर्थ है। अपनी महत्ता और श्रेष्ठता की तुम क्यों व्यर्थ शेखी बघारते हो, यदि दिन-रात तुम यही कहते रहो कि ऐसा साहस अव्यावहारिक है। पैसे-कौड़ी को छोड़कर क्या और कुछ भी व्यावहारिक नहीं है? यदि ऐसा ही हो, तो फिर अपने समाज पर इतना घमंड क्यों करते हो? 'वही समाज सबसे श्रेष्ठ है, जहाँ सर्वोच्च सत्य को कार्य में परिणत किया जा सकता है'—यही मेरा मत है। और यदि समाज इस समय उच्चतम सत्य को स्थान देने में समर्थ नहीं है, तो उसे इस योग्य बनाओ। और जितना शीघ्र तुम ऐसा कर सको, उतना ही अच्छा।

हे नर-नारियों ! उठो, आत्मा के सम्बन्ध में जाग्रत होओ, सत्य में विश्वास करने का साहस करो, सत्य के अभ्यास का साहस करो। संसार को कोई सौ साहसी नर-नारियों की आवश्यकता है। अपने में वह साहस लाओ, जो सत्य को जान सके, जो जीवन में निहित सत्य को दिखा सके, जो मृत्यु से न डरे, प्रत्युत उसका स्वागत करे, जो मनुष्य को यह ज्ञान करा दे कि वह आत्मा है और सारे जगत् में ऐसी कोई भी वस्तु नहीं, जो उसका विनाश कर सके। तब तुम मुक्त हो जाओगे। तब तुम अपनी वास्तविक आत्मा को जान लोगे। 'इस आत्मा के सम्बन्ध में पहले श्रवण करना चाहिए, फिर मनन और तत्पश्चात् निदिध्यासन।'

आजकल के समाज में एक प्रवृत्ति देखी जा रही है और वह है---कार्य पर अधिक ज़ोर देना और विचार की निंदा करना। कार्य अवश्य अच्छा है, पर वह भी तो विचार या चिन्तन से उत्पन्न होता है। शरीर के माध्यम से शक्ति की जो छोटी छोटी अभिव्यक्तियाँ होती हैं, उन्हींको कार्य कहते हैं। बिना विचार या चिन्तन के कोई कार्य नहीं हो सकता। अतः मस्तिष्क को ऊँचे ऊँचे विचारों, ऊँचे ऊँचे आदर्शों से भर लो, और उनको दिन-रात मन के सम्मुख रखो; ऐसा होने पर इन्हीं विचारों से बड़े बड़े कार्य होंगे। अपवित्रता की कोई बात मन में न लाओ, प्रत्युत मन से कहो कि मैं शुद्ध, पवित्रस्वरूप हूँ। हम क्षुद्र हैं, हमने जन्म लिया है, हम मरेंगे, इन्हीं विचारों से हमने अपने आपको एकदम सम्मोहित कर रखा है, और इसीलिए हम सर्वदा भय से काँपते रहते हैं।

एक सिंहिनी, जिसका प्रसव-काल निकट था, एक बार अपने शिकार की खोज में बाहर निकली। उसने दूर भेड़ों के एक झुण्ड को चरते देख, उन पर आक्रमण करने के लिए ज्यों ही छलाँग मारी, त्यों ही उसके प्राणपखेरू उड़ गये और एक मातृहीन सिंह-शावक ने जन्म लिया। भेड़ें उस सिंह-शावक की देख-भाल करने लगीं और वह भेड़ों के बच्चों के साथ साथ बड़ा होने लगा, भेड़ों की भाँति घास-पात खाकर रहने लगा और भेड़ों की ही भाँति, 'में-में' करने लगा। और यद्यपि वह कुछ समय बाद एक शक्तिशाली, पूर्ण विकसित सिंह हो गया, फिर भी वह अपने को भेड़ ही समझता था। इसी प्रकार दिन बीतते गये कि एक दिन एक बड़ा भारी सिंह शिकार के लिए उधर आ निकला। पर उसे यह देख बड़ा आश्चर्य हुआ कि भेड़ों के बीच एक सिंह भी है और वह भेड़ों की ही भाँति डरकर भागा जा रहा है। तब सिंह उसकी ओर यह समझाने के लिए बढ़ा कि तू सिंह है, भेड़ नहीं। पर ज्यों ही वह आगे बढ़ा, त्यों ही भेड़ों का झुण्ड और भी भागा और उसके साथ साथ वह 'भेड़-सिंह' भी। जो हो, उसने उस भेड़-सिंह को उसके अपने यथार्थ स्वरूप को समझा देने का संकल्प नहीं छोड़ा। वह देखने लगा कि वह भेड़-सिंह

कहाँ रहता है, क्या करता है। एक दिन उसने देखा कि वह एक जगह पड़ा सो रहा है। देखते ही वह छलाँग मारकर उसके पास जा पहुँचा और बोला, "अरे, तू भेड़ों के साथ रहकर अपना स्वभाव कैसे भूल गया? तू भेड़ नहीं है, तू तो सिंह है।" भेड़-सिंह बोल उठा, "क्या कह रहे हो? मैं तो भेड़ हूँ, सिंह कैसे हो सकता हूँ?" उसे किसी प्रकार विश्वास नहीं हुआ कि वह सिंह है, और वह भेड़ों की भाँति मिमियाने लगा। तब सिंह उसे उठाकर एक सरोवर के किनारे ले गया और बोला, "यह देख, अपना प्रतिबिम्ब, और यह देख, मेरा प्रतिबिम्ब।" और तब वह उन दोनों परछाइयों की तुलना करने लगा। वह एक बार सिंह की ओर, और एक बार अपने प्रतिबिम्ब की ओर ध्यान से देखने लगा। तब क्षण भर में ही वह जान गया कि 'सचमुच, मैं तो सिंह ही हूँ।' तब वह सिंह गर्जना करने लगा और उसका भेड़ों का सा मिमियाना न जाने कहाँ चला गया! इसी प्रकार तुम सब सिंह हो—तुम आत्मा हो, शुद्ध, अनन्त और पूर्ण हो। विश्व की महाशक्ति तुम्हारे भीतर है। 'हे सखे, तुम क्यों रोते हो? जन्म-मरण तुम्हारा भी नहीं है और मेरा भी नहीं। क्यों रोते हो? तुम्हें रोग-शोक कुछ भी नहीं है, तुम तो अनन्त आकाश के समान हो; उस पर नाना प्रकार के मेघ आते हैं और कुछ देर खेलकर न जाने कहाँ अन्तर्हित हो जाते हैं; पर वह आकाश जैसा पहले नीला था, वैसा ही नीला रह जाता है।' इसी प्रकार के ज्ञान का अभ्यास करना होगा। हम संसार में पाप-ताप क्यों देखते हैं? किसी मार्ग में एक ठूँठ खड़ा था। एक चोर उधर से जा रहा था, उसने समझा कि वह कोई पहरेवाला है। अपने प्रेमिका की बाट जोहनेवाले प्रेमी ने समझा कि वह उसकी प्रेमिका है। एक बच्चे ने जब उसे देखा, तो भूत समझकर डर के मारे चिल्लाने लगा। इस प्रकार भिन्न भिन्न व्यक्तियों ने यद्यपि उसे भिन्न भिन्न रूपों में देखा, तथापि वह एक ठूँठ के अतिरिक्त और कुछ भी न था। हम स्वयं जैसे होते हैं, जगत् को भी वैसा ही देखते हैं। मान लो, कमरे में मेज़ पर सोने की एक थैली रखी है और एक छोटा बच्चा वहाँ खेल रहा है। इतने में एक चोर वहाँ आता है और उस थैली को चुरा लेता है। तो क्या बच्चा यह समझेगा कि चोरी हो गयी? हमारे भीतर जो है, वही हम बाहर भी देखते हैं। बच्चे के मन में चोर नहीं है, अतएव वह बाहर भी चोर नहीं देखता। सब प्रकार के ज्ञान के सम्बन्ध में ऐसा ही है। संसार के पाप-अत्याचार आदि की बात मन में न लाओ, पर रोओ कि तुम्हें जगत् में अब भी पाप दिखता है। रोओ कि तुम्हें अब भी सर्वत्र अत्याचार दिखायी पड़ता है। और यदि तुम जगत् का उपकार करना चाहते हो, तो जगत् पर दोषारोपण करना छोड़ दो। उसे और भी दुर्बल मत करो। आखिर ये सब

पाप, दुःख आदि क्या हैं? ये सब दुर्बलता के ही फल हैं। लोग बचपन से ही शिक्षा पाते हैं कि वे दुर्बल हैं, पापी हैं। इस प्रकार की शिक्षा से संसार दिन पर दिन दुर्बल होता जा रहा है। उनको सिखाओ कि वे सब उसी अमृत की सन्तान हैं—और तो और, जिसके भीतर आत्मा का प्रकाश अत्यन्त क्षीण है, उसे भी यही शिक्षा दो। बचपन से ही उनके मस्तिष्क में इस प्रकार के विचार प्रविष्ट हो जायँ, जिनसे उनकी यथार्थ सहायता हो सके, जो उनको सबल बना दें, जिनसे उनका कुछ यथार्थ हित हो। दुर्बलता और अवसादकारक विचार उनके मस्तिष्क में प्रवेश ही न करें। सच्चिन्तन के स्रोत में शरीर को बहा दो, अपने मन से सर्वदा कहते रहो, 'मैं ही वह हूँ, मैं ही वह हूँ।' तुम्हारे मन में दिन-रात यह बात संगीत की भाँति झंकृत होती रहे, और मृत्यु के समय भी तुम्हारे अधरों पर **सोऽहम्, सोऽहम्** खेलता रहे। यही सत्य है—जगत् की अनन्त शक्ति तुम्हारे भीतर है। जो कुसंस्कार तुम्हारे मन को ढके हुए हैं, उन्हें भगा दो। साहसी बनो। सत्य को जानो और उसे जीवन में परिणत करो। चरम लक्ष्य भले ही बहुत दूर हो, पर उठो, जागो, जब तक ध्येय तक न पहुँचो, तब तक मत रुको।[१]

---

१. उत्तिष्ठत, जाग्रत, प्राप्य वरान्निबोधत।

वास्तविक और व्यावहारिक मनुष्य

(न्यूयार्क में दिया हुआ भाषण)

हम यहाँ खड़े हैं, परन्तु हमारी दृष्टि दूर, बहुत दूर, और कभी कभी तो, कोसों दूर चली जाती है। जब से मनुष्य ने विचार करना आरम्भ किया, तभी से वह ऐसा करता आ रहा है। मनुष्य सदैव आगे और दूर देखने का प्रयत्न करता है। वह जानना चाहता है कि इस शरीर के नष्ट होने के बाद वह कहाँ चला जाता है। इसकी व्याख्या करने के लिए अनेक सिद्धांतों का प्रचार हुआ, सैकड़ों मतों की स्थापना हुई। इनमें से कुछ मत खण्डित करके छोड़ भी दिये गये। और कुछ स्वीकार किये गये; और जब तक मनुष्य इस जगत् में रहेगा, जब तक वह विचार करता रहेगा, तब तक ऐसा चलेगा। इन सभी मतों में कुछ न कुछ सत्य है, और साथ ही, उनमें बहुत सा असत्य भी है। इस सम्बन्ध में भारत में जो सब अनुसन्धान हुए हैं, उन्हींका सार, उन्हींका फल मैं तुम्हारे सामने रखने का प्रयत्न करूँगा। भारतीय दार्शनिकों के इन सब विभिन्न मतों का समन्वय, तात्त्विक तथा मनोवैज्ञानिकों का समन्वय और, यदि हो सका तो, उनके साथ आधुनिक वैज्ञानिक चिन्तकों का भी समन्वय करने का प्रयत्न करूँगा।

वेदान्त दर्शन का एक विषय है---एकत्व की खोज। हिन्दू मन वस्तु विशेष के लिए परवा नहीं करता, वह तो सदैव सामान्य की, यही क्यों, सार्वभौमिक की खोज करता है। 'वह क्या है, जिसके जान लेने से सब कुछ जाना जा सकता है?' यही एक विषय-वस्तु है। जिस प्रकार मिट्टी के एक ढेले को जान लेने पर मिट्टी से बनी हुई समस्त वस्तुओं को जान लिया जाता है, उसी प्रकार ऐसी कौन सी वस्तु है, जिसे जान लेने पर स्वयं समस्त विश्व को जाना जा सकता है? यही एक खोज है। हिन्दू दार्शनिकों के मतानुसार समस्त जगत् का विश्लेषण करके उसे 'आकाश' में पर्यवसित किया जा सकता है। हम अपने चारों ओर जो कुछ देखते हैं, अनुभव करते हैं, छूते हैं, आस्वादन करते हैं, वह सब इसी आकाश की विभिन्न अभिव्यक्ति मात्र है। यह आकाश सूक्ष्म और सर्वव्यापी है। ठोस, तरल और वाष्पीय सब प्रकार के पदार्थ, सब प्रकार के रूप, शरीर, पृथ्वी, सूर्य, चन्द्र, तारे---सब इसी आकाश से निर्मित हैं।

किस शक्ति ने इस आकाश पर कार्य करके इसमें से जगत् की सृष्टि की? आकाश के साथ एक सर्वव्यापी शक्ति रहती है। जगत् में जितनी भी भिन्न भिन्न शक्तियाँ हैं––आकर्षण, विकर्षण, यहाँ तक कि विचार-शक्ति भी, सभी 'प्राण' नामक एक महाशक्ति की अभिव्यक्तियाँ हैं। इसी प्राण ने आकाश पर कार्य करके इस जगत्-प्रपंच की रचना की है। कल्प के प्रारम्भ में यह प्राण मानो अनन्त आकाश-समुद्र में प्रसुप्त रहता है। प्रारम्भ में यह आकाश गतिहीन होकर अवस्थित था। बाद में प्राण के प्रभाव से इस आकाश-समुद्र में गति उत्पन्न होने लगती है। और जैसे जैसे इस प्राण का स्पन्दन या गति होने लगती है, वैसे वैसे इस आकाश-समुद्र में से नाना ब्रह्माण्ड, नाना जगत्, कितने ही सूर्य, चन्द्र, तारे, पृथ्वी, मनुष्य, जन्तु, उद्भिद् और नानाविध शक्तियाँ उत्पन्न होती रहती हैं। अतएव हिन्दुओं के मत से सब प्रकार की शक्तियाँ प्राण की और सब प्रकार के भौतिक पदार्थ आकाश की विभिन्न अभिव्यक्तियाँ हैं; कल्पान्त में सभी ठोस पदार्थ पिघल जायँगे, और वह तरल पदार्थ वाष्पीय आकार में परिणत हो जायगा। वह फिर तेज-रूप धारण करेगा। अन्त में सब कुछ जिस आकाश से उत्पन्न हुआ था, उसीमें विलीन हो जायगा। और आकर्षण, विकर्षण, गति आदि समस्त शक्तियाँ धीरे धीरे मूल प्राण में परिणत हो जायँगी। उसके बाद जब तक फिर से कल्पारम्भ नहीं होता, तब तक यह प्राण मानो निद्रित अवस्था में रहेगा। कल्पारम्भ होने पर वह जागकर पुनः नाना रूपों को प्रकाशित करेगा और कल्पान्त में फिर से सबका लय हो जायगा। बस, इसी प्रकार सृष्टि की प्रक्रिया आती है और चली जाती है, मानो एक बार पीछे और एक बार आगे झूल रहा है। आधुनिक विज्ञान की भाषा में कहेंगे कि एक समय वह स्थितिशील (static) रहता है, फिर गतिशील (dynamic) हो जाता है; एक समय प्रसुप्त रहता है और फिर क्रियाशील हो जाता है। बस, इसी प्रकार अनन्त काल से चला आ रहा है।

पर यह विश्लेषण भी अधूरा है। इतना तो आधुनिक भौतिक विज्ञान को भी ज्ञात है। इसके परे भौतिक विज्ञान की पहुँच नहीं है। पर इस अनुसन्धान का यहीं अन्त नहीं हो जाता। हमने अभी तक उस वस्तु को प्राप्त नहीं किया, जिसे जान लेने पर सब कुछ जाना जा सके। हमने समस्त जगत् को भूत और शक्ति में अथवा, प्राचीन भारतीय दार्शनिकों के शब्दों में, आकाश और प्राण में पर्यवसित कर दिया। अब आकाश और प्राण को उनके मूल तत्त्व में पर्यवसित करना होगा। इन्हें मन नामक उच्चतर सत्ता में पर्यवसित किया जा सकता है। मन––महत् अथवा सार्वभौमिक विचार-शक्ति से प्राण और आकाश दोनों की उत्पत्ति होती है। प्राण या आकाश की अपेक्षा विचार सत्ता की और अधिक

सूक्ष्मतर अभिव्यक्ति है। विचार ही स्वयं इन दोनों में विभक्त हो जाता है। प्रारम्भ में यह सर्वव्यापी मन ही था और इसने स्वयं व्यक्त, परिवर्तित और विकसित होकर आकाश और प्राण ये दो रूप धारण किये और इन दोनों के सम्मिश्रण से सारा जगत् बना।

अब हम मनोविज्ञान की चर्चा करेंगे। मैं तुमको देख रहा हूँ। आँखें बाह्य संवेदनाएँ मेरे पास लाती हैं और संवेदक नाड़ियाँ उसे मस्तिष्क में ले जाती हैं। आँखें देखने का साधन नहीं हैं, वे उसकी केवल बाहरी यन्त्र हैं, क्योंकि देखने का जो वास्तविक साधन है, जो मस्तिष्क में संवेदनाएँ ले जाती हैं, उसको यदि नष्ट कर दिया जाय, तब बीस आँखें रहते हुए भी मैं तुममें से किसीको भी न देख सकूँगा। नेत्रपट (retina) पर यहाँ तक हो सके भले ही चित्र पूरा हो, फिर भी मैं तुमको न देख सकूँगा। अतएव वास्तविक इन्द्रिय इस यन्त्र से भिन्न है। इस यन्त्र--चक्षु के पीछे यथार्थ चक्षुरिन्द्रिय है। सब प्रकार की विषयानुभूतियों के सम्बन्ध में ऐसा ही समझना चाहिए। नासिका घ्राणेन्द्रिय नहीं है; वह तो यन्त्र मात्र है, घ्राणेन्द्रिय उसके पीछे है। प्रत्येक इन्द्रिय के सम्बन्ध में समझना चाहिए कि बाह्य यन्त्र इस स्थूल शरीर में अवस्थित हैं और उनके पीछे इस स्थूल शरीर में ही, इन्द्रियाँ भी मौजूद हैं। पर इतना ही पर्याप्त नहीं है। मान लो, मैं तुमसे कुछ कह रहा हूँ और तुम बड़े ध्यान से मेरी बात सुन रहे हो। इसी समय यहाँ एक घण्टा बजता है और शायद तुम उस घण्टे की ध्वनि को नहीं सुन पाते। यह शब्द-तरंग तुम्हारे कान में पहुँचकर कान के परदे में आघात करती है, नाड़ियों के द्वारा यह संवाद मस्तिष्क में पहुँचा, पर फिर भी तुम उसे नहीं सुन सके। ऐसा क्यों ? यदि मस्तिष्क में आवेग संवाहित करने से ही सुनने की सारी क्रिया सम्पूर्ण हो जाती है, तो फिर तुम क्यों सुन नहीं सके ? किसी अन्य घटक का अभाव था, मन इन्द्रिय से युक्त नहीं था। जिस समय मन इन्द्रियों से पृथक् रहता है, उस समय इन्द्रियों द्वारा लाये गये किसी भी संवाद को मन ग्रहण नहीं करता। जब मन उनसे युक्त रहता है, तभी वह किसी भी संवाद को ग्रहण करने में समर्थ होता है। पर इससे भी विषयानुभूति पूर्ण नहीं हो जाती। बाहरी यन्त्र भले ही बाहर से संवाद ले आयें, इन्द्रियाँ भले ही उसे भीतर ले जायँ, और मन भी इन्द्रियों से संयुक्त रहे, पर तो भी विषयानुभूति पूर्ण न होगी। एक और वस्तु आवश्यक है--भीतर से प्रतिक्रिया होनी चाहिए। प्रतिक्रिया से ज्ञान उत्पन्न होगा। बाहर की वस्तु ने मानो मेरे अन्दर संवाद-प्रवाह भेजा। मेरे मन ने उसे ले जाकर बुद्धि के निकट अर्पित कर दिया, बुद्धि ने पहले से बने हुए मन के संस्कारों के अनुसार उसे सजाया और बाहर की ओर एक प्रतिक्रिया-प्रवाह भेजा। बस, इस प्रतिक्रिया के साथ ही

विषयानुभूति होती है। मन की जो स्थिति यह प्रतिक्रिया भेजती है, उसे 'बुद्धि कहते हैं। किन्तु इससे भी विषयानुभूति पूर्ण नहीं हुई। मान लो, एक कैमरा है और एक परदा। मैं इस परदे पर एक चित्र डालना चाहता हूँ। तो मुझे क्या करना होगा? मुझे उस यन्त्र में से नाना प्रकार की प्रकाश-किरणों को इस परदे पर डालने का और उन्हें एक स्थान में एकत्र करने का प्रयत्न करना होगा। इसके लिए एक अचल वस्तु की आवश्यकता है, जिस पर चित्र डाला जा सके। किसी चलनशील वस्तु पर ऐसा करना असम्भव है—कोई स्थिर वस्तु चाहिए; क्योंकि मैं जो प्रकाश-किरणें डालना चाहता हूँ, वे सचल हैं और इन सचल प्रकाश-किरणों को किसी अचल वस्तु पर एकत्र, एकीभूत, समन्वित और संपूरित करना होगा। यही बात उन संवेदनों के विषय में भी है, जिन्हें इन्द्रियाँ मन के निकट और मन बुद्धि के निकट समर्पित करता है। जब तक ऐसी कोई वस्तु नहीं मिल जाती, जिस पर यह चित्र डाला जा सके, जिस पर ये भिन्न भिन्न भाव एकत्रीभूत होकर मिल सकें, तब तक यह विषयानुभूति पूर्ण नहीं होती। वह कौन सी वस्तु है, जो समुदय को एकत्व का भाव प्रदान करती है? वह कौन सी वस्तु है, जो विभिन्न गतियों के भीतर भी प्रतिक्षण एकत्व की रक्षा किये रहती है? वह कौन सी वस्तु है, जिस पर भिन्न भिन्न भाव मानो एक ही जगह गुंथे रहते हैं, जिस पर विभिन्न विषय आकर मानो एक जगह वास करते हैं और एक अखण्ड भाव धारण करते हैं? हमने देखा है कि इस प्रकार की कोई वस्तु अवश्य चाहिए, और उस वस्तु का, शरीर और मन की तुलना में, अचल होना आवश्यक है। जिस परदे पर यह कैमरा चित्र डाल रहा है, वह इन प्रकाश-किरणों की तुलना में अचल है। यदि ऐसा न हो, तो चित्र पड़ेगा ही नहीं। अर्थात् उस वस्तु को, उस द्रष्टा को एक व्यक्ति (individual) होना चाहिए। जिस वस्तु पर मन यह सब चित्रांकन करता है, जिस पर मन और बुद्धि द्वारा ले जायी गयी हमारी संवेदनाएँ स्थापित, श्रेणीबद्ध और एकत्रीभूत होती हैं, बस, उसीको मनुष्य की आत्मा कहते हैं।

तो, हमने देखा कि समष्टि-मन या महत् आकाश और प्राण, इन दो भागों में विभक्त है। और मन के पीछे है आत्मा। समष्टि-मन के पीछे जो आत्मा है, उसे ईश्वर कहते हैं। व्यष्टि में यह मनुष्य की आत्मा मात्र है। जिस प्रकार विश्व में समष्टि-मन आकाश और प्राण के रूप में परिणत हो गया है, उसी प्रकार समष्टि-आत्मा भी मन के रूप में परिणत हो गयी है। अब प्रश्न उठता है—क्या इसी प्रकार व्यष्टि-मनुष्य के सम्बन्ध में भी समझना होगा? मनुष्य का मन भी क्या उसके शरीर का स्रष्टा है और क्या उसकी आत्मा उसके मन की स्रष्टा है?

अर्थात् मनुष्य का शरीर, मन और आत्मा—ये क्या तीन विभिन्न वस्तुएँ हैं, अथवा ये एक के भीतर ही तीन हैं, अथवा ये सब एक ही सत्ता की तीन विभिन्न अवस्थाएँ हैं? हम क्रमशः इसी प्रश्न का उत्तर देने का प्रयत्न करेंगे। जो भी हो, हमने अब तक यही देखा कि पहले तो यह स्थूल देह है, उसके पीछे हैं इन्द्रियाँ, फिर मन, तत्पश्चात् बुद्धि और बुद्धि के भी पीछे आत्मा। तो पहली बात यह हुई कि आत्मा शरीर से पृथक् है तथा वह मन से भी पृथक् है। बस, यहीं से धर्मजगत् में मतभेद देखा जाता है। द्वैतवादी कहते हैं कि आत्मा सगुण है अर्थात् भोग, सुख, दुःख आदि सभी यथार्थ में आत्मा के धर्म हैं; पर अद्वैतवादी कहते हैं कि वह निर्गुण है, उसमें ये धर्म नहीं हैं।

हम पहले द्वैतवादियों के मत का—आत्मा और उसकी नियति के सम्बन्ध में उनके मत का—वर्णन करके, उसके बाद उस मत का वर्णन करेंगे, जो इसका पूर्ण रूप से खण्डन करता है, और अन्त में अद्वैतवाद के द्वारा दोनों मतों का सामंजस्य स्थापित करने का प्रयत्न करेंगे। यह मानवात्मा शरीर और मन से पृथक् होने के कारण एवं आकाश और प्राण से गठित न होने के कारण अवश्य अमर है। क्यों? मृत्यु या विनाश का क्या अर्थ है?—विघटित हो जाना; और जो वस्तु कुछ पदार्थों के संयोग से बनती है, वही विघटित होती है। जो अन्य पदार्थों के संयोग से उत्पन्न नहीं है, वह कभी विघटित नहीं होती, इसलिए उसका विनाश भी कभी नहीं हो सकता। वह अविनाशी है। वह अनन्त काल से है, उसकी कभी सृष्टि नहीं हुई। सृष्टि तो संयोग अथवा संघात मात्र है। शून्य से कभी किसी ने सृष्टि नहीं देखी। सृष्टि के सम्बन्ध में हम बस इतना ही जानते हैं कि वह पहले से वर्तमान कुछ वस्तुओं का नये नये रूपों में एकत्र मिलन मात्र है। यदि ऐसा है, तो फिर यह मानवात्मा भिन्न भिन्न वस्तुओं के संयोग से उत्पन्न नहीं है, अतः वह अवश्य अनन्त काल से है और अनन्त काल तक रहेगी। इस शरीर का नाश हो जाने पर भी आत्मा रहेगी। वेदान्तवादियों के मत से, जब इस शरीर का नाश हो जाता है, तब मनुष्य की इन्द्रियाँ मन में लीन हो जाती हैं, मन का प्राण में लय हो जाता है, प्राण आत्मा में प्रविष्ट हो जाता है और तब मानव की वह आत्मा मानो सूक्ष्म शरीर अथवा लिंगशरीररूपी वस्त्र पहनकर चली जाती है। इस सूक्ष्म शरीर में ही मनुष्य के सारे संस्कार वास करते हैं। संस्कार क्या हैं? मन मानो सरोवर के समान है और हमारा प्रत्येक विचार मानो उस सरोवर की लहर के समान है। जिस प्रकार सरोवर में लहर उठती है, गिरती है, गिरकर अन्तर्हित हो जाती है, उसी प्रकार मन में ये सब विचार-तरंगें लगातार उठती और अन्तर्हित होती रहती हैं। किन्तु वे एकदम अन्तर्हित नहीं हो

जातीं। वे क्रमशः सूक्ष्मतर होती जाती हैं, पर वर्तमान रहती ही हैं। प्रयोजन होने पर फिर उठती हैं। जिन विचारों ने सूक्ष्मतर रूप धारण कर लिया है, उन्हींमें से कुछ को फिर से तरंगाकार में लाने को ही स्मृति कहते हैं। इस प्रकार, हमने जो कुछ सोचा है, जो कुछ किया है, सारा का सारा मन में अवस्थित है—ये सब वहाँ सूक्ष्म रूप में हैं और मनुष्य के मर जाने पर भी ये संस्कार उसके मन में विद्यमान रहते हैं—वे फिर सूक्ष्म शरीर पर कार्य करते रहते हैं। आत्मा यह सब संस्कार एवं सूक्ष्मशरीररूपी वस्त्र पहन कर चली जाती है और विभिन्न संस्कारों की इन विभिन्न शक्तियों का समवेत फल ही आत्मा की भविष्य-नियति को निर्धारित करता है। उनके मत से आत्मा की तीन प्रकार की गति होती है।

जो अत्यन्त धार्मिक हैं, वे मृत्यु के बाद सूर्यरश्मियों का अनुसरण करते हैं; सूर्यरश्मियों का अनुसरण करते हुए वे सूर्यलोक में जाते हैं; वहाँ से वे चन्द्रलोक और चन्द्रलोक से विद्युल्लोक में उपस्थित होते हैं; वहाँ एक मुक्त आत्मा से उनका साक्षात्कार होता है; वह इन जीवात्माओं को सर्वोच्च ब्रह्मलोक में ले जाती है। यहाँ उन्हें सर्वज्ञता और सर्वशक्तिमत्ता प्राप्त होती है; उनकी शक्ति और ज्ञान प्रायः ईश्वर के समान हो जाता है; और द्वैतवादियों के मत से वे अनन्त काल तक वहाँ वास करते हैं; अथवा अद्वैतवादियों के अनुसार, कल्पान्त में ब्रह्म के साथ एकत्व प्राप्त करते हैं। जो लोग सकाम भाव से सत्कार्य करते हैं, वे मृत्यु के बाद चन्द्रलोक में जाते हैं। वहाँ नाना प्रकार के स्वर्ग हैं। वे वहाँ पर सूक्ष्म शरीर—देवशरीर—प्राप्त करते हैं। वे देवता होकर वहाँ वास करते हैं और दीर्घ काल तक स्वर्ग के सुखों का उपभोग करते हैं। इस भोग का अन्त होने पर फिर उनका प्राचीन कर्म बलवान हो जाता है; अतः फिर से उनका मर्त्यलोक में पतन हो जाता है। वे वायुलोक, मेघलोक आदि लोकों में से होते हुए अन्त में वृष्टिधारा के साथ पृथ्वी पर गिर पड़ते हैं। वृष्टि के साथ गिरकर वे किसी शस्य का आश्रय लेकर रहते हैं। इसके बाद जब कोई व्यक्ति उस शस्य को खाता है, तब उसके वीर्य से वे फिर से शरीर धारण करते हैं। जो लोग अत्यन्त दुष्ट हैं, वे मरने पर भूत अथवा दानव हो जाते हैं एवं चन्द्रलोक और पृथ्वी के बीच किसी स्थान में वास करते है। उनमें से कुछ मनुष्यों को त्रस्त करते हैं। और कुछ लोग मनुष्यों से मैत्री भाव रखते हैं। वे कुछ समय तक उस स्थान में रहकर फिर पृथ्वी पर आकर पशु-जन्म लेते हैं। कुछ समय पशु-देह में रहकर वे फिर से मनुष्ययोनि में आते हैं—वे और एक बार मुक्ति-लाभ करने की उपयुक्त अवस्था प्राप्त करते हैं। तो इस प्रकार हमने देखा कि जो लोग मुक्ति की निकटतम सीढ़ी पर पहुँच गये हैं, जिनमें अपवित्रता बहुत कम रह गयी है, वे ही सूर्य किरणों के सहारे

ब्रह्मलोक में जाते हैं। जो मध्यम वर्ग के लोग हैं, जो स्वर्ग जाने की इच्छा से सत्कर्म करते हैं, वे चन्द्रलोक में जाकर वहाँ के स्वर्गों में वास करते हैं और देवशरीर प्राप्त करते हैं, पर उन्हें मुक्ति की प्राप्ति के लिए फिर से मनुष्य-देह धारण करनी पड़ती है। और जो अत्यन्त दुष्ट हैं, वे भूत, दानव आदि रूपों में परिणत होते हैं, उसके बाद वे पशु होते हैं, और मुक्ति-लाभ के लिए उन्हें फिर से मनुष्य-जन्म ग्रहण करना पड़ता है। इस पृथ्वी को कर्मभूमि कहा जाता है। अच्छा-बुरा सभी कर्म यहीं करना होता है। मनुष्य स्वर्गकाम होकर सत्कार्य करने पर स्वर्ग में जाकर देवता हो जाता है; इस अवस्था में वह कोई नया कर्म नहीं करता, वह तो बस, पृथ्वी पर किये हुए अपने सत्कर्मों के फलों का ही भोग करता है। और जब ये सत्कर्म समाप्त हो जाते हैं, तो उसी समय जो असत् या बुरे कर्म उसने पृथ्वी पर किये थे, उन सबका संचित फल वेग के साथ उस पर आ जाता है और उसे वहाँ से फिर एक बार पृथ्वी पर घसीट लाता है। इसी प्रकार जो भूत हो जाते हैं, वे उस अवस्था में कोई नूतन कर्म न करते हुए केवल अपने पूर्व कर्मों का फल भोगते रहते हैं, तत्पश्चात् पशु-जन्म ग्रहण कर वे वहाँ भी कोई नया कर्म नहीं करते। उसके बाद वे भी फिर मनुष्य हो जाते हैं। शुभ और अशुभ कर्मों द्वारा जनित पुरस्कार और दंड की अवस्थाओं में नूतन कर्मों को उत्पन्न करने की शक्ति नहीं होती, वे केवल भोगी जाती है। अत्यन्त शुभ और अत्यन्त अशुभ कर्मों का फल बहुत शीघ्र प्राप्त होता है। मान लो कि एक व्यक्ति ने जीवन भर अनेक बुरे काम किये, पर एक बहुत अच्छा काम भी किया। ऐसी दशा में उस सत्कार्य का फल उसी क्षण प्रकाशित हो जायगा, और इस सत्कार्य का फल समाप्त होते ही बुरे कार्य भी अपना फल दिखाने लगेंगे। जिन लोगों ने कुछ अच्छे अच्छे, बड़े बड़े कार्य किये हैं, पर जिनके सारे जीवन की सामान्य गति अच्छी नहीं रही, वे सब देवता हो जायँगे। देव-देह धारण कर देवताओं की शक्ति का कुछ काल तक भोग करके उन्हें फिर से मनुष्य होना पड़ेगा। जब सत्कर्मों की शक्ति क्षय हो जायगी, तब फिर से उन पुराने असत्कार्यों का फल होने लगेगा। जो अत्यन्त बुरे कर्म करते हैं, उन्हें भूत-योनि, दानव-योनि में जाना पड़ेगा, और जब उनके बुरे कर्मों का फल समाप्त हो जायगा, तो उस समय उनका जितना भी सत्कर्म शेष है, उसके फल से वे फिर मनुष्य हो जायँगे। जिस मार्ग से ब्रह्मलोक में जाते हैं, जहाँ से पतन होने अथवा लौटने की सम्भावना नहीं रहती, उसे देवयान कहते हैं, और चन्द्रलोक मार्ग को पितृयान कहते हैं।

अतएव वेदान्त दर्शन के मत से मनुष्य ही जगत् में सर्वश्रेष्ठ प्राणी है और यह कर्मभूमि पृथ्वी ही सर्वश्रेष्ठ स्थान है, क्योंकि एकमात्र यहीं पर उसके पूर्णत्व

प्राप्त करने की सर्वोत्कृष्ट और सर्वाधिक सम्भावना है। देवदूत या देवता आदि को भी पूर्ण होने के लिए मनुष्य-जन्म ग्रहण करना पड़ेगा। यह मानव-जीवन एक महान् केन्द्र, अद्‌भुत स्थिति और अद्‌भुत अवसर है।

अब हम दर्शन के एक अन्य पक्ष पर विचार करेंगे। बौद्ध लोग इस आत्मा का जिसकी व्याख्या मैंने अभी की है, अस्तित्व एकदम अस्वीकार करते हैं। हम विचारों के प्रवाह को ही क्यों न चलने दें? शरीर और मन के पीछे आत्मा नामक कोई वस्तु मानने की क्या आवश्यकता है? इस शरीर और मनरूपी यन्त्र से ही क्या यथेष्ट व्याख्या नहीं हो जाती? और एक तीसरी वस्तु की कल्पना से क्या लाभ? यह युक्ति है तो बड़ी प्रबल। जहाँ तक बाह्य अनुसन्धान की पहुँच है, यहाँ तक तो यही प्रतीत होता है कि यह शरीर और मनरूपी यन्त्र अपनी व्याख्या के लिए स्वयं ही पर्याप्त है; कम से कम हममें से अनेक इस तत्त्व को इसी दृष्टि से देखते हैं। तब फिर शरीर और मन से भिन्न, पर साथ ही शरीर और मन के अधिष्ठानस्वरूप आत्मा के अस्तित्व की कल्पना की क्या आवश्यकता? बस, शरीर और मन कहना ही तो पर्याप्त है; सतत परिणामशील जड़-प्रवाह का नाम है शरीर, और सतत परिणामशील विचार-प्रवाह का नाम है मन। तब, यह जो एकत्व की प्रतीति हो रही है, वह कैसे होती है? बौद्ध कहते हैं कि यह एकत्व वास्तविक नहीं है। मान लो, एक जलती मशाल को घुमाया जा रहा है। तो इससे वह आग का एक वृत्त सी प्रतीत होती है। वास्तव में कहीं कोई वृत्त नहीं है, पर मशाल के सतत घूमने से आग ने यह वृत्त रूप धारण कर लिया है। इसी प्रकार हमारे जीवन में भी एकत्व नहीं है; जड़ की राशि लगातार चल रही है। यदि सम्पूर्ण जड़राशि को एक कहकर सम्बोधित करने की इच्छा हो, तो करो, पर उसके अतिरिक्त वास्तव में कोई एकत्व नहीं है। मन के सम्बन्ध में भी यही बात है; प्रत्येक विचार दूसरे विचारों से पृथक् है। यह प्रबल विचार-प्रवाह ही इस भ्रमात्मक एकत्व का भाव उत्पन्न कर देता है; अतएव फिर तीसरी वस्तु की क्या आवश्यकता? जो कुछ दिखता है, यह जड़-प्रवाह और यह विचार-प्रवाह—बस, इन्हींका अस्तित्व है; इनके पीछे और कुछ है, यह सोचने की आवश्यकता ही क्या? बहुत से आधुनिक सम्प्रदायों ने बौद्धों के इस मत को ग्रहण कर लिया है, और वे सभी इसे नयी तथा अपनी अपनी खोज कहकर प्रतिपादित करना चाहते हैं। अधिकतर बौद्ध दर्शनों में मुख्य बात यही है कि यह परिदृश्यमान जगत् पर्याप्त है; इसके पीछे और कुछ है या नहीं, यह अनुसन्धान करने की बिल्कुल आवश्यकता नहीं। यह इन्द्रियग्राह्य जगत् ही सर्वस्व है—किसी वस्तु को इस जगत् के आश्रयरूप में कल्पना करने की आवश्यकता ही क्या? सब कुछ गुणों

का ही संघात है। ऐसे किसी आनुमानिक द्रव्य की कल्पना करने की क्या आवश्यकता, जिसमें वे सब गुण आश्रित हों? द्रव्य का ज्ञान आता है केवल गुणराशि के त्वरित स्थान-परिवर्तन के कारण, इसलिए नहीं कि कोई अपरिणामी वस्तु वास्तव में उनके पीछे है। हम देखते हैं कि ये युक्तियाँ बड़ी प्रबल हैं और मानवता के सामान्य अनुभव को सत्य लगती हैं। वास्तव में लाखों मनुष्यों में एक व्यक्ति भी इस दृश्य जगत् से अतीत किसी वस्तु की धारणा नहीं कर सकता। अधिकांश लोगों के लिए प्रकृति केवल परिवर्तन की परिणामी, घूर्णित, मिश्रित और परस्पर घुलती हुई राशि मात्र है। हममें से बहुत कम लोगों ने ही अपने पीछे स्थित उस स्थिर समुद्र का थोड़ा सा आभास पाया होगा। हमारे लिए तो वह समुद्र तरंगों से आलोड़ित रहता है और जगत् हमें तरंगों की चंचल राशि मात्र प्रतीत होता है। इस प्रकार हम दो मत देखते हैं। एक तो यह कि इस शरीर और मन के पीछे एक स्थिर और अपरिणामी सत्ता है; और दूसरा यह कि इस जगत् में स्थिरता और नित्यता जैसा कुछ भी नहीं है; सब कुछ परिवर्तन ही परिवर्तन है। इस मत-वैभिन्न्य का समाधान हमें विचार के अगले सोपान, अद्वैत में मिलता है।

अद्वैतवादी कहते हैं, द्वैतवादियों की यह बात कि 'जगत् की एक अपरिणामी पूर्वपीठिका है', सत्य है। किसी अपरिणामी वस्तु की कल्पना किये बिना हम परिणाम की कल्पना कर ही नहीं सकते। किसी अपेक्षाकृत अल्प परिणामी वस्तु की तुलना में ही किसी वस्तु के परिणाम की बात सोची जा सकती है, और पूर्वोक्त अल्प परिणामी वस्तु भी अपने से कम परिणामवाली वस्तु की तुलना में अधिक परिणामशील है, और इस प्रकार का क्रम चलता ही रहेगा, जब तक हम विवश होकर एक ऐसी वस्तु को स्वीकार कर लेते, जिसका कभी परिणाम नहीं होता। यह समस्त व्यक्त जगत्-प्रपंच निश्चय ही एक अव्यक्त, स्थिर और शान्त अवस्था में था, जब वह विरोधी शक्तियों का सन्तुलन था अर्थात् जब कोई भी शक्ति क्रियाशील नहीं थी; क्योंकि साम्यावस्था भंग होने पर ही शक्ति क्रियाशील होती है। यह ब्रह्माण्ड फिर से उसी साम्यावस्था की प्राप्ति के लिए सदा धावमान है। यदि हमारा किसी विषय के सम्बन्ध में निश्चित ज्ञान है तो वह यही है। द्वैतवादी जब कहते हैं कि कोई अपरिणामी वस्तु है, तब वे ठीक ही कहते हैं; पर उनका यह विश्लेषण कि एक अन्तर्निहित वस्तु है, जो न शरीर है, न मन, वरन् इन दोनों से पृथक् है, भूल है। बौद्ध लोग जो कहते हैं कि समुदय जगत् परिणाम-प्रवाह मात्र है, तो यह भी पूर्णतया सत्य है; क्योंकि जब तक मैं जगत् से पृथक् हूँ, जब तक मैं अपने अतिरिक्त और कुछ देखता हूँ, जब तक एक

द्रष्टा है और दृश्य वस्तु है—संक्षेप में, जब तक द्वैतभाव है, यह जगत् सदैव परिणामशील प्रतीत होगा। पर असल बात यह है कि इस जगत् में परिणाम भी है और अपरिणाम भी। आत्मा, मन और शरीर, ये तीनों पृथक् पृथक् वस्तुएँ नहीं हैं, बल्कि वे एक ही हैं, क्योंकि इन तीनों से बना हुआ यह प्राणी वस्तुतः एक है। एक ही वस्तु कभी देह, कभी मन और कभी देह और मन से अतीत आत्मा के रूप में प्रतीत होती है, किन्तु वह एक ही समय में यह तीनों नहीं होती। जो शरीर को देखते हैं, वे मन को नहीं देख पाते; जो मन को देखते हैं, वे आत्मा को नहीं देख पाते; और जो आत्मा को देखते हैं, उनके लिए शरीर और मन, दोनों न जाने कहाँ चले जाते हैं! जो लोग केवल गति देखते हैं, वे सम्पूर्ण स्थिर भाव को नहीं देख पाते, और जो इस सम्पूर्ण स्थिर भाव को देख पाते हैं, उनके लिए गति न जाने कहाँ चली जाती है। रज्जु में सर्प का भ्रम हुआ। जो व्यक्ति रज्जु में सर्प ही देखता है, उसके लिए रज्जु न जाने कहाँ चली जाती है, और जब भ्रान्ति दूर होने पर वह व्यक्ति रज्जु ही देखता है, तो उसके लिए फिर सर्प नहीं रह जाता।

तो हमने देखा कि सर्वव्यापी वस्तु एक ही है और वह एक ही नाना रूपों में प्रतीत होती है। इसको चाहे आत्मा कहो अथवा अन्य कोई द्रव्य कहो, जगत् में एकमात्र इसीका अस्तित्व है। अद्वैतवादियों की भाषा में यह आत्मा ही ब्रह्म है, जो नाम-रूप की उपाधि के कारण अनेक प्रतीत हो रहा है। समुद्र की तरंगों की ओर देखो; एक भी तरंग समुद्र से पृथक् नहीं है। फिर भी तरंग पृथक् क्यों प्रतीत होती है? नाम और रूप के कारण—तरंग की आकृति और उसे हमने जो 'तरंग' नाम दिया है, बस, इन दोनों ने उसे समुद्र से पृथक् किया है। नाम-रूप के नष्ट हो जाने पर वह समुद्र की समुद्र ही रह जाती है। तरंग और समुद्र के बीच भला कौन भेद कर सकता है? अतएव यह समुदय जगत् एकस्वरूप है। जो भी पार्थक्य दिखता है, वह सब नाम-रूप के ही कारण है। जिस प्रकार सूर्य लाखों जलकणों पर प्रतिबिम्बित होकर प्रत्येक जलकण में अपनी एक सम्पूर्ण प्रतिकृति सृष्ट कर देता है, उसी प्रकार वही एक आत्मा, वही एक सत्ता विभिन्न वस्तुओं में प्रतिबिम्बित होकर नाना रूपों में दिखायी पड़ती है। किन्तु वास्तव में वह एक ही है। वास्तव में 'मैं' अथवा 'तुम' कुछ नहीं है—सब एक ही है। चाहे कह लो—'सभी मैं हूँ', या कह लो—'सभी तुम हो'। यह द्वैत ज्ञान बिल्कुल मिथ्या है, और सारा जगत् इसी द्वैत ज्ञान का फल है। जब विवेक के उदय होने पर मनुष्य देखता है कि दो वस्तुएँ नहीं हैं, एक ही वस्तु है, तब उसे यह बोध होता है कि वह स्वयं यह अनन्त ब्रह्माण्डस्वरूप है। 'मैं ही यह परिवर्तनशील

जगत् हूँ, और मैं ही अपरिणामी, निर्गुण, नित्य पूर्ण, नित्यानन्दमय हूँ।'

अतएव नित्य शुद्ध, नित्य पूर्ण, अपरिणामी, अपरिवर्तनीय एक आत्मा है; उसका कभी परिणाम नहीं होता, और ये सब विभिन्न परिणाम उस एक आत्मा में प्रतीत मात्र होते हैं।

उस पर नाम-रूप ने ये सब विभिन्न स्वप्न-चित्र अंकित कर दिये हैं। रूप ने ही तरंग को समुद्र से पृथक् किया है। मान लो कि तरंग विलीन हो गयी, तो क्या यह रूप रहेगा? नहीं वह बिल्कुल चला जायगा। तरंग का अस्तित्व पूर्ण रूप से समुद्र के अस्तित्व पर निर्भर है; पर समुद्र का अस्तित्व तरंग के अस्तित्व पर निर्भर नहीं है। जब तक तरंग रहती है, तब तक रूप भी रहता है, पर तरंग के विलीन हो जाने पर वह रूप फिर नहीं रह सकता। इस नाम-रूप को ही माया कहते हैं। यह माया ही भिन्न भिन्न व्यक्तियों का सृजन करके उनमें आपस में पार्थक्य का बोध करा रही है। पर वास्तव में इसका अस्तित्व नहीं है। माया का अस्तित्व है, यह नहीं कहा जा सकता। रूप या आकृति का अस्तित्व है, यह नहीं कहा जा सकता, क्योंकि वह तो दूसरे के अस्तित्व पर निर्भर रहती है। और उसका अस्तित्व नहीं है, यह भी नहीं कहा जा सकता, क्योंकि उसीने तो यह सारा भेद उत्पन्न किया है। अद्वैतवादियों के मत से, इस माया या अज्ञान या नाम-रूप, अथवा यूरोपीय लोगों की भाषा में इस देश-काल-निमित्त के कारण यह एक अनन्त सत्ता इस वैचित्र्यमय जगत् के रूप में दीख पड़ती है। परमार्थतः यह जगत् एक अखण्डस्वरूप है; जब तक कोई दो परमार्थतः सत्य वस्तुओं की कल्पना करता है, तब तक वह भ्रम में है। जब वह जान जाता है कि सत्ता केवल एक है, तभी वह यथार्थ में जानता है। जितना ही दिन बीतता जाता है, उतना ही हमारे निकट भौतिक स्तर पर, मानसिक स्तर पर और आध्यात्मिक स्तर पर भी यह सत्य प्रमाणित होता जाता है। अब प्रमाणित हो गया है कि तुम, मैं, सूर्य, चन्द्र, तारे—सभी एक ही जड़समुद्र के भिन्न भिन्न अंशों के नाम मात्र हैं और यह जड़राशि अपने रूपाकार में सतत परिवर्तित होती रहती है। शक्ति का जो कण कुछ मास पहले सूर्य में था, हो सकता है, आज वह मनुष्य के भीतर आ गया हो, कल शायद वह पशु के भीतर और परसों शायद किसी उद्भिद् के भीतर। आना-जाना निरन्तर हो रहा है। यह सब एक अखण्ड जड़राशि है—भेद है केवल नाम और रूप में। इसके एक बिन्दु का नाम है सूर्य, एक का चन्द्र, एक का तारा, एक का मनुष्य, एक का पशु, एक का उद्भिद् आदि आदि। और ये सारे नाम भ्रमात्मक हैं, इसमें कोई वास्तविकता नहीं है; क्योंकि इस जड़राशि का लगातार परिवर्तन ो रहा

है। इसी जगत् को एक दूसरे दृष्टिकोण से देखने पर यह एक विशाल विचार-समुद्र के समान प्रतीत होगा, जिसका एक एक बिन्दु एक एक विशेष मन है—तुम एक मन हो, मैं एक मन हूँ, प्रत्येक व्यक्ति केवल एक एक मन है। फिर इसी जगत् को ज्ञान की दृष्टि से देखने पर, अर्थात् जब आँखों पर से मोह का आवरण हट जाता है, जब मन शुद्ध हो जाता है, तब यही नित्य शुद्ध, अपरिणामी, अविनाशी, अखण्ड पूर्णस्वरूप पुरुष के रूप में प्रतीत होता है।

तब फिर द्वैतवादियों के परलोकवाद का—मनुष्य मरने के बाद स्वर्ग जाता है अथवा अमुक लोक में जाता है और बुरा आदमी भूत हो जाता है, उसके बाद पशु होता है, आदि बातों का—क्या होता है? अद्वैतवादी कहते हैं—'न कोई आता है, न कोई जाता है—तुम्हारे लिए आना-जाना किस प्रकार सम्भव है? तुम तो अनन्तस्वरूप हो; तुम्हें जाने के लिए स्थान कहाँ?' किसी स्कूल में छोटे बच्चों की परीक्षा हो रही थी। परीक्षक उन छोटे छोटे बच्चों से कठिन कठिन प्रश्न कर रहे थे। उन प्रश्नों में एक प्रश्न यह भी था, "पृथ्वी गिरती क्यों नहीं?" उन्हें आशा थी कि बच्चों से उत्तर में गुरुत्वाकर्षण का भाव या दूसरा कोई जटिल वैज्ञानिक सत्य मिले। अनेक बालक इस प्रश्न को समझ न सके और अपनी अपनी समझ से उलटे-सीधे उतर देने लगे। पर एक बुद्धिमती बालिका ने एक दूसरा प्रश्न करते हुए उसका उत्तर दिया, "पृथ्वी गिरेगी कहाँ?" यह प्रश्न तो निरर्थक है! विश्व में ऊँचा-नीवा कुछ भी नहीं है। ऊँचा-नीचा तो सापेक्ष ज्ञान मात्र है। आत्मा के सम्बन्ध में भी यही बात है। इसके सम्बन्ध में जन्म-मृत्यु का प्रश्न ही निरी मूर्खता है। कौन जाता है, कौन आता है? तुम कहाँ नहीं हो? वह स्वर्ग कहाँ है, जहाँ तुम पहले से ही नहीं हो? मनुष्य की आत्मा सर्वव्यापी है। तुम कहाँ जाओगे? कहाँ नहीं जाओगे? आत्मा तो सब जगह है। अतएव यह जन्म-मृत्यु स्वर्ग-नरक आदि रूप बच्चों जैसा स्वप्न, बच्चों जैसा भ्रम—सब कुछ पूर्ण जीवन्मुक्त व्यक्ति के लिए एकदम ग़ायब हो जाता है। जिनके भीतर कुछ अज्ञान अवशिष्ट है, उनको वह ब्रह्मलोक पर्यन्त नाना प्रकार के दृश्य दिखाकर फिर अन्तर्हित होता है। और जो अज्ञानी हैं, उनके लिए वह रह जाता है।

स्वर्ग जायँगे, मरेंगे, पैदा होंगे—इन सब बातों पर सारा संसार विश्वास क्यों करता है? मैं एक पुस्तक पढ़ रहा हूँ, उसके पृष्ठ पर पृष्ठ पढ़े जा रहा हूँ और उन्हें उलटाते जा रहा हूँ। और एक पृष्ठ आया, वह भी उलट दिया गया। परिवर्तन किसमें हो रहा है? कौन आ-जा रहा है? मैं नहीं, इस पुस्तक के पन्ने ही उलटे जा रहे हैं। सारी प्रकृति आत्मा के सम्मुख रखी एक पुस्तक के समान है। उसका

एक के बाद दूसरा अध्याय पढ़ा जा रहा है। फिर एक नया दृश्य सामने आता है। पढ़ने के बाद उसे भी उलट दिया जाता है। फिर एक नया अध्याय सामने आता है; पर आत्मा जैसी थी, वैसी ही रहती है—वही अनन्तस्वरूप। परिणाम प्रकृति का हो रहा है, आत्मा का नहीं। आत्मा का कभी भी परिणाम नहीं होता। जन्म-मृत्यु प्रकृति में हैं, तुममें नहीं। फिर भी अज्ञ लोग भ्रान्त होकर सोचते हैं कि हम मर रहे हैं, हम जी रहे हैं, प्रकृति नहीं। यह बात ठीक वैसी ही है, जैसे हम भ्रान्ति-वश समझते हैं कि सूर्य चल रहा है, पृथ्वी नहीं। अतः यह समस्त भ्रान्ति ही है। जैसे रेलगाड़ी के बदले हम खेत आदि को चलायमान समझते हैं, जन्म और मृत्यु की यह भ्रान्ति भी ठीक वैसी ही है। जब मनुष्य किसी विशेष भाव में रहता है तब वह इसी सत्ता को पृथ्वी, सूर्य, चन्द्र, तारा आदि के रूप में देखता है; और जो लोग इसी मनोभाव से युक्त हैं, वे भी ठीक ऐसा ही देखते हैं। मेरे-तुम्हारे बीच अस्तित्व के विभिन्न स्तरों पर लाखों जीव हो सकते हैं। वे हमें कभी न देख पायेंगे और हम भी उन्हें कभी नहीं। हम केवल अपने ही प्रकार के चित्तवृत्तिसम्पन्न और अपने ही स्तर के प्राणियों को देख सकते हैं। जिन वाद्य-यन्त्रों में एक प्रकार का कम्पन है, उनमें से एक के बजने पर शेष सभी बज उठेंगे। मान लो, हम अभी जिस कम्पन से युक्त हैं, उसे हम 'मानव-कम्पन' नाम दे देते हैं। अब यदि यह कम्पन बदल जाय, तो फिर मनुष्य दिखायी नहीं देंगे। मनुष्य के बदले अन्य दृश्य हमारे सामने आ जायगा—हो सकता है, देव-जगत् और देवता आदि आ जायँ, अथवा दुष्ट मनुष्यों के लिए शैतान और शैतान-जगत् आ जाय। पर ये सभी एक ही जगत् के विभिन्न दृष्टिकोण हैं। यह जगत् मानव-दृष्टि से पृथ्वी, सूर्य, चन्द्र, तारा आदि रूपों में दिखता है, फिर यही दुष्टता की दृष्टि से देखने पर नरक या दण्डालय के रूप में प्रतीत होता है। और जो स्वर्ग जाना चाहते हैं, वे इसी जगत् को स्वर्ग के रूप में देखते हैं। जो व्यक्ति आजीवन यह सोचता रहा है कि मैं स्वर्ग में सिंहासन पर बैठे हुए ईश्वर के निकट जाकर सारा जीवन उनकी उपासना करूँगा, वह मृत्यु के बाद अपने उसी मनोभाव के अनुरूप देखेगा। यह जगत् ही उसके लिए एक बृहत् स्वर्ग में परिणत हो जायगा; वह देखेगा कि नाना प्रकार की अप्सराएँ, किन्नर आदि उड़ते फिर रहे हैं और देवता लोग सिंहासनों पर बैठे हैं। स्वर्ग आदि सब कुछ मनुष्य के गढ़े हुए हैं। अतएव अद्वैतवादी कहते हैं—द्वैतवादियों की बात सत्य तो है, पर यह सब उनका अपना ही बनाया हुआ है। ये सब लोक, शैतान, पुनर्जन्म आदि सभी काल्पनिक हैं, और मानव-जीवन भी ऐसा ही है। ये सब तो काल्पनिक हों और मानव-जीवन सत्य हो, ऐसा कभी नहीं हो सकता। इसी जीवन मात्र को सत्य मान-कर मनुष्य सर्वदा एक महान् भूल करता है। अन्यान्य वस्तुओं को तो—जैसे स्वर्ग,

नरक आदि को—काल्पनिक कहने से वह ठीक समझ लेता है, पर अपने अस्तित्व को वह कभी काल्पनिक मानना नहीं चाहता। यह सारा दृश्यमान जगत् कल्पना मात्र है और सबसे बड़ा मिथ्या ज्ञान तो यह है कि हम शरीर हैं। हम कभी भी शरीर नहीं थे, और न कभी हो सकते हैं। हम केवल मनुष्य हैं, यह कहना सबसे बड़ी मिथ्या बात है। हम तो जगत् के ईश्वर हैं। ईश्वर की उपासना करके हमने सदा अपनी अव्यक्त आत्मा की ही उपासना की है। अपने को जन्म से ही दुष्ट और पापी सोचना —यही सबसे बड़ी मिथ्या बात है। पापी तो वह है, जो दूसरों को पापी देखता है। मान लो, यहाँ एक बच्चा है और सोने की मोहरों से भरी एक थैली तुम यहाँ मेज पर रख देते हो। मान लो, एक चोर आया और थैली ले गया। बच्चे की दृष्टि में थैली का रखा जाना और चोरी हो जाना—दोनों समान हैं। उसके भीतर चोर नहीं है, इसलिए वह बाहर भी चोर नहीं देखता। पापी और दुष्ट मनुष्य को ही बाहर में पाप दिखता है, साधु पुरुष को नहीं। अत्यन्त असाधु व्यक्ति इस जगत् को नरक के रूप में देखते हैं; मध्यम श्रेणी के लोग इसे स्वर्ग के रूप में देखते हैं; और जो पूर्ण, सिद्ध पुरुष हैं, वे इसे साक्षात् भगवान् के रूप में देखते हैं। बस, तभी नेत्रों पर से आवरण हट जाता है, और पवित्र एवं शुद्ध हुआ वह व्यक्ति देखता है कि उसकी दृष्टि बिल्कुल बदल गयी है। जो दुःस्वप्न उसे लाखों वर्षों से पीड़ित कर रहे थे, वे सब एकदम समाप्त हो जाते हैं। और जो अपने को इतने दिन मनुष्य, देवता, दानव आदि समझ रहा था, जो अपने को कभी ऊपर, कभी नीचे, कभी पृथ्वी पर, कभी स्वर्ग में, तो कभी और किसी स्थान में स्थित समझता था, वह देखता है कि वह वास्तव में सर्वव्यापी है, वह काल के अधीन नहीं है। काल ही उसके अधीन है, सारे स्वर्ग उसके भीतर हैं, वह स्वयं किसी स्वर्ग में अवस्थित नहीं है—और मनुष्य ने आज तक जितने देवताओं की उपासना की है, वे सब के सब उसके भीतर ही अवस्थित हैं, वह स्वयं किसी देवता में अवस्थित नहीं है। वह देव, असुर, मानव, पशु, उद्भिद्, प्रस्तर आदि सभी का सृष्टिकर्ता है और उस समय मनुष्य का असल स्वरूप उसके निकट इस जगत् से श्रेष्ठतर, स्वर्ग से भी श्रेष्ठतर, अनन्त काल से भी अधिक अनन्त और सर्वव्यापी आकाश से भी अधिक सर्वव्यापी रूप में प्रकाशित होता है। तभी मनुष्य निर्भय हो जाता है, तभी वह मुक्त हो जाता है। तब सारी भ्रान्ति दूर हो जाती है, सारे दुःख दूर हो जाते हैं, सारा भय एकदम चिरकाल के लिए समाप्त हो जाता है। तब जन्म न जाने कहाँ चला जाता है और उसके साथ मृत्यु भी; दुःख न जाने कहाँ ग़ायब हो जाता है और उसके साथ सुख भी। पृथ्वी उड़ जाती है और उसके साथ-साथ स्वर्ग भी उड़ जाता है; शरीर चला जाता है और उसके साथ मन भी। उस व्यक्ति की दृष्टि में यह सारा विश्व मानो अन्तर्हित

हो जाता है। यह जो शक्तियों का निरन्तर संग्राम, निरन्तर संघर्ष है, यह सब एकदम समाप्त हो जाता है; और जो, स्वयं शक्ति और भूत के रूप में, प्रकृति के विभिन्न संघर्षों के रूप में, स्वयं प्रकृति के रूप में स्वर्ग, पृथ्वी, उद्भिद्, पशु, मनुष्य, देवता आदि के रूप में प्रकट हो रहा था, वह समस्त एक अनन्त, अच्छेद्य, अपरिणामी सत्ता के रूप में दिव्य भाव से परिणत हो जाता है; और ज्ञानी पुरुष देख पाते हैं कि वे उस सत्ता से अभिन्न हैं। 'जिस प्रकार आकाश में नाना वर्ण के मेघ आकर, कुछ देर खेलकर फिर अन्तर्हित हो जाते हैं,' उसी प्रकार इस आत्मा के सम्मुख पृथ्वी, स्वर्ग, चन्द्रलोक, देवता, सुख, दु:ख आदि आते हैं, पर वे उसी अनन्त, अपरिणामी, नील आकाश को हमारे सम्मुख छोड़कर अन्तर्हित हो जाते हैं। आकाश में कभी परिवर्तन नहीं होता, परिवर्तन केवल मेघ में होता है। भ्रम के वश हो हम सोचते हैं कि हम अपवित्र हैं, हम सान्त हैं, हम पृथक् हैं। पर असल में यथार्थ मनुष्य एक अखण्ड सत्तास्वरूप है।

यहाँ पर दो प्रश्न उठते हैं। पहला यह कि 'क्या इसकी उपलब्धि सम्भव है? अब तक तो सिद्धान्त और दर्शन की बात हुई, पर क्या उसकी अपरोक्षानुभूति सम्भव है?' हाँ, बिल्कुल सम्भव है। ऐसे अनेक व्यक्ति संसार में इस समय भी जीवित हैं, जिनका अज्ञान सदा के लिए चला गया है। तो क्या सत्य की उपलब्धि के बाद उनकी तुरन्त मृत्यु हो जाती है? उतनी जल्दी नहीं, जितनी जल्दी हम समझते हैं। मान लो, एक लकड़ी से जुड़े हुए दो पहिये साथ साथ चल रहे हैं। अब यदि मैं एक पहिये को पकड़कर बीच की लकड़ी को कुल्हाड़ी से काट दूं, तो जिस पहिये को मैंने पकड़ रखा है, वह तो रुक जायगा; पर दूसरा पहिया, जिसमें पहले का वेग कभी नष्ट नहीं हुआ है, कुछ दूर चलेगा और फिर गिर पड़ेगा। पूर्ण शुद्धस्वरूप आत्मा मानो एक पहिया है, और शरीर-मनरूप भ्रान्ति दूसरा पहिया; ये दोनों कर्मरूपी लकड़ी द्वारा जुड़े हुए हैं। ज्ञान मानो कुल्हाड़ी है, जो जोड़नेवाली इस लकड़ी को काट देता है। जब आत्मारूपी पहिया रुक जाता है, तब आत्मा यह सोचना छोड़ देती है कि वह आ रही है, जा रही है, अथवा उसका जन्म होता है, मृत्यु होती है; तब वह इस प्रकार के सभी अज्ञानात्मक भावों का त्याग कर देती है और तब उसका यह भाव कि वह प्रकृति के साथ संयुक्त है, उसके अभाव और वासनाएँ हैं, बिल्कुल चली जाती हैं। तब वह देखती है कि वह पूर्ण है, वासनारहित है। पर शरीर-मनरूपी पहिये में पूर्व कर्मों का वेग बचा रहता है। अत: जब तक पूर्व कर्मों का यह वेग पूरी तरह समाप्त नहीं हो जाता, तब तक शरीर और मन बने रहते हैं। यह वेग समाप्त हो जाने पर इनका भी नाश हो जाता है और तब आत्मा मुक्त हो जाती है। तब फिर स्वर्गलोक जाना या स्वर्ग से पृथ्वी पर लौटना, यहाँ तक

कि ब्रह्मलोक जाना भी समाप्त हो जाता है; क्योंकि आत्मा भला कहाँ से आयेगी, और कहाँ जायगी? जिन व्यक्तियों ने इस जीवन में ही इस अवस्था को प्राप्त कर लिया है, जिन्हें कम से कम एक मिनट के लिए भी संसार का यह साधारण दृश्य बदलकर सत्य का ज्ञान मिल गया है, उन्हें जीवन्मुक्त कहते हैं। जीवित रहते हुए यह मुक्ति प्राप्त करना ही वेदान्ती का लक्ष्य है।

एक बार मैं पश्चिमी भारत में हिन्द महासागर के तटवर्ती मरुस्थल में भ्रमण कर रहा था। बहुत दिन तक निरन्तर पैदल भ्रमण करता रहा। किन्तु प्रतिदिन यह देखकर मुझे महान् आश्चर्य होता था कि चारों ओर सुन्दर सुन्दर झीलें हैं, वे चारों ओर वृक्षों से घिरी हैं और वृक्षों की परछाई जल में पड़ रही है। मैं अपने मन में कहने लगा, 'कैसे अद्भुत दृश्य हैं ये! और लोग इसे रेगिस्तान कहते हैं!' एक मास तक वहाँ मैं घूमता रहा और प्रतिदिन मुझे वे सुन्दर दृश्य दिखायी देते रहे। एक दिन मुझे बड़ी प्यास लगी। मैंने सोचा कि चलूँ, वहाँ एक झील पर जाकर प्यास बुझा लूँ। अतएव मैं इन सुन्दर निर्मल झीलों में से एक की ओर अग्रसर हुआ। जैसे मैं आगे बढ़ा कि वह सब दृश्य न जाने कहाँ लुप्त हो गया। और तब मेरे मन में एकदम यह ज्ञान हुआ कि 'जीवन भर जिस मरीचिका की बात पुस्तकों में पढ़ता रहा हूँ, यह तो वही मरीचिका है!' और उसके साथ साथ यह ज्ञान भी हुआ कि 'इस पिछले मास प्रतिदिन मैं मरीचिका ही देखता रहा, पर कभी जान न पाया कि यह मरीचिका है।' दूसरे दिन मैंने पुनः चलना प्रारम्भ किया। फिर से वही सुन्दर दृश्य दिखने लगे, पर अब साथ साथ यह ज्ञान भी रहने लगा कि यह सचमुच की झील नहीं है, यह मरीचिका है। बस, इस जगत् के सम्बन्ध में भी ठीक यही बात है। हम प्रतिदिन, प्रतिमास, प्रतिवर्ष इस जगद्रूपी मरुस्थल में भ्रमण कर रहे हैं पर मरीचिका को मरीचिका नहीं समझ पा रहे हैं। एक दिन यह मरीचिका अदृश्य हो जायगी। पर वह फिर से आ जायगी—शरीर को पूर्व कर्मों के अधीन रहना पड़ता है, अतः यह मरीचिका फिर से लौट आयेगी। जब तक हम कर्म से बँधे हुए हैं, तब तक जगत् हमारे सम्मुख आयेगा ही। नर, नारी, पशु, उद्भिद्, आसक्ति, कर्तव्य—सब कुछ आयेगा, पर वे पहले की भाँति हम पर प्रभाव न डाल सकेंगे। इस नवीन ज्ञान के प्रभाव से कर्म की शक्ति का नाश हो जायगा, उसके विष के दाँत टूट जायँगे; जगत् हमारे लिए एकदम बदल जायगा; क्योंकि जैसे ही जगत् दिखायी देगा, वैसे ही उसके साथ उसका स्वरूप और सत्य तथा मरीचिका के भेद का ज्ञान भी हमारे सामने प्रकाशित हो जायगा।

तब यह जगत् पहले का सा जगत् नहीं रह जायगा। किन्तु इसमें एक भय की आशंका है। हम देखते हैं कि प्रत्येक देश में लोग इस वेदान्त मत को अपना-

कर कहते हैं, "मैं धर्माधर्म से अतीत हूँ, मैं नैतिकता के किसी नियम से नहीं बँधा हूँ, अतः मेरी जो इच्छा होगी, वही करूँगा।" इस देश में आजकल देखोगे, अनेक मूर्ख कहते रहते हैं, "मैं बद्ध नहीं हूँ, मैं स्वयं ईश्वर हूँ; मेरी जो इच्छा होगी, वही करूँगा।" यह ठीक नहीं है, यद्यपि यह बात सच है कि आत्मा भौतिक, मानसिक और नैतिक, सभी प्रकार के नियमों के परे है। नियम के अन्दर बन्धन है और नियम के बाहर मुक्ति। यह भी सच है कि मुक्ति आत्मा का जन्मगत स्वभाव है, यह उसका जन्मसिद्ध अधिकार है और आत्मा का यह वास्तविक मुक्त स्वभाव भौतिक आवरण के भीतर से मनुष्य की प्रतीयमान स्वतन्त्रता के रूप में प्रतीत होता है। अपने जीवन के प्रत्येक क्षण हम अपने को मुक्त अनुभव करते हैं। हम अपने को मुक्त अनुभव किये बिना एक क्षण भी जीवित नहीं रह सकते, बोल नहीं सकते और श्वास-प्रश्वास भी नहीं ले सकते। किन्तु फिर कुछ विचार करने पर यह भी प्रमाणित हो जाता है कि हम एक मशीन के समान हैं, मुक्त नहीं। तब कौन सी बात सत्य मानी जाय? 'हम मुक्त हैं' यह धारणा ही क्या भ्रमात्मक है? एक पक्ष कहता है कि 'मैं मुक्त हूँ', यह धारणा भ्रमात्मक है, और दूसरा पक्ष कहता है कि 'मैं बद्ध हूँ', यह धारणा भ्रमात्मक है। यह कैसे? वास्तव में, मनुष्य मुक्त है; मनुष्य परमार्थतः जो है, वह मुक्त के अतिरिक्त और कुछ हो ही नहीं सकता, किन्तु ज्यों ही वह माया के जगत् में आता है, ज्यों ही नाम-रूप के भीतर पड़ जाता है, त्यों ही वह बद्ध हो जाता है? 'स्वाधीन इच्छा' कहना ही भूल है। इच्छा कभी स्वाधीन हो नहीं सकती। होगी कैसे? जो प्रकृत मनुष्य है, वह जब बद्ध हो जाता है, तभी उसकी इच्छा की उत्पत्ति होती है, उससे पहले नहीं। मनुष्य की इच्छा बद्ध है, किन्तु जो इसका आधार है, वह तो सदा ही मुक्त है। इसीलिए बन्धन की दशा में भी—चाहे मनुष्य-जीवन हो, चाहे देव-जीवन, चाहे पृथ्वी पर हो, चाहे स्वर्ग में—हममें इस स्वतन्त्रता या मुक्ति की स्मृति रहती ही है, जो कि हमारा विधिप्रदत्त अधिकार है। और जान में हो या अनजान में, हम सब इस मुक्ति की ओर संघर्ष कर रहे हैं। मनुष्य जब मुक्त हो जाता है, तब वह किस प्रकार नियम में बद्ध रह सकता है? तब विश्व का कोई भी नियम उसे बाँध नहीं सकता; क्योंकि वह विश्व-ब्रह्माण्ड ही उसका हो जाता है।

वह विश्व-ब्रह्माण्डस्वरूप है। या तो कह लो कि वही विश्व-ब्रह्माण्ड है, या फिर कह लो कि उसके लिए विश्व-ब्रह्माण्ड का अस्तित्व ही नहीं है। तब फिर उसके लिए लिंग, देश आदि छोटे छोटे भाव किस प्रकार सम्भव हैं? वह कैसे कहेगा—मैं पुरुष हूँ, मैं स्त्री हूँ अथवा मैं बालक हूँ? क्या ये सब मिथ्या बातें नहीं हैं? उसने जान लिया है कि यह सब मिथ्या है। तब वह भला किस तरह कहेगा—ये ये पुरुष

के अधिकार हैं और ये ये स्त्री के? किसीका कुछ अधिकार नहीं है, किसीका स्वतन्त्र अस्तित्व नहीं है। पुरुष भी नहीं है और स्त्री भी नहीं; आत्मा तो लिंगहीन है, वह नित्य शुद्ध है। मैं पुरुष या स्त्री हूँ, मैं अमुक देशवासी हूँ, यह सब कहना केवल मिथ्या है। सभी देश मेरे हैं, सारा विश्व मेरा है; क्योंकि मैंने अपने को मानो सारे विश्व से ढक लिया है, सारा विश्व ही मानो मेरा शरीर हो गया है। किन्तु हम देखते हैं कि संसार में बहुत से लोग विचार करते समय ये सब बातें मुख से कहने पर भी आचरण में सभी प्रकार के अपवित्र कार्य करते रहते हैं; और यदि उनसे पूछें, "तुम ऐसा क्यों कह रहे हो?" तो वे उत्तर देंगे, "यह तुम्हारी समझ की भूल है। हमसे कोई अन्याय होना असम्भव है।" इन सब लोगों को किस कसौटी पर कसें? कसौटी यह है।

यद्यपि शुभ और अशुभ, दोनों एक ही आत्मा के आंशिक प्रकाश मात्र हैं, फिर भी अशुभ मनुष्य के वास्तविक स्वरूप का, उसकी आत्मा का बाह्यतम आवरण है, और शुभ अपेक्षाकृत निकटतम आवरण है। जब तक मनुष्य अशुभ के स्तर को छिन्न नहीं कर लेता, तब तक वह शुभ के स्तर पर नहीं पहुँच सकता, और जब तक वह शुभ और अशुभ दोनों के स्तरों को पार नहीं कर लेता, तब तक वह आत्मा तक नहीं पहुँच सकता। आत्मा की प्राप्ति होने पर उसके लिए फिर क्या रह जाता है?—अत्यन्त अल्प कर्म, अतीत जीवन के कर्मों का अति अल्प वेग; पर यह वेग भी शुभ कर्मों का ही वेग होता है। जब तक अशुभ-वेग एकदम समाप्त नहीं हो जाता, जब तक पहले की अपवित्रता बिल्कुल दग्ध नहीं हो जाती, तब तक कोई भी सत्य का साक्षात्कार और उसकी उपलब्धि नहीं कर सकता। अतएव जिन लोगों ने आत्मा को प्राप्त कर लिया है, जिन्होंने सत्य का साक्षात्कार कर लिया है, उनके लिए अतीत जीवन के शुभ संस्कार, शुभ-वेग ही बच रहता है। शरीर में वास करते हुए भी और अनवरत कर्म करते हुए भी वे केवल सत्कर्म ही करते हैं; उनके मुख से सब के प्रति केवल आशीर्वाद ही निकलता है, उनके हाथ केवल सत्कार्य ही करते हैं, उनका मन केवल सच्चिन्तन ही कर सकता है, उनकी उपस्थिति ही, चाहे वे कहीं भी रहे सर्वत्र मानव जाति के लिए महान् आशीर्वाद होती है। वह स्वयं एक सजीव आशीर्वाद होते हैं। यदि वह कुछ भी न बोले, तो भी उसका होना मात्र मानवता के लिए एक आशीषस्वरूप है। ऐसा व्यक्ति अपनी उपस्थिति मात्र से घोर दुरात्मा को भी संत बना देता है। इस प्रकार के व्यक्ति के द्वारा क्या कोई बुरा कार्य सम्भव है? याद रखो, 'प्रत्यक्षानुभूति' और 'केवल मुख से कहने' में आकाश-पाताल का अन्तर है। अज्ञानी व्यक्ति भी नाना प्रकार की ज्ञान की बातें कहता है। तोता भी इस तरह बक लेता है। मुंह से कहना एक बात है और अनुभव

करना दूसरी बात। दर्शन, मतामत, विचार, शास्त्र, मन्दिर, सम्प्रदाय आदि अपने स्थान पर ठीक हैं। पर प्रत्यक्षानुभूति होने पर यह सब पीछे छूट जाते हैं। जैसे, नक्शा अच्छी चीज है, पर नक्शे में अंकित देश को स्वयं देखकर आने के बाद यदि उसी नक्शे को फिर से देखो, तो कितना अन्तर दिखायी पड़ेगा! अतएव जिन्होंने सत्य को प्रत्यक्ष कर लिया है, उन्हें फिर सत्य को समझने के लिए न्याय-युक्ति, तर्क-वितर्क आदि बौद्धिक व्यायामों की आवश्यकता नहीं रह जाती। उनके लिए तो सत्य जीवन का जीवन, प्रत्यक्ष से भी प्रत्यक्ष हो जाता है। वेदान्तियों की भाषा में, वह मानो उनके लिए हस्तामलकवत् हो गया है। प्रत्यक्ष उपलब्धि करनेवाले लोग निःसंकोच भाव से कह सकते हैं, 'यही आत्मा है'। तुम उनके साथ कितना ही तर्क क्यों न करो, वे तुम्हारी बात पर केवल हँसेंगे, वे उसे बच्चे की अण्ड-बण्ड बकवास ही समझेंगे; और उन्हें बकने देंगे। उन्होंने सत्य का साक्षात्कार किया और पूर्ण हो गये। मान लो, तुम एक देश देखकर आये और कोई व्यक्ति तुम्हारे पास आकर यह तर्क करने लगा कि उस देश का कहीं अस्तित्व ही नहीं है। वह फिर कितना ही तर्क क्यों न करे, पर उसके प्रति तुम्हारा भाव यही रहेगा कि वह पागलख़ाने में भेज देने लायक़ है। इसी प्रकार, जो धर्म की प्रत्यक्ष उपलब्धि कर चुके हैं, वे कहते हैं, "जगत् में धर्म सम्बन्धी जो बातें सुनी जाती हैं, वे सब केवल बच्चों की सी बातें हैं। प्रत्यक्षानुभूति ही धर्म का सार है।" धर्म की उपलब्धि की जा सकती है। प्रश्न यह है कि क्या तुम इसके अधिकारी हो चुके हो? क्या तुम्हें धर्म की सचमुच में आवश्यकता है? यदि तुम ठीक ठीक प्रयत्न करो, तभी तुम्हें प्रत्यक्ष उपलब्धि होगी, और तभी तुम वास्तव में धार्मिक होगे। जब तक यह उपलब्धि तुम्हें नहीं होती, तब तक तुममें और नास्तिक में कोई भेद नहीं। नास्तिक तो फिर भी निष्कपट होते हैं; किन्तु जो कहता है कि 'मैं धर्म में विश्वास करता हूँ, पर उसकी प्रत्यक्ष अनुभूति की चेष्टा नहीं करता', वह निश्चय ही निष्कपट नहीं है।

दूसरा प्रश्न यह है कि उपलब्धि के बाद क्या होता है? मान लो कि हमने जगत् का यह अखण्ड भाव—यह भाव कि हमीं एकमात्र अनन्त पुरुष हैं—उपलब्ध कर लिया; मान लो, हमने जान लिया कि एकमात्र आत्मा ही विद्यमान है और वही विभिन्न रूपों से प्रकाशित हो रही है। तो अब प्रश्न यह है कि इस प्रकार जान लेने से हमारा क्या हुआ? तब क्या हम निश्चेष्ट ही एक कोने में बैठकर मर जायँ? इससे जगत् का क्या उपकार होगा? वही प्राचीन प्रश्न फिर से घूम-फिरकर आता है! पहले तो, इससे जगत् का उपकार क्यों हो? क्यों? मैं इसका कारण जानना चाहता हूँ। लोगों को यह प्रश्न करने का अधिकार ही

क्या है कि इससे जगत् का क्या भला होगा ? ऐसा पूछने का अर्थ क्या ? छोटे-छोटे बच्चे मिठाई पसन्द करते हैं। मान लो, तुम विद्युत् के बारे में कुछ खोज कर रहे हो और बच्चा तुमसे पूछता है, 'इससे क्या मिठाई मिलेगी ?' तुम कहते हो, 'नहीं।' तो वह कह उठता है, 'तो फिर इससे क्या लाभ ?' तत्त्वज्ञान के अनुसन्धान में रत देखकर लोग ठीक इसी प्रकार पूछते हैं, 'इससे जगत् का क्या उपकार होगा ? क्या इससे हमें रुपया मिलेगा ?' 'नहीं।' 'तो फिर इससे क्या लाभ ?' लोग उपकार का अर्थ बस इतना ही समझते हैं। तो भी, धर्म की इस प्रत्यक्षानुभूति से जगत् का पूरा उपकार होता है। लोगों को भय होता है कि जब वे यह अवस्था प्राप्त कर लेंगे, जब उन्हें ज्ञान हो जायगा कि सभी एक हैं, तब उनके प्रेम का स्रोत सूख जायगा, जीवन में जो कुछ मूल्यवान है, वह सब चला जायगा, इस जीवन में और पर-जीवन में जो कुछ उन्हें प्रिय था, उसमें से कुछ भी न बच रहेगा। पर लोग यह बात एक बार भी नहीं सोच देखते कि जो व्यक्ति अपने सुख की चिन्ता की ओर से उदासीन हो गये हैं, वे ही जगत् में सर्वश्रेष्ठ कर्मी हुए हैं। मनुष्य तभी वास्तव में प्रेम करता है, जब वह देखता है कि उसके प्रेम का पात्र कोई क्षुद्र मर्त्य जीव नहीं है। मनुष्य तभी वास्तविक प्रेम कर सकता है, जब वह देखता है कि उसके प्रेम का पात्र एक मिट्टी का ढेला नहीं, किन्तु वास्तविक स्वयं भगवान् है। स्त्री पति से और अधिक प्रेम करेगी, यदि वह समझेगी कि स्वामी साक्षात् ब्रह्मस्वरूप है। पति भी स्त्री से अधिक प्रेम करेगा, यदि वह जानेगा कि स्त्री स्वयं ब्रह्मस्वरूप है। वे माताएँ सन्तान से अधिक स्नेह कर सकेंगी, जो सन्तान को ब्रह्मस्वरूप देखेंगी। वे ही लोग अपने महान् शत्रुओं के प्रति भी प्रेमभाव रख सकेंगे, जो जानेंगे कि ये शत्रु साक्षात् ब्रह्म-स्वरूप हैं। वे ही लोग पवित्र व्यक्तियों से प्रेम करेंगे, जो समझेंगे कि साधु व्यक्ति साक्षात् ब्रह्मस्वरूप है। वे ही लोग अत्यन्त अपवित्र व्यक्तियों से भी प्रेम करेंगे जो यह जान लेंगे कि इन महादुष्टों के भी पीछे वे ही प्रभु विराजमान हैं। जिनका क्षुद्र अहं एकदम मर चुका है और उसके स्थान पर ईश्वर ने अधिकार जमा लिया है, वे ही लोग जगत् के प्रेरक हो सकते हैं। उनके लिए समग्र विश्व दिव्यभाव से रूपान्तरित हो जायगा। दुःखकर अथवा क्लेशकर जो कुछ भी है, वह सब उनकी दृष्टि से लुप्त हो जाता है; सभी प्रकार के द्वन्द्व और संघर्ष समाप्त हो जाते हैं। तब यह जगत्, जहाँ हम प्रतिदिन एक टुकड़ा रोटी के लिए झगड़ा और मारपीट करते हैं, उनके लिए कारागार होने के बदले एक क्रीड़ाक्षेत्र बन जाता है। तब जगत् बड़ा सुन्दर रूप धारण कर लेता है। ऐसे ही व्यक्ति को यह कहने का अधिकार है कि 'यह जगत् कितना सुन्दर है!' उन्हींको यह कहने का अधिकार कि सब मंगलस्वरूप है। इस प्रकार की प्रत्यक्ष उपलब्धि से जगत् का यह महान्

हित होगा कि ये अविराम विवाद, द्वन्द्व आदि सब दूर होकर जगत् शान्ति का राज्य हो जायगा। यदि जगत् के सभी मनुष्य आज इस महान् सत्य के एक बिन्दु की भी उपलब्धि कर सकें, तो उनके लिए यह सारा जगत् एक दूसरा ही रूप धारण कर लेगा और यह सब झगड़ा समाप्त हो शान्ति का राज्य आ जायगा। यह घिनौना उतावलापन, यह स्पर्धा, जो हमें, अन्य सबों को ठेलकर आगे बढ़ निकलने के लिए बाध्य करती है, इस संसार से उठ जायगी। इसके साथ साथ सब प्रकार की अशान्ति, घृणा, ईर्ष्या एवं सभी प्रकार का अशुभ सदा के लिए चला जायगा। उस समय देवता लोग इस जगत् में वास करेंगे। उस समय यही जगत् स्वर्ग हो जायगा। और जब देवता देवता से खेलेगा, देवता देवता से मिलकर कार्य करेगा, देवता देवता से प्रेम करेगा, तब क्या अशुभ ठहर सकता है? ईश्वर की प्रत्यक्ष उपलब्धि का यही एक बड़ी उपयोगिता है। समाज में तुम जो कुछ भी देख रहे हो, वह सभी उस समय परिवर्तित होकर एक दिव्य रूप धारण कर लेगा। तब तुम किसी मनुष्य को बुरा नहीं समझोगे। यही प्रथम महालाभ है। उस समय तुम लोग किसी अन्याय करनेवाले बेचारे नर-नारी की ओर घृणापूर्ण दृष्टि से नहीं देखोगे। हे महिलाओ, फिर तुम प्रणयाकांक्षा में रात भर रास्ते में भटकती फिरनेवाली दुखिया स्त्री की ओर घृणा से न देखोगी; क्योंकि तुम वहाँ भी साक्षात् ईश्वर को देखोगी! तब तुममें ईर्ष्या अथवा दूसरों पर शासन करने का भाव नहीं रहेगा; वह सब चला जायगा। तब प्रेम इतना प्रबल हो जायगा कि मानव जाति को सत्पथ पर चलाने के लिए फिर चाबुक की आवश्यकता नहीं रह जायगी।

यदि संसार के नर-नारियों का दश-लक्षांश भी बिल्कुल चुप रहकर एक क्षण के लिए कहे, "तुम सभी ईश्वर हो; हे मानवो, हे पशुओ, हे सब प्रकार के जीवित प्राणियो! तुम सभी एक जीवन्त ईश्वर के प्रकाश हो," तो आधे घण्टे के अन्दर ही सारे जगत् का परिवर्तन हो जाय। उस समय चारों ओर घृणा के बीज न बोकर, ईर्ष्या और असत् चिन्ता का प्रवाह न फैलाकर सभी देशों के लोग सोचेंगे कि सभी 'वह' हैं। जो कुछ तुम देख रहे हो या अनुभव कर रहे हो, वह सब 'वही' है। तुम्हारे भीतर अशुभ न रहने पर तुम अशुभ किस तरह देखोगे? तुम्हारे भीतर यदि चोर न हो, तो तुम किस प्रकार चोर देखोगे? तुम स्वयं यदि खूनी नहीं हो, तो किस प्रकार खूनी देखोगे। साधु हो जाओ, तो असाधु-भाव तुम्हारे अन्दर से एकदम चला जायगा। इस प्रकार सारे जगत् का परिवर्तन हो जायगा। यही समाज का सबसे बड़ा लाभ है। मनुष्य के लिए यही महान् लाभ है। ये सब भाव भारत में प्राचीन काल में अनेक महात्माओं द्वारा आविष्कृत और कार्य-रूप में परिणत हुए थे। पर आचार्यों की संकीर्णता और देश की पराधीनता आदि अनेकविध कारणों से ये सब

भाव चारों ओर फैल न सके। फिर भी ये सब महान् सत्य हैं। जहाँ भी इन विचारों का प्रभाव पड़ा है, वहीं मनुष्य ने देवत्व प्राप्त कर लिया है। ऐसे ही एक देवस्वभाव मनुष्य के स्पर्श द्वारा मेरा समस्त जीवन परिवर्तित हो गया है; इनके सम्बन्ध में आगामी रविवार को मैं तुमसे कहूँगा। आज इन सब भावों का जगत् में प्रचार करने का समय आ गया है। अब मठों की चहारदीवारी में आबद्ध न रहकर, केवल पण्डितों के पढ़ने की दार्शनिक पुस्तकों में आबद्ध न रहकर, केवल कुछ सम्प्रदायों के अथवा कुछ पण्डितों के एकाधिकार में न रहकर, इन भावों का समस्त जगत् में प्रचार होगा, जिससे ये साधु, पापी, आबालवृद्धवनिता, शिक्षित, अशिक्षित सभी की साधारण सम्पत्ति हो जायँ। तब ये सब भाव इस जगत् के वातावरण को ओतप्रोत कर देंगे और हम श्वास-प्रश्वास द्वारा जो वायु ले रहे हैं, वह अपने प्रत्येक स्पन्दन के साथ कहने लगेगी—**तत्त्वमसि !** असंख्य चन्द्र-सूर्यपूर्ण यह समग्र ब्रह्माण्ड वाक्शक्तियुक्त प्रत्येक प्राणी के माध्यम से एक स्वर से कह उठेगा—**तत्त्वमसि !**

माया और भ्रम

(लन्दन में दिया हुआ भाषण)

माया शब्द प्रायः तुम सभी ने सुना होगा। इसका व्यवहार अशुद्ध रूप से साधारणतः भ्रम, भ्रांति अथवा इसी प्रकार के अर्थ में किया जाता है। किन्तु मायावाद उन स्तम्भों में से एक है, जिन पर वेदान्त की स्थापना हुई है, अतः उसका ठीक ठीक अर्थ समझ लेना आवश्यक है। मैं तुम लोगों से तनिक धैर्यपूर्वक सुनने की प्रार्थना करता हूँ, क्योंकि मुझे भय है कि कहीं तुम माया के सिद्धान्त को ग़लत न समझ बैठो। वैदिक साहित्य में 'माया' की प्राचीनतम धारणा भ्रांति के अर्थ में ही देखी जाती है। किन्तु उस समय यथार्थ मायावाद-तत्त्व का उदय नहीं हुआ था। हम वेद में ऐसा वाक्य पाते हैं—'इन्द्र ने माया द्वारा नाना रूप धारण किये।'[१] यहाँ पर 'माया' शब्द इन्द्रजाल अथवा उसी प्रकार के अर्थ में प्रयुक्त हुआ है। वेद के अनेक स्थलों में माया शब्द इसी अर्थ में प्रयुक्त देखा जाता है। इसके बाद कुछ समय तक माया शब्द का प्रयोग एकदम लुप्त हो गया। किन्तु इसी बीच उस शब्द द्वारा प्रतिपादित जो अर्थ या भाव था, वह क्रमशः परिपुष्ट हो रहा था। बाद में हम देखते हैं कि एक प्रश्न उठाया गया है, 'हम जगत् के इस रहस्य को क्यों नहीं जान पाते?' और उसका जो उत्तर दिया गया है, वह बड़ा ही अर्थगंभीर है : 'हम सब थोथी बकवास करते हैं, इन्द्रिय-सुख से ही सन्तुष्ट हैं और वासनाओं के पीछे दौड़ते रहते हैं, इसलिए इस सत्य को हमने मानो कुहरे से ढक रखा है।'[२] यहाँ पर माया शब्द का प्रयोग बिल्कुल नहीं हुआ है, पर उससे यही भाव प्रकट होता है कि हमारी अज्ञता का कारण कुछ कुहरे जैसा है, जो इस सत्य और हमारे बीच आ गया है। इसके बहुत समय बाद एक अपेक्षाकृत आधुनिक उपनिषद् में, माया शब्द पुनः दीख पड़ता है। पर इस बीच उसका रूप काफ़ी बदल चुका है; उसके साथ कई नये अर्थ संयोजित हो गये हैं। नाना प्रकार के मतवादों का प्रचार हुआ, उनकी पुनरुक्ति हुई, और अन्त में माया-विषयक धारणा ने एक स्थिर रूप प्राप्त कर लिया। हम श्वेताश्वतरोपनिषद् में

---

१. इन्द्रो मायाभिः पुरुरूप ईयते ।। ऋग्वेद ।।६।४७।१८।।

२. नीहारेण प्रावृता जल्प्या चासुतृप उक्थशासश्चरन्ति।।ऋग्वेद।।१०।८२।७।।

पढ़ते हैं, 'माया को ही प्रकृति समझो और माया के शासक को स्वयं ईश्वर जानो।'[१] महान् शंकराचार्य के पूर्ववर्ती दार्शनिकों ने इस माया शब्द का विभिन्न अर्थों में प्रयोग किया है। बौद्धों ने भी मायावाद का उपयोग किया है। किन्तु बौद्धों के हाथों यह बहुत कुछ विज्ञानवाद (idealism)[२] में परिणत हो गया था, और अब माया शब्द को साधारणतः यही अर्थ दिया जाता है। हिन्दू जब कहते हैं कि 'संसार माया है', तो साधारण मनुष्य की यह धारणा होती है कि 'संसार एक भ्रम है'। इस प्रकार की व्याख्या का कुछ आधार है; क्योंकि बौद्ध दार्शनिकों की एक श्रेणी के दार्शनिक बाह्य जगत् के अस्तित्व में विश्वास नहीं करते थे। किन्तु वेदान्त में माया का जो अन्तिम विकसित रूप है, वह न तो विज्ञानवाद है, न यथार्थवाद (realism)[३] और न किसी प्रकार का सिद्धान्त ही। वह तो तथ्यों का सहज वर्णन मात्र है—हम क्या हैं और अपने चारों ओर हम क्या देखते हैं।

मैं तुमसे पहले ही कह चुका हूँ जिन पुरुषों से वेद निकले, उनके मन मूल तत्त्वों के अनुसरण तथा खोज में ही लगे हुए थे। इन तत्त्वों के ब्योरों के अनुशीलन के लिए मानो उन्हें समय ही नहीं मिला और उन्होंने प्रतीक्षा भी नहीं की। वे तो वस्तुओं के अन्तस्तल में पहुँचने के लिए व्यग्र थे। इस जगत् के परे कोई वस्तु मानो उन्हें पुकार रही थी, वे मानो और अधिक प्रतीक्षा नहीं कर सकते थे। उपनिषदों में यत्र-तत्र, आज जिन्हें हम आधुनिक विज्ञान कहते हैं, उन विषयों के ब्योरों का प्रतिपादन बहुधा बड़ा भ्रमात्मक मिलता है, पर तो भी उनके मूल सिद्धान्त बिल्कुल सही हैं। उदाहरणार्थ, आधुनिक विज्ञान का ईथर अर्थात् आकाशविषयक नवीन सिद्धान्त उपनिषदों में आधुनिक वैज्ञानिकों के ईथर-सिद्धान्त की अपेक्षा अधिक विकसित रूप में विद्यमान है। किन्तु वह बस मूल सिद्धांत तक ही सीमित रहा। इस आकाश तत्त्व के कार्य की व्याख्या करने में उन्होंने अनेक भूलें कीं। वह सर्वव्यापी प्राण-तत्त्व, जगत् के समस्त जीवन जिसकी विविध अभिव्यक्ति मात्र है, वेदों में—ब्राह्मण भाग में पाया जाता

---

१. मायां तु प्रकृतिं विद्यान्मायिनं तु महेश्वरम् ।।४।१०।।

२. हमारी इन्द्रियों से ग्राह्य सारा जगत् हमारे मन की ही विभिन्न अनुभूति मात्र है, उसकी कोई वास्तविक सत्ता नहीं है, इस मत को विज्ञानवाद या idealism **कहते हैं।**

३. जगत् हमारे मन की अनुभूति मात्र नहीं है, वरन् उसकी यथार्थ सत्ता है, इस मत को यथार्थवाद या realism **कहते हैं।**

है। संहिता के एक लम्बे मंत्र में समस्त जीवनी शक्ति के विकासक प्राण की प्रशंसा की गयी है। शायद तुम लोगों में से कुछ को यह जानकर आनन्द हो कि इस पृथ्वी पर जीवन की उत्पत्ति के सम्बन्ध में कुछ आधुनिक यूरोपीय वैज्ञानिकों के जो सिद्धान्त हैं, बहुत कुछ वैसे ही सिद्धान्त वैदिक दर्शन में भी पाये जाते हैं। तुम सभी निश्चित जानते हो कि जीवन अन्य ग्रहों से संक्रमित होकर पृथ्वी पर आता है, इस प्रकार का एक मत प्रचलित है। कतिपय वैदिक दार्शनिकों का यह निश्चित मत है कि जीवन इस प्रकार चन्द्रलोक से पृथ्वी पर आता है।

मूल तत्त्वों के सम्बन्ध में हम देखते हैं कि वैदिक विचारक व्यापक और सामान्यकृत सिद्धांतों की व्याख्या करने में अतिशय साहसी और आश्चर्यजनक निर्भीक थे। बाह्य जगत् से इस विश्व के रहस्य का समाधान उन्हें यथासम्भव संतोषजनक मिला। मौलिक सिद्धांतों के असफल हो जाने के कारण आधुनिक विज्ञान का सविस्तर कार्य भी प्रश्न के समाधान को एक पग आगे नहीं बढ़ा सका है। जब प्राचीन काल में आकाश तत्त्व विश्व-रहस्य का भेद खोलने में समर्थ नहीं हुआ, तब उसका सविस्तर अनुशीलन भी हमें सत्य की ओर कोई अधिक अग्रसर नहीं करा सकता। यदि यह सर्वव्यापी प्राण-तत्त्व विश्व-रहस्य का भेद खोलने में असमर्थ रहा हो, तो उसका विस्तृत अनुशीलन निरर्थक है; क्योंकि ब्योरे मौलिक तत्त्व के सम्बन्ध में कोई परिवर्तन नहीं कर सकते। मेरे कहने का तात्पर्य यह है कि तत्त्वानुशीलन में हिन्दू दार्शनिक आधुनिक विद्वानों की भाँति ही, एवं कभी कभी उनसे भी अधिक साहसी थे। उन्होंने अनेक भव्यतम सिद्धांतों का आविष्कार किया और कुछ अब भी परिकल्पनाओं के रूप में ही विद्यमान हैं, जिन्हें वर्तमान विज्ञान अभी तक परिकल्पना के रूप में भी प्राप्त नहीं कर सका है। उदाहरणार्थ, वे केवल आकाश तत्त्व पर पहुँचकर ही नहीं रुक गये, वरन् और आगे बढ़कर मन को भी एक सूक्ष्मतर आकाश के रूप में वर्गीकृत किया। फिर उसके भी परे उन्होंने और भी अधिक सूक्ष्म आकाश की प्राप्ति की। पर वह भी समाधान नहीं था, उससे समस्या का समाधान नहीं हुआ। बाह्य जगत् के बारे में कितना भी ज्ञान क्यों न हो जाय, पर उससे रहस्य का भेद नहीं खुल सकता। किन्तु वैज्ञानिक कहता है, "अरे, हमने अभी ही तो कुछ जानना शुरू किया है। ज़रा कुछ हज़ार वर्ष ठहरो, देखोगे, हमें समाधान मिल जायगा।" किन्तु वेदान्तवादी ने तो निःसन्दिग्ध रूप से मन की ससीमता को प्रमाणित कर दिया है, अतएव वह उत्तर देता है, "नहीं, सीमा से बाहर जाने की मन की शक्ति नहीं। मन देश, काल और निमित्त की चहारदीवारी के बाहर नहीं जा सकता।" जिस प्रकार कोई भी व्यक्ति अपनी सत्ता को नहीं लाँघ सकता, उसी प्रकार देश और काल के नियम ने

जो सीमा खड़ी कर दी है, उसका अतिक्रमण करने की क्षमता किसी में नहीं। देश-काल-निमित्त सम्बन्धी रहस्य को खोलने का प्रयत्न ही व्यर्थ है, क्योंकि इसकी चेष्टा करते ही इन तीनों की सत्ता स्वीकार करनी होगी। तब भला यह किस प्रकार सम्भव है? और ऐसा होने पर फिर जगत् के अस्तित्व के कथन का अर्थ भी क्या है? 'इस जगत् का अस्तित्व नहीं है', 'जगत् मिथ्या है'—इसका अर्थ क्या है? इसका यही अर्थ है कि उसका निरपेक्ष अस्तित्व नहीं है। मेरे, तुम्हारे और अन्य सबके मन के सम्बन्ध में इसका केवल सापेक्ष अस्तित्व है। हम पाँच इन्द्रियों द्वारा जगत् को जिस रूप में प्रत्यक्ष करते हैं, यदि हमारे एक इन्द्रिय और होती, तो हम इसमें और भी कुछ अधिक प्रत्यक्ष करते तथा और अधिक इन्द्रिय-सम्पन्न होने पर हम इसे और भी भिन्न रूप में देख पाते। अतएव इसकी यथार्थ सत्ता नहीं है—इसकी अपरिवर्तनीय, अचल, अनन्त सत्ता नहीं है। पर इसको अस्तित्वशून्य या असत् भी नहीं कहा जा सकता, क्योंकि यह तो वर्तमान है और इसमें तथा इसीके माध्यम से हम कार्य करते हैं। यह सत् और असत् का मिश्रण है।

सूक्ष्म तत्त्वों से लेकर जीवन के साधारण दैनिक स्थूल कार्यों तक पर्यालोचना करने पर हम देखते हैं कि हमारा सम्पूर्ण जीवन एक विरोध है—सत् और असत् का एक मिश्रण है। ज्ञान के क्षेत्र में भी यह विरुद्ध भाव दिखायी पड़ता है। ऐसा प्रतीत होता है कि मनुष्य यदि जानना चाहे, तो समस्त ज्ञान प्राप्त कर सकता है; पर दो-चार पग चलने के बाद ही उसे एक ऐसी अभेद्य दीवार देखने में आती है, जिसको लाँघ जाना उसके वश के बाहर हो जाता है। उसके सभी कार्य एक परिधि के अन्दर घूमते रहते हैं, और वह इस परिधि को कभी लाँघ नहीं सकता। उसके अन्तरतम एवं प्रियतम रहस्य उसे समाधान के लिए दिन-रात उत्तेजित करते रहते हैं, उसका आह्वान करते रहते हैं, पर उनका समाधान करने में वह असमर्थ है, क्योंकि वह अपनी बुद्धि के परे नहीं जा सकता। फिर भी वह इच्छा उसके भीतर गहरी जड़ें जमाये हुए है। और इसका दमन और नियमन एकमात्र मंगलकर पथ है, यह भी हम अच्छी तरह जानते हैं। हमारे हृदय का प्रत्येक स्पन्दन प्रत्येक निःश्वास के साथ हमें स्वार्थी होने का आदेश देता है। पर दूसरी ओर, एक पराशक्ति कहती है कि एकमात्र निःस्वार्थता ही शुभ का साधन है। जन्म से ही प्रत्येक बालक आशावादी होता है; वह केवल सुनहले स्वप्न देखता है। यौवन में वह और भी अधिक आशावादी हो जाता है। मृत्यु, पराजय अथवा अधोगति नाम की भी कोई चीज़ है, यह बात किसी युवक की समझ में आनी कठिन है। फिर बुढ़ापा आता है और जीवन एक विनाश की राशि मात्र हो जाता है। सुनहले स्वप्न हवा में उड़ जाते हैं और मनुष्य निराशावादी हो जाता है। प्रकृति के थपेड़े खाकर हम बस इसी

प्रकार दिशाहीन व्यक्ति की भाँति एक छोर से दूसरे छोर तक दौड़ते रहते हैं। इस सम्बन्ध में मुझे बुद्ध की जीवनी 'ललितविस्तर' का एक प्रसिद्ध गीत याद आता है। वर्णन इस प्रकार है कि बुद्ध ने मनुष्य-जाति के परित्राता के रूप में जन्म लिया, किन्तु जब राजप्रासाद की विलासिता में वे अपने को भूल गये, तब उनको जगाने के लिए देवदूतों ने एक गीत गाया, जिसका मर्मार्थ इस प्रकार है—'हम एक प्रवाह में बहते चले जा रहे हैं, हम अविरत रूप से परिवर्तित हो रहे हैं—कहीं निवृत्ति नहीं है, कहीं विराम नहीं है।' इसी प्रकार हमारा जीवन भी विराम नहीं जानता—अविरत चलता ही रहता है। तब फिर उपाय क्या है? जिसके पास खाने-पीने की प्रचुर सामग्री है, वह तो आशावादी हो जाता है, कहता है, "भय उत्पन्न करनेवाली दुःख की बातें मत कहो, संसार के दुःख-कष्ट की बातें मत सुनाओ।" उसके पास जाकर यदि कहो—"सभी शुभ है", तो वह कहेगा, "सचमुच, मैं मज़े में हूँ; यह देखो, कितने सुन्दर घर में मैं वास करता हूँ। मुझे भूख या शीत का कोई भय नहीं। अतएव मेरे सम्मुख ऐसे भयावह चित्र मत लाओ।" पर दूसरी ओर कितने ही लोग ऐसे हैं, जो शीत और अनाहार से मर रहे हैं। उनके पास जाकर यदि कहो कि "सभी शुभ है", तो वे तुम्हारी बात सुनने के नहीं। वे सारा जीवन दुःख-कष्ट से पिसते आ रहे हैं, उनके लिए सुख, सौन्दर्य और शुभ कहाँ? वे तो कहेंगे, "नहीं, मैं यह सब विश्वास नहीं करता। जीवन में केवल रोना है—केवल दुःख है।" बस, हम इसी प्रकार आशावाद से निराशावाद में झूलते रहते हैं।

इसके बाद मृत्युरूपी भयावह तथ्य आता है—सारा संसार मृत्यु की ओर चला जा रहा है; सभी मरते हैं। हमारी सभी प्रगति, हमारे व्यर्थ के आडम्बर-पूर्ण कार्य-कलाप, हमारे समाज-सुधार, हमारी विलासिता, हमारे ऐश्वर्य, हमारा ज्ञान—इन सबकी मृत्यु ही एकमात्र गति है। इससे अधिक निश्चित बात और कुछ नहीं। नगर पर नगर बनते हैं और नष्ट हो जाते हैं। साम्राज्य पर साम्राज्य उठते हैं और पतन के गर्त में समा जाते हैं, ग्रह आदि चूर-चूर होकर विभिन्न ग्रहों की वायु के झोंकों से इधर-उधर बिखरे जा रहे हैं। इसी प्रकार अनादि काल से चलता आ रहा है। इस सबका आखिर लक्ष्य क्या है? मृत्यु। मृत्यु ही सबका लक्ष्य है। वह जीवन का लक्ष्य है, सौन्दर्य का लक्ष्य है, ऐश्वर्य का लक्ष्य है, शक्ति का लक्ष्य है, और तो और, धर्म का भी लक्ष्य है। साधु और पापी दोनों मरते हैं, राजा और भिक्षुक दोनों मरते हैं—सभी मृत्यु को प्राप्त होते हैं। फिर भी जीवन के प्रति यह प्रबल आसक्ति विद्यमान है। हम क्यों इस जीवन से आसक्त हैं? क्यों हम इसका परित्याग नहीं कर पाते? यह हम नहीं जानते। और यही माया है।

माता बड़े यत्न से सन्तान का लालन-पालन करती है। उसका सारा मन-

प्राण, सारा जीवन मानो उसी बच्चे में केन्द्रित रहता है। बालक बड़ा हुआ, युवावस्था को प्राप्त हुआ और शायद दुश्चरित्र एवं पशुवत् होकर प्रतिदिन अपनी माता को मारने-पीटने लगा, किन्तु माता फिर भी पुत्र से चिपकी रहती है। जब उसकी विचार-शक्ति जाग्रत होती है, तब वह उसे अपने स्नेह के आवरण में ढक लेती है। किन्तु वह नहीं जानती कि यह स्नेह नहीं है; एक अज्ञात शक्ति ने उसके स्नायुओं पर अधिकार कर रखा है। वह इसे दूर नहीं कर सकती। वह कितनी ही चेष्टा क्यों न करे, इस बन्धन को तोड़ नहीं सकती। और यही माया है।

हम सभी कल्पित सुवर्ण लोम[1] की खोज में दौड़ते रहते हैं। सभी सोचते हैं कि वह हमें ही मिलेगा; किन्तु उनमें से कितने मनुष्य इस संसार में जीवित हैं? प्रत्येक विचारशील व्यक्ति देखता है कि इस सुवर्ण लोम को प्राप्त करने की उसकी दो करोड़ में एक से अधिक सम्भावना नहीं है; तथापि प्रत्येक मनुष्य उसके लिए कठोर संघर्ष करता है। बस यही माया है।

इस संसार में मृत्यु रात-दिन गर्व से मस्तक ऊँचा किये घूम रही है; पर साथ

---

१. सुवर्ण लोम (Golden Fleece)**--ग्रीक पौराणिक साहित्य की कथा है कि ग्रीस के अन्तर्गत थेंसाली देश में राजवंश के आथामास की पत्नी नेफ़ेल के गर्भ से फ़्रिक्सस नामक पुत्र और हेल नाम की कन्या ने जन्म लिया। कुछ दिन के बाद नेफ़ेल की मृत्यु होने पर आथामास ने कैडमस की कन्या ईनो के साथ विवाह कर लिया। ईनो का नेफ़ेल की सन्तानों के प्रति विद्वेष रहने के कारण, उसने नाना उपायों से अपने पति को देवताओं के लिए फ़्रिक्सस की बलि दे देने के लिए राजी कर लिया। किन्तु बलिदान के पूर्व ही फ़्रिक्सस की स्वर्गीया माता की आत्मा फ़्रिक्सस के सम्मुख आविर्भूत हुई और एक सुवर्ण लोमयुक्त मेढ़े को उसके निकट लाकर भाई-बहन को उस पर चढ़कर समुद्र-पार भाग जाने का आदेश देने लगी। मार्ग में उसकी बहन हेल गिरकर डूब गयी--फ़्रिक्सस ने काले समुद्र की पूर्व दिशा में कलचिस नामक स्थान में उतरकर वहाँके जिउस देवता को उस मेढ़े की बलि चढ़ा दी और उसकी खाल को मार्स (मंगल) देवता के कुंज में टाँग दिया। एक दैत्य उसकी देख-भाल के लिए नियुक्त हुआ। कुछ दिन बाद इस सुवर्ण लोम की खाल को लाने के लिए आथामास का भतीजा जैसन अपने प्रतिद्वन्द्वी पेलियस द्वारा नियुक्त किया गया और वह आर्गो नामक एक बड़े जहाज में अनेक प्रसिद्ध वीर पुरुषों सहित बैठकर नाना प्रकार के बाधा-विघ्नों को पार करता हुआ उक्त सुवर्ण लोम को लाने में सफल हुआ। ग्रीक पुराणों में यह कथा** Argonautic Expedition **नाम से विख्यात है। स०**

ही हम सोचते हैं कि हम सदा जीवित रहेंगे। किसी समय राजा युधिष्ठिर से यह प्रश्न पूछा गया था, "इस पृथ्वी पर सबसे आश्चर्य की बात क्या है?" राजा ने उत्तर दिया, "हमारे चारों ओर प्रतिदिन लोग मर रहे हैं, फिर भी जो जीवित हैं, वे समझते हैं कि वे कभी मरेंगे ही नहीं।" बस, यही माया है।

हमारी बुद्धि में, हमारे ज्ञान में, यही क्यों, हमारे जीवन की प्रत्येक घटना में ये प्रचंड विरुद्ध भाव दिखायी पड़ते हैं। सुख दुःख का पीछा करता है और दुःख सुख का। एक सुधारक उठता है और किसी राष्ट्र के दोषों को दूर करना चाहता है। पर इसके पहले कि वे दोष दूर हों, हज़ार नये दोष दूसरे स्थान में उत्पन्न हो जाते हैं। यह बस एक ढहते हुए पुराने मकान के समान है। तुम उस मकान के एक भाग की मरम्मत करते हो, तो उसका कोई दूसरा भाग ढह जाता है। भारत में हमारे समाज-सुधारक जीवन भर जबरन वैधव्य-धारण रूपी दोष के विरुद्ध आवाज़ उठाते हैं और उसे दूर करने का प्रयत्न करते हैं। तो पश्चिमी देशों में विवाह न होना ही सबसे बड़ा दोष है। एक ओर अविवाहिताओं की सहायता करो; वे कष्ट भोगते हैं। दूसरी ओर विधवाओं की सहायता करो; वे कष्ट भोगते हैं। यह तो बस पुरानी गठिया की बीमारी के समान है—उसे सिर से भगाओ, तो कमर में आ जाती है; कमर से भगाओ, तो पैर में उतर जाती है। सुधारक उठते हैं और शिक्षा देते हैं कि विद्या, धन, संस्कृति कुछ इने-गिनों के हाथों ही नहीं रहनी चाहिए; और वे इनको सर्वसाधारण तक पहुँचा देने का भरसक प्रयत्न करते हैं। हो सकता है, इससे कुछ लोग अधिक सुखी हो जायँ, पर जैसे जैसे ज्ञानानुशीलन बढ़ता जाता है, वैसे वैसे शारीरिक सुख भी कम होने लगता है। सुख का ज्ञान अपने साथ ही दुःख का ज्ञान भी लाता है। तब हम फिर किस मार्ग का अवलम्बन करें? हम लोग जो कुछ थोड़ा सा सुख भोगते हैं, दूसरे स्थान में उससे उतने ही परिमाण में दुःख भी उत्पन्न होता है। बस, यही नियम है—सब वस्तुओं पर यही नियम लागू होता है। जो युवक हैं, जिनका खून अभी गरम है, वे इस बात को शायद स्पष्ट रूप से समझ न पायें, पर जिन्होंने धूप में बाल पकाये हैं, अपने जीवन में आँधी और तूफ़ान के दिन देखे हैं, वे इसे सहज ही समझ लेंगे। और यही माया है। दिन-रात ये बातें घट रही हैं, पर इनका ठीक ठीक समाधान करना असम्भव है। ऐसा भला क्यों होता है? इस प्रश्न का उत्तर पाना सम्भव नहीं, क्योंकि प्रश्न ही तर्कसंगत नहीं है। जो बात घट रही है, उसमें न 'कैसे' है, न 'क्यों', हम बस इतना ही जानते हैं कि वह है और हमारा उसमें कोई हाथ नहीं। यहाँ तक कि उसकी धारणा करना—अपने मन में उसका ठीक ठीक चित्र खींचना भी हमारी शक्ति के बाहर है। तब हम भला उसे कैसे सुलझायें?

अत: इस संसार की गति के तथ्यात्मक वर्णन का नाम माया है। साधारणतया लोग यह बात सुनकर भयभीत हो जाते हैं। हमें साहसी होना पड़ेगा। घटनाओं पर परदा डालना रोग का प्रतिकार नहीं है। कुत्तों से पीछा किये जाने पर जिस प्रकार खरगोश अपने मुँह को टाँगों में छिपाकर अपने को सुरक्षित समझ बैठता है, उसी प्रकार हम लोग भी आशावादी होकर ठीक उस खरगोश के समान आचरण करते हैं। पर यह कोई उपाय नहीं है। दूसरी ओर, सांसारिक जीवन की प्रचुरता, सुख और स्वच्छन्दता भोगनेवाले इस मायावाद के सम्बन्ध में बड़ी आपत्तियाँ उठाते हैं। इस देश (इंग्लैण्ड) में निराशावादी होना बहुत कठिन है। सभी मुझसे कहते हैं——संसार का कार्य कितने सुन्दर रूप से चल रहा है, संसार कितना उन्नतिशील है! किन्तु उनका अपना जीवन ही उनका संसार है। पुराने प्रश्न उठते हैं—— ईसाई धर्म ही एकमात्र धर्म है। क्यों? इसलिए कि ईसाई धर्म को माननेवाले सभी राष्ट्र समृद्धिशाली हैं! पर इस प्रकार की युक्ति से तो यह सिद्धान्त स्वयं ही भ्रामक सिद्ध हो जाता है, क्योंकि अन्य राष्ट्रों का दुर्भाग्य ही तो ईसाई धर्मावलम्बी राष्ट्रों की समृद्धि का कारण है, और एक का सौभाग्य बिना दूसरों का खून चूसे नहीं बनता। यदि सारी पृथ्वी ही ईसाई धर्म को मानने लग जाय, तब तो भक्ष्यस्वरूप कोई अ-ईसाई राष्ट्र न रहने के कारण ईसाई राष्ट्र स्वयं दरिद्र हो जायगा। अत: यह युक्ति अपना ही खण्डन कर लेती है। पशु उद्भिज पर जीवित रहते हैं, मनुष्य पशुओं पर, और सबसे खराब बात तो यह है कि मनुष्य एक दूसरे पर भी जीवित रहते हैं——बलवान दुर्बल पर। बस, ऐसा ही सर्वत्र हो रहा है। और यही माया है। इसका समाधान तुम क्या करते हो? हम प्रतिदिन नयी नयी युक्तियाँ सुनते हैं। कोई कोई कहते हैं कि अन्त में सब शुभ होगा। मान लो कि हमने यह बात स्वीकार कर ली, तो अब प्रश्न यह है कि शुभ की साधना का क्या केवल पैशाचिक उपाय ही है? पैशाचिक रीति को छोड़कर क्या शुभ द्वारा शुभ नहीं हो सकता? वर्तमान मनुष्यों के वंशज सुखी होंगे; किन्तु इस समय इस भीषण दु:ख-कष्ट का होना क्यों जरूरी है? इसका समाधान नहीं है। यही माया है।

फिर, हम बहुधा सुनते हैं कि विकास की यह विशेषता है कि वह क्रमश: अशुभ को दूर करता जायेगा और संसार से अशुभ के इस प्रकार क्रमश: दूर हो जाने पर अन्त में केवल शुभ ही शुभ रह जायगा। यह बात सुनने में तो बड़ी अच्छी लगती है। इस संसार में जिनके पास किसी बात का अभाव नहीं, जिन्हें रोज़ एड़ी-चोटी का पसीना एक करना नहीं पड़ता, जिन्हें क्रमविकास की चक्की में पिसना नहीं पड़ता, उन लोगों के दम्भ को इस प्रकार के सिद्धान्त बढ़ा सकते हैं, और उनके

लिए ये सिद्धान्त सचमुच अत्यन्त हितकर और शान्तिप्रद हैं। साधारण जनता दुःख-कष्ट भोगे—उससे उनका क्या? वे सब मर भी जायँ—उसके लिए वे क्यों छटपटायें? ठीक है, पर यह युक्ति आदि से अन्त तक भ्रमपूर्ण है। पहले तो, इन लोगों ने बिना किसी प्रमाण के ही यह धारणा कर ली है कि संसार में अभिव्यक्त शुभ और अशुभ, दोनों बिल्कुल निरपेक्ष सत्य हैं। और दूसरे, इससे भी अधिक दोषयुक्त धारणा तो यह है कि शुभ का परिमाण क्रमशः बढ़ता जा रहा है और अशुभ क्रमशः घटता जा रहा है। अतएव एक समय ऐसा आयेगा, जब अशुभ का अंश विकास द्वारा इस प्रकार घटते घटते अन्त में बिल्कुल शून्य हो जायगा और केवल शुभ ही बच रहेगा। ऐसा कहना है तो बड़ा सरल, पर क्या यह प्रमाणित किया जा सकता है कि अशुभ परिमाण में घटता जा रहा है? क्या अशुभ की भी क्रमशः वृद्धि नहीं हो रही है? उदाहरणार्थ, एक जंगली मनुष्य को ले लो। वह मन का संस्कार करना नहीं जानता, एक अक्षर तक नहीं पढ़ सकता, लिखना किसे कहते हैं, उसने कभी सुना तक नहीं। यदि उसे कोई गहरी चोट लग जाय, तो वह शीघ्र चंगा हो उठता है। पर हम हैं, जो खरोंच लगते ही मर जाते हैं। मशीनों से चीजें सुलभ और सस्ती होती जा रही हैं, उनसे उन्नति और विकास के मार्ग की बाधाएँ दूर होती जा रही हैं, पर साथ ही, एक के धनी होने के लिए लाखों लोग पिसे जा रहे हैं—उधर एक के धनी होने के लिए इधर हजारों लोग दरिद्र से दरिद्रतर होते जा रहे हैं, और असंख्य मानव-समूह गुलाम बनाया जा रहा है। संसार की रीति ही ऐसी है। पाशवी प्रकृतिवाले मनुष्य इन्द्रियों में जीवित रहता है; यदि उसे पर्याप्त भोजन न मिले, तो वह दुःखी हो जाता है। यदि उसका शरीर अस्वस्थ हो जाय, तो वह अपने को अभागा समझता है। इन्द्रियों में ही उसके सुख और दुःख दोनों का आरम्भ और अन्त होता है। जैसे जैसे वह उन्नति करता जाता है, जैसे जैसे उसके सुख की सीमा-रेखा विस्तृत होती जाती है, वैसे वैसे उसका दुःख भी, उसी अनुपात से, बढ़ता जाता है। जंगल में रहनेवाला मनुष्य ईर्ष्या के वश में होना, कचहरी में जाना, नियमित रूप से कर अदा करना, समाज द्वारा निन्दित होना, नहीं जानता; पैशाचिक मानव-प्रकृति से उत्पन्न भीषण अत्याचार से अहर्निश शासित होना, जो एक दूसरे के हृदय के गुप्त से गुप्त भावों का अन्वेषण करने में लगा हुआ है, वह नहीं जानता। वह नहीं जानता कि असार ज्ञान से सम्पन्न, गर्वीला मानव किस प्रकार अन्य किसी पशु की अपेक्षा सहस्र गुणा पैशाचिक स्वभाववाला हो जाता है। बस, इसी प्रकार हम ज्यों ज्यों इन्द्रियपरायणता से ऊपर उठते जाते हैं, त्यों त्यों हमारी सुख अनुभव करने की शक्ति बढ़ती जाती है, और उसके साथ ही दुःख अनुभव

करने की शक्ति भी बढ़ती रहती है। नाड़ियाँ और भी सूक्ष्म होकर अधिक यन्त्रणा के अनुभव में समर्थ हो जाती हैं। सभी समाजों में हम देखते हैं कि एक साधारण, मूर्ख मनुष्य तिरस्कृत होने पर उतना दु:खी नहीं होता, पर पिटे जाने पर अवश्य दु:खी हो जाता है। किन्तु सभ्य पुरुष एक साधारण सी बात भी सहन नहीं कर सकता, उसकी नाड़ियाँ इतनी सूक्ष्म हो गयी हैं। उसकी सुख-प्रवणता बढ़ जाने के कारण उसका दु:ख भी बढ़ गया है। इससे तो दार्शनिकों के क्रमविकासवाद की कोई पुष्टि नहीं होती। हम अपनी सुखी होने की शक्ति को जितना ही बढ़ाते हैं, हमारी दु:ख-भोग की शक्ति भी उसी परिमाण में बढ़ जाती है और मैं तो इस प्रकार सोचने में इच्छुक हूँ कि हमारी सुखी होने की शक्ति यदि 'गणितीय क्रम' (arithmetical progression) के नियम से बढ़ती है तो दु:खी होने की शक्ति 'ज्यामितीय क्रम' (geometrical progression)[१] के नियम से बढ़ेगी। जंगली मनुष्य समाज के सम्बन्ध में अधिक नहीं जानता। किन्तु हम उन्नतिशील लोग जानते हैं कि हम जितने ही उन्नत होंगे, हमारे सुख और दु:ख की वीथियाँ और भी अधिक बढ़ती जायँगी। और यही माया है।

इस प्रकार हम देखते हैं कि माया संसार की व्याख्या करने के निमित्त कोई सिद्धांत नहीं है। वह संसार की वस्तु-स्थिति का वर्णन मात्र है—विरोध ही हमारे अस्तित्व का आधार है; सर्वत्र इन्हीं प्रचंड विरोधों के माध्यम से हमें जाना होगा। जहाँ शुभ है, वहीं अशुभ भी है; और जहाँ अशुभ है, वहीं अवश्य कुछ शुभ भी है। जहाँ जीवन है, वहीं मृत्यु छाया की भाँति उसका अनुसरण कर रही है। जो हँस रहा है, उसीको रोना पड़ेगा; और जो रो रहा है, वह भी हँसेगा। इस वस्तु-स्थिति का प्रतिकार नहीं हो सकता। हम भले ही ऐसे स्थान की कल्पना करें, जहाँ केवल शुभ रहेगा, अशुभ नहीं, जहाँ हम केवल हँसेंगे, रोयेंगे नहीं। पर वस्तु-स्थिति के स्वभाव से इस प्रकार होना असम्भव है, क्योंकि शर्त समान रूप से सर्वत्र विद्यमान हैं। जहाँ हमें हँसाने की शक्ति विद्यमान है, वहीं फिर रुलाने की भी शक्ति निहित है। जहाँ सुख उत्पन्न करनेवाली शक्ति विद्यमान है, दु:ख देनेवाली शक्ति भी वहीं छिपी हुई है।

अतएव वेदान्त दर्शन आशावादी भी नहीं है और निराशावादी भी नहीं। वह तो दोनों ही वादों का प्रचार करता है; सारी घटनाएँ जिस रूप में होती हैं,

---

१. 'गणितीय क्रम' जैसे ३।५।७।९ इत्यादि; यहाँ पर प्रत्येक परवर्ती अंक अपने पूर्ववर्ती अंक से दो दो अधिक है। 'ज्यामितीय क्रम' जैसे ३।६।१२।२४ इत्यादि; यहाँ पर प्रत्येक परवर्ती अंक अपने पूर्ववर्ती अंक का दुगुना है। स०

वह उन्हें बस उसी रूप में ग्रहण करता है। उसके मतानुसार यह संसार शुभ और अशुभ, सुख और दुःख का मिश्रण है; एक को बढ़ाओ, तो दूसरा भी साथ साथ अनिवार्य रूप से बढ़ेगा। केवल सुख का संसार अथवा केवल दुःख का संसार हो नहीं सकता। इस प्रकार की धारणा ही स्वतः विरोधी है। किन्तु इस प्रकार का मत व्यक्त करके और इस विश्लेषण के द्वारा वेदान्त ने इस महान् रहस्य का भेद किया है कि शुभ और अशुभ, ये दो एकदम विभिन्न, पृथक् सत्ताएँ नहीं हैं। इस संसार में ऐसी कोई भी वस्तु नहीं, जिसे केवल शुभ और शुभ या केवल अशुभ और अशुभ कहा जा सके। एक ही घटना, जो आज शुभजनक मालूम पड़ती है, कल अशुभजनक मालूम पड़ सकती है। एक ही वस्तु, जो एक व्यक्ति को दुःखी करती है, दूसरे को सुखी बना सकती है। जो अग्नि बच्चे को जला देती है, वही भूख से मरते व्यक्ति के लिए स्वादिष्ट खाना भी पका सकती है। जिस स्नायुमण्डल के द्वारा दुःख का संवेदन हमारे अन्दर पहुँचता है, सुख का संवेदन भी उसीके द्वारा भीतर जाता है। अशुभ को दूर करना चाहो, तो साथ ही तुम्हें शुभ को भी दूर करना होगा। इसके अतिरिक्त और कोई उपाय नहीं है। मृत्यु को दूर करने के लिए जीवन को भी दूर करना पड़ेगा। मृत्युहीन जीवन और दुःखहीन सुख, ये बातें परस्पर विरोधी हैं, इनमें कोई भी अकेला प्राप्त नहीं किया जा सकता; क्योंकि इनमें से प्रत्येक एक ही वस्तु की विभिन्न अभिव्यक्ति है। कल जो शुभप्रद लगता था, आज वह वैसा नहीं लगता। जब हम बीते जीवन पर नजर डालते हैं और भिन्न भिन्न समय के अपने आदर्शों की आलोचना करते हैं, तो इस बात की सत्यता हमें तुरन्त दीख पड़ती है। एक समय था, जब शक्तिशाली घोड़ों के जोड़े हाँकना ही मेरा आदर्श था। अब वैसी भावना नहीं होती। बचपन में सोचता था, कि यदि मैं अमुक मिठाई बना सकूँ, तो मैं पूर्ण सुखी होऊँगा। बाद में मैं सोचता था, स्त्री-पुत्र और अपर्याप्त धन होने से मैं सुखी होऊँगा। अब लड़कपन की ये सब निरर्थक बातें सोचकर हँसी आती है।

वेदान्त कहता है कि एक समय ऐसा अवश्य आयेगा, जब हम पीछे नज़र डालेंगे और उन आदर्शों पर हँसेंगे, जिनके कारण अपने इस क्षुद्र व्यक्तित्व का त्याग करते हममें भय का संचार होता है। सभी अपनी अपनी देह की रक्षा करने में व्यस्त हैं। कोई भी उसे छोड़ना नहीं चाहता। हम सोचते हैं कि इस देह की अनियत समय तक रक्षा कर लेने से हम अत्यन्त सुखी होंगे; पर समय आने पर हम इस बात पर भी हँसेंगे। अतएव, यदि हमारी वर्तमान अवस्था सत् भी न हो और असत् भी नहीं—पर दोनों का मिश्रण हो, दुःख भी न हो और सुख भी नहीं—पर दोनों का मिश्रण हो, अर्थात् हम यदि ऐसे निराशाजनक

अन्तर्विरोध की स्थिति में हों, तो फिर वेदान्त तथा अन्य दर्शनशास्त्र और धर्म-मत आदि की क्या आवश्यकता है ? और सर्वोपरि, शुभ कर्म आदि करने का भी भला क्या प्रयोजन है ? यही प्रश्न मन में उठता है। यदि यह सत्य है कि तुम अशुभ किए बिना शुभ नहीं कर सकते और सुख उत्पन्न करने का प्रयत्न करने पर भी घोर दुःख बना ही रहता हो, तो लोग तुमसे पूछेंगे, "शुभ करने की आवश्यकता ही क्या ?" इसका उत्तर यह है कि पहले तो, हमें दुःख को कम करने के लिए कर्म करना ही चाहिए, क्योंकि स्वयं सुखी होने का यही एकमात्र उपाय है। हममें से प्रत्येक अपने अपने जीवन में, देर-सबेर इस बात की यथार्थता समझ लेते हैं। तीक्ष्ण बुद्धिवाले कुछ शीघ्र समझ जाते हैं और मन्द बुद्धिवाले कुछ देरी से। मन्द बुद्धिवाले कड़ी यातना भोगने के बाद इसे समझ पाते हैं, तो तीक्ष्ण बुद्धिवाले थोड़ी ही यातना भोगने के बाद। और दूसरे, यद्यपि हम जानते हैं कि ऐसा समय कभी न आयेगा, जब यह संसार केवल सुख से भरा रहेगा और दुःख बिल्कुल न रहेगा, फिर भी हमें यही कार्य करना होगा। अन्तर्विरोध से बचने के लिए यही एकमात्र उपाय है। ये दोनों शक्तियाँ--शुभ एवं अशुभ संसार को जीवित रखेंगी; और अन्त में एक दिन ऐसा आयेगा, जब हम स्वप्न से जाग जायेंगे और यह सब मिट्टी के घरौंदे बनाना बन्द कर देंगे। हमें यह शिक्षा लेनी ही होगी; और इसके लिए समय भी बहुत, बहुत लग जायगा।

जर्मनी में इस आधार पर कि--असीम ससीम हो गया है--दर्शनशास्त्र रचने की चेष्टा की गयी है। इंग्लैण्ड में अब भी इस प्रकार की चेष्टा चल रही है। पर इन सब दार्शनिकों के मत का विश्लेषण करने पर यही पाया जाता है कि असीम अपने को जगत् में व्यक्त करने की चेष्टा कर रहा है, और एक समय आयेगा, जब वह ऐसा करने में सफल हो जायगा। बहुत ठीक है, और हमने 'असीम', 'विकास', 'अभिव्यक्ति' आदि दार्शनिक शब्दों का भी प्रयोग किया। किन्तु ससीम किस प्रकार असीम को पूर्ण रूप से व्यक्त कर सकता है, इस कथन का न्यायसंगत मौलिक आधार क्या है, यह प्रश्न दार्शनिक स्वभावतः ही पूछ सकते हैं। निरपेक्ष और असीम केवल उपाधिद्वारा ही यह जगत् हो सकता है। जो कुछ इन्द्रिय, मन और बुद्धि के माध्यम से आयेगा, उसे स्वतः ही सीमाबद्ध होना पड़ेगा; अतएव ससीम का असीम होना नितान्त असंगत है, ऐसा हो नहीं सकता। दूसरी ओर, वेदान्त कहता है, यह ठीक है कि निरपेक्ष या असीम अपने को ससीम रूप में व्यक्त करने की चेष्टा कर रहा है, किन्तु एक समय ऐसा आयेगा, जब इस प्रयत्न को असम्भव जानकर उसे पीछे लौटना पड़ेगा। यह पीछे लौटना ही धर्म का यथार्थ आरम्भ है, जिसका अर्थ है वैराग्य। आधुनिक मनुष्य से

वैराग्य की बात कहना अत्यन्त कठिन है। अमेरिका में मेरे बारे में लोग कहते थे कि मैं पाँच हज़ार वर्ष तक मृत और विस्मृत एक देश से आकर वैराग्य का उपदेश दे रहा हूँ। इंग्लैण्ड के दार्शनिक भी शायद ऐसा ही कहें। पर यह भी सत्य है कि धर्म का एकमात्र पथ यही है। त्याग दो और विरक्त बनो। ईसा ने क्या कहा है? 'जो मेरे निमित्त अपने जीवन का त्याग करेगा, वही जीवन को प्राप्त करेगा।' पूर्णता की प्राप्ति के लिए त्याग ही एकमात्र साधन है, इसकी शिक्षा उन्होंने बारंबार दी है। ऐसा समय आता है, जब अन्तरात्मा इस लम्बे विषादमय स्वप्न से जाग उठती है, बच्चा खेल-कूद छोड़कर अपनी माता के निकट लौट जाने को अधीर हो उठता है। तब इस उक्ति की यथार्थता सिद्ध होती है 'वासना के उपभोग से कभी वासना की निवृत्ति नहीं होती, वरन् घृताहुति के द्वारा अग्नि के समान वह तो और भी बढ़ जाती है।'[1] इन्द्रिय-विलास, बौद्धिक आनन्द और जहाँ तक हो सके मानवात्मा का उपभोग्य सब प्रकार का सुख के सम्बन्ध में यह लागू होता है। सभी मिथ्या है—सभी माया के अधीन है। सभी इस संसार के बन्धन के अन्तर्गत है, हम उसके परे नहीं जा सकते। हम उसके अन्दर भले ही अनन्त काल तक दौड़ते फिरें, पर उसका अन्त नहीं पा सकते; और जब कभी हम थोड़ा सा सुख प्राप्त करने का प्रयत्न करते हैं, तभी दुःख का ढेर हमारे सिर पर आ गिरता है। कितनी भयानक अवस्था है यह! जब मैं इस पर विचार करता हूँ, तो मैं निस्सन्दिग्ध रूप से यह अनुभव करता हूँ कि यह मायावाद, यह कथन कि सब कुछ माया है, इसकी एकमात्र ठीक ठीक व्याख्या है। इस संसार में कितना दुःख है! यदि तुम विभिन्न देशों में भ्रमण करो, तो तुम समझ सकोगे कि एक राष्ट्र अपने दोषों को एक उपाय के द्वारा दूर करने की चेष्टा कर रहा है, तो दूसरा राष्ट्र किसी अन्य उपाय द्वारा। एक ही दोष को विभिन्न राष्ट्रों ने विभिन्न उपायों से दूर करने का प्रयत्न किया है, पर कोई भी कृतकार्य न हो सका। यदि किसी स्थान पर दोष कुछ कम हो भी गया, तो किसी दूसरे स्थान पर दोषों का एक ढेर खड़ा हो जाता है। बस, ऐसा ही चलता रहता है। हिन्दुओं ने अपने जातीय जीवन में सतीत्व धर्म को पुष्ट करने के लिए बाल-विवाह के प्रचलन द्वारा अपनी सन्तान को, और धीरे धीरे सारी जाति को, अधोगामी कर दिया है। पर इस बात का भी मैं अस्वीकार नहीं कर सकता कि बाल-विवाह ने हिन्दू जाति को सतीत्व-धर्म से विभूषित किया है। तुम क्या चाहते हो? यदि जाति को सतीत्व-धर्म से

---

१. न जातु कामः कामानामुपभोगेन शाम्यति।
हविषा कृष्णवर्त्मेव भूय एवाभिवर्धते।। विष्णुपुराण ४।१०।२३।।

थोड़ा-बहुत विभूषित करना चाहो, तो इस भयानक बाल-विवाह द्वारा सारे स्त्री-पुरुषों को शारीरिक दृष्टि से दुर्बल करना पड़ेगा। दूसरी ओर, क्या तुम्हारी स्थिति इंग्लैण्ड में कुछ भी अच्छी है? नहीं, क्योंकि सतीत्व ही तो राष्ट्र का जीवन है। क्या तुमने इतिहास में नहीं पढ़ा है कि असतीत्व या व्यभिचार देश की प्रथम मृत्यु-चिह्न है। जब यह किसी राष्ट्र में प्रवेश कर जाता है, तो समझना कि उसका विनाश निकट आ गया है। इन सब दुःखजनक प्रश्नों का समाधान कहाँ मिलेगा? यदि माता-पिता अपनी सन्तान के लिए वर-वधू का निर्वाचन करें, तो यह दोष कम हो सकता है। भारत की बेटियाँ भावुक होने की अपेक्षा अधिक व्यावहारिक होती हैं। किन्तु उनके जीवन में फिर कविता बहुत कम रह जाती है। फिर यदि लोग स्वयं पति और पत्नी का निर्वाचन करते हैं, तो इससे भी उन्हें कोई अधिक सुख नहीं मिलता। भारतीय नारियाँ साधारणतः अधिक सुखी हैं। स्त्री और स्वामी के बीच कलह अधिक नहीं होता। दूसरी ओर, अमेरिका में, जहाँ स्वाधीनता की अधिकता है, सुखी परिवार बहुत कम देखने में आते हैं। दुःख यहाँ, वहाँ, सभी जगह है। इससे क्या सिद्ध होता है? यही कि इन सब आदर्शों के द्वारा अधिक सुख प्राप्त नहीं हो सका। हम सभी सुख के लिए उत्कट संघर्ष कर रहे हैं, पर एक ओर कुछ सुख प्राप्त होने के पहले ही दूसरी ओर दुःख आ उपस्थित होता है।

तब क्या हम कोई शुभ कर्म न करें? अवश्य करें, और पहले की अपेक्षा अधिक उत्साहित होकर हम ऐसा करें। इन बातों के ज्ञान से इतना होगा कि हमारी धर्मान्धता, कट्टरता नष्ट हो जायेगी। तब अंग्रेज़ लोग हठधर्मी नहीं होंगे और हिन्दू की ओर अंगुली नहीं उठायेंगे। तब वे विभिन्न देशों के रीति-रिवाजों का आदर करना सीखेंगे। धर्मान्धता कम होगी, यथार्थ कार्य अधिक होगा। धर्मान्ध अधिक कार्य नहीं कर पाता। वह अपनी शक्ति का तीन चौथाई व्यर्थ ही नष्ट कर देता है। जो धीर, प्रशान्तचित्त, 'काम के आदमी' कहे जाते हैं, वे ही कर्म करते हैं। अतः इस धारणा से कार्य करने की शक्ति अधिक बढ़ जायगी यह जान लेने से कि वस्तु-स्थिति ऐसी ही है, हमारी तितिक्षा अधिक होगी। दुःख और अशुभ के दृश्य हमें हमारे संतुलन से च्युत न कर सकेंगे और छाया के पीछे पीछे दौड़ा न सकेंगे। अतएव यह जानकर कि संसार की गति ही अपने नियम के अनुसार ऐसी है, हम धैर्यवान बनेंगे। उदाहरणस्वरूप हम कह सकते हैं कि यदि सभी मनुष्य सत् हो जायँ, पशु भी क्रमशः मनुष्यत्व प्राप्त कर इन्हीं अवस्थाओं में से होकर गुज़रेंगे, और वनस्पतियों की भी यही दशा होगी। पर केवल एक बात निश्चित है—यह महती नदी प्रबल वेग से समुद्र की ओर बह रही है और

ऐसा समय आयेगा, जब नदी के सभी जलकण उस अनन्त सागर के वक्षःस्थल में समा जायँगे। अतएव यह निश्चित है कि जीवन सारे दुःख और क्लेश, आनन्द, हास्य और क्रन्दन के साथ उस अनन्त सागर की ओर प्रबल वेग से प्रवाहित हो रहा है, और यह केवल समय का प्रश्न है, जब तुम, मैं, जीव, उद्भिद् और सामान्य जीवाणु कण तक, जो जहाँ पर है, सब कुछ उसी अनन्त जीवन-समुद्र में--मुक्ति और ईश्वर में आ पहुँचेगा।

मैं एक बार फिर कहता हूँ कि वेदान्त का दृष्टिकोण न तो आशावादी है और न निराशावादी ही। वह ऐसा नहीं कहता कि संसार केवल शुभ ही शुभ है अथवा केवल अशुभ ही अशुभ। वह कहता है कि हमारे शुभ और अशुभ, दोनों का मूल्य बराबर है। ये दोनों इसी प्रकार हिल-मिलकर रहते हैं। संसार ऐसा ही है, यह समझकर तुम धैर्यपूर्वक कर्म करो। पर क्यों? क्यों हम कर्म करें? यदि घटनाचक्र ही इस प्रकार का हो, तो हम क्या करें? हम अज्ञेयवादी क्यों न हो जायँ? आजकल के अज्ञेयवादी भी तो कहते हैं कि इस समस्या का कोई समाधान नहीं है; वेदान्त की भाषा में कहेंगे कि इस मायापाश से छुटकारा नहीं है। अतएव सन्तुष्ट रहो और जीवन का भोग करो। पर यहाँ भी फिर एक भूल, एक भयंकर भूल, एक अत्यन्त असंगत भ्रम है। और वह यह है। जीवन से तुम क्या समझते हो? क्या 'जीवन' शब्द से तुम केवल पाँच इन्द्रियों में आबद्ध जीवन को ही लेते हो? यदि ऐसा हो, तो हम पशुओं से कोई अधिक भिन्न नहीं हैं। किन्तु मुझे विश्वास है कि यहाँ बैठे हुए लोगों में से एक भी ऐसा नहीं है, जिसका जीवन सम्पूर्ण रूप से केवल इन्द्रियों में आबद्ध हो। अतएव हमारे वर्तमान जीवन का अर्थ इन्द्रियों की अपेक्षा और भी कुछ अधिक है। हमारे सुख-दुःख का अनुभव, हमारे विचार और हमारी आकांक्षाएँ भी तो हमारे जीवन के अंग हैं। और उस महान् आदर्श, उस पूर्णता की ओर अग्रसर होने का कठोर संघर्ष भी क्या हम जिसे जीवन कहते हैं, उसका एक अत्यन्त गुरुत्वपूर्ण उपादान नहीं है? अज्ञेयवादी कहते हैं कि जीवन जैसा है, बस, वैसा ही उसका भोग करो। पर इस जीवन का अर्थ है सर्वोपरि इस आदर्श की ओर यह अन्वेषण; जीवन का सार ही है पूर्णता की ओर जाना। हमें इसीको प्राप्त करना होगा। अतएव हम अज्ञेयवादी नहीं हो सकते और संसार जिस प्रकार प्रतीत हो रहा, हम उसे ग्रहण नहीं कर सकते। अज्ञेयवादी तो जीवन के आदर्शात्मक उपादान को छोड़कर अवशिष्ट अंश को ही सर्वस्व मानते हैं। और अज्ञेयवादी का दावा है कि इस आदर्श तक नहीं पहुँचा जा सकता अतः अवश्य इसका अन्वेषण त्याग देना है। बस, इस प्रकृति, इस जगत् को ही माया कहते हैं।

सभी धर्म इसी प्रकृति के बन्धन को तोड़ने की अल्पाधिक चेष्टा कर रहे हैं। चाहे देवोपासना द्वारा हो, चाहे प्रतीकोपासना द्वारा, चाहे दार्शनिक विचारों द्वारा हो, अथवा देव-चरित्र, प्रेत-चरित्र, साधु-चरित्र, ऋषि-चरित्र, महात्मा-चरित्र अथवा अवतार-चरित्र की सहायता से अनुष्ठित हो, सभी धर्मों का, चाहे वे विकसित हों, चाहे अविकसित, उद्देश्य एक ही है—सभी सीमाओं के परे जाना। संक्षेप में, सभी धर्म मुक्ति की ओर अग्रसर होने का कठोर प्रयत्न कर रहे हैं। जाने या अनजाने मनुष्य समझ गया है कि वह बद्ध है। वह जो कुछ होने की इच्छा करता है, सो नहीं है। जिस क्षण से उसने अपने चारों ओर दृष्टि फेरी, उसी क्षण से उसे यह ज्ञान हो गया। उसी क्षण से उसे अनुभव हो गया कि वह बद्ध है और उसने यह भी जाना कि इस बंधन से जकड़ा हुआ कोई मानो उसके भीतर विद्यमान है, जो देह के भी परे कहीं स्थान में उड़ जाना चाहता है। संसार के उन निम्नतम धर्मों में भी, जहाँ दुर्दान्त, नृशंस, आत्मीयों के घरों में लुक-छिपकर फिरनेवाले, हत्या और सुराप्रिय मृत पितरों या अन्य भूत-प्रेतों की पूजा की जाती है, हम मुक्ति का यह भाव पाते हैं। जो लोग देवताओं की उपासना करते हैं, वे उन देवताओं को अपनी अपेक्षा अधिक स्वाधीन देखते हैं। उनका ऐसा विश्वास रहता है कि द्वार बन्द होने पर भी देवता लोग घर की दीवारों को भेदकर आ सकते हैं; दीवारें उनके मार्ग में बाधा नहीं डाल सकतीं। मुक्ति का यह भाव क्रमशः बढ़ते बढ़ते अन्त में सगुण ईश्वर के आदर्श में परिणत हो जाता है। इस आदर्श का केन्द्रीय भाव यह है कि ईश्वर प्रकृति के बंधन के परे माया के परे है। मैं मानो अपने मनश्चक्षु के सामने भारत के उन प्राचीन आचार्यों को अरण्यस्थित आश्रम में इन्हीं सब प्रश्नों पर विचार-विमर्श करते देख रहा हूँ; वयोवृद्ध और अत्यन्त पवित्र महर्षि भी इन प्रश्नों का समाधान करने में असमर्थ हो रहे हैं, पर एक युवक उनके बीच खड़ा हो घोषणा करता है—'हे अमृत के पुत्र सुनो, हे दिव्यधाम के निवासी सुनो, मुझे मार्ग मिल गया है। जो अन्धकार या अज्ञान के परे है, उसे जान लेने पर हम मृत्यु के परे जा सकते हैं।'[1]

यह माया हमें चारों ओर से घेरे हुए है और वह अति भयंकर है। फिर

---

१. शृण्वन्तु विश्वे अमृतस्य पुत्रा आ ये धामानि दिव्यानि तस्थुः।

*   *   *

वेदाहमेतं पुरुषं महान्तम् आदित्यवर्णं तमसः परस्तात्।
तमेव विदित्वाऽतिमृत्युमेति नान्यः पन्था विद्यतेऽयनाय।।

—श्वेताश्वतरोपनिषद् ।।२।५; ३।८।।

भी हमें माया में से होकर ही कार्य करना पड़ता है। जो कहता है, "संसार को पूर्ण शुभमय हो जाने दो, तब मैं कार्य करूँगा और आनन्द भोगूँगा", तो उसकी बात उसी व्यक्ति की तरह है, जो गंगातट पर बैठकर कहता है कि जब इसका सारा पानी समुद्र में पहुँच जायगा, तब मैं इसके पार जाऊँगा। दोनों बातें असम्भव हैं। रास्ता माया के साथ नहीं है, वह तो माया के विरुद्ध है—यह बात भी हमें जान लेनी होगी। हम प्रकृति के सहायक होकर नहीं जन्मे हैं, वरन् हम तो प्रकृति के प्रतियोगी होकर जन्मे हैं। हम बाँधनेवाले होकर भी स्वयं बँधे जा रहे हैं। यह मकान कहाँ से आया? प्रकृति ने तो दिया नहीं। प्रकृति कहती है, 'जाओ, जंगल में जाकर बसो।' मनुष्य कहता है, 'नहीं, मैं मकान बनाऊँगा और प्रकृति के साथ लड़ूँगा।' और वह ऐसा कर भी रहा है। मानव जाति का इतिहास तथाकथित प्राकृतिक नियमों के साथ लगातार संग्राम का इतिहास है और अन्त में मनुष्य ही प्रकृति पर विजय प्राप्त करता है। अन्तर्जगत् में आकर देखो, वहाँ भी यही युद्ध चल रहा है—पशु-मानव और आध्यात्मिक मानव का, प्रकाश और अन्धकार का यह संग्राम निरन्तर जारी है और मानव यहाँ भी विजयी होता है। मुक्ति की प्राप्ति के लिए प्रकृति के बन्धन को चीरकर मनुष्य अपने गन्तव्य मार्ग को प्राप्त कर लेता है।

हमने अभी तक देखा कि वेदान्ती दार्शनिकों ने इस माया के परे ऐसी किसी वस्तु को जान लिया है, जो माया से बद्ध नहीं है, और यदि हम उसके पास पहुँच सकें, तो हम भी माया से बँध नहीं जायँगे। किसी न किसी रूप में यह भाव सभी धर्मों की सामान्य सम्पत्ति है। किन्तु वेदान्त के मत में यह धर्म का केवल प्रारम्भ है, अन्त नहीं। जो विश्व की सृष्टि तथा पालन करनेवाले हैं, जो मायाधिष्ठित हैं, जिन्हें माया या प्रकृति का कर्ता कहा जाता है, उन सगुण ईश्वर का ज्ञान ही वेदान्त का अन्त नहीं है, केवल आदि है। यह ज्ञान क्रमशः बढ़ता जाता है और अन्त में वेदान्ती देखता है कि जिसे वह बाहर खड़ा हुआ समझता था, वह उसके अन्दर ही है और वह स्वयं वस्तुतः वही है। जिसने अपने को सीमा के कारण बद्ध समझ रखा था, वह वास्तव में वही मुक्तस्वरूप है।

माया और ईश्वर-धारणा का क्रमविकास

(२० अक्तूबर, १८९६ को लंदन में दिया हुआ व्याख्यान)

हमने देखा कि अद्वैत वेदान्त का एक आधारिक सिद्धान्त, मायावाद बीज रूप से संहिताओं में भी मिलता है, और जिन विचारों का विकास उपनिषदों में हुआ है, वे वस्तुतः किसी न किसी रूप में संहिताओं में विद्यमान हैं। तुममें से बहुत से लोग अब माया की धारणा से परिचित हो गये होंगे और यह भी जान गये होंगे कि प्रायः लोग भ्रान्तिवश माया को 'भ्रम' कहकर उसकी व्याख्या करते हैं। अतएव जब जगत् को माया कहते हैं, तब उसे भी भ्रम ही कहकर उसकी व्याख्या करनी पड़ती है। किन्तु माया को 'भ्रम' के अर्थ में लेना ठीक नहीं। माया कोई विशेष सिद्धान्त नहीं है, वह तो यह संसार जैसा है, केवल उसीका तथ्यात्मक कथन है। इस माया को समझने के लिए हमें संहिताओं तक जाना होगा, और उसके मूल बीज का अर्थ समझना होगा।

हम यह देख चुके हैं कि लोगों में देवताओं का ज्ञान किस प्रकार आया। साथ ही हम यह भी जानते हैं कि ये देवता पहले केवल शक्तिशाली व्यक्ति मात्र थे। तुम लोगों में से अनेक ग्रीक, हिब्रू, पारसी अथवा अन्य जातियों के प्राचीन शास्त्रों में यह पढ़कर भयभीत हो जाते हो कि देवता लोग कभी कभी ऐसा कार्य करते थे, जो हमारी दृष्टि में अत्यन्त घृणित हैं। पर हम यह भूल जाते हैं कि हम लोग उन्नीसवीं शताब्दी के हैं और देवतागण सहस्रों वर्ष पहले के जीव थे; और हम यह भी भूल जाते हैं कि इन सब देवताओं के उपासक लोग उनके चरित्र में कुछ भी असंगत बात नहीं देख पाते थे और वे जिस ढंग से अपने उन देवताओं का वर्णन करते थे, उससे उन्हें कुछ भी भय नहीं होता था, क्योंकि वे सब देवता उन्हीं के अनुरूप थे। हम लोगों को आजीवन यह बात सीखनी होगी कि प्रत्येक व्यक्ति की परख उसके अपने आदर्शों के अनुसार करनी चाहिए, दूसरों के आदर्शों के अनुसार नहीं। ऐसा न करके हम दूसरों को अपने आदर्शों की दृष्टि से देखते हैं। यह ठीक नहीं। अपने आसपास रहनेवाले लोगों के साथ व्यवहार करते समय हम सदा भूल करते हैं, और मेरे मतानुसार, दूसरों के साथ हमारी जो कुछ भी अनबन हो जाती है, वह अधिकतर इसी एक कारण से होती है कि

हम दूसरों के देवता को अपने देवता के द्वारा, दूसरों के आदर्शों को अपने आदर्शों के द्वारा और दूसरों के उद्देश्य को अपने उद्देश्य के द्वारा परखने की चेष्टा करते हैं। कुछ विशेष परिस्थितियों से बाध्य हो, मान लो, मैंने कोई एक विशेष कार्य किया, और जब मैं देखता हूँ कि एक दूसरा व्यक्ति वही कार्य कर रहा है, तो मैं सोच लेता हूँ कि उसका भी वही उद्देश्य है; मेरे मन में यह बात एक बार भी नहीं उठती कि यद्यपि फल एक हो सकता है, तथापि उस एक फल के उत्पन्न करनेवाले भिन्न भिन्न सहस्रों कारण हो सकते हैं। मैं जिस हेतु से उस कार्य को करने में प्रवृत्त होता हूँ, अन्य सब लोग उसी कार्य को अन्य हेतुओं से कर सकते हैं। अतएव इन सभी प्राचीन धर्मों पर विचार करते समय हम सामान्यतया जिस तरह दूसरों के सम्बन्ध में विचार करते हैं, वैसा न करके अपने को प्राचीन काल के लोगों के जीवन और विचार की स्थिति में रखकर विचार करना चाहिए।

प्राचीन व्यवस्थान (Old Testament) में क्रूर और निष्ठुर जिहोवा के वर्णन से बहुत से लोग भयभीत हो उठते हैं; पर क्यों? लोगों को यह कल्पना करने का क्या अधिकार है कि प्राचीन यहूदियों का जिहोवा आधुनिक रूढ़िगत कल्पना के ईश्वर के समान होगा? और साथ ही हमें यह भी न भूलना चाहिए कि हमारे बाद जो लोग आयेंगे, वे उसी तरह हमारे धर्म और ईश्वर की धारणा पर हँसेंगे, जिस तरह हम प्राचीन लोगों के धर्म एवं ईश्वर की धारणा पर हँसते हैं। यह सब होने पर भी, इन सब विभिन्न ईश्वर सम्बन्धी धारणाओं का संयोग करनेवाला एक स्वर्ण सूत्र है, और वेदान्त का उद्देश्य है—इस सूत्र की खोज करना। भगवान् कृष्ण ने कहा है—"भिन्न भिन्न मणियाँ जिस प्रकार एक सूत्र में पिरोयी हुई रहती हैं, उसी प्रकार इन सब विभिन्न भावों के भीतर भी एक सूत्र विद्यमान है।" और आजकल की धारणाओं की दृष्टि में वे सब प्राचीन धारणाएँ कितनी ही बीभत्स, भयानक अथवा घृणित क्यों न मालूम पड़ें, वेदान्त का कर्तव्य उन सभी प्राचीन धारणाओं एवं सभी वर्तमान धारणाओं के भीतर इस संयोग-सूत्र की प्रतिष्ठा करनी है। प्राचीन काल की पीठिका में वे धारणाएँ सामंजस्यपूर्ण मालूम पड़ती हैं और ऐसा लगता है कि हमारी वर्तमान धारणाओं से वे अधिक बीभत्स नहीं थीं। उनकी बीभत्सता हमारे सामने तभी प्रकट होती है, जब हम उनको उनकी पीठिका से अलग करके उन पर अपनी परिस्थितियाँ लागू करते हैं। जिस प्रकार प्राचीन यहूदी आज के तीक्ष्ण-बुद्धि यहूदी में और प्राचीन आर्य आज के बौद्धिक हिन्दू में विकसित हो गया है, उसी प्रकार जिहोवा का विकास हुआ और अन्य देवताओं का भी विकास हुआ है।

हम यह महान् भूल करते हैं कि हम उपासक का क्रमविकास तो स्वीकार

करते हैं, परन्तु उपास्य का नहीं। हम उपासकों को जिस प्रकार उन्नति का श्रेय देते हैं, उस प्रकार उपास्य को नहीं देना चाहते। तात्पर्य यह कि हम-तुम जिस प्रकार कुछ विशिष्ट भावों के प्रतीक होने के नाते, उन भावों के विकास के साथ साथ विकसित हुए हैं, उसी प्रकार देवतागण भी विशेष विशेष भावों के प्रतीक होने के कारण, उन भावों के विकास के साथ विकसित हुए हैं। तुम शायद यह आश्चर्य करो कि ईश्वर का भी कहीं विकास होता है? उसका विकास नहीं हो सकता; वह तो अपरिणामी है। इसी प्रकार यथार्थ मनुष्य का भी कभी विकास नहीं होता। किन्तु मनुष्य की ईश्वर विषयक धारणाएँ नियत परिवर्तित और विकसित हो रही हैं। आगे चलकर हम देखेंगे कि यह सब प्रत्येक मानवी अभिव्यक्ति के पीछे जो यथार्थ पुरुष है, वह अचल, अपरिणामी, शुद्ध और नित्य मुक्त है; और उसी प्रकार हमारी ईश्वर सम्बन्धी धारणा केवल एक अभिव्यक्ति है—हमारे मन की सृष्टि है। इन समस्त अभिव्यक्तियों के पीछे प्रकृत ईश्वर है, जो नित्य शुद्ध, अपरिणामी और अजर है। किन्तु अभिव्यक्ति सर्वदा ही परिणामशील है—यह अपने अन्तरालस्थ सत्य को अधिकाधिक प्रकाशित करता है; वह सत्य जब अधिक परिमाण में अभिव्यक्त होता है, तब उसे उन्नति, और जब उसका अधिकांश ढका हुआ या अनभिव्यक्त रहता है, तब उसे अवनति कहते हैं। इस प्रकार, जैसे जैसे हमारा विकास होता है, वैसे ही वैसे देवताओं का भी होता है। सीधे-सादे शब्दों में, जैसे जैसे हमारी उन्नति होती है, जैसे जैसे हमारा स्वरूप प्रकाशित होता है, वैसे वैसे देवता भी अपना स्वरूप प्रकाशित करते जाते हैं।

अब हम मायावाद को समझ सकेंगे। संसार के सभी धर्मों ने इस प्रश्न को उठाया है—संसार में यह असामंजस्य क्यों है? संसार में यह अशुभ क्यों है? आदिम धर्मभाव के आविर्भाव के समय हम इस प्रश्न को उठते नहीं देखते; इसका कारण यह है कि आदिम मनुष्य को संसार असामंजस्यपूर्ण नहीं लगा। उसके लिए परिस्थितियाँ असामंजस नहीं थीं, किसी प्रकार का मत-विरोध नहीं था, भले-बुरे की कोई प्रतिद्वन्द्विता नहीं थी। उसके हृदय में केवल दो बातों का संग्राम हो रहा था। एक कहती थी—यह करो, और दूसरी उसको करने का निषेध करती थी। आदिम मानव संवेग का मानव था। उसके मन में जो आता था, वही शरीर से कर डालता था। वह इन संवेगों के सम्बन्ध में विचार करने अथवा उनका संयम करने का बिल्कुल प्रयत्न नहीं करता था। इन सब देवताओं के सम्बन्ध में भी यही बात है; ये लोग भी अपनी संवेगों के अधीन थे। इन्द्र आया और उसने असुर-बल को छिन्न-भिन्न कर दिया। जिहोवा किसी के प्रति सन्तुष्ट था, तो किसीसे रुष्ट; क्यों, यह कोई भी नहीं जानता, जानना

भी नहीं चाहता। इसका कारण यह है कि उस समय लोगों में अनुसन्धान की प्रवृत्ति ही नहीं जगी थी; इसलिए वे जो कुछ भी करते, वही ठीक था। उस समय भले-बुरे की कोई धारणा नहीं थी। हम जिन्हें बुरा कहते हैं, ऐसे बहुत से कार्य देवता लोग करते थे; हम वेदों में देखते हैं कि इन्द्र और अन्य देवताओं ने अनेक बुरे कार्य किये हैं, पर इन्द्र के उपासकों की दृष्टि में पाप या बुरा काम कुछ भी न था, अतः वे इस सम्बन्ध में कोई प्रश्न ही नहीं करते थे।

नैतिक धारणाओं की उन्नति के साथ साथ मनुष्य के मन में एक संग्राम प्रारम्भ हुआ; मनुष्य में मानो एक नयी इन्द्रिय का आविर्भाव हुआ। भिन्न भिन्न भाषाओं और भिन्न भिन्न जातियों ने इसे भिन्न भिन्न नाम दिये हैं; कोई कहता है—यह ईश्वर की वाणी है, और कोई यह कि वह पहले की शिक्षा का फल है। जो भी हो, उसने मनुष्य के स्वाभाविक संवेगों को दमन करनेवाली शक्ति के रूप में काम किया। हमारे मन का एक संवेग कहता है, करो; इसके पीछे एक दूसरा स्वर उठता, जो कहता है, मत करो। हमारे मन में धारणाओं का एक समूह है, जो सर्वदा इन्द्रियों के द्वारा बाहर जाने की चेष्टा करता रहता है; और उनके पीछे, चाहे कितना ही क्षीण क्यों न हो, एक स्वर कहता रहता है—बाहर मत जाना। इन दो बातों के सुन्दर संस्कृत नाम हैं—प्रवृत्ति और निवृत्ति। प्रवृत्ति ही हमारे समस्त कर्मों का मूल है। निवृत्ति से धर्म का आरम्भ है। धर्म आरम्भ होता है—इस 'मत करना' से; आध्यात्मिकता भी इस 'मत करना' से ही आरम्भ होती है। जहाँ यह 'मत करना' नहीं है, वहाँ जानना कि धर्म का आरम्भ ही नहीं हुआ। इस 'मत करना' का भाव आ गया जिससे परस्पर युद्ध में रत देवतागण आराधित होने के बावजूद भी मनुष्य की धारणाएँ विकसित होने लगीं।

अब मानवता के हृदय में कुछ प्रेम जाग्रत हुआ। अवश्य उसकी मात्रा बहुत थोड़ी थी और आज भी वह मात्रा कोई अधिक नहीं है। पहले-पहल यह प्रेम क़बीले तक सीमित रहा। ये सब देवता केवल अपने क़बीले से प्रेम करते थे। प्रत्येक देवता एक एक क़बीले का देवता था और उस विशिष्ट क़बीले का रक्षक मात्र था। और जिस प्रकार भिन्न भिन्न देशों के विभिन्न वंशीय लोग अपने को उस एक पुरुषविशेष का वंशज कहते हैं, जो उस वंश का प्रतिष्ठाता होता है, उसी प्रकार कभी कभी किसी क़बीले के लोग अपने को अपने देवता का वंशज समझते थे। प्राचीन काल में कुछ ऐसे लोग थे, और आज भी हैं, जो अपने को न केवल इस क़बीला-सम्बन्धी देवताओं के वंशज होने का दावा करते, बल्कि चन्द्र या सूर्य का भी वंशज कहते हैं। संस्कृत के प्राचीन ग्रन्थों में तुमने बड़े बड़े सूर्य-वंशी और चन्द्रवंशी वीर सम्राटों की कथाएँ पढ़ी होंगी। ये लोग पहले चन्द्र या

सूर्य के उपासक थे; और बाद में ये अपने को चन्द्र या सूर्य का वंशज कहने लगे। अतः जब यह क़बीलीय भाव आने लगा, तब किंचित् प्रेम जागा, एक दूसरे के प्रति थोड़ा कर्तव्य-भाव आया, कुछ सामाजिक श्रृंखला की उत्पत्ति हुई; और इसके साथ ही साथ यह भावना भी आने लगी कि एक दूसरे का दोष सहन या क्षमा किये बिना हम कैसे एक साथ रह सकेंगे? एक न एक समय अपनी प्रवृत्तियों का संयम किये बिना मनुष्य भला किस प्रकार दूसरों के साथ, यहाँ तक कि एक भी व्यक्ति के साथ रह सकता है? यह असम्भव है। बस, इसी प्रकार संयम की भावना आयी। इस संयम की भावना पर ही सम्पूर्ण सामाजिक रचना आधारित है, और हम जानते हैं कि जो नर या नारी ने इस सहिष्णुता या क्षमारूपी महान् पाठ को नहीं पढ़ा है वे अत्यन्त कष्ट में जीवन बिताते हैं।

अतएव, जब इस प्रकार धर्म का भाव आया, तब मनुष्य के मन में एक अपेक्षाकृत उच्चतर एवं अधिक नीतिसंगत भाव की झलक उदित हुई। तब वे अपने उन्हीं प्राचीन देवताओं में—चंचल, लड़ाकू, शराबी, गो-मांसाहारी देवताओं में, जिनको जले मांस की गन्ध और तीव्र सुरा की आहुति से ही परम आनन्द मिलता था—कुछ असंगति देखने लगे। कभी कभी इन्द्र इतना मद्यपान कर लेता था कि वह बेहोश होकर गिर पड़ता और अण्ड-बण्ड बकने लगता था। इस प्रकार देवताओं को अब सहन नहीं किया जा सकता। तब उद्देश्यों के सम्बन्ध में पूछताछ करने का भाव जाग्रत हुआ और देवताओं के कार्यों के उद्देश्य भी पूछे जाने लगे। अमुक देवता के अमुक कार्य का क्या उद्देश्य है? कोई उद्देश्य नहीं मिला। अतएव लोगों ने उन सब देवताओं का त्याग कर दिया, अथवा दूसरे शब्दों में, वे फिर देवताओं के विषय में और भी उच्च धारणाएँ विकसित करने लगे। उन्होंने देवताओं के समस्त कार्य और गुणों का मानो जाँचपड़ताल किया और जिन कार्यों को वे संगत नहीं कर सके, उन्हें त्याग दिया तथा जो अच्छे थे, जिन्हें वे समझ सकते थे, एकत्र किया और इन अच्छे अच्छे भावों की समष्टि को उन्होंने एक नाम देव-देव या देवताओं का देवता दे दिया। तब उनके उपास्य देवता केवल शक्ति के परिचायक मात्र नहीं रहे; शक्ति से अधिक और भी कुछ उनके लिए आवश्यक हो गया। अब वे नीति-परायण देवता हो गये; वे मनुष्यों से प्रेम करने लगे, मनुष्यों का हित करने लगे। पर देवता सम्बन्धी धारणा फिर भी अक्षुण्ण रही। उन लोगों ने देवता की नैतिक सार्थकता तथा शक्ति को केवल बढ़ा भर दिया। अब वे देवता विश्व में सर्वश्रेष्ठ नीतिपरायण तथा एक प्रकार से सर्वशक्तिमान भी हो गये।

किन्तु यह जोड़-गाँठ कब तक चल सकती थी? जैसे जैसे व्याख्या सूक्ष्म से सूक्ष्मतर होती गयी, वैसे वैसे जगद्-रहस्य के समाधान करने में कठिनाई मानो

और भी कठिन होती गयी। देवता अथवा ईश्वर के गुण यदि 'गणितीय क्रम' (arithmetical progression) के नियम से बढ़ने लगे, तो सन्देह और कठिनाइयाँ 'ज्यामितीय क्रम' (geometrical progression) के नियम से बढ़ने लगीं। निष्ठुर जिहोवा के साथ जगत् का सामंजस्य स्थापित करने में जो कठिनाई होती थी, उससे भी अधिक कठिनाई ईश्वर सम्बन्धी नवीन धारणा के साथ होने लगी। और यह कठिनाई आज तक बनी रही। सर्वशक्तिमान और प्रेममय ईश्वर के राज्य में ऐसी पैशाचिक घटनाएँ क्यों घटती हैं? सुख की अपेक्षा दुःख इतना अधिक क्यों है? साधु-भाव जितना है, असाधु-भाव उससे उतना अधिक क्यों है? संसार में कुछ भी अशुभ नहीं है, ऐसा समझकर भले ही हम आँखें बन्द करके बैठे रहें, पर यह तथ्य तो बना ही रहता है कि यह संसार एक बीभत्स संसार है। बहुत हुआ, तो यह संसार बस टैण्टालस के नरक[1] के समान है; उससे यह किसी अंश में अच्छा नहीं। यहाँ हम हैं प्रबल प्रवृत्तियाँ लिये और इन्द्रियों को चरितार्थ करने की प्रबलतर वासनाएँ लिये, पर उनकी पूर्ति का कोई उपाय नहीं! हमारी अपनी इच्छा के बावजूद हममें एक तरंग उठती है, जो हमें आगे बढ़ने को बाध्य करती है, परन्तु जैसे ही हम एक पाँव आगे बढ़ाते हैं, वैसे ही एक धक्का लगता है। हम सभी टैण्टालस की भाँति इस जगत् में जीवित रहने को मानो विधि-विधान से अभिशप्त हैं! पंचेन्द्रिय द्वारा सीमाबद्ध जगत् से अतीत के आदर्श हमारे मस्तिष्क में आते हैं, पर उन्हें हम कार्य-रूप में परिणत नहीं कर सकते। दूसरी ओर हम अपने चारों ओर की परिस्थिति के चक्र में पिसते जाते हैं। फिर, यदि मैं आदर्श प्राप्ति की चेष्टा का परित्याग कर केवल सांसारिक भाव को लेकर रहना चाहूँ, तो मुझे पशु-जीवन बिताना पड़ता है और मैं अपने को पतित और गर्हित कर लेता हूँ। अतएव किसी भी ओर सुख नहीं। जो लोग इस संसार में जिस अवस्था में उत्पन्न हुए हैं, उसी अवस्था में रहना चाहते हैं, तो उनके भाग्य में भी दुःख है। और जो लोग सत्य तथा उच्चतर आदर्श के लिए—इस पाशविक जीवन की अपेक्षा कुछ उन्नत जीवन के लिए—आगे बढ़ने का साहस करते हैं, उनके लिए तो और भी सहस्र गुना अधिक दुःख है। यही

---

१. ग्रीक लोगों की एक पौराणिक कथा है कि टैण्टालस नामक राजा पाताल के एक तालाब में गिर पड़ा था। तालाब का पानी उसके ओठों तक आता था, परन्तु जैसे ही वह अपनी प्यास बुझाने का प्रयत्न करता, वैसे ही पानी कम हो जाता था। उसके सिर के ऊपर नाना प्रकार के फल लटकते थे, और जैसे ही वह उन्हें पकड़ने जाता कि वे गायब हो जाते थे। स०

वस्तु-स्थिति है, पर इसकी कोई व्याख्या नहीं—व्याख्या हो भी नहीं सकती। पर वेदान्त इससे बाहर निकलने का मार्ग बतलाता है। ये सब भाषण देते समय शायद मुझे कुछ ऐसी भी बातें कहनी पड़ें, जिनसे तुम भयभीत हो जाओ, पर जो कुछ मैं कह रहा हूँ, उसे यदि तुम याद रखो, भली भाँति आत्मसात कर लो और उसके सम्बन्ध में दिन-रात चिन्तन करो, तो वह तुम्हारे अन्दर बैठ जायगी, तुम्हारी उन्नति करेगी और सत्य को समझने तथा सत्य में प्रतिष्ठित होने में तुमको समर्थ करेगी।

अब, यह एक तथ्यात्मक वर्णन है कि यह संसार एक टैण्टालस का नरक है, और हम इस जगत् के बारे में कुछ भी नहीं जानते; पर साथ ही हम यह भी तो नहीं कह सकते कि हम नहीं जानते। जब मैं सोचता हूँ कि मैं इस जगत्-श्रृंखला के बारे में नहीं जानता, तो मैं यह नहीं कह सकता कि इसका अस्तित्व है। वह मेरे मस्तिष्क का पूर्ण भ्रम हो सकता है। हो सकता है, मैं केवल स्वप्न देख रहा हूँ। मैं स्वप्न देख रहा हूँ कि मैं तुमसे बातें कर रहा हूँ और तुम मेरी बात सुन रहे हो। कोई भी यह सिद्ध नहीं कर सकता कि यह स्वप्न नहीं है। मेरा मस्तिष्क भी तो एक स्वप्न हो सकता है, और सचमुच, अपना मस्तिष्क देखा किसने है? वह तो हमने केवल मान लिया है। सभी विषयों के सम्बन्ध में यही बात है। अपना शरीर को भी तो हम मान लेते हैं। फिर यह भी नहीं कह सकते कि हम नहीं जानते। ज्ञान और अज्ञान के बीच की यह अवस्था, यह रहस्यमय पहेली, यह सत्य और मिथ्या का मिश्रण—कहाँ जाकर इनका मिलन हुआ है, कौन जाने? हम स्वप्न में विचरण कर रहे हैं—अर्ध निद्रित, अर्ध जाग्रत—जीवन भर एक पहेली में आबद्ध, हममें से प्रत्येक की बस यही दशा है! सारे इन्द्रिय-ज्ञान की यही दशा है। सारे दर्शनों की, सारे विज्ञान की, सब प्रकार के मानवीय ज्ञान की—जिनको लेकर हमें इतना अहंकार है—सबकी बस यही दशा है—यही परिणाम है। बस, यही संसार है।

चाहे पदार्थ कहो, चाहे चेतन, चाहे आत्मा, चाहे किसी भी नाम से क्यों न पुकारो, बात एक ही है—हम यह नहीं कह सकते कि ये सब हैं, और यह भी नहीं कह सकते कि ये सब नहीं हैं। हम इन सबको एक भी नहीं कह सकते और अनेक भी नहीं। यह प्रकाश और अन्धकार का खेल—यह अविविक्त, अपृथक् और अविभाज्य मिश्रण, जिसमें सारी घटनाएँ कभी सत्य मालूम होती हैं, कभी मिथ्या—सदा से चल रहा है। इसके कारण कभी लगता है कि हम जाग्रत हैं, कभी लगता है कि सोये हुए हैं। बस, यही माया है, यही वस्तु-स्थिति है। इसी माया में हमारा जन्म हुआ है, इसीमें हम जीवित हैं; इसीमें सोच-विचार

करते हैं, इसीमें स्वप्न देखते हैं। इसीमें हम दार्शनिक हैं, इसीमें साधु हैं; यही नहीं, हम इस माया में ही कभी दानव और कभी देवता हो जाते हैं। विचार के रथ पर चढ़कर चाहे जितनी दूर जाओ, अपनी धारणा को ऊँचे से ऊँचा बनाओ, उसे अनन्त या जो इच्छा हो, नाम दो, पर तो भी यह सब माया के ही भीतर है। इसके विपरीत हो ही नहीं सकता; और मनुष्य का जो कुछ ज्ञान है, वह बस, इस माया का ही साधारणीकरण है—इस माया के दिखनेवाले स्वरूप को ही जानने की चेष्टा करना है। यह माया नाम-रूप का कार्य है। जिस किसी वस्तु का रूप है, जो भी कुछ तुम्हारे मन में किसी प्रकार के भाव की जागृति कर देती है, वह सब माया के ही अन्तर्गत है। जो कुछ देश-काल-निमित्त के नियम के अधीन है, वही माया के अन्तर्गत है।

अब हम पुनः यह विचार करें कि उस प्रारम्भिक ईश्वर-धारणा का क्या हुआ। यह धारणा कि एक ईश्वर अनन्त काल से हमें प्यार कर रहा है, अनन्त सर्वशक्तिमान और निःस्वार्थ पुरुष है और इस विश्व का शासन कर रहा है, स्पष्ट ही हमें संतुष्ट नहीं कर सकती। दार्शनिक साहस के साथ इस सगुण ईश्वर-धारणा के विरुद्ध खड़ा होता है। वह पूछता है—तुम्हारा न्यायशील, दयालु ईश्वर कहाँ है? क्या वह अपनी मनुष्य और पशुरूप लाखों सन्तानों का विनाश नहीं देखता? कारण, ऐसा कौन है, जो एक क्षण भी दूसरों की हिंसा किये बिना जीवन धारण कर सकता है? क्या तुम सहस्रों जीवन का संहार किये बिना एक साँस भी ले सकते हो? लाखों जीव मर रहे हैं, इसीसे तुम जीवित हो। तुम्हारे जीवन का प्रत्येक क्षण, तुम्हारा प्रत्येक निःश्वास सहस्रों जीवों के लिए मृत्यु है; तुम्हारी प्रत्येक हलचल लाखों का काल है। तुम्हारा प्रत्येक ग्रास लाखों की मौत है। वे क्यों मरें? इस सम्बन्ध में एक प्राचीन कुतर्क है—'वे तो अति निम्न जीव हैं।' माना वे ऐसा हैं, पर यह तो एक सन्दिग्ध विषय है। कौन कह सकता है कि चींटी मनुष्य से श्रेष्ठ है, अथवा मनुष्य चींटी से? कौन सिद्ध कर सकता है कि यह ठीक है अथवा वह? यदि मान भी लिया जाय कि वे अति निम्न जीव हैं, तो भी वे मरें क्यों? यदि वे निम्न स्तर के जीव हैं, तो उनको बचे रहने का तो और भी अधिकार है। वे क्यों न जीवित रहें? उनका जीवन इन्द्रियों में ही अधिक आबद्ध है, अतः वे हमारी-तुम्हारी अपेक्षा सहस्र गुना अधिक दुःख-सुख का बोध करते हैं। कुत्ता या भेड़िया जिस चाव के साथ भोजन करता है, उस तरह कौन मनुष्य कर सकता है? इसका कारण यह है कि हमारी समस्त कार्य-प्रवृत्ति इन्द्रियों में नहीं है—वह बुद्धि में है, आत्मा में है। पर कुत्ते के प्राण इन्द्रियों में ही पड़े रहते हैं, वह इन्द्रिय-सुख के लिए पागल हो जाता है; वह

जितने आनन्द के साथ इन्द्रिय-सुख का भोग करता है, हम मनुष्य उस प्रकार नहीं कर सकते। पर उसका दुःख भी सुख के ही समान तीव्र होता है। जितना सुख है, उतना ही दुःख है। यदि पशु मनुष्य की अपेक्षा इतनी तीव्रता से सुख का अनुभव करते हैं, तो यह भी सत्य है कि उनके दुःख का अनुभव भी उतना ही अधिक तीव्र होता है—मनुष्य की अपेक्षा तीव्रतर होता है। अतएव मनुष्य को मरने में जो कष्ट होता है, उसकी अपेक्षा सहस्र गुना अधिक कष्ट उन पशुओं को मरने में होता है। फिर भी हम उनके कष्ट की कोई चिन्ता न करते हुए उन्हें मार डालते हैं। यही माया है। और यदि हम मान लें कि मनुष्य के समान एक सगुण ईश्वर है, जिसने यह सृष्टि रची, तो ये सब तथाकथित सिद्धान्त और व्याख्याएँ, जो यह सिद्ध करने का प्रयत्न करती हैं कि बुराई से ही भलाई होती है, पर्याप्त नहीं है। उपकार चाहे सहस्रों हों, पर वे अपकार से प्रसूत क्यों हों? इस सिद्धान्त के अनुसार तो मैं अपनी पाँच इन्द्रियों के पूरा सुख के लिए दूसरों का गला काट सकता हूँ! अतएव यह कोई युक्ति नहीं। बुराई में से भलाई क्यों निकले? इस प्रश्न का उत्तर देना होगा। पर इस प्रश्न का कोई उत्तर नहीं। यह बात भारतीय दर्शन को बाध्य होकर स्वीकार करनी पड़ी।

वेदान्त सभी धर्मों में सर्वाधिक साहसी था (और है)। वह रुका कहीं भी नहीं। उसको अग्रसर होने में एक सुविधा भी थी। वह यह कि वेदान्त-धर्म के विकास के समय पुरोहित-सम्प्रदाय ने सत्यान्वेषियों का मुँह बन्द करने का प्रयत्न नहीं किया। धर्म में पूर्ण स्वाधीनता थी। उन लोगों की संकीर्णता थी सामाजिक रीति-रिवाजों में। यहाँ (इंग्लैण्ड में) समाज खूब स्वाधीन है। भारतवर्ष में सामाजिक स्वाधीनता नहीं थी, थी धार्मिक स्वाधीनता। इस देश में कोई चाहे जैसी पोशाक पहने, अथवा जो इच्छा हो, करे, कोई कुछ न कहेगा; पर गिरजाघर में यदि कोई एक दिन न जाय, तो श्रीमती ग्रंडी उसकी आफ़त कर देंगी। सत्य का विचार करते समय उसे पहले सोचना पड़ता है कि समाज धर्म पर क्या कहता है। दूसरी ओर, भारतवर्ष में यदि कोई व्यक्ति दूसरी जाति के हाथ का खाना खा ले, तो समाज उसे तुरन्त जातिच्युत कर देगा। पुरखे जैसी पोशाक पहनते थे, उससे थोड़ा सा भी भिन्न रूप से पोशाक पहनते ही बस, उसका सर्वनाश ही समझो। मैंने तो यहाँ तक सुना है कि एक व्यक्ति पहली बार रेल-गाड़ी देखने गया, इसलिए उसे जातिच्युत कर दिया गया! माना, यह बात सत्य न भी हो, परन्तु हमारे समाज की गति ही ऐसी है। किन्तु धर्म के विषय में देखता हूँ कि नास्तिक, बौद्ध, भौतिकवादी, सब प्रकार के धर्म, सब प्रकार के सम्प्रदाय, अद्भुत और बड़े विस्मयकारी मत-मतान्तर साथ साथ रह रहे हैं।

सभी सम्प्रदायों के प्रचारक उपदेश देते फिरते हैं और सबको अनुयायी भी मिलते जाते हैं।' और तो और, देवमन्दिरों के द्वार पर ही ब्राह्मण लोग भौतिकवादियों को खड़ा होने और उनके मत का प्रचार करने की अनुमति देते हैं। यह बात उनकी उदारता और महत्ता की ही परिचायक है।

भगवान् बुद्ध ने परिपक्व वृद्धावस्था में शरीर त्यागा था। मेरे एक अमेरिकन वैज्ञानिक मित्र बुद्ध का चरित्र पढ़ना बड़ा पसन्द करते थे; पर बुद्ध की मृत्यु उन्हें अच्छी नहीं लगती थी, क्योंकि उन्हें सूली पर नहीं चढ़ाया गया था। कैसी भ्रमात्मक धारणा है यह! बड़ा आदमी होने की कसौटी क्या?——उसकी हत्या! भारत में इस प्रकार की धारणा कभी प्रचलित न थी। इस महान् बुद्ध ने भारतीय देवताओं तथा जगत् का शासन करनेवाले ईश्वर तक की निन्दा करते हुए भारत भर भ्रमण किया, और फिर भी वे वृद्धावस्था तक जीवित रहे। वे अस्सी वर्ष तक जीवित रहे और आधे देश को उन्होंने अपने धर्म का अनुयायी बना डाला।

चार्वाकों ने बड़े भयंकर मतों का प्रचार किया, जैसा कि आज उन्नीसवीं शताब्दी में भी लोग इस प्रकार खुल्लम-खुल्ला भौतिकवाद का प्रचार करने का साहस नहीं करते। इन चार्वाकों को स्वतन्त्रतापूर्वक मन्दिरों और नगरों में प्रचार करने दिया गया कि धर्म मिथ्या है, वह केवल पुरोहितों की स्वार्थपूर्ति का एक उपाय है, वेद केवल पाखण्डी, धूर्त, निशाचरों की रचना है——न कोई ईश्वर है, न अनन्त आत्मा। यदि आत्मा है, तो मृत्यु के बाद वह स्त्री-पुत्र आदि के प्रेम से आकृष्ट होकर लौट क्यों नहीं आती? इन लोगों की यह धारणा थी कि यदि आत्मा होती, तो मृत्यु के बाद भी उसमें प्रेम आदि की भावनाएँ रहतीं और वह अच्छा खाना और अच्छा पहनना चाहती। ऐसा होने पर भी चार्वाकों को किसीने सताया नहीं।

भारत में धार्मिक स्वाधीनता का यह उदात्त भाव सदा से ही रहा है, और तुम यह अवश्य स्मरण रखो कि विकास की पहली शर्त है——स्वाधीनता। जिसे तुम बन्धन-मुक्त नहीं करोगे, वह कभी आगे नहीं बढ़ सकता। अपने लिए शिक्षक की स्वाधीनता रखते हुए यदि कोई सोचे कि वह दूसरों को उन्नत कर सकता है, उनकी उन्नति में सहायता दे सकता है और उनका पथ-प्रदर्शन कर सकता है, तो यह एक अर्थहीन विचार है, एक भयानक मिथ्या बात है, जिसने संसार के लाखों लाखों मनुष्यों के विकास में अड़ंगे डाले हैं। तोड़ डालो मानव के बन्धन, उन्हें स्वाधीनता के प्रकाश में आने दो। बस, यही विकास की एकमात्र शर्त है।

हमने भारत में धर्म के विषय में स्वाधीनता दी थी, और उसके फलस्वरूप आज भी धर्म-जगत् में हमें एक प्रबल आध्यात्मिक शक्ति मिली है। तुम लोगों ने सामाजिक स्वतन्त्रता दी थी, इसीलिये तुम्हारा सामाजिक संगठन इतना सुन्दर है। हमने सामाजिक बातों में बिल्कुल स्वतन्त्रता नहीं दी, इसलिए हमारे समाज में संकीर्णता है। तुम्हारे देश में धार्मिक स्वतन्त्रता नहीं दी गयी, अतः धार्मिक विश्वास दूसरों पर लादने के लिए तलवारों और बन्दूकों का उपयोग किया गया। उसीका फल यह है कि आज यूरोप में धर्म इतना कुंठित और संकीर्ण है। भारत में समाज की बेड़ी को तोड़ना होगा, और यूरोप में धर्म की बेड़ी को। तभी मनुष्य का आश्चर्यजनक विकास और उन्नति होगी। यदि हम लोग इस आध्यात्मिक, नैतिक या सामाजिक उन्नति में निहित एकत्व का पता लगा सकें, यदि हम जान लें कि वे सब एक ही वस्तु के विभिन्न विकास मात्र हैं, तो हम देखेंगे कि धर्म अपने पूर्व अर्थ में हमारे समाज में अवश्य प्रवेश कर जायगा, हमारे जीवन का प्रति मुहूर्त धर्म-भाव से परिपूर्ण हो जायगा। वेदान्त के प्रकाश में तुम समझोगे कि सारे विज्ञान धर्म की ही अभिव्यक्तियाँ हैं और जगत् की सारी वस्तुएँ भी उसीकी अभिव्यक्ति हैं।

तो हमने देखा कि स्वाधीनता से ही इन सब विज्ञानों की उत्पत्ति और उन्नति हुई है; और हम उनमें दो प्रकार के मत पाते हैं—एक भौतिक और निन्दा करनेवाला और दूसरा सकारात्मक और निर्माण करनेवाला। एक विचित्र बात यह है कि वे सभी समाजों में पाये जाते हैं। मान लो, समाज में कोई दोष है, तो तुम देखोगे कि फ़ौरन ही एक दल उठकर प्रतिहिंसात्मक रूप से गाली-गलौज करने लगता है। कभी कभी तो ये लोग बड़े मतान्ध और कट्टर हो उठते हैं। सभी समाजों में तुम मतान्ध लोग पाओगे; और अधिकतर स्त्रियाँ ही इस आवाज़ में भाग लेती हैं, क्योंकि वे स्वभाव से भावुक होती हैं। जो भी मतांध खड़ा होकर किसी विषय के विरुद्ध लेक्चरबाजी कर सकता है, उसे अनुयायी मिल जाता है। तोड़ना सहज है; पागल आदमी जो चाहे तोड़-फोड़ सकता है, पर किसी वस्तु को गढ़ना उसके लिए बड़ा कठिन है। मान लो कि कोई दोष है, तो केवल गाली-गलौज से तो कुछ होगा नहीं; हमें उसकी जड़ तक जाके कार्य करना पड़ेगा। पहले तो यह जानो कि दोष का कारण क्या है, फिर उस कारण को दूर करो और कार्य अपने आप ही चला जायगा। केवल चिल्लाने से कोई लाभ नहीं होता, वरन् उससे हानि की ही अधिक सम्भावना रहती है।

पर दूसरे एक दल थे, जिसके हृदय में सहानुभूति थी। वे समझ गये थे कि दोषों को दूर करने के लिए उनके कारणों में पहुँचना होगा। यह दल बड़े बड़े

साधु-महात्माओं का था। एक बात तुमको याद रखनी चाहिए कि जगत् के सभी बड़े बड़े आचार्य कह गये हैं—'हम नाश करने नहीं आये, पहले जो था, उसीको पूर्ण करने आये हैं।' बहुधा लोग इस बात को समझ नहीं पाते और उनकी इस सहिष्णुता को तत्कालीन लोकप्रिय मतों से एक अशोभन समझौता कहते हैं। आज भी बहुत से लोग कहते हैं कि वे महान् आचार्य और पैग़म्बर जिस बात को सत्य समझते थे, उसे प्रकट रूप से कहने का साहस नहीं करते थे और वे थोड़े-बहुत कायर भी थे। पर बात यह नहीं थी। धर्मान्ध व्यक्ति उन महापुरुषों के हृदय से निःसृत प्रेम की अनन्त शक्ति को बहुत ही कम समझ पाते। वे महापुरुष संसार के समस्त नर-नारियों को अपनी सन्तान के रूप में देखते थे। वे ही यथार्थ पिता थे, वे ही यथार्थ देवता थे, उनका हृदय प्रत्येक के लिए अनन्त सहानुभूति और क्षमा से पूर्ण था—वे सदा ही सहने और क्षमा करने को प्रस्तुत रहते थे। वे जानते थे कि किस प्रकार मानव-समाज का विकास होना चाहिए; अतएव वे अत्यन्त धैर्य के साथ धीरे धीरे पर निश्चित रूप से अपनी संजीवनी औषधि का प्रयोग करने लगे। उन्होंने किसी को गालियाँ नहीं दीं, भय नहीं दिखलाया, पर बड़ी कृपा के साथ धीरे धीरे वे लोगों को एक एक सोपान ऊपर उठाते गये। और ऐसे ही लोग उपनिषदों के रचयिता थे। वे अच्छी तरह जानते थे कि ईश्वर सम्बन्धी प्राचीन धारणाएँ अन्य सब उन्नत, नीतिसंगत धारणाओं के साथ मेल नहीं खातीं। वे पूरी तरह जानते थे कि नास्तिक लोग जो कुछ प्रचार करते हैं, उसमें अनेक महान् सत्य निहित हैं; पर साथ ही उन्हें यह भी ज्ञात था कि जो लोग पहले के मतों से कोई सरोकार न रखकर जिस सूत्र में माला गुँथी हुई है, उसीको तोड़ डालना चाहते हैं और शून्य पर एक नये समाज का गठन करना चाहते हैं, वे बुरी तरह असफल होंगे।

हम कभी भी किसी नयी वस्तु का निर्माण नहीं कर सकते, केवल पुरानी वस्तुओं का मात्र स्थान-परिवर्तन कर दे सकते हैं। हमें कोई नयी वस्तु नहीं उपलब्ध होती, हम सिर्फ वस्तुओं की स्थिति का परिवर्तन करते हैं। बीज ही धैर्य के साथ धीरे धीरे वृक्ष के रूप में परिणत होता है। अतः हमें सत्य की खोज में लगी हुई शक्ति को ठीक ढंग से चलाना होगा; जो सत्य पहले से ही विद्यमान है, उसीको पूर्ण करना होगा। नये सत्य के सृजन के लिए हमें प्रयत्न नहीं करना चाहिए। अतएव प्राचीन काल की इन ईश्वर सम्बन्धी धारणाओं को वर्तमान काल के लिए अनुपयुक्त कहकर एकदम उड़ाये बिना ही, वे प्राचीन महापुरुष, उनमें जो कुछ सत्य है, उसका अन्वेषण करने लगे; और उसका फल है वेदान्त दर्शन। उन्हें समस्त प्राचीन देवताओं और जगत् के शासनकर्ता एक ईश्वर की धारणा

से भी उच्चतर धारणाओं का पता मिला। इस प्रकार उन्होंने जिस उच्चतम सत्य की खोज की, उसीको निर्गुण, पूर्ण ब्रह्म कहते हैं, और इस निर्गुण ब्रह्म की उपलब्धि में उन्हें विश्व-ब्रह्माण्डव्यापी एक अखण्ड सत्ता प्राप्त हुई।

'जो इस बहुत्वपूर्ण जगत् में उस एक अखण्डस्वरूप को देखते हैं, जो इस मर्त्य जगत् में उस एक अनन्त जीवन को देखते हैं, जो इस जड़ता और अज्ञान से पूर्ण जगत् में उस एक प्रकाश और ज्ञानस्वरूप को देखते हैं, उन्हींको चिर शान्ति मिलती है, अन्य किसीको नहीं, अन्य किसीको नहीं।'

माया एवं मुक्ति

(२२ अक्तूबर, १८९६ को लंदन में दिया हुआ व्याख्यान)

कवि कहता है, "हम जगत् में महिमा का हिरण्मय मेघजाल लेकर प्रवेश करते हैं।" पर सच पूछो, तो हममें से सभी इस प्रकार महिमामण्डित होकर संसार में प्रवेश नहीं करते; हममें से बहुत से तो अपने पीछे कुहरे की कालिमा लेकर जगत् में प्रवेश करते हैं; इसमें कोई सन्देह नहीं। हम लोग—हममें से सभी—मानो युद्ध करने के लिए युद्धक्षेत्र में भेजे गये हैं। रोते रोते हमें इस संसार में प्रवेश करना पड़ता है, यथासाध्य प्रयत्न करके अपना मार्ग बना लेना पड़ता है—जीवन के इस अनन्त सागर में हम अपना मार्ग बनाते हैं। आगे हम बढ़ते जाते हैं, अगणित युग हमारे पीछे रहते हैं और असीम विस्तार हमारे परे। इसी प्रकार हम चलते रहते हैं और अन्त में मृत्यु आकर हमें इस क्षेत्र से उठा ले जाती है—विजयी अथवा पराजित, कुछ भी निश्चित नहीं। और यही माया है!

बालक के हृदय में आशा की प्रधानता होती है। बालकों के विस्फारित नयनों के समक्ष समस्त जगत् मानो एक सुनहले चित्र के समान मालूम पड़ता है; वह समझता है कि मेरी जो इच्छा होगी, वही होगा। किन्तु जैसे वह आगे बढ़ता है, वैसे ही प्रत्येक पद पर प्रकृति वज्रदृढ़ प्राचीर के रूप में उसकी भविष्य प्रगति रोध करके खड़ी हो जाती है, उस प्राचीर को भंग करने के लिए वह भले ही बारम्बार वेग के साथ उस पर टक्कर मारता रहे। सारे जीवन भर वह जैसे जैसे अग्रसर होता जाता है, वैसे वैसे उसका आदर्श उससे दूर होता जाता है—अन्त में मृत्यु आ जाती है, और शायद इस सबसे छुटकारा मिल जाता है। और यही माया है!

एक वैज्ञानिक उठता है, महाज्ञान की पिपासा लिये। उसके लिए ऐसा कुछ भी नहीं है, जिसका वह त्याग न कर सकता हो, कोई भी संघर्ष उसे निरुत्साहित नहीं कर सकता। वह लगातार आगे बढ़ता हुआ प्रकृति के एक के बाद एक गुप्त तत्त्वों का पता लगाता जाता है—प्रकृति के अन्तस्तल में जाकर आभ्यन्तरिक गूढ़ रहस्यों का उद्घाटन करता जाता है, पर इस सबका उद्देश्य क्या है? यह सब करने का हेतु क्या है? हम इन वैज्ञानिकों को क्यों मान दें? उन्हें कीर्ति क्यों मिले? मनुष्य जितना कर सकता है, प्रकृति क्या उससे अनन्त गुना अधिक नहीं करती?

और प्रकृति तो जड़ है, अचेतन है। तो फिर जड़ के अनुकरण में कौन सा गौरव है? प्रकृति कितनी भी विद्युतशक्तिसम्पन्न वज्र को चाहे जितनी दूर फेंक दे सकती है। यदि कोई मनुष्य उसका शतांश भी कर दे, तो हम उसे आसमान पर चढ़ा देते हैं! यह सब क्यों? प्रकृति के अनुकरण के लिए, मृत्यु के, जड़त्व के, अचेतन के अनुकरण के लिए हम उसकी प्रशंसा क्यों करें? गुरुत्वाकर्षण-शक्ति भारी से भारी पदार्थ को क्षण भर में टुकड़े टुकड़े कर फेंक दे सकती है, फिर भी वह जड़ है। जड़ के अनुकरण से क्या लाभ? फिर भी हम सारा जीवन उसीके लिए संघर्ष करते रहते हैं। और यही माया है!

इन्द्रियाँ मनुष्य की आत्मा को बाहर खींच लाती हैं। मनुष्य ऐसे स्थानों में सुख और आनन्द की खोज कर रहा है, जहाँ व्रह उन्हें कभी नहीं पा सकता। युगों से हम यह शिक्षा पाते आ रहे हैं कि यह निरर्थक और व्यर्थ है; यहाँ हमें सुख नहीं मिल सकता। परन्तु हम सीख नहीं सकते! अपने अनुभव के अतिरिक्त और किसी उपाय से हम सीख नहीं सकते। हम प्रयत्न करते हैं और हमें एक धक्का लगता है; फिर भी क्या हम सीखते हैं? नहीं, फिर भी नहीं सीखते। पतिंगे जिस प्रकार दीपक की लौ पर टूट पड़ते हैं, उसी प्रकार हम इन्द्रियों में सुख पाने की आशा से अपने को बार बार झोंकते रहते हैं। पुनः पुनः लौटकर हम फिर से नये उत्साह के साथ लग जाते हैं। बस, इसी प्रकार चलता रहता है और अन्त में लूले-लँगड़े होकर, धोखा खाकर हम मर जाते हैं। और यही माया है!

यही बात हमारी बुद्धि के सम्बन्ध में भी है। हम विश्व के रहस्य का हल करने की चेष्टा करते हैं—हम इस जिज्ञासा, इस अनुसन्धान की प्रवृत्ति को बन्द नहीं रख सकते। ऐसा लगता है कि यह सब हमें अवश्य जान लेना चाहिए और हम यह विश्वास ही नहीं कर सकते कि ज्ञान कोई प्राप्त की जानेवाली वस्तु नहीं है। हम कुछ कदम आगे जाते हैं कि अनादि, अनन्त कालरूपी प्राचीर बीच में व्यवधान के रूप में आ खड़ा होता है, जिसे हम लाँघ नहीं सकते। कुछ दूर बढ़ते ही असीम देश का व्यवधान आकर खड़ा हो जाता है, जिसके अतिक्रमण करने की हममें शक्ति नहीं; और फिर यह सब कार्य-कारणरूपी दीवार द्वारा सुदृढ़ रूप से सीमाबद्ध है। हम इस दीवार को नहीं लाँघ सकते। तो भी हम संघर्ष करते रहते हैं। हमें संघर्ष करना ही पड़ता है। और यही माया है!

प्रत्येक साँस के साथ, हृदय की प्रत्येक धड़कन के साथ, अपनी प्रत्येक हलचल के साथ हम समझते हैं कि हम स्वतन्त्र हैं, और उसी क्षण हम देखते हैं कि हम स्वतन्त्र नहीं हैं। बद्ध गुलाम—हम प्रकृति के गुलाम हैं! शरीर, मन, सर्वविध विचारों एवं समस्त भावों में हम प्रकृति के गुलाम हैं! और यही माया है!

ऐसी एक भी माता नहीं है, जो अपनी सन्तान को जन्मना एक अद्भुत प्रतिभा-सम्पन्न महापुरुष न समझती हो। वह उस बालक को लेकर पागल सी हो जाती है; उस बालक में ही उसके प्राण पड़े रहते हैं। बालक बड़ा होता है—शायद घोर शराबी और पशुतुल्य हो जाता है, जननी के प्रति दुष्ट व्यवहार तक करने लगता है। जितना ही उसका दुर्व्यवहार बढ़ता है, उतना ही जननी का प्रेम भी बढ़ता है। लोग इसे जननी का निःस्वार्थ प्रेम कहकर प्रशंसा करते हैं! उनके मन में यह प्रश्न तक नहीं उठता कि वह माता जन्मना एक गुलाम है—वह इस प्रकार प्रेम किये बिना रह नहीं सकती। हजारों बार उसकी इच्छा होती है कि वह इस मोह का त्याग कर दे, पर वह कर नहीं पाती। अतः वह इसे पुष्पराशि द्वारा आच्छादित कर लेती है और उसीको अद्भुत प्रेम कहती है। और यही माया है!

हम सबका भी बस यही हाल है। नारद ने एक दिन श्री कृष्ण से पूछा, "प्रभो, माया कैसी है, मैं देखना चाहता हूँ।" एक दिन श्री कृष्ण नारद को लेकर एक मरुस्थल की ओर चले। बहुत दूर जाने के बाद श्री कृष्ण नारद से बोले, "नारद, मुझे बड़ी प्यास लगी है। क्या कहीं से थोड़ा सा जल ला सकते हो?" नारद बोले, "प्रभो, ठहरिए, मैं अभी जल लिये आया।" यह कहकर नारद चले गये। कुछ दूर पर एक गाँव था, नारद वहीं जल की खोज में गये। एक मकान में जाकर उन्होंने दरवाज़ा खटखटाया। द्वार खुला और एक परम सुन्दरी कन्या उनके सम्मुख आकर खड़ी हुई। उसे देखते ही नारद सब कुछ भूल गये। भगवान् मेरी प्रतीक्षा कर रहे होंगे, वे प्यासे होंगे, हो सकता है, प्यास से उनके प्राण भी निकल जायँ—ये सारी बातें नारद भूल गये। सब कुछ भूलकर वे उस कन्या के साथ बातचीत करने लगे। उस दिन वे अपने प्रभु के पास लौटे ही नहीं। दूसरे दिन वे फिर से उस लड़की के घर आ उपस्थित हुए और उससे बातचीत करने लगे। धीरे धीरे बातचीत ने प्रणय का रूप धारण कर लिया। तब नारद उस कन्या के पिता के पास जाकर उस कन्या के साथ विवाह करने की अनुमति माँगने लगे। विवाह हो गया। नव दम्पति उसी गाँव में रहने लगे। धीरे धीरे उनके सन्तानें भी हुईं। इस प्रकार बारह वर्ष बीत गये। इस बीच नारद के ससुर मर गये और वे उनकी सम्पति के उत्तराधिकारी हो गये। पुत्र-कलत्र, भूमि, पशु, सम्पत्ति, गृह आदि को लेकर नारद बड़े सुख-चैन से दिन बिताने लगे। कम से कम उन्हें तो यही लगने लगा कि वे बड़े सुखी हैं। इतने में उस देश में बाढ़ आयी। रात के समय नदी दोनों कगारों को तोड़कर बहने लगी और सारा गाँव डूब गया। मकान गिरने लगे; मनुष्य और पशु बह बहकर डूबने लगे, नदी की धार में सब कुछ बहने लगा। नारद को भी भागना पड़ा। एक हाथ से उन्होंने स्त्री को पकड़ा, दूसरे हाथ से दो

बच्चों को, और एक बालक को कंधे पर बिठाकर वे उस भयंकर बाढ़ से बचने का प्रयत्न करने लगे। कुछ ही दूर जाने के बाद उन्हें लहरों का वेग अत्यन्त तीव्र प्रतीत होने लगा। कन्धे पर बैठे हुए शिशु की नारद किसी प्रकार रक्षा न कर सके; वह गिरकर तरंगों में बह गया। उसकी रक्षा करने के प्रयास में एक और बालक, जिसका हाथ वे पकड़े हुए थे, गिरकर डूब गया। निराशा और दुःख से नारद आर्तनाद करने लगे। अपनी पत्नी को वे अपने शरीर की सारी शक्ति लगाकर पकड़े हुए थे, अन्त में तरंगों के वेग से पत्नी भी उनके हाथ से छूट गयी और वे स्वयं तट पर जा गिरे एवं मिट्टी में लोटपोट हो बड़े कातर स्वर से विलाप करने लगे। इसी समय मानो किसी ने उनकी पीठ पर कोमल हाथ रखा और कहा, "बच्चे जल कहाँ है? तुम जल लेने गये थे न, मैं तुम्हारी प्रतीक्षा में खड़ा हूँ। तुम्हें गये आधा घण्टा बीत चुका।" "आधा घण्टा!" नारद चिल्ला पड़े। उनके मन में तो बारह वर्ष बीत चुके थे, और आध घण्टे के भीतर ही ये सब दृश्य उनके मन में से होकर निकल गये! और यही माया है!

किसी न किसी रूप में हम सभी इस माया के भीतर हैं। यह बात समझना बड़ा कठिन है--विषय भी बड़ा जटिल है। इसका तात्पर्य क्या? यही कि यह बात बड़ी भयानक है--सभी देशों में महापुरुषों ने इस तत्त्व का प्रचार किया है, सभी देश के लोगों ने इसकी शिक्षा प्राप्त की है, पर बहुत कम लोगों ने इस पर विश्वास किया है। इसका कारण यही है कि स्वयं बिना भोगे, स्वयं बिना ठोकर खाये हम इस पर विश्वास नहीं कर सकते। सच पूछो तो सभी वृथा है, सभी मिथ्या है। सर्वसंहारक काल आकर सबको ग्रस लेता है, कुछ भी नहीं छोड़ता। वह पापी को खा जाता है, संत को खा जाता है, राजा, प्रजा, सुन्दर, कुत्सित--सभी को खा डालता है, किसीको नहीं छोड़ता। सब कुछ उस चरम गति--विनाश--की ही ओर अग्रसर हो रहा है। हमारा ज्ञान, शिल्प, विज्ञान--सब कुछ उसीकी ओर अग्रसर हो रहा है। कोई भी इस ज्वार की गति को नहीं रोक सकता। हम भले ही उसे भूले रहने की चेष्टा करें, जैसे किसी देश में महामारी फैलने पर लोग शराब, नाच, गान आदि व्यर्थ की चेष्टाओं में रत रहकर सब कुछ भूलने का प्रयत्न करते हुए, पक्षाघात-ग्रस्त से हो जाते हैं। हम लोग भी उसी प्रकार इस मृत्यु की चिन्ता को भूलने का कठोर प्रयत्न कर रहे हैं--सब प्रकार के इन्द्रिय-सुखों में रत रहकर उसे भूल जाने की चेष्टा कर रहे हैं। और यही माया है!

लोगों के सामने दो मार्ग हैं। इनमें से एक को तो सभी जानते हैं। वह यह है--'संसार में दुःख है, कष्ट है--सब सत्य है, पर इस सम्बन्ध में बिल्कुल मत सोचो। **यावज्जीवेत्सुखं जीवेत् ऋणं कृत्वा घृतं पिबेत्।** दुःख है अवश्य, पर उधर नजर

मत डालो । जो कुछ थोड़ा-बहुत सुख मिले, उसका भोग कर लो, इस संसार-चित्र के अन्धकारमय भाग को मत देखो—केवल प्रकाशमय और आशाप्रद पक्ष की ओर दृष्टि रखो।' इस मत में कुछ सत्य तो अवश्य है, पर साथ ही एक खतरा भी है। इसमें सत्य इतना ही है कि यह हमें कार्य की प्रेरणा देता है। आशा एवं इसी प्रकार का एक प्रत्यक्ष आदर्श हमें कार्य में प्रवृत्त और उत्साहित करता है अवश्य, पर इसमें विपत्ति यह है कि अन्त में हमें हताश होकर सब चेष्टाएँ छोड़ देनी पड़ती हैं। यही हाल होता है उन लोगों का, जो कहते हैं—"संसार को जैसा देखते हो, वैसा ही ग्रहण करो; जितना स्वच्छन्द रह सकते हो, रहो; दुःख-कष्ट आने पर भी सन्तुष्ट रहो; आघात होने पर भी कहो कि यह आघात नहीं, पुष्प-वृष्टि है; दास के समान दुत्कारे जाने पर भी कहो—'मैं मुक्त हूँ, स्वाधीन हूँ'; दूसरों तथा अपनी आत्मा के सम्मुख दिन-रात मिथ्या बोलो, क्योंकि संसार में रहने का, जीवित रहने का यही एकमात्र उपाय है।" इसीको सांसारिक ज्ञान कहते हैं, और इस उन्नीसवीं शताब्दी में इसका जितना प्रभाव है, उतना और कभी नहीं रहा; क्योंकि लोग इस समय जो चोटें खा रहे हैं, वैसी उन्होंने पहले कभी नहीं खायीं, प्रतिद्वन्द्विता भी इतनी तीव्र पहले कभी नहीं थी; मनुष्य अपने भाइयों के प्रति आज जितना निष्ठुर है, उतना पहले कभी नहीं था, और इसीलिए आजकल यह सान्त्वना दी जाती है। आजकल इस उपदेश का ही ज़ोर है, पर अब उससे कोई फल नहीं होता—कभी होता भी नहीं। सड़े-गले मुर्दे को फूलों से ढककर नहीं रखा जा सकता—यह असम्भव है। ऐसा अधिक दिन नहीं चलता। एक दिन ये सब फूल सूख जायँगे, और तब वह शव पहले से भी अधिक बीभत्स दिखायी देगा। हमारा सारा जीवन भी ऐसा ही है। हम भले ही अपने पुराने, सड़े घाव को स्वर्ण के वस्त्र से ढक रखने की चेष्टा करें, पर एक दिन ऐसा आयेगा, जब वह स्वर्णवस्त्र खिसक पड़ेगा और वह घाव अत्यन्त बीभत्स रूप में आँखों के सामने प्रकट हो जायगा।

तब क्या कोई आशा नहीं है? यह सत्य है कि हम सभी माया के दास हैं, हम सभी माया के अन्दर ही जन्म लेते हैं और माया में ही जीवित रहते हैं। तब क्या कोई उपाय नहीं है? कोई आशा नहीं है? ये सब बातें तो सैकड़ों युगों से लोगों को मालूम है कि हम सब अतीव दुर्दशा में पड़े हैं, यह जगत् वास्तव में एक कारागार है, हमारी पूर्वप्राप्त महिमा की छटा भी एक कारागार है, हमारी बुद्धि और मन भी एक कारागार के समान है। मनुष्य चाहे जो कुछ कहे, पर ऐसा कोई भी व्यक्ति नहीं है, जो किसी न किसी समय इस बात को हृदय से अनुभव न करता हो। वृद्ध लोग इसको और भी तीव्रता के साथ अनुभव करते हैं, क्योंकि उनकी जीवन भर की संचित अभिज्ञता रहती है। प्रकृति की मिथ्या भाषा उन्हें और अधिक नहीं

ठगा सकती। इस बन्धन को तोड़ने का क्या उपाय है ? क्या कोई उपाय नहीं है ? हम देखते हैं कि इस भयंकर व्यापार के बावजूद, हमारे सामने, पीछे, चारों ओर यह बन्धन रहने पर भी, इस दुःख और कष्ट के बीच, इस जगत् में ही, जहाँ जीवन और मृत्यु समानार्थी हैं, एक महावाणी समस्त युगों, समस्त देशों और समस्त व्यक्तियों के हृदय में गूंज रही है--

दैवी ह्येषा गुणमयी मम माया दुरत्यया।
मामेव ये प्रपद्यन्ते मायामेतां तरन्ति ते ।।

--'मेरी यह दैवी, त्रिगुणमयी माया बड़ी मुश्किल से पार की जाती है। जो मेरी शरण में आते हैं, वे इस माया से अतीत हो जाते हैं।'[1] 'हे थके-माँदे, भार से लदे मनुष्यो, आओ, मैं तुम्हें आश्रय दूंगा।' यह वाणी ही हम सबको बराबर अग्रसर कर रही है। मनुष्य ने इस वाणी को सुना है, और अनन्त युगों से सुनता आ रहा है। जब मनुष्य को लगता है कि उसका सब कुछ चला जा रहा है, जब उसकी आशा टूटने लगती है, जब अपने बल में उसका विश्वास हटने लगता है, जब सब कुछ मानो उसकी अंगुलियों में से खिसककर भागने लगता है और जीवन केवल एक भग्नावशेष में परिणत हो जाता है, तब वह इस वाणी को सुन पाता है--और यही धर्म है।

अतएव, एक ओर तो यह अभय वाणी है कि यह समस्त कुछ नहीं; केवल माया है, और साथ ही यह आशाप्रद वाक्य है कि माया के बाहर जाने का मार्ग भी है। और दूसरी ओर, हमारे सांसारिक लोग कहते हैं, "धर्म, दर्शन ये सब व्यर्थ की वस्तुएँ लेकर दिमाग़ ख़राब मत करो। दुनिया में रहो; माना, यह दुनिया बड़ी ख़राब है, पर जितना हो सके, इसका आनंद ले लो।" सीधे सादे शब्दों में इसका अर्थ यही है कि दिन-रात पाखण्डपूर्ण जीवन व्यतीत करो--अपने घाव को जब तक हो सके, ढके रखो। एक के बाद दूसरी जोड़-गाँठ करते जाओ, यहाँ तक कि सब कुछ नष्ट हो जाय और तुम केवल जोड़-गाँठ का एक समूह मात्र रह जाओ। इसीको कहते हैं सांसारिक जीवन। जो इस जोड़-गाँठ से सन्तुष्ट हैं, वे कभी भी धर्मलाभ नहीं कर सकते। जब जीवन की वर्तमान अवस्था में भयानक अशान्ति उत्पन्न हो जाती है, जब अपने जीवन के प्रति भी ममता नहीं रह जाती, जब इस जोड़-गाँठ पर अपार घृणा उत्पन्न हो जाती है, जब मिथ्या और पाखण्ड के प्रति प्रबल वितृष्णा उत्पन्न हो जाती है, तभी धर्म का प्रारम्भ होता है। बुद्धदेव ने बोधि-वृक्ष के नीचे बैठकर दृढ़ स्वर से जो बात कही थी, उसे जो अपने रोम रोम से

१. गीता ।।७।१४।।

बोल सकता है, वही वास्तविक धार्मिक होने योग्य है। संसारी होने की इच्छा उनके भी हृदय में एक बार उत्पन्न हुई थी। इधर वे स्पष्ट रूप से देख रहे थे कि उनकी यह अवस्था, यह सांसारिक जीवन एकदम व्यर्थ है; पर इसके बाहर जाने का उन्हें कोई मार्ग नहीं मिल रहा था। मार एक बार उनके निकट आया और कहने लगा—'छोड़ो भी सत्य की खोज, चलो, संसार में लौट चलो, और पहले जैसा पाखण्डपूर्ण जीवन बिताओ, सब वस्तुओं को उनके मिथ्या नामों से पुकारो, अपने निकट और सबके निकट दिन-रात मिथ्या बोलते रहो'। यह मार उनके पास पुनः आया, पर उस महावीर ने अपने अतुल पराक्रम से उसे उसी क्षण परास्त कर दिया। उन्होंने कहा, "अज्ञानपूर्वक केवल खा-पीकर जीने की अपेक्षा मरना ही अच्छा है; पराजित होकर जीने की अपेक्षा युद्धक्षेत्र में मरना श्रेयस्कर है।" यही धर्म की भित्ति है। जब मनुष्य इस भित्ति पर खड़ा होता है, तब समझना चाहिए कि वह सत्य की प्राप्ति के पथ पर, ईश्वर की प्राप्ति के पथ पर चल रहा है। धार्मिक होने के लिए भी पहले यह दृढ़ प्रतिज्ञा आवश्यक है। मैं अपना रास्ता स्वयं ढूँढ़ लूँगा। सत्य को जानूँगा अथवा इस प्रयत्न में प्राण दे दूँगा। कारण, संसार की ओर से तो और कुछ पाने की आशा है ही नहीं, यह तो शून्यस्वरूप है—दिन-रात उड़ता जा रहा है। आज का सुन्दर, आशापूर्ण तरुण कल का बूढ़ा है। आशा, आनन्द, सुख—ये सब मुकुलों की भाँति कल के शिशिर-पात से नष्ट हो जायँगे। यह हुई इस ओर की बात; और दूसरी ओर है विजय का प्रलोभन—जीवन के समस्त अशुभों पर विजय-प्राप्ति की सम्भावना। और तो और, स्वयं जीवन और जगत् पर भी विजय-प्राप्ति की सम्भावना है। इसी उपाय से मनुष्य अपने पैरों पर खड़ा हो सकता है। अतएव जो लोग इस विजय-प्राप्ति के लिए, सत्य के लिए, धर्म के लिए चेष्टा कर रहे हैं, वे ही सत्य-पथ पर हैं, और वेद भी यही उपदेश करते हैं, 'निराश मत होओ; मार्ग बड़ा कठिन है—छुरे की धार पर चलने के समान दुर्गम; फिर भी निराश मत होओ; उठो, जागो और अपने चरम आदर्श को प्राप्त करो।'[१]

सारे धर्मों की, चाहे वे किसी भी रूप में मनुष्य के निकट अपनी अभिव्यक्ति करते हों, यही एक सामान्य केंद्रीय भित्ति है। और वह है, संसार के बाहर जाने का अर्थात् मुक्ति का उपदेश। इन सब धर्मों का उद्देश्य संसार और धर्म के बीच सुलह कराना नहीं, पर धर्म को अपने आदर्श में दृढ़ प्रतिष्ठित करना है, संसार के

---

१. **उत्तिष्ठत जाग्रत प्राप्य वरान्निबोधत।**
क्षुरस्य धारा निशिता दुरत्यया
दुर्गं पथस्तत्कवयो वदन्ति।। कठोपनिषद्।।१।३।१४।।

साथ बिना समझौता किये ही उसकी जटिल समस्या का समाधान करना है। प्रत्येक धर्म इसका प्रचार करता है और वेदान्त का कर्तव्य है—इन सभी महदाकांक्षाओं में सामंजस्य स्थापित करना और संसार के सारे उच्चतम और निम्नतम धर्मों में विद्यमान सामान्य तत्त्व को अभिव्यक्त करना। हम जिसको अत्यन्त भ्रान्त अंधविश्वास कहते हैं, और जो सर्वोच्च दर्शन है, सबों की यही एक साधारण भित्ति है कि वे सभी इस एक प्रकार के संकट से निस्तार पाने का मार्ग दिखाते हैं, और अधिकांश में किसी प्रपंचातीत पुरुषविशेष की सहायता से अर्थात् प्राकृतिक नियमों से नित्य मुक्त पुरुषविशेष की सहायता से इस मुक्ति की प्राप्ति करनी पड़ती है। इस मुक्त पुरुष के स्वरूप के सम्बन्ध में नाना प्रकार की कठिनाइयाँ और मतभेद होने पर भी—वह ब्रह्म सगुण है या निर्गुण, मनुष्य की भाँति ज्ञानसम्पन्न है अथवा नहीं, वह पुरुष है, स्त्री या निर्लिंग—इस प्रकार के अनन्त विचार तथा विभिन्न मतों के प्रबल विरोध होने पर भी, मूलभूत तत्त्व एक ही है। विविध मतवादों के इस प्रचंड परस्पर विरोध के बावजूद, हमें उन सबमें एकता का एक स्वर्णसूत्र मिलता है, और इस दर्शन में ही इस स्वर्णसूत्र की खोज हुई है, जो हमारी दृष्टि के सामने थोड़ा थोड़ा करके प्रकाशित हुआ है, और यह सामान्य तत्त्व ही इस प्रकाशना का पहला सोपान है कि हम सभी मुक्ति की ही ओर अग्रसर हो रहे हैं।

अपने सुख, दुःख, विपत्ति और कष्ट—सभी अवस्थाओं में हम यह आश्चर्य की बात देखते हैं कि हम सभी धीरे धीरे मुक्ति की ओर अग्रसर हो रहे हैं। प्रश्न उठा—यह जगत् वास्तव में क्या है? कहाँ से इसकी उत्पत्ति हुई और कहाँ इसका लय है? और इसका उत्तर था—मुक्ति से ही इसकी उत्पत्ति है, मुक्ति में यह विश्राम करता है और अन्त में मुक्ति में ही इसका लय हो जाता है। यह जो मुक्ति की भावना है कि वास्तव में हम मुक्त हैं, इस आश्चर्यजनक भावना के बिना हम एक क्षण भी नहीं चल सकते; इस भाव के बिना तुम्हारे सभी कार्य, यहाँ तक कि तुम्हारा जीवन तक व्यर्थ है। प्रतिक्षण प्रकृति यह सिद्ध किये दे रही है कि हम दास हैं, पर उसके साथ ही यह दूसरा भाव भी हमारे मन में उत्पन्न होता रहता है कि हम मुक्त हैं। प्रतिक्षण हम माया से आहत होकर बद्ध से प्रतीत होते हैं, पर उसी क्षण, उस आघात के साथ ही—'हम बद्ध हैं', इस भाव के साथ ही—और भी एक भाव हममें आता है कि हम मुक्त हैं। मानो हमारे अन्दर से कोई कह रहा है कि हम मुक्त हैं। पर इस मुक्ति की हृदय से उपलब्धि करने में, अपने मुक्त स्वभाव को प्रकट करने में जो बाधाएँ उपस्थित होती हैं, वे भी एक प्रकार से अनतिक्रमणीय हैं। तो भी अन्दर से, हमारे हृदय के अन्तस्तल से मानो कोई सर्वदा कहता रहता है—'मैं मुक्त हूँ, मैं मुक्त हूँ।' और यदि तुम संसार के विभिन्न धर्मों का अध्ययन

करो, तो देखोगे, उन सभी में किसी न किसी रूप में यह भाव प्रकाशित हुआ है। केवल धर्म नहीं, धर्म शब्द को तुम संकीर्ण अर्थ में मत लो, वरन् सारा सामाजिक जीवन इसी एक मुक्त भाव की अभिव्यक्ति है। सभी प्रकार की सामाजिक गतियाँ उसी एक मुक्त भाव की विभिन्न अभिव्यक्तियाँ हैं। मानो सभी ने, जाने-अनजाने, उस स्वर को सुना है, जो दिन-रात कह रहा है, "हे थके-माँदे और बोझ से लदे हुए मनुष्यो! मेरे पास आओ!" मुक्ति के लिए आह्वान करनेवाली यह वाणी भले ही एक ही प्रकार की भाषा अथवा एक ही ढंग से प्रकाशित न होती हो, पर किसी न किसी रूप में वह हमारे साथ सदैव वर्तमान है। हमारा यहाँ जो जन्म हुआ है, वह भी इसी वाणी के कारण; हमारी प्रत्येक गति इसीके लिए है। हम जानें या न जानें, पर हम सभी मुक्ति की ओर चल रहे हैं, उसी वाणी का अनुसरण कर रहे हैं। जिस प्रकार गाँव के बालक वंशीवादक के संगीत से खिंचकर चले जाते थे, उसी प्रकार हम भी, बिना जाने ही, उस वाणी के संगीत का अनुसरण कर रहे हैं।

जब हम उस वाणी का अनुसरण करते हैं, तभी हम नीतिपरायण होते हैं। केवल जीवात्मा नहीं, वरन् छोटे से छोटे प्राणी से लेकर ऊँचे से ऊँचे मनुष्यों तक सभी ने वह स्वर सुना है, और सब उसीकी दिशा में दौड़े जा रहे हैं। और इस चेष्टा में या तो हम परस्पर मिल जाते हैं या एक दूसरे को धक्का देते रहते हैं। इसीसे प्रतिद्वन्द्विता, हर्ष, संघर्ष, जीवन, सुख और मृत्यु उत्पन्न होते हैं और उस वाणी तक पहुँचने के लिए यह जो संघर्ष चल रहा है, समग्र विश्व उसीका परिणाम मात्र है। हम यही करते आ रहे हैं। यही व्यक्त प्रकृति का परिचय है।

इस वाणी के सुनने से क्या होता है? इससे हमारे सामने का दृश्य परिवर्तित होने लगता है। जैसे ही तुम इस स्वर को सुनते हो और समझते हो कि यह क्या है, वैसे ही तुम्हारे सामने का सारा दृश्य बदल जाता है। यही जगत्, जो पहले माया का बीभत्स युद्धक्षेत्र था, अब और कुछ—अपेक्षाकृत अधिक सुन्दर—हो जाता है। तब फिर प्रकृति को कोसने की कोई आवश्यकता नहीं रह जाती। संसार, बड़ा बीभत्स है अथवा यह सब वृथा है, यह कहने की भी आवश्यकता नहीं रह जाती; रोने-चिल्लाने का भी प्रयोजन नहीं रह जाता। जैसे ही तुम इस स्वर का अर्थ समझते हो, वैसे ही तुम जान लोगे कि इस सब चेष्टा, इस युद्ध, इस प्रतिद्वन्द्विता, इस कठिनाई, इस निष्ठुरता, इन सब क्षुद्र क्षुद्र सुख एवं आनन्द आदि का प्रयोजन क्या है! तब यह स्पष्ट समझ में आ जाता है कि यह सब प्रकृति के स्वभाव से ही होता है, हम सब, जाने-अनजाने, उसी स्वर की ओर अग्रसर हो रहे हैं, इसीलिए यह सब हो रहा है। अतएव समस्त मानव-जीवन, समस्त प्रकृति उसी मुक्त भाव को अभिव्यक्त करने की चेष्टा कर रही है, बस; सूर्य भी उसी ओर जा रहा है, पृथ्वी भी

इसीलिए सूर्य के चारों ओर परिक्रमा कर रही है, चन्द्र भी इसीलिए पृथ्वी के चारों ओर घूम रहा है। उस स्थान पर पहुँचने के लिए ही समस्त ग्रह-नक्षत्र धावमान हैं और वायु प्रवहमान है। उस मुक्ति के लिए ही बिजली तीव्र घोष करती है और मृत्यु भी उसीके लिए चारों ओर घूम-फिर रही है। सब कोई उसी दिशा में जाने का प्रयत्न कर रहे हैं। साधु भी उसी ओर जा रहे हैं, बिना गये वे रह ही नहीं सकते, उनके लिए यह कोई प्रशंसा की बात नहीं। पापियों की भी यही दशा है। बड़ा दानी व्यक्ति भी उसीको लक्ष्य बनाकर सरल भाव से चला जा रहा है. बिना गये वह रह ही नहीं सकता; और एक भयानक कंजूस भी उसीको लक्ष्य बनाकर चल रहा है। जो बड़े सत्कर्मशील हैं, उन्होंने भी उसी वाणी को सुना है, वे सत्कर्म किये बिना रह नहीं सकते, और एक घोर आलसी व्यक्ति का भी यही हाल है। हो सकता है, एक व्यक्ति दूसरे की अपेक्षा अधिक ठोकरें खाये। जो व्यक्ति अधिक ठोकरें खाता है, उसे हम बुरा कहते हैं और जो कम, उसे सज्जन या भला कहते हैं। भला और बुरा, ये दोनों भिन्न चीजें नहीं हैं, दोनों एक ही हैं; उनके बीच का भेद प्रकारगत नहीं, परिमाणगत है।

अब देखो, यदि वह मुक्त भावरूपी शक्ति वास्तव में समस्त जगत् में कार्य कर रही है, तो अपने विशेष आलोच्य विषय धर्म में उसका प्रयोग करने पर हम देखते हैं कि सभी धर्मों में इस एक भाव को स्वीकार किया गया है। अत्यन्त निम्न कोटि के धर्म को लो, जिसमें किसी मृत पूर्वज अथवा निष्ठुर देवता की उपासना होती है। इन उपास्य देवताओं अथवा मृत पूर्वजों के बारे में क्या धारणा है? यही कि वे प्रकृति से उन्नत हैं, इस माया के द्वारा वे बद्ध नहीं हैं। पर हाँ, प्रकृति के बारे में उपासक की धारणा अवश्य बिल्कुल सामान्य है। उपासक एक मूर्ख, अज्ञानी व्यक्ति है, उसकी बिल्कुल स्थूल धारणा है, वह घर की दीवार को भेदकर नहीं जा सकता अथवा आकाश में विचरण नहीं कर सकता। अत: इन सब बाधाओं का अतिक्रमण करना——बस, इसके अतिरिक्त उसकी शक्ति की कोई उच्चतर धारणा है ही नहीं। अतएव वह ऐसे देवता की उपासना करता है, जो दीवार भेदकर अथवा आकाश में उड़कर आ-जा सकते हैं, अथवा जो अपना रूप परिवर्तित कर सकते हैं। दार्शनिक भाव से देखने पर इस प्रकार की देवोपासना में कौन सा रहस्य है? यह कि यहाँ भी वह मुक्ति का भाव मौजूद है, उसकी देवता सम्बन्धी धारणा प्रकृति सम्बन्धी अपनी धारणा से उन्नत है। और जो लोग तदपेक्षा उन्नत देवों के उपासक हैं, उनकी भी उस एक ही मुक्ति की दूसरे प्रकार की धारणा है। जैसे जैसे प्रकृति के सम्बन्ध में हमारी धारणा उन्नत होती जाती है, वैसे ही वैसे प्रकृति की प्रभु आत्मा के सम्बन्ध में भी हमारी धारणा उन्नत होती जाती है; अन्त में हम एकेश्वरवाद

में पहुँच जाते हैं, जो माया या प्रकृति को स्वीकार करता है, और जिसके मतानुसार मायाधीश एक ईश्वर ही है।

जहाँ सर्वप्रथम इस एकेश्वरवादसूचक भाव का आरम्भ होता है, वहीं वेदान्त का आरम्भ हो जाता है। वेदान्त इससे भी अधिक गम्भीर अन्वेषण करना चाहता है। वह कहता है कि इस माया-प्रपंच के पीछे जो एक आत्मा मौजूद है, जो माया का स्वामी है, पर जो माया के अधीन नहीं है, वह हमें अपनी ओर आकृष्ट कर रहा है और हम सब भी धीरे धीरे उसीकी ओर जा रहे हैं—यह धारणा है तो ठीक, पर अभी भी यह धारणा शायद स्पष्ट नहीं हुई है, अब भी यह दर्शन मानो अस्पष्ट और अस्फुट है, यद्यपि वह स्पष्ट रूप से युक्तिविरोधी नहीं है। जिस प्रकार तुम्हारे यहाँ प्रार्थना में कहा जाता है—'मेरे ईश्वर, तेरे अति निकट' (Nearer my God to Thee), वेदान्ती भी ऐसी ही प्रार्थना करता है, केवल एक शब्द बदलकर—'मेरे ईश्वर, मेरे अति निकट' (Nearer my God to me)। हमारा चरम लक्ष्य बहुत दूर है, प्रकृति से अतीत प्रदेश में है। वह हमें अपनी ओर खींच रहा है, उसे धीरे धीरे हमें अपने निकट लाना होगा, पर आदर्श की पवित्रता और उच्चता को अक्षुण्ण रखते हुए। मानो यह आदर्श क्रमशः हमारे निकटतर होता जाता है—अन्त में स्वर्ग का ईश्वर मानो प्रकृतिस्थ ईश्वर बन जाता है, फिर प्रकृति में और ईश्वर में कोई भेद नहीं रह जाता, वही मानो इस देह-मन्दिर के अधिष्ठातृदेवता के रूप में, और अन्त में इसी देह-मन्दिर के रूप में बन जाता है और वही मानो अन्त में जीवात्मा और मनुष्य के रूप में परिज्ञात होता है। बस, यहीं वेदान्त की शिक्षा का अन्त है। जिसको ऋषिगण विभिन्न स्थानों में खोजा करते थे, वह हमारे अन्दर ही है। वेदान्त कहता है—तुमने जो वाणी सुनी थी, वह ठीक सुनी थी, पर उसे सुनकर तुम ठीक मार्ग पर चले नहीं। जिस मुक्ति के महान् आदर्श का तुमने अनुभव किया था, वह सत्य है, पर उसे बाहर की ओर खोजकर तुमने भूल की। इसी भाव को अपने निकट और निकटतर लाते चलो, जब तक कि तुम यह न जान लो कि यह मुक्ति, यह स्वाधीनता तुम्हारे अन्दर ही है, वह तुम्हारी आत्मा की अन्तरात्मा है। यह मुक्ति बराबर तुम्हारा स्वरूप ही थी, और माया ने तुम्हें कभी भी बद्ध नहीं किया। तुम पर अपना अधिकार जमाने का सामर्थ्य प्रकृति में कभी नहीं था। डरे हुए बालक के समान तुम स्वप्न देख रहे थे कि प्रकृति तुम्हारा गला दबा रही है। इस भय से मुक्त होना ही लक्ष्य है। केवल इसे बुद्धि से जानना ही नहीं, वरन् प्रत्यक्ष करना होगा, अपरोक्ष करना होगा—हम इस जगत् को जितने स्पष्ट रूप से देखते हैं, उससे भी अधिक स्पष्ट रूप से देखना होगा। तभी हम मुक्त होंगे, तब, और तभी हमारी सारी कठिनाइयों का अंत हो जायगा, तभी

हृदय की सारी उलझनें नष्ट होंगी, सारी वक्रताएँ सरल हो जायँगी। तब यह विविधता और प्रकृति का भ्रम चला जायगा। तब यह माया, आज के समान भयानक अवसादकारक स्वप्न न होकर अति सुन्दर रूप में दिखेगी, और यह जगत् जो इस समय कारागार के समान प्रतीत हो रहा है, क्रीड़ा-क्षेत्र का रूप धारण कर लेगा। तब सारी विपत्तियाँ, जटिलताएँ, और तो और, हम जो सब यन्त्रणाएँ भोग रहे हैं, वे भी ब्रह्मभाव में परिणत हो जायँगी और हमारे सम्मुख अपना प्रकृत स्वरूप अभिव्यक्त करेंगी। तब हम देखेंगे कि सारी वस्तुओं के पीछे, सबके सारसत्तास्वरूप 'वही' विद्यमान है और हम जान लेंगे कि 'वही' हमारा वास्तविक अन्तरात्मास्वरूप है।

ब्रह्म एवं जगत्

(१८९६ में लंदन में दिया गया व्याख्यान)

अद्वैत वेदान्त की इस एक बात की धारणा करना अत्यन्त कठिन है कि जो ब्रह्म अनन्त है, वह सान्त अथवा ससीम किस प्रकार हुआ। यह प्रश्न मनुष्य सर्वदा करता रहेगा, पर जीवन भर इस प्रश्न पर विचार करते रहने पर भी उसके हृदय से यह प्रश्न कभी दूर न होगा और वह बारम्बार पूछेगा—जो असीम है, वह सीमित कैसे हुआ? मैं अब इसी प्रश्न को लेकर आलोचना करूँगा। इसको ठीक प्रकार से समझाने के लिए मैं नीचे दिये हुए चित्र की सहायता लूँगा।

(क) ब्रह्म
(ग) देश काल निमित्त
(ख) जगत्

इस चित्र में (क) ब्रह्म है और (ख) है जगत्। ब्रह्म ही जगत् हो गया है। यहाँ पर जगत् शब्द से केवल जड़-जगत् ही नहीं, किन्तु सूक्ष्म तथा आध्यात्मिक जगत्, स्वर्ग, नरक और वास्तव में जो कुछ भी है, सबको इसके अन्तर्गत लेना होगा। मन एक प्रकार के परिणाम का नाम है, शरीर एक दूसरे प्रकार के परिणाम का—इत्यादि, इत्यादि। इन सबको लेकर अपना यह जगत् निर्मित्त हुआ है। यह ब्रह्म (क) देश-काल-निमित्त (ग) में से होकर आने से जगत् (ख) बन गया है। यही अद्वैतवाद की मूल बात है। हम देश-काल-निमित्तरूपी काँच में से ब्रह्म को देख रहे हैं, और इस प्रकार नीचे की ओर से देखने पर ब्रह्म हमें जगत् के रूप में दीखता है। इससे यह स्पष्ट है कि जहाँ ब्रह्म है, वहाँ देश-काल-निमित्त नहीं है। काल वहाँ रह नहीं सकता, क्योंकि वहाँ न मन है, न विचार। देश भी वहाँ नहीं रह सकता, क्योंकि वहाँ कोई बाह्य परिणाम नहीं है। जहाँ सत्ता केवल एक है, वहाँ गति एवं निमित्त अथवा कार्य-कारणवाद भी नहीं रह सकता। यह बात समझना और इसकी अच्छी तरह धारणा कर लेना हमारे लिए अत्यावश्यक है कि जिसको हम कार्य-कारणवाद कहते हैं, वह तो, यदि हम इन शब्दों का प्रयोग कर सकें, ब्रह्म के प्रपंचरूप में अध:पतित होने के बाद ही होता है, उससे पहले नहीं; और हमारी इच्छा, वासना आदि जो कुछ हैं, वे सब उसके बाद ही

आरम्भ होते हैं। मेरी राय में शापेनहॉवर ने अपने दर्शन में वेदान्त की व्याख्या करते समय यहीं पर भूल की; और उन्होंने इस 'इच्छा' को ही सर्वस्व मान लिया। वे ब्रह्म के स्थान में इस 'इच्छा' को ही बैठाना चाहते हैं। किन्तु पूर्ण ब्रह्म को कभी भी 'इच्छा' (will) नहीं कहा जा सकता, क्योंकि इच्छा जगत्प्रपंच के अन्तर्गत है और इसलिए परिणामशील है, पर ब्रह्म में––(ग) के ऊपर अर्थात् देश-काल-निमित्त के ऊपर––किसी प्रकार की गति नहीं है, किसी प्रकार का परिणाम नहीं है। इस (ग) के नीचे ही गति है––बाह्य और आभ्यन्तर सभी प्रकार की गति का आरम्भ इसके नीचे ही होता है, और इस आभ्यन्तरिक गति को ही विचार कहते हैं। अतः (ग) के ऊपर किसी प्रकार की इच्छा रह ही नहीं सकती। अतएव 'इच्छा' जगत् का कारण नहीं हो सकती। और भी निकट आकर देखो–– हमारे शरीर की सभी गतियाँ इच्छा से प्रेरित नहीं होतीं। मैं इस कुर्सी को उठाता हूँ। यहाँ पर अवश्य इच्छा ही उठाने का कारण है, यह इच्छा ही पेशियों की शक्ति के रूप में परिणत हो गयी है। यह बात ठीक है। पर जो शक्ति कुर्सी उठाने का कारण है, वही तो फेफड़ों को भी चला रही है, पर 'इच्छा' के रूप में नहीं। इन दोनों शक्तियों को एक मान लेने पर भी, जिस समय वह चेतना की भूमि में आती है, उसी समय 'इच्छा' कहलाती है, पर इस भूमि में आरोहण करने के पहले उसे 'इच्छा' नाम से पुकारना भूल होगी। इसीसे शापेनहॉवर के दर्शन में बड़ी भ्रान्तियाँ पैदा हो गयी हैं।

एक पत्थर गिरा और हमने प्रश्न किया––इसके गिरने का क्या कारण है? यह प्रश्न केवल तभी किया जा सकता है, जब यह मान लिया जाय कि बिना कारण के कुछ घटित नहीं होता। मेरा अनुरोध है कि इस धारणा को तुम अपने मन में खूब स्पष्ट रखो, क्योंकि जब हम प्रश्न करते हैं कि यह घटना क्यों हुई, तब हम यह मान लेते हैं कि सभी वस्तुओं का, सभी घटनाओं का एक 'क्यों' रहता ही है। अर्थात् उसके घटने के पहले और कुछ अवश्य हुआ होगा, जिसने कारण का कार्य किया। इस पूर्ववर्तिता और परवर्तिता के अनुक्रम को ही 'निमित्त' अथवा 'कार्य-कारणवाद' कहते हैं। जो कुछ हम देखते, सुनते और अनुभव करते हैं, संक्षेप में, जगत् का सभी कुछ, एक बार कारण बनता है और फिर कार्य। एक वस्तु अपने बाद आनेवाली वस्तु का कारण बनती है और वह स्वयं अपनी पूर्ववर्ती किसी अन्य वस्तु का कार्य भी है। इसीको कार्य-कारण का नियम कहते हैं, और यह हमारी समस्त विचार-प्रक्रिया का अनिवार्य अंग है। यह हमारा स्थिर विश्वास है कि जगत् का प्रत्येक अणु, वह फिर चाहे जो हो, अन्य सभी अणुओं के साथ सम्बद्ध है। हमारी यह धारणा किस प्रकार आयी, इस बात को लेकर बहुत वाद-विवाद

हो चुके हैं। यूरोप में अनेक अतीन्द्रियवादी (intuitive) दार्शनिक हैं, जिनका विश्वास है कि यह धारणा मानव जाति के स्वभाव में है, और बहुतों का विचार है कि वह अनुभवजनित है; पर इस प्रश्न का समाधान अभी तक नहीं हो सका। वेदान्त इसका क्या समाधान करता है, यह हम बाद में देखेंगे। पहले तो हमें यह समझना है कि यह 'क्यों' का प्रश्न ही इस धारणा पर निर्भर रहता है कि इसके पूर्व कुछ हो चुका है और इसके बाद भी कुछ होगा। इस प्रश्न में दूसरा यह विश्वास निहित है कि जगत् का कोई भी पदार्थ स्वतंत्र नहीं, प्रत्येक पदार्थ पर, उसके बाहर स्थित अन्य कोई भी पदार्थ कार्य कर सकता है। अन्योन्याश्रयता अथवा परस्पर सापेक्षता समस्त विश्व का नियम है। जब हम पूछते हैं, "ब्रह्म पर किस कारण ने कार्य किया ?" तो हम कितनी बड़ी भूल करते हैं। यह प्रश्न करने का अर्थ है कि ब्रह्म भी अन्य किसी के अधीन है—वह निरपेक्ष ब्रह्मसत्ता भी अन्य किसी के द्वारा बद्ध है। अर्थात् 'ब्रह्म' अथवा 'निरपेक्ष सत्ता' शब्द को हम जगत् के समान समझते हैं—हम उसे जगत् के स्तर पर नीचे खींच लाते हैं, ब्रह्म में देश-काल-निमित्त है ही नहीं; क्योंकि वह एकमेवाद्वितीय है। अपनी सत्ता का जो स्वयं ही आधार है, उसका कोई कारण हो ही नहीं सकता। जो मुक्त-स्वभाव है, स्वतंत्र है, उसका कोई कारण नहीं हो सकता, अन्यथा वह मुक्त नहीं रहेगा, बद्ध हो जायगा। जिसमें सापेक्ष भाव है, वह कभी मुक्तस्वभाव नहीं हो सकता। अत: हम देखते हैं कि अनन्त सान्त कैसे हुआ, यह प्रश्न ही भ्रमात्मक और स्वविरोधी है। इन बारीकियों से उतरकर अपने सामान्य स्तर पर भी, जब हम यह जानना चाहते हैं कि निरपेक्ष सापेक्ष कैसे हुआ, इस प्रश्न को एक दूसरे ढंग से देखा जा सकता है। मान लो कि हमने इस प्रश्न का उत्तर जान लिया, तब क्या निरपेक्ष निरपेक्ष रह जायगा ? ऐसा होने पर वह सापेक्ष हो जायगा। साधारण रूप से हम ज्ञान किसे कहते हैं ? जो कोई विषय हमारे मन के विषयीभूत हो जाता है अर्थात् मन के द्वारा सीमाबद्ध हो जाता है, हम उसीको जान सकते हैं, और जब वह हमारे मन के बाहर रहता है अर्थात् मन का विषय नहीं रहता, तब हम उसे नहीं जान सकते। अत: यह स्पष्ट है कि यदि यह ब्रह्म मन के द्वारा सीमाबद्ध हो गया, तो फिर वह निरपेक्ष नहीं रह जायगा, वह सापेक्ष हो जायगा। मन के द्वारा जो कुछ सीमाबद्ध है, वह सभी ससीम है। अतएव, 'ब्रह्म को जानना' यह बात भी स्वविरोधी ही है। इसीलिए इस प्रश्न का उत्तर अब तक नहीं मिला; क्योंकि यदि उत्तर मिल जाय, तो वह ब्रह्म नहीं रहेगा; यदि ईश्वर 'ज्ञात' हो जाय, तो उसका ईश्वरत्व फिर नहीं रहेगा—वह हमारे समान ही एक व्यक्ति हो जायगा। उसको जाना नहीं जा सकता, वह सर्वदा ही अज्ञेय है।

पर अद्वैतवादी कहते हैं कि ईश्वर केवल 'ज्ञेय' से अधिक कुछ और भी है। अब हमें इस बात को समझ लेना होगा। तुम अज्ञेयवादियों के समान यह धारणा न बना लो कि, ईश्वर अज्ञेय है। दृष्टान्तस्वरूप देखो—सामने यह कुर्सी है, इसे मैं जानता हूँ, यह मेरा ज्ञात पदार्थ है। और आकाश तत्त्व के परे क्या है, वहाँ लोग रहते हैं या नहीं, यह बात शायद बिल्कुल अज्ञेय है। पर ईश्वर इन दोनों विषयों की भाँति ज्ञात और अज्ञेय नहीं है। प्रत्युत वह तो 'ज्ञात' से और भी कुछ अधिक है। ईश्वर को अज्ञात या अज्ञेय कहने का बस यही तात्पर्य है। उसका वह अर्थ नहीं, जिस अर्थ में लोग कुछ प्रश्नों को अज्ञात या अज्ञेय कहते हैं। ईश्वर ज्ञात से और भी कुछ अधिक है। यह कुर्सी हमारे लिए ज्ञात है, पर ईश्वर तो इससे अत्यधिक ज्ञात है, क्योंकि पहले उसे जानकर—उसीके माध्यम से—हमें कुर्सी का ज्ञान प्राप्त करना होता है। वह साक्षीस्वरूप है, समस्त ज्ञान का वह शाश्वत साक्षीस्वरूप है। हम जो कुछ जानते हैं, वह सब पहले उसे जानकर—उसीके माध्यम से—जानते हैं। वही हमारा आत्मा का सारसत्तास्वरूप है। वही वास्तविक 'अहं' है, और वह 'अहं' ही हमारे इस 'अहं' का सारसत्तास्वरूप है; हम उस 'अहं' के माध्यम से जाने बिना कुछ भी नहीं जान सकते, अतएव सभी कुछ हमें ब्रह्म के माध्यम से ही जानना पड़ेगा। इस कुर्सी को जानना हो, तो उसे ब्रह्म में और ब्रह्म के माध्यम से ही जानना होगा। इस प्रकार ब्रह्म कुर्सी की अपेक्षा हमारे अधिक निकट है, पर तो भी वह हमसे बहुत दूर है। वह ज्ञात भी नहीं, अज्ञात भी नहीं, पर दोनों की अपेक्षा अनन्त गुना ऊँचा है। वह तुम्हारी आत्मा है। कौन इस जगत् में एक क्षण भी जीवन धारण कर सकता, एक क्षण भी साँस ले सकता, यदि वह आनन्दस्वरूप इसमें रम न रहा होता। कारण, उसीकी शक्ति से हम श्वास-प्रश्वास ले रहे हैं, उसी के अस्तित्व से हमारा अस्तित्व है। ऐसी बात नहीं कि वह कोई एक स्थान पर बैठकर हमारा रक्त-संचालन कर रहा है। तात्पर्य यह है कि वही समुदय जगत् का सत्तास्वरूप है—हमारी आत्मा की आत्मा है; तुम किसी प्रकार यह नहीं कह सकते कि तुम उसे जानते हो, क्योंकि तब तो उसे बहुत नीचे गिराना हो जाता है। तुम अपने से बाहर नहीं आ सकते, अतएव, उसे जान भी नहीं सकते। ज्ञान शब्द का अर्थ है—'विषयीकरण' (objectification)—वस्तु को बाहर लाकर विषय की भाँति (ज्ञेय वस्तु की भाँति) प्रत्यक्ष करना। उदाहरणस्वरूप देखो, स्मरण करने में तुम बहुत सी वस्तुओं को 'विषयीकृत' करते हो—मानो उनको तुम अपने भीतर से बाहर प्रक्षिप्त करते हो। सभी प्रकार की स्मृति—जो कुछ मैंने देखा है और जो कुछ मैं जानता हूँ, सभी—मेरे मन में अवस्थित है। इन सभी वस्तुओं की छाप या चित्र मेरे भीतर मौजूद हैं।

जब मैं उनके विषय में सोचने की इच्छा करता हूँ, उनको जानना चाहता हूँ, तो पहले इन सबको मानो बाहर प्रक्षिप्त करना पड़ता है। ईश्वर के सम्बन्ध में ऐसा करना असम्भव है, क्योंकि वह हमारी आत्मा की आत्मा है, हम उसे बाहर प्रक्षिप्त नहीं कर सकते। इस सम्बंध में वेदान्त का एक अन्यतम वचन है। छान्दोग्योपनिषद् में कहा है—**स य एषोऽणिमैतदात्म्यमिदं सर्वं तत् सत्यं स आत्मा तत्त्वमसि श्वेतकेतो,** जिसका अर्थ है, 'वह सारस्वरूप जगत् का कारण है, सकल वस्तुओं की आत्मा है, वही सत्यस्वरूप है, हे श्वेतकेतो, वही तू है।' 'तू ईश्वर है' का अर्थ यही है। इसके अतिरिक्त और किसी भी भाषा द्वारा तुम ईश्वर का वर्णन नहीं कर सकते। ईश्वर को माता, पिता, भाई या प्रिय मित्र कहने से उसको 'विषयीकृत' करना पड़ता है—उसको बाहर लाकर देखना पड़ता है। पर ऐसा तो कभी हो नहीं सकता। वह तो सब विषयों का अनन्त विषयी है। जिस प्रकार मैं जब इस कुर्सी को देखता हूँ, तो मैं कुर्सी का द्रष्टा हूँ—मैं उसका विषयी हूँ, उसी प्रकार ईश्वर मेरी आत्मा का नित्य द्रष्टा है—नित्य ज्ञाता है—नित्य विषयी है। किस प्रकार तुम उसको—अपनी आत्मा की अन्तरात्मा को—सब वस्तुओं की सारसत्ता को 'विषयीकृत' करोगे? इसीलिए मैं तुमसे फिर कहता हूँ कि ईश्वर ज्ञेय भी नहीं है और अज्ञेय भी नहीं, वह इन दोनों से अनन्त गुना ऊँचा है। वह हमारे साथ अभिन्न है; और जो हमारे साथ एक है, वह हमारे लिए न ज्ञेय हो सकता है, न अज्ञेय, जैसा कि हमारी अपनी आत्मा। तुम अपनी आत्मा को नहीं जान सकते, तुम उसे बाहर नहीं ला सकते और न उसे 'विषय' के रूप में दृष्टिगोचर कर सकते हो, क्योंकि तुम स्वयं वही हो, तुम अपने को उससे पृथक् नहीं कर सकते। तुम उसको अज्ञेय भी नहीं कह सकते, क्योंकि अज्ञेय कहने से भी पहले उसे 'विषय' बनाना पड़ेगा—और यह हो नहीं सकता। तुम अपने निकट स्वयं जितने परिचित या ज्ञात हो, उससे अधिक कौन सी वस्तु तुमको ज्ञात है? वास्तव में वह हमारे ज्ञान का केन्द्र है। ठीक इसी अर्थ में यह कहा जाता है कि ईश्वर ज्ञात भी नहीं है, अज्ञात भी नहीं, वह इन दोनों की अपेक्षा अनन्त गुना ऊँचा है, क्योंकि वही हमारी यथार्थ आत्मा है।

अतएव हमने देखा कि पहले तो यह प्रश्न ही स्वविरोधी है कि पूर्ण ब्रह्मसत्ता से जगत् किस प्रकार उत्पन्न हुआ; और दूसरे हम देखते हैं कि अद्वैतवाद में ईश्वर की धारणा इसी एकत्व की धारणा है—अतः हम उसको 'विषयीकृत' नहीं कर सकते, क्योंकि जाने-अनजाने हम सदैव उसीमें जीवित हैं और उसीमें रहकर समस्त कार्य-कलाप करते हैं। हम जो कुछ करते हैं, सब उसके भीतर से ही करते हैं। अब प्रश्न यह है कि देश-काल-निमित्त क्या है? अद्वैतवाद का मर्म तो यह है कि

वस्तु एक ही है, दो नहीं। पर यहाँ पर तो यह कहा जा रहा है कि वह अनन्त ब्रह्म देश-काल-निमित्त के आवरण में से नाना रूपों में प्रकाशित हो रहा है। अतः ऐसा प्रतीत होता है कि यहाँ दो वस्तुएँ हैं, एक तो वह अनन्त ब्रह्म और दूसरी देश-काल-निमित्त की समष्टि अर्थात् माया। ऊपर से तो यही प्रतीत होता है कि ये दो वस्तुएँ हैं। अद्वैतवादी इसका उत्तर देते हैं कि वास्तव में इस प्रकार दो नहीं हो सकते। यदि दो वस्तुएँ मानेंगे, तो ब्रह्म की भाँति, जिस पर कोई निमित्त कार्य नहीं कर सकता, दो स्वतन्त्र सत्ताएँ माननी पड़ेंगी। पहले तो, यह नहीं कहा जा सकता कि काल, देश और निमित्त स्वतन्त्र सत्ताएँ हैं। हमारे मन के प्रत्येक परिवर्तन के साथ काल का भी परिवर्तन होता रहता है, अतः उसका कोई स्वतन्त्र अस्तित्व नहीं है। कभी कभी हम स्वप्न में देखते हैं कि हम कई वर्ष जीवित रहे और कभी कभी ऐसा बोध होता है कि कई मास एक ही क्षण में गुजर गये। अतएव काल हमारे मन की अवस्था पर ही निर्भर है। दूसरे, काल का ज्ञान कभी कभी बिल्कुल लुप्त हो जाता है। देश के सम्बन्ध में भी यही बात है। हम देश का स्वरूप नहीं जान सकते। उसका कोई निर्दिष्ट लक्षण करना असम्भव होने पर भी, 'वह है' इस बात को अस्वीकार करने का कोई उपाय नहीं है। फिर, वह अन्य किसी पदार्थ से पृथक् होकर नहीं रह सकता। निमित्त अथवा कार्य-कारणवाद के सम्बन्ध में भी यही बात है।

इस देश, काल और निमित्त में हम एक विशेषता यह देखते हैं कि वे अन्यान्य वस्तुओं से पृथक् होकर नहीं रह सकते। तुम शुद्ध 'देश' की कल्पना करो, जिसमें न कोई रंग है, न सीमा, और न चारों ओर की किसी भी वस्तु से कोई संसर्ग है। तो तुम देखोगे कि तुम इसकी कल्पना कर ही नहीं सकते। देश सम्बन्धी विचार करते ही तुमको दो सीमाओं के बीच अथवा तीन वस्तुओं के बीच स्थित देश की कल्पना करनी होगी। अतः हमने देखा कि देश का अस्तित्व अन्य किसी वस्तु पर निर्भर रहता है। काल के सम्बन्ध में भी यही बात है। शुद्ध काल के सम्बन्ध में तुम कोई धारणा नहीं कर सकते। काल की धारणा करने के लिए तुमको एक पूर्ववर्ती और एक परवर्ती घटना लेनी पड़ेगी और अनुक्रम की धारणा के द्वारा उन दोनों को मिलाना होगा। जिस प्रकार देश बाहर की दो वस्तुओं पर निर्भर रहता है, उसी प्रकार काल भी दो घटनाओं पर निर्भर रहता है। और 'निमित्त' अथवा 'कार्य-कारणवाद' की धारणा इस देश और काल पर निर्भर रहती है। 'देश-काल-निमित्त' के भीतर विशेषता यही है कि इनकी स्वतन्त्र सत्ता नहीं है। इस कुर्सी अथवा उस दीवार का जैसा अस्तित्व है, उसका वैसा भी नहीं है। वे जैसे सभी वस्तुओं के पीछे लगी हुई छाया के समान हैं, तुम किसी भी प्रकार

उन्हें पकड़ नहीं सकते। उनकी कोई सत्ता नहीं है—हम देख चुकें हैं कि सचमुच उनका अस्तित्व ही नहीं है—अधिक से अधिक, वे छाया के समान हैं। फिर, वे कुछ भी नहीं हैं, यह भी नहीं कहा जा सकता; क्योंकि उन्हींमें से जगत् का प्रकाश हो रहा है—वे तीनों मानो स्वभावत: मिलकर नाना रूपों की उत्पत्ति कर रहे हैं। अतएव, पहले हमने देखा कि देश-काल-निमित्त की समष्टि का अस्तित्व भी नहीं है, फिर वे बिल्कुल असत् (अस्तित्वशून्य) भी नहीं हैं। दूसरे, ये कभी कभी बिल्कुल अन्तर्हित हो जाते हैं। उदाहरणार्थ, समुद्र की तरंगों को लो। तरंग अवश्य समुद्र के साथ अभिन्न है, फिर भी हम उसको तरंग कहकर समुद्र से पृथक् रूप में जानते हैं। इस विभिन्नता का कारण क्या है?—नाम और रूप। नाम अर्थात् उस वस्तु के सम्बन्ध में हमारे मन में जो एक धारणा रहती है वह, और रूप अर्थात् आकार। पर क्या हम तरंग को समुद्र से बिल्कुल पृथक् रूप में सोच सकते हैं? नहीं, कभी नहीं। वह तो सदैव इस समुद्र की धारणा पर ही निर्भर रहती है। यदि यह तरंग चली जाय, तो रूप भी अन्तर्हित हो जायगा। फिर भी ऐसी बात नहीं कि यह रूप बिल्कुल भ्रमात्मक था। जब तक यह तरंग थी, तब तक यह रूप भी था और तुमको बाध्य होकर यह रूप देखना पड़ता था। यही माया है!

अतएव यह समुदय जगत् मानो उस ब्रह्म का एक विशेष रूप है। ब्रह्म ही वह समुद्र है और तुम और मैं, सूर्य, तारे सभी उस समुद्र में विभिन्न तरंग मात्र हैं। तरंगों को समुद्र से पृथक् कौन करता है?—यह रूप। और यह रूप है केवल देश-काल-निमित्त। यह देश-काल-निमित्त भी सम्पूर्ण रूप से इन तरंगों पर निर्भर रहता है। ज्यों ही तरंगें चली जाती हैं, त्यों ही ये भी अन्तर्हित हो जाते हैं। जीवात्मा ज्यों ही इस माया का परित्याग कर देती है, त्यों ही वह उसके लिए अन्तर्हित हो जाती है और वह मुक्त हो जाती है। हमारी सारी चेष्टाएँ इस देश-काल-निमित्त के चंगुल से बाहर होने के लिए होनी चाहिए। ये सर्वदा हमारी उन्नति के मार्ग में बाधा डालते रहते हैं। क्रमविकासवाद क्या है? उसके दो अवयव क्या हैं? एक है प्रबल अन्तर्निहित शक्ति, जो अपने को व्यक्त करने की चेष्टा कर रही है और दूसरा है बाहर की परिस्थितियाँ, जो उसे अवरुद्ध किये हुए हैं—परिवेश, जो उसे व्यक्त नहीं होने देता। अत: इन परिस्थितियों से युद्ध करने के लिए यह शक्ति नये नये शरीर धारण कर रही है। एक अमीबा इस संघर्ष में एक और शरीर धारण करता है और कुछ बाधाओं पर जय-लाभ करता है, और इस प्रकार भिन्न भिन्न शरीर धारण करते हुए अन्त में मनुष्य-रूप में परिणत हो जाता है। अब यदि इसी तत्त्व को उसके स्वाभाविक चरम सिद्धान्त पर ले जाया जाय, तो यह अवश्य स्वीकार करना पड़ेगा कि एक समय ऐसा आयेगा, जब अमीबा के भीतर क्रीड़ा

करनेवाली शक्ति, जो अन्त में मनुष्य रूप में परिणत हो गयी, प्रकृति द्वारा प्रस्तुत सारी बाधाओं को पार कर जायगी—और अपने समस्त परिवेश को पार कर लेगी। इसी बात को दार्शनिक भाषा में इस प्रकार कहना होगा—प्रत्येक कार्य के दो अंश होते हैं; एक विषयी और दूसरा विषय, और जीवन का लक्ष्य है, विषयी को विषय का स्वामी बनाना। मान लो, एक व्यक्ति ने मेरा तिरस्कार किया और मैंने अपने को दुःखी अनुभव किया। तो मेरी चेष्टा अपने मन को इतना सबल बना लेने की होगी, जिससे परिवेश पर मैं विजय प्राप्त कर लूँ, जिससे अपना तिरस्कार होने पर भी मैं किसी कष्ट का अनुभव न करूँ। बस, इसी प्रकार हम विजय प्राप्त करने की चेष्टा कर रहे हैं। नैतिकता का क्या अर्थ है? विषयी को ब्रह्म से समसुरित करके दृढ़ बनाना, जिससे ससीम प्रकृति का अधिकार हम पर न चल सके। हमारे दर्शन का यह तार्किक निष्कर्ष है कि एक समय ऐसा आयेगा, जब हम सभी परिस्थितियों पर विजय प्राप्त कर लेंगे; क्योंकि प्रकृति सीमित है।

हमें एक बात और समझनी होगी। हम कैसे जानते हैं कि प्रकृति ससीम है?—दर्शन के द्वारा। प्रकृति उस अनन्त का ही सीमाबद्ध भाव मात्र है। अतः वह सीमित है। अतएव एक समय ऐसा आयेगा, जब हम बाहर की परिस्थितियों पर विजय प्राप्त कर लेंगे। उनको पराजित करने का उपाय क्या है? हम समस्त बाह्य परिवेश पर विजय प्राप्त नहीं कर सकते। यह असंभव है। छोटी मछली जल में रहनेवाले अपने शत्रुओं से अपनी रक्षा करना चाहती है। वह किस प्रकार यह कार्य करती है? पंख विकसित करके पक्षी बनकर। मछली ने जल अथवा वायु में कोई परिवर्तन नहीं किया—जो कुछ परिवर्तन हुआ, वह उसके अपने ही अन्दर हुआ। परिवर्तन सदा 'अपने' ही अन्दर होता है। समस्त क्रमविकास में तुम सर्वत्र देखते हो कि प्राणी में परिवर्तन होने से ही प्रकृति पर विजय प्राप्त होती है। इस तत्त्व का प्रयोग धर्म और नीति में करो, तो देखोगे, यहाँ भी 'अशुभ पर जय' 'अपने' भीतर परिवर्तन के द्वारा ही होती है। सब कुछ 'अपने' ऊपर निर्भर रहता है। इस 'अपने' पर जोर देना ही अद्वैतवाद की वास्तविक दृढ़ भूमि है। 'अशुभ, दुःख' की बात कहना ही भूल है, क्योंकि बहिर्जगत् में इनका कोई अस्तित्व नहीं है। इन सब घटनाओं में स्थिर भाव से रहने का यदि मुझे अभ्यास हो जाय, तो फिर क्रोधोत्पादक सैकड़ों कारण सामने आने पर भी मुझमें क्रोध का उद्रेक न होगा। इसी प्रकार, लोग मुझसे चाहे जितनी घृणा करें, पर यदि मैं उससे प्रभावित न होऊँ, तो मुझमें उनके प्रति घृणा-भाव उत्पन्न ही न होगा।

इस विजय को प्राप्त करने की प्रक्रिया यही है—स्वयं के माध्यम से, स्वयं को ही पूर्ण बनाना। अतएव मैं यह कहने का साहस कर सकता हूँ कि अद्वैतवाद ही एकमात्र

ऐसा धर्म है, जो आधुनिक वैज्ञानिकों के सिद्धान्तों के साथ भौतिक और आध्यात्मिक दोनों दिशाओं में केवल मेल ही नहीं खाता, वरन् उनसे भी आगे जाता है, और इसी कारण वह आधुनिक वैज्ञानिकों को इतना भाता है। वे देखते हैं कि प्राचीन द्वैतवादी धर्म उनके लिए पर्याप्त नहीं हैं, उनसे उनकी आवश्यकता की पूर्ति नहीं होती। मनुष्य को केवल श्रद्धा नहीं चाहिए, बौद्धिक श्रद्धा भी चाहिए। अब उन्नीसवीं शताब्दी के उत्तरार्ध में भी इस प्रकार की धारणा है कि हमारे बाप-दादों से आया हुआ धर्म ही एकमात्र सत्य है और अन्य स्थानों में जिन सब दूसरे धर्मों का प्रचार हो रहा है, वे सभी मिथ्या हैं। इससे यही प्रमाणित होता है कि हमारे भीतर अभी भी दुर्बलताएँ हैं। हमें ये दुर्बलताएँ दूर करनी होंगी। मैं यह नहीं कहता कि यह दुर्बलता केवल इसी देश में (इंग्लैण्ड) है——नहीं, यह सभी देशों में है, और जैसी मेरे देश में है, वैसी तो कहीं भी नहीं। वहाँ यह बहुत ही भयानक रूप में है। वहाँ अद्वैतवाद का प्रचार साधारण लोगों में कभी होने नहीं दिया गया। संन्यासी लोग ही अरण्य में उसकी साधना करते थे, इसी कारण वेदान्त का एक नाम 'आरण्यक' भी हो गया। अन्त में भगवान् की कृपा से बुद्धदेव ने आकर सर्वसाधारण के बीच इसका प्रचार किया, और सारा देश बौद्ध धर्म में दीक्षित हो गया। फिर बहुत समय बाद जब निरीश्वरवादियों और अज्ञेयवादियों ने सारे देश को ध्वंस करने की चेष्टा की, इस भौतिकवाद से भारत का परित्राण करने में अद्वैत फिर एकमात्र उपाय सिद्ध हुआ। इस प्रकार दो बार इसने भौतिकवाद से भारत की रक्षा की है। पहले, बुद्धदेव के आने के पूर्व, नास्तिकता अति प्रबल हो उठी थी——यूरोप, अमेरिका के विद्वानों में आजकल जैसी नास्तिकता है, वैसी नहीं, वरन् वह तो इससे भी भयंकर थी। मैं एक प्रकार का भौतिकवादी हूँ; क्योंकि मेरा विश्वास है कि केवल एक ही वस्तु का अस्तित्व है। आधुनिक वैज्ञानिक भौतिकवादी भी यही कहते हैं, पर वे उसे जड़ के नाम से पुकारते हैं और मैं उसे 'ब्रह्म' कहता हूँ। ये भौतिकवादी कहते हैं कि इस जड़ से ही समस्त आशा, धर्म तथा सभी कुछ प्रसूत हुआ है। और मैं कहता हूँ, 'ब्रह्म' से ही सब कुछ हुआ है। पर बुद्ध के आविर्भाव के पूर्व की भौतिकवादिता असंस्कृत प्रकार की थी, जो शिक्षा देती थी——खाओ, पियो और मौजें उड़ाओ; ईश्वर, आत्मा या स्वर्ग कुछ भी नहीं है; धर्म कुछ धूर्त, दुष्ट पुरोहितों की कपोल-कल्पना मात्र है——**यावज्जीवेत् सुखं जीवेत् ऋणं कृत्वा घृतं पिबेत्।** और नास्तिकता उस समय इतनी बढ़ गयी थी कि उसका एक नाम ही हो गया 'लोकायत दर्शन'। बुद्ध ने वेदांत को प्रकाशित किया, और उसका जनसाधारण में प्रचार करके भारतवर्ष की रक्षा की। बुद्ध के तिरोभाव के ठीक एक हज़ार वर्ष पश्चात् फिर उसी प्रकार की परिस्थिति उत्पन्न हुई। भीड़ की भीड़, जन-

साधारण तथा अनेक जातियों ने बौद्ध धर्म ग्रहण कर लिया था। अतः जनता के घोर अज्ञानी होने के कारण बौद्ध धर्म का अपक्षय होना स्वाभाविक था। बौद्ध धर्म किसी ईश्वर या जगत् के शासक का उपदेश नहीं करता, अतः जनसाधारण शनैः शनैः अपने देवी-देवता, भूत-प्रेत पुनः ले आये और अन्त में भारतवर्ष में बौद्ध धर्म नाना प्रकार के विषयों की खिचड़ी सा हो गया। तब फिर से भौतिकता के बादलों से भारत का आकाश ढक गया——अच्छे परिवार के लोग स्वेच्छाचारी और साधारण लोग अन्धविश्वासी हो गये। ऐसे समय में शंकराचार्य ने उठकर फिर से वेदान्त की ज्योति को जगाया। उन्होंने उसका एक युक्तिसंगत, विचारपूर्ण दर्शन के रूप में प्रचार किया। उपनिषदों में विचार-भाग बड़ा ही अस्फुट है। बुद्धदेव ने उपनिषदों के नीति-भाग पर विशेष बल दिया था, शंकराचार्य ने उनके ज्ञान-भाग पर अधिक ज़ोर दिया। उन्होंने उपनिषदों के सिद्धान्त युक्ति और विचार की कसौटी पर कसकर, प्रणालीबद्ध रूप में लोगों के समक्ष रखे।

यूरोप में भी आजकल भौतिकवाद की पताका फहरा रही है। इन संदेहवादियों के उद्धार के लिए भले ही तुम प्रार्थना करो, पर वे विश्वास नहीं करने के; वे चाहते हैं बुद्धि। यूरोप का उद्धार एक बुद्धिपरक धर्म पर निर्भर है; और द्वयतारहित, एकत्वप्रधान, निर्गुण ईश्वर प्रतिपादित करनेवाला यह अद्वैतवाद ही, एक ऐसा धर्म है, जो किसी बौद्धिक जाति को सन्तुष्ट कर सकता है। जब कभी धर्म लुप्त होने लगता है और अधर्म का अभ्युत्थान होता है, तभी इसका आविर्भाव होता है। इसीलिए यूरोप और अमेरिका में प्रवेश प्राप्त कर यह दृढ़मूल होता जा रहा है।

इस दर्शन के संबंध में मैं एक बात और कहना चाहूँगा। प्राचीन उपनिषदों में हमें उदात्त कविता मिलती है। उनके रचयिता कवि थे। प्लेटो ने कहा है——कविता के द्वारा अंतःस्फुरण प्राप्त होता है। ऐसा लगता है, कवित्व के माध्यम से उच्चतम सत्यों के साक्षात् कराने के लिए ही मानो विधाता ने सत्य के द्रष्टा इन प्राचीन ऋषियों को मानवता से इतना ऊँचा उठा दिया था। वे न तो प्रचार करते थे, न दार्शनिक ऊहापोह करते थे, और न कभी लिखते ही थे। उनके हृदय-निर्झर से संगीत का उद्‌गम हुआ था। बुद्धदेव में हम पाते हैं——हृदय, महान् विश्वव्यापी हृदय और अनन्त धैर्य। उन्होंने धर्म को सर्वसाधारणोपयोगी बनाकर प्रचार किया। शंकराचार्य में हम अद्‌भुत बौद्धिक प्रतिभा पाते हैं; उन्होंने हर विषय पर बुद्धि की जारक ज्योति डाली। आज हमको बुद्धि के इस प्रखर सूर्य के साथ बुद्धदेव का अद्‌भुत प्रेम और दयायुक्त अद्‌भुत हृदय चाहिए। इसी सम्मिलन से हमें उच्चतम दर्शन की उपलब्धि होगी। विज्ञान और धर्म एक दूसरे का आलिंगन करेंगे। कविता और विज्ञान मित्र हो जायँगे। यही भविष्य का धर्म होगा। और यदि हम ऐसा

ठीक ठीक कर ले सकें, तो यह निश्चयपूर्वक कहा जा सकता है कि यह सभी काल और सभी अवस्थाओं के लिए उपयोगी होगा। यही पथ आधुनिक विज्ञान को ग्राह्य हो सकता है, क्योंकि वह लगभग वहाँ पहुँच गया है। जब विज्ञान का अध्यापक कहता है कि सब कुछ उस एक शक्ति का ही विकास है, तब क्या वह तुमको उपनिषदों में वर्णित उस ब्रह्म की याद नहीं दिलाता :

अग्निर्यथैको भुवनं प्रविष्टो रूपं रूपं प्रतिरूपो बभूव ।
एकस्तथा सर्वभूतान्तरात्मा रूपं रूपं प्रतिरूपो बहिश्च ।।

—'जिस प्रकार एक ही अग्नि जगत् में प्रविष्ट होकर नाना रूपों में प्रकट होती है, उसी प्रकार सारे जीवों की अन्तरात्मा वह एक ब्रह्म नाना रूपों में प्रकाशित हो रहा है, फिर वह जगत् के बाहर भी है।'[1] विज्ञान किस ओर जा रहा है, यह क्या तुम नहीं देखते? हिन्दू जाति मनस्तत्त्व की आलोचना करते करते दर्शन और तर्क के द्वारा, आगे बढ़ी थी। यूरोपीय जातियों ने बाह्य प्रकृति से आरम्भ किया और अब दोनों एक स्थान पर पहुँच रही हैं। मनस्तत्त्व में से होकर हम उसी एक अनन्त सार्वभौमिक सत्ता में पहुँच रहे हैं, जो सब वस्तुओं की अन्तरात्मा है, जो सबका सार और सभी वस्तुओं का सत्य है, जो नित्य मुक्त, नित्यानन्द और नित्य सत्ता है। बाह्य विज्ञान के द्वारा भी हम उसी एक तत्त्व पर पहुँच रहे हैं। यह जगत्प्रपच उसी एक का विकास है—जगत् में जो कुछ भी है, वह उस सबकी समष्टि है। और सारी मानव जाति मुक्ति की ओर अग्रसर हो रही है, बन्धन की ओर वह कभी जा ही नहीं सकती। मनुष्य नीतिपरायण क्यों हो? इसलिए कि नैतिकता ही मुक्ति का मार्ग है और अनैतिकता बन्धन का।

अद्वैतवाद की एक और विशेषता यह है कि अद्वैत सिद्धान्त अपने आरम्भ काल से ही अविध्वंसात्मक रहा है। यह प्रचार करने के साहस का गौरव उसे प्राप्त है :

न बुद्धिभेदं जनयेदज्ञानां कर्मसंगिनाम्।
जोषयेत् सर्वकर्माणि विद्वान् युक्तः समाचरन्।।

—'ज्ञानियों को चाहिए कि वे अज्ञानी, कर्म में आसक्त व्यक्तियों में बुद्धिभेद उत्पन्न न करें; विद्वान् व्यक्ति को स्वयं युक्त रहकर उन लोगों को सब प्रकार के कर्मों में नियुक्त करना चाहिए।'[2] अद्वैतवाद यही कहता है—किसीकी मति को

---

१. कठोपनिषद् ।।२।२।९।।   २. गीता ।।३।२६।।

विचलित मत करो, किन्तु सभी को उच्च से उच्चतर मार्ग पर जाने में सहायता दो। अद्वैतवाद जिस ईश्वर का प्रचार करता है, वह समस्त जगत् का समष्टिस्वरूप है। यदि तुम कोई ऐसा धर्म चाहते हो, जो सबके लिए उपयोगी हो, तो उसे केवल खंडों से निर्मित न होकर धार्मिक विकास के सभी स्तरों को अपने में समाहित करना चाहिए।

अन्य किसी धर्म में यह भाव उतना स्पष्ट नहीं है। वे सभी उस समष्टि की ही प्राप्ति की चेष्टा में समान रूप से रत विभिन्न खंड हैं। खंडों का अस्तित्व केवल इसीलिए होता है। इसीलिए आरंभ से ही अद्वैतवाद का भारतवर्ष के किसी भी सम्प्रदाय से कोई विरोध नहीं रहा है। भारत में आज अनेक द्वैतवादी हैं, उनकी संख्या भी सर्वाधिक है। इसका कारण यह है कि कम शिक्षित लोगों को द्वैतवाद स्वभावतः अधिक अच्छा लगता है। द्वैतवादी कहते हैं कि यह द्वैतवाद जगत् की एक बिल्कुल स्वाभाविक व्याख्या है। पर इन द्वैतवादियों के साथ अद्वैतवादियों का कोई विवाद नहीं। द्वैतवादी कहते हैं, ईश्वर जगत् के बाहर है, वह स्वर्ग के बीच एक विशेष स्थान में रहता है। और अद्वैतवादी कहते हैं, जगत् का ईश्वर हमारा अपना ही अन्तरात्मास्वरूप है, उसे दूरवर्ती कहना ही ईश-तिरस्कार है। उससे पृथक् होने का भाव मन में लाना भी भयानक है! वह तो निकट से भी निकटतम है। एकत्व को छोड़ किसी भी भाषा में ऐसा कोई शब्द नहीं है, जिसके द्वारा उसकी यह निकटता व्यक्त की जा सके। जिस प्रकार द्वैतवादी अद्वैतवादियों की बातों से डरते हैं और उसे नास्तिकता कहते हैं, अद्वैतवादी भी उसी प्रकार द्वैतवादियों की बातों से डरते हैं और कहते हैं कि मनुष्य किस प्रकार उसको (ईश्वर को) अपनी ज्ञेय वस्तु के समान सोचने का साहस करता है? ऐसा होने पर भी, वे जानते हैं कि इस प्रकार के विचारों का होना अनिवार्य है। द्वैतवादी भी अपने दृष्टिकोण से ठीक ही बात कहते हैं, अतः उनसे उनका कोई विवाद नहीं। जब तक वे समष्टि-भाव से न देखकर व्यष्टिभाव से देखते हैं, तब तक उन्हें अवश्य 'अनेक' देखना पड़ेगा। यह उनके दृष्टिकोण की अनिवार्य आवश्यकता है। फिर भी अद्वैतवादी जानते हैं कि द्वैतवादियों के मत में चाहे कितनी ही अपूर्णता क्यों न हो, वे सब उसी एक लक्ष्य की ओर जा रहे हैं। इसी स्थान पर उनका द्वैतवादियों के साथ सम्पूर्ण प्रभेद है, क्योंकि द्वैतवादी अपने से भिन्न सभी मतों को भ्रांत मानने के लिए विवश हैं। संसार के सभी द्वैतवादी स्वभावतः एक ऐसे सगुण ईश्वर में विश्वास करते हैं, जो एक उच्च शक्तिसम्पन्न मनुष्य मात्र है, और एक लौकिक शासक की भाँति कुछ से प्रसन्न तथा कुछ से अप्रसन्न होता है। वह बिना किसी कारण ही किसी जाति या राष्ट्र से प्रसन्न है और उन पर वरदानों की दृष्टि करता रहता है। अतः

द्वैतवादी के लिए यह मानना स्वाभाविक हो जाता है कि ईश्वर के कुछ विशेष कृपापात्र होते हैं; और वह उनमें से एक होने की आशा करता है। तुम देखोगे कि सभी धर्मों में यह विचार पाया जाता है, 'हमीं ईश्वर के प्रिय पात्र हैं, हमारी ही तरह विश्वास करने से हमारा ईश्वर तुम पर कृपा करेगा।' और कितने ही द्वैतवादी तो ऐसे हैं, जिनका मत और भी भयानक है। वे कहते हैं, "ईश्वर पूर्व विधान के अनुसार जिनके प्रति दयालु है, केवल उन्हींका उद्धार होगा, और शेष सब सिर पटककर भी मर जायँ, तो भी वह इस अन्तरंग दल में प्रवेश नहीं पा सकता है।" तुम मुझे एक भी ऐसा द्वैतवादात्मक धर्म बता दो, जिसके भीतर यह संकीर्णता न हो। यही कारण है कि ये सब धर्म सदैव परस्पर युद्ध करते रहेंगे, और वे करते भी यही रहे हैं। फिर यह द्वैतवादियों का धर्म सर्वदा लोकप्रिय होता है, क्योंकि वह अशिक्षितों के अहंकार की तृप्ति करता है। उनको यह अनुभव करना अच्छा लगता है कि कुछ विशेषाधिकार उनके भी पास हैं, जो औरों के पास नहीं हैं। द्वैतवादी समझते हैं कि तुमको मारने के लिए उद्यत एक दण्डधारी ईश्वर के बिना किसी प्रकार की नैतिकता ठहर ही नहीं सकती। अविचारशील साधारण लोग सभी देशों में द्वैतवादी होते हैं। इन बेचारों पर सदा ही अत्याचार होता रहा है। अतः उनकी मुक्ति की धारणा है, दण्ड से छुटकारा पाना। एक बार अमेरिका में एक पादरी ने मुझसे कहा, "क्या! तुम्हारे धर्म में शैतान नहीं है? यह कैसे?" किन्तु हम देखते हैं कि सभी देशों के चिन्तनशील महापुरुषों ने इस निर्गुण ब्रह्मभाव को लेकर ही कार्य किया है। इस भाव से अनुप्राणित होकर ही ईसा मसीह ने कहा है—'मैं और मेरे पिता एक हैं।' इसी प्रकार का व्यक्ति लाखों व्यक्तियों में शक्ति-संचार करने में समर्थ होता है। और यह शक्ति सहस्रों वर्ष तक मनुष्यों के प्राणों में परित्राण देनेवाली शुभ-शक्ति का संचार करती रहती है। हम यह भी जानते हैं कि वे महापुरुष अद्वैतवादी थे, इसीलिए दूसरों के प्रति दयाशील थे। उन्होंने सर्वसाधारण को 'हमारा स्वर्गस्थ पिता' की शिक्षा दी थी। सगुण ईश्वर से उच्चतर अन्य किसी भाव की धारणा न कर सकनेवाले साधारण लोगों को उन्होंने स्वर्ग में रहनेवाले पिता से प्रार्थना करने का उपदेश दिया। जो कुछ अधिक सूक्ष्म भाव ग्रहण कर सकते थे, उनसे उन्होंने कहा, "मैं लता हूँ, तुम शाखाएँ हो।" किन्तु अपने जिन शिष्यों के प्रति उन्होंने अपने को अधिक पूर्णता से प्रकट किया, उनसे उन्होंने सर्वोच्च सत्य की घोषणा की—'मैं और मेरे पिता एक हैं।'

उस महान् बुद्ध ने द्वैतवादी देवता, ईश्वर आदि की किंचित् भी चिंता नहीं की, और जिन्हें नास्तिक तथा भौतिकवादी कहा गया है, वह एक साधारण बकरी तक के लिए प्राण देने को प्रस्तुत थे! उन्होंने मानव जाति में सर्वोच्च नैतिकता

का प्रचार किया। जहाँ कहीं तुम किसी प्रकार का नीतिविधान पाओगे, वहीं देखोगे कि उनका प्रभाव, उनका प्रकाश जगमगा रहा है। जगत् के इन सब विशाल-हृदय व्यक्तियों को तुम किसी संकीर्ण दायरे में बाँधकर नहीं रख सकते, विशेषत: आज, जब कि मनुष्य जाति के इतिहास में एक ऐसा समय आ गया है और सब प्रकार के ज्ञान की ऐसी उन्नति हुई है, जिसकी किसी ने सौ वर्ष पूर्व स्वप्न में भी कल्पना नहीं की थी, यहाँ तक कि पचास वर्ष पूर्व जो किसी ने स्वप्न में भी नहीं सोचा था, ऐसे वैज्ञानिक ज्ञान का स्रोत बह चला है। ऐसे समय में क्या लोगों को अब भी इस प्रकार के संकीर्ण भावों में आबद्ध करके रखा जा सकता है? हाँ, लोग यदि बिल्कुल पशुतुल्य, विचारहीन जड़ पदार्थ के समान हो जायँ, तो भले ही यह सम्भव हो। इस समय आवश्यकता है, उच्चतम ज्ञान के साथ उच्चतम हृदय के, अनन्त ज्ञान के साथ अनन्त प्रेम के योग की। अतएव वेदान्ती कहते हैं, उस अनन्त सत्ता के साथ एकीभूत होना ही एकमात्र धर्म है। वे भगवान् के बस ये ही गुण बतलाते हैं——अनन्त सत्ता, अनन्त ज्ञान, अनन्त आनन्द; और वे कहते हैं कि ये तीनों एक हैं। ज्ञान और प्रेम के बिना सत्ता कभी रह ही नहीं सकती। ज्ञान भी बिना आनन्द या प्रेम के नहीं रह सकता और आनन्द भी कभी ज्ञान बिना नहीं रह सकता। हमें अनन्त सत्ता, अनन्त ज्ञान और अनन्त आनन्द का समन्वय आवश्यक है। यही हमारा लक्ष्य है। हमें समन्वय चाहिए, एकपक्षीय विकास नहीं। और शंकर की बुद्धि के साथ बुद्ध का हृदय रखना संभव है। मैं आशा करता हूँ कि इस पुनीत समन्वय की उपलब्धि के निमित्त हम सभी संघर्ष करेंगे।

विश्व : बृहत् ब्रह्माण्ड

(१९ जनवरी, १८९६ को न्यूयार्क में दिया हुआ व्याख्यान)

सर्वत्र विद्यमान फूल सुन्दर हैं, प्रभात के सूर्य का उदय सुन्दर है, प्रकृति के विविध रंग और वर्णावली सुन्दर है। समस्त जगत् सुन्दर है, और मनुष्य जब से पृथ्वी पर आया है, तभी से इस सौन्दर्य का उपभोग कर रहा है। पर्वतमालाएँ गम्भीर भावव्यंजक एवं भय उत्पन्न करनेवाली हैं, प्रबल वेग से समुद्र की ओर बहनेवाली नदियाँ, पदचिह्नरहित मरुदेश, अनन्त सागर, तारों से भरा आकाश—ये सभी उदात्त, और भयोद्दीपक और सुन्दर हैं। प्रकृति शब्द से कही जानेवाली सभी सत्ताएँ अति प्राचीन, स्मृति-पथ के अतीत काल से मनुष्य के मन पर कार्य कर रही हैं, वे मनुष्य की विचारधारा पर क्रमशः प्रभाव फैला रही हैं और इस प्रभाव की प्रतिक्रिया के फलस्वरूप मनुष्य के हृदय में लगातार यह प्रश्न उठ रहा है कि यह सब क्या है और इसकी उत्पत्ति कहाँ से हुई? अति प्राचीन मानव-रचना वेद के प्राचीन भाग में भी इसी प्रश्न की जिज्ञासा हम देखते हैं। यह सब कहाँ से आया? जिस समय सत्, असत् कुछ भी नहीं था, जब अन्धकार अन्धकार से ढका हुआ था, तब किसने इस जगत् का सृजन किया? कैसे किया? कौन इस रहस्य को जानता है? आज तक यही प्रश्न चला आ रहा है। लाखों बार इसके उत्तर देने की चेष्टा की गयी है, किन्तु फिर भी लाखों बार उसका फिर से उत्तर देना पड़ेगा। ऐसी बात नहीं कि ये सभी उत्तर भ्रमपूर्ण हों। प्रत्येक उत्तर में कुछ न कुछ सत्य है—कालचक्र के साथ साथ यह सत्य भी क्रमशः बल संग्रह करता जायगा। मैंने भारत के प्राचीन दार्शनिकों से इस प्रश्न का जो उत्तर पाया है, उसको, वर्तमान मानव-ज्ञान से समन्वित करके तुम्हारे सामने रखने की चेष्टा करूँगा।

हम देखते हैं कि इस प्राचीनतम प्रश्न के कई अंगों का उत्तर पहले से ही उपलब्ध था। प्रथम तो—'जब सत् और असत् कुछ भी नहीं था', इस प्राचीन वैदिक वाक्य से प्रमाणित होता है कि एक समय ऐसा था, जब जगत् नहीं था, जब ये ग्रह-नक्षत्र, हमारी धरती माता, सागर, महासागर, नदी, शैलमाला, नगर, ग्राम, मानव जाति, अन्य प्राणी, उद्भिद्, पक्षी, यह अनन्त प्रकार की सृष्टि, यह सब कुछ भी नहीं था—यह बात पहले से ही मालूम थी। क्या हम इस विषय में सन्देह-

रहित हैं ? यह सिद्धान्त किस प्रकार प्राप्त हुआ, यह समझने की हम चेष्टा करेंगे। मनुष्य अपने चारों ओर क्या देखता है ? एक छोटे से उद्भिद् को ही लो। मनुष्य देखता है कि उद्भिद् धीरे धीरे मिट्टी को फोड़कर उगता है, अन्त में बढ़ते बढ़ते एक विशाल वृक्ष हो जाता है, फिर वह विनष्ट हो जाता है—केवल बीज छोड़ जाता है। वह मानो घूम-फिरकर एक वृत्त पूरा करता है। बीज से ही वह निकलता है, फिर वृक्ष हो जाता है और उसके बाद फिर बीज में ही परिणत हो जाता है। पक्षी को देखो, किस प्रकार वह अण्डे में से निकलता है, सुन्दर पक्षी का रूप धारण करता है, कुछ दिन जीवित रहता है, अन्त में मर जाता है, और छोड़ जाता है अन्य कई अण्डे अर्थात् भावी पक्षियों के बीज। तिर्यग्जातियों के सम्बन्ध में भी इसी प्रकार होता है और मनुष्य के सम्बन्ध में भी। प्रत्येक पदार्थ मानो किसी बीज से, किसी मूल उपादान से, किसी सूक्ष्म आकार से आरम्भ होता है और स्थूल से स्थूलतर होता जाता है। कुछ समय तक ऐसा ही चलता है, और अन्त में फिर से उसी सूक्ष्म रूप में उसका लय हो जाता है। वृष्टि की एक बूँद, जिसमें अभी सुन्दर सूर्य-किरणें खेल रही हैं, सागर से वाष्प के रूप में निकलकर ऐसे क्षेत्र में पहुँचती है, जहाँ पानी में परिणत हो जाती है, और फिर वाष्प के रूप में पुनः परिणत होने के लिए समुद्र में पानी के रूप में आ गिरती है। हमारे चारों ओर स्थित प्रकृति की सारी वस्तुओं के सम्बन्ध में भी यही नियम है। हम जानते हैं कि आज हिमानी और नदियाँ बड़े बड़े पर्वतों पर कार्यशील हैं और उन्हें धीरे धीरे, परन्तु निश्चित रूप से, चूर चूर कर रही हैं, चूर चूरकर उन्हें बालू कर रही हैं। फिर वही बालू बहकर समुद्र में जाती है—समुद्र में स्तर पर स्तर जमती जाती है और अन्त में पहाड़ की भाँति कड़ी होकर भविष्य में पर्वत बन जाती है। वह पर्वत फिर से पिसकर बालू बन जायगा—बस यही क्रम है। बालुका से इन पर्वतमालाओं की उत्पत्ति है और बालुका में ही इनकी परिणति है।

यदि यह सत्य हो कि प्रकृति अपने सभी कार्यों में एकरूप है; यदि यह सत्य हो—और आज तक किसी ने इसका खण्डन नहीं किया—कि एक छोटा सा बालू का कण जिस प्रणाली और नियम से सृष्टि होता है, प्रकाण्ड सूर्य, तारे, यहाँ तक कि सम्पूर्ण जगत्-ब्रह्माण्ड की सृष्टि में भी वही प्रणाली, वही एक नियम है; यदि यह सत्य हो कि एक परमाणु जिस ढंग से बनता है, सारा जगत् भी उसी ढंग से बनता है; यदि यह सत्य हो कि एक ही नियम समस्त जगत् में व्याप्त है, तो प्राचीन वैदिक भाषा में हम कह सकते हैं, "एक मिट्टी के ढेले को जान लेने पर हम जगत्-ब्रह्माण्ड में जितनी मिट्टी है, उस सबको जान सकते हैं।" एक छोटे से उद्भिद् को लेकर उसके जीवन-चरित की आलोचना करके हम जगत्-ब्रह्माण्ड का स्वरूप

जान सकते हैं। बालू के एक कण की गति का पर्यवेक्षण करके हम समस्त जगत् का रहस्य जान लेंगे। अतएव जगत्-ब्रह्माण्ड पर अपनी पूर्व आलोचना के फल का प्रयोग करने पर हम यही देखते हैं कि सभी वस्तुओं का आदि और अन्त प्रायः एक सा होता है। पर्वत की उत्पत्ति बालुका से है और बालुका में ही उसका अन्त है; वाष्प से नदी बनती है और नदी फिर वाष्प हो जाती है; बीज से उद्‌भिद् होता है और उद्‌भिद् फिर बीज बन जाता है; मानव-जीवन मनुष्य के बीजाणु से आता है और फिर से बीजाणु में ही चला जाता है। नक्षत्रपुंज, नदी, ग्रह, उपग्रह—सब कुछ नीहारिकामय अवस्था से आते हैं और फिर से उसी अवस्था में लौट जाते हैं। इससे हम क्या सीखते हैं? यही कि व्यक्त अर्थात् स्थूल अवस्था कार्य है और सूक्ष्म भाव उसका कारण है। समस्त दर्शनों के जनकस्वरूप महर्षि कपिल बहुत काल पहले से प्रदर्शित कर चुके हैं, **नाशः कारणलयः**—नाश का अर्थ है, कारण में लय हो जाना। यदि इस मेज़ का नाश हो जाय, तो यह केवल अपने कारण-रूप में लौट जायगी—फिर वह सूक्ष्म रूप भी उन परमाणुओं में बदल जायगा, जिनके मिश्रण से यह मेज़ नामक पदार्थ बना था। मनुष्य जब मर जाता है, तो जिन पंच-भूतों से उसके शरीर का निर्माण हुआ था, उन्हींमें उसका लय हो जाता है। इस पृथ्वी का जब ध्वंस हो जायगा, तब जिन भूतों के योग से इसका निर्माण हुआ था, उन्हीं में वह फिर परिणत हो जायगी। इसीको नाश अर्थात् कारणलय कहते हैं। अतएव हमने सीखा कि कार्य और कारण अभिन्न हैं—भिन्न नहीं; कारण ही एक विशेष रूप धारण करने पर कार्य कहलाता है। जिन उपादानों से इस मेज़ की उत्पत्ति हुई, वे कारण हैं और मेज़ कार्य; और वे ही कारण यहाँ पर मेज़ के रूप में वर्तमान हैं। यह गिलास एक कार्य है—इसके कुछ कारण थे, वे ही कारण अभी इस कार्य में वर्तमान हैं। काँच नामक कुछ पदार्थ और, उसके साथ साथ बनानेवाले के हाथों की शक्ति, इन दो उपादान और निमित्त कारणों के मेल से गिलास नामक यह आकार बना है। इसमें ये दोनों कारण वर्तमान हैं। जो शक्ति किसी बनानेवाले के हाथों में थी, वह संयोजक (adhesive) शक्ति के रूप में वर्तमान है—उसके न रहने पर गिलास के छोटे छोटे खण्ड पृथक् होकर बिखर जायँगे। फिर यह गिलास-रूप उपादान भी वर्तमान है। गिलास केवल इन सूक्ष्म कारणों की एक भिन्न रूप में अभिव्यक्ति मात्र है। यह गिलास यदि तोड़कर फेंक दी जाय, तो जो शक्ति संहति (adhesive power) के रूप में इसमें वर्तमान थी, वह लौटकर फिर अपने उपादान में मिल जायगी, और गिलास के छोटे छोटे कण पुनः अपना पूर्व रूप धारण कर लेंगे, और तब तक उसी रूप में रहेंगे, जब तक वे पुनः एक नया रूप धारण नहीं कर लेते।

अतएव हमने देखा कि कार्य कभी कारण से भिन्न नहीं होता। वह तो उसी कारण का स्थूलतर रूप में पुनः आविर्भाव मात्र है। उसके बाद हमने सीखा कि ये सब विशेष विशेष रूप, जिन्हें हम उद्भिद् अथवा तिर्यग्जाति अथवा मानव जाति कहते हैं, अनन्त काल से उठते-गिरते, घूमते-फिरते आ रहे हैं। बीज से वृक्ष होता है और वृक्ष पुनः बीज में चला जाता है—बस, इसी प्रकार चल रहा है, इसका कहीं अन्त नहीं है। जल की बूँदें पहाड़ पर गिरकर समुद्र में जाती हैं, फिर वाष्प होकर उठती हैं—पहाड़ पर पहुँचती हैं और नदी में लौट आती हैं। बस, इस प्रकार उठते-गिरते हुए युग-चक्र चल रहा है। समस्त जीवन का यही नियम है—समस्त अस्तित्व जो हम देखते, सोचते, सुनते और कल्पना करते हैं, जो कुछ हमारे ज्ञान की सीमा के भीतर है, वह सब इसी प्रकार चल रहा है, ठीक जैसे मनुष्य के शरीर में श्वास-प्रश्वास। अतएव समस्त सृष्टि इसी प्रकार चल रही है। एक तरंग उठती है, एक गिरती है, फिर उठकर पुनः गिरती है। प्रत्येक उठती हुई तरंग के साथ एक पतन है, प्रत्येक पतन के साथ एक उठती हुई तरंग है। समस्त ब्रह्माण्ड एकरूप होने के कारण, सर्वत्र एक ही नियम लागू होगा। अतएव हम देखते हैं कि समस्त ब्रह्माण्ड एक समय अपने कारण में लय होने को बाध्य है; सूर्य, चन्द्र, ग्रह, तारे, पृथ्वी, मन, शरीर, जो कुछ इस ब्रह्माण्ड में है, सबका सब अपने सूक्ष्म कारण में लीन अथवा तिरोभूत हो जायगा, आपाततः विनष्ट हो जायगा। पर वास्तव में वे सब अपने कारण में सूक्ष्म रूप से रहेंगे। इन सूक्ष्म रूपों से वे पुनः बाहर निकलेंगे और पुनः पृथ्वी, चन्द्र, सूर्य, यहाँ तक कि समस्त जगत् की सृष्टि होगी।

इस उत्थान और पतन के सम्बन्ध में और भी एक विषय जानने का है। वृक्ष से बीज होता है। किन्तु वह उसी समय फिर वृक्ष नहीं हो जाता। उसको कुछ विश्राम अथवा अति सूक्ष्म अव्यक्त कार्य के समय की आवश्यकता होती है। बीज को कुछ दिन तक मिट्टी के नीचे रहकर कार्य करना पड़ता है। उसे अपने आपको खण्ड खण्ड कर देना होता है, मानो अपना कुछ पतन करना पड़ता है और इसी पतन से उसका फिर पुनरुत्थान होता है। इसी प्रकार इस समस्त ब्रह्माण्ड को भी कुछ समय तक अदृश्य, अव्यक्त भाव से, सूक्ष्म रूप से कार्य करना होता है, जिसे प्रलय अथवा सृष्टि के पूर्व की अवस्था कहते हैं; उसके बाद फिर से सृष्टि होती है। जगत्-प्रवाह के एक बार अभिव्यक्त होने को—अर्थात् उसकी सूक्ष्म रूप में परिणति, कुछ दिन तक उसी अवस्था में स्थिति और फिर से उसके आविर्भाव को एक कल्प कहते हैं। समस्त ब्रह्माण्ड इसी प्रकार कल्पों से चला आ रहा है। बृहत्तम ब्रह्माण्ड से लेकर उसके अन्तर्गत प्रत्येक परमाणु तक सभी वस्तुएँ इसी प्रकार तरंगाकार

में चलती रहती हैं। अब एक अत्यन्त महत्त्वपूर्ण प्रश्न उपस्थित होता है—विशेषतः वर्तमान काल के लिए। हम देखते हैं कि सूक्ष्मतर रूप धीरे धीरे व्यक्त हो रहे हैं, क्रमशः स्थूल से स्थूलतर होते जा रहे हैं। हम देख चुके हैं कि कारण और कार्य अभिन्न हैं—कार्य केवल कारण का रूपान्तर मात्र है। अतएव यह समुदय ब्रह्माण्ड शून्य में से उत्पन्न नहीं हो सकता। बिना किसी कारण के वह नहीं आ सकता; इतना ही नहीं, कारण ही कार्य के भीतर सूक्ष्म रूप से वर्तमान है।

तब यह ब्रह्माण्ड किस वस्तु से उत्पन्न हुआ है? पूर्ववर्ती सूक्ष्म ब्रह्माण्ड से। मनुष्य किस वस्तु से उत्पन्न हुआ है? पूर्ववर्ती सूक्ष्म रूप से। वृक्ष कहाँ से आया? बीज से। समूचा वृक्ष बीज में वर्तमान था—वह केवल व्यक्त हो गया है। अतएव यह जगत्-ब्रह्माण्ड अपनी ही सूक्ष्मावस्था से उत्पन्न हुआ है। अब वह व्यक्त मात्र हो गया है। वह फिर से अपने सूक्ष्म रूप में चला जायगा, फिर से व्यक्त होगा। इस प्रकार हम देखते हैं कि सूक्ष्म रूप व्यक्त होकर स्थूल से स्थूलतर होता जाता है, जब तक कि वह स्थूलता की चरम सीमा तक नहीं पहुँच जाता; चरम सीमा पर पहुँचकर वह फिर उलटकर सूक्ष्म से सूक्ष्मतर होने लगता है। यह सूक्ष्म से आविर्भाव, क्रमशः स्थूल से स्थूलतर में परिणति—मानो केवल उसके अंशों का अवस्था-परिवर्तन है। बस, इसीको आजकल 'क्रमविकासवाद' कहते हैं। यह बिल्कुल सत्य है—सम्पूर्ण रूप से सत्य है; हम अपने जीवन में यह देख रहे हैं। इन क्रमविकासवादियों के साथ किसी भी विचारशील व्यक्ति के विवाद की सम्भावना नहीं। पर हमें और भी एक बात जाननी पड़ेगी—वह यह कि प्रत्येक क्रमविकास के पूर्व एक क्रमसंकोच की प्रक्रिया वर्तमान रहती है। बीज वृक्ष का जनक अवश्य है, परन्तु एक और वृक्ष उस बीज का जनक है। बीज ही वह सूक्ष्म रूप है, जिसमें से बृहत् वृक्ष निकलता है, और एक दूसरा प्रकाण्ड वृक्ष था, जो इस बीज में क्रम-संकुचित रूप में वर्तमान है। सम्पूर्ण वृक्ष इसी बीज में विद्यमान है। शून्य में से कोई वृक्ष उत्पन्न नहीं हो सकता। हम देखते हैं कि वृक्ष बीज से उत्पन्न होता है और विशेष प्रकार के बीज से विशेष प्रकार का ही वृक्ष उत्पन्न होता है, दूसरा वृक्ष नहीं होता। इससे सिद्ध होता है कि उस वृक्ष का कारण यह बीज है—केवल यही बीज; और इस बीज में सम्पूर्ण वृक्ष रहता है। समूचा मनुष्य इस एक बीजाणु के भीतर है, और यह बीजाणु धीरे धीरे अभिव्यक्त होकर मानवाकार में परिणत हो जाता है। सारा ब्रह्माण्ड सूक्ष्म ब्रह्माण्ड में रहता है। सभी कुछ अपने कारण में, अपने सूक्ष्म रूप में रहता है। अतएव क्रमविकासवाद—स्थूल से स्थूलतर रूप में क्रमाभिव्यक्ति—बिल्कुल सत्य है। पर इसके साथ ही यह भी समझना होगा कि

प्रत्येक क्रमविकास के पूर्व क्रमसंकोच की एक प्रक्रिया रहती है; अतएव जो क्षुद्र अणु बाद में महापुरुष हुआ, वह वास्तव में उसी महापुरुष की क्रमसंकुचित अवस्था है, वही बाद में महापुरुष-रूप में क्रमविकसित हो जाता है। यदि यह सत्य हो, तो फिर क्रमविकासवादियों (followers of Darwin's evolution) के साथ हमारा कोई विवाद नहीं, क्योंकि हम क्रमशः देखेंगे कि यदि वे लोग इस क्रमसंकोच की प्रक्रिया को स्वीकार कर लें, तो वे धर्म के नाशक न हो उसके प्रबल समर्थक हो जायँगे।

अब तक हमने देखा कि शून्य से किसी भी वस्तु की उत्पत्ति नहीं हो सकती। सभी वस्तुएँ अनन्त काल से हैं और अनन्त काल तक रहेंगी। केवल तरंगों की भाँति वे एक बार उठती हैं, फिर गिरती हैं। एक बार सूक्ष्म, अव्यक्त रूप में जाना, फिर स्थूल, व्यक्त रूप में आना——सारी प्रकृति में यह क्रमसंकोच और क्रमविकास की क्रिया चल रही है। जीवन की निम्नतम अभिव्यक्ति से लेकर पूर्णतम मनुष्य में उसकी सर्वोच्च अभिव्यक्ति की श्रेणी किसी अन्य वस्तु का क्रमसंकोच अवश्य रही है। अब प्रश्न है——किसका क्रमसंकोच होगी? कौन सा पदार्थ क्रमसंकुचित हुआ था? ईश्वर। क्रमविकासवादी लोग कहेंगे कि तुम्हारी ईश्वर सम्बन्धी धारणा भूल है। कारण, तुम लोग कहते हो कि ईश्वर बुद्धियुक्त है, पर हम तो प्रतिदिन देखते हैं कि बुद्धि बहुत बाद में आती है। मनुष्य अथवा उच्चतर जन्तुओं में ही हम बुद्धि देखते हैं, पर इस बुद्धि का जन्म होने से पूर्व इस जगत् में लाखों वर्ष बीत चुके हैं। जो भी हो, तुम इन क्रमविकासवादियों की बातों से डरो मत, तुमने अभी जो नियम की खोज की है, उसका प्रयोग करके देखो——क्या सिद्धान्त निकलता है? तुमने देखा है कि बीज से ही वृक्ष का उद्भव है और बीज में ही उसकी परिणति। इसलिए आरम्भ और अन्त समान हुए। पृथ्वी की उत्पत्ति उसके कारण से है और उस कारण में ही उसका विलय है। सभी वस्तुओं के सम्बन्ध में यही बात है——हम देखते हैं कि आदि और अन्त दोनों समान है। इस श्रृंखला का अन्त कहाँ है? हम जानते हैं कि आरम्भ जान लेने पर हम अन्त भी जान सकते हैं। इसी प्रकार अन्त जान लेने पर आदि भी जाना जा सकता है। इस समस्त क्रमविकासशील श्रृंखला को, जिसका एक छोर जीविसार है, और दूसरा पूर्ण मानव, और संपूर्ण श्रेणी एक ही जीवन है। इस श्रेणी के अन्त में हम पूर्ण मानव को देखते हैं, अतएव आदि में भी वह होगा ही——यह निश्चित है। अतएव यह जीविसार अवश्य उच्चतम बुद्धि की क्रमसंकुचित अवस्था है। तुम इसको स्पष्ट रूप से भले ही न देख सको, पर वास्तव में वह क्रमसंकुचित बुद्धि ही अपने को व्यक्त कर रही है और इसी प्रकार अपने को व्यक्त करती रहेगी, जब तक वह पूर्णतम मानव के रूप में व्यक्त नहीं हो

जायगी। यह तत्त्व गणित के द्वारा निश्चित रूप से प्रमाणित किया जा सकता है। यदि ऊर्जासंधारणवाद (law of conservation of energy) सत्य हो, तो यह अवश्य मानना पड़ेगा कि यदि तुम किसी मशीन में पहले कुछ न डालो, तो उससे तुम कोई शक्ति प्राप्त न कर सकोगे। इंजन में पानी और कोयले के रूप में जितनी शक्ति डालोगे, ठीक उसी परिमाण में तुम्हें उसमें से शक्ति मिल सकती है, उससे थोड़ी सी भी कम या अधिक नहीं। मैंने अपनी देह में वायु, खाद्य और अन्यान्य पदार्थों के रूप में जितनी शक्ति का प्रयोग किया है, बस, उतने ही परिमाण में मैं कार्य करने में समर्थ होऊँगा। ये शक्तियाँ अपना रूप मात्र बदल लेती हैं। इस विश्व-ब्रह्माण्ड में हम जड़ तत्त्व का एक परमाणु या शक्ति का एक क्षुद्र अंश भी घटा-बढ़ा नहीं सकते। यदि ऐसा हो, तो फिर यह बुद्धि है क्या चीज ? यदि वह जीवि-सार में वर्तमान न हो, तो यह मानना पड़ेगा कि उसकी उत्पत्ति अवश्य आकस्मिक है—तब तो, साथ ही, हमें यह भी स्वीकार करना होगा कि असत् (कुछ नहीं) से सत् (कुछ) की उत्पत्ति होती है। पर यह बिल्कुल असम्भव है। अतएव यह बात निस्सन्दिग्ध रूप से प्रमाणित होती है कि—जैसा हम अन्यान्य विषयों में देखते हैं—जहाँ से आरम्भ होता है, अन्त भी वहीं होता है; पर हाँ, कभी वह अव्यक्त रहता है और कभी व्यक्त। बस, इसी प्रकार वह पूर्ण मानव, मुक्त पुरुष, देव-मानव—जो प्रकृति के नियमों से बाहर चला गया है, जो सबके अतीत हो गया है, जिसे इस जन्म-मृत्यु के चक्र में पुनः नहीं घूमना पड़ता, जिसे ईसाई ईसा-मानव, बौद्ध बुद्ध-मानव और योगी मुक्त पुरुष कहते हैं—इस शृंखला का एक छोर है और वही क्रमसंकुचित होकर उसके दूसरे छोर में जीविसार के रूप में वर्तमान है।

इस सिद्धान्त को समग्र जगत् पर लागू करने से हम देखते हैं कि बुद्धि ही सृष्टि की प्रभु है, कारण है। जगत् के विषय में मानव की चरम धारणा क्या हो सकती है ? वह है बुद्धि, बुद्धि की अभिव्यक्ति, जगत् के एक भाग का दूसरे भाग से समायोजन। प्राचीन सृष्टि-रचनावाद (design theory) इसीकी अभिव्यक्ति का एक प्रयास है। हम जड़वादियों के साथ यह मानने को तैयार हैं कि बुद्धि ही जगत् की अन्तिम वस्तु है—सृष्टि-क्रम में यही अन्तिम विकास है, पर साथ ही हम यह भी कहते हैं कि यदि अन्तिम विकास हो, तो आरम्भ में भी यही वर्तमान थी। जड़वादी कह सकते हैं, 'अच्छा, ठीक है, पर मनुष्य के जन्म के पहले तो लाखों वर्ष व्यतीत हो चुके हैं, उस समय तो बुद्धि का कोई अस्तित्व न था।' इस पर हमारा उत्तर है—हाँ, व्यक्त रूप में बुद्धि नहीं थी, लेकिन अव्यक्त रूप में यह अवश्य विद्यमान थी, और यह तो एक मानी हुई बात है कि पूर्ण मानव-रूप में प्रकाशित बुद्धि ही सृष्टि का अन्त है। तो फिर आदि क्या होगा ? आदि भी बुद्धि

ही होगी। पहले वह बुद्धि क्रमसंकुचित होती है, अन्त में वही फिर क्रमविकसित होती है। अतएव इस जगत्-ब्रह्माण्ड में जो बुद्धि अब अभिव्यक्त हो रही है, उसकी समष्टि अवश्य उस क्रमसंकुचित, सर्वव्यापी बुद्धि की ही अभिव्यक्ति है। इसी सर्वव्यापी, विश्वजनीन बुद्धि का नाम है ईश्वर। उसको फिर किसी भी नाम से क्यों न पुकारो, इतना तो निश्चित है कि आदि में वही अनन्त विश्वव्यापी बुद्धि थी। वह विश्वजनीन बुद्धि क्रमसंकुचित हुई थी, और वही अपने को क्रमशः अभिव्यक्त कर रही है, जब तक कि वह पूर्ण मानव या ईसा-मानव या बुद्ध-मानव में परिणत नहीं हो जाती। तब वह फिर से अपने उत्पत्ति-स्थान में लौट जायगी। इसीलिए सभी शास्त्र कहते हैं, 'हम उनमें जीवित हैं, उनमें ही रहकर चलते हैं, उन्हींमें हमारी सत्ता है।' इसीलिए सभी शास्त्र घोषणा करते हैं, 'हम ईश्वर से आये हैं, फिर उन्हीं में लौट जायँगे।' विभिन्न धार्मिक परिभाषाओं से मत डरो, यदि परिभाषा से ही डरने लगे, तो फिर तुम दार्शनिक न बन सकोगे। धर्मतत्त्वज्ञ इस विश्वव्यापी बुद्धि को ही ईश्वर कहते हैं।

मुझसे अनेक बार पूछा गया है, "आप क्यों इस पुराने 'ईश्वर' (god) शब्द का व्यवहार करते हैं?" तो इसका उत्तर यह है कि हमारे उद्देश्य के लिए यही सर्वोत्तम है। इससे अच्छा और कोई शब्द नहीं मिल सकता, क्योंकि मनुष्य की सारी आशाएँ और सुख इसी एक शब्द में केन्द्रित हैं। अब इस शब्द को बदलना असम्भव है। इस प्रकार के शब्द पहले-पहल बड़े बड़े साधु-महात्माओं द्वारा गढ़े गये थे और वे इन शब्दों का तात्पर्य अच्छी तरह समझते थे। धीरे धीरे जब समाज में उन शब्दों का प्रचार होने लगा, तब अज्ञ लोग भी उन शब्दों का व्यवहार करने लगे। इसका परिणाम यह हुआ कि शब्दों की महिमा घटने लगी। स्मरणातीत काल से 'ईश्वर' शब्द का व्यवहार होता आया है। सर्वव्यापी बुद्धि का भाव तथा जो कुछ महान् और पवित्र है, सब इसी शब्द में निहित है। यदि कोई मूर्ख इस शब्द का व्यवहार करने में आपत्ति करता हो, तो क्या इसीलिए हमें इस शब्द को त्याग देना होगा? एक दूसरा व्यक्ति भी आकर कह सकता है—'मेरे इस शब्द को लो।' फिर तीसरा भी अपना एक शब्द लेकर आयेगा। यदि यही क्रम चलता रहा, तो ऐसे व्यर्थ शब्दों का कोई अन्त न होगा। इसीलिए मैं कहता हूँ कि उस पुराने शब्द का ही व्यवहार करो; मन से अंधविश्वासों को दूर कर, इस महान् प्राचीन शब्द के अर्थ को ठीक तरह से समझकर, उसका और भी उत्तम रूप से व्यवहार करो। यदि तुम लोग समझते हो कि भाव-साहचर्य-विधान (law of association of ideas) किसे कहते हैं, तो तुमको पता चलेगा कि इस शब्द के साथ कितने ही महान् ओजस्वी भावों का संयोग है, लाखों मनुष्यों ने इस शब्द का व्यवहार किया है,

करोड़ों आदमियों ने इस शब्द की पूजा की है और जो कुछ सर्वोच्च एवं सुन्दरतम है, जो कुछ युक्तियुक्त, प्रेमास्पद और मानवीय भावों में महान् एवं सुन्दर है, वह समस्त इस शब्द से सम्बन्धित है। अतएव यह इन सब साहचर्य-भावों का संकेत देनेवाला कारण है, इसलिए इसका त्याग नहीं किया जा सकता। जो भी हो, यदि मैं तुम लोगों को केवल यह कहकर समझाने की चेष्टा करता कि ईश्वर ने जगत् की सृष्टि की है, तो तुम लोगों के निकट उसका कोई अर्थ न होता। फिर भी इस सब विचार आदि के बाद हम उस प्राचीन पुरुष के ही पास पहुँचे।

अतः हम देखते हैं कि जड़, शक्ति, मन, बुद्धि या अन्य दूसरे नामों से परिचित विभिन्न जागतिक शक्तियाँ उस विश्वव्यापी बुद्धि की ही अभिव्यक्ति हैं। जो कुछ तुम देखते हो, सुनते हो या अनुभव करते हो, सब उसीकी सृष्टि है—ठीक कहें, तो उसीका प्रक्षेप है; और भी ठीक कहें, तो सब कुछ स्वयं प्रभु ही है। सूर्य और ताराओं के रूप में वही उज्जवल भाव से विराज रहा है, वही धरती माता है, वही समुद्र है। वही बादलों के रूप में बरसता है, वही मृदु पवन है, जिससे हम साँस लेते हैं, वही शक्ति बनकर हमारे शरीर में कार्य कर रहा है। वही भाषण है, भाषणदाता है, फिर सुननेवाला भी वही है। वही यह मंच है, जिस पर मैं खड़ा हूँ, वही यह आलोक है, जिससे मैं तुम्हें देख पा रहा हूँ; यह समस्त वही है। वह जगत् का उपादान और निमित्त कारण है, क्रमसंकुचित होकर वही अणु का रूप धारण करता है, फिर वही क्रमविकसित होकर पुनः ईश्वर बन जाता है। वही धीरे-धीरे अवनत होकर क्षुद्रतम परमाणु हो जाता है, फिर वही धीरे धीरे अपना स्वरूप प्रकाशित करता हुआ अन्त में पुनः 'अपने' साथ युक्त हो जाता है—बस, यही जगत् का रहस्य है। 'तुम्हीं पुरुष हो, तुम्हीं स्त्री हो, यौवन के गर्व से भरे हुए भ्रमणशील नवयुवक भी तुम्हीं हो, फिर तुम्हीं बुढ़ापे में लाठी के सहारे लड़खड़ाते हुए मनुष्य हो, तुम्हीं समस्त वस्तुओं में हो, हे प्रभो! तुम्हीं सब कुछ हो।'[1] जगत्-प्रपंच की केवल इसी व्याख्या से मानव-युक्ति—मानव-बुद्धि परितृप्त होती है। सारांश यह कि हम उसीसे जन्म लेते हैं, उसीमें जीवित रहते हैं और उसीमें लौट जाते हैं।

१. श्वेताश्वतरोपनिषद् ॥४।३॥

विश्व : सूक्ष्म ब्रह्माण्ड

(२६ जनवरी, १८९६ को न्यूयार्क में दिया हुआ व्याख्यान)

स्वभाव से ही मनुष्य का मन बाह्य की ओर प्रवृत्त होता है, मानो वह इन्द्रियों के द्वारा शरीर के बाहर झाँकना चाहता हो। आँखें अवश्य देखेंगी, कान अवश्य सुनेंगे, इन्द्रियाँ अवश्य बाह्य जगत् को प्रत्यक्ष करेंगी। इसीलिए स्वभावत: प्रकृति का सौन्दर्य और महिमा मनुष्य की दृष्टि को एकदम आकृष्ट कर लेती है। मनुष्य ने पहले-पहल बहिर्जगत् के बारे में प्रश्न उठाया था—आकाश, नक्षत्रपुंज, नभोमण्डल के अन्यान्य पदार्थसमूह, पृथ्वी, नदी, पर्वत, समुद्र आदि वस्तुओं के विषय में प्रश्न किये गये थे। प्रत्येक प्राचीन धर्म में हमें कुछ न कुछ ऐसा परिचय मिलता ही है कि पहले-पहल मानव मन अन्धकार में टटोलता हुआ बाह्य जगत् में जो कुछ देख पाता था, उसीको पकड़ने की चेष्टा करता था। इसी तरह उसने नदी का एक अधिष्ठाता देवता, आकाश का अन्य अधिष्ठाता देवता, मेघ तथा वर्षा का एक दूसरा अधिष्ठाता देवता मान लिया। जिनको हम प्रकृति की शक्ति के नाम से जानते हैं, वे ही सचेतन पदार्थ में परिणत हो गयीं। किन्तु इस प्रश्न की जितनी अधिक गहराई से खोज होने लगी, इन बाह्य देवताओं से मानव के मन को उतनी ही अतृप्ति होने लगी। तब मानव की सारी शक्ति उसके अपने अन्दर प्रवाहित होने लगी—उसकी अपनी आत्मा के सम्बन्ध में प्रश्न होने लगे। बहिर्जगत् से यह प्रश्न अन्तर्जगत् में आ पहुँचा। बहिर्जगत् का विश्लेषण हो जाने पर मनुष्य ने अन्तर्जगत् का विश्लेषण करना शुरू किया। यह अन्त: स्थ मनुष्य के सम्बन्ध में प्रश्न उच्चतर सभ्यता से आता है, प्रकृति के विषय में गम्भीर अन्तर्दृष्टि से आता है, विकास के उच्चतर सोपान पर आरूढ़ होने से आता है।

यह अन्तर्मानव ही आज हमारी आलोचना का विषय है। अन्तर्मानव सम्बन्धी यह प्रश्न मनुष्य को जितना प्रिय है तथा उसके हृदय के जितना निकट है, उतना और कुछ नहीं। कितने करोड़ बार, कितने देशों में यह प्रश्न पूछा गया है। संन्यासी और सम्राट्, अमीर-गरीब, साधु या पापी——सभी नर-नारियों के मन में यह प्रश्न एक बार अवश्य उठा है कि इस क्षणभंगुर मानव जीवन में क्या कुछ भी शाश्वत नहीं है? इस शरीर का अन्त होने पर क्या ऐसा कुछ नहीं है, जो नहीं मरता?

जब यह देह धूल में मिल जाती है, तब क्या ऐसा कुछ नहीं रहता, जो जीवित रहता हो ? अग्नि से शरीर भस्मसात हो जाने पर क्या कुछ भी शेष नहीं रहता ? यदि रहता है, तो उसकी नियति क्या है ? वह जाता कहाँ है ? कहाँ से वह आया था ? ये प्रश्न बार बार पूछे गये हैं और जब तक यह सृष्टि रहेगी, जब तक मानव-मस्तिष्क की चिन्तन-क्रिया बन्द नहीं होगी, तब तक यह प्रश्न पूछा ही जायगा। इससे तुम लोग यह न समझो कि इसका उत्तर कभी मिला ही नहीं; जब कभी यह प्रश्न पूछा गया, तभी इसका उत्तर मिला है, और जैसे जैसे समय बीतता जायगा, वैसे वैसे इसका उत्तर अधिकाधिक बल संग्रह करता जायगा। वास्तव में तो, हज़ारों वर्ष पहले ही इस प्रश्न का निश्चित उत्तर दे दिया गया था, और तब से अब तक वही उत्तर दुहराया जा रहा है, उसीको विशद और स्पष्ट करके हमारी बुद्धि के समक्ष उज्ज्वलतर रूप से रखा भर जा रहा है। अतएव हमें उस उत्तर को फिर से एक बार दुहरा भर देना है। हम इन सर्वग्रासी समस्याओं पर एक नया आलोक डालने का दम्भ नहीं भरते। हम तो चाहते हैं कि वर्तमान युग की भाषा में हम उस सनातन, महान् सत्य को प्रकाशित करें, प्राचीन लोगों के विचार हम आधुनिकों की भाषा में व्यक्त करें, दार्शनिकों के विचार लौकिक भाषा में प्रकट करें, देवताओं के विचार मनुष्यों की भाषा में कहें, ईश्वर के विचार मानव की दुर्बल भाषा में अभिव्यक्त करें, ताकि लोग उन्हें समझ सकें। क्योंकि हम बाद में देखेंगे कि जिस ईश्वरीय सत्ता से ये सब भाव निकले हैं, वह मनुष्य में भी वर्तमान है—जिस सत्ता ने इन विचारों की सृष्टि की है, वही मनुष्य में प्रकाशित होकर स्वयं इन्हें समझेगी।

मैं तुम लोगों को देख रहा हूँ। इस दर्शन-क्रिया के लिए किन किन बातों की आवश्यकता होती है ? पहले तो आँख—आँखें रहनी ही चाहिए। मेरी अन्य सब इन्द्रियाँ भले ही अच्छी रहें, पर यदि मेरी आँखें न हों, तो मैं तुम लोगों को न देख सकूँगा। अतएव पहले मेरी आँखें अवश्य रहनी चाहिए। दूसरे, आँखों के पीछे और कुछ रहने की आवश्यकता है, और वही असल में दर्शनेन्द्रिय है। यह यदि हममें न हो, तो दर्शन-क्रिया असम्भव है। वस्तुतः आँखें इन्द्रिय नहीं हैं, वे तो दृष्टि की यंत्र मात्र हैं। यथार्थ इन्द्रिय चक्षु के पीछे है—वह मस्तिष्क में अवस्थित नाड़ी-केन्द्र है। यदि यह केन्द्र किसी प्रकार नष्ट हो जाय, तो स्वच्छ चक्षुद्वय रहते हुए भी मनुष्य कुछ देख न सकेगा। अतएव दर्शन-क्रिया के लिए इस असली इन्द्रिय का अस्तित्व नितान्त आवश्यक है। हमारी अन्यान्य इन्द्रियों के बारे में भी ठीक ऐसा ही है। बाहर के कान ध्वनि-कम्प को भीतर ले जाने के यन्त्र मात्र हैं, उसको मस्तिष्क में स्थित केन्द्र तक पहुँचना चाहिए। पर इतने से ही श्रवण-क्रिया

पूर्ण नहीं हो जाती। कभी कभी ऐसा होता है कि पुस्तकालय में बैठकर तुम ध्यान से कोई पुस्तक पढ़ रहे हो, घड़ी में बारह बजता है, पर तुम्हें वह ध्वनि सुनायी नहीं देती। क्यों? वहाँ ध्वनि तो है, वायु-स्पन्दन, कान और केन्द्र भी वहाँ हैं और कान के माध्यम से केन्द्र तक स्पन्दन पहुँचा भी गये हैं, पर तो भी तुम नहीं सुन पाते। किस चीज़ की कमी थी? इस इन्द्रिय के साथ मन का योग नहीं था। अतएव हम देखते हैं कि मन का रहना भी नितान्त आवश्यक है। पहले चाहिए बहिर्यन्त्र, यह बहिर्यन्त्र मानो विषय को वहन कर इन्द्रिय के निकट ले जाता है; फिर उस इन्द्रिय के साथ मन को युक्त रहना चाहिए। जब मस्तिष्क में अवस्थित इन्द्रिय से मन का योग नहीं रहता, तब कर्ण-यन्त्र और मस्तिष्क के केन्द्र पर भले ही कोई विषय आकर टकराये, पर हमें उसका अनुभव न होगा। मन भी केवल वाहक है, वह इस विषय की संवेदना को और भी आगे ले जाकर बुद्धि को ग्रहण कराता है। बुद्धि उसके सम्बन्ध में निश्चय करती है, पर इतने से ही नहीं हुआ। बुद्धि को उसे फिर और भी भीतर ले जाकर शरीर के राजा आत्मा के पास पहुँचाना पड़ता है। उसके पास पहुँचने पर वह आदेश देती है, "हाँ, यह करो" या "मत करो।" तब जिस क्रम से वह विषय-संवेदना केन्द्र में गयी थी, ठीक उसी क्रम से वह बहिर्यन्त्र में आती है—पहले बुद्धि में, उसके बाद मन में, फिर मस्तिष्क-केन्द्र में और अन्त में बहिर्यन्त्र में; तभी विषय-ज्ञान की क्रिया पूरी होती है।

ये सब यन्त्र मनुष्य की स्थूल देह में अवस्थित हैं, पर मन और बुद्धि नहीं। मन और बुद्धि तो उसमें हैं, जिसे हिन्दू शास्त्र सूक्ष्म शरीर कहते हैं और ईसाई शास्त्र आध्यात्मिक शरीर। वह इस स्थूल शरीर से अवश्य बहुत ही सूक्ष्म है, परन्तु फिर भी वह आत्मा नहीं है। आत्मा इन सबके अतीत है। कुछ ही दिनों में स्थूल शरीर का अन्त हो जाता है—किसी मामूली कारण से ही उसमें क्षोभ पैदा हो जाता है और वह नष्ट हो जा सकता है। पर सूक्ष्म शरीर इतनी आसानी से नष्ट नहीं होता, फिर भी वह कभी सबल और कभी दुर्बल होता रहता है। हम देखते हैं कि बूढ़े लोगों में मन का उतना जोर नहीं रहता। फिर, शरीर में बल रहने से मन भी सबल रहता है; विविध औषधियाँ मन पर अपना प्रभाव डालती हैं। बाहर की वस्तुएँ उस पर अपना प्रभाव डालती हैं, और वह भी बाह्य जगत् पर अपना प्रभाव डालता है। जैसे शरीर में उन्नति और अवनति होती है, वैसे ही मन भी कभी सबल और कभी निर्बल हो जाता है; अतः मन आत्मा नहीं है; क्योंकि आत्मा कभी जीर्ण या क्षयग्रस्त नहीं होती। यह हम कैसे जान सकते हैं? हम कैसे जान सकते हैं कि मन के पीछे और भी कुछ है? चूँकि ज्ञान स्वप्रकाश और बुद्धि का आधार है, अतः वह कभी जड़ का धर्म नहीं हो सकता।

ऐसी कोई जड़ वस्तु दृष्ट नहीं होती, जिसमें स्वरूपतः ज्ञान है। जड़भूत स्वयं ही अपने को कभी प्रकाशित नहीं कर सकता। बुद्धि ही समस्त जड़ को प्रकाशित करती है। यह जो सामने हॉल (बड़ा कमरा) देख रहे हो, बुद्धि को ही इसका मूल कहना पड़ेगा, क्योंकि बिना किसी बुद्धि के सहारे हम उसका अस्तित्व अनुभव नहीं कर सकते थे। यह शरीर स्वप्रकाश नहीं है—यदि वैसा होता, तो फिर मृत शरीर भी स्वप्रकाश होता। मन अथवा आध्यात्मिक शरीर भी स्वप्रकाश नहीं हो सकता। वे ज्ञानस्वरूप नहीं हैं। जो स्वप्रकाश है, उसका कभी क्षय नहीं होता। जो दूसरे के आलोक से आलोकित है, उसका आलोक कभी रहता है और कभी नहीं। पर जो स्वयं आलोकस्वरूप है, उसके आलोक का आविर्भाव-तिरोभाव, ह्रास या वृद्धि कैसी ? हम देखते हैं कि चन्द्रमा का क्षय होता है, फिर उसकी कला बढ़ती जाती है—क्योंकि वह सूर्य के आलोक से आलोकित है। यदि लोहे का गोला आग में डाल दिया जाय और लाल होने तक गरम किया जाय, तो उससे आलोक निकलता रहेगा; पर वह दूसरे का आलोक है, इसलिए वह शीघ्र ही लुप्त हो जायगा। अतएव उसी आलोक का क्षय होता है, जो स्वप्रकाश न हो, जो दूसरे से उधार लिया हुआ हो।

अब हमने देखा कि यह स्थूल देह स्वप्रकाश नहीं है, वह स्वयं अपने को नहीं जान सकती। मन भी स्वयं को नहीं जान सकता। क्यों ? इसलिए कि मन की शक्ति में ह्रास-वृद्धि होती रहती है—कभी वह सबल रहता है, तो कभी वह दुर्बल हो जाता है। कारण, सभी प्रकार की बाह्य वस्तुएँ उस पर अपना अपना प्रभाव डालकर उसे शक्तिशाली भी बना सकती हैं और शक्तिहीन भी। अतएव मन के माध्यम से जो आलोक आ रहा है, वह उसका निजी आलोक नहीं है। तब वह किसका है ? वह अवश्य ऐसा आलोक है, जो किसी दूसरे से उधार नहीं लिया जा सकता है, जो किसी दूसरे आलोक का प्रतिबिम्ब भी नहीं है, पर जो स्वयं आलोकस्वरूप है। अतएव वह आलोक या ज्ञान, उस पुरुष का स्वरूप होने के कारण, कभी नष्ट या क्षीण नहीं होता—वह न तो कभी बलवान हो सकता है, न कमज़ोर। वह स्वप्रकाश है—वह आलोकस्वरूप है। यह बात नहीं कि 'आत्मा को ज्ञान होता है', वरन् वह तो ज्ञानस्वरूप है। यह नहीं कि आत्मा का अस्तित्व है, वरन् वह स्वयं अस्तित्वस्वरूप है। आत्मा सुखी है, ऐसी बात नहीं, आत्मा तो सुखस्वरूप है। जो सुखी होता है, वह उस सुख को किसी दूसरे से प्राप्त करता है—वह अन्य किसी का प्रतिबिम्ब है। जिसको ज्ञान है, उसने अवश्य उस ज्ञान को किसी दूसरे से प्राप्त किया है, वह ज्ञान प्रतिबिम्बस्वरूप है। जिसका अस्तित्व सापेक्ष है, उसका वह अस्तित्व दूसरे किसी के अस्तित्व पर निर्भर करता

है। जहाँ कहीं गुण हों, वहाँ समझना चाहिए कि वे गुण गुणी में प्रतिबिम्बित हुए हैं। पर ज्ञान, अस्तित्व या आनन्द—ये आत्मा के गुण या धर्म नहीं हैं, वे तो आत्मा के स्वरूप हैं।

फिर, यह प्रश्न पूछा जा सकता है कि हम इस बात को क्यों स्वीकार कर लें? हम यह क्यों स्वीकार कर लें कि आनन्द, ज्ञान और स्वप्रकाशत्व आत्मा के स्वरूप हैं, आत्मा के उधार लिये गुण नहीं? किन्तु प्रश्न पूछा जा सकता है—यह क्यों नहीं मान लेते कि आत्मा का प्रकाश, उसका ज्ञान और आनन्द भी उसी तरह दूसरे से लिये हुए हैं, जैसे शरीर का प्रकाशत्व मन से ही लिया हुआ है। इस तरह मान लेने से दोष यह होगा कि ऐसी स्वीकृति का फिर कहीं अन्त न होगा—पुनः प्रश्न उठेगा कि इस आत्मा को फिर कहाँ से आलोक मिला? यदि कहो कि दूसरी किसी आत्मा से मिला, तो फिर इस दूसरी आत्मा ने ही कहाँ से वह आलोक प्राप्त किया? अतएव, अन्त में हमें ऐसे एक स्थान पर रुकना होगा, जिसका आलोक दूसरे से नहीं आया है। इसलिए इस विषय में न्यायसंगत सिद्धान्त यही है कि जहाँ पहले ही स्वप्रकाशत्व दिखायी दे, बस वहीं रुक जाना, और अधिक आगे न बढ़ना।

अतएव हमने देखा कि पहले मनुष्य की यह स्थूल देह है, उसके पीछे मन, बुद्धि, अहंकार से निर्मित सूक्ष्म शरीर है और उसके भी पश्चात् मनुष्य का प्रकृत स्वरूप—आत्मा—विद्यमान है। हमने देखा है कि स्थूल शरीर की सारी शक्तियाँ मन से प्राप्त होती हैं और मन या सूक्ष्म शरीर आत्मा के आलोक से आलोकित है।

अब आत्मा के स्वरूप के बारे में विविध प्रश्न उठते हैं। आत्मा स्वप्रकाश है, सच्चिदानन्द ही आत्मा का स्वरूप है, इस युक्ति से यदि आत्मा का अस्तित्व मान लिया जाय, तो स्वभावतः ही यह प्रमाणित होता है कि उसकी सृष्टि नहीं होती। जो स्वप्रकाश है, जो अन्य-वस्तु-निरपेक्ष है, वह कभी किसीका कार्य नहीं हो सकता। अतएव सर्वदा ही उसका अस्तित्व था। ऐसा समय कभी न था, जब उसका अस्तित्व न था; क्योंकि यदि तुम कहो कि एक समय आत्मा का अस्तित्व नहीं था, तो प्रश्न यह है कि उस समय फिर काल कहाँ-अवस्थित था? काल तो आत्मा में ही अवस्थित है। जब मन में आत्मा की शक्ति प्रतिबिम्बित होती है और मन चिन्तन-कार्य में लग जाता है, तभी काल की उत्पत्ति होती है। जब आत्मा नहीं थी, तो विचार भी नहीं था, और विचार न रहने से काल भी नहीं रह सकता। अतएव जब काल आत्मा में अवस्थित है, तब भला हम यह कैसे कह सकते हैं कि आत्मा काल में अवस्थित है? उसका न तो जन्म है, न मृत्यु, वह केवल विभिन्न स्तरों में से होती हुई आगे बढ़ रही है—धीरे धीरे अपने को निम्नावस्था से उच्च

उच्च भावों में प्रकाशित कर रही है। मन के माध्यम से शरीर पर कार्य करके वह अपनी महिमा का विकास कर रही है, और शरीर से बहिर्जगत् का ग्रहण तथा अनुभव कर रही है। वह एक शरीर ग्रहण कर उसका उपयोग करती है; और जब उस शरीर के द्वारा और कोई कार्य होने की सम्भावना नहीं रहती, तब वह दूसरा शरीर ग्रहण कर लेती है; और इसी प्रकार क्रम आगे चलता रहता है।

अब आत्मा के पुनर्जन्म का रोचक प्रश्न आता है। पुनर्जन्म के नाम से लोग कभी कभी डर जाते हैं, और अंधविश्वासों ने उनमें इस तरह अपनी जड़ें जमा रखी हैं कि विचारशील व्यक्ति भी विश्वास कर लेते हैं कि वे शून्य से पैदा हुए हैं, और फिर महायुक्ति के साथ यह सिद्धान्त स्थापित करने का प्रयत्न करते हैं कि यद्यपि हम शून्य से आये हैं, फिर भी हम चिरकाल तक रहेंगे। जो शून्य से आया है, वह अवश्य शून्य में ही मिल जायगा। हममें से कोई भी शून्य से नहीं आया, इसलिए हम शून्य में नहीं मिट जायँगे। हम अनन्त काल से विद्यमान हैं और रहेंगे, और विश्व-ब्रह्माण्ड में ऐसी कोई शक्ति नहीं है, जो हम लोगों का अस्तित्व मिटा सके। इस पुनर्जन्मवाद से हमें किसी तरह डरना नहीं चाहिए, क्योंकि वही तो मानव की नैतिक उन्नति का प्रधान सहायक है। चिन्तनशील व्यक्तियों का यही न्यायसंगत सिद्धान्त है। यदि भविष्य में चिरकाल के लिए तुम्हारा अस्तित्व रहना सम्भव हो, तो यह भी सच है कि अनादि काल से तुम्हारा अस्तित्व था; इसके अतिरिक्त और कुछ हो ही नहीं सकता। इस मत के विरुद्ध कई आपत्तियाँ उठायी गयी हैं, मैं उनका निराकरण करने की चेष्टा करूँगा। यद्यपि तुममें से अनेक इन आपत्तियों को साधारण सी समझेंगे, फिर भी हमें इनका उत्तर देना होगा, क्योंकि हम देखते हैं कि बड़े बड़े चिन्तनशील व्यक्ति भी कभी कभी बिल्कुल बच्चों की सी बातें किया करते हैं। लोग जो कहते हैं कि 'इतना कोई असंगत मत नहीं, जिसके समर्थन के लिए कोई दार्शनिक न मिले', यह बिल्कुल सच है। पहली शंका यह है कि हमें अपने जन्म-जन्मान्तर की बातें क्यों याद नहीं रहतीं? इस पर यह पूछा जा सकता है कि क्या इसी जन्म की सब बीती घटनाओं को हम याद रख सकते हैं? तुममें से कितनों को बचपन की घटनाएँ स्मरण हैं? किसी को नहीं। अतएव यदि अस्तित्व स्मृति-शक्ति पर निर्भर रहता हो, तब तो कहना पड़ेगा कि शिशुरूप में तुम्हारा अस्तित्व ही नहीं था, क्योंकि उस समय की कोई बात तुमको याद नहीं है। अत: यह कहना निरी मूर्खता है कि हम अपने पूर्व जन्म का अस्तित्व तभी स्वीकार करेंगे, जब हम उसे स्मरण कर सकें। पूर्व जन्म की बातें भला क्यों हमारी स्मृति में रहें? उस समय का मस्तिष्क अब नहीं है—वह बिल्कुल नष्ट हो गया है और एक नये मस्तिष्क की रचना हुई है। अतीत काल के संस्कारों

का जो समष्टिभूत फल है, वही हमारे मस्तिष्क में आया है—उसीको लेकर मन हमारे इस नये शरीर में अवस्थित है।

मैं अभी जो कुछ हूँ, वह मेरे अनन्त अतीत काल के कर्मों का फल है और भला मैं उस सारे अतीत का स्मरण क्यों करूँ? जब हम सुनते हैं कि प्राचीन काल के किसी साधु, पैगम्बर या ऋषि ने सत्य को प्रत्यक्ष करके कुछ कहा है, तो हम कह देते हैं कि वह मूर्ख है; परन्तु यदि कोई कहे कि यह हक्सले का मत है या यह टिण्डल ने बताया है, तो उसे अवश्य ही सत्य होना चाहिए, और उसे हम स्वयंसिद्ध मान लेते हैं। प्राचीन अंधविश्वासों की जगह हम आधुनिक अंधविश्वास ले आये हैं, धर्म के प्राचीन पोपों के बदले हमने विज्ञान के आधुनिक पोपों को बिठा दिया है! अतएव हमने देखा कि स्मृति सम्बन्धी यह शंका खोखली है। और पुनर्जन्म के बारे में जो सब आपत्तियाँ उठायी जाती हैं उनमें यही एकमात्र ऐसी है, जिस पर विज्ञ लोग चर्चा कर सकते हैं। यद्यपि हमने देखा कि पुनर्जन्मवाद सिद्ध करने के लिए यह प्रमाणित करने की कोई आवश्यकता नहीं कि साथ ही स्मृति भी रहनी चाहिए, फिर भी हम दावे के साथ कह सकते हैं कि अनेक दृष्टान्त ऐसे हैं, जिनमें ऐसी स्मृति प्राप्त हुई है, और जिस जन्म में तुम लोगों को मुक्ति-लाभ होगा, उस जन्म में तुम लोग भी ऐसी स्मृति के अधिकारी बन जाओगे। तभी तुमको मालूम होगा कि जगत् स्वप्न सा है, तभी तुम हृदय के अन्तस्तल से अनुभव करोगे कि तुम इस जगत् में नट मात्र हो और यह जगत् एक रंगभूमि है, तभी प्रचण्ड अनासक्ति का भाव तुम्हारे भीतर उदित होगा, तभी सारी भोग-वासनाएँ—जीवन के प्रति यह प्रगाढ़ ममता—यह संसार चिरकाल के लिए लुप्त हो जायगा। तब तुम स्पष्ट देख पाओगे कि जगत् में तुम कितनी बार आये, कितने लाखों बार तुमने माता, पिता, पुत्र, कन्या, स्वामी, स्त्री, बन्धु, ऐश्वर्य, शक्ति आदि लेकर जीवन काटा। यह सब कितनी बार आया और कितनी बार गया! कितनी बार तुम संसार-तरंग के सर्वोच्च शिखर पर चढ़े और कितनी बार नैराश्य के अतल गर्त में समा गये। जब स्मृति यह सब तुम्हारे मन में ला देगी, तभी तुम वीर से खड़े हो सकोगे और संसार के कटाक्षों को हँसकर उड़ा दे सकोगे। तभी वीर की भाँति खड़े होकर तुम कह सकोगे, "मृत्यु, तुझसे भी मैं नहीं डरता, क्यों तू व्यर्थ मुझे डराने की चेष्टा कर रही है?" सभी इस अवस्था की प्राप्ति करेंगे।

आत्मा के पुनर्जन्म के सम्बन्ध में क्या कोई युक्तियुक्त प्रमाण है? अब तक हम शंका का समाधान कर रहे थे, दिखा रहे थे कि पुनर्जन्मवाद के विरोध में जो दलीलें उठायी जाती हैं, वे खोखली हैं। अब पुनर्जन्मवाद के पक्ष में जो युक्तियाँ हैं, उनकी हम आलोचना करेंगे। पुनर्जन्मवाद के बिना ज्ञान असम्भव है। मान

लो, मैंने रास्ते में एक कुत्ता देखा। मैंने कैसे जाना कि वह कुत्ता ही है ? ज्यों ही मेरे मन पर उसकी छाप पड़ी, त्यों ही उसे मैं अपने मन के पूर्व संस्कारों के साथ मिलाने लगा। मैंने देखा कि वहाँ मेरे समस्त पूर्व संस्कार स्तर स्तर में सजे हुए हैं। ज्यों ही कोई नया विषय आया, त्यों ही मैं प्राचीन संस्कारों के साथ उसे मिलाने लगा। और जब मैंने अनुभव किया कि हाँ, उसीकी भाँति और भी कई संस्कार वहाँ विद्यमान हैं, तो बस मैं तृप्त हो गया। मैंने तब जाना कि उसे कुत्ता कहते हैं, क्योंकि पहले के कई संस्कारों के साथ वह मिल गया। जब हम उस प्रकार का कोई संस्कार अपने भीतर नहीं देख पाते, तब हममें असन्तोष पैदा होता है। इसीको 'अज्ञान' कहते हैं। और सन्तोष मिल जाना ही 'ज्ञान' कहलाता है। जब एक सेब गिरा, तो मनुष्य को असन्तोष हुआ। इसके बाद मनुष्य ने क्रमशः इसी प्रकार की कई घटनाएँ देखीं—शृंखला की तरह ये घटनाएँ एक दूसरे से बँधी हुई थीं। यह शृंखला क्या थी ? वह शृंखला यह थी कि सभी सेब गिरते हैं। और इसको उसने 'गुरुत्वाकर्षण' नाम दे दिया। अतएव हमने देखा कि पहले की अनुभूतियाँ न रहने से कोई नयी अनुभूति प्राप्त करनी असम्भव है, क्योंकि उस नयी अनुभूति से तुलना करने के लिए कुछ भी नहीं मिल सकेगा। अतएव यदि कुछ यूरोपीय दार्शनिकों का यह मत कि पैदा होते समय बच्चा संस्कारशून्य मन लेकर आता है, सच हो, तो फिर वह बौद्धिक शक्ति अर्जित ही नहीं कर सकेगा, क्योंकि नयी अनुभूति मिलाने के लिए उसमें कोई संस्कार ही नहीं है। हम यह भी जानते हैं कि हर व्यक्ति की ज्ञानार्जन की क्षमता भिन्न होती है। इससे सिद्ध होता है कि हम सब अपने पृथक् ज्ञान-भांडार के साथ आते हैं। ज्ञान केवल अनुभव से प्राप्त होता है, जानने का और कोई दूसरा उपाय नहीं है। हम मृत्यु का भय सर्वत्र देख पाते हैं, पर क्यों ? अभी पैदा हुआ मुरगी का बच्चा चील को जाते देख अपनी माँ के पास भाग जाता है। उसने कहाँ से तथा कैसे सीखा कि चील मुरगी के बच्चों को खा जाती है ? इसकी एक पुरानी व्याख्या है, पर उसे व्याख्या कहा ही नहीं जा सकता। उसे लोग मूल या जन्मजात-प्रवृत्ति (instinct) कहते हैं। मुरगी के उस छोटे से बच्चे में कहाँ से मरने का डर आया ? अण्डे से अभी अभी निकली बतक पानी के निकट आते ही क्यों कूद पड़ती है और तैरने लगती है ? वह तो पहले कभी तैरना नहीं जानती थी, और न पहले उसने किसीको तैरते ही देखा है। लोग कहते हैं कि वह जन्मजात-प्रवृत्ति है। यह तो हमने एक लम्बा-चौड़ा शब्द प्रयोग किया अवश्य, पर उसमें हमें कोई नयी बात नहीं मिलती। अब आलोचना की जाय कि यह जन्मजात-प्रवृत्ति है क्या। हमारे भीतर अनेक प्रकार की जन्मजात-प्रवत्तियाँ हैं। मान लो, एक बच्चे ने पियानो बजाना सीखना शुरू

किया। पहले उसे प्रत्येक परदे की ओर नजर रखते हुए अंगुलियों को चलाना पड़ता है, पर कुछ महीने, कुछ साल अभ्यास करते करते अंगुलियाँ अपने आप ठीक ठीक स्थानों पर चलने लगती हैं, वह स्वाभाविक हो जाता है। एक समय जिसमें ज्ञानपूर्वक इच्छा को लगाना पड़ता था, उसमें जब उस प्रकार करने की आवश्यकता नहीं रह जाती, अर्थात् जब ज्ञानपूर्वक इच्छा लगाये बिना ही वह सम्पन्न होने लगता है, तो उसीको स्वाभाविक ज्ञान या सहज प्रेरणा कहते हैं। पहले वह इच्छा के साथ होता था, बाद में उसमें इच्छा का कोई प्रयोजन न रहा। पर जन्मजात-प्रवृत्ति का तत्त्व अब भी पूरा नहीं हुआ, अभी तो आधा रह गया है। वह यह कि जो सब कार्य आज हमारे लिए स्वाभाविक हैं, लगभग उन सभी को हम अपनी इच्छा के वश में ला सकते हैं। शरीर की प्रत्येक पेशी को हम अपने वश में ला सकते हैं। आजकल यह विषय हम सबों को अच्छी तरह से ज्ञात है। अतएव अन्वय और व्यतिरेक, इन दोनों उपायों से यह प्रमाणित कर दिया गया कि जिसे हम जन्मजात-प्रवृत्ति कहते हैं, वह इच्छा से किये गये कार्य का भ्रष्ट भाव मात्र है। अतएव जब सारी प्रकृति में एक ही नियम का राज्य है, तो समग्र सृष्टि में 'उपमान' प्रमाण का प्रयोग करके हम इस सिद्धान्त पर पहुँच सकते हैं कि तिर्यक् जाति और मनुष्य में जो जन्मजात-प्रवृत्ति है, वह इच्छा का ही भ्रष्ट भाव मात्र है।

बहिर्जगत् में हमें जो नियम मिला था कि 'प्रत्येक क्रमविकास प्रक्रिया के पहले एक क्रमसंकोच-प्रक्रिया रहती है और क्रमसंकोच के साथ साथ क्रमविकास भी रहता है', उसका प्रयोग करने पर हमें जन्मजात-प्रवृत्ति की कौन सी व्याख्या मिलती है? यही कि जन्मजात-प्रवृत्ति विचारपूर्वक कार्य का क्रमसंकुचित भाव है, अतएव मनुष्य अथवा पशु में जिसे हम जन्मजात-प्रवृत्ति कहते हैं, वह अवश्य पूर्ववर्ती इच्छाकृत कार्य का क्रमसंकोच भाव होगा। और 'इच्छाकृत कार्य' कहने से ही यह स्वीकृत हो जाता है कि पहले हमने अभिज्ञता या अनुभव प्राप्त किया था। पूर्वकृत कार्य से यह संस्कार आया था और यह अब भी विद्यमान है। मरने का भय, जन्म से ही तैरने लगना तथा मनुष्य में जितने भी अनिच्छाकृत, सहज कार्य पाये जाते हैं, वे सभी पूर्व कार्य, पूर्वानुभूति के फल हैं—वे ही अब सहज प्रेरणा के रूप में परिणत हो गये हैं। अब तक तो हम विचार में आसानी से आगे बढ़ते रहे और यहाँ तक आधुनिक विज्ञान भी हमारा सहायक रहा। आधुनिक वैज्ञानिक धीरे धीरे प्राचीन ऋषियों से सहमत हो रहे हैं और जहाँ तक उन्होंने ऐसा किया है, वहाँ तक पूर्ण सहमति है। वैज्ञानिक मानते हैं कि प्रत्येक मनुष्य और प्रत्येक प्राणी कुछ अनुभूतियों की समष्टि लेकर जन्म लेता है; वे यह

भी मानते हैं कि मन के ये सब कार्य पूर्वानुभूति के फल हैं। पर यहाँ पर वे और एक शंका उठाते हैं। वे कहते हैं कि यह कहने की क्या आवश्यकता है कि ये अनुभूतियाँ आत्मा की हैं? वे सब शरीर और केवल शरीर के ही धर्म हैं, यह क्यों न कहें? उसे आनुवंशिक संक्रमण (hereditary transmission) क्यों न कहें? यही अन्तिम प्रश्न है। जिन सब संस्कारों को लेकर मैंने जन्म लिया है, वे मेरे पूर्वजों के संचित संस्कार हैं, ऐसा हम क्यों न कहें? छोटे जीवाणु से लेकर सर्वश्रेष्ठ मनुष्य तक सबों के कर्म संस्कार मुझमें हैं, पर वे सब आनुवंशिक संक्रमण के कारण ही मुझमें आये हैं। ऐसा कहने में अड़चन कौन सी है? यह प्रश्न बहुत ही सूक्ष्म है। इस आनुवंशिक संक्रमण को कुछ अंश तक हम मानते भी हैं। लेकिन बस यहीं तक मानते हैं कि इससे आत्मा को रहने लायक़ एक स्थान मिल जाता है। हम अपने पूर्व कर्मों के द्वारा एक शरीर विशेष का आश्रय लेते हैं और उस शरीरविशेष का उपयुक्त उपादान आत्मा उन्हीं लोगों से ग्रहण करती है, जिन्होंने उस आत्मा को सन्तान के रूप में प्राप्त करने के लिए स्वयं को उपयुक्त बना लिया है।

आनुवंशिक संक्रमणवाद (doctrine of heredity) बिना किसी प्रमाण के ही एक अद्‌भुत बात मान लेता है कि अनुभवों का आलेखन जड़ द्रव्य में हो सकता है, और यह अनुभव जड़ द्रव्य में संकुचित हो जाते हैं। मन के संस्कारों की छाप जड़ तत्त्व में रह सकती है। जब मैं तुम्हारी ओर देखता हूँ, तब मेरे चित्त-सरोवर में एक तरंग उठ जाती है। यह तरंग थोड़े समय बाद लुप्त हो जाती है, पर सूक्ष्म रूप में वर्तमान रहती है। हम यह समझ सकते हैं। हम यह भी समझ सकते हैं कि भौतिक संस्कार शरीर में रह सकते हैं। किन्तु इसका क्या प्रमाण है कि मानसिक संस्कार शरीर में रहते हैं, क्योंकि शरीर तो नष्ट हो जाता है। किसके द्वारा ये संस्कार संचारित होते हैं? अच्छा, माना कि मन के प्रत्येक संस्कार का शरीर में रहना सम्भव है; यह भी माना कि आनुवंशिकता के अनुसार आदिम मनुष्य से लेकर समस्त पूर्वजों के संस्कार मेरे पिता के शरीर में वर्तमान हैं; पर पूछता हूँ कि वे सब संस्कार मेरे शरीर में कैसे आये? तुम शायद कहो—जीवाणुकोष (bio-plasmic cell) के द्वारा। किन्तु यह कैसे सम्भव है, क्योंकि पिता का शरीर तो सन्तान में सम्पूर्ण रूप से नहीं आता? एक ही माता-पिता की कई सन्तानें हो सकती हैं। अतः यह आनुवंशिक संक्रमणवाद मान लेने पर तो हमें यह भी अवश्य स्वीकार करना पड़ेगा कि प्रत्येक सन्तान के जन्म के साथ ही साथ माता-पिता को अपने निजी संस्कारों का कुछ अंश खोना पड़ेगा, (चूँकि उन लोगों के मत से संचारक और जिसमें संचार होता हो वह, एक अर्थात् भौतिक हैं), और

यदि तुम कहो कि उनके सारे संस्कार ही संप्रेषित होते हैं, तब तो यही कहना पड़ेगा कि प्रथम सन्तान के जन्म के बाद ही उन लोगों का मन पूर्ण रूप से शून्य हो जायगा।

फिर, यदि जीवाणुकोष में चिरकाल की अनन्त संस्कार-समष्टि रहती हो, तो प्रश्न यह है कि वह है कहाँ और किस प्रकार है? यह सिद्धान्त बिल्कुल असम्भव है। और जब तक ये जड़वादी यह प्रमाणित नहीं कर सकते कि ये संस्कार कैसे और कहाँ पर उस कोष में रहते हैं, जब तक यह नहीं समझा सकते कि 'भौतिक कोष में संस्कारों के सुप्त रहने' का क्या तात्पर्य है, तब तक उनका सिद्धान्त माना नहीं जा सकता। इतना तो हम अच्छी तरह समझ सकते हैं कि ये संस्कार मन में ही वास करते हैं, मन ही बार बार जन्म ग्रहण करता रहता है, मन ही अपने उपयोगी उपादान ग्रहण करता है, और इस मन ने जिस शरीर विशेष की प्राप्ति के लायक़ कर्म किये हैं, उसके निर्माणोपयोगी उपादान जब तक वह नहीं पाता, तब तक उसे राह देखनी पड़ेगी। यह हम समझ सकते हैं। अतएव आत्मा के लिए देह-गठनोपयोगी उपादान प्रस्तुत करने तक ही आनुवंशिक संक्रमणवाद स्वीकृत किया जा सकता है। परन्तु आत्मा देह के बाद देह ग्रहण करती जाती है---एक शरीर के बाद दूसरा शरीर प्रस्तुत करती जाती है; और हम जो कुछ विचार करते हैं, जो कुछ कार्य करते हैं, वह सूक्ष्म भाव में रह जाता है और समय आने पर वही स्थूल रूप धारण कर प्रकट हो जाता है। मैं अपना अभिप्राय तुम्हें और भी अधिक स्पष्ट रूप से कह दूँ। जब कभी मैं तुम लोगों की ओर देखता हूँ, तो मेरे मन में एक तरंग उठ जाती है। यह मानो मेरे चित्त-सरोवर में डूब जाती है, सूक्ष्म से सूक्ष्मतर होती जाती है, पर बिल्कुल नष्ट नहीं हो जाती। वह मन में ही रहती है और किसी भी समय स्मृति-तरंग के रूप में प्रकट होने को प्रस्तुत रहती है। इसी तरह यह समस्त संस्कार-समष्टि मेरे मन में ही विद्यमान है, और मृत्यु के समय उन सारे संस्कारों की समष्टि मेरे साथ ही बाहर चली जाती है। मान लो, इस कमरे में एक गेंद है और हम सब एक एक छड़ी से सब ओर से उसे मारने लगे; गेंद कमरे के एक कोने से दूसरे कोने में दौड़ने लगी और दरवाज़े के नज़दीक जाते ही वह बाहर चली गयी। अब बताओ, वह किस शक्ति से बाहर गयी?---जितनी छड़ियाँ उसे मारी गयी थीं, उनकी सम्मिलित शक्ति से। किस ओर उसकी गति होगी, यह भी इन सभी के समवेत फल से निर्णीत होगा। इसी प्रकार शरीर का त्याग होने पर आत्मा की गति का निर्णायक क्या होगा? उसने जो जो कर्म किये हैं, जो जो विचार सोचे हैं, वे ही उसे किसी विशेष दिशा में परिचालित करेंगे। अपने भीतर उन सबोंकी छाप लेकर वह आत्मा अपने गन्तव्य की ओर अग्रसर होगी। यदि समवेत कर्मफल इस प्रकार का हो कि भोग के लिए उसे पुनः एक नया शरीर गढ़ना पड़े, तो वह ऐसे

माता-पिता के पास जायगी, जिनसे वह उस शरीर-गठन के उपयुक्त उपादान प्राप्त कर सके, और वह उन उपादानों को लेकर एक नया शरीर गढ़ लेगी। इसी तरह वह आत्मा एक देह से दूसरी देह में जाती रहती है; कभी स्वर्ग में जाती है, तो कभी पृथ्वी पर आकर मानव-देह धारण कर लेती है; अथवा अन्य कोई उच्चतर या निम्नतर जीव-शरीर धारण कर लेती है। और इस प्रकार वह तब तक आगे बढ़ती रहती है, जब तक उसका भोग समाप्त होकर वह अपने निजी स्थान पर लौट नहीं आती। और तब वह अपना स्वरूप जान लेती है, यह समझ जाती है कि वह यथार्थतः क्या है। तब सारा अज्ञान दूर हो जाता है और उसकी सारी शक्तियाँ प्रकाशित हो जाती हैं। तब वह सिद्ध हो जाती है, पूर्णता प्राप्त कर लेती है, तब उसके लिए स्थूल शरीर की सहायता से कार्य करने की कोई आवश्यकता नहीं रह जाती––सूक्ष्म शरीर के समाध्यम से भी कार्य करने की आवश्यकता नहीं रहती। तब वह स्वयंज्योति और मुक्त हो जाती है, उसका फिर जन्म या मृत्यु कुछ भी नहीं होता।

अब इस विषय के अन्य ब्योरों में हम नहीं जायँगे। पुनर्जन्म के बारे में केवल एक और बात की ओर तुम लोगों का ध्यान आकृष्ट कर मैं यह आलोचना समाप्त करूँगा। यह पुनर्जन्मवाद ही एक ऐसा मत है, जो जीवात्मा की स्वाधीनता की घोषणा करता है। यही एक ऐसा मत है, जो हमारी सारी दुर्बलताओं का दोष किसी दूसरे के मत्थे नहीं मढ़ता। अपने निज के दोष दूसरे के मत्थे मढ़ना मनुष्य की स्वाभाविक दुर्बलता है। हम अपने दोष नहीं देखते। आँखें अपने को कभी नहीं देखतीं, पर वे अन्य सबकी आँखें देखा करती हैं। जब तक हम दूसरों पर दोष लाद सकते हैं, तब तक हम मनुष्य अपनी दुर्बलताएँ, अपनी ग़लतियाँ मानने को राज़ी नहीं होते। साधारणतः मनुष्य अपने दोषों और भूलों को पड़ोसियों पर लादना चाहता है; यह न जमा, तो उन सबको ईश्वर के मत्थे मढ़ना चाहता है; और इसमें भी यदि सफल न हुआ, तो फिर 'भाग्य' नामक एक भूत की कल्पना करता है और उसीको उन सबके लिए उत्तरदायी बनाकर निश्चिन्त हो जाता है। पर प्रश्न यह है कि 'भाग्य' नामक यह वस्तु है क्या और रहती कहाँ है? हम तो जो कुछ बोते हैं, बस वही काटते हैं। हम स्वयं अपने भाग्य के विधाता हैं। हमारा भाग्य यदि खोटा हो, तो भी कोई दूसरा दोषी नहीं; और यदि हमारे भाग्य अच्छे हों, तो भी कोई दूसरा प्रशंसा का पात्र नहीं। वायु सर्वदा बह रही है। जिन जिन जहाजों के पाल खुले रहते हैं, वायु उन्हींका साथ देती है और वे आगे बढ़ जाते हैं। पर जिनके पाल नहीं खुले रहते, उन पर वायु नहीं लगती। तो क्या वह वायु का दोष है? हममें कोई सुखी है, तो कोई दुःखी। यह क्या उन करुणामय पिता का

दोष है, जिनकी कृपा-वायु दिन-रात बह रही है, जिनकी दया का अन्त नहीं है ? हम स्वयं अपने भाग्य के निर्माता हैं। उनका सूर्य दुर्बल, बलवान सबके लिए उगता है। साधु, पापी सभी के लिए उनकी वायु बह रही है। वे सबके प्रभु हैं, पिता हैं, दयामय और समदर्शी हैं। क्या तुम सोचते हो कि हम छोटी छोटी चीज़ों को जिस दृष्टि से देखते हैं, वे भी उसी दृष्टि से देखते हैं ? भगवान् के सम्बन्ध में यह कितनी भ्रष्ट धारणा ! पिल्लों की तरह हम यहाँ पर नाना विषयों के लिए प्राणपण से संघर्ष कर रहे हैं और मूर्ख की तरह समझते हैं कि भगवान् भी उन विषयों को ठीक उसी तरह सत्य समझकर ग्रहण करेंगे। इन पिल्लों के इस खेल का क्या अर्थ है, भगवान् यह अच्छी तरह जानते हैं। उन पर सब दोष लाद देना या यह कहना कि वे ही दण्ड-पुरस्कार देने के मालिक हैं, मूर्खता की बातें हैं। वे किसीको न दण्ड देते हैं, न पुरस्कार। प्रत्येक देश में, प्रत्येक काल में, प्रत्येक अवस्था में हर एक जीव उनकी अनन्त दया प्राप्त करने का अधिकारी है। उसका किस प्रकार उपयोग किया जाय, यह हम पर निर्भर करता है। मनुष्य, ईश्वर या और किसी पर दोष लादने की चेष्टा न करो। जब तुम कष्ट पाते हो, तो अपने को ही उसके लिए दोषी समझो और जिससे अपना कल्याण हो सके, उसकी चेष्टा करो।

पूर्वोक्त समस्या का यही समाधान है। जो लोग अपने दुःखों या कष्टों के लिए दूसरों को दोषी बनाते हैं (और दुःख की बात तो यह है कि ऐसे लोगों की संख्या दिनोंदिन बढ़ती जा रही है) वे साधारणतया अभागे और दुर्बल-मस्तिष्क हैं। अपने ही कर्म-दोष से वे ऐसी परिस्थिति में आ पड़े हैं, और अब वे दूसरों को इसके लिए दोषी ठहरा रहे हैं। पर इससे उनकी दशा में तनिक भी परिवर्तन नहीं होता—उनका कोई उपकार नहीं होता, वरन् दूसरों पर दोष लादने की चेष्टा करने के कारण वे और भी दुर्बल बन जाते हैं। अतएव अपने दोष के लिए तुम किसीको उत्तरदायी न समझो, अपने ही पैरों पर खड़े होने का प्रयत्न करो, सब कामों के लिए अपने को ही उत्तरदायी समझो। कहो कि जिन कष्टों को हम अभी झेल रहे हैं, वे हमारे ही किये हुए कर्मों के फल हैं। यदि यह मान लिया जाय, तो यह भी प्रमाणित हो जाता है कि वे फिर हमारे द्वारा नष्ट भी किये जा सकते हैं। जो कुछ हमने सृष्ट किया है, उसका हम ध्वंस भी कर सकते हैं; जो कुछ दूसरों ने किया है, उसका नाश हमसे कभी नहीं हो सकता। अतएव उठो, साहसी बनो, वीर्यवान होओ। सब उत्तरदायित्व अपने कन्धे पर लो—यह याद रखो कि तुम स्वयं अपने भाग्य को निर्माता हो। तुम जो कुछ बल या सहायता चाहो, सब तुम्हारे ही भीतर विद्यमान है। अतएव इस ज्ञानरूप शक्ति के सहारे तुम बल प्राप्त करो और

अपने हाथों अपना भविष्य गढ़ डालो। **गतस्य शोचना नास्ति**—अब तो सारा भविष्य तुम्हारे सामने पड़ा हुआ है। तुम सदैव यह बात स्मरण रखो कि तुम्हारा प्रत्येक विचार, प्रत्येक कार्य संचित रहेगा; और यह भी याद रखो कि जिस प्रकार तुम्हारे असत्-विचार और असत्-कार्य शेरों की तरह तुम पर कूद पड़ने की ताक में हैं, उसी प्रकार तुम्हारे सत्-विचार और सत्-कार्य भी हज़ारों देवताओं की शक्ति लेकर सर्वदा तुम्हारी रक्षा के लिए तैयार हैं।

अमरत्व

(अमेरिका में दिया हुआ भाषण)

जीवात्मा के अमरत्व के प्रश्न के सिवा अन्य कौन सा प्रश्न अधिक बार पूछा गया है, अन्य किस तत्त्व के रहस्य का उद्घाटन करने के लिए मनुष्य ने सारे जगत् की इतनी अधिक खोज की है, अन्य कौन सा प्रश्न मानव-हृदय को इतना प्रिय और उसके इतना निकट है, अन्य कौन सा प्रश्न हमारे अस्तित्व के साथ इतने अच्छेद्य भाव से सम्बन्धित है ? यह कवियों की कल्पना का विषय रहा है; साधु, महात्मा, ज्ञानी सभी के गम्भीर चिन्तन का विषय रहा है, सिंहासन पर बैठे हुए राजाओं ने इस पर विचार किया है, पथ के भिखारियों ने भी इसका स्वप्न देखा है। श्रेष्ठतम मानवों ने इसका उत्तर पाया है, और अति निकृष्ट मनुष्यों ने भी इसकी आशा की है। इस विषय में लोगों की रुचि अभी तक बनी हुई है, और जब तक मानव-प्रकृति विद्यमान है, तब तक वह बनी रहेगी। विभिन्न लोगों ने इसके विभिन्न उत्तर दिये हैं। और यह भी देखा जाता है कि इतिहास के प्रत्येक युग में हज़ारों व्यक्तियों ने इस प्रश्न को बिल्कुल अनावश्यक कहकर छोड़ दिया है, फिर भी यह प्रश्न ज्यों का त्यों नवीन ही बना हुआ है। जीवन-संग्राम के कोलाहल में हम प्रायः इस प्रश्न को भूल से जाते हैं, परन्तु जब अचानक कोई मर जाता है—एक ऐसा व्यक्ति, जिससे हम प्रेम करते हैं, जो हमारे हृदय के अति निकट और अत्यन्त प्रिय है, अचानक हमसे छिन जाता है, तब हमारे चारों ओर का संघर्ष और कोलाहल क्षण भर को रुक सा जाता है, सब कुछ मानो निस्तब्ध हो जाता है और हमारी आत्मा के गम्भीरतम प्रदेश से वही प्राचीन प्रश्न उठता है कि इसके बाद क्या है ? देहान्त के बाद आत्मा की क्या गति होती है ?

समस्त मानव ज्ञान अनुभव से उत्पन्न होता है, अनुभव के अतिरिक्त अन्य किसी प्रकार से हम कुछ भी जान नहीं सकते। हमारी सारी तर्कना सामान्यीकृत अनुभव पर आधारित है, हमारा सारा ज्ञान सामंजस्यपूर्ण अनुभव ही है। हम अपने चारों ओर क्या देखते हैं ? सतत परिवर्तन। बीज से वृक्ष होता है और चक्र पूरा करके वह फिर बीज-रूप में परिणत हो जाता है। एक जीव उत्पन्न हुआ, कुछ दिन जीवित रहा, फिर मर गया, इस प्रकार मानो एक वृत्त पूरा हो गया। मनुष्य के

सम्बन्ध में भी यही बात है। और तो और, पर्वत भी धीरे धीरे, परन्तु निश्चित रूप से, चूर चूर होते जाते हैं; नदियाँ धीरे धीरे, पर निश्चित रूप से, सूखती जाती हैं; समुद्र से बादल उठते हैं और वर्षा करके फिर समुद्र में ही मिल जाते हैं। सर्वत्र ही एक एक वृत्त पूरा हो रहा है---जन्म, वृद्धि और क्षय मानो गणितीय अपरिहार्यता के साथ ठीक एक के बाद एक आते रहते हैं। यह हमारा प्रतिदिन का अनुभव है। फिर भी, इस सबके अन्दर, क्षुद्रतम परमाणु से लेकर उच्चतम सिद्ध पुरुष तक लाखों प्रकार की, विभिन्न नाम-रूपयुक्त वस्तुओं के अन्तराल में हम एक अखण्ड भाव, एक एकत्व देखते हैं। हम प्रतिदिन देखते हैं कि वह दुर्भेद्य दीवार, जो एक वस्तु को दूसरी वस्तु से पृथक् करती प्रतीत होती थी, गिरती जा रही है और आधुनिक विज्ञान समस्त भूतों को एक ही पदार्थ मानने लगा है---मानो वही एक प्राण-शक्ति नाना रूपों में नाना प्रकार से प्रकाशित हो रही है, मानो वह सबको जोड़नेवाली एक श्रृंखला के समान है, और ये सब विभिन्न रूप मानो इस श्रृंखला की ही एक एक कड़ी हैं---अनन्त रूप से विस्तृत, किन्तु फिर भी उसी एक श्रृंखला के अंश। इसीको क्रमविकासवाद कहते हैं। यह एक अत्यन्त प्राचीन धारणा है---उतनी ही प्राचीन, जितना कि मानव-समाज। केवल वह मानवीय ज्ञान की वृद्धि और उन्नति के साथ साथ मानो हमारी आँखों के सम्मुख अधिकाधिक ताजी होती जा रही है। एक बात और है, जो प्राचीन लोगों ने विशेष रूप से समझा था, परन्तु जिसे आधुनिक विचारकों ने अभी तक ठीक ठीक नहीं समझ पाया है, और वह है क्रमसंकोच। बीज का ही वृक्ष होता है, बालू के कण का नहीं। पिता ही पुत्र होता है, मिट्टी का ढेला नहीं। अब प्रश्न है कि यह क्रमविकास किससे होता है? बीज क्या था? वह उस वृक्ष-रूप में ही था। भविष्य में होनेवाले वृक्ष की सभी सम्भावनाएँ बीज में निहित हैं। छोटे बच्चे में भावी मनुष्य की समस्त संभावनाएँ निहित हैं। किसी भी प्रकार के भावी जीवन की समस्त संभावनाएँ बीजाणु में विद्यमान हैं। इसका तात्पर्य क्या है? भारतवर्ष के प्राचीन दार्शनिक इसीको 'क्रमसंकोच' कहते थे। इस प्रकार हम देखते हैं कि प्रत्येक क्रमविकास के पहले क्रमसंकोच का होना अनिवार्य है। किसी ऐसी वस्तु का क्रमविकास नहीं हो सकता, जो पूर्व से ही वर्तमान नहीं है। यहाँ पर फिर आधुनिक विज्ञान हमें सहायता देता है। गणितशास्त्र के तर्क से तुम जानते हो कि जगत् में दृश्यमान शक्ति का समष्टि-योग (sum-total) सदा समान रहता है। तुम जड़ तत्त्व का एक भी परमाणु अथवा शक्ति की एक भी इकाई घटा या बढ़ा नहीं सकते। अतएव क्रमविकास कभी शून्य से नहीं होता। तब फिर वह हुआ कहाँ से? पूर्वगामी क्रमसंकोच से। बालक क्रमसंकुचित या अव्यक्त मनुष्य है और मनुष्य क्रमविकसित बालक

है। क्रमसंकुचित वृक्ष ही बीज है और क्रमविकसित बीज ही वृक्ष। जीवन की सभी सम्भावनाएँ उसके बीजाणु में हैं। अब समस्या कुछ अधिक स्पष्ट हो जाती है। इसके साथ जीवन के सातत्य की पिछली धारणा जोड़ दो। निम्नतम जीविसार से लेकर पूर्णतम मानव पर्यन्त वस्तुतः एक ही जीवन है। जिस प्रकार एक ही जीवन में हम शैशव, यौवन, वार्धक्य आदि विविध अवस्थाएँ देखते हैं, उसी प्रकार जीविसार से लेकर पूर्णतम मानव पर्यन्त एक ही अविच्छिन्न जीवन, एक ही शृंखला है। इसीको क्रमविकास कहते हैं, और यह हम पहले ही देख चुके हैं कि प्रत्येक क्रमविकास के पूर्व एक क्रमसंकोच रहता है। यह समग्र जीवन, जो क्रमशः व्यक्त होता है, अपने को जीविसार से लेकर पूर्णतम मानव अथवा धरती पर आविर्भूत ईश्वरावतार के रूप में, क्रमविकसित होता है, एक शृंखला या श्रेणी है, और यह संपूर्ण अभिव्यक्ति उसी जीविसार में संकुचित रही होगी। यह समस्त जीवन, मर्त्यलोक में अवतीर्ण यह ईश्वर तक उसमें निहित था, बस, धीरे धीरे—बहुत धीरे क्रमशः उस सबकी अभिव्यक्ति मात्र हुई है। जो सर्वोच्च, चरम अभिव्यक्ति है, वह भी अवश्य बीज भाव से सूक्ष्माकार में उसके अन्दर विद्यमान रही होगी। अतएव यह शक्ति, यह संपूर्ण शृंखला उस सर्वव्यापी विश्व जीवन का क्रमसंकोच है। बुद्धि की यह एक राशि ही जीविसार से पूर्णतम मनुष्य तक अपने को व्यक्त कर और खोल रही है। ऐसी बात नहीं कि वह थोड़ा थोड़ा करके बढ़ रहा हो। बढ़ने की भावना को मन से एकदम निकाल दो। वृद्धि कहने से ही मालूम होता है कि बाहर से कुछ आ रहा है, कुछ बाहर है, और इससे यह सत्य झूठा हो जायगा कि हर जीवन में अव्यक्त असीम किसी भी बाह्य परिस्थिति पर निर्भर नहीं है। उसमें वृद्धि नही हो सकती; उसका अस्तित्व सदा रहता है, वह केवल अपने को व्यक्त कर देता है।

कार्य कारण का व्यक्त रूप है। कार्य और कारण में कोई मौलिक भेद नहीं होता। उदाहरण के लिए, यह एक गिलास है। यह अपने उपादानों और अपने निर्माता की इच्छा के सहयोग से बना है। ये दोनों उसके कारण थे और उसमें वर्तमान हैं। निर्माता की इच्छा-शक्ति अभी उसमें किस रूप में विद्यमान है? संहित-शक्ति (adhesion) के रूप में। यह शक्ति यदि न रहती, तो इसके परमाणु अलग अलग हो जाते। तो अब कार्य क्या हुआ? वह कारण के साथ अभिन्न है, केवल उसने एक दूसरा रूप धारण कर लिया है। हमें यह स्मरण रखना चाहिए। इसी तत्त्व को अपनी जीवन सम्बन्धी धारणा पर प्रयुक्त करने पर हम देखते हैं कि जीविसार से लेकर पूर्णतम मानव पर्यन्त सम्पूर्ण श्रेणी अवश्य उस विश्वव्यापी जीवन के साथ अभिन्न है। पहले वह संकुचित और सूक्ष्मतर

हुआ; और इस सूक्ष्मतर कारण से वह अपने को विकसित और व्यक्त करता तथा स्थूलतर होता रहा है।

किन्तु अमृतत्व के सम्बन्ध में जो प्रश्न था, वह अब भी नहीं सुलझा। हमने देखा कि जगत् के किसी भी पदार्थ का नाश नहीं होता। नूतन कुछ भी नहीं है और होगा भी नहीं। अभिव्यक्तियों की एक ही श्रृंखला चक्र की भाँति बारंबार उपस्थित होती रहती है। जगत् में जितनी गति है, वह समस्त तरंग के आकार में एक बार उठती है, फिर गिरती है। विविध ब्रह्माण्ड सूक्ष्मतर रूपों से प्रसूत हो रहे हैं——स्थूल रूप धारण कर रहे हैं, फिर लीन होकर सूक्ष्मभाव में जा रहे हैं। वे फिर से इस सूक्ष्म भाव से स्थूल भाव में आते हैं——कुछ समय तक उसी अवस्था में रहते हैं और पुनः धीरे धीरे उस कारण में चले जाते हैं। ऐसा ही जीवन के संबंध में सत्य है। जीवन की प्रत्येक अभिव्यक्ति आती है और फिर चली जाती है। तो फिर नष्ट क्या होता है? केवल रूप——आकृति। वह रूप नष्ट हो जाता है, किन्तु फिर आता है। एक अर्थ में तो सभी शरीर और सभी रूप नित्य हैं। कैसे? मान लो, मैं पाँसा खेल रहा हूँ और वे ६-५-३-४ के अनुपात से पड़े। मैं और खेलने लगा। खेलते खेलते एक समय ऐसा अवश्य आयेगा, जब वही संख्याएँ फि से पड़ेंगी। और खेलो, वही संयोग पुनः अवश्य आयेगा। मैं इस जगत् के प्रत्येक कण, प्रत्येक परमाणु की एक एक पाँसे से तुलना करता हूँ। उन्हींको बार बार फेंका जा रहा है, और वे बार बार नाना प्रकार से संयुक्त हैं। तुम्हारे सम्मुख जो सारे पदार्थ हैं, वे परमाणुओं के एक विशिष्ट प्रकार के संघात से उत्पन्न हुए हैं। यह गिलास, यह मेज़, यह सुराही, ये सभी वस्तुएँ परमाणुओं के समवाय विशेष हैं——क्षण भर के बाद शायद ये समवाय विशेष नष्ट हो जा सकते हैं। पर एक समय ऐसा अवश्य आयेगा, जब ठीक यही समवाय पुनः उपस्थित होगा——जब तुम सब इसी तरह बैठे होगे और यह सुराही तथा अन्य सभी वस्तुएँ ठीक अपने अपने स्थान पर रहेंगी और ठीक इसी विषय की आलोचना होगी। अनन्त बार इस प्रकार हुआ है और अनन्त बार इसकी आवृत्ति होगी। तो फिर हमने स्थूल, बाह्य वस्तुओं की आलोचना से क्या तत्त्व पाया? यही कि इन भौतिक रूपाकारों के विभिन्न समवायों की पुनरावृत्ति चिरंतन होती रहती है।

इस परिकल्पना से जो एक अन्यतम मनोरंजक निष्कर्ष निकलता है, वह है इस प्रकार के तथ्यों की व्याख्या : शायद तुममें से कुछ लोगों ने ऐसा व्यक्ति देखा होगा, जो मनुष्य के अतीत एवं भविष्य की सारी बातें बतला देता है। यदि भविष्य किसी नियम के अधीन न हो, तो फिर किस प्रकार भविष्य के सम्बन्ध में बताया जा सकता है? अतीत के कार्य भविष्य में घटित होंगे, और हम देखते हैं कि ऐसा

होता है। हिंडोले (Ferris Wheel) का उदाहरण लो। वह लगातार घूमता रहता है। लोग आते हैं और उसके एक एक पालने में बैठ जाते हैं। हिंडोला घूमकर फिर नीचे आता है। वे उतर जाते हैं, तो एक दूसरा दल आ बैठता है। क्षुद्रतम जन्तु से लेकर उच्चतम मानव तक प्रकृति की प्रत्येक अभिव्यक्ति मानो ऐसा एक एक दल है, और प्रकृति हिंडोले के चक्र सदृश है तथा प्रत्येक शरीर या रूप इस हिंडोले के एक एक पालने जैसा है। नयी आत्माओं का एक एक दल उन पर चढ़ता है और ऊँचे से ऊँचे जाता रहता है, जब तक उसमें से प्रत्येक पूर्णता प्राप्त कर हिंडोले से बाहर नहीं आ जाती। पर हिंडोला निरन्तर चलता रहता है—हमेशा दूसरे लोगों को ग्रहण करने के लिए तैयार है। और जब तक शरीर इस चक्र के भीतर अवस्थित है, तब तक गणितीय और निरपेक्ष निश्चय के साथ, यह भविष्यवाणी की जा सकती है कि अब वह किस ओर जायगा। किन्तु आत्मा के बारे में यह नहीं कहा जा सकता। अतएव प्रकृति के भूत और भविष्य निश्चित रूप से, गणित की तरह ठीक ठीक बतलाना असम्भव नहीं है। अतः हम देखते हैं कि उन्हीं भौतिक घतनाओं की पुनरावृत्ति निश्चित समयों पर होती रहती है, और वही संयोजन चिरंतन काल से होते चले आ रहे हैं। किन्तु यह आत्मा का अमरत्व नहीं है। किसी भी शक्ति का नाश नहीं होता, कोई भी जड़ वस्तु शून्य में पर्यवसित नहीं की जा सकती। तो फिर उनका क्या होता है? उनके आगे और पीछे परिणाम होते रहते हैं, और अन्त में जहाँ से उनकी उत्पत्ति हुई थी, वहीं वे लौट जाते हैं। सीधी रेखा में कोई गति नहीं होती। प्रत्येक वस्तु घूम-फिरकर अपने पूर्व स्थान पर लौट आती है, क्योंकि सीधी रेखा अनन्त भाव से बढ़ा दी जाने पर वृत्त में परिणत हो जाती है। यदि ऐसा ही हो, तो फिर अनन्त काल तक किसी भी आत्मा का अधःपतन नहीं हो सकता—वैसा हो नहीं सकता। इस जगत् में प्रत्येक वस्तु, शीघ्र हो या विलम्ब से, अपनी अपनी वर्तुलाकार गति को पूरा कर फिर अपने उत्पत्ति-स्थान पर पहुँच जाती है। तुम, मैं अथवा ये सब आत्माएँ क्या हैं? पहले क्रमसंकोच तथा क्रमविकास-तत्त्व की आलोचना करते हुए हमने देखा है कि तुम, हम उसी विराट् विश्वव्यापी चैतन्य या प्राण या मन के अंशविशेष हैं, जो हममें संकुचित या अव्यक्त हुए हैं, और हम घूमकर, क्रमविकास की प्रक्रिया के अनुसार, उस विश्वव्यापी बुद्धि में लौट जायँगे—और यह विश्वव्यापी बुद्धि ही ईश्वर है। लोग उसी विश्वव्यापी चैतन्य को प्रभु, भगवान्, ईसा, बुद्ध या ब्रह्म कहते हैं—जड़वादी उसीकी शक्ति के रूप में उपलब्धि करते हैं एवं अज्ञेयवादी उसीकी उस अनन्त अनिर्वचनीय सर्वातीत पदार्थ के रूप में धारणा करते हैं और हम सब उसी के अंश हैं।

यह दूसरा तथ्य हुआ, फिर भी अनेक शंकाएँ की जा सकती हैं। किसी शक्ति का नाश नहीं है, यह बात सुनने में तो बड़ी अच्छी लगती है। पर हम जितनी भी शक्तियाँ और रूप देखते हैं, सभी मिश्रण हैं। हमारे सम्मुख यह रूप अनेक खंडों का समवाय है, इसी प्रकार प्रत्येक शक्ति अनेक शक्तियों का समवाय है। यदि तुम शक्ति के सम्बन्ध में विज्ञान का मत ग्रहण कर उसे कतिपय शक्तियों की समष्टि मात्र मानते हो, तो फिर तुम्हारे 'मैं-पन', व्यक्तित्व का क्या होता है? जो कुछ समवाय या संघात है, वह शीघ्र अथवा विलम्ब से अपने कारणीभूत पदार्थ में लय हो जाता है। इस विश्व में जो भी जड़ अथवा शक्ति के समवाय से उत्पन्न है, वह अपने अंशों में पर्यवसित हो जाता है। शीघ्र या बिलम्ब से, वह अवश्य विश्लिष्ट हो जायगा, भग्न हो जायगा और अपने कारणीभूत अंशों में परिणत हो जायगा। आत्मा भौतिक शक्ति अथवा विचार-शक्ति नहीं है। वह तो चिन्तन-शक्ति की स्रष्टा है, स्वयं चिन्तन-शक्ति नहीं। वह शरीर की रचयित्री है, किन्तु वह स्वयं शरीर नहीं है। क्यों? शरीर कभी आत्मा नहीं हो सकता, क्योंकि वह बुद्धियुक्त नहीं है। शव अथवा कसाई की दूकान का मांस का टुकड़ा बुद्धियुक्त नहीं है। हम 'बुद्धि' शब्द से क्या समझते हैं?—प्रतिक्रिया-शक्ति। थोड़ा और गम्भीर भाव से इस तत्त्व की आलोचना करो। मैं अपने सम्मुख यह सुराही देख रहा हूँ। यहाँ पर क्या हो रहा है? इस सुराही से कुछ प्रकाश-किरणें निकलकर मेरी आँख में प्रवेश करती हैं। वे मेरे नेत्रपटल (retina) पर एक चित्र अंकित करती हैं। और यह चित्र जाकर मेरे मस्तिष्क में पहुँचता है। शरीर-वैज्ञानिक जिसको संवेदक नाड़ी (sensory nerves) कहते हैं, उन्हींके द्वारा यह चित्र भीतर मस्तिष्क में ले जाया जाता है। किन्तु तब भी देखने की क्रिया पूरी नहीं होती, क्योंकि अभी तक भीतर की ओर से कोई प्रतिक्रिया नहीं हुई। मस्तिष्क में स्थित जो स्नायु-केन्द्र है, वह इस चित्र को मन के पास ले जायगा, और मन उस पर प्रतिक्रिया करेगा। इस प्रतिक्रिया के होते ही सुराही मेरे सम्मुख प्रकाशित हो जायगी। एक और अधिक सरल उदाहरण लो। मान लो, तुम खूब एकाग्र होकर मेरी बात सुन रहे हो और इसी समय एक मच्छर तुम्हारी नाक पर काटता है; किन्तु तुम मेरी बात सुनने में इतने तन्मय हो कि उसका काटना तुमको अनुभव नहीं होता। ऐसा क्यों? मच्छर तुम्हारे चमड़े को काट रहा है; उस स्थान पर कितनी ही नाड़ियाँ हैं, और वे इस संवाद को मस्तिष्क के पास पहुँचा भी रही हैं; इसका चित्र भी मस्तिष्क में मौजूद है; किन्तु मन दूसरी ओर लगा है, इसलिए वह प्रतिक्रिया नहीं करता, अतएव तुम उसके काटने का अनुभव नहीं करते। हमारे सामने कोई नया चित्र आने पर यदि मन प्रतिक्रिया न करे, तो हम उसके सम्बन्ध में कुछ

जान ही न सकेंगे। किन्तु प्रतिक्रिया होते ही उसका ज्ञान होगा और तभी हम देखने, सुनने और अनुभव आदि करने में समर्थ होंगे। इस प्रतिक्रिया के साथ साथ ही, जैसा सांख्यवादी कहते हैं, ज्ञान का प्रकाश होता है। अतएव हम देखते हैं कि शरीर कभी ज्ञान का प्रकाश नहीं कर सकता, क्योंकि जिस समय मनोयोग नहीं रहता, उस समय हम अनुभव नहीं कर पाते। ऐसी घटनाएँ सुनी गयी हैं कि किसी किसी विशेष अवस्था में एक व्यक्ति ऐसी भाषा बोलने में समर्थ हुआ है, जो उसने कभी नहीं सीखी। बाद में खोजने पर पता लगता है कि वह व्यक्ति बचपन में ऐसी जाति में रहा है, जो वह भाषा बोलती थी, और वही संस्कार उसके मस्तिष्क में रह गया। वह सब वहाँ पर संचित था; बाद में किसी कारण से उसके मन में प्रतिक्रिया हुई और त्यों ही ज्ञान आ गया और वह व्यक्ति वह भाषा बोलने में समर्थ हुआ। इससे मालूम पड़ता है कि केवल मन ही पर्याप्त नहीं है, मन भी किसीके हाथ में यंत्र मात्र है; उस व्यक्ति की बाल्यावस्था में उसके मन में वह भाषा गूढ़ भाव से सन्निहित थी, किन्तु वह उसे नहीं जानता था; पर बाद में एक ऐसा समय आया, जब वह उसे जान सका। इससे यही प्रमाणित होता है कि मन के अतिरिक्त और भी कोई है--उस व्यक्ति के बाल्यकाल में इस 'और कोई' ने उस शक्ति का उपयोग नहीं किया, किन्तु जब वह बड़ा हुआ, तब उसन उस शक्ति का उपयोग किया। पहले है यह शरीर, उसके बाद.है मन अर्थात् विचार का यंत्र, और फिर है इस मन के पीछे विद्यमान वह आत्मा। आधुनिक दार्शनिक लोग विचार को मस्तिष्क में स्थित परमाणुओं के विभिन्न प्रकार के परिवर्तन के साथ अभिन्न मानते हैं, अतएव वे ऊपर कही हुई घटनावली की व्याख्या नहीं कर पाते; इसीलिए वे साधारणतः इन सब बातों को बिल्कुल अस्वीकार कर देते हैं। जो हो, मन के साथ मस्तिष्क का विशेष सम्बन्ध है और शरीर का विनाश होने पर वह नष्ट हो जाता है। आत्मा ही एकमात्र प्रकाशक है--मन उसके हाथों यंत्र के समान है, और इस यंत्र के माध्यम से आत्मा बाह्य साधन पर अधिकार जमा लेती है। इसी प्रकार प्रत्यक्ष बोध होता है। बाह्य चक्षु आदि साधनों में विषय का संस्कार पड़ता है, और वे उसको भीतर मस्तिष्क-केन्द्र में ले जाते हैं--कारण, तुमको यह याद रखना चाहिए कि चक्षु आदि केवल इन संस्कारों के ग्रहण करनेवाले हैं; अन्तरिन्द्रिय अर्थात् मस्तिष्क के केन्द्र ही कार्य करते हैं। संस्कृत भाषा में मस्तिष्क के इन सब केन्द्रों को इन्द्रिय कहते हैं--ये इन्द्रियाँ इन चित्रों को लेकर मन को अर्पित कर देती हैं, फिर मन इनको बुद्धि के निकट और बुद्धि उन्हें अपने सिंहासन पर विराजमान महा महिमाशाली राजराजेश्वर आत्मा को प्रदान करती है। तब आत्मा उन्हें देखकर आवश्यक आदेश देती है। फिर मन तुरन्त इन मस्तिष्क-केन्द्रों अर्थात्

इन्द्रियों पर कार्य करता है और ये इन्द्रियाँ स्थूल शरीर पर। मनुष्य की आत्मा ही इन सबकी वास्तविक अनुभवकर्ता, शास्ता, स्रष्टा, सब कुछ है।

हमने देखा कि आत्मा शरीर भी नहीं है, मन भी नहीं। आत्मा कोई यौगिक पदार्थ (compound) भी नहीं हो सकती। क्यों नहीं? इसलिए कि हर यौगिक पदार्थ हमारे दर्शन या कल्पना का विषय होता है। जिस विषय का हम दर्शन या कल्पना कुछ भी नहीं कर सकते, जिसे हम पकड़ नहीं सकते, जो न भूत है, न शक्ति, जो कार्य, कारण अथवा कार्य-कारण-सम्बन्ध कुछ भी नहीं है, वह यौगिक अथवा मिश्र नहीं हो सकता। यौगिक पदार्थों का क्षेत्र मनोजगत्—विचार-जगत् तक सीमित है। इसके परे वे संभव नहीं हैं। सभी यौगिक पदार्थ नियम के राज्य के अन्तर्गत हैं। नियम के परे यदि कोई वस्तु हो, तो वह कदापि यौगिक नहीं हो सकती। चूँकि मनुष्य की आत्मा कार्य-कारणवाद के परे है, अतः वह यौगिक नहीं है। यह सदा मुक्त है और नियमों के अन्तर्गत सभी वस्तुओं का नियमन करती है। उसका कभी विनाश नहीं हो सकता, क्योंकि विनाश का अर्थ है, किसी यौगिक पदार्थ का अपने उपादानों में परिणत हो जाना। और जो कभी यौगिक नहीं है, उसका विनाश कभी नहीं हो सकता। उसकी मृत्यु होती है या विनाश होता है, ऐसा कहना केवल कोरी मूर्खता है।

अब हम सूक्ष्मतर से सूक्ष्मतर क्षेत्र में आ उपस्थित हुए हैं। सम्भव है, तुममें से कुछ लोग भयभीत भी हो जायँ। हमने देखा कि यह आत्मा भूत, शक्ति एवं विचार-रूप क्षुद्र जगत् के अतीत एक मौलिक (simple) पदार्थ है, अतः इसका विनाश असम्भव है। इसी प्रकार उसका जीवन भी असम्भव है। कारण, जिसका विनाश नहीं, उसका जीवन भी कैसे हो सकता है? मृत्यु क्या है? मृत्यु एक पहलू है, और जीवन उसीका एक दूसरा पहलू है। मृत्यु का और एक नाम है जीवन, और जीवन का और एक नाम है मृत्यु। अभिव्यक्ति के एक रूपविशेष को हम जीवन कहते हैं, और उसीके अन्य रूपविशेष को मृत्यु। जब तरंग ऊपर की ओर उठती है, तो मानो जीवन है और फिर जब वह गिर जाती है, तो मत्यु है। जो वस्तु मृत्यु के अतीत है, वह निश्चय ही जन्म के भी अतीत है। मैं तुमको फिर उस प्रथम सिद्धान्त की याद दिलाता हूँ कि मानवात्मा उस सर्वव्यापी जगन्मयी शक्ति अथवा ईश्वर का अंश मात्र है। तो हम देखते हैं कि वह जीवन और मृत्यु, दोनों के परे है। तुम न कभी उत्पन्न हुए थे, न कभी मरोगे। हमारे चारों ओर जो जन्म और मृत्यु दिखते हैं, वे फिर क्या हैं? वे तो केवल शरीर के हैं, क्योंकि आत्मा तो सदा-सर्वदा वर्तमान है। तुम कहोगे, 'यह कैसे? हम इतने लोग यहाँ पर बैठे हुए हैं और आप कहते हैं, आत्मा सर्वव्यापी है!' मैं पूछता हूँ, जो पदार्थ नियम के, कार्य-कारण-

सम्बन्ध के बाहर है, उसे सीमित करने की शक्ति किसमें है? यह गिलास एक सीमित पदार्थ है—यह सर्वव्यापक नहीं है, क्योंकि इसके चारों ओर की जड़राशि इसको इसी रूप में रहने को बाध्य करती है—इसे सर्वव्यापी नहीं होने देती। यह अपने आसपास के प्रत्येक पदार्थ के द्वारा नियन्त्रित है, अतएव यह सीमित है। किन्तु जो वस्तु नियम के बाहर है, जिस पर कार्य करनेवाला कोई पदार्थ नहीं, वह कैसे सीमित हो सकती है? वह सर्वव्यापक होगी ही। तुम सर्वत्र विद्यमान हो। फिर, 'मैंने जन्म लिया है, मरनेवाला हूँ'—ये सब भाव क्या हैं? वे सब अज्ञान की बातें हैं, मन का भ्रम है। तुम्हारा न कभी जन्म हुआ था, न तुम कभी मरोगे। तुम्हारा जन्म भी नहीं हुआ, न कभी पुनर्जन्म होगा। आवागमन का क्या अर्थ है? कुछ नहीं। यह सब मूर्खता है। तुम सब जगह मौजूद हो। आवागमन जिसे कहते हैं, वह इस सूक्ष्म शरीर अर्थात् मन के परिवर्तन के कारण उत्पन्न हुई एक मृग-मरीचिका मात्र है। यह बराबर चल रहा है। यह आकाश पर तैरते हुए बादल के एक टुकड़े के समान है। जब वह चलता रहता है, तो प्रतीत होता है कि आकाश ही चल रहा है। कभी कभी जब चन्द्रमा के ऊपर से बादल हो निकलते हैं, तो भ्रम होता है कि चन्द्रमा ही चल रहा है। जब तुम गाड़ी में बैठे रहते हो, तो मालूम होता है कि पृथ्वी चल रही है, और नाव पर बैठनेवाले को पानी चलता हुआ सा मालूम होता है। वास्तव में न तुम जा रहे हो, न आ रहे हो, न तुमने जन्म लिया है, न फिर जन्म लोगे। तुम अनन्त हो, सर्वव्यापी हो—सभी कार्य-कारण-सम्बन्ध से अतीत, नित्य मुक्त, अज और अविनाशी। जन्म और मृत्यु का प्रश्न ही ग़लत है, महामूर्खतापूर्ण है। मृत्यु हो ही कैसे सकती है, जब जन्म ही नहीं हुआ?

किन्तु निर्दोष, तर्कसंगत सिद्धान्त पर पहुँचने के लिए हमें एक क़दम और बढ़ना होगा। मार्ग के बीच में रुकना नहीं है। तुम दार्शनिक हो, तुम्हारे लिए बीच में रुकना शोभा नहीं देता। हाँ, तो यदि हम नियम के बाहर हैं, तो निश्चय ही हम सर्वज्ञ हैं; नित्यानन्दस्वरूप हैं; निश्चय ही सभी ज्ञान, सभी शक्ति और सर्वविध कल्याण हमारे अन्दर ही हैं। अवश्य, तुम सभी सर्वज्ञ और सर्वव्यापी हो। परन्तु इस प्रकार की सत्ता या पुरुष क्या एक से अधिक हो सकते हैं? क्या लाखों-करोड़ों पुरुष सर्वव्यापक हो सकते हैं? कभी नहीं। तब फिर हम सबका क्या होगा? वास्तव में केवल एक ही है, एक ही आत्मा है, और तुम सब वह एक आत्मा ही हो। इस तुच्छ प्रकृति के पीछे वह आत्मा ही विराजमान है। एक ही पुरुष है—वही एकमात्र सत्ता है, वह सदानन्दस्वरूप, सर्वव्यापक, सर्वज्ञ, जन्मरहित और मृत्युहीन है। 'उसीकी आज्ञा से आकाश फैला हुआ है, उसीकी आज्ञा से वायु बह रही है, सूर्य चमक रहा है, सब जीवित हैं। वही प्रकृति का आधारस्वरूप है; प्रकृति उस

सत्यस्वरूप पर प्रतिष्ठित होने के कारण ही सत्य प्रतीत होती है। वह तुम्हारी आत्मा की भी आत्मा है। यही नहीं, तुम स्वयं ही वह हो, तुम और वह एक ही है।' जहाँ कहीं भी दो हैं, वहीं भय है, खतरा है, वहीं द्वन्द्व और संघर्ष हैं। जब सब एक ही है, तो किससे घृणा, किससे संघर्ष ? जब सब कुछ वही है, तो तुम किससे लड़ोगे ? जीवन-समस्या की वास्तविक मीमांसा यही है; इसीसे वस्तु के स्वरूप की व्याख्या होती है। यही सिद्धि या पूर्णत्व है और यही ईश्वर है। जब तक तुम अनेक देखते हो, तब तक तुम अज्ञान में हो। 'इस बहुत्वपूर्ण जगत् में जो उस एक को, इस परिवर्तनशील जगत् में जो उस अपरिवर्तनशील को अपनी आत्मा की आत्मा के रूप में देखता है, अपना स्वरूप समझता हैं, वही मुक्त है, वही आनन्दमय है, उसीने लक्ष्य की प्राप्ति की है। अतएव जान लो कि तुम्हीं वह हो, तुम्हीं जगत् के ईश्वर हो—**तत्त्वमसि**। ये धारणाएँ कि मैं पुरुष हूँ, स्त्री हूँ, रोगी हूँ, स्वस्थ हूँ, बलवान् हूँ, निर्बल हूँ, अथवा यह कि मैं घृणा करता हूँ, मैं प्रेम करता हूँ, अथवा मेरे पास इतनी शक्ति है—सब भ्रम मात्र हैं। इनको छोड़ो। तुम्हें कौन दुर्बल बना सकता है ? तुम्हें कौन भयभीत कर सकता है ? जगत् में तुम्हीं तो एकमात्र सत्ता हो। तुम्हें किसका भय है ? अतएव उठो, मुक्त हो जाओ। जान लो कि जो कोई विचार या शब्द तुम्हें दुर्बल बनाता है, एकमात्र वही अशुभ है। मनुष्य को दुर्बल और भयभीत बनानेवाला संसार में जो कुछ है, वही पाप है और उसीसे बचना चाहिए। तुम्हें कौन भयभीत कर सकता है ? यदि सैकड़ों सूर्य पृथ्वी पर गिर पड़ें, सैकड़ों चन्द्र चूर चूर हो जायँ, एक के बाद एक ब्रह्माण्ड विनष्ट होते चले जायँ, तो भी तुम्हारे लिए क्या ? पर्वत की भाँति अटल रहो; तुम अविनाशी हो। तुम आत्मा हो, तुम्हीं जगत् के ईश्वर हो। कहो, "शिवोऽहं, शिवोऽहं; मैं पूर्ण सच्चिदानन्द हूँ।" पिंजड़े को तोड़ डालनेवाले सिंह की भाँति तुम अपने बन्धन तोड़कर सदा के लिए मुक्त हो जाओ। तुम्हें किस का भय है, तुम्हें कौन बाँधकर रख सकता है ?—केवल अज्ञान और भ्रम; अन्य कुछ भी तुम्हें बाँध नहीं सकता। तुम शुद्धस्वरूप हो, नित्यानन्दमय हो।

यह मूर्खों का उपदेश है कि 'तुम पापी हो, अतएव एक कोने में बैठकर हाय हाय करते रहो।' यह उपदेश देना मूर्खता ही नहीं, दुष्टता भी है, कोरी बदमाशी है। तुम सभी ईश्वर हो। क्या तुम ईश्वर को नहीं देखते और उसीको मनुष्य कहते हो ? अतएव यदि तुममें साहस है, तो इस विश्वास पर खड़े हो जाओ और उसके अनुसार अपना जीवन गढ़ डालो। यदि कोई व्यक्ति तुम्हारा गला काटे, तो उसे मना मत करना, क्योंकि तुम तो स्वयं अपना गला काट रहे हो। किसी ग़रीब का यदि कुछ उपकार करो, तो उसके लिए तनिक भी अहंकार मत लाना। वह

तो तुम्हारे लिए उपासना मात्र है, उसमें अहंकार की कौन सी बात ? क्या तुम्हीं समस्त जगत् नहीं हो ? कहीं ऐसी कोई वस्तु है, जो तुम नहीं हो ? तुम जगत् की आत्मा हो। तुम्हीं सूर्य, चन्द्र, तारा हो, तुम्हीं सर्वत्र चमक रहे हो। समस्त जगत् तुम्हीं हो। किससे घृणा करोगे और किससे झगड़ा करोगे ? अतएव जान लो कि तुम वही हो, और इसी साँचे में अपना जीवन ढालो। जो व्यक्ति इस तत्त्व को जानकर अपना सारा जीवन उसके अनुसार गठित करता है, वह फिर कभी अन्धकार में मारा मारा नहीं फिरता।

बहुत्व में एकत्व

(३ नवम्बर, १८९६ को लन्दन में दिया हुआ भाषण)

पराञ्चि खानि व्यतृणत् स्वयम्भूः
तस्मात् पराङ पश्यति नान्तरात्मन् ।
कश्चिद्धीरः प्रत्यगात्मानमैक्षद्-
आवृत्तचक्षुरमृतत्वमिच्छन् ।।

—'स्वयम्भू ने इन्द्रियों को बहिर्मुख होने का विधान बनाया है, इसीलिए मनुष्य सामने की ओर (विषयों की ओर) देखता है, अन्तरात्मा को नहीं देखता। अमृतत्व-प्राप्ति की इच्छा रखनेवाले किसी किसी ज्ञानी ने विषयों से दृष्टि फेरकर अन्तरस्थ आत्मा का दर्शन किया है।'[1] हम देख चुके हैं कि वेदों में हमें जो पहला अनुसंधान मिलता है, वह बाह्य विषयों को लेकर है। उसके बाद इस नवीन विचार का उदय हुआ कि वस्तु का वास्तविक स्वरूप बहिर्जगत् के अनुसंधान द्वारा नहीं, वरन् बाहर की ओर से दृष्टि फिराकर अर्थात् भीतर की ओर दृष्टि डालकर जाना जा सकता है। और यहाँ पर आत्मा का विशेषणस्वरूप जो प्रत्यक् शब्द प्रयुक्त हुआ है, वह भी एक विशेष भाव का द्योतक है। प्रत्यक् अर्थात् जो भीतर की ओर गया है—हमारी अन्तरतम वस्तु, हृदय-केन्द्र; वह परम वस्तु, जिससे मानो सब कुछ बाहर आया है; वह मध्यवर्ती सूर्य, जिसकी बाह्य किरणें हैं मन, शरीर, इन्द्रियाँ और हमारा सब कुछ।

पराचः कामाननुयन्ति बालास्ते मृत्योर्यन्ति विततस्य पाशम् ।
अथ धीरा अमृतत्वं विदित्वा ध्रुवमध्रुवेष्विह न प्रार्थयन्ते ।।

—'बालबुद्धि मनुष्य बाहरी काम्य वस्तुओं के पीछे दौड़ते फिरते हैं। इसीलिए सब ओर व्याप्त मृत्यु के पाश में बँध जाते हैं, किन्तु ज्ञानी पुरुष अमृतत्व को जानकर अनित्य वस्तुओं में नित्य वस्तु की खोज नहीं करते।'[2] यहाँ पर भी यही भाव प्रकट

---

१. कठोपनिषद् ।।२।१।१।।

२. वही, २

होता है कि सीमित वस्तुओं से पूर्ण बाह्यजगत् में असीम और अनन्त वस्तु की खोज व्यर्थ है—अनन्त की खोज अनन्त में ही करनी होगी, और हमारी अन्तर्वर्ती आत्मा ही एकमात्र अनन्त वस्तु है। शरीर, मन आदि जो जगत्प्रपंच हम देखते हैं अथवा जो हमारी चिन्ताएँ या विचार हैं, उनमें से कोई भी अनन्त नहीं हो सकता। जो द्रष्टा, साक्षी पुरुष इन सब को देख रहा है, अर्थात् मनुष्य की आत्मा जो सदा जाग्रत है, वही एकमात्र अनन्त है; इस जगत् के अनन्त कारण की खोज में हमें उसीमें जाना पड़ेगा। **यदेवेह तदमुत्र यदमुत्र तदन्विह। मृत्योः स मृत्युमाप्नोति य इह नानेव पश्यति**—'जो यहाँ है, वही वहाँ भी है; जो वहाँ है, वही यहाँ भी है। जो यहाँ नाना रूप देखते हैं, वे बारम्बार मृत्यु को प्राप्त होते हैं।'[1] हम देखते हैं कि पहले आर्यों में स्वर्ग जाने की विशेष रूप से इच्छा रहती थी। जब वे प्राचीन आर्य जगत्प्रपंच से असन्तुष्ट हुए, तो स्वभावतः ही उनके मन में एक ऐसे स्थान में जाने की इच्छा हुई, जहाँ दुःख बिल्कुल न हो—केवल सुख ही सुख हो। ऐसे स्थानों का ही नाम उन्होंने स्वर्ग रखा—जहाँ केवल आनन्द होगा, जहाँ शरीर अजर-अमर हो जायगा, मन भी वैसा ही हो जायगा और जहाँ वे पितृगणों के साथ सदा वास करेंगे। किन्तु दार्शनिक विचारों की उत्पत्ति होने के बाद इस प्रकार के स्वर्ग की धारणा असंगत और असम्भव मालूम पड़ने लगी। 'अनन्त किसी एक देश में है', यह वाक्य ही स्वविरोधी है। किसी भी स्थानविशेष की उत्पत्ति और नाश काल में ही होते हैं। अतः उन्हें स्वर्गविषयक धारणा का त्याग कर देना पड़ा। वे धीरे धीरे समझ गये कि ये सब स्वर्ग में रहनेवाले देवता एक समय इसी जगत् के मनुष्य थे, बाद में किसी सत्कर्म के फलस्वरूप वे देवता बन गये; अतः यह देवत्व विभिन्न पदों का नाम मात्र है। वेद का कोई भी देवता चिरंतन व्यक्ति नहीं है।

जैसे इन्द्र या वरुण किसी व्यक्ति के नाम नहीं हैं। ये सब शासक के रूप में विभिन्न पदों के नाम हैं। जो पहले इन्द्र था, वह अब इन्द्र नहीं है, उसका इन्द्रत्व अब नहीं है, एक अन्य व्यक्ति यहाँ से जाकर उस पद पर आरूढ़ हो गया है। सभी देवताओं के सम्बन्ध में इसी प्रकार समझना चाहिए। जो लोग कर्म के बल से देवत्व-प्राप्ति के योग्य हो चुके हैं, वे ही इन पदों पर समय समय पर प्रतिष्ठित होते हैं। पर इनका भी विनाश होता है। प्राचीन ऋग्वेद में देवताओं के सम्बन्ध में हम इस 'अमरत्व' शब्द का व्यवहार देखते तो हैं, पर बाद में इसका एकदम परित्याग कर दिया गया है; क्योंकि उन्होंने देखा कि यह अमरत्व देश-काल से अतीत होने के कारण किसी भौतिक वस्तु के सम्बन्ध में प्रयुक्त नहीं हो सकता,

---

१. वही, १०

चाहे वह वस्तु कितनी ही सूक्ष्म क्यों न हो। वह कितनी ही सूक्ष्म क्यों न हो, उसकी उत्पत्ति देश-काल में ही है, क्योंकि आकार की उत्पत्ति का प्रधान उपादान है देश। देश को छोड़कर आकार की कल्पना करके देखो, यह असम्भव है। देश आकार के निर्माण का एक विशिष्ट उपादान है--इस आकार का निरन्तर परिवर्तन हो रहा है। देश और काल माया के भीतर हैं। यह भाव उपनिषदों के निम्नलिखित श्लोकांश में व्यक्त किया गया है--**यदेवेह तदमुत्र यदमुत्र तदन्विह**--'जो कुछ यहाँ है, वह वहाँ है; जो कुछ वहाँ है, वही यहाँ भी है।' यदि ये देवता हैं, तो जो नियम यहाँ है, वही वहाँ भी लागू होगा। और सभी नियमों में विनाश, और बाद में फिर नये नये रूप धारण करना निहित है। इस नियम के द्वारा सभी जड़ पदार्थ विभिन्न रूपों में परिवर्तित हो रहे हैं, और टूटकर, चूर चूर होकर फिर उन्हीं जड़ कणों में परिणत हो रहे हैं। जिस किसी वस्तु की उत्पत्ति है, उसका विनाश होता ही है। अतएव यदि स्वर्ग है, तो वह भी इसी नियम के अधीन होगा।

हम देखते हैं कि इस संसार में सब प्रकार के सुख के पीछे, उसकी छाया के रूप में दुःख रहता है। जीवन के पीछे, उसकी छाया मृत्यु रहती है। वे दोनों सदा एक साथ ही रहते हैं, कारण, वे परस्पर विरोधी नहीं हैं, वे पृथक् सत्ताएँ नहीं हैं, वे एक ही वस्तु के दो विभिन्न रूप हैं, वह एक ही वस्तु जीवन-मृत्यु, सुख-दुःख, अच्छे-बुरे आदि रूप में व्यक्त हो रही है। यह द्वैतवादी धारणा कि शुभ और अशुभ, ये दोनों पृथक् वस्तुएँ हैं और वे चिरंतन हैं, नितान्त असंगत है। वे वास्तव में एक ही वस्तु के विभिन्न रूप हैं--वह कभी अच्छे रूप में और कभी बुरे रूप में भासित हो रही है। यह भिन्नता प्रकारगत नहीं, परिमाणगत है। उनका भेद वास्तव में मात्रा के तारतम्य में है। हम देखते हैं कि एक ही स्नायु-प्रणाली अच्छे-बुरे दोनों प्रकार के प्रवाह ले जाती है। किन्तु यदि स्नायुमण्डली किसी तरह बिगड़ जाय, तो फिर किसी प्रकार की अनुभूति न होगी। मान लो, एक स्नायु में पक्षाघात हो गया; तब उसमें से होकर जो सुखकर अनुभूति आती थी, वह अब नहीं आयेगी, और दुःखकर अनुभूति भी नहीं आयेगी। ये कभी भी दो नहीं होते, वे एक ही हैं। फिर, एक ही वस्तु जीवन में कभी सुख, तो कभी दुःख उत्पन्न करती है। एक ही वस्तु किसीको सुख, तो किसीको दुःख देती है। मांसाहारी को मांस खाने से अवश्य सुख मिलता है, पर जिसका मांस खाया जाता है, उसके लिए तो भयानक कष्ट है। ऐसा कोई विषय नहीं, जो सबको समान रूप से सुख देता हो। कुछ लोग सुखी हो रहे हैं और कुछ दुःखी। यह इसी प्रकार चलता रहेगा। अतः यह स्पष्ट है कि यह द्वैतभाव वास्तव में मिथ्या है। इससे क्या निष्कर्ष प्राप्त होता है? मैं पहले व्याख्यान में कह चुका हूँ कि जगत् में ऐसी अवस्था कभी आ नहीं सकती, जब सभी

कुछ अच्छा हो जाय और बुरा कुछ भी न रहे। हो सकता है, इससे अनेक व्यक्तियों की चिरपोषित आशा चूर्ण हो जाय, अनेक भयभीत भी हो उठें, पर इसे स्वीकार करने के अतिरिक्त मैं अन्य कोई उपाय नहीं देखता। हाँ, यदि मुझे कोई समझा दे कि वह सत्य है, तो मैं समझने को तैयार हूँ, पर जब तक बात मेरी समझ में नहीं आती, तब तक कैसे मान सकता हूँ ?

मेरे इस कथन के विरुद्ध ऊपर से युक्तियुक्त मालूम पड़नेवाला एक सामान्य तर्क यह है कि क्रमविकास की प्रक्रिया में अशुभ का क्रमिक निराकरण होता जा रहा है, और यदि यह निराकरण करोड़ों वर्ष तक चलता रहे, तो एक ऐसा समय आयेगा, जब वह समस्त नष्ट होकर केवल शुभ ही शुभ शेष रह जायगा। ऊपर से देखने पर यह युक्ति एकदम अकाट्य मालूम पड़ती है। भगवान् करते, यह बात सत्य होती ! पर इस युक्ति में एक दोष है। वह यह कि वह शुभ और अशुभ को चिरंतन निर्दिष्ट सत्ताओं के रूप में लेती है। वह मान लेती है कि एक निर्दिष्ट परिमाण में अशुभ है—मान लो कि वह १०० है; इसी प्रकार निर्दिष्ट परिमाण में शुभ भी है, और यह अशुभ क्रमशः कम होता जा रहा है और केवल शुभ बचता जा रहा है। किन्तु क्या वास्तव में ऐसा ही है ? दुनिया का इतिहास इस बात का साक्षी है कि शुभ के समान अशुभ भी क्रमशः बढ़ ही रहा है। समाज के अत्यन्त निम्न स्तर के व्यक्ति को लो। वह जंगल में रहता है, उसके भोग-सुख अल्प हैं, इसलिए उसके दुःख भी कम हैं। उसके दुःख केवल इन्द्रिय-विषयों तक ही सीमित हैं। यदि उसे पर्याप्त मात्रा में भोजन न मिले, तो वह दुःखी हो जाता है। उसे खूब भोजन दो, उसे स्वच्छन्द होकर घूमने-फिरने और शिकार करने दो, तो वह पूरी तरह सुखी हो जायगा। उसका सुख-दुःख केवल इन्द्रियों में आबद्ध है। मान लो कि उसका ज्ञान बढ़ने लगा। उसका सुख बढ़ रहा है, उसकी बुद्धि विकसित हो रही है, वह जो सुख पहले इन्द्रियों में पाता था, अब वही सुख वह बुद्धि की वृत्तियों को चलाने में पाता है। अब वह एक सुन्दर कविता पाठ करके अपूर्व सुख का स्वाद लेता है। गणित की कोई समस्या उसे अपूर्व रस देती है। पर इसके साथ साथ उसकी सूक्ष्मतर नाड़ियाँ उन मानसिक पीड़ाओं के प्रति ग्रहणशील होती जाती हैं, जिनकी कल्पना भी जंगली व्यक्ति नहीं कर पाता। एक साधारण सा उदाहरण लो। तिब्बत में विवाह नहीं होता, अतः वहाँ प्रेमजनित ईर्ष्या भी नहीं पायी जाती, फिर भी हम जानते हैं कि विवाह अपेक्षाकृत उन्नत अवस्था है। तिब्बती लोग पवित्रता के अद्भुत सुख को, पतिव्रता पत्नी, पत्नीव्रती पति के विशुद्ध दाम्पत्य-प्रेम का सुख नहीं जानते। किन्तु साथ ही सती स्त्री या संयत पुरुष की भयानक ईर्ष्या का भी वे अनुभव नहीं करते अथवा किसी पुरुष या स्त्री का पतन हो जाने

से दूसरे के मन में कितना भयानक दुःख, कितना अन्तर्दाह उपस्थित हो जाता है, यह भी वे नहीं जानते। एक ओर वे सुखी तो होते हैं, किन्तु दूसरी ओर दुःखी भी।

तुम अपने देश की ही बात लो—पृथ्वी पर इसके समान धनी और विलासी देश दूसरा नहीं है, पर दुःख-कष्ट भी यहाँ किस प्रबल रूप में विराजमान हैं, यह भी देखो। अन्यान्य देशों की अपेक्षा यहाँ पागलों की संख्या कितनी अधिक है। इसका कारण यह है कि यहाँ के लोगों की वासनाएँ अत्यन्त तीव्र, अत्यन्त प्रबल हैं। यहाँ के लोगों को जीवन का स्तर सर्वदा ऊँचा ही रखना होता है। तुम लोग एक वर्ष में जितना खर्च कर देते हो, वह एक भारतीय के लिए जीवन भर की सम्पत्ति के बराबर है। फिर तुम उसे सरल जीवन का उपदेश भी नहीं दे सकते, क्योंकि समाज उससे इतनी अपेक्षा करता है। सामाजिक चक्र दिन-रात घूम रहा है—वह विधवा के आँसुओं और अनाथों के आर्तनाद के निमित्त नहीं रुकता। यहाँ सर्वत्र यही अवस्था है। तुम लोगों की भोग सम्बन्धी धारणा काफ़ी विकसित है, तुम्हारा समाज भी कुछ अन्य समाजों की अपेक्षा अत्यधिक सुन्दर है। तुम्हारे पास विषय-भोगों के साधन भी अधिक हैं। पर जिनके पास तुम्हारे समान भोगों की सामग्री नहीं है, उनके दुःख भी तुम्हारी अपेक्षा कम हैं। इसी प्रकार तुम सर्वत्र देखोगे। तुम्हारे मन में जितना उच्च आदर्श होगा, तुमको सुख भी उतना ही अधिक मिलेगा, और उसी परिमाण में दुःख भी। एक मानो दूसरे की छाया के समान है। अशुभ कम होता जा रहा है, यह बात सत्य हो सकती है, पर उसके साथ ही यह भी कहना पड़ेगा कि शुभ भी कम हो रहा है। किन्तु क्या मैं यह नहीं कह सकता कि वास्तव में, शुभ कम हो रहा है, और अशुभ की वृद्धि तीव्र गति से हो रही है ? सच तो यह है कि सुख यदि गणितीय क्रम (arithmetical progression) के नियम से बढ़ रहा है, तो दुःख ज्यामितीय क्रम (geometrical progression) के नियम से। इसीका नाम माया है! यह न आशावाद है, न निराशावाद। वेदान्त यह नहीं कहता कि संसार केवल दुःखमय है। ऐसा कहना ही भूल है। और जगत् सुख से परिपूर्ण है, यह कहना भी ठीक नहीं है। बालकों को यह शिक्षा देना भूल है कि यह जगत् केवल मधुमय है—यहाँ केवल सुख है, केवल फूल हैं, केवल सौन्दर्य है। हम सारे जीवन इन्हींका स्वप्न देखते रहते हैं। फिर, किसी व्यक्ति ने दूसरे की अपेक्षा अधिक दुःख भोगा है, इसीलिए सबका सब दुःखमय है, यह कहना भी भूल है। संसार बस इस द्वैतभावपूर्ण अच्छे-बुरे का खेल है। वेदान्त इसके साथ ही कहता है, "यह न सोचो कि अच्छा और बुरा दो सम्पूर्ण पृथक् वस्तुएँ हैं। वास्तव में वे एक ही वस्तु हैं। वह एक वस्तु ही भिन्न भिन्न रूप से, भिन्न भिन्न आकार में आविर्भूत हो एक ही व्यक्ति के मन में भिन्न भिन्न भाव उत्पन्न कर रही है।" अतएव

वेदान्त का पहला कार्य है---ऊपर से भिन्न प्रतीत होनेवाले इस बाह्य जगत् में एकत्व का पता लगाना। ईरानियों के उस स्थूल पुराने मत की याद करो कि दो देवताओं ने मिलकर जगत् की सृष्टि की है, शुभ देवता सारा शुभ ही करता है, अशुभ देवता सारा अशुभ करता है। यह स्पष्ट है कि ऐसा होना असम्भव है; क्योंकि वास्तव में यदि इसी नियम से सभी कार्य होने लगें, तब तो प्रत्येक प्राकृतिक नियम के दो अंश हो जायँगे---एक को तो एक देवता चलायेगा और जब वह चला जायगा, तो उसकी जगह दूसरा आकर दूसरे अंश को चलायेगा। फिर यह मत स्वीकार करने में एक और कठिनाई यह है कि एक ही समय दो देवता कार्य कर रहे हैं, एक स्थान पर एक किसीका उपकार कर रहा है, और दूसरे स्थान पर दूसरा किसीका अपकार कर रहा है, फिर भी दोनों के बीच सामंजस्य बना रहता है---यह किस प्रकार सम्भव है? निस्सन्देह, यह मत जगत् के द्वैत तत्त्व को प्रकाशित करने की एक बहुत ही अविकसित प्रणाली है। अब इस सिद्धान्त से कुछ अधिक उच्च और उन्नत सिद्धान्त लो : यह जगत् अंशतः शुभ और अंशतः अशुभ है। उसी तर्क से वह भी असंगत है। यह एकत्व का नियम ही है, जो हमें हमारा आहार देता है, तथा अनेकों को दुर्घटनाओं आदि से मार डालता है।

अतएव हम देखते हैं कि यह जगत् न आशावादी है, न निराशावादी, वह दोनों का मिश्रण है और अंत में हम देखेंगे कि सभी दोष प्रकृति के कन्धों से हटाकर हमारे अपने ऊपर रख दिया जाता है। साथ ही वेदान्त हमें बाहर निकलने का मार्ग भी दिखलाता है, किंतु अमंगल को अस्वीकार करके नहीं, क्योंकि वह तथ्य जैसा है, उसका उसी रूप में विश्लेषण करता है---कुछ भी छिपाकर रखना नहीं चाहता। वह मनुष्य को एकदम निराशा के सागर में नहीं डुबा देता, वह अज्ञेयवादी नहीं है। उसे इस सुख-दुःख का प्रतिकार मिला है, और यह प्रतिकार वह वज्र के समान दृढ़ भित्ति पर प्रतिष्ठित रखना चाहता है, किसी ऐसे असत्य के द्वारा बच्चे का मुँह और आँखें बाँधकर नहीं, जिसे वह कुछ दिनों में पकड़ लेगा। मुझे याद है, जब मैं छोटा था, उस समय किसी युवक के पिता मर गये, जिससे वह बड़ा असहाय हो गया और एक बड़े परिवार का भार उसके गले पड़ गया। उसने देखा कि उसके पिता के मित्र लोग ही उसके प्रधान शत्रु हैं। एक दिन एक पादरी के साथ साक्षात् होने पर वह उनसे अपने दुःख की कहानी कहने लगा और वे उसको सान्त्वना देने के लिए कहने लगे, "जो होता है, अच्छा ही होता है; जो कुछ होता है, अच्छे के लिए ही होता है।" यह तो पुराने घाव को सोने के वरक से ढक देने का पुराना ढंग है। यह हमारी अपनी दुर्बलता और अज्ञान का परिचायक है। छः मास बाद उस पादरी के घर एक सन्तान हुई। उसके उपलक्ष्य में जो उत्सव हुआ, उसमें वह

युवक भी निमन्त्रित था। पादरी महोदय भगवान् की पूजा आरम्भ करके बोले, "ईश्वर की कृपा के लिए उसे धन्यवाद।" तब वह युवक खड़ा हो गया और बोला, "यह क्या कह रहे हैं? उसकी कृपा है कहाँ? यह तो घोर अभिशाप है।" पादरी ने पूछा, "सो कैसे?" युवक ने उत्तर दिया, "जब मेरे पिता की मृत्यु हुई, तब ऊपर ऊपर अमंगल होने पर भी उसे आपने मंगल कहा था। इस समय आपकी सन्तान का जन्म भी यद्यपि ऊपर ऊपर आपको मंगल सा लग रहा है, किन्तु वास्तव में मुझे तो यह महान् अमंगलकारी ही मालूम होता है।" इस प्रकार संसार के दुःख-अमंगल को ढक रखना ही क्या संसार का दुःख दूर करने का उपाय है? स्वयं अच्छे बनो और जो कष्ट पा रहे हैं, उनके प्रति दयासम्पन्न होओ। जोड़-गाँठ करने की चेष्टा मत करो, उससे भव-रोग दूर नहीं होगा। वास्तव में हमें जगत् के अतीत जाना पड़ेगा।

यह जगत् सदा ही भले और बुरे का मिश्रण है। जहाँ भलाई देखो, समझ लो कि उसके पीछे बुराई भी छिपी है। किन्तु इन सब व्यक्त भावों के पीछे—इन सब विरोधी भावों के पीछे—वेदान्त उस एकत्व को ही देखता है। वेदान्त कहता है—बुराई छोड़ो और भलाई भी छोड़ो। ऐसा होने पर फिर शेष क्या रहा? अच्छे-बुरे के पीछे एक ऐसी वस्तु है, जो वास्तव में तुम्हारी अपनी है, जो वास्तव में तुम्हीं हो, जो सब प्रकार के शुभ और सब प्रकार के अशुभ के अतीत है—और वह वस्तु ही शुभ और अशुभ के रूप से प्रकाशित हो रही है। पहले इसको जान लो, तभी तुम पूर्ण आशावादी हो सकते हो, इसके पूर्व नहीं। ऐसा होने पर ही तुम सब पर विजय प्राप्त कर सकोगे। इन आपातप्रतीयमान व्यक्त भावों को अपने अधीन कर लो, तब तुम उस सत्य वस्तु को अपनी इच्छानुसार व्यक्त कर सकोगे। पर पहले तुम्हें स्वयं अपना ही प्रभु बनना पड़ेगा। उठो, अपने को मुक्त करो, समस्त नियमों के राज्य के बाहर चले जाओ, क्योंकि ये नियम निरपेक्ष रूप से तुम पर शासन नहीं करते, वे तुम्हारी सत्ता के अंश मात्र हैं। पहले समझ लो कि तुम प्रकृति के दास नहीं हो, न कभी थे और न कभी होगे—प्रकृति भले ही अनन्त मालूम पड़े, पर वास्तव में वह ससीम है। वह समुद्र का एक बिन्दु मात्र है, और तुम्हीं वास्तव में समुद्रस्वरूप हो, तुम चन्द्र, सूर्य, तारे—सभी के अतीत हो। तुम्हारे अनन्त स्वरूप की तुलना में वे केवल बुद्बुदों के समान हैं। यह जान लेने पर तुम अच्छे और बुरे दोनों पर विजय पा लोगे। तब तुम्हारी सारी दृष्टि एकदम परिवर्तित हो जायगी और तुम खड़े होकर कह सकोगे, "मंगल कितना सुन्दर है और अमंगल कितना अद्भुत है!"

यही वेदान्त की शिक्षा है। वेदान्त यह नहीं कहता कि स्वर्ण-पत्र से घाव को ढाँके रखो और घाव जितना ही पकता जाय, उसे और भी स्वर्ण-पत्रों से मढ़ दो।

यह जीवन एक कठोर सत्य है, उसमें सन्देह नहीं। यद्यपि यह वज्र के समान दुर्भेद्य प्रतीत होता है, फिर भी प्राणपण से इसके बाहर जाने का प्रयत्न करो; आत्मा उसकी अपेक्षा अनन्त गुनी शक्तिमान है! वेदान्त तुम्हारे कर्म-फल के लिए क्षुद्र देवताओं को उत्तरदायी नहीं बनाता; वह कहता है, तुम स्वयं ही अपने भाग्य के निर्माता हो। तुम अपने ही कर्म से अच्छे और बुरे दोनों प्रकार के फल भोग रहे हो, तुम अपने ही हाथों से अपनी आँखें मूँदकर कहते हो---अन्धकार है। हाथ हटा लो---प्रकाश दीख पड़ेगा। तुम ज्योतिस्वरूप हो, तुम पहले से ही सिद्ध हो। अब हम समझते हैं कि **मृत्योः स मृत्युमाप्नोति य इह नानेव पश्यति**---'जो यहाँ नानात्व देखता है, वह बारंबार मृत्यु को प्राप्त होता है'[1], इस श्रुति-वाक्य का क्या अर्थ है? उस एक को देखो और मुक्त हो जाओ।

हम किस प्रकार इस तत्त्व को जान सकते हैं? यह मन जो इतना भ्रान्त और दुर्बल है, जो थोड़े में ही विभिन्न दिशाओं में दौड़ जाता है, इस मन को भी इतना सबल किया जा सकता है, जिससे वह उस ज्ञान का---उस एकत्व का आभास पा सके, जो पुनः पुनः मृत्यु के हाथों से हमारी रक्षा करता है। **यथोदकं दुर्गे वृष्टं पर्वतेषु विधावति। एवं धर्मान् पृथक् पश्यंस्तानेवानुविधावति**---'जल उच्च, दुर्गम भूमि में बरसकर जिस प्रकार पर्वतों में बह जाता है, उसी प्रकार जो व्यक्ति गुणों को पृथक् करके देखता है, वह उन्हींका अनुवर्तन करता है।'[2]

अतः वास्तविक शक्ति एक है, केवल माया में पड़कर अनेक हो गयी है। अनेक के पीछे मत दौड़ो, बस, उसी एक की ओर अग्रसर होओ। **हंसः शुचिषद्वसुरन्तरिक्ष-सद्धोता वेदिषदतिथिर्दुरोणसत्। नृषद्वरसदृतसद्व्योमसदब्जा गोजा ऋतजा अद्रिजा ऋतं बृहत्।**---'वह (वही आत्मा) आकाशवासी सूर्य, अन्तरिक्षवासी वायु, वेदि-वासी अग्नि और कलशवासी सोम रस है। वही मनुष्य, देवता, यज्ञ और आकाश में है, वही जल में, पृथ्वी पर, यज्ञ में और पर्वत पर उत्पन्न होता है; वह सत्य है, वह महान् है।'[3] **अग्निर्यथैको भुवनं प्रविष्टो रूपं रूपं प्रतिरूपो बभूव। एकस्तथा सर्वभूतान्तरात्मा रूपं रूपं प्रतिरूपो बहिश्च। वायुर्यथैको भुवनं प्रविष्टो रूपं रूपं प्रतिरूपो बभूव। एकस्तथा सर्वभूतान्तरात्मा रूपं रूपं प्रतिरूपो बहिश्च**---'जिस प्रकार एक ही अग्नि जगत् में प्रविष्ट होकर दाह्य वस्तु के रूप-भेद से भिन्न भिन्न रूप धारण करती है, उसी प्रकार सब भूतों की वह एक अन्तरात्मा नाना वस्तुओं के

---

१. **कठोपनिषद् ।।२।१।१०।।**

२. **वही, १४**

३. **वही ।।२।२।२।।**

भेद से उस उस वस्तु का रूप धारण किये हुए है, और सबके बाहर भी है। जिस प्रकार एक ही वायु जगत् में प्रविष्ट होकर नाना वस्तुओं के भेद से तत्तद्रूप हो गयी है, उसी प्रकार सब भूतों की वही एक अन्तरात्मा नाना वस्तुओं के भेद से उस उस रूप की हो गयी है और उनके बाहर भी है।'[1] जब तुम इस एकत्व की उपलब्धि करोगे, तभी यह अवस्था आयेगी, उससे पूर्व नहीं। यही वास्तविक आशावाद है--सभी जगह उसके दर्शन करना। अब प्रश्न यह है कि यदि यह सत्य हो, यदि वह शुद्धस्वरूप, अनन्त आत्मा इन सबके भीतर प्रवेश करके विद्यमान हो, तो फिर वह क्यों सुख-दुःख भोगती है, क्यों वह अपवित्र होकर दुःख-भोग करती है? उपनिषद् कहते हैं कि वह दुःख का अनुभव नहीं करती। **सूर्यो यथा सर्वलोकस्य चक्षुर्न लिप्यते चाक्षुषैर्बाह्यदोषैः। एकस्तथा सर्वभतान्तरात्मा न लिप्यते लोकदुःखेन बाह्यः।** 'सभी लोगों का चक्षुस्वरूप सूर्य जिस प्रकार चक्षुग्राह्य बाह्य अपवित्र वस्तु के साथ लिप्त नहीं होता, उसी प्रकार सब प्राणियों की एकमात्र अन्तरात्मा जगत् सम्बन्धी दुःख के साथ लिप्त नहीं होती।'[2] क्योंकि वह फिर जगत् के अतीत भी है। पीलिया हो जाने पर हमें सभी कुछ पीले रंग का दिखायी पड़ता है, पर इससे सूर्य पर कोई प्रभाव नहीं पड़ता। **एको वशी सर्वभूतान्तरात्मा एकं रूपं बहुधा यः करोति। तमात्मस्थं येऽनुपश्यन्ति धीरास्तेषां सुखं शाश्वतं नेतरेषाम्।** 'जो एक है, सब का नियन्ता और सब प्राणियों की अन्तरात्मा है, जो अपने एक रूप को अनेक प्रकार का, कर लेता है, उसका दर्शन जो ज्ञानी पुरुष अपने में करते हैं, वे ही नित्य सुखी हैं अन्य नहीं।'[3] **नित्योऽनित्यानां चेतनश्चेतनानामेको बहूनां यो विदधाति कामान्। तमात्मस्थं येऽनुपश्यन्ति धीरास्तेषां शान्तिः शाश्वती नेतरेषाम्।** 'जो अनित्य वस्तुओं में नित्य है, जो चेतनावालों में चेतन है, जो अकेले ही अनेकों की काम्य वस्तुओं का विधान करता है, उसका जो ज्ञानी लोग अपने अन्दर दर्शन करते हैं, उन्हींको नित्य शान्ति मिलती है, औरों को नहीं।'[4] बाह्य जगत् में वह कहाँ मिल सकता है? सूर्य, चन्द्र अथवा तारे उसको कैसे पा सकते हैं? **न तत्र सूर्यो भाति न चन्द्रतारकं नेमा विद्युतो भान्ति कुतोऽयमग्निः, तमेव भान्तमनुभाति सर्वं, तस्य भासा सर्वमिदं विभाति।** 'वहाँ सूर्य का प्रकाश नहीं है, चन्द्र, तारे आदि नहीं चमकते, ये बिजलियाँ भी नहीं चमकतीं, फिर अग्नि की क्या बात? सभी वस्तुएँ उस प्रकाशमान से ही प्रकाशित होती हैं, उसीकी दीप्ति से सब दीप्त होते हैं।'[5] यहाँ पर और एक

---

१. वही, ९-१०
२. वही, ११
३. वही, १२
४. वही, १३
५. वही, १५

सुन्दर रूपक है। तुम लोगों में से जो भारत हो आये हैं और देखा है कि कैसे अश्वत्थ वृक्ष एक मूल से उद्गत होता है और काफ़ी दूर तक फैल जाता है, वे इसे समझ सकेंगे। **ऊर्ध्वमूलोऽवाक्शाख एषोऽश्वत्थः सनातनः। तदेव शुक्रं तद्ब्रह्म तदेवामृतमुच्यते। तस्मिँल्लोकाः श्रिताः सर्वे तदु नात्येति कश्चन। एतद्वैतत्।** 'ऊपर की ओर जिसका मूल और नीचे की ओर जिसकी शाखाएँ हैं, ऐसा यह चिरन्तन अश्वत्थ वृक्ष (संसार-वृक्ष) है। वही उज्ज्वल है, वही ब्रह्म है, उसीको अमृत कहते हैं। समस्त संसार उसीमें आश्रित है। कोई उसका अतिक्रमण नहीं कर सकता। यही वह आत्मा है।'[1]

वेद के ब्राह्मण भाग में नाना प्रकार के स्वर्गों की बातें हैं, किन्तु उपनिषद् स्वर्ग जाने की इस वासना को निराकृत कर देते हैं। सुख इस या उस स्वर्ग में नहीं है, वरन् इस आत्मा में है, स्थानों का कोई अर्थ नहीं है। **यथादर्शे तथात्मनि यथा स्वप्ने तथा पितृलोके। यथाप्सु परीव ददृशे तथा गन्धर्वलोके छायातपयोरिव ब्रह्मलोके।** 'जिस प्रकार दर्पण में लोग अपना प्रतिबिम्ब स्पष्ट रूप से देखते हैं, उसी प्रकार आत्मा में ब्रह्म का दर्शन होता है। जिस प्रकार स्वप्न में हम अपने को अस्पष्ट रूप से अनुभव करते हैं, उसी प्रकार पितृलोक में ब्रह्मदर्शन होता है। जिस प्रकार जल में लोग अपना रूप देखते हैं, उसी प्रकार गन्धर्वलोक में ब्रह्मदर्शन होता है। जिस प्रकार प्रकाश और छाया परस्पर पृथक् हैं, उसी प्रकार ब्रह्मलोक में ब्रह्म और जगत् स्पष्ट रूप से पृथक् मालूम पड़ते हैं।'[2] किन्तु फिर भी पूर्ण रूप से ब्रह्मदर्शन नहीं होता। अतएव वेदान्त कहता है कि हमारी अपनी आत्मा ही सर्वोच्च स्वर्ग है, मानवात्मा ही पूजा के लिए सर्वश्रेष्ठ मन्दिर है, वह सभी स्वर्गों से श्रेष्ठ है। कारण, इस आत्मा में उस सत्य का जैसा स्पष्ट अनुभव होता है, वैसा और कहीं भी नहीं होता। एक स्थान से अन्य स्थान में जाने से ही आत्म-दर्शन में कुछ विशेष सहायता नहीं मिलती। मैं जब भारतवर्ष में था, तो सोचता था कि किसी गुफा में बैठने पर शायद खूब स्पष्ट रूप से ब्रह्म की अनुभूति होती होगी, परन्तु उसके बाद देखा कि बात वैसी नहीं है। फिर सोचा, जंगल में जाकर बैठने से शायद सुविधा होगी। काशी की बात भी मन में आयी। असल बात यह है कि सभी स्थान एक प्रकार के हैं, क्योंकि हम स्वयं अपना जगत् रच लेते हैं। यदि मैं बुरा हूँ, तो सारा जगत् मुझे बुरा दीख पड़ेगा। उपनिषद् यही कहते हैं। सर्वत्र एक ही नियम लागू होता है। यदि मेरी यहाँ मृत्यु हो जाय और मैं स्वर्ग चला जाऊँ, तो वहाँ भी मैं सब कुछ यहीं के समान देखूँगा। जब

---

१. वही ।।२।३।१।।

२. वही, ५

तक तुम पवित्र नहीं हो जाते, तक तक गुफा, जंगल, काशी अथवा स्वर्ग जाने से कोई विशेष लाभ नहीं। और यदि तुम अपने चित्तरूपी दर्पण को निर्मल कर सको, तब तुम चाहे कहीं भी रहो, तुम प्रकृत सत्य का अनुभव करोगे। अतएव इधर-उधर भटकना शक्ति का व्यर्थ ही क्षय करना मात्र है। उसी शक्ति को यदि चित्त-दर्पण को निर्मल बनाने में लगाया जाय, तो कितना अच्छा हो! निम्नलिखित श्लोक में इसी भाव का वर्णन है :

न संदृशे तिष्ठति रूपमस्य
न चक्षुषा पश्यति कश्चनैनम्।
हृदा मनीषा मनसाऽभिक्लृप्तो
य एतद्विदुरमृतास्ते भवन्ति।

—'उसका रूप देखने की वस्तु नहीं। कोई उसको आँख से नहीं देख सकता। हृदय, संशयरहित बुद्धि एवं मनन के द्वारा वह प्रकाशित होता है। जो इस आत्मा को जानते हैं, वे अमर हो जाते हैं।'[1]

जिन लोगों ने राजयोग सम्बन्धी मेरे व्याख्यान पिछली गर्मियों में सुने हैं, उनसे मैं कहता हूँ कि वह योग ज्ञानयोग से कुछ भिन्न प्रकार का है। जिस योग पर हम अब विचार कर रहे हैं, वह मुख्यतया इन्द्रिय-नियंत्रण का है।

यदा पञ्चावतिष्ठन्ते ज्ञानानि मनसा सह।
बुद्धिश्च न विचेष्टति तामाहुः परमां गतिम्॥

—'जब सारी इन्द्रियाँ संयत हो जाती हैं, जब मनुष्य उनको अपना दास बनाकर रखता है, जब वे मन को चंचल नहीं कर सकतीं, तभी योगी चरम गति को प्राप्त होता है।'[2]

यथा सर्वे प्रमुच्यन्ते कामा येऽस्य हृदि श्रिताः।
अथ मर्त्योऽमृतो भवत्यत्र ब्रह्म समश्नुते॥
यदा सर्वे प्रभिद्यन्ते हृदयस्येह ग्रन्थयः।
अथ मर्त्योऽमृतो भवत्येतावद्धयनुशासनम्॥

—'जो सब कामनाएँ मर्त्य जीव के हृदय का आश्रय लेकर रहती हैं, वे जब नष्ट

---

१. वही, ९
२. वही, १०

हो जाती हैं, तब मनुष्य अमर हो जाता और यहीं ब्रह्म को प्राप्त हो जाता है। जब इस संसार में हृदय की सारी ग्रन्थियाँ कट जाती हैं, तब मनुष्य अमर हो जाता है। यही उपदेश है।"[1] यहीं, इसी पृथ्वी पर, कहीं अन्यत्र नहीं।

यहाँ कुछ और कहना आवश्यक है। साधारणतः लोग कहते हैं कि वेदान्त, तथा अन्य प्राच्य दर्शन और धर्म इस जगत् और उसके सारे सुखों एवं संघर्षों को छोड़कर इसके बाहर जाने का उपदेश देते हैं। पर यह धारणा एकदम ग़लत है। केवल ऐसे अज्ञानी व्यक्ति ही, जो प्राच्य चिंतन के विषय में कुछ नहीं जानते, और जिसमें उसकी यथार्थ शिक्षा समझने योग्य बुद्धि ही नहीं है, इस प्रकार की बातें कहते हैं। प्रत्युत हम अपने शास्त्रों में पढ़ते हैं कि वे अन्य किसी लोक में जाना नहीं चाहते। वे उन लोकों की यह कहकर निंदा करते हैं कि कुछ क्षणों तक वहाँ रो और हँसकर लोग मर जाते हैं। जब तक हम दुर्बल रहेंगे, तब तक हमें स्वर्ग-नरक आदि में घूमना पड़ेगा, जो कुछ सत्य है, यही है और वह है मनुष्य की आत्मा। वे यह भी कहते हैं कि आत्महत्या द्वारा अपरिहार्य को पार नहीं किया जा सकता, हम उससे बच नहीं सकते। हाँ, सच्चा मार्ग पाना अत्यन्त कठिन अवश्य है। पाश्चात्य लोगों के समान हिन्दू भी कार्यकुशल हैं, पर दोनों की जीवन-दृष्टि भिन्न है। पश्चिमी लोग कहते हैं, एक अच्छा सा मकान बनाओ, उत्तम भोजन करो, उत्तम वस्त्र पहनो, विज्ञान की चर्चा करो, बुद्धि की उन्नति करो। इन सब में वे बड़े व्यावहारिक हैं। किन्तु हिन्दू लोग कहते हैं, आत्मज्ञान ही जगत् का ज्ञान है। वे उसी आत्मज्ञान के आनन्द में विभोर होकर रहना चाहते हैं। अमेरिका में एक प्रसिद्ध अज्ञेयवादी वक्ता (इंगरसोल) हैं—वे एक अत्यन्त सज्जन पुरुष हैं और एक बड़े सुन्दर वक्ता भी। उन्होंने धर्म के सम्बन्ध में एक व्याख्यान दिया। उन्होंने उसमें कहा कि धर्म की कोई आवश्यकता नहीं, परलोक को लेकर अपना मस्तिष्क खराब करने की हमें तनिक भी आवश्यकता नहीं। अपने मत को समझाने के लिए उन्होंने एक उदाहरण देते हुए कहा, "संसार मानो एक सन्तरा है और हम उसका सब रस बाहर निकाल लेना चाहते हैं।" मेरी एक बार उनसे भेंट हुई। मैंने उनसे कहा, "मैं आपके साथ सहमत हूँ, मेरे पास भी फल है, मैं भी इसका सब रस निकाल लेना चाहता हूँ। पर आप से मेरा मतभेद है, केवल इस फल को लेकर। आप चाहते हैं सन्तरा और मैं चाहता हूँ आम। आप समझते हैं कि संसार में आकर खूब खा-पी लेने और कुछ वैज्ञानिक तथ्य जान लेने से ही बस पर्याप्त हो गया; पर आपको यह कहने का कोई अधिकार नहीं कि इसे छोड़कर मनुष्य का और कोई कर्तव्य ही नहीं

---

१. वही, १४-५

है। मेरे लिए तो यह धारणा बिल्कुल तुच्छ है। यदि जीवन का एकमात्र कार्य यह जानना ही हो कि सेब किस प्रकार भूमि पर गिरता है अथवा विद्युत् का प्रवाह किस प्रकार स्नायुओं को उत्तेजित करता है, तब तो मैं इसी क्षण आत्महत्या कर लूँ। मेरा संकल्प है कि मैं सभी वस्तुओं के मर्म की खोज करूँगा—जीवन का वास्तविक रहस्य क्या है, यह जानूँगा। आप केवल प्राण की विभिन्न अभिव्यक्तियों की चर्चा करते हैं, पर मैं तो प्राण का स्वरूप ही जान लेना चाहता हूँ। मैं इस जीवन में ही समस्त रस सोख लेना चाहता हूँ। मेरा दर्शन कहता है कि जगत् और जीवन का समस्त रहस्य जान लेना होगा, स्वर्ग-नरक आदि का सारा अंधविश्वास छोड़ देना होगा, यद्यपि उनका अस्तित्व उसी अर्थ में है, जिस अर्थ में इस पृथ्वी का अस्तित्व है। मैं इस जीवन की अन्तरात्मा को जानूँगा—उसका वास्तविक स्वरूप जानूँगा, वह क्या है, यह जानूँगा; वह किस प्रकार कार्य करती है और उसका प्रकाश क्या है, केवल इतना जानकर मेरी तृप्ति नहीं होगी। मैं सभी वस्तुओं का 'क्यों' जानना चाहता हूँ—'कैसे होता है', यह खोज बालक करते रहें। विज्ञान और है क्या? आपके ही किसी बड़े आदमी ने कहा है, 'सिगरेट पीते समय जो जो होता है, वह सब यदि मैं लिखकर रखूँ तो वही सिगरेट का विज्ञान हो जायगा।' वैज्ञानिक होना अवश्य अच्छा है और गौरव की बात है—ईश्वर उनके अनुसन्धान में सहायता करे, उन्हें आशीर्वाद दे; पर जब कोई कहता है कि यह विज्ञान-चर्चा ही सर्वस्व है, इसके अतिरिक्त जीवन का और कोई उद्देश्य नहीं, तब समझ लेना चाहिए कि वह मूर्खोचित बात कह रहा है। उसने जीवन के मूल रहस्य को जानने की कभी चेष्टा नहीं की; प्रकृत वस्तु क्या है, इस सम्बन्ध में उसने कभी आलोचना नहीं की। मैं सहज ही तर्क द्वारा यह समझा दे सकता हूँ कि आपका सारा ज्ञान अर्थहीन और आधारहीन है। आप प्राण की विभिन्न अभिव्यक्तियों को लेकर चर्चा कर रहे हैं, पर जब मैं आपसे पूछता हूँ कि प्राण क्या है, तो आप कहते हैं, 'मैं नहीं जानता'। ठीक है, आपको जो अच्छा लगे, करें, मुझे अपने ही भाव में रहने दें।"

मैं अपने ढंग से पूर्णरूपेण व्यवहार-कुशल हूँ। अतएव तुम्हारी इस बात में कोई अर्थ नहीं कि केवल पश्चिम ही व्यवहार-कुशल है। तुम एक ढंग से व्यवहार-कुशल हो; तो मैं दूसरे ढंग से। इस संसार में विभिन्न प्रकार की प्रकृतिवाले मनुष्य हैं। यदि प्राच्य देश के किसी व्यक्ति से कहा जाय कि सारा जीवन एक पैर पर खड़ा रहने से वह सत्य को पा सकेगा, तो वह सारा जीवन एक पैर पर ही खड़ा रहेगा। यदि पाश्चात्य देशों में लोग सुनें कि किसी बर्बर देश में कहीं पर सोने की खदान है, तो हजारों लोग सोना पाने की आशा में अपने प्राणों की बाज़ी लगा देंगे—और शायद उनमें से एक ही कृतकार्य होगा! इस दूसरे प्रकार के मनुष्यों ने भी सुना है

कि आत्मा नाम की कोई चीज़ है, पर वे उसकी मीमांसा का भार चर्च पर डालकर निश्चिन्त हो जाते हैं। पर पहले प्रकार का मनुष्य सोना पाने के लिए बर्बरों के देश में जाने को राज़ी न होगा; कहेगा, "नहीं, उसमें खतरे की आशंका है।" पर यदि उससे कहा जाय कि एक ऊँचे पर्वत के शिखर पर एक अद्भुत साधु रहते हैं, जो उसे आत्मज्ञान दे सकते हैं, तो वह तुरन्त उस शिखर पर चढ़ने को उद्यत हो जायगा—फिर इस प्रयत्न में उसके प्राण ही क्यों न चले जायँ। दोनों ही प्रकार के व्यक्ति व्यवहार-कुशल हैं, पर भूल यहाँ पर है कि तुम लोग इस परिदृश्यमान संसार को ही सब कुछ समझ बैठते हो। तुम्हारा जीवन क्षणस्थायी इन्द्रिय-भोग मात्र है—उसमें कुछ भी नित्यता नहीं है, प्रत्युत उससे दुःख क्रमशः बढ़ता ही जाता है। हमारे मार्ग में अनन्त शान्ति है, और तुम्हारे मार्ग में अनन्त दुःख।

मैं यह नहीं कहता कि तुम्हारा दृष्टिकोण ग़लत है। तुमने जैसा समझा है, वैसा करो। उससे परम मंगल होगा—लोगों का बड़ा हित होगा, पर इसी कारण मेरे दृष्टिकोण पर दोषारोपण मत करो। मेरा मार्ग भी अपने ढंग से मेरे लिए व्यावहारिक है। आओ, हम सब अपने अपने ढंग से कार्य करें। भगवान् करते, हम दोनों ही ओर समान रूप से कार्य-कुशल हो सकते! मैंने ऐसे अनेक वैज्ञानिक देखे हैं, जो विज्ञान और अध्यात्म-तत्त्व दोनों में समान रूप से व्यावहारिक हैं, और मैं आशा करता हूँ कि एक समय आयेगा, जब समस्त मानव जाति इसी प्रकार व्यवहार-कुशल हो जायगी। मान लो, एक पतीली में जल गरम होकर उबलने आ रहा है—उस समय क्या होता है, इस बात की ओर यदि तुम ध्यान दो, तो देखोगे कि एक कोने में एक बुद्बुद उठ रहा है, दूसरे कोने में एक और उठ रहा है। ये बुद्बुद क्रमशः बढ़ते जाते हैं और अन्त में सब मिलकर एक प्रबल हलचल उत्पन्न कर देते हैं। यह संसार भी ऐसा ही है। प्रत्येक व्यक्ति मानो एक बुद्बुद है, और विभिन्न राष्ट्र मानो कुछ बुद्बुदों की समष्टि हैं। क्रमशः राष्ट्रों में परस्पर मेल होता जा रहा है, और मेरी यह दृढ़ धारणा है कि एक दिन ऐसा आयेगा, जब राष्ट्र नामक कोई वस्तु नहीं रह जायगी—राष्ट्र राष्ट्र का भेद दूर हो जायगा। हम चाहे इच्छा करें या न करें, हम जिस एकत्व की ओर अग्रसर होते जा रहे हैं, वह एक दिन प्रकाशित होगा ही। वास्तव में, हम सबके बीच भ्रातृ-सम्बन्ध स्वाभाविक ही है, पर हम सब इस समय पृथक् हो गये हैं। ऐसा समय अवश्य आयेगा, जब ये सब भेद-भाव लुप्त हो जायँगे—प्रत्येक व्यक्ति वैज्ञानिक विषय के ही समान आध्यात्मिक विषय में भी तीव्र रूप से व्यवहार-कुशल हो जायगा, और तब वह एकत्व, वह समन्वय समस्त जगत् में व्याप्त हो जायगा। तब सारी मानवता जीवन्मुक्त हो जायगी। अपनी ईर्ष्या, घृणा, मेल और विरोध में से होते हुए हम उसी एक लक्ष्य की ओर

संघर्ष कर रहे हैं। हम सबको लेते हुए एक वेगवती नदी समुद्र की ओर बही जा रही है। छोटे छोटे कागज़ के टुकड़े, तिनके आदि की भाँति हम इसमें बहे जा रहे हैं। हम भले ही इधर-उधर, जाने की चेष्टा करें, पर अन्त में हम भी जीवन और आनन्द के उस अनन्त समुद्र में अवश्य पहुँच जायँगे।

सभी वस्तुओं में ब्रह्मदर्शन

(२७ अक्तूबर, १८९६ को लन्दन में दिया हुआ भाषण)

हमने देखा कि हम अपने दुःखों को दूर करने की कितनी ही चेष्टा क्यों न करें, परन्तु फिर भी हमारे जीवन का अधिकांश भाग अवश्यमेव दुःखपूर्ण रहेगा, और यह दुःखराशि वास्तव में हमारे लिए एक प्रकार से अनन्त है। हम अनादि काल से इस दुःख के प्रतिकार की चेष्टाएँ करते आ रहे हैं, पर यह जैसा था, वैसा ही अब भी है। हम इस दुःख को दूर करने के लिए जितने ही उपाय निकालते हैं, उतना ही हम देखते हैं कि जगत् में और भी कितना दुःख गुप्त भाव से विद्यमान है। हमने यह भी देखा कि सभी धर्म कहते हैं—इस दुःख-चक्र से बाहर निकलने का एकमात्र उपाय है ईश्वर। सभी धर्म कहते हैं, जैसा इस युग में व्यावहारिक लोग हमें मानने की सलाह देते हैं, कि यदि संसार को उसके परिदृश्यमान रूप में ही ग्रहण कर लिया जाय, तो फिर दुःख के सिवा और कुछ न रहेगा। वे यह भी कहते हैं—इस जगत् के अतीत और भी कुछ है। यह पंचेन्द्रियग्राह्य जीवन, यह भौतिक जीवन ही सब कुछ नहीं है—यह तो केवल एक लघु अंश मात्र है, सतही मात्र है। इसके पीछे, इसके परे वह अनन्त विद्यमान है, जहाँ दुःख का लेशमात्र भी नहीं। उसे कोई गॉड, कोई अल्लाह, कोई जिहोवा, कोई जोव और कोई और कुछ कहता है। वेदान्ती उसे ब्रह्म कहते हैं।

सभी धर्मों के उपदेशों से साधारणतः मन में यही भावना उदित होती है कि शायद आत्महत्या करना ही श्रेयस्कर है। जीवन के दुःखों का प्रतिकार क्या है, इस प्रश्न का जो उत्तर दिया जाता है, उससे तो आपाततः यही बोध होता है कि जीवन का त्याग कर देना ही इसका एकमात्र उपाय है। इस उत्तर से मुझे एक प्राचीन कथा याद आती है। किसीके मुँह पर एक मच्छर बैठा था। उसके एक मित्र ने उस मच्छर को मारने के लिए इतने जोर से घूँसा मारा कि मच्छर के साथ ही वह मनुष्य भी मर गया! दुःख के प्रतिकार का उपाय भी ठीक इसी प्रकार का संकेत देता लगता है। जीवन और जगत् दुःखमय हैं, यह एक ऐसा तथ्य है, जिसे जगत् को जानने का साहस करनेवाला कोई व्यक्ति अस्वीकार नहीं कर सकता।

किन्तु संसार के समस्त धर्म इसका क्या प्रतिकार बताते हैं ? वे कहते हैं कि यह संसार कुछ नहीं है; इस संसार के बाहर ऐसा कुछ है, जो वास्तविक सत्य है। यहीं पर कठिनाई प्रारम्भ होती है। यह उपाय तो मानो हमें अपना सब कुछ नष्ट करके फेंक देने का उपदेश देता है। तब फिर प्रतिकार का उपाय यह कैसे होगा ? तब क्या कोई उपाय नहीं है ? एक उपाय और भी बतलाया जाता है। वह यह है : वेदान्त कहता है—विभिन्न धर्म जो कुछ कहते हैं, सब सत्य है, पर इसका ठीक ठीक अर्थ समझ लेना होगा। बहुधा लोग धर्मों के उपदेशों को गलत समझ लेते हैं, और धर्म भी अपने अर्थ को स्पष्ट रूप से प्रकट नहीं करते। मस्तिष्क एवं हृदय, दोनों की ही हमें आवश्यकता है। अवश्य हृदय बहुत श्रेष्ठ है—हृदय के माध्यम से जीवन की महान् अंतःप्रेरणाएँ आती हैं। मस्तिष्कवान, पर हृदयशून्य होने की अपेक्षा मैं तो यह सौ बार पसन्द करूँगा कि मेरे कुछ भी मस्तिष्क न हो, पर थोड़ा सा हृदय हो। जिसके हृदय है, उसीका जीवन सम्भव है, उसीकी उन्नति सम्भव है; किन्तु जिसके तनिक भी हृदय नहीं, केवल मस्तिष्क है, वह सूखकर मर जाता है।

परन्तु हम यह भी जानते हैं कि जो केवल अपने हृदय के द्वारा परिचालित होते हैं, उन्हें अनेक कष्ट भोगने पड़ते हैं, क्योंकि प्रायः ही उनके भ्रम में पड़ने की सम्भावना रहती है। हमको चाहिए—हृदय और मस्तिष्क का समन्वय। मेरे कहने का अर्थ यह नहीं कि हृदय के लिए मस्तिष्क को और मस्तिष्क के लिए हृदय को हानि पहुँचायें। वरन् प्रत्येक व्यक्ति का हृदय अनन्त हो और साथ ही साथ उसमें अनन्त परिमाण में विचार-बुद्धि भी रहे। इस संसार में हम जो कुछ चाहते हैं, उसकी क्या कोई सीमा है ? क्या संसार अनन्त नहीं है ? यहाँ तो अनन्त परिमाण में भावना के (हृदय के) विकास के लिए और उसके साथ साथ अनन्त परिमाण में बुद्धि और संस्कृति के लिए अवकाश है। वे दोनों अनन्त परिमाण में आयें—वे दोनों समानान्तर रेखा में साथ साथ विस्तृत होते रहें।

अधिकांश धर्म तथ्य तो समझते हैं, पर ज्ञात होता है कि सभी एक भ्रम में पड़ जाते हैं—वे सभी हृदय के द्वारा, भावनाओं के द्वारा परिचालित होते हैं। संसार में दुःख है, अतएव इसका त्याग कर दो, यह बहुत अच्छा उपदेश है—एकमात्र उपदेश है, इसमें सन्देह नहीं। 'संसार का त्याग करो!' इस विषय में कोई दो मत नहीं हो सकते कि सत्य को जानने के लिए असत्य का त्याग करना होगा—अच्छी वस्तु पाने के लिए बुरी वस्तु का त्याग करना होगा, जीवन प्राप्त करने के लिए मृत्यु का त्याग करना होगा।

पर यदि इस परिकल्पना का यही तात्पर्य हो कि हम जिसे जीवन नाम से समझते हैं, उस पंचेन्द्रियगत जीवन का त्याग करना होगा, तब फिर हमारे पास

क्या शेष रहा ? और जीवन का अर्थ भी क्या है ? यदि हम उसे त्याग दें, तो क्या बच रहता है ? जब हम वेदान्त के दार्शनिक अंश की आलोचना करेंगे, तब हम इस तत्त्व को और भी अच्छी तरह समझ सकेंगे, पर अभी मैं इतना ही कहना चाहता हूं कि केवल वेदान्त में इस समस्या की युक्तिसंगत मीमांसा मिलती है। यहाँ पर मैं वेदान्त का वास्तविक उपदेश क्या है, यही कहूँगा। वेदान्त शिक्षा देता है—'जगत् को ब्रह्म-स्वरूप देखो।' वेदान्त वास्तव में जगत् की भर्त्सना नहीं करता। यह ठीक है कि वेदान्त में जिस प्रकार चूड़ान्त वैराग्य का उपदेश है, उस प्रकार और कहीं भी नहीं है। पर इस वैराग्य का अर्थ शुष्क आत्महत्या नहीं है। वेदान्त में वैराग्य का अर्थ है, जगत् को ब्रह्म-रूप देखना—जगत् को हम जिस भाव से देखते हैं, उसे हम जैसा जानते हैं, वह जैसा हमारे सम्मुख प्रतिभात होता है, उसका त्याग करना और उसके वास्तविक स्वरूप को पहचानना। उसे ब्रह्मस्वरूप देखो—वास्तव में वह ब्रह्म के अतिरिक्त और कुछ भी नहीं है; इसी कारण सबसे प्राचीन उपनिषद् में हम देखते हैं, **ईशावास्यमिदं सर्वं यत्किंच जगत्यां जगत्**—'जगत् में जो कुछ है, वह सब ईश्वर से आच्छन्न है।'[1]

समस्त जगत् को ईश्वर से ढक लेना होगा। यह किसी मिथ्या आशावादिता से नहीं, जगत् के अशुभ और दुःख-कष्ट के प्रति आँखें मींचकर नहीं, वरन् वास्तविक रूप से प्रत्येक वस्तु के भीतर ईश्वर के दर्शन द्वारा करना होगा। इसी प्रकार हमें संसार का त्याग करना होगा। और जब संसार का त्याग कर दिया, तो शेष क्या रहा ? ईश्वर। इस उपदेश का तात्पर्य क्या है ? यही कि तुम्हारी स्त्री भी रहे, उससे कोई हानि नहीं; उसको छोड़कर जाना नहीं होगा, वरन् इसी स्त्री में तुम्हें ईश्वर-दर्शन करना होगा। सन्तान का त्याग करो—इसका क्या अर्थ है ? क्या बाल-बच्चों को लेकर रास्ते में फेंक देना होगा, जैसा कि सभी देशों में कुछ नर-पशु करते हैं ? नहीं, कभी नहीं ! वह तो पैशाचिक काण्ड है—वह धर्म नहीं है। तो फिर क्या ? उनमें ईश्वर का दर्शन करो। इसी प्रकार सभी वस्तुओं के सम्बन्ध में जानो। जीवन में, मरण में, सुख में, दुःख में—सभी अवस्थाओं में ईश्वर समान रूप से विद्यमान है। केवल आँखें खोलकर उसके दर्शन करो। वेदान्त यही कहता है; तुमने जगत् की जिस रूप में कल्पना कर रखी है, उसे छोड़ो, क्योंकि तुम्हारी कल्पना अत्यन्त आंशिक अनुभूति पर—क्षीण तर्कना और युक्ति पर, तुम्हारी अपनी दुर्बलता पर आधारित है। उसे त्याग दो; हम इतने दिन जगत् को जैसा सोचते थे, इतने दिन उसमें अत्यन्त आसक्त थे, वह तो हमारे द्वारा रचित एक मिथ्या जगत् है—

---

१. ईशोपनिषद् ॥१॥

उसको छोड़ो। आँखें खोलकर देखो, हम अब तक जिस रूप में जगत् को देख रहे थे, वास्तव में उसका अस्तित्व वैसा कभी नहीं था––वह स्वप्न था, माया थी। जो था, वह था एकमात्र प्रभु। वे ही सन्तान के भीतर, वे ही स्त्री में, वे ही स्वामी में, वे ही अच्छे में, वे ही बुरे में, वे ही पाप में, वे ही पापी में, वे ही हत्याकारी में, वे ही जीवन में और वे ही मरण में वर्तमान हैं।

यह स्थापना अवश्य ही विराट् है। किन्तु वेदान्त इसीको प्रमाणित करना, इसीकी शिक्षा देना और प्रचार करना चाहता है। इसी विषय को लेकर वेदान्त का प्रारम्भ होता है।

हम इसी प्रकार जीवन की विपत्तियों और दुःखों को टाल सकत हैं। कुछ इच्छा मत करो। कौन हमें दुःखी करता है? हम जो कुछ दुःख-भोग करते हैं, वह वासना से ही उत्पन्न होता है। मान लो, तुम्हें कुछ चाहिए। और जब वह पूरा नहीं होता, तो फल होता है––दुःख। यदि इच्छा न रहे, तो दुःख भी नहीं होगा। यहाँ भी मुझे ग़लत समझ लेने की आशंका है, अतः यह स्पष्ट कर देना आवश्यक है कि वासनाओं, इच्छाओं के त्याग तथा समस्त दुःख से मुक्त हो जाने से मेरा आशय क्या है। दीवार में कोई वासना नहीं है, वह कभी दुःख नहीं भोगती। ठीक है, पर वह कभी उन्नति भी तो नहीं करती। इस कुर्सी में कोई वासना नहीं है, कोई कष्ट भी उसे नहीं है, परन्तु यह कुर्सी की कुर्सी ही रहेगी। सुख-भोग के भीतर भी एक गरिमा है और दुःख-भोग के भीतर भी। यदि साहस करके कहा जाय, तो यह भी कह सकते हैं कि दुःख की उपयोगिता भी है। हम सभी जानते हैं कि दुःख से कितनी बड़ी शिक्षा मिलती है। हमने जीवन में ऐसे सैकड़ों कार्य किये हैं, जिनके बारे में बाद में हमें पता लगता है कि वे न किये जाते, तो अच्छा होता, पर तो भी इन सब कार्यों ने हमारे लिए महान् शिक्षक का कार्य किया है। मैं अपने सम्बन्ध में कह सकता हूँ कि मैंने कुछ अच्छे कार्य किये हैं, यह सोचकर भी मैं आनन्दित हूँ और अनेक बुरे कार्य किये हैं, यह सोचकर भी आनन्दित हूँ––मैंने कुछ सत्कार्य किया है, इसलिए भी सुखी हूँ और अनेक भूलें की हैं, इसलिए भी सुखी हूँ, क्योंकि उनमें से प्रत्येक ने मुझे कुछ न कुछ उच्च शिक्षा दी है। मैं इस समय जो कुछ हूँ, वह अपने पूर्व कर्मों और विचारों का फलस्वरूप हूँ। प्रत्येक कार्य और विचार का एक न एक फल हुआ है और ये फल ही मेरी उन्नति की समष्टि हैं।

अब यहाँ एक कठिन समस्या आती है। हम सभी जानते हैं कि वासना बड़ी बुरी चीज़ है, पर वासना-त्याग का अर्थ क्या है? फिर शरीर-रक्षा किस प्रकार होगी? इसका आत्मघाती उत्तर भी पहले की भाँति यही मिलेगा कि वासना का संहार करो और उसके साथ ही वासनायुक्त मनुष्य को भी मार डालो।

पर यथार्थ समाधान यह है : ऐसी बात नहीं कि तुम धन-सम्पत्ति न रखो, आवश्यक वस्तुएँ और विलास की सामग्री न रखो। तुम जो जो आवश्यक समझते हो, सब रखो, यहाँ तक कि उससे अतिरिक्त वस्तुएँ भी रखो---इससे कोई हानि नहीं। पर तुम्हारा प्रथम और प्रधान कर्तव्य है---सत्य को जान लेना, उसको प्रत्यक्ष कर लेना। यह धन किसीका नहीं है। किसी भी पदार्थ में स्वामित्व का भाव मत रखो। तुम भी कोई नहीं हो, मैं भी कोई नहीं हूँ, कोई भी कोई नहीं है। सब उस प्रभु की ही वस्तुएँ हैं; क्योंकि ईशोपनिषद् के प्रथम श्लोक में ही ईश्वर को सर्वत्र स्थापित करने के लिए कहा गया है। ईश्वर तुम्हारे भोग्य धन में है; तुम्हारे मन में जो सब वासनाएँ उठती हैं, उनमें है; अपनी वासना से प्रेरित हो तुम जो जो द्रव्य खरीदते हो, उनमें भी वही है; तुम्हारे सुन्दर वस्त्रों में भी वह है, और तुम्हारे सुन्दर अलंकारों में भी वही है। इसी प्रकार विचार करना पड़ेगा। इसी प्रकार सब वस्तुओं को देखने पर, तुम्हारी दृष्टि में सब कुछ परिवर्तित हो जायगा। यदि तुम अपनी प्रत्येक गति में, अपने वस्त्रों में, अपने वार्तालाप में, अपने शरीर में, अपने चेहरे में---सभी वस्तुओं में भगवान् की स्थापना कर लो, तो तुम्हारी आँखों में सम्पूर्ण दृश्य बदल जायगा और जगत् दुःखमय प्रतीत न होकर स्वर्ग में परिणत हो जायगा।

"स्वर्ग का राज्य तुम्हारे भीतर है", ईसा कहते हैं, वेदान्त तथा सभी उपदेष्टा यही कहते हैं। "जिसके पास देखने के लिए आँख है, वह देखे; जिसके पास सुनने के लिए कान है, वह सुने।" वह पहले से ही तुम्हारे अन्दर मौजूद है। वेदान्त यह सिद्ध करता है कि जिस सत्य को अज्ञान के कारण हम सोचते थे कि हमने उसे खो दिया है, और सारी दुनिया में उसको पाने के लिए रोते रोते, कष्ट भोगते घूमते-फिरते रहे, किन्तु वह सदा ही हमारे हृदय के अन्तस्तल में वर्तमान था। उसे हम वहीं पा सकते हैं।

यदि संसार त्यागने के उपदेश को उसके प्राचीन स्थूल अर्थ में ग्रहण किया जाय, तो निष्कर्ष यही निकलता है कि हमें कोई कार्य करने की आवश्यकता नहीं, आलसी होकर मिट्टी के ढेले की भाँति बैठे रहना ठीक होगा, कोई विचार या कार्य करने की तनिक भी आवश्यकता नहीं, अदृष्टवादी होकर, घटना-चक्र की लथाड़ें खाकर, प्राकृतिक नियमों द्वारा परिचालित होकर इधर-उधर घूमते रहने से ही काम चल जायगा। बस, यही निष्कर्ष निकलता है। किन्तु पूर्वोक्त उपदेश का अर्थ वास्तव में यह नहीं है। हम लोगों को कार्य अवश्यमेव करना पड़ेगा। व्यर्थ की वासनाओं के चक्र में पड़कर इधर-उधर भटकते फिरनेवाले साधारण जन कार्य के सम्बन्ध में भला क्या जानें ? जो व्यक्ति अपनी भावनाओं और इन्द्रियों से परिचालित है, वह भला

कार्य को क्या समझे ? कार्य वही कर सकता है, जो किसी वासना के द्वारा, किसी स्वार्थपरता के द्वारा परिचालित नहीं होता। वे कार्य करते हैं, जिनकी कोई कामना नहीं है। वे ही कार्य करते हैं, जो बदले में किसी लाभ की आशा नहीं रखते।

एक चित्र से अधिक आनन्द कौन प्राप्त करता है—चित्र का बेचनेवाला अथवा देखनेवाला ? विक्रेता तो अपने हिसाब-किताब में ही व्यस्त रहता है, मुझे कितना लाभ होगा, इत्यादि चिन्ताओं में ही मग्न रहता है। उसके मस्तिष्क में यही सब घूमता रहता है। वह केवल नीलाम के हथौड़े की ओर लक्ष्य रखता है और क्या भाव पड़ा, यही सुनता रहता है। भाव किस तरह बढ़ता जा रहा है, यही सुनने में वह व्यस्त है। फिर चित्र का आनन्द वह ले कब ? वे ही चित्र का आनन्द ले सकते हैं, जिनको उस चित्र की बिक्री-खरीद से कोई मतलब नहीं। वे चित्र की ओर ताकते रहते हैं और असीम आनन्द का उपभोग करते हैं। इसी प्रकार यह समग्र ब्रह्माण्ड एक चित्र के समान है ; जब वासना बिल्कुल चली जायगी, तभी लोग जगत् का आनन्द ले सकेंगे; तब यह बेचने-खरीदने का भाव, यह भ्रमात्मक स्वामित्व का भाव नहीं रह जायगा। उस समय न ऋण देनेवाला है, न खरीदनेवाला है, न बेचनेवाला है; उस समय जगत् एक सुन्दर चित्र के समान हो जाता है। ईश्वर के सम्बन्ध में इतनी सुन्दर बात मैंने और कहीं नहीं देखी—'वह महान् कवि है, प्राचीन कवि है—समस्त जगत् उसकी कविता है, वह अनन्त आनन्दोच्छ्वास में लिखी हुई है और नाना प्रकार के श्लोकों, छन्दों और तालों में प्रकाशित है।' वासना का त्याग करने पर ही हम ईश्वर की इस विश्व-कविता का पाठ और भोग कर सकेंगे। उस समय सारी वस्तुएँ ब्रह्मभाव धारण कर लेंगी। संसार का प्रत्येक कोना, प्रत्येक अँधेरी गली, बीहड़ मार्ग और सभी गुप्त अन्धकारमय स्थान, जिन्हें हमने पहले इतना अपवित्र समझा था, ब्रह्मभाव धारण कर लेंगे। वे सभी अपना प्रकृत स्वरूप प्रकाशित करेंगे। तब हम अपने आप पर हँसेंगे और सोचेंगे, 'यह सब रोना-चिल्लाना केवल बच्चों का खेल था, और हम जननी के समान खड़े होकर यह खेल देख मात्र रहे थे।'

वेदान्त कहता है कि इस प्रकार के भाव से कार्य करो। वेदान्त हमें पहले इस आपाततः दिखनेवाले माया के जगत् का त्याग कर काम करने की शिक्षा देता है। इस त्याग का क्या अर्थ है ? पहले ही कहा जा चुका है कि त्याग का प्रकृत अर्थ है—सब जगह ईश्वर-दर्शन। सब जगह ईश्वर-बुद्धि कर लेने पर ही हम वास्तविक कार्य करने में समर्थ होंगे। यदि चाहो, तो सौ वर्ष जीने की इच्छा करो; जितनी भी सांसारिक वासनाएँ हैं, सबका भोग कर लो, पर हाँ, उन सबको ब्रह्ममय देखो, उनको स्वर्गीय भाव में परिणत कर लो। यदि जीना चाहो, तो इस पृथ्वी

पर दीर्घ काल तक सेवापूर्ण, आनन्दपूर्ण और क्रियाशील जीवन बिताने की इच्छा करो। इस प्रकार कार्य करने पर तुम्हें वास्तविक मार्ग मिल जायगा। इसको छोड़ अन्य कोई मार्ग नहीं है। जो व्यक्ति सत्य को न जानकर अबोध की भाँति संसार के भोग-विलास में निमग्न हो जाता है, समझ लो कि उसे ठीक मार्ग नहीं मिला, उसका पैर फिसल गया है। दूसरी ओर, जो व्यक्ति संसार को कोसता हुआ वन में चला जाता है, अपने शरीर को कष्ट देता रहता है, धीरे धीरे सुखाकर अपने को मार डालता है, अपने हृदय को शुष्क मरुभूमि बना डालता है, अपने सभी भावों को कुचल डालता है और कठोर, बीभत्स और रूखा हो जाता है, समझ लो कि वह भी मार्ग भूल गया है। ये दोनों दो छोर की बातें हैं—दोनों ही भ्रम में हैं—एक इस ओर और दूसरा उस ओर। दोनों ही पथभ्रष्ट हैं—दोनों ही लक्ष्यभ्रष्ट हैं।

वेदान्त कहता है, इसी प्रकार कार्य करो—सभी वस्तुओं में ईश्वर-बुद्धि करो, समझो कि ईश्वर सबमें है, अपने जीवन को भी ईश्वर से अनुप्राणित, यहाँ तक कि ईश्वररूप ही समझो। यह जान लो कि यही हमारा एकमात्र कर्तव्य है, यही हमारे लिए जानने की एकमात्र वस्तु है। ईश्वर सभी वस्तुओं में विद्यमान है, उसे प्राप्त करने के लिए और कहाँ जाओगे? प्रत्येक कार्य में, प्रत्येक भाव में, प्रत्येक विचार में वह पहले से ही अवस्थित है। इस प्रकार समझकर हमें कार्य करते जाना होगा। यही एकमात्र पथ है, अन्य नहीं। इस प्रकार करने पर कर्मफल तुमको लिप्त न कर सकेगा। फिर कर्मफल तुम्हारा कोई अनिष्ट नहीं कर पायगा। हम देख चुके हैं कि हम जो कुछ दुःख-कष्ट भोगते हैं उसका कारण है ये सब व्यर्थ की वासनाएँ। परन्तु जब ये वासनाएँ ईश्वर-बुद्धि के द्वारा पवित्र भाव धारण कर लेती हैं, ईश्वर स्वरूप हो जाती हैं, तब उनके आने से भी फिर कोई अनिष्ट नहीं होता। जिन्होंने इस रहस्य को नहीं जाना है, वे जब तक इसे नहीं जान लेते, तब तक उन्हें इसी आसुरी जगत् में रहना पड़ेगा। लोग नहीं जानते कि यहाँ उनके चारों ओर सर्वत्र कैसी अनन्त आनन्द की खान पड़ी हुई है; वे उसे अभी तक खोज निकाल नहीं पाये। आसुरी जगत् का अर्थ क्या है? वेदान्त कहता है—अज्ञान।

हम अनन्त जल से भरे हुए नदी के तट पर बैठकर भी प्यासे मर रहे हैं। ढेरों खाद्य सामने रखा है, फिर भी हम भूखों मर रहे हैं। यह तो रहा आनन्दमय जगत्, पर हम उसे खोज नहीं पाते। हम उसीमें रह रहे हैं। वह सर्वदा ही हमारे चारों ओर है, पर हम उसे सदैव और कुछ समझकर भ्रम में पड़ जाते हैं। धर्म हमें उस आनन्दमय जगत् को दिखा देना चाहता है। सभी हृदय इस आनन्द की खोज कर रहे हैं। सभी जातियों ने इसकी खोज की है, धर्म का यही एकमात्र लक्ष्य है, और यह आदर्श ही विभिन्न धर्मों में भिन्न भिन्न भाषाओं में प्रकाशित हुआ है। भिन्न भिन्न

धर्मों में जो मतभेद हैं, वे सब केवल बोलने के दाँव-पेंच हैं, वास्तव में वे कुछ भी नहीं हैं। एक व्यक्ति एक भाव को एक प्रकार से प्रकट करता है, दूसरा दूसरे प्रकार से। एक जो कुछ कहता है, दूसरा भी दूसरी भाषा में शायद वही बात कहता है।

इस सम्बन्ध में अब और भी प्रश्न उठते हैं। जो ऊपर कहा गया है, उसे मुँह से कह देना तो अत्यन्त सरल है। बचपन से ही सुनता आ रहा हूँ—'सर्वत्र ब्रह्म-बुद्धि करो, सब ब्रह्ममय हो जायगा और तब तुम दुनिया का ठीक ठीक आनन्द उठा सकोगे,' पर ज्यों ही हम संसार-क्षेत्र में उतरकर कुछ धक्के खाते हैं, त्यों ही हमारी सारी ब्रह्मबुद्धि उड़ जाती है। मैं मार्ग में सोचता जा रहा हूँ कि सभी मनुष्यों में ईश्वर विराजमान है—इतने में एक बलवान मनुष्य मुझे धक्का दे जाता है और मैं चारों कोने चित हो जाता हूँ। बस! झट मैं उठता हूँ, सिर में खून चढ़ जाता है, मुट्ठियाँ बँध जाती हैं और मैं विचार-शक्ति खो बैठता हूँ। मैं बिल्कुल पागल सा हो जाता हूँ। स्मृति का भ्रंश हो जाता है और बस, मैं उस व्यक्ति में ईश्वर को न देख शैतान देखने लगता हूँ। जन्म से ही उपदेश मिलता है, सर्वत्र ईश्वर-दर्शन करो; सभी धर्म यही सिखाते हैं—सभी वस्तुओं में, सब प्राणियों के अन्दर, सर्वत्र ईश्वर-दर्शन करो। 'नव व्यवस्थान' में ईसा मसीह ने भी इस विषय में स्पष्ट उपदेश दिया है। हम सभी ने यह उपदेश पाया है; पर काम के समय ही हमारी सारी अड़चनें आरम्भ हो जाती हैं। ईसप की कहानियों में एक कथा है। एक विशालकाय सुन्दर हरिण तालाब में अपना प्रतिबिम्ब देखकर अपने बच्चे से कहने लगा, "देखो, मैं कितना बलवान हूँ, मेरा मस्तक कैसा भव्य है, मेरे हाथ-पाँव कैसे दृढ़ और मांसल हैं; और मैं कितना तेज दौड़ सकता हूँ!" यह कहते न कहते उसने दूर से कुत्तों के भूँकने का शब्द सुना। सुनते ही वह ज़ोर से भागा। बहुत दूर दौड़ने के बाद हाँफते हाँफते फिर बच्चे के पास आया। बच्चा बोला, "अभी तो तुम कह रहे थे, मैं बड़ा बलवान हूँ, फिर कुत्तों का शब्द सुनकर भागे क्यों?" हरिण बोला, "यही तो बात है, कुत्तों की भों भों सुनते ही मेरा सारा ज्ञान लुप्त हो जाता है!" हम लोग भी जीवन भर यही करते रहते हैं। हम इस दुर्बल मनुष्य जाति के सम्बन्ध में कितनी आशाएँ क्यों न बाँधे, हम अपने को कितने साहसी और बलवान क्यों न समझें, हम कितने भव्य संकल्प क्यों न करें, पर जब संकट और प्रलोभन के 'कुत्ते' भूँकते हैं, हम कथा के हरिण की भाँति भाग खड़े होते हैं! यदि ऐसा ही है, तो फिर यह सब शिक्षा देने का क्या लाभ? नहीं, अत्यधिक लाभ है। लाभ यह है कि अन्त में अध्यवसाय की ही जय होगी। एक ही दिन में कुछ नहीं हो सकता।

आत्मा वा अरे द्रष्टव्यः श्रोतव्यो मन्तव्यो निदिध्यासितव्यः। 'आत्मा के सम्बन्ध में पहले सुनना होगा, उसके बाद मनन अर्थात् चिन्तन करना होगा, और

फिर लगातार ध्यान करना होगा।' सभी लोग आकाश को देख पाते हैं, भूमि पर रेंगनेवाले छोटे कीड़े भी ऊपर की ओर दृष्टि करने पर नील वर्ण आकाश को देखते हैं, पर वह हमसे कितनी दूर है! हमारे आदर्शों के सम्बन्ध में भी यही बात है। आदर्श हमसे बहुत दूर हैं, और हम उनसे बहुत नीचे पड़े हुए हैं, तथापि हम जानते हैं कि हमें एक आदर्श अपने सामने रखना आवश्यक है। इतना ही नहीं, हमें सर्वोच्च आदर्श रखना आवश्यक है। अधिकांश व्यक्ति इस जगत् में बिना किसी आदर्श के ही जीवन के इस अन्धकारमय पथ पर भटकते फिरते हैं। जिसका एक निर्दिष्ट आदर्श है, वह यदि एक हजार भूलें करता है, तो यह निश्चित है कि जिसका कोई भी आदर्श नहीं है, वह पचास हज़ार भूलें करेगा। अतएव एक आदर्श रखना अच्छा है। इस आदर्श के सम्बन्ध में जितना हो सके, सुनना होगा; तब तक सुनना होगा, जब तक वह हमारे अन्तर में प्रवेश नहीं कर जाता, हमारे मस्तिष्क में पैठ नहीं जाता, जब तक वह हमारे रक्त में प्रवेश कर उसकी एक एक बूंद में घुल-मिल नहीं जाता, जब तक वह हमारे शरीर के अणु-परमाणु में व्याप्त नहीं हो जाता। अतएव पहले हमें यह आत्म-तत्त्व सुनना होगा। कहा है, "हृदय पूर्ण होने पर मुख बोलने लगता है," और हृदय के इस प्रकार पूर्ण होने पर हाथ भी कार्य करने लगते हैं।

विचार ही हमारी कार्य-प्रवृत्ति का नियामक है। मन को सर्वोच्च विचारों से भर लो, दिन पर दिन यही सब भाव सुनते रहो, मास पर मास इसीका चिन्तन करो। पहले-पहल सफलता न भी मिले; पर कोई हानि नहीं, यह असफलता तो बिल्कुल स्वाभाविक है, यह मानव-जीवन का सौन्दर्य है। इन असफलताओं के बिना जीवन क्या होता? यदि जीवन में इस असफलता को जय करने की चेष्टा न रहती, तो जीवन धारण करने का कोई प्रयोजन ही न रह जाता। उसके न रहने पर जीवन का कवित्व कहाँ रहता? यह असफलता, यह भूल रहने से हर्ज भी क्या? मैंने गाय को कभी झूठ बोलते नहीं सुना, पर वह सदा गाय ही रहती है, मनुष्य कभी नहीं हो जाती। अतएव यदि बार बार असफल हो जाओ, तो भी क्या? कोई हानि नहीं, सहस्र बार इस आदर्श को हृदय में धारण करो, और यदि सहस्र बार भी असफल हो जाओ, तो एक बार फिर प्रयत्न करो। सब जीवों में ब्रह्मदर्शन ही मनुष्य का आदर्श है। यदि सब वस्तुओं में उसको देखने में तुम सफल न होओ, तो कम से कम एक ऐसे व्यक्ति में, जिसे तुम सबसे अधिक प्रेम करते हो, उसके दर्शन करने का प्रयत्न करो, उसके बाद दूसरे व्यक्ति में दर्शन करने की चेष्टा करो। इसी प्रकार तुम आगे बढ़ सकते हो। आत्मा के सम्मुख तो अनन्त जीवन पड़ा हुआ है—अध्यवसाय के साथ लगे रहने पर तुम्हारी मनोकामना अवश्य पूर्ण होगी।

'वह एक है, मन से भी अधिक द्रुत स्पन्दनशील है। इसे इन्द्रियाँ प्राप्त नहीं कर सकीं, क्योंकि यह उन सबसे पहले गया हुआ है। वह स्थिर रहकर भी अन्यान्य द्रुतगामी पदार्थों से आगे जानेवाला है। उसमें रहकर ही हिरण्यगर्भ सब कर्म-फलों का विधान करते हैं। वह चंचल है, स्थिर है, दूर है, निकट है, वह इस सबके भीतर है, फिर इस सबके बाहर भी है। जो आत्मा में सब भूतों का दर्शन करते हैं, और सब भूतों में आत्मा का दर्शन करते हैं, वे कुछ भी छिपाने की इच्छा नहीं करते। जिस अवस्था में ज्ञानी के लिए समस्त भूत आत्मस्वरूप हो जाते हैं, उस अवस्था में उस एकत्वदर्शी पुरुष को शोक अथवा मोह कहाँ रह सकता है?'[१]

सब पदार्थों का यह एकत्व वेदान्त का और एक प्रधान विषय है। हम आगे चलकर देखेंगे कि किस प्रकार वेदान्त सिद्ध करता है कि हमारा समस्त दुःख अज्ञान से उत्पन्न हुआ है। यह अज्ञान और कुछ नहीं, बल्कि यही बहुत्व की धारणा है—यह धारणा कि मनुष्य मनुष्य से भिन्न है, पुरुष और स्त्री भिन्न हैं, युवा और शिशु भिन्न हैं, राष्ट्र राष्ट्र से भिन्न है, पृथ्वी चन्द्र से पृथक् है, चन्द्र सूर्य से पृथक् है, एक परमाणु दूसरे परमाणु से पृथक् है। ऐसा बोध ही वास्तव में सब दुःखों का कारण है। वेदान्त कहता है कि यह भेद वास्तविक नहीं है। यह भेद केवल भासित होता है, ऊपर से दीख पड़ता है। वस्तुओं के अन्तस्तल में वही एकत्व विराजमान है। यदि तुम भीतर जाकर देखो, तो इस एकत्व को देखोगे—मनुष्य मनुष्य में एकत्व, नर-नारी में एकत्व, जाति जाति में एकत्व, ऊँच-नीच में एकत्व, धनी और दरिद्र में एकत्व, देवता और मनुष्य में एकत्व, मनुष्य और पशु में एकत्व। सभी तो एक हैं। और यदि और भी भीतर प्रवेश करो, तो देखोगे—अन्य प्राणी भी एक ही हैं। जो इस प्रकार एकत्वदर्शी हो चुके हैं, उनको फिर मोह नहीं रहता। वे अब उसी एकत्व में पहुँच गये हैं, जिसको धर्मविज्ञान में ईश्वर कहते हैं। उनको अब मोह कैसे

---

१. अनेजदेकं मनसो जवीयो नैनद्देवा आप्नुवन् पूर्वमर्षत्।
तद्धावतोऽन्यानत्येति तिष्ठत् तस्मिन्नपो मातरिश्वा दधाति॥
तदेजति तन्नैजति तद्दूरे तद्वन्तिके।
तदन्तरस्य सर्वस्य तदु सर्वस्यास्य बाह्यतः॥
यस्तु सर्वाणि भूतान्यात्मन्येवानुपश्यति।
सर्वभूतेषु चात्मानं ततो न विजुगुप्सते॥
यस्मिन्सर्वाणि भूतान्यात्मैवाभूद्विजानतः।
तत्र को मोहः कः शोक एकत्वमनुपश्यतः॥
—ईशोपनिषद्॥४-७॥

रह सकता है ? मोह उनको होगा ही कैसे ? उन्होंने सभी वस्तुओं का आभ्यन्तरिक सत्य जान लिया है, सभी वस्तुओं का रहस्य जान लिया है। उनके लिए अब दुःख कैसे रह सकता है ? वे अब किसकी कामना-वासना करेंगे ? वे सारी वस्तुओं के अन्दर वास्तविक सत्य की खोज करके ईश्वर तक पहुँच गये हैं, जो जगत् का केन्द्रस्वरूप है, जो सभी वस्तुओं का एकत्वस्वरूप है। यही अनन्त सत्ता है, यही अनन्त ज्ञान है, यही अनन्त आनन्द है। वहाँ मृत्यु नहीं, रोग नहीं, दुःख नहीं, शोक नहीं, अशान्ति नहीं। है केवल पूर्ण एकत्व--पूर्ण आनन्द। तब वे किसके लिए शोक करेंगे ? वास्तव में उस केन्द्र में, उस परम सत्य में मृत्यु नहीं है, दुःख नहीं है, किसीके लिए शोक करना नहीं है, किसीके लिए दुःख करना नहीं है।

'वह चारों ओर से घेरे हुए है, वह उज्ज्वल है, देहशून्य है, व्रणशून्य है, स्नायुशून्य है, वह पवित्र और निष्पाप है, वह कवि है, मन का नियामक है, सबसे श्रेष्ठ और स्वयम्भू है; वह सर्वदा ही यथायोग्य सभी की काम्य वस्तुओं का विधान करता है।'[1] जो इस अविद्यामय जगत् की उपासना करता है, वह अन्धकार में प्रवेश करता है। जो इस जगत् को ब्रह्म के समान सत्य समझकर उसकी उपासना करता है, वह अन्धकार में भटकता है। और जो आजीवन इस संसार की ही उपासना करता है, उससे ऊपर और कुछ भी नहीं पाता, वह तो और भी घने अन्धकार में भटकता है। किन्तु जिन्होंने इस परम सुन्दर प्रकृति का रहस्य जान लिया है, जो प्रकृति की सहायता से प्रकृति के परे ब्रह्म का दर्शन करते हैं, वे मृत्यु का अतिक्रमण करते हैं एवं प्रकृति के परे ब्रह्म की कृपा से अमरत्व का लाभ करते हैं।

'हे सूर्य, स्वर्ण के पात्र द्वारा तुमने सत्य का मुख ढक रखा है। उसे तुम हटा दो, जिससे मुझ सत्यधर्मा को उसका दर्शन हो सके। तुम्हारे भीतर जो सत्य है, उसे मैंने जान लिया; तुम्हारी किरण और तुम्हारी महिमा का यथार्थ अर्थ मैंने समझ लिया, और तुममें जो चमकता है, उसका भी मैंने दर्शन किया; मैं तुम्हारा परम रमणीय रूप देखता हूँ--तुम्हारे अन्दर जो यह पुरुष है, वही मैं हूँ।'[2]

---

१. स पर्यगाच्छुक्रमकायमव्रणमस्नाविरं शुद्धमपापविद्धम्।
कविर्मनीषी परिभूः स्वयम्भूर्याथातथ्यतोऽर्थान्
व्यदधाच्छाश्वतीभ्यः समाभ्यः॥ ईशोपनिषद् ॥८॥

२. हिरण्मयेन पात्रेण सत्यस्यापिहितं मुखम्।
तत्त्वं पूषन्नपावृणु सत्यधर्माय दृष्टये॥
तेजो यत्ते रूपं कल्याणतमं तत्ते पश्यामि।
योऽसावसौ पुरुषः सोऽहमस्मि॥ ईशोपनिषद् ॥१५-६॥

अपरोक्षानुभूति

(२९ अक्तूबर, १८९६ को लंदन में दिया गया व्याख्यान)

मैं तुम लोगों को एक दूसरी उपनिषद् से कुछ अंश पढ़कर सुनाऊँगा। यह अत्यन्त सरल एवं अतिशय कवित्वपूर्ण है। इसका नाम है कठोपनिषद्। सर एडविन आर्नल्ड कृत इसका अनुवाद[1] शायद तुममें से कुछ ने पढ़ा होगा। हम लोगों ने पहले देखा ही है कि जगत् की सृष्टि कहाँ से हुई, इस प्रश्न का उत्तर बाह्य जगत् से नहीं मिला; अतः इस प्रश्न के समाधान के लिए लोगों की दृष्टि अन्तर्जगत् की ओर आकृष्ट हुई। यह पुस्तक इस संकेत को मनोवैज्ञानिक दृष्टि से विकसित करती है, और मनुष्य के आंतरिक स्वरूप के संबंध में जिज्ञासा करती है। पहले यह प्रश्न होता था कि इस बाह्य जगत् की सृष्टि किसने की? इसकी उत्पत्ति कैसे हुई?——इत्यादि। किन्तु अब यह प्रश्न उठा कि मनुष्य के अन्दर ऐसी कौन सी वस्तु है, जो उसे जीवित रखती और चलाती है, और मृत्यु के बाद मनुष्य का क्या होता है? प्रारंभिक दार्शनिकों ने इस जड़ जगत् को लेकर क्रमशः इसके माध्यम से परम तत्त्व में पहुँचने की चेष्टा की थी, और इससे उसने अधिक से अधिक पाया तो यही कि इस जगत् का एक व्यक्तित्वयुक्त शासनकर्ता है, एक अतिशय प्रवर्धित मनुष्य, किंतु जो कुल मिलाकर है एक व्यक्ति, एक मनुष्य ही। पर यह कभी पूर्ण सत्य नहीं हो सकता, अधिक से अधिक इसे आंशिक सत्य कह सकते हैं। हम लोग इस जगत् को मानवीय दृष्टि से देखते हैं, और हम लोगों का ईश्वर इस जगत् की मानवीय व्याख्या मात्र है।

कल्पना करो, एक गाय दार्शनिक और धर्मज्ञ है। तब तो वह जगत् को अपनी गो-दृष्टि से देखेगी। वह जब इस समस्या का समाधान करेगी, तो गाय के भाव से ही करेगी और वह हमारे ईश्वर को देखने में समर्थ न होगी। इसी प्रकार यदि बिल्ली दार्शनिक बने, तो वह बिल्ली-जगत् को ही देखेगी, विश्व-समस्या का उसका समाधान बिल्लियोचित ही होगा और उसका यही सिद्धान्त होगा कि कोई बिल्ली ही इस जगत् का शासन कर रही है। अतएव हम देखते हैं कि जगत् के सम्बन्ध

---

१. The Secret of Death (मृत्यु का रहस्य)

में हम लोगों की व्याख्या पूर्ण नहीं है, और हम लोगों की धारणा भी जगत् के सर्वांश को स्पर्श करनेवाली नहीं है। मनुष्य जिस तरह से जगत् के सम्बन्ध में भयानक स्वार्थपरक मीमांसा करता है, उसे ग्रहण करना एक भीषण भूल होगी। बाह्य जगत् से जगत् के सम्बन्ध में जो समाधान प्राप्त होता है, उसमें दोष यही है कि जिस जगत् को हम देखते हैं, वह हमारा अपना ही जगत् है—हम सत्य को जिस रूप में देखते हैं, वह बस वैसा ही है। वह प्रकृत सत्य, वह परमार्थ वस्तु कभी इन्द्रियग्राह्य नहीं हो सकती, उसे हम समझ नहीं सकते। किन्तु हम जगत् को पंचेन्द्रिय-विशिष्ट प्राणियों की दृष्टि से ही जानते हैं। कल्पना करो, हमारे एक इन्द्रिय और हो जाय, तब तो समस्त ब्रह्माण्ड हमारी दृष्टि में अन्य रूप धारण कर लेगा। कल्पना करो, हमें एक चौम्बक (magnetic) इन्द्रिय प्राप्त हुई, तब यह बिल्कुल सम्भव है कि हम ऐसी लाखों शक्तियों का अस्तित्व अनुभव करने लगें जिनका हमें आज पता नहीं है और जिनका अस्तित्व अनुभव करने के लिए हमारे पास आज कोई इन्द्रिय नहीं है। हमारी इन्द्रियाँ सीमाबद्ध हैं—अत्यन्त सीमाबद्ध हैं—और इन सीमाओं के भीतर ही हमारा यह अपना जगत् अवस्थित है तथा हमारा ईश्वर हमारे इसी जगत् का समाधान है। पर वह पूर्ण समस्या का समाधान नहीं हो सकता। किन्तु मनुष्य चुप होकर नहीं रह सकता, वह चिन्तनशील प्राणी है, वह ऐसा एक समाधान करना चाहता है, जिससे जगत् की सारी समस्याओं का समाधान हो जाय। वह एक ऐसा जगत् देखना चाहता है, जो एक ही साथ मनुष्यों, देवताओं तथा सभी संभाव्य प्राणियों का जगत् है, और एक ऐसा समाधान पाना चाहता है, जिससे समस्त विश्व की व्याख्या हो जाय।

अतएव स्पष्ट है कि पहले हमें एक ऐसे जगत् की खोज करनी चाहिए, जिसमें अन्य सभी जगत् समाविष्ट हों; एक ऐसे पदार्थ का अन्वेषण करना चाहिए, जो सत्ता के सभी स्तरों में विद्यमान उपादान हो, चाहे वह इन्द्रियों से प्रत्यक्ष हो या न हो। यदि हम निम्न और उच्च लोकों का सामान्य लक्षणस्वरूप इस प्रकार के एक पदार्थ का आविष्कार कर सकें, तभी हमारी समस्या का समाधान हो सकेगा। यदि हम केवल तार्किक विचारणा से ही विवश होकर यह समझ लें कि समस्त अस्तित्व का आधार एक है, तो भी हमारी समस्या कुछ समाधान पा लेगी। पर यह समाधान हमारे इस दृष्टिगोचर, ज्ञात जगत् से कभी प्राप्त नहीं हो सकता, क्योंकि यह तो पूर्ण का खंड ज्ञान मात्र है।

अत: और भी गहराई में प्रवेश करना ही एकमात्र उपाय है। प्रारंभिक विचारकों ने देखा था कि वे केन्द्र से जितनी दूर जाते हैं, वैचित्र्य और विभिन्नताएँ उतनी ही अधिक होती जाती हैं, और वे केन्द्र के जितने निकट आते हैं, उतने ही वे एकत्व

के निकट आते हैं। हम वृत्त के केन्द्र के जितने निकट जायँगे, हम सारी त्रिज्याओं के मिलन-बिन्दु के उतने ही निकट पहुँचेंगे और हम उससे जितनी दूर जायँगे, हमारी त्रिज्या दूसरी त्रिज्याओं से उतनी ही दूर होती जायगी। यह बाह्य जगत् उस केन्द्र से बहुत दूर है, अतएव इसमें कोई ऐसी साधारण मिलन-भूमि नहीं हो सकती, जहाँ पर सम्पूर्ण अस्तित्व-समष्टि का एक सर्वसाधारण समाधान हो सके। यह जगत् समूचे अस्तित्व का अधिक से अधिक एक अंश मात्र है। और भी कितने व्यापार हैं, जैसे मनोजगत् के व्यापार, नैतिक जगत् के व्यापार, बुद्धिराज्य के व्यापार आदि आदि। इन सबमें से केवल एक को लेकर उससे समस्त जगत्-समस्या का समाधान करना असम्भव है। अतः हमें प्रथमतः कहीं एक ऐसे केन्द्र का पता लगाना होगा जिससे सत्ता के अन्य सभी स्तरों की उत्पत्ति हुई है, और फिर उसी केन्द्र में खड़े होकर हम इस प्रश्न के समाधान की चेष्टा करेंगे। यही इस समय प्रस्तावित विषय है। वह केन्द्र कहाँ है ? वह हमारे भीतर है—इस मनुष्य के भीतर जो मनुष्य रहता है, वही यह केन्द्र है। लगातार भीतर की ओर अग्रसर होते होते महापुरुषों ने देखा कि जीवात्मा का गम्भीरतम प्रदेश ही समुदय ब्रह्माण्ड का केन्द्र है। जितने प्रकार के अस्तित्व हैं, सभी आकर उसी एक केन्द्र में एकीभूत होते हैं। वस्तुतः यही स्थान सबकी एक साधारण मिलन-भूमि है। इस स्थान पर आकर हम एक सार्वभौमिक सिद्धान्त पर पहुँच सकते हैं। अतएव 'किसने इस जगत् की सृष्टि की है'—यह प्रश्न विशेष दार्शनिक नहीं है, और न उसका समाधान ही किसी काम का है।

कठोपनिषद् में यह भाव बड़ी अलंकारपूर्ण भाषा में दर्शाया गया है। अति प्राचीन काल में एक बड़ा धनी व्यक्ति था। एक समय उसने एक यज्ञ किया। उस यज्ञ में सर्वस्व-दान करने का नियम था। यह यज्ञकर्ता हृदय का सच्चा नहीं था। वह यज्ञ करके बहुत मान और यश पाने की इच्छा रखता था, पर यज्ञ में उसने ऐसी वस्तुएँ दान में दीं, जो उपयोग के लायक़ नहीं थीं। उसने जराजीर्ण, अर्धमृत, वन्ध्या, कानी और लँगड़ी गायें ब्राह्मणों को दान में दीं। उसका एक छोटा पुत्र था, जिसका नाम था नचिकेता। उसने देखा मेरे पिता ठीक ठीक अपना व्रत-पालन नहीं कर रहे हैं, अपितु वे व्रत का भंग कर रहे हैं; अतएव वह निश्चय नहीं कर पाया कि वह उनसे क्या कहे। भारतवर्ष में माता-पिता प्रत्यक्ष जीवन्त देवता माने जाते हैं। उनके सामने पुत्र कुछ कहने या करने का साहस नहीं करता, केवल चुप होकर खड़ा रहता है। अतः उस बालक ने पिता का प्रकट विरोध करने में असमर्थ हो, उनसे केवल यही पूछा, "पिता जी, आप मुझे किसको देंगे ? आपने तो यज्ञ में सर्वस्व-दान का संकल्प किया है।" यह सुनकर पिता चिढ़ से गये और बोले, "अरे, यह तू क्या

कह रहा है ? भला पिता अपने पुत्र का दान करेगा, यह कैसी बात है ?" पर बालक ने दूसरी बार, तीसरी बार पिता से यही प्रश्न किया, तब पिता क्रुद्ध होकर बोले, "जा, तुझे यम को देता हूँ।" उसके बाद आख्यायिका ऐसी है कि वह बालक यम के घर गया। यमदेवता आदि मृतक हैं, वे स्वर्ग में पितरों के शासनकर्ता हैं। अच्छे व्यक्ति मृत्यु के बाद यम के निकट अनेक दिनों तक रहते हैं। ये यम एक अत्यन्त शुद्धस्वभाव, साधु पुरुष हैं, जैसा कि उनके नाम (यम) से ही पता चलता है। वह बालक नचिकेता यमलोक को गया। देवता भी समय समय पर अपने घर में नहीं रहते। यमराज उस समय घर पर नहीं थे, इसलिए उस बालक को तीन दिन तक उनकी प्रतीक्षा करनी पड़ी। चौथे दिन यम अपने घर आये।

यम बोले, "हे विद्वन् ! तुम पूजनीय अतिथि होकर भी तीन दिन तक बिना कुछ खाये-पिये प्रतीक्षा करते रहे। हे ब्रह्मन् ! तुम्हें प्रणाम है, हमारा कल्याण हो। मैं घर पर नहीं था, इसका मुझे बहुत दुःख है। किन्तु मैं इस अपराध के प्रायश्चित्तस्वरूप तुम्हें प्रत्येक दिन के लिए एक एक करके तीन वर देने को प्रस्तुत हूँ, तुम वर माँग लो।" बालक ने कहा, "आप मुझे पहला वर यह दीजिए कि मेरे प्रति पिता जी का क्रोध दूर हो जाय, वे मेरे प्रति प्रसन्न हों, और आपसे प्रस्थान की आज्ञा लेकर जब मैं पिता के निकट जाऊँ, तो वे मुझे पहचान लें।" यम ने कहा, "तथास्तु।" नचिकेता ने द्वितीय वर में स्वर्ग पहुँचानेवाले यज्ञविशेष के विषय में जानने की इच्छा की। हमने पहले ही देखा है कि वेद के संहिता-भाग में केवल स्वर्ग की बातें हैं। वहाँ सबका शरीर ज्योतिर्मय होता है और वे अपने पितरों के साथ वहाँ वास करते हैं। क्रमशः अन्यान्य भाव आये, पर इन सबसे लोगों को पूरी तृप्ति नहीं हुई। इस स्वर्ग से और भी कुछ उच्चतर उन्हें आवश्यक प्रतीत होने लगा। स्वर्ग में रहना इस जगत् में रहने से कोई अधिक भिन्न नहीं है। जिस प्रकार एक स्वस्थ, धनिक नवयुवक का जीवन होता है, उसी प्रकार स्वर्गीय जीवों का भी जीवन होता है, भेद केवल इतना है कि उनकी भोग-सामग्री अपरिमित होती है और उनका शरीर निरोग, स्वस्थ एवं अधिक बलशाली होता है। वह सब तो जड़-जगत् की ही वस्तु ठहरी; हाँ, इससे कुछ अच्छी अवश्य है, बस, इतना ही। और जब हमने देखा है कि यह जड़-जगत् पूर्वोक्त समस्या का कोई समाधान नहीं कर सकता, तो स्वर्ग से भी भला उसका क्या समाधान हो सकता है ? इसलिए कितने भी स्वर्गों की कल्पना क्यों न करो, पर उससे समस्या का ठीक समाधान नहीं हो सकता। यदि यह जगत् इस समस्या का कोई समाधान नहीं कर सकता, तो इस तरह के चाहे कितने भी जगत् हों, वे भला किस तरह इसका समाधान करेंगे। कारण, हमें स्मरण रखना उचित है कि स्थूल-भूत समस्त प्राकृतिक व्यापारों का

एक अत्यन्त सामान्य अंश मात्र है। हम जिन असंख्य घटनाओं को सचमुच देखते हैं, उनका अधिकांश भौतिक नहीं है।

अपने जीवन के प्रत्येक क्षण को ही देखो—इसमें मानसिक घटनाएँ बाहर की भौतिक घटनाओं की तुलना में कितनी अधिक हैं! यह अन्तर्जगत् प्रबल वेग-शील है और इसका कार्यक्षेत्र भी कितना विस्तृत है! इन्द्रियग्राह्य व्यापार इसकी तुलना में बिल्कुल अल्प हैं। स्वर्गवाद के समाधान की भूल यह है कि वह कहता है कि हम लोगों का जीवन और जीवन की घटनावली केवल रूप, रस, गन्ध, स्पर्श और शब्द में ही आबद्ध है। अतएव स्वर्ग की इस धारणा से अधिकांश लोगों को तृप्ति नहीं हुई। तो भी इस जगह नचिकेता ने द्वितीय वर में स्वर्ग प्राप्त करानेवाले यज्ञ सम्बन्धी ज्ञान की प्रार्थना की है। वेद के प्राचीन भाग में वर्णित है कि देवतागण यज्ञ द्वारा सन्तुष्ट हो लोगों को स्वर्ग ले जाते हैं।

सभी धर्मों का अध्ययन करने पर हमें यह तथ्य प्राप्त होता है कि जो कुछ प्राचीन होता है, वही कालान्तर में पवित्र हो जाता है। हमारे पुरखे भोज-पत्र पर लिखते थे, बाद में उन्होंने काग़ज़ बनाने की प्रणाली सीखी, परन्तु इस समय भी भोज-पत्र पवित्र माना जाता है। प्रायः ९-१० हज़ार वर्ष पूर्व हमारे पूर्वज दो लकड़ियाँ घिसकर आग पैदा करते थे, वह प्रणाली आज भी वर्तमान है। यज्ञ के समय किसी दूसरी प्रणाली द्वारा अग्नि पैदा करने से काम नहीं चलेगा। एशियावासी आर्यों की अन्य एक शाखा के सम्बन्ध में भी ऐसा ही है। आज भी उनके वर्तमान वंशधर विद्युत से अग्नि प्राप्त कर उसकी रक्षा करना पसन्द करते हैं। इससे प्रमाणित होता है कि वे लोग पहले इस तरह से अग्नि प्राप्त करते थे, बाद में इन्होंने दो लकड़ियों को घिसकर अग्नि उत्पादन करना सीखा, फिर जब अग्नि उत्पादन करने के अन्यान्य उपाय उन्होंने सीखे, तब भी पहले के उपायों का परित्याग नहीं किया। वे प्राचीन उपाय पवित्र आचारों में परिणत हो गये। यहूदियों के सम्बन्ध में भी यही सत्य है। उनके पूर्वज पार्चमेन्ट (parchment) पर लिखते थे। इस समय वे लोग काग़ज़ पर लिखते हैं, किन्तु पार्चमेन्ट परम पवित्र है। इसी तरह सभी जातियों के सम्बन्ध में है। इस समय जो आचार शुद्धाचार कहे जाते हैं, वे प्राचीन प्रथा मात्र हैं। यज्ञ भी इसी तरह प्राचीन प्रथा मात्र थे। कालक्रम से जब लोग पहले की अपेक्षा उत्तम रीति से जीवन-निर्वाह करने लगे, तब उनकी धारणाएँ भी पहले की अपेक्षा अधिक उन्नत हुईं, पर ये प्राचीन प्रथाएँ रह गयीं। समय समय पर इनका अनुष्ठान होने लगा और वे पवित्र आचार माने जाने लगे।

उसके बाद कुछ व्यक्तियों ने इस यज्ञ-कार्य के सम्पादन का भार अपने ऊपर ले लिया। ये ही पुरोहित हुए। ये यज्ञ के सम्बन्ध में गम्भीर गवेषणा करने लगे—

यज्ञ ही इन लोगों का सर्वस्व हो गया। उन लोगों में इस धारणा ने तब जड़ें जमा लीं कि देवता लोग यज्ञ की गंध लेने के लिए आते हैं, और यज्ञ की शक्ति से संसार में सब कुछ हो सकता है। यदि निर्दिष्ट संख्या में आहुतियाँ दी जायँ, कुछ विशेष विशेष स्तोत्रों का पाठ हो, विशेष आकारवाली कुछ वेदियों का निर्माण हो, तो देवता सब कुछ कर सकते हैं, इस प्रकार के मतवादों की सृष्टि हुई। नचिकेता इसीलिए दूसरे वर द्वारा पूछता है कि किस तरह के यज्ञ से स्वर्ग-प्राप्ति हो सकती है। यम ने यह वर भी तत्काल दे दिया और यह आदेश दिया कि भविष्य में इस यज्ञ का नाम नचिकेतस् होगा।

उसके बाद नचिकेता ने तीसरे वर की प्रार्थना की, और यहीं से यथार्थ उपनिषद् का आरम्भ है। नचिकेता बोला, "कोई कोई कहते हैं, मृत्यु के बाद आत्मा रहती है, कोई कोई कहते हैं, आत्मा मृत्यु के बाद नहीं रहती। आप मुझे इस विषय का यथार्थ तत्त्व समझा दें।" यम भयभीत हो गये। उन्होंने परम आनन्द के साथ नचिकेता के प्रथमोक्त दोनों वरों को पूर्ण किया था। इस समय वे बोले, "प्राचीन काल में देवताओं को भी इस विषय में सन्देह था। यह सूक्ष्म धर्म सुविज्ञेय नहीं है। हे नचिकेता! तुम कोई दूसरा वर माँगो। मुझसे इस विषय में और अधिक अनुरोध न करो—मुझे छोड़ दो।"

नचिकेता दृढ़मति था, वह बोला, "हे मृत्यो! आप जो कहते हैं कि देवताओं को भी इस विषय में सन्देह था और इसे समझना भी कोई सरल बात नहीं है, यह सत्य है। किन्तु मैं इस विषय पर आपके सदृश कोई दूसरा वक्ता भी नहीं पा सकता, और इस वर के समान दूसरा कोई वर भी नहीं है।"

यम बोले, "हे नचिकेता! शतायु पुत्र, पौत्र, पशु, हाथी, सोना, घोड़ा आदि माँग लो। इस पृथ्वी पर राज्य करो, एवं जितने दिन तुम जीने की इच्छा करो, उतने दिन तक जीवित रहो। इसके समान और भी कोई दूसरा वर यदि तुम्हारे मन में हो, तो वह भी माँग लो, अथवा धन और दीर्घ जीवन की प्रार्थना कर लो। अथवा हे नचिकेता! तुम इस विशाल धरणी पर राज्य करो, मैं तुम्हें सभी प्रकार की काम्य वस्तुओं से पूर्ण कर दूँगा। पृथ्वी में जो जो काम्य वस्तुएँ दुर्लभ हैं, उनकी प्रार्थना करो। गीत और वाद्य में विशारद इन रथारूढ़ रमणियों को मनुष्य नहीं पा सकता। हे नचिकेता! इन सभी रमणियों को मैं तुम्हें देता हूँ, ये तुम्हारी सेवा करेंगी; पर तुम मृत्यु के सम्बन्ध में मत पूछो।"

नचिकेता ने कहा, "ये सभी वस्तुएँ केवल दो दिन के लिए हैं, ये इन्द्रियों के तेज को हर लेती हैं। अति दीर्घ जीवन भी अनन्त की तुलना में वस्तुतः अत्यन्त अल्प है। इसलिए ये हाथी, घोड़े, रथ, गीत, वाद्य आदि आपके ही पास

रहें। मनुष्य धन से कभी तृप्त नहीं हो सकता। जब मैं आपके पाश में आऊँगा, तो इस विपत्ति की फिर किस प्रकार रक्षा कर सकूँगा ? आप जब तक इच्छा करेंगे, मैं तभी तक जीवित रह सकूँगा। अतः मैंने जिस वर की प्रार्थना की है, बस, वही वर मैं चाहता हूँ।"

यम इस उत्तर से प्रसन्न हो गये। वे बोले, "श्रेय और प्रेय, इन दोनों का उद्देश्य भिन्न है——ये दोनों मनुष्यों को विभिन्न दिशा में ले जाते हैं। जो इनमें से श्रेय को ग्रहण करते हैं, उनका कल्याण होता है, और जो प्रेय को ग्रहण करते हैं, वे लक्ष्य-भ्रष्ट हो जाते हैं। ये श्रेय और प्रेय, दोनों मनुष्य के समक्ष उपस्थित होते हैं। ज्ञानी दोनों पर विचार कर एक को दूसरे से पृथक् जानते हैं। वे श्रेय को प्रेय से श्रेष्ठ समझकर स्वीकार करते हैं, किन्तु अज्ञानी पुरुष अपने शारीरिक सुख के लिये प्रेय को ही ग्रहण करते हैं। हे नचिकेता ! तुमने आपातरम्य समग्र विषयों की नश्वरता समझकर उन सबों को बुद्धिमानी से छोड़ दिया है।" इन वचनों से नचिकेता की प्रशंसा कर अन्त में यम ने उसे परम तत्त्व का उपदेश देना आरम्भ किया।

यहाँ पर हमें वैराग्य और वैदिक नीति की अत्युन्नत धारणा प्राप्त होती है कि जब तक मनुष्य की भोग-वासना का त्याग नहीं होता, तब तक उसके हृदय में सत्य-ज्योति का प्रकाश नहीं हो सकता। जब तक वे तुच्छ विषय-वासनाएँ हृदय में मचलती रहती हैं, जब तक प्रति मुहूर्त वे हमें बाहर खींच ले जाकर प्रत्येक बाह्य वस्तु का——एक बिन्दु रूप का, एक बिन्दु रस का, एक बिन्दु स्पर्श का——दास बनाती रहती हैं, तब तक, फिर हम अपने ज्ञान का कितना ही दंभ क्यों न करें, हमारे हृदय में सत्य किस तरह प्रकाशित हो सकता है ?

यम बोले, "जिस आत्मा के सम्बन्ध में, जिस परलोक-तत्त्व के सम्बन्ध में तुमने प्रश्न किया है, वह वित्त-मोह से मूढ़ बालकों के हृदय में उदित नहीं हो सकता। 'इसी जगत् का अस्तित्व है, परलोक का नहीं', इस प्रकार चिन्तन कर वे बारम्बार मेरे वश में आते हैं। इस सत्य को समझना अत्यन्त कठिन है। बहुत से लोग तो लगातार इस विषय को सुनकर भी समझ नहीं पाते, क्योंकि इस विषय का वक्ता भी विलक्षण होना चाहिए और श्रोता भी। गुरु का भी अद्भुत शक्तिसम्पन्न होना आवश्यक है और शिष्य का भी उसी तरह होना जरूरी है। फिर मन को वृथा तर्क के द्वारा चंचल करना उचित नहीं है। कारण, परमार्थ-तत्त्व तर्क का विषय नहीं है, वह तो प्रत्यक्ष अनुभूति का विषय है।" हम लोग बराबर सुनते आ रहे हैं कि प्रत्येक धर्म विश्वास करने पर बल देता है। हमने आँखें बंद करके विश्वास करने की शिक्षा पायी है। यह अन्धविश्वास सचमुच ही बुरी वस्तु है, इसमें कोई सन्देह नहीं। पर यदि इस अन्धविश्वास का हम विश्लेषण करके देखें, तो ज्ञात होगा कि

इसके पीछे एक महान् सत्य है। उसका वास्तविक अर्थ क्या है, उसीके विषय में हम इस समय पढ़ रहे हैं। मन को व्यर्थ ही तर्क के द्वारा चंचल करने से काम नहीं चलेगा, क्योंकि तर्क से कभी ईश्वर की प्राप्ति नहीं हो सकती। यह प्रत्यक्ष का विषय है, तर्क का नहीं। समस्त तर्क कुछ प्रत्यक्षों पर स्थापित रहते हैं। इनको छोड़कर तर्क हो ही नहीं सकता। हमारी प्रत्यक्ष की हुई अनुभूतियों के बीच तुलना की प्रणाली को तर्क कहते हैं। यदि ये अनुभूतियाँ पहले से न हों, तो तर्क हो ही नहीं सकता। बाह्य जगत् के सम्बन्ध में यदि यह सत्य है, तो अन्तर्जगत् के सम्बन्ध में भी ऐसा क्यों न होगा? रसायनवेत्ता कुछ द्रव्य लेते हैं—उनसे और कुछ परिणाम उत्पन्न होते हैं। यह एक तथ्य है, हम उसे स्पष्ट देखते हैं, प्रत्यक्ष करते हैं, एवं उसे नींव बनाकर हम रसायनशास्त्र का विचार करते हैं। भौतिकीवेत्ता भी वैसा ही करते हैं—सभी विज्ञानों के विषय में यही बात है। सभी प्रकार का ज्ञान प्रत्यक्ष अनुभव पर स्थापित होना चाहिए और उसके आधार पर ही हमें तर्क और विचार करना चाहिए। किन्तु आश्चर्य की बात है कि अधिकांश लोग, विशेषतः वर्तमान काल में, सोचते हैं कि धर्म-तत्त्व में इस प्रकार की प्रत्यक्ष अनुभूति सम्भव नहीं है, धर्म का तत्त्व केवल युक्ति-तर्क द्वारा समझा जा सकता है। इसीलिए यहाँ पर यम सावधान कर रहे हैं कि मन को वृथा तर्कों से चंचल नहीं करना चाहिए। धर्म बातों का विषय नहीं है—वह तो प्रत्यक्ष अनुभूति का विषय है। हमें अपनी आत्मा में अन्वेषण करके देखना होगा कि वहाँ क्या है। हमें उसे समझना होगा और समझकर उसका साक्षात्कार करना होगा। यही धर्म है। लम्बी-चौड़ी बातों में धर्म नहीं रखा है। अतएव, कोई ईश्वर है या नहीं, यह तर्क से प्रमाणित नहीं हो सकता, क्योंकि युक्ति दोनों ओर समान है। किन्तु यदि कोई ईश्वर है, तो वह हमारे अन्तर में ही है। क्या तुमने कभी उसे देखा है? यही प्रश्न है। जगत् का अस्तित्व है या नहीं—इस प्रश्न की मीमांसा अभी तक नहीं हो सकी है, और प्रत्यक्षवादियों एवं विज्ञानवादियों (idealists) का विवाद कभी समाप्त नहीं होने का। फिर भी हम जानते हैं कि जगत् है और वह चल रहा है। हम केवल शब्दों के तात्पर्य में हेर-फेर कर देते हैं। अतः जीवन के इन सारे प्रश्नों के बावजूद हमें प्रत्यक्ष घटनाओं में आना ही पड़ेगा। बाह्य विज्ञान के ही समान परमार्थ-विज्ञान में भी हमें कुछ पारमार्थिक व्यापारों को प्रत्यक्ष करना होगा। उन्हीं पर धर्म स्थापित होगा। हाँ, यह सत्य है कि धर्म की प्रत्येक बात पर विश्वास करना—यह एक युक्तिहीन दावा है और इसमें कोई आस्था नहीं रखी जा सकती। उससे मनुष्य के मन की अवनति होती है। जो व्यक्ति तुमसे सभी विषयों में विश्वास करने को कहता है, वह अपने को नीचे गिराता है, और यदि तुम उसके वचनों पर विश्वास करते हो, तो

वह तुम्हें भी नीचे गिराता है। संसार के साधु-महापुरुषों को हमसे बस यही कहने का अधिकार है कि हमने अपने मन का विश्लेषण किया है और ये सत्य पाये हैं। और यदि तुम भी वैसा करो, तो तुम भी उन पर विश्वास करोगे, उसके पहले नहीं। बस, यही धर्म का सार है। एक बात तुम सदैव ध्यान में रखो कि जो लोग धर्म के विरुद्ध तर्क करते हैं, उनमें से ९९.९ प्रतिशत व्यक्तियों ने कभी अपने मन का विश्लेषण करके नहीं देखा है, सत्य को पाने की कभी चेष्टा नहीं की है। इसलिए धर्म के विरोध में उनकी युक्ति का कोई मूल्य नहीं है। यदि कोई अन्धा मनुष्य चिल्लाकर कहे, "सूर्य के अस्तित्व में विश्वास करनेवाले तुम सभी भ्रान्त हो," तो उसके इस वाक्य का जितना मूल्य होगा, बस, उतना ही उनकी युक्ति का है।

अतः अपरोक्षानुभूति के इस भाव को मन में सर्वदा जागरूक रखना और उसे पकड़े रहना चाहिए। धर्म को लेकर ये सब झगड़े मारामारी, तर्क-वितर्क तभी जायेंगे, जब हम समझ लेंगे कि धर्म ग्रन्थों या मन्दिरों में नहीं है। वह अतीन्द्रिय तत्त्व की अपरोक्षानुभूति है—इन्द्रियों से उसका अनुभव नहीं हो सकता। जिन व्यक्तियों ने वास्तव में ईश्वर एवं आत्मा की उपलब्धि की है, वे ही सच्चे धार्मिक हैं। धर्म पर धाराप्रवाह वक्तृता देनेवाले एक प्रकाण्ड पण्डित यदि प्रत्यक्षानुभूति से रहित हों, तो उनमें और एक बिल्कुल अज्ञ जड़वादी में कोई अन्तर नहीं है। हम सब नास्तिक हैं, यह हम क्यों नहीं मान लेते ? धर्म के सत्य में केवल बौद्धिक सम्मति देने मात्र से हम धार्मिक नहीं बन जाते। एक ईसाई या मुसलमान अथवा अन्य किसी दूसरे धर्म के अनुयायी की बात लो। ईसा के उस शैलोपदेश का स्मरण करो। जो कोई व्यक्ति इस उपदेश को कार्य-रूप में परिणत करेगा, वह उसी क्षण देवता हो जायगा। सुनते हैं कि पृथ्वी में इतने करोड़ ईसाई हैं, तो क्या तुम कहना चाहते हो, ये सभी ईसाई हैं ? इसका वास्तविक अर्थ यह है कि ये किसी न किसी समय इस उपदेश के अनुसार कार्य करने की चेष्टा कर सकते हैं। दो करोड़ लोगों में एक भी सच्चा ईसाई है या नहीं, इसमें सन्देह है।

भारतवर्ष में भी, इसी तरह, सुनते हैं कि तीस कोटि वेदान्ती हैं। यदि प्रत्यक्षानुभूतिसम्पन्न व्यक्ति हज़ार में एक भी होता, तो यह संसार पाँच मिनट में बदल जाता ! हम सभी नास्तिक हैं, परन्तु जो व्यक्ति उसे स्पष्ट स्वीकार करता है, उससे हम विवाद करने को प्रस्तुत हो जाते हैं। हम सभी अन्धकार में पड़े हुए हैं। धर्म हम लोगों के समीप मानो कुछ नहीं है, केवल विचारलब्ध कुछ मतों का अनुमोदन मात्र है, केवल मुँह की बात है। जो व्यक्ति बहुत अच्छी तरह से बोल सकता है, हम बहुधा उसीको धार्मिक समझा करते हैं। पर यह धर्म नहीं है। 'शब्द-योजना के सुन्दर कौशल, आलंकारिक शब्दों में वर्णन करने की क्षमता, शास्त्रों के

श्लोकों की अनेक प्रकार से व्याख्या—ये सब केवल पण्डितों के आमोद की बातें हैं—धर्म नहीं।' हमारी आत्मा में जब प्रत्यक्षानुभूति आरम्भ होगी, तभी धर्म का प्रारम्भ होगा। तभी तुम धार्मिक होगे, एवं तभी नैतिक जीवन का भी प्रारम्भ होगा। इस समय हम पशुओं की अपेक्षा अधिक नीतिपरायण नहीं हैं। केवल समाज के अनुशासन के भय से हम कुछ अनिष्ट नहीं करते। यदि समाज आज कह दे कि चोरी करने से अब दण्ड नहीं मिलेगा, तो हम इसी समय दूसरे की सम्पत्ति लूटने को टूट पड़ेंगे। पुलिस ही हमें सच्चरित्र बनाती है। सामाजिक प्रतिष्ठा के लोप की आशंका ही हमें नीतिपरायण बनाती है, और वस्तु-स्थिति तो यह है कि हम पशुओं से अधिक उन्नत नहीं हैं। हम जब अपने हृदय को टटोलेंगे, तभी समझ सकेंगे कि यह बात कितनी सत्य है। अतएव आओ, इस कपट का त्याग करें। आओ, स्वीकार करें कि हम धार्मिक नहीं हैं और दूसरों से घृणा करने का हमें कोई अधिकार नहीं है। हम सभी असल में भाई भाई हैं, और जब हमें धर्म की प्रत्यक्षानुभूति होगी, तभी हम नीतिपरायण होने की आशा कर सकते हैं।

यदि तुमने कोई देश देखा है, तो फिर कोई व्यक्ति तुमसे चाहे कितना भी क्यों न कहे कि तुमने वह नहीं देखा है, तो भी तुम अपने हृदय में यह अच्छी तरह जानते हो कि तुमने देखा है। इसी प्रकार, जब तुम धर्म और ईश्वर को इस बाह्य जगत् की भी अपेक्षा अधिक तीव्र रूप से प्रत्यक्ष कर लेते हो, तब कुछ भी तुम्हारे विश्वास को नष्ट नहीं कर सकता। तभी सच्चा विश्वास आरम्भ होता है। यही तात्पर्य है बाइबिल की इस बात का—'जिसे एक सरसों मात्र भी विश्वास है, वह यदि पहाड़ के पास जाकर कहे कि तुम हट जाओ, तो पहाड़ भी उसकी बात सुनेगा।' तब, तुम सत्य को जान लोगे, क्योंकि तुम स्वयं ही सत्यस्वरूप हो जाओगे।

वेदान्त की मूल बात यही है—धर्म का साक्षात्कार करो, केवल बातें करने से कुछ न होगा। किन्तु साक्षात्कार करना बहुत कठिन है। जो परमाणु के अन्दर अति गुह्य रूप से रहता है, वही पुराण पुरुष प्रत्येक मानव-हृदय के गुह्यतम प्रदेश में निवास करता है। ऋषियों ने उसे अन्तर्दृष्टि द्वारा उपलब्ध किया और सुख-दुःख दोनों के पार हो गये—धर्म और अधर्म, शुभ और अशुभ कर्म, सत् और असत्, इन सबके वे पार चले गये। जिसने उस पुराण पुरुष को देखा है, उसीने यथार्थ सत्य का दर्शन किया है। तो फिर स्वर्ग का क्या हुआ? स्वर्ग के सम्बन्ध में धारणा थी कि वह दुःखशून्य सुख है; अर्थात् हम ऐसा स्थान चाहते हैं, जहाँ संसार के सभी सुख हों और उसके दुःख बिल्कुल न हों। यह है तो अत्यन्त सुन्दर धारणा और बिल्कुल स्वाभाविक भी है, पर यह पूर्णतः भ्रमात्मक है; क्योंकि पूर्ण सुख या पूर्ण दुःख नाम की कोई वस्तु नहीं है।

रोम में एक बड़ा धनी व्यक्ति था। उसने एक दिन जाना कि उसके पास अब केवल दस लाख पौण्ड शेष रहे हैं। उसने कहा, "तब मैं कल क्या करूँगा ?" और ऐसा कहकर उसने उसी समय आत्महत्या कर ली ! दस लाख पौण्ड उसके लिए दारिद्र्य था ! किन्तु हम लोगों के लिए वैसा नहीं है। वह तो हमारे सम्पूर्ण जीवन की आवश्यकता से भी अधिक है। सचमुच में, ये सुख और दुःख हैं क्या ? वे तो विलयमान परिमाण हैं, सदा कम होते रहते हैं। मैं जब छोटा था, तो सोचता था--जब मैं गाड़ीवान बनूँगा, तो सुख की पराकाष्ठा को प्राप्त करूँगा। इस समय मैं ऐसा नहीं समझता। अब तुम कौन से सुख को पकड़े रहोगे ? हमें यही समझना है। प्रत्येक के सुख की धारणा अलग अलग है। मैंने एक ऐसा व्यक्ति देखा है, जो प्रतिदिन अफ़ीम का गोला खाये बिना सुखी नहीं होता। वह ऐसे स्वर्ग की कल्पना कर सकता है, जहाँ मिट्टी अफ़ीम की ही बनी है ! पर मेरे लिए तो वह स्वर्ग बड़ा दुःखदायी होगा। हम लोग बारम्बार अरबी कविता में पढ़ते हैं कि स्वर्ग अनेक प्रकार के मनोहर उद्यानों से पूर्ण है, उसमें अनेक नदियाँ बहती हैं। मैंने अपना अधिकांश जीवन एक ऐसे स्थान में बिताया है, जहाँ जल प्रचुर मात्रा में है और जहाँ प्रतिवर्ष बाढ़ में सैकड़ों गाँव बह जाते हैं। अतएव मेरा स्वर्ग नदी और उद्यान से पूर्ण नहीं हो सकता; मेरा स्वर्ग तो ऐसा होगा, जहाँ अधिक वर्षा नहीं होती। हमारी सुख की धारणा हमेशा बदलती रहती है। एक युवक यदि स्वर्ग की कल्पना करे, तो उसका स्वर्ग परम सुन्दर रमणियों से परिपूर्ण होगा। उसी व्यक्ति के आगे चलकर वृद्ध हो जाने पर उसे स्त्री की आवश्यकता फिर न रहेगी। हमारे प्रयोजन ही हमारे स्वर्ग का निर्माण करते हैं, और हमारे प्रयोजन के परिवर्तन के साथ साथ हमारा स्वर्ग भी भिन्न भिन्न रूप धारण करता है। यदि हम इस प्रकार के एक स्वर्ग में जायँ, जहाँ अनन्त इन्द्रिय-सुख प्राप्त हो, तो उस जगह हमारी उन्नति नहीं हो सकती। जो विषय-भोग को ही जीवन का एकमात्र उद्देश्य मानते हैं, वे ही इस प्रकार के स्वर्ग की प्रार्थना करते हैं। यह वास्तव में मंगलकारी न होकर महान् अमंगलकारी होगा। यही क्या हमारी अन्तिम गति है ? थोड़ा हँसना-रोना, उसके बाद कुत्ते के समान मृत्यु ! जब तुम इन सब विषय-भोगों की प्रार्थना करते हो, उस समय तुम यह नहीं जानते कि मानव जाति के लिए जो अत्यन्त अमंगलकारक है, तुम उसीकी कामना कर रहे हो। इसका कारण यह है कि तुम यथार्थ आनन्द का स्वरूप नहीं जानते। वास्तव में, दर्शनशास्त्र में आनन्द को त्यागने का उपदेश नहीं दिया गया है। यथार्थ आनन्द क्या है, उसमें इसीका उपदेश दिया गया है। नार्वेवासियों की स्वर्ग के सम्बन्ध में ऐसी धारणा है कि वह एक भयानक युद्धक्षेत्र है--वहाँ सब लोग जाकर 'ओडिन' देवता के सम्मुख बैठते हैं। कुछ समय के बाद

जंगली सूअर का शिकार आरम्भ होता है। बाद में वे आपस में ही युद्ध करते हैं और एक दूसरे को खण्ड खण्ड कर डालते हैं। किन्तु इसके थोड़ी ही देर बाद किसी रूप से उन लोगों के घाव भर जाते हैं। तब वे एक बड़े कमरे में जाकर उस सूअर के मांस को पकाकर खाते तथा आमोद-प्रमोद करते हैं। उसके दूसरे दिन वह सूअर फिर से जीवित हो जाता है और फिर उसी तरह शिकार आदि होता है। यह भी हमारी ही धारणा के अनुरूप है, अन्तर इतना ही है कि हमारी धारणा कुछ अधिक परिष्कृत है। हम भी नार्वेवासियों के ही समान सूअर का शिकार करना चाहते हैं—एक ऐसे स्थान में जाना चाहते हैं, जहाँ ये विषय-भोग पूर्ण मात्रा में लगातार चलते रहे।

दर्शनशास्त्र के मत में एक ऐसा आनन्द है, जो निरपेक्ष और अपरिणामी है। वह आनन्द हमारे ऐहिक सुखोपभोग के समान नहीं है। तो भी वेदान्त प्रमाणित करता है कि इस जगत् में जो कुछ आनन्दकारी है, वह उसी प्रकृत आनन्द का अंश मात्र है, क्योंकि एकमात्र उस आनन्द का ही वास्तविक अस्तित्व है। हम प्रतिक्षण उसी ब्रह्मानन्द का उपभोग कर रहे हैं, पर वह उसका आच्छन्न, भ्रांत और उपहासास्पद रूप ही होता है। जहाँ कहीं किसी प्रकार का आनन्द, हर्ष, आशीष देखो, यहाँ तक कि चोरों को चोरी में जो आनन्द मिलता है, वह भी वस्तुतः वही पूर्णानन्द है; केवल वह सभी प्रकार की बाह्य वस्तुओं के सम्पर्क से मलीन, धुँधला और भ्रांत हो गया है। उसकी प्राप्ति के लिए पहले हमें नकारात्मक होना होगा, तभी सकारात्मक का आरम्भ होगा। पहले अज्ञान का—मिथ्या का त्याग करना होगा, तभी सत्य अपने को प्रकाशित करने लगेगा। जब हम सत्य को दृढ़तापूर्वक पकड़ सकेंगे, तब पहले हमने जो कुछ भी त्याग किया था, वह फिर एक नया रूपाकार धारण कर लेगा, एक नये आलोक में प्रकट होगा, और ब्रह्ममय हो जायगा। सब कुछ एक उदात्त भाव धारण कर लेगा, और तब हम सभी पदार्थों को उनके सत्यालोक में समझ सकेंगे। किन्तु पहले हमें उन सबका त्याग करना होगा; बाद में सत्य का आभास पाने पर हम पुनः उन सबको ग्रहण कर लेंगे, पर अब ब्रह्म के रूप में। अतएव हमें सुख-दुःख सभी का त्याग करना होगा।

'सभी वेद जिसकी घोषणा करते हैं, सभी प्रकार की तपस्याएँ जिनकी प्राप्ति के लिए की जाती हैं, जिसे पाने की इच्छा से लोग ब्रह्मचर्य का अनुष्ठान करते हैं, हम संक्षेप में उसीके सम्बन्ध में तुम्हें बतायेंगे, वह ॐ है।' वेद में इस ॐ शब्द की अतिशय महिमा और पवित्रता वर्णित है।

अब यम नचिकेता के प्रश्न का, कि मृत्यु के बाद मनुष्य की क्या दशा होती है, उत्तर देते हैं—"सदा चैतन्यवान आत्मा कभी नहीं मरती। यह न कभी जन्म लेती

है और न किसीसे उत्पन्न होती है। यह नित्य है, अज है, शाश्वत है, पुराण है। देह के नष्ट हो जाने पर भी यह नष्ट नहीं होती। मारनेवाला यदि सोचे कि मैं किसी को मार सकता हूँ, अथवा मरनेवाला व्यक्ति यदि सोचे कि मैं मरा हूँ, तो दोनों को ही सत्य से अनभिज्ञ समझना चाहिए; क्योंकि आत्मा न किसीको मारती है, न स्वयं मृत होती है।" यह तो बड़ी विराट् स्थापना हुई! प्रथम श्लोक में आत्मा का जो 'सदा चैतन्यवान' विशेषण है, उस पर ध्यान दो। क्रमशः देखोगे, वेदान्त का प्रकृत मत यह है कि आत्मा में पहले से ही समुदय ज्ञान, समुदय पवित्रता है। उसका कहीं पर अधिक प्रकाश होता है और कहीं पर कम, बस, इतना ही भेद है। मनुष्य के साथ मनुष्य का अथवा इस ब्रह्माण्ड के किसी भी पदार्थ की भिन्नता प्रकारगत नहीं है, परिमाणगत है। प्रत्येक के भीतर अवस्थित सत्य तो वही एकमात्र, अनन्त, नित्यानन्दमय, नित्य शुद्ध, नित्य पूर्ण ब्रह्म है। वही यह आत्मा है। वह पुण्यशील, पापी, सुखी, दुःखी, सुन्दर, कुरूप, मनुष्य, पशु, सबमें समान रूप से वर्तमान है। वह ज्योतिर्मय है। उसके प्रकाश के तारतम्य से ही नाना प्रकार का भेद दीख पड़ता है। किसीके भीतर वह अधिक प्रकाशित है और किसीके भीतर कम, किन्तु उस आत्मा में इस भेद का कोई अर्थ नहीं। एक व्यक्ति के वस्त्रों में से उसके शरीर का अधिकांश दीख पड़ता है और दूसरे व्यक्ति के वस्त्रों में से उसके शरीर का अल्पांश ही, पर इससे शरीर में किसी प्रकार का भेद नहीं हो जाता। केवल शरीर के अधिकांश या अल्पांश को आवृत करनेवाले वस्त्रों का ही भेद दीख पड़ता है। आवरण अर्थात् देह और मन के तारतम्यानुसार ही आत्मा की शक्ति और पवित्रता प्रकाशित होती है। अतएव यहाँ पर यह बात समझ लेनी है कि वेदान्त-दर्शन में शुभ और अशुभ नामक दो पृथक् वस्तुएँ नहीं हैं। वही एक पदार्थ शुभ और अशुभ, दोनों होता है और उनके बीच की विभिन्नता केवल परिमाणगत है। आज जिस वस्तु को हम सुखकर कहते हैं, कल कुछ अच्छी परिस्थिति प्राप्त होने पर उसीको दुःखकर कह सकते हैं। जो अग्नि हमें गरम कर देती है, वही हमें भस्म भी कर सकती है, तो यह क्या अग्नि का दोष हुआ? अतएव, यदि आत्मा शुद्धस्वरूप और पूर्ण हो, तो व्यक्ति असत्-कार्य करता है, वह अपने स्वरूप के विपरीत आचरण करता है—वह अपने स्वरूप को नहीं जानता। एक खूनी के भीतर भी वही शुद्धस्वरूप आत्मा है। उसकी मृत्यु नहीं होती। वह उसकी भूल थी, वह उसकी ज्योति को प्रकाशित नहीं कर सका, उसको उसने आच्छादित कर रखा है। फिर, जो व्यक्ति सोचता है कि वह हत हुआ, उसकी भी आत्मा हत होती नहीं। आत्मा नित्य है—उसका कभी भी नाश नहीं हो सकता। 'अणु से भी अणु, बृहत् से भी बृहत्, वह सबका प्रभु प्रत्येक मानव हृदय के गुह्य प्रदेश में वास करता है। निष्पाप

व्यक्ति प्रभु की कृपा से उसे देखकर सभी प्रकार के शोक से रहित हो जाता है। जो देहशून्य होकर भी देह में रहता है, जो देशविहीन होकर भी देश में रहनेवालों के समान है, उस अनन्त, सर्वव्यापी आत्मा को इस प्रकार जानकर ज्ञानी व्यक्ति का दुःख सम्पूर्ण रूप से दूर हो जाता है।'

'इस आत्मा को वक्तृता-शक्ति, तीक्ष्ण मेधा अथवा वेदाध्ययन के द्वारा नहीं पाया जा सकता।' इस प्रकार कहना ऋषियों के लिए परम साहस का कार्य था। पहले ही कहा है, ऋषिगण चिन्तन-जगत् में बड़े साहसी थे। वे कहीं पर रुक जानेवाले व्यक्ति नहीं थे। हिन्दू लोग वेद को जिस सम्मान की दृष्टि से देखते हैं, उस भाव से ईसाई लोग भी बाइबिल को नहीं देखते। श्रुति के विषय में तुम लोगों की धारणा है कि किसी मनुष्य को ईश्वर ने प्रेरित किया है; किन्तु भारत में यह धारणा है कि जितने पदार्थ जगत् में हैं, उनके अस्तित्व का कारण है वेद में उनका नाम उल्लिखित होना। वेद के द्वारा ही जगत् की सृष्टि हुई है। जो कुछ ज्ञान कहा जाता है, वह सब वेद में ही है। जिस प्रकार आत्मा अनादि अनन्त है, उसी प्रकार वेद का प्रत्येक शब्द भी पवित्र एवं अनन्त है। सृष्टिकर्ता का सम्पूर्ण मन मानो इस ग्रन्थ में प्रकाशित है। इसी भाव से वेद को देखा जाता है। यह कार्य नीतिसंगत क्यों है?—क्योंकि ऐसा वेद कहते हैं। यह कार्य अन्याय क्यों है?—क्योंकि ऐसा वेद कहते हैं। वेद के प्रति लोगों की ऐसी श्रद्धा रहने पर भी इन ऋषियों का सत्यानुसन्धान में कितना साहस है, देखो! वे कहते हैं, 'नहीं, बारम्बार वेद के अध्ययन से भी सत्य प्राप्त नहीं होने का।' 'वह आत्मा जिसके प्रति प्रसन्न होती है, उसीको वह अपना स्वरूप दिखलाती है।' किन्तु इससे एक आशंका उठ सकती है कि तब तो आत्मा पक्षपाती है। इसलिए यम कहते हैं, "जो असत्-कार्य करनेवाले हैं, जिनका मन शान्त नहीं है, वे इसे कभी नहीं पा सकते। जिनका हृदय पवित्र है, जिनका कार्य पवित्र है और जिनकी इन्द्रियाँ संयत हैं, उन्हींके निकट यह आत्मा प्रकाशित होती है।"

आत्मा के सम्बन्ध में एक सुन्दर उपमा दी गयी है। आत्मा को रथी, शरीर को रथ, बुद्धि को सारथी, मन को लगाम और इन्द्रियों को अश्वों की उपमा दी गयी है। जिस रथ के घोड़े अच्छी तरह प्रशिक्षित हैं, जिस रथ की लगाम मज़बूत है और सारथी के द्वारा दृढ़रूप से पकड़ी हुई है, वह रथी विष्णु के उस परम पद को पहुँच सकता है, किन्तु जिस रथ के इन्द्रियरूपी घोड़े दृढ़ भाव से संयत नहीं हैं तथा मनरूपी लगाम मज़बूती से पकड़ी हुई नहीं है, वह रथी अन्त में विनाश को प्राप्त होता है। सभी प्राणियों में अवस्थित आत्मा, चक्षु अथवा किसी दूसरी इन्द्रिय के समक्ष प्रकाशित नहीं होती, किन्तु जिनका मन पवित्र हुआ है, वे ही उसे देख पाते

हैं। जो शब्द, स्पर्श, रूप, रस और गन्ध से अतीत है, जो अव्यय है, जिसका आदि-अन्त नहीं है, जो प्रकृति के अतीत है, अपरिणामी है, उसको जो प्राप्त करते हैं, वे मृत्युमुख से मुक्त हो जाते हैं। किन्तु उसे पाना बहुत कठिन है; यह मार्ग तेज़ छुरी की धार पर चलने के समान अत्यन्त दुर्गम है। मार्ग बहुत लम्बा और जोखिम का है, किन्तु निराश मत होओ, दृढ़तापूर्वक बढ़े चलो, 'उठो, जागो और उस चरम लक्ष्य पर पहुँचने तक रुको मत।'

समस्त उपनिषदों का केंद्रीय भाव साक्षात्कार या अपरोक्षानुभूति ही है। इसके सम्बन्ध में मन में समय समय पर अनेक प्रकार के प्रश्न उठेंगे, विशेषतः आधुनिक लोगों की ओर से। इसकी उपयोगिता के सम्बन्ध में तथा और भी अनेक प्रकार के प्रश्न उठेंगे। पर प्रश्न करते समय हम यह देखेंगे कि प्रत्येक बार हम अपने पूर्व संस्कारों द्वारा परिचालित होते हैं। हमारे मन पर इन पूर्व संस्कारों का अतिशय प्रभाव है। जो बाल्यकाल से केवल सगुण ईश्वर और मन के व्यक्तित्व (the personality of the mind) की बात सुनते आये हैं, उनके लिए पूर्वोक्त बातें निश्चय ही अत्यंत कठोर और कर्कश मालूम पड़ेंगी, किन्तु वे यदि उन्हें सुनें और उन पर मनन करें, तो वे बातें उनकी नस नस में भिद जायँगी, और फिर इस तरह की बातें सुनकर वे भयभीत न होंगे। मुख्य प्रश्न है, दर्शन की उपयोगिता अर्थात् व्यावहारिकता के सम्बन्ध में। उसका केवल एक ही उत्तर दिया जा सकता है : यदि उपयोगितावादियों के मत में सुख का अन्वेषण करना ही मनुष्य का कर्तव्य है, तो जिन्हें आध्यात्मिक चिन्तन में सुख मिलता है, वे क्यों न आध्यात्मिक चिन्तन में सुख का अन्वेषण करें? अनेक लोग विषय-भोग में सुख पाने के कारण विषय-सुख का अन्वेषण करते हैं, किन्तु ऐसे अनेक व्यक्ति हो सकते हैं, जो उच्चतर आनन्द का अन्वेषण करते हों। कुत्ता खाने-पीने से ही सुखी हो जाता है। वैज्ञानिक कुछ तारों की स्थिति जानने के लिए ही विषय-सुख को तिलांजलि दे, शायद किसी पर्वत के शिखर पर वास करता है। वह जिस अपूर्व सुख का आस्वाद पाता है, कुत्ता उसे नहीं समझ सकता। कुत्ता उसे देखकर शायद हँसे और उसे पागल कहे। हो सकता है, बेचारे वैज्ञानिक के पास विवाह करने भर को भी पैसे न रहे हों, हो सकता है, वह बड़ा सादा जीवन बिताता हो। पर हो सकता है कि कुत्ता उस पर हँसता हो। किन्तु वैज्ञानिक कहेगा, "भाई कुत्ते! तुम्हारा सुख केवल इन्द्रियों में है; तुम उसके अतिरिक्त और कोई भी सुख नहीं जानते; पर मेरे लिए तो यही सबसे बढ़कर सुख है। और यदि तुम्हें अपने मनोनुकूल सुखान्वेषण का अधिकार है, तो मुझे भी है।" हम यही भूल करते हैं कि हम समस्त जगत् को अपने ही अनुसार चलाना चाहते हैं। हम अपने ही मन को सारे जगत् का मापदण्ड बनाना चाहते

हैं। तुम्हारी दृष्टि में उन पुराने इन्द्रिय-विषयों में ही सर्वसुख है, किन्तु इसका यह अर्थ नहीं कि मुझे भी उन्हींमें सुख मिलेगा। और जब तुम अपने मत पर अड़ने लगते हो, तो मेरा तुमसे मतभेद हो जाता है। लौकिक उपयोगितावादी (worldly utilitarian) के साथ धार्मिक व्यक्ति का यही प्रभेद है। वे कहते हैं, "देखो, हम कितने सुखी हैं! हमें पैसा मिलता है, पर हम तुम्हारे धर्म-तत्त्वों को लेकर माथा-पच्ची नहीं करते। वे तो अनुसन्धानातीत हैं। उन सबका अन्वेषण न कर हम बड़े मजे में हैं।" यह बहुत अच्छी बात है। उपयोगितावादियों के लिए ठीक है। किन्तु यह संसार बड़ा भयानक है। यदि कोई व्यक्ति अपने भाई का कोई अनिष्ट न करके सुख प्राप्त कर सके, तो ईश्वर उसकी उन्नति में सहायक हो। पर जब वह व्यक्ति आकर मुझे अपने मत के अनुसार कार्य करने का परामर्श देता है और कहता है, "यदि तुम इस तरह नहीं करते, तो तुम मूर्ख हो", तो मैं उससे कहता हूँ, "तुम ग़लत हो, क्योंकि तुम्हारे लिए जो सुखकर है, वह मेरे लिए बिल्कुल विपरीत है। यदि मुझे सोने के चन्द टुकड़ों के लिए दौड़ना पड़े, तो मैं तो मर जाऊँ!" धार्मिक व्यक्ति यही उत्तर देगा। सच तो यह है कि जिसने निम्नतर भोग-वासनाओं का अन्त कर लिया है, वही धर्माचरण कर सकता है। हमें अपने अनुभव प्राप्त करने होंगे, जीवन का प्याला छककर पीना होगा। जब इस संसार में हम अपना प्याला पूरा पी चुकते हैं, तभी दूसरे लोक का द्वार खुलता है।

यह विषयभोग-वासना कभी कभी एक अन्य रूप लेकर आती है, जो ऊपर से बड़ा रमणीय है, पर जिसमें खतरे की आशंका है। वह यह है—हम बहुत प्राचीन काल से प्रत्येक धर्म में यह धारणा पाते हैं कि एक ऐसा समय आयेगा, जब संसार का समस्त दुःख समाप्त हो जायगा, केवल सुख ही अवशिष्ट रह जायगा और पृथ्वी स्वर्ग में परिणत हो जायगी। पर मेरा इस बात पर विश्वास नहीं है। हमारी पृथ्वी जैसी है, वैसी ही रहेगी। यह बात कठोर तो है, किन्तु इसके अतिरिक्त मैं और कोई मार्ग नहीं देखता। यह दुःख जीर्ण गठिया के समान है। उसे एक स्थान से हटा देने पर वह दूसरे स्थान में चली जाती है। कुछ भी क्यों न करो, वह किसी तरह पूर्ण-रूपेण दूर नहीं हो सकती। दुःख भी इसी तरह है। अति प्राचीन काल में लोग जंगल में रहा करते थे और एक दूसरे को मारकर खा लेते थे। वर्तमान काल में मनुष्य एक दूसरे का मांस नहीं खाते, परन्तु एक दूसरे को ठगा खूब करते हैं। छल-कपट से नगर के नगर, देश के देश ध्वंस हुए जा रहे हैं। निश्चय ही यह किसी अधिक उन्नति का परिचायक नहीं है। फिर, तुम लोग जिसे उन्नति कहते हो, उसे भी मैं उन्नति नहीं मानता—वह तो वासनाओं की लगातार वृद्धि मात्र है। यदि मुझे कोई बात स्पष्ट दिखती है, तो वह यही है कि वासना से केवल दुःख का आगमन होता है। वह तो

याचक की अवस्था है, सर्वदा ही कुछ न कुछ के लिए याचना करते रहना--बस, चाहना, चाहना, चाहना ! यदि वासना पूर्ण करने की शक्ति गणितीय क्रम (arithmetical progression) से बढ़े, तो वासना की शक्ति ज्यामितीय क्रम (geometrical progression) से बढ़ती है। इस संसार के सुख-दुःख की समष्टि सर्वदा समान है। समुद्र में यदि एक तरंग कहीं पर उठती है, तो निश्चय ही कहीं पर एक गर्त उत्पन्न होगा। यदि किसी मनुष्य को सुख प्राप्त हुआ है, तो निश्चय ही किसी दूसरे मनुष्य या पशु को दुःख हुआ है। मनुष्यों की संख्या बढ़ रही है, पर कुछ प्राणियों की संख्या घट रही है। हम उनका विनाश करके उनकी भूमि छीन रहे हैं, हम उनका समस्त खाद्यद्रव्य छीन रहे हैं। तब हम किस तरह कहें कि सुख लगातार बढ़ रहा है ? सबल जाति दुर्बल जाति को ग्रास बना रही है, पर क्या तुम समझते हो कि सबल जाति इससे कुछ सुखी होगी ? नहीं, वे फिर एक दूसरे का संहार करेंगी। मेरी तो समझ में नहीं आती कि व्यावहारिक स्तर पर यह संसार कैसे स्वर्ग बन जायगा। तथ्य उसके विरुद्ध हैं। सैद्धांतिक आधारों पर भी मैं देखता हूँ कि यह कभी सम्भव नहीं है।

पूर्णता सदैव अनन्त है। हम वस्तुतः वही अनन्तस्वरूप हैं--अपने उसी अनन्तस्वरूप को अभिव्यक्त करने की चेष्टा कर रहे हैं। यहाँ तक तो ठीक है। पर इससे कुछ जर्मन दार्शनिकों ने एक विचित्र दार्शनिक सिद्धान्त निकाला है--वह यह कि जब तक हम पूर्ण व्यक्त नहीं हो जाते, जब तक हम सब पूर्णपुरुष नहीं हो जाते, अनन्त क्रमशः अधिकाधिक व्यक्त होता रहेगा। पूर्ण अभिव्यक्ति का क्या अर्थ है ? पूर्णता का अर्थ है अनन्त, और अभिव्यक्ति का अर्थ है सीमा, अतः इसका यह तात्पर्य हुआ कि हम असीम रूप से ससीम होंगे। पर यह स्वतःविरुद्ध है। बाल-बुद्धि इस मत से भले ही सन्तुष्ट हो जाय, पर यह उसके मन में मिथ्या-रूपी विष के बीज बोना है, और धर्म के लिए तो वह बड़ा ही हानिकारक है। हम जानते हैं कि जगत् और मानव ईश्वर के भ्रष्ट भाव हैं; तुम्हारी बाइबिल में भी कहा है कि आदम पहले पूर्ण मानव थे, बाद में भ्रष्ट हो गये। ऐसा कोई धर्म नहीं है, जो यह न कहता हो कि मनुष्य पहले की अवस्था से आज नीचे गिर गया है। हम हीन होकर पशु हो गये हैं। अब हम फिर उन्नति के मार्ग पर चल रहे हैं, और इस बन्धन से बाहर होने का प्रयत्न कर रहे हैं, पर अनन्त को यहाँ पूरी तरह अभिव्यक्त करने में हम कभी समर्थ न होंगे। हम प्राणपण से चेष्टा कर सकते हैं, परन्तु देखेंगे कि यह असम्भव है। अन्त में एक समय आयेगा, जब हम देखेंगे कि जब तक हम इन्द्रियों में आबद्ध हैं, तब तक पूर्णता की प्राप्ति असम्भव है। तब हम जिस ओर बढ़ रहे थे, उसी ओर से पीछे अपने मूल अनन्तस्वरूप की ओर लौटना आरम्भ करेंगे।

यही त्याग है। तब, हम इस जाल में जिस प्रक्रिया द्वारा पड़ गये थे, उसको उलटकर उसमें से हमें बाहर निकल आना होगा—तभी नीति और दया-धर्म का आरम्भ होगा। समस्त नीति-संहिता का मूलमंत्र क्या है? मैं नहीं, मैं नहीं—तू ही, तू ही।' और यह 'मैं', हमारे पीछे जो असीम विद्यमान है, उसने अपने को बहिर्जगत् में व्यक्त करने के लिए जो रूप धारण किया है, उसका परिणाम है। इस 'मैं' को फिर पीछे लौटकर अपने अनन्त स्वरूप में मिल जाना होगा। जितनी बार तुम कहते हो 'मैं नहीं, मेरे भाई, वरन् तू', उतनी ही बार तुम लौटने की चेष्टा करते हो, और जितनी बार तुम कहते हो 'तू नहीं, मैं', उतनी बार अनन्त को यहाँ अभिव्यक्त करने का तुम्हारा मिथ्या प्रयास होता है। इसीसे संसार में प्रतिद्वन्द्विता, संघर्ष और अनिष्ट की उत्पत्ति होती है। पर अन्त में त्याग—अनन्त त्याग का आरम्भ होगा ही। यह 'मैं' मर जायगा। अपने जीवन के लिए तब कौन यत्न करेगा? यहाँ रहकर इस जीवन को उपभोग करने की व्यर्थ वासना और फिर इसके बाद स्वर्ग जाकर उसी तरह रहने की वासना—अर्थात् सर्वदा इन्द्रिय-सुखों में लिप्त रहने की वासना ही मृत्यु को लाती है।

यदि हम पशुओं की विकसित अवस्था हैं, तो जिस विचार से यह सिद्धान्त उपलब्ध हुआ, उसी विचार से यह सिद्धान्त भी हो सकता है कि पशु मनुष्य की भ्रष्ट अवस्था है। तुमने यह कैसे जाना कि वैसा नहीं है? तुमने देखा है कि क्रमविकासवाद का प्रमाण सिर्फ़ इतना ही है: तुम्हें निम्नतम से लेकर उच्चतम प्राणी तक क्रमश: ऊर्ध्वगामी स्तर में जानेवाले शरीरों की एक श्रेणी मिलती है। किन्तु उससे तुमने यह किस प्रकार सिद्धान्त निकाला कि उसमें गति सदा निम्नतर से उच्चतर की ही ओर हो सकती है, उच्चतर से निम्नतर की ओर कभी नहीं? तर्क दोनों ही ओर समान रूप से लागू हो सकता है, और मेरा तो विश्वास है कि ऊपर, नीचे गति करके इस देह-श्रेणी का आवर्तन हो रहा है। क्रमसंकोचवाद स्वीकार किये बिना क्रमविकासवाद किस तरह सत्य हो सकता है? उच्चतर जीवन के निमित्त हम जो प्रयत्न करते हैं, उससे यह सिद्ध होता है कि किसी उच्च अवस्था से हमारा पतन हुआ है। ऐसा होना अनिवार्य है, केवल ब्योरों में भिन्नता हो सकती है। मैं सर्वदा उस विचार को हृदय से लगाये रहता हूँ, जिसे ईसा, बुद्ध और वेदान्त ने एक स्वर से घोषित किया है कि समय आने पर हम सभी पूर्णता प्राप्त कर लेंगे, किन्तु इस अपूर्णता को त्याग देने के बाद ही। यह जगत् कुछ भी नहीं है—अधिक से अधिक एक बीभत्स प्रहास, उस सत्य की एक छाया मात्र है। त्याग ही हमें सत्य तक पहुँचायेगा। नीति का अर्थ ही त्याग है। हमारे प्रकृत जीवन का प्रत्येक अंश त्याग है। हम वास्तव में जीवन के उन्हीं क्षणों में साधुता से युक्त होते हैं और प्रकृत

जीवन का भोग करते हैं, जब हम 'मैं' की चिन्ता से विरत होते हैं। इस तुच्छ पृथक् अहंता को नष्ट होना ही चाहिए। तभी हम देखेंगे कि हम सत्य में हैं; वह सत्य ही ईश्वर है, वही हमारा प्रकृत स्वरूप है—वह सर्वदा हमारे साथ रहता है, वह हममें रहता है। उसीमें सर्वदा वास करो, उसीमें स्थित रहो। वही एकमात्र आनन्दपूर्ण अवस्था है। आत्मसंस्थ जीवन ही केवल जीवन है—और आओ हम सब उस आत्मोपलब्धि के निमित्त प्रयास करें।

आत्मा की मुक्ति

(५ नवम्बर, १८९६ को लन्दन में दिया गया भाषण)

हम जिस कठोपनिषद् की चर्चा कर रहे थे, वह छान्दोग्योपनिषद् के, जिसकी हम अब चर्चा करेंगे, बहुत समय बाद रची गयी थी। कठोपनिषद् की भाषा अपेक्षाकृत आधुनिक है, उसकी चिन्तन-शैली भी सबसे अधिक प्रणालीबद्ध है। प्राचीनतर उपनिषदों की भाषा कुछ अन्य प्रकार की है। वह अति प्राचीन एवं बहुत कुछ वेद के संहिता भाग की तरह है, और कभी कभी तो सार-तत्त्वों में पहुँचने के लिए बहुत ही अनावश्यक बातों में से होकर जाना पड़ता है। इस प्राचीन उपनिषद् पर वेद के कर्मकाण्ड का, जिसके विषय में मैं तुमको बतला चुका हूँ और जो वेदों का दूसरा खण्ड है, काफ़ी प्रभाव पड़ा है। इसीलिए इसका अधिकांश अब भी कर्मकाण्डात्मक है। तो भी, अति प्राचीन उपनिषदों के अध्ययन से एक बड़ा लाभ होता है। वह यह है कि उससे आध्यात्मिक भावों का ऐतिहासिक विकास जाना जा सकता है। अपेक्षाकृत आधुनिक उपनिषदों में ये आध्यात्मिक तत्त्व एकत्र, संगृहीत एवं सज्जित पाये जाते हैं। उदाहरणार्थ भगवद्गीता में, जिसे अन्तिम उपनिषद् कहा जा सकता है, कर्मकाण्ड का लेशमात्र भी नहीं है। गीता उपनिषदों से संगृहीत अनेक पुष्पों से निर्मित एक सुन्दर गुच्छे जैसी है। किन्तु उसमें इन सब तत्त्वों का क्रम-विकास देखने में नहीं आता, उनका स्रोत नहीं जाना जा सकता। आध्यात्मिक तत्त्वों के इस क्रम-विकास को जानने के लिए हमें वेदों का अध्ययन करना होगा। वेदों को अत्यन्त पवित्र मानने के कारण संसार के अन्यान्य धर्म-शास्त्रों की भाँति उनका अंग-भंग नहीं होने पाया। उनमें उच्चतम और निम्नतम दोनों प्रकार के विचारों को वैसे का वैसा ही रखा गया है—सार-असार, अति उन्नत विचार और साथ ही सामान्य छोटी छोटी बातें, दोनों ही उनमें सुरक्षित हैं, क्योंकि किसी ने उनका स्पर्श करने का साहस नहीं किया। भाष्यकारों ने उनको सुसंगत बनाने और प्राचीन विषयों में से अद्भुत नये भावों को निकालने की चेष्टा की। उन्होंने अत्यन्त साधारण बातों में भी आध्यात्मिक तत्त्व देखने का प्रयास किया। किन्तु मूल जैसे का तैसा ही रहा, और इसीलिए वे ऐतिहासिक अध्ययन के लिए अनुपम विषय हैं। हम सभी जानते हैं कि प्रत्येक धर्म के शास्त्रों में परवर्ती

काल की विकासमान आध्यात्मिकता के अनुरूप परिवर्तन किये गये——इधर-उधर एक शब्द बदल दिया, या जोड़ दिया गया। पर वैदिक साहित्य में सम्भवतः ऐसा नहीं किया गया है, और यदि हुआ भी हो, तो उसका पता ही नहीं चलता। हमें इससे यह लाभ है कि हम विचार के मूल उत्पत्ति-स्थान में पहुँच सकते हैं और देख सकते हैं कि किस प्रकार क्रमशः उच्च से उच्चतर विचारों का——स्थूल आधिभौतिक धारणाओं से सूक्ष्मतर आध्यात्मिक धारणाओं का——विकास हुआ है और अन्त में किस प्रकार वेदान्त में उन सबों की चरम परिणति हुई है। वैदिक साहित्य में अनेक प्राचीन आचार-व्यवहारों का भी आभास पाया जाता है। पर उपनिषदों में उनका अधिक वर्णन नहीं है। वे एक ऐसी भाषा में लिखे गये हैं, जो अत्यन्त संक्षिप्त है और सरलता से याद रखी जा सकती है।

इनके लेखकों ने इन पंक्तियों को, कुछ ऐसे तथ्यों को स्मरण रखने में सहायता देने के निमित्त लिख लिया है, जो उनकी समझ में सभी को ज्ञात थे। इससे एक बड़ी कठिनाई यह होती है कि हम उपनिषदों की किसी भी कथा का वास्तविक तात्पर्य मुश्किल से ग्रहण कर पाते, क्योंकि परंपरा लगभग नष्ट हो चुकी है, और जो थोड़ी सी अवशिष्ट है, उसकी बड़ी अतिरंजना हुई है। उनकी अनेक नयी-नयी व्याख्याएँ की गयी हैं, यहाँ तक कि जब हम उनको पुराणों में पढ़ते हैं, तो देखते हैं कि वे गीति-काव्य बन गयी हैं। जिस प्रकार पाश्चात्य देशों में, पाश्चात्य जातियों के राजनीतिक विकास के सम्बन्ध में हम यह महत्त्वपूर्ण सत्य पाते हैं कि वे किसीका निरंकुश शासन नहीं सहन कर सकतीं, किसी एक मनुष्य के द्वारा अपने ऊपर शासन होने का वे सतत विरोध करती रही हैं, और जनतन्त्र-प्रणाली एवं शारीरिक स्वाधीनता की उत्तरोत्तर उच्च धारणाओं की ओर बढ़ रही हैं, उसी प्रकार भारतीय दर्शन में भी, आध्यात्मिक जीवन के विकास में ठीक वही बात घटती है। अनेक देवताओं का स्थान एक ईश्वर ने लिया, और उपनिषदों में तो इस एक ईश्वर के विरुद्ध भी विद्रोह हुआ है। इस जगत् के अनेक शासनकर्ता उनके भाग्य को नियन्त्रित कर रहे हैं, केवल यही धारणा उन्हें असह्य नहीं हुई, बल्कि कोई एक व्यक्ति भी इस विश्व का शासक हो——यह धारणा भी उन्हें सह्य न हो सकी। यही बात सबसे पहले हमारे सामने आती है। यह धारणा धीरे धीरे विकसित होती हुई अन्त में अपनी चरम परिणति पर पहुँचती है। प्रायः सभी उपनिषदों के अन्त में हम यही परिणति पाते हैं और वह है——विश्व के ईश्वर को सिंहासनच्युत करना। ईश्वर की सगुणता विलीन हो जाती है और निर्गुण धारणा आ जाती है। तब ईश्वर एक व्यक्ति अथवा एक अनन्त गुणसम्पन्न मानव के रूप में जगत् का शासक नहीं रह जाता, प्रत्युत वह भूत मात्र में, विश्व भर में, व्याप्त एक तत्त्व मात्र रह जाता

है। ईश्वर की सगुण धारणा से निर्गुण धारणा में पहुँचने पर, तब मनुष्य का सगुण—व्यक्ति—रह जाना तर्क की दृष्टि से असंगत होता। अतएव सगुण मनुष्य भी उड़ गया—मनुष्य भी एक तत्त्व के रूप में प्रतिष्ठित हुआ। सगुण व्यक्ति केवल एक गोचर बाह्य तथ्य है, प्रकृत तत्त्व उसके अन्तर्देश में है। इस तरह दोनों ओर से क्रमशः सगुणत्व चला जाता है और निर्गुणत्व का आविर्भाव होता रहता है। सगुण ईश्वर की क्रमशः निर्गुण धारणा होती जाती है और सगुण मनुष्य का भी निर्गुण भाव आ जाता है। तब निर्गुण ईश्वर और निर्गुण मनुष्य की इन दो आगे बढ़ती रेखाओं के क्रमिक मिलन की क्रमागत अवस्थाएँ आती हैं। इन दो रेखाएँ जिन अवस्थाओं को पार करके अंततः मिल जाती हैं, उनके वर्णन उपनिषदों में संगृहीत हैं, एवं प्रत्येक उपनिषद का अन्तिम शब्द है—**तत्त्वमसि**। नित्य आनन्दमय तत्त्व एक ही है, और वही एक इस जगत् रूप में अनेक प्रकार से प्रकाशित हुआ है।

अब दार्शनिक आये। उपनिषदों का कार्य उस बिन्दु पर समाप्त हुआ प्रतीत होता है; उसके बाद का कार्य दार्शनिकों ने हाथ में लिया। उपनिषदों ने उन्हें मुख्य ढाँचा प्रदान किया, और उनका कार्य था, उसे ब्योरों से पूर्ण करना। अतएव, बहुत से प्रश्नों का उठना स्वाभाविक था। यदि यह स्वीकार किया जाय कि एक निर्गुण-तत्त्व ही परिदृश्यमान नाना रूपों से व्यक्त हो रहा है, तो यह जिज्ञासा होती है कि एक क्यों अनेक हुआ? यह उसी प्राचीन प्रश्न को नये ढंग से पूछना है, जो अपने अमार्जित रूप में मानव हृदय मैं उत्पन्न होता है, और जगत् में दुःख और अशुभ का कारण जानना चाहता है? उस प्रश्न ने स्थूल भाव त्यागकर सूक्ष्म, अमूर्त रूप धारण कर लिया है। अब हमारी इन्द्रिय-सीमित दृष्टि से नहीं, बल्कि दार्शनिक दृष्टि से यह प्रश्न किया जा रहा है कि हम दुःखी क्यों हैं,? क्यों वह एक तत्त्व अनेक हुआ? इसका उत्तर—सर्वोत्तम उत्तर—भारत में मिला। वह है मायावाद, जो कहता है कि वास्तव में वह अनेक नहीं हुआ, वास्तव में उसके प्रकृत स्वरूप की लेश मात्र भी हानि नहीं हुई। यह अनेकत्व केवल आभासिक है। मनुष्य केवल ऊपरी दृष्टि से व्यक्ति के रूप में प्रतीत हो रहा है, किन्तु वास्तव में वह निर्गुण पुरुष है। ईश्वर भी आपाततः ही सगुण या व्यक्ति के रूप में प्रतीत हो रहा है, वास्तव में वह निर्गुण पुरुष है।

इस उत्तर के लिए भी विभिन्न सोपानों में से जाना पड़ा, दार्शनिकों में मतभेद हुए। मायावाद भारत के सभी दार्शनिकों को मान्य नहीं था। सम्भवतः उनमें से अधिकांश दार्शनिकों ने इस मत को स्वीकार नहीं किया। एक अपरिमार्जित द्वैतवाद में विश्वास करनेवाले कुछ द्वैतवादी हैं, जो इस प्रश्न को उठने ही नहीं देते; उसके उदित होते ही वे इसे दबा देते हैं। वे कहते हैं, "तुमको ऐसा प्रश्न करन का

अधिकार नहीं है। 'क्यों इस तरह हुआ', इसकी व्याख्या पूछने का तुम्हें कोई अधिकार नहीं, वह तो ईश्वर की इच्छा है, और हमें शान्त भाव से उसे सिर-आँखों पर लेना होगा। जीवात्मा को कुछ भी स्वाधीनता नहीं है। सब कुछ पहले से ही निर्दिष्ट है। हम क्या क्या करेंगे, हमें क्या क्या अधिकार है, हम क्या क्या सुख-दु:ख भोगेंगे––सब कुछ पहले से ही निर्दिष्ट है। जब दु:ख आये, तो धैर्य से उन सबका भोग करते जाना ही हमारा कर्तव्य है। यदि हम ऐसा न करें, तो और भी अधिक कष्ट पायेंगे। हमने यह कैसे जाना?––क्योंकि वेद ऐसा कहते हैं।" फिर उनके अपने ग्रन्थ हैं एवं ग्रन्थों की अपनी व्याख्या है, और वे उनका उपदेश करते हैं।

फिर ऐसे भी दार्शनिक हैं, जो मायावाद तो स्वीकार नहीं करते, पर जिनकी स्थिति मध्य में है। वे कहते हैं कि यह समस्त ब्रह्माण्ड ईश्वर के शरीर जैसा है। ईश्वर सभी आत्माओं की आत्मा और विश्व की आत्मा है। जीवात्माओं का संकोचन असत्कर्मों से होता है। प्रत्येक जीवात्मा के इस संकोच का कारण है, जब मनुष्य कुछ असत्-कर्म करता है, तो उसकी आत्मा संकुचित होने लगती है, और उसकी शक्ति तब तक घटती जाती है, जब तक कि वह फिर से सत्कर्म आरम्भ नहीं करता। तब पुनः उसका विकास होने लगता है। सभी भारतीय मतों में, और मेरे विचार में, संसार के सभी मतों में एक सर्वनिष्ठ भाव दिखायी देता है––चाहे वे उसे जानते हों या न जानते हों––और उसे मैं 'मनुष्य का देवत्व' या ईश्वरत्व कहना चाहता हूँ। संसार में ऐसा कोई मत नहीं है, यथार्थ धर्म नाम के योग्य ऐसा कोई धर्म नहीं है, जो किसी न किसी तरह, चाहे पौराणिक या रूपक भाव से हो अथवा दर्शनों की परिमार्जित स्पष्ट भाषा में, यह भाव प्रकाशित न करता हो कि जीवात्मा चाहे जो हो, ईश्वर के साथ उसका चाहे जो सम्बन्ध हो, पर स्वरूपतः वह शुद्धस्वभाव एवं पूर्ण है। पूर्णानन्द और शक्ति ही उसका स्वभाव है, दु:ख या दुर्बलता नहीं। यह दु:ख किसी तरह उसमें आ गया है। अमार्जित मत इसे मूर्तिमान अशुभ (personified evil), शैतान या अहिर्मन का नाम देकर अशुभ के अस्तित्व की व्याख्या करते हैं। कुछ मतों में एक ही आधार में ईश्वर और शैतान, दोनों का भाव आरोपित किया जाता है, जो अकारण ही चाहे जिसे सुखी या दु:खी करता है। फिर, कुछ अधिक चिन्तनशील व्यक्ति मायावाद आदि के द्वारा अशुभ की व्याख्या करने की चेष्टा करते हैं। किन्तु एक बात सभी मतों में अत्यन्त स्पष्ट है और वही हमारा प्रस्तावित विषय है। यह समस्त दार्शनिक मत और प्रणालियाँ अंततः केवल मन के व्यायाम और बुद्धि की कसरत हैं। जो एक महान् उज्ज्वल भाव मुझे प्रत्येक देश और प्रत्येक धर्म के अंधविश्वासों के बीच

स्पष्ट रूप से दिखायी पड़ता है, वह यह है कि मनुष्य दिव्य है, यह दिव्यता ही हमारा स्वरूप है।

अन्य जो कुछ है, वह जैसा वेदान्त कहता है, अध्यास, आरोप मात्र है। कुछ उसके ऊपर आरोपित कर दिया गया है, पर उसके दिव्य स्वरूप का कभी भी नाश नहीं होता। यह जिस प्रकार परम संत में है, वैसे ही महा अधम व्यक्ति में भी है। इस देवस्वभाव का आह्वान करना होगा और वह अपने को स्वयं ही प्रकट कर देगा। हम उसे पुकारेंगे, और वह आ जायगा। पुरातन लोग जानते थे कि चकमक पत्थर और सूखी लकड़ी मे आग रहती है, पर उस आग को बाहर निकालने के लिए घर्षण आवश्यक था। इसी प्रकार यह मुक्त भाव और पवित्रता-रूपी अग्नि प्रत्येक आत्मा का स्वभाव है, आत्मा का गुण नहीं; क्योंकि गुण तो उपार्जित किया जा सकता है, इसलिए वह नष्ट भी हो सकता है। आत्मा मुक्त भाव से अभिन्न है, सत् और ज्ञान से अभिन्न है। यह सत्-चित्-आनन्द आत्मा का स्वभाव है, आत्मा का जन्मसिद्ध अधिकार है, और ये सब व्यक्त भाव, जो हम देख रहे हैं, उसीकी धुँधली और उज्ज्वल अभिव्यक्तियाँ हैं। यहाँ तक कि, मृत्यु भी उस प्रकृत सत्ता की एक अभिव्यक्ति है। जन्म-मृत्यु, क्षय-वृद्धि, उन्नति-अवनति, सब कुछ उस एक अखण्ड सत्ता की ही विभिन्न अभिव्यक्तियाँ हैं। इसी प्रकार, हमारा साधारण ज्ञान भी, वह चाहे विद्या अथवा अविद्या किसी भी रूप से प्रकाशित क्यों न हो, उसी चित् का, उसी ज्ञानस्वरूप का प्रकाश है; विभिन्नता प्रकारगत नहीं है, अपितु परिमाणगत है। नीचे धरती पर रेंगनेवाला क्षुद्र कीड़ा और स्वर्ग का श्रेष्ठतम देवता, इन दोनों के ज्ञान का भेद प्रकारगत नहीं, परिमाणगत है। इसी कारण वेदान्ती मनीषी निर्भय होकर कहते हैं कि हमारे जीवन के सारे सुखोपभोग, यहाँ तक कि, नितान्त गर्हित आनन्द भी उसी आनन्द-स्वरूप आत्मा का प्रकाश है।

यही वेदान्त का सर्वप्रधान भाव ज्ञात होता है, और जैसा मैंने पहले कहा है, मुझे मालूम होता है कि सभी धर्मों का यही मत है। मैं ऐसा कोई धर्म नहीं जानता, जिसके मूल में यह मत न हो। सभी धर्मों में यह सार्वभौमिक भाव विद्यमान है। उदाहरण के तौर पर बाइबिल ही को ले लो। उसमें यह रूपक है कि आदि मानव आदम अत्यन्त पवित्र था, अन्त में उसके असत्कार्यों से उसकी पवित्रता नष्ट हो गयी। इस रूपक से यह प्रमाणित होता है कि वे विश्वास करते थे कि आदिम मानव का स्वभाव पूर्ण था। हमें जो तरह तरह की दुर्बलताएँ और अपवित्रता दिखायी देती है, वह सब उस पूर्ण स्वभाव पर आरोपित आवरण या उपाधि मात्र है। फिर, ईसाई धर्म का परवर्ती इतिहास यह भी बतलाता है कि उसके अनुयायी

उस पूर्वावस्था की पुनः प्राप्ति की केवल सम्भावना में ही नहीं, वरन् उसकी निश्चितता में भी विश्वास करते हैं। यही समस्त बाइबिल का—प्राचीन तथा नव व्यवस्थान का—इतिहास है। मुसलमानों के सम्बन्ध में भी ऐसा ही है। वे भी आदम तथा उसकी जन्मजात पवित्रता पर विश्वास करते हैं। और उनकी यह धारणा है कि हज़रत मुहम्मद के आगमन से उस लुप्त पवित्रता के पुनरुद्धार का उपाय प्राप्त हो गया है। बौद्धों के विषय में भी यही है। वे भी निर्वाण नामक अवस्थाविशेष में विश्वास रखते हैं। यह अवस्था द्वैत-जगत् से अतीत की अवस्था है। वेदान्ती लोग जिसे ब्रह्म कहते हैं, यह निर्वाण भी ठीक वही है। और बौद्ध धर्म के सारे उपदेशों का यही मर्म है कि उस खोयी हुई निर्वाण-अवस्था को फिर से प्राप्त करना होगा। इस तरह हम देखते हैं कि सभी धर्मों में यह एक तत्त्व पाया जाता है कि जो तुम्हारा पहले से ही नहीं है, उसे तुम कभी नहीं पा सकते। इस विश्व-ब्रह्माण्ड मे तुम किसी के भी प्रति ऋणी नहीं हो। तुम्हें अपने जन्मसिद्ध अधिकार का ही दावा करना है। यह भाव एक प्रसिद्ध वेदान्ताचार्य ने अपने एक ग्रन्थ के नाम में ही बड़े सुन्दर भाव से प्रकट किया है। ग्रन्थ का नाम है 'स्वाराज्यसिद्धि' अर्थात् हमारे अपने खोये हुए राज्य की पुनः प्राप्ति। वह राज्य हमारा है, हमने उसे खो दिया है, फिर से हमें उसे प्राप्त करना होगा। पर मायावादी कहते हैं—राज्य का यह खोना केवल भ्रम था, तुमने कभी उसे खोया नहीं। बस, यही अन्तर है।

यद्यपि इस विषय में सभी धर्म-प्रणालियाँ एकमत हैं कि हमारा जो राज्य था, उसे हमने खो दिया है, और वे उसे फिर से पाने के विविध उपाय बतलाती हैं। कोई कहती है—कुछ विशिष्ट क्रिया-कलाप एवं प्रतिमा आदि की पूजा-अर्चना करने से और स्वयं कुछ विशेष नियमानुसार जीवन यापन करने से यह साम्राज्य पुनः मिल सकता है। अन्य कोई कहती है—यदि तुम प्रकृति से अतीत पुरुष के सम्मुख अपने को नत कर रोते रोते उससे क्षमा चाहो, तो पुनः उस साम्राज्य को प्राप्त कर लोगे। दूसरी कोई कहती है—यदि तुम इस पुरुष से पूरे हृदय से प्रेम कर सको, तो तुम फिर से इस राज्य को प्राप्त कर लोगे। उपनिषदों में ये सभी उपदेश पाये जाते हैं। क्रमशः हम यह देखेंगे। किन्तु अन्तिम और सर्वश्रेष्ठ उपदेश तो यह है कि तुम्हें रोने की कोई आवश्यकता नहीं। तुम्हें इन सब क्रिया-कलापों और बाह्य अनुष्ठानों की किंचिन्मात्र भी आवश्यकता नहीं। क्या क्या करने से राज्य की पुनः प्राप्ति होगी, इस सोच-विचार की तुम्हें कोई जरूरत नहीं, क्योंकि तुमने राज्य कभी खोया ही नहीं। जिसे तुमने कभी खोया नहीं, उसे पाने के लिए इस प्रकार की चेष्टा की आवश्यकता ही क्या? तुम स्वभावतः मुक्त हो, तुम स्वभावतः शुद्धस्वभाव हो। यदि तुम अपने को मुक्त समझ सको, तो तुम इसी

मुहूर्त मुक्त हो जाओगे, और यदि तुम अपने को बद्ध समझो, तो तुम बद्ध ही रहोगे। यह बड़ी निर्भीक उक्ति है, और जैसा मैंने तुमसे पहले कहा ही है कि मुझे तुमसे बड़ी निर्भयतापूर्वक कहना होगा। यह अभी तुमको शायद भयभीत कर दे, पर तुम जब इस पर चिन्तन करोगे और अपने जीवन में इसे अनुभव करोगे, तब तुम देखोगे कि मेरी बात सत्य है। कारण, यदि मुक्त भाव तुम्हारा स्वभाव-सिद्ध न हो, तब तो किसी भी प्रकार तुम मुक्त न हो सकोगे। यदि तुम मुक्त थे और इस समय किसी कारण से उस मुक्त स्वभाव को खोकर बद्ध हो गये हो, तो इससे प्रमाणित होता है तुम आरम्भ में ही मुक्त नहीं थे। यदि मुक्त थे, तो किसने तुमको बद्ध किया? जो स्वतन्त्र है, वह कभी भी परतन्त्र नहीं बताया जा सकता; और यदि वह परतन्त्र था, तो उसकी स्वतन्त्रता भ्रम थी।

अब तुम इन दो पक्षों में से कौन सा पक्ष ग्रहण करोगे? दोनों पक्षों की युक्ति-परम्परा को स्पष्ट करने पर निम्नलिखित बातें दिखायी देती हैं। यदि कहो कि आत्मा स्वभावतः शुद्धस्वरूप एवं मुक्त है, तो अवश्यमेव यह मानना पड़ेगा कि जगत् में ऐसी कोई वस्तु नहीं है, जो उसे बाँध या सीमित कर सके। किन्तु जगत् में यदि इस प्रकार की कोई वस्तु हो, जिससे उसे बद्ध किया जा सके, तो फिर निश्चय ही आत्मा मुक्त नहीं थी, और तुम जो उसे मुक्त कह रहे हो, वह तुम्हारा भ्रम मात्र है। अतः यदि हमारी मुक्ति सम्भव हो, तो फिर यह स्वीकार करना अपरिहार्य होगा कि आत्मा स्वभाव से ही मुक्त है, इसके विपरीत हो ही नहीं सकती। मुक्ति का अर्थ है—किसी बाह्य वस्तु के अधीन न होना, अर्थात् उस पर किसी दूसरी वस्तु का कार्य न होना। आत्मा कार्य-कारण-सम्बन्ध से अतीत है, और इसीसे आत्मा के सम्बन्ध में हमारी ये उच्च उच्च धारणाएँ उत्पन्न हुई हैं। यदि यह अस्वीकार किया जाय कि आत्मा स्वभावतः मुक्त है अर्थात् बाहर की कोई भी वस्तु उस पर कार्य नहीं कर सकती, तो आत्मा के अमरत्व की कोई धारणा प्रस्थापित नहीं की जा सकती; क्योंकि, मृत्यु हमारे बाहर की किसी वस्तु के द्वारा किया हुआ कार्य है। इससे ज्ञात होता है कि हमारे शरीर पर बाहरी कोई दूसरा पदार्थ कार्य कर सकता है। मान लो, मैंने विष खाया और मेरी मृत्यु हो गयी—तो इससे प्रमाणित होता है कि हमारे शरीर पर विष नामक एक बाहरी पदार्थ कार्य कर सकता है। यदि आत्मा के सम्बन्ध में यह सत्य हो कि वह मुक्त है, तो यह भी स्वभावतः ज्ञात होता है कि बाहरी कोई भी पदार्थ उस पर कार्य नहीं कर सकता, अतः आत्मा कभी मर नहीं सकती। आत्मा का मुक्त स्वभाव, उसका अमरत्व एवं उसका आनन्द-स्वभाव, सभी इस बात पर निर्भर है कि आत्मा कार्य-कारण-सम्बन्ध अर्थात् इस माया से अतीत है। अब इन दो पक्षों में से कौन सा पक्ष लोगे?

या तो आत्मा के मुक्त स्वभाव को भ्रान्ति कहो या फिर उसके बद्ध भाव को भ्रान्ति कहकर स्वीकार करो। मैं तो निश्चय ही उसके बद्ध भाव को भ्रान्ति कहूँगा। यही मेरी समस्त भावनाओं और महदाकांक्षाओं के साथ मेल खाता है। मैं अच्छी तरह जानता हूँ कि मैं स्वभावतः मुक्त हूँ। मैं यह कभी नहीं मान सकता कि यह बद्ध भाव सत्य है और मेरा मुक्त भाव मिथ्या।

सभी दर्शनों में किसी न किसी रूप से यह विवाद चल रहा है, यहाँ तक कि, बिल्कुल आधुनिक दर्शनों में भी उसने स्थान पा लिया है। दो दल हैं। एक दल कहता है कि आत्मा नामक कोई वस्तु नहीं है, वह केवल भ्रान्ति है। इस भ्रान्ति का कारण है, जड़-कणों का बारम्बार स्थान-परिवर्तन, जिससे यह समवाय, जिसे तुम शरीर, मस्तिष्क आदि नामों से पुकारते हो, उत्पन्न होता है। इन जड़-कणों के ही स्पन्दन से, उनकी गति विशेष और उनके लगातार स्थान-परिवर्तन से इन मुक्त-स्वभाव की धारणा आती है। कुछ बौद्ध सम्प्रदाय भी इसका अनुमोदन करते थे; वे उदाहरण देते थे कि एक जलती मशाल लो, और उसे ज़ोर से गोल गोल घुमाओ, तो एक वर्तुलाकार प्रकाश दिखायी पड़ेगा। वस्तुतः प्रकाश के इस चक्र का कोई अस्तित्व नहीं है, क्योंकि यह मशाल प्रत्येक क्षण स्थान-परिवर्तन कर रही है। उसी तरह हम भी छोटे छोटे परमाणुओं की समष्टि मात्र हैं, उन परमाणुओं के ज़ोर से घूमने से यह 'अहं'-भ्रान्ति उत्पन्न होती है। अतएव एक मत यह हुआ कि शरीर सत्य है, आत्मा का कोई अस्तित्व नहीं है। दूसरा दल कहता है कि विचार-शक्ति के द्रुत स्पन्दन से जड़-रूप भ्रान्ति की उत्पत्ति होती है, वस्तुतः जड़ का कोई अस्तित्व नहीं है। यह तर्क आज तक चल रहा है––एक दल कहता है, आत्मा भ्रम है और दूसरा जड़ को भ्रम कहता है। तुम कौन सा मत अपनाओगे ? हम तो निश्चय ही आत्मा के अस्तित्व को स्वीकार कर जड़ को भ्रमात्मक कहेंगे। युक्ति दोनों ओर बराबर है। केवल आत्मा के निरपेक्ष अस्तित्व को प्रमाणित करनेवाली युक्ति अपेक्षाकृत प्रबल है; क्योंकि जड़ क्या है, यह किसीने देखा नहीं। हम केवल स्वयं को अनुभव कर सकते हैं। मैंने ऐसा मनुष्य नहीं देखा, जिसने स्वयं के बाहर जाकर जड़ का अनुभव किया हो। अभी तक कोई भी कूदकर अपनी आत्मा के बाहर नहीं जा सका। अतएव आत्मा के पक्ष में युक्ति कुछ दृढ़तर हुई। द्वितीयतः आत्मवाद जगत् की सुन्दर व्याख्या कर सकता है, पर जड़वाद नहीं। अतएव जड़वाद के द्वारा जगत् की व्याख्या अयौक्तिक है। पहले आत्मा के स्वाभाविक मुक्त और बद्ध भाव सम्बन्धी जो विचार का प्रसंग उठा था, जड़वाद और आत्मवाद का तर्क उसीका स्थूल रूप है। दर्शनों का सूक्ष्म रूप से विश्लेषण करने पर तुम देखोगे कि उनको भी इन दो मतों में से किसी न किसी में परिणत किया जा सकता है।

अतएव यहाँ भी एक दार्शनिक तथा जटिल रूप में हमें स्वाभाविक पवित्रता और मुक्ति का वही प्रश्न मिलता है। एक दल कहता है कि मनुष्य का तथाकथित पवित्र और मुक्त स्वभाव भ्रम है, और दूसरा बद्ध भाव को भ्रमात्मक मानता है। यहाँ भी हम दूसरे दल से सहमत हैं—हमारा बद्ध भाव ही भ्रमात्मक है।

वेदान्त का उत्तर यह है कि हम बद्ध नहीं, वरन् नित्य मुक्त हैं। यही नहीं, बल्कि अपने को बद्ध सोचना भी अनिष्टकर है; वह तो भ्रम है—आत्मसम्मोहन है। ज्यों ही तुमने कहा कि मैं बद्ध हूँ, दुर्बल हूँ, असहाय हूँ, त्यों ही तुम्हारा दुर्भाग्य आरम्भ हो गया, तुमने अपने पैरों में और एक बेड़ी डाल ली। इसलिए ऐसी बात कभी न कहना और न इस प्रकार कभी सोचना ही। मैंने एक व्यक्ति की बात सुनी है; वे वन में रहते थे और उनके अधरों पर दिन-रात **शिवोऽहं, शिवोऽहं** की वाणी रहा करती थी। एक दिन एक बाघ ने उन पर आक्रमण किया और उन्हें पकड़कर ले चला। नदी के दूसरे तट पर कुछ लोग यह दृश्य देख रहे थे और उनके मुख से लगातार निकलती हुई **शिवोऽहं, शिवोऽहं** की ध्वनि सुन रहे थे। जब तक उनमें बोलने की शक्ति रही, बाघ के मुँह में पड़कर भी वे **शिवोऽहं, शिवोऽहं** कहते रहे। इसी प्रकार और भी अनेक व्यक्तियों की बात सुनी गयी है। कुछ ऐसे व्यक्ति हो गये हैं, जिनके शत्रुओं ने उनके टुकड़े टुकड़े कर डाले, पर वे उन्हें आशीर्वाद ही देते रहे। **सोऽहं, सोऽहं**—'मैं ही वह हूँ, मैं ही वह हूँ', और तुम भी वही हो। मैं पूर्ण-स्वरूप हूँ, और मेरे शत्रु भी पूर्णस्वरूप हैं। तुम भी वही हो, और मैं भी वही हूँ। यही वीर की अवस्था है। फिर भी द्वैतवादियों के धर्म में अनेक उत्तम उत्तम भाव हैं। प्रकृति से पृथक् हमारा एक उपास्य और प्रेमास्पद ईश्वर है—ऐसा सगुण ईश्वरवाद अपूर्व है। इससे प्राणों में शीतलता आती है; पर वेदान्त कहता है, प्राणों की यह शीतलता अफ़ीम खानेवालों के नशे के समान अस्वाभाविक है। इससे दुर्बलता आती है, और आज संसार में बल-संचार की जितनी आवश्यकता है, उतनी और कभी नहीं थी। वेदान्त कहता है—दुर्बलता ही संसार में समस्त दुःख का कारण है, इसीसे सारे दुःख-कष्ट पैदा होते हैं। हम दुर्बल हैं, इसीलिए इतना दुःख भोगते हैं। हम दुर्बलता के कारण ही चोरी-डकैती, झूठ-ठगी तथा इसी प्रकार के अनेकानेक दुष्कर्म करते हैं। दुर्बल होने के कारण ही हम मृत्यु के मुख में गिरते हैं। जहाँ हमें दुर्बल बनानेवाला कोई नहीं है, वहाँ न मृत्यु है न दुःख। हम लोग केवल भ्रान्तिवश दुःख भोगते हैं। इस भ्रान्ति को दूर कर दो, सभी दुःख चले जायँगे। यह तो बहुत सरल बात है। इन सब दार्शनिक विचारों और कठोर मानसिक व्यायाम में से होकर अब हम संसार के सबसे सहज और सरल आध्यात्मिक सिद्धान्त पर आते हैं।

अद्वैत वेदान्त ही आध्यात्मिक सत्य का सबसे सहज और सरल रूप है। भारत और अन्य सभी स्थानों में द्वैतवाद की शिक्षा देना एक बहुत बड़ी भूल थी, क्योंकि उससे लोग चरम तत्त्वों की ओर ध्यान न देकर केवल प्रणाली से ही उलझे रहे और वह प्रणाली सचमुच बड़ी जटिल थी। अधिकांश लोगों के लिए यह प्रकांड दार्शनिक एवं नैयायिक प्रक्रियाएँ भयावह थीं। उनकी समझ में इन सबको सार्वजनिक नहीं बनाया जा सकता, और न उनका पालन ही प्रतिदिन के जीवन में सम्भव है। उनको यह भी भय था कि इस प्रकार के दर्शन की आड़ में जीवन में बड़ी शिथिलता आ जायगी।

पर मैं तो यह बिल्कुल नहीं मानता कि संसार में अद्वैत-तत्त्व के प्रचार से दुर्नीति या दुर्बलता बढ़ेगी। बल्कि मुझे इस बात पर अधिक विश्वास है कि दुर्नीति और दुर्बलता के निवारण की वही एकमात्र औषधि है। यही यदि सत्य है, तो लोगों को गँदला पानी क्यों पीने दिया जाय, जब पास ही अमृत-स्रोत बह रहा है? यदि यही सत्य है कि सभी शुद्धस्वरूप हैं, तो इसी क्षण सारे संसार को इसकी शिक्षा क्यों न दी जाय? साधु-असाधु, स्त्री-पुरुष, बालक-बालिका, छोटे-बड़े, सिंहासनासीन राजा और रास्ते में झाड़ू लगानेवाले भंगी––सभी को डंके की चोट पर यह शिक्षा क्यों न दी जाय?

अब, यह एक बहुत कठिन कार्य मालूम पड़ता है, बहुतों के लिए तो यह बड़ा विस्मयजनक है, पर अंधविश्वास के सिवा इसका और दूसरा कोई कारण नहीं। सभी प्रकार के कुखाद्य और दुष्पाच्य अन्न खाकर अथवा निरन्तर उपवास करके हमने अपने को सुखाद्य के अनुपयुक्त बना रखा है। हमने बचपन से ही दुर्बलता की बातें सुनी हैं। लोग कहते हैं कि मैं भूत-फूत नहीं मानता, पर ऐसे बहुत कम लोग मिलेंगे, जिनका शरीर अँधेरे में थोड़ा सिहर न उठे। यह केवल अंधविश्वास है। इसी प्रकार सभी धार्मिक अंधविश्वासों के सम्बन्ध में है। इस देश (इंग्लैण्ड) में ऐसे अनेक व्यक्ति हैं, जिनसे मैं यदि कहूँ कि 'शैतान' जैसा कुछ भी नहीं है, तो वे समझेंगे कि धर्म का सत्यानाश हो गया! मुझसे अनेक लोगों ने कहा है, 'शैतान के न रहने से धर्म किस तरह क़ायम रह सकता है?' हम पर अंकुश लगानेवाला कोई न रहे, तो धर्म कैसा? बिना किसीके द्वारा शासित हुए हम कैसे रह सकते हैं? सच बात तो यह है कि हम इसके अभ्यस्त हो गये हैं। हमें जब तक यह अनुभव नहीं होता कि कोई हम पर रोज़ हुकूमत चला रहा है, हमें चैन नहीं पड़ता। वही अन्धविश्वास है! वही कुसंस्कार है! पर इस समय यह कितना भी भीषण क्यों न प्रतीत होता हो, एक समय ऐसा अवश्य आयेगा, जब हममें से प्रत्येक अतीत की ओर नज़र डालेगा और कुसंस्कारों पर हँसेगा, जो शुद्ध और नित्य आत्मा को

ढाँके हुए थे, एवं मुदित मन से सत्यता और दृढ़ता के साथ बारम्बार कहेगा, "मैं 'वही' हूँ, चिरकाल 'वही' था और सदैव 'वही' रहूँगा।" यह अद्वैत भाव हमें वेदान्त से मिलेगा और यही एक भाव है, जो टिकने के योग्य है। शास्त्र-ग्रन्थ चाहे तो कल ही नष्ट हो जा सकते हैं, यह तत्त्व सबसे पहले चाहे हिब्रुओं के मस्तिष्क में उदित हुआ हो, चाहे उत्तरी ध्रुववासियों के मस्तिष्क में, पर इससे कुछ बनता-बिगड़ता नहीं। कारण, यही सत्य है और जो सत्य है, वह सनातन है, तथा सत्य ही यह शिक्षा देता है कि वह किसी व्यक्तिविशेष की सम्पत्ति नहीं है। मनुष्य, पशु, देवता, सभी इस सत्य के अधिकारी हैं। उन्हें यही सिखाओ। जीवन को दुःखमय बनाने की क्या आवश्यकता? लोगों को अनेक प्रकार के कुसंस्कारों में क्यों पड़ने दो? केवल यहीं (इंग्लैण्ड में) नहीं, वरन् इस तत्त्व की जन्मभूमि में भी यदि तुम इस तत्त्व का उपदेश करो, तो वहाँ के लोग भी भयभीत हो उठेंगे। कहेंगे—"ये बातें तो संन्यासियों के लिए हैं, जो संसार को त्यागकर जंगल में रहते हैं। पर हम लोग तो सामान्य गृहस्थ हैं; धर्म-कार्य के लिए हमें किसी न किसी प्रकार के भय या क्रियाकाण्ड की आवश्यकता रहती ही है", इत्यादि।

द्वैतवाद ने संसार पर बहुत दिनों तक शासन किया है, और यह उसीका फल है। तो आज हम नया प्रयोग क्यों न आरम्भ करें? सम्भव है, सभी मनुष्यों को इस अद्वैत-तत्त्व की धारणा करने में लाखों वर्ष लग जायँ, पर इसी समय से क्यों न आरम्भ कर दें? यदि हम अपने जीवन में बीस मनुष्यों को भी यह बात बतला सके, तो समझो कि हमने बहुत बड़ा काम किया।

इसके विरुद्ध जो एक बात उठायी जाती है, वह यह है, "मैं शुद्ध हूँ, आनन्दस्वरूप हूँ", इस प्रकार मौखिक कहना तो ठीक है, पर जीवन में तो मैं इसे सर्वदा नहीं दिखला सकता।" हम इस बात को स्वीकार करते हैं। आदर्श सदैव अत्यन्त कठिन होता है। प्रत्येक बालक आकाश को अपने सिर से बहुत ऊँचाई पर देखता है, पर इस कारण क्या हम आकाश की ओर देखने की चेष्टा भी न करें? कुसंस्कार की ओर जाने से ही क्या कुछ अच्छा हो जायगा? यदि हम अमृत न पा सकें, तो क्या विष-पान करने से ही कल्याण होगा? हम यदि अभी सत्य का अनुभव न कर सकते हों, तो क्या अन्धकार, दुर्बलता और कुसंस्कार की ओर जाने से ही कल्याण होगा?

द्वैतवाद के कई प्रकारों के सम्बन्ध में मुझे कोई आपत्ति नहीं है, किन्तु जो कोई उपदेश दुर्बलता की शिक्षा देता है, उस पर मुझे विशेष आपत्ति है। स्त्री-पुरुष, बालक-बालिका, जिस समय दैहिक, मानसिक अथवा आध्यात्मिक शिक्षा पाते हैं, उस समय मैं उनसे यही एक प्रश्न करता हूँ—"क्या तुम्हें इससे बल प्राप्त होता है?" क्योंकि जानता हूँ, एकमात्र सत्य ही बल प्रदान करता है। मैं जानता हूँ,

एकमात्र सत्य ही प्राणप्रद है। सत्य की ओर गये बिना हम अन्य किसी भी उपाय से वीर्यवान नहीं हो सकते, और वीर्यवान हुए बिना हम सत्य के समीप नहीं पहुँच सकते। इसीलिए जो मत, जो शिक्षा-प्रणाली मन और मस्तिष्क को दुर्बल कर दे और मनुष्य को कुसंस्कार से भर दे, जिससे वह अन्धकार में टटोलता रहे, खयाली पुलाव पकाता रहे और सब प्रकार की अजीबोग़रीब और अन्धविश्वासपूर्ण बातों की तह छानता रहे, उस मत या प्रणाली को मैं पसन्द नहीं करता, क्योंकि मनुष्य पर उसका परिणाम बड़ा भयानक होता है। ऐसी प्रणालियों से कभी कोई उपकार नहीं होता; प्रत्युत वे मन में रोगात्मकता ला देती हैं, उसे दुर्बल बना देती हैं-- इतना दुर्बल कि कालान्तर में मन सत्य को ग्रहण करने और उसके अनुसार जीवन-गठन करने में सर्वथा असमर्थ हो जाता है। अतः बल ही एक आवश्यक बात है। बल ही भव-रोग की दवा है। धनिकों द्वारा रौंदे जानेवाले निर्धनों के लिए बल ही एकमात्र दवा है। विद्वानों द्वारा दबाये जानेवाले अशिक्षितों के लिए बल ही एकमात्र दवा है, और अन्य पापियों द्वारा सताये जानेवाले पापियों के लिए भी वही एकमात्र दवा है। और अद्वैतवाद हमें जैसा बल देता है, वैसा और कोई नहीं देता। अद्वैतवाद हमें जिस प्रकार नीतिपरायण बनाता है, वैसा और कोई भी नहीं बनाता। जब सारा दायित्व हमारे अपने कन्धों पर डाल दिया जाता है, उस समय हम जितनी अच्छी तरह से कार्य करते हैं, उतनी और किसी अवस्था में नहीं करते। मैं तुम लोगों से पूछता हूँ, यदि एक नन्हें बच्चे को तुम्हारे हाथ सौंप दूँ, तो तुम उसके प्रति कैसा व्यवहार करोगे? उस क्षण के लिए तुम्हारा सारा जीवन बदल जायगा। तुम्हारा स्वभाव कैसा भी क्यों न हो, कम से कम उन क्षणों के लिए तुम सम्पूर्णतः निःस्वार्थी बन जाओगे। यदि तुम पर उत्तरदायित्व डाल दिया जाय, तो तुम्हारी सारी पाप-प्रवृत्तियाँ दूर हो जायँगी, तुम्हारा सारा चरित्र बदल जायगा। इसी प्रकार, जब सारे उत्तरदायित्व का बोझ हम पर डाल दिया जाता है, तब हम अपने सर्वोच्च भाव में आरोहण करते हैं। जब हमारे सारे दोष और किसी के मत्थे नहीं मढ़े जाते, जब शैतान या भगवान किसीको भी हम अपने दोषों के लिए उत्तरदायी नहीं ठहराते, तभी हम सर्वोच्च भाव में पहुँचते हैं। अपने भाग्य के लिए मैं स्वयं उत्तरदायी हूँ। मैं स्वयं अपने शुभाशुभ दोनों का कर्ता हूँ। पर मेरा स्वरूप शुद्ध और आनन्द मात्र है। इससे विपरीत जो विचार हैं, उनको त्याग देना चाहिए।

'मेरी मृत्यु नहीं है, शंका भी नहीं, मेरी कोई जाति नहीं है, न कोई मत ही; मेरे पिता या माता या भ्राता या मित्र या शत्रु भी नहीं है, क्योंकि मैं सच्चिदानन्द-स्वरूप शिव हूँ। मैं पाप से या पुण्य से, सुख से या दुःख से बद्ध नहीं हूँ। तीर्थ, ग्रन्थ और नियमादि मुझे बंधन में नहीं डाल सकते। मैं क्षुधा-पिपासा से रहित हूँ।

यह देह मेरी नहीं है, न कि मैं देह के अन्तर्गत विकार और अन्धविश्वासों के अधीन ही हूँ। मैं तो सच्चिदानन्दस्वरूप हूँ, मैं शिव हूँ, मैं शिव हूँ।"[१]

वेदान्त कहता है कि केवल यही स्तवन हमारी प्रार्थना हो सकता है। उस अन्तिम लक्ष्य पर पहुँचने का यही एकमात्र उपाय है। अपने से और सबसे यही कहना कि हम ब्रह्मस्वरूप हैं। हम ज्यों ज्यों इसकी आवृत्ति करते हैं, त्यों त्यों हममें बल आता जाता है। 'शिवोऽहं' रूपी यह अभय वाणी क्रमशः अधिकाधिक गम्भीर हो हमारे हृदय में, हमारे सभी भावों में भिदती जाती है और अन्त में हमारी नस नस में, हमारे शरीर के प्रत्येक भाग में समा जाती है। ज्ञान सूर्य की किरण जितनी उज्ज्वल होने लगती हैं, मोह उतना ही दूर भागता जाता है, अज्ञानराशि ध्वंस होती जाती है, और अन्त में एक समय आता है, जब सारा अज्ञान बिल्कुल लुप्त हो जाता है और केवल ज्ञान-सूर्य ही अवशिष्ट रह जाता है।

---

१. न मृत्युर्न शंका न मे जातिभेदः
पिता नैव मे नैव माता न जन्म।
न बन्धुर्न मित्रं गुरुर्नैव शिष्य-
श्चिदानन्दरूपः शिवोऽहं शिवोऽहम्॥
न पुण्यं न पापं न सौख्यं न दुःखम्
न मन्त्रं न तीर्थं न वेदार्न यज्ञाः।
अहं भोजनं नैव भोज्यं न भोक्ता
चिदानन्दरूपः शिवोऽहं शिवोऽहम्॥
——निर्वाणषट्कम ॥५,४॥

धर्म की आवश्यकता

(लन्दन में दिया हुआ व्याख्यान)

मानव जाति के भाग्य-निर्माण में जितनी शक्तियों ने योगदान दिया है और दे रही हैं, उन सबमें धर्म के रूप में प्रकट होनेवाली शक्ति से अधिक महत्त्वपूर्ण कोई नहीं है। सभी सामाजिक संगठनों के मूल में कहीं न कहीं यही अद्भुत शक्ति काम करती रही है, तथा अब तक मानवता की विविध इकाइयों को संघटित करनेवाली सर्वश्रेष्ठ प्रेरणा इसी शक्ति से प्राप्त हुई है। हम सभी जानते हैं कि धार्मिक एकता का सम्बन्ध प्रायः जातिगत, जलवायुगत तथा वंशानुगत एकता के सम्बन्धों से भी दृढ़तर सिद्ध होता है। यह एक सर्वविदित तथ्य है कि एक ईश्वर को पूजनेवाले तथा एक धर्म में विश्वास करनेवाले लोग जिस दृढ़ता और शक्ति से एक दूसरे का साथ देते हैं, एक ही वंश के लोगों की बात ही क्या, भाई भाई में भी देखने को नहीं मिलता। धर्म के प्रादुर्भाव को समझने के लिए अनेक प्रयास किये गये हैं। अब तक हमें जितने प्राचीन धर्मों का ज्ञान है, वे सब एक यह दावा करते हैं कि वे सभी अलौकिक हैं, मानो उनका उद्‌भव मानव-मस्तिष्क से नहीं, बल्कि उस स्रोत से हुआ है, जो उनके बाहर है।

आधुनिक विद्वान् दो सिद्धान्तों के बारे में कुछ अंश तक सहमत हैं। एक है धर्म का आत्मामूलक सिद्धान्त और दूसरा असीम की धारणा का विकासमूलक सिद्धान्त। पहले सिद्धान्त के अनुसार पूर्वजों की पूजा से ही धार्मिक भावना का विकास हुआ; दूसरे के अनुसार प्राकृतिक शक्तियों को वैयक्तिक स्वरूप देने से धर्म का प्रारंभ हुआ। मनुष्य अपने दिवंगत सम्बन्धियों की स्मृति सजीव रखना चाहता है, और सोचता है कि यद्यपि उनके शरीर नष्ट हो चुके, फिर भी वे जीवित हैं। इसी विश्वास पर वह उनके लिए खाद्य पदार्थ रखना, तथा एक अर्थ में उनकी पूजा करना चाहता है। मनुष्य की इसी भावना से धर्म का विकास हुआ।

मिस्र, बेबिलोन, चीन तथा अमेरिका आदि के प्राचीन धर्मों के अध्ययन से ऐसे स्पष्ट चिह्नों का पता चलता है, जिनके आधार पर कहा जा सकता है कि पितर-पूजा से ही धर्म का आविर्भाव हुआ है। प्राचीन मिस्रवासियों की आत्मा सम्बन्धी धारणा द्वित्वमूलक थी। उनका विश्वास था कि प्रत्येक मानव शरीर के भीतर

एक और जीव रहता है, जो शरीर के ही समरूप होता है और मनुष्य के मर जाने पर भी उसका यह प्रतिरूप शरीर जीवित रहता है। किन्तु यह प्रतिरूप शरीर तभी तक जीवित रहता है, जब तक मृत शरीर सुरक्षित रहता है। इसी कारण से हम मिस्रवासियों में मृत शरीर को सुरक्षित रखने की प्रथा पाते हैं और इसीके लिए उन्होंने विशाल पिरामिडों का निर्माण किया, जिसमें मृत शरीर को सुरक्षित ढंग से रखा जा सके। उनकी धारणा थी कि अगर इस शरीर को किसी तरह की क्षति पहुँची, तो उस प्रतिरूप शरीर को ठीक वैसी ही क्षति पहुँचेगी। यह स्पष्टतः पितर-पूजा है। बेबिलोन के प्राचीन निवासियों में भी प्रतिरूप शरीर की ऐसी ही धारणा देखने को मिलता है, यद्यपि वे कुछ अंश में इससे भिन्न हैं। वे मानते हैं कि प्रतिरूप शरीर में स्नेह का भाव नहीं रह जाता। उसकी प्रेतात्मा भोजन और पेय तथा अन्य सहायताओं के लिए जीवित लोगों को आतंकित करती है। अपने बच्चों तथा पत्नी तक के लिए उसमें कोई प्रेम नहीं रहता। प्राचीन हिन्दुओं में भी इस पितर-पूजा के उदाहरण देखने को मिलते हैं। चीनवालों के सम्बन्ध में भी ऐसा कहा जा सकता है कि उनके धर्म का आधार पितर-पूजा ही है और यह अब भी समस्त देश के कोने कोने में परिव्याप्त है। वस्तुतः चीन में यदि कोई धर्म प्रचलित माना जा सकता है, तो वह केवल यही है। इस तरह ऐसा प्रतीत होता है कि धर्म को पितर-पूजा से विकसित माननेवालों का आधार काफ़ी सुदृढ़ है।

किन्तु कुछ ऐसे भी विद्वान् हैं, जो प्राचीन आर्य साहित्य के आधार पर सिद्ध करते हैं कि धर्म का आविर्भाव प्रकृति की पूजा से हुआ। यद्यपि भारत में पितर-पूजा के उदाहरण सर्वत्र ही देखने को मिलते हैं तथापि प्राचीन ग्रन्थों में इसकी किंचित् चर्चा भी नहीं मिलती। आर्य जाति के सबसे प्राचीन ग्रन्थ ऋग्वेद संहिता में इसका कोई उल्लेख नहीं है। आधुनिक विद्वान् उसमें प्रकृति-पूजा के ही चिह्न पाते हैं। मानव-मन जो प्रस्तुत दृश्य के परे है, उसकी एक झाँकी पाने के लिए आकुल प्रतीत होता है। उषा, संध्या, चक्रवात, प्रकृति की विशाल और विराट् शक्तियाँ, उसका सौंदर्य--इस सबने मानव-मन के ऊपर ऐसा प्रभाव डाला कि वह इन सबके परे जाने की, और उनको समझ सकने की आकांक्षा करने लगा। इस प्रयास में मनुष्य ने इन दृश्यों में वैयक्तिक गुणों का आरोपण करना शुरू किया। उन्होंने उनमें आत्मा तथा शरीर की प्रतिष्ठा की, जो कभी सुन्दर और कभी परात्पर होते थे। उनको समझने के हर प्रयास में उन्हें व्यक्तिरूप दिया गया, या नहीं दिया गया, किन्तु उनका अन्त उनको अमूर्त कर देने में ही हुआ। ठीक ऐसी ही बात प्राचीन यूनानियों के सम्बन्ध में भी हुई, उनके तो सम्पूर्ण पुराणोपाख्यान अमूर्त प्रकृति-पूजा ही है। और ऐसा ही प्राचीन जर्मनी तथा स्कैंडिनेविया के निवासियों

एवं शेष सभी आर्य जातियों के बारे में भी कहा जा सकता है। इस तरह प्रकृति की शक्तियों का मानवीकरण करने में धर्म का आदि स्रोत माननेवालों का भी पक्ष काफ़ी प्रबल हो जाता है।

यद्यपि ये दोनों सिद्धान्त परस्पर विरोधी लगते हैं, किन्तु उनका समन्वय एक तीसरे आधार पर किया जा सकता है, जो मेरी समझ में धर्म का वास्तविक बीज है और जिसे मैं इन्द्रियों की सीमा का अतिक्रमण करने के लिए प्रयत्न मानता हूँ। एक ओर मनुष्य अपने पितरों की आत्माओं की खोज करता है, मृतकों की प्रेतात्माओं को ढ़ूँढ़ता है, अर्थात् शरीर के विनष्ट हो जाने पर भी वह जानना चाहता है कि उसके बाद क्या होता है। दूसरी ओर मनुष्य प्रकृति की विशाल दृश्यावली के पीछे काम करनेवाली शक्ति को समझना चाहता है। इन दोनों ही स्थितियों में इतना तो निश्चित है कि मनुष्य इन्द्रियों की सीमा के बाहर जाना चाहता है। वह इन्द्रियों से ही सन्तुष्ट नहीं है, वह इनसे परे भी जाना चाहता है। इस व्याख्या को रहस्यात्मक रूप देने की आवश्यकता नहीं। मुझे तो यह बिल्कुल स्वाभाविक लगता है कि धर्म की पहली झाँकी स्वप्न में मिली होगी। मनुष्य अमरता की कल्पना स्वप्न के आधार पर कर सकता है। कैसी अद्‌भुत है स्वप्न की अवस्था! हम जानते हैं कि बच्चे तथा कोरे मस्तिष्कवाले लोग स्वप्न और जाग्रत स्थिति में कोई भेद नहीं कर पाते। उनके लिए साधारण तर्क के रूप में इससे अधिक और क्या स्वाभाविक हो सकता है कि स्वप्नावस्था में भी जब शरीर प्रायः मृत सा हो जाता है, मन के सारे जटिल क्रिया-कलाप चलते रहते हैं। अतः इसमें क्या आश्चर्य, यदि मनुष्य हठात् यह निष्कर्ष निकाल ले कि इस शरीर के विनष्ट हो जाने पर इसकी क्रियाएँ जारी रहेंगी? मेरे विचार से अलौकिकता की इससे अधिक स्वाभाविक व्याख्या और कोई नहीं हो सकती, और स्वप्न पर आधारित इस धारणा को क्रमशः विकसित करता हुआ मनुष्य ऊँचे से ऊँचे विचारों तक पहुँच सका होगा। हाँ, यह भी अवश्य ही सत्य है कि समय पाकर अधिकांश लोगों ने यह अनुभव किया कि ये स्वप्न हमारी जाग्रतावस्था से सत्य सिद्ध नहीं होते और स्वप्नावस्था में मनुष्य का कोई नया अस्तित्व नहीं हो जाता, बल्कि वह जाग्रतावस्था के अनुभवों का ही स्मरण करता है।

किन्तु तब तक इस दिशा में अन्वेषण आरंभ हो गया था; और अन्वेषण की धारा अन्तर्मुखी हो गयी और मनुष्य ने अपने अंदर अधिक गंभीरता से मन की विभिन्न अवस्थाओं का अन्वेषण करते करते जाग्रतावस्था और स्वप्नावस्था से भी परे कई उच्च अवस्थाओं का आविष्कार किया। संसार के सभी संघटित धर्मों में इन अवस्थाओं की चर्चा परमानन्द या 'अंतःस्फुरण' के रूप में मिलती है। सभी

संघटित धर्मों में ऐसा माना जाता है कि उसके संस्थापक पैग़म्बरों एवं संदेशवाहकों ने मन की इन अवस्थाओं में प्रवेश किया था, और इनमें उन्हें एक ऐसी नवीन तथ्यमाला का साक्षात्कार हुआ, जो आध्यात्मिक जगत् से सम्बद्ध है। उन अवस्थाओं में उन महापुरुषों को जो अनुभव हुए, वे हमारे जाग्रतावस्था के अनुभवों से कहीं अधिक ठोस साबित हुए। उदाहरण के लिए तुम वैदिक धर्म को लो। ऐसा कहा जाता है कि वेद ऋषियों द्वारा रचित है। ये ऋषि ऐसे संत थे, जिन्हें विशिष्ट तथ्यों का अनुभव हुआ था। संस्कृत शब्द 'ऋषि' की ठीक परिभाषा है—मंत्रों का द्रष्टा। ये मंत्र वेदों की ऋचाओं के भाव हैं। इन ऋषियों ने यह घोषित किया कि उन्होंने कुछ विशिष्ट तथ्यों का साक्षात्कार—अनुभव किया है—अगर 'अनुभव' शब्द को इन्द्रियातीत विषय में प्रयोग करना ठीक है तो—और तब उन्होंने अपने अनुभवों को लिपिबद्ध किया। हम देखते हैं कि यहूदियों और ईसाइयों में भी इसी सत्य का उद्घोष हुआ था।

दक्षिण सम्प्रदाय के प्रतिनिधि बौद्धों का जहाँ तक प्रश्न है, इस सिद्धान्त को अपवाद रूप में लिया जा सकता है। यह पूछा जा सकता है कि यदि बौद्ध लोग ईश्वर या आत्मा में विश्वास नहीं करते, तो यह कैसे माना जा सकता है कि उनका धर्म भी किसी अतीन्द्रिय स्तर पर आधारित है? इसका उत्तर यह है कि बौद्ध लोग भी एक शाश्वत नैतिक नियम—धर्म—में विश्वास करते हैं और उस धर्म का ज्ञान सामान्य तर्कों के आधार पर नहीं हुआ था, वरन् बुद्ध ने अतीन्द्रियावस्था में इसका आविष्कार किया था। तुम लोगों में से जिन्होंने बुद्ध के जीवन-चरित्र का अध्ययन किया है, चाहे वह 'एशिया की ज्योति' (Light of Asia) जैसी ललित कविता के माध्यम से संक्षिप्त रूप में ही क्यों न हो—उन्हें याद होगा कि बुद्ध को अश्वत्थ वृक्ष के तले बैठा हुआ दिखाया गया है, जहाँ उन्हें निर्विकल्पावस्था की प्राप्ति हुई है। उनके सारे उपदेश इस अवस्था से ही प्रादुर्भूत हुए, न कि बौद्धिक चिन्तन से।

इस प्रकार सभी धर्मों ने एक अत्यन्त महत्त्वपूर्ण यह सिद्धान्त प्रतिपादित किया कि मनुष्य का मन कुछ खास क्षणों में इंद्रियों की सीमाओं के ही नहीं, बुद्धि की शक्ति के भी परे पहुँच जाता है। उस अवस्था में वह उन तथ्यों का साक्षात्कार करता है, जिनका ज्ञान न कभी इंद्रियों से हो सकता था और न चिंतन से ही। ये तथ्य ही संसार के सभी धर्मों के आधार हैं। निश्चय ही हमें इन तथ्यों में संदेह करने और उन्हें बुद्धि की कसौटी पर कसने का अधिकार है। पर संसार के सभी वर्तमान धर्मों का दावा है कि मन को ऐसी कुछ अद्भुत शक्तियाँ प्राप्त हैं, जिनसे वह इन्द्रिय तथा बौद्धिक अवस्था का अतिक्रमण कर जाता है। और उसकी इस शक्ति को वे तथ्य के रूप में मानते हैं।

धर्म के इन तथ्यों से संबंधित दावों की सत्यता पर विचार करने के अतिरिक्त हमें इन सारे तथ्यों में एक समानता मिलती है। ये सभी तथ्य भौतिक शास्त्र के स्थूल आविष्कारों की तुलना में अति सूक्ष्म हैं। सभी प्रतिष्ठित धर्मों में वे एक शुद्धतम अमूर्त तत्त्व का रूप ले लेते हैं; यह रूप या तो एक सर्वव्यापी सत्ता, ईश्वर कहा जानेवाला एक अमूर्त व्यक्तित्व, अथवा नैतिक विधान होता है, या समस्त भूतों में अंतर्व्याप्त किसी अमूर्त सार तत्व का रूप। आधुनिक युग में भी जब मन की अतीन्द्रियावस्था की सहायता लिए बिना ही, धर्मोपदेश देने का प्रयास किया गया, तो उसमें भी पुराने धर्मों के अमूर्त भावों की ही सहायता ली गयी, भले ही उनको 'नैतिक विधान' (moral law), 'आदर्श एकत्व' (ideal unity) आदि नाम दिये गए हों, जिससे सिद्ध होता है कि ये अमूर्त भाव इन्द्रियगोचर नहीं हैं। हममें से किसीने कभी एक 'आदर्श मानव' (ideal human being) को देखा नहीं है, फिर भी हम से कहा जाता है कि उसकी सत्ता में विश्वास करो। हममें से किसी ने आदर्शतः पूर्ण मानव को देखा नहीं, फिर भी उस आदर्श में विश्वास किये बिना हम आगे नहीं बढ़ सकते। इस तरह इन सभी धर्मों का निर्णय यह है कि एक आदर्श अमूर्त सत्ता है, जो हमारे सम्मुख एक व्यक्त अथवा अव्यक्त सत्ता, किसी विधान या सत् या सार-तत्त्व के रूप में प्रस्तुत किया जाता है। हम सतत उस आदर्श तक अपने को उठाने का प्रयास कर रहे हैं। प्रत्येक मनुष्य के सामने, वह जो भी हो, जहाँ भी हो, एक अपरिमित शक्तिवाला आदर्श रहता है। प्रत्येक मनुष्य के सामने सुख का प्रतीक कोई आदर्श रहता है। हमारे चारों ओर जो अनेकानेक कार्य हो रहे हैं, उनमें से अधिकांश अपरिमित शक्ति अथवा अपरिमित आनन्द के आदर्श के निमित्त ही किये जा रहे हैं। पर कुछ थोड़े से लोगों को शीघ्र ही यह पता चल जाता है कि अनन्त शक्ति के लाभ के निमित्त ये प्रयास तो वे कर रहे हैं, किंतु उनकी प्राप्ति इन्द्रियों के द्वारा नहीं हो सकती। दूसरे शब्दों में, उन्हें इन्द्रियों की सीमाओं का ज्ञान हो जाता है। वे समझ जाते हैं कि ससीम शरीर से असीम की प्राप्ति नहीं हो सकती। सीमित माध्यम में असीम की अभिव्यक्ति असम्भव है, और देर-सबेर मनुष्य को इस सत्य का ज्ञान हो ही जाता है और तब वह अपनी सीमाओं के भीतर असीम को पाने का प्रयास त्याग देता है। प्रयास का वह परित्याग ही नैतिकता की पृष्ठभूमि है। त्याग पर ही नैतिकता आधारित है। त्याग पर आधारित न रहा हो ऐसे किसी नीति-विधान का प्रचार कभी भी न हुआ।

नीतिशास्त्र सदा कहता है—'मैं नहीं, तू।' इसका उद्देश्य है—'स्व नहीं, निःस्वः'। इसका कहना है कि असीम सामर्थ्य अथवा असीम आनन्द को प्राप्त करने के क्रम में मनुष्य जिस निरर्थक व्यक्तित्व की धारणा से चिपटा रहता है,

उसे छोड़ना पड़ेगा। तुमको दूसरों को आगे करना पड़ेगा और स्वयं को पीछे। हमारी इन्द्रियाँ कहती हैं, 'अपने को आगे रखो', पर नीतिशास्त्र कहता है— 'अपने को सबसे अन्त में रखो।' इस तरह नीतिशास्त्र का सम्पूर्ण विधान त्याग पर ही आधारित है। उसकी पहली माँग है कि भौतिक स्तर पर अपने व्यक्तित्व का हनन करो, निर्माण नहीं। वह जो असीम है, उसकी अभिव्यक्ति इस भौतिक स्तर पर नहीं हो सकती, ऐसा असम्भव है, अकल्पनीय है।

इसलिए मनुष्य को 'असीम' की गहनतर अभिव्यक्ति की प्राप्ति के लिए भौतिक स्तर को छोड़कर क्रमशः ऊपर अन्य स्तरों में जाना है। इस प्रकार विविध नैतिक नियमों की संरचना होती है, किन्तु सभी का केन्द्रीभूत आदर्श वही आत्मत्याग ही है। अहंता का पूर्ण उच्छेदन ही नीतिशास्त्र का आदर्श है। लोग आश्चर्यचकित रह जाते हैं, यदि उनसे व्यक्तित्व की चिन्ता न करने के लिए कहा जाता है। जिसे वे अपना व्यक्तित्व कहते हैं, उसके विनष्ट होने के प्रति अत्यन्त भयभीत से हो जाते हैं। पर साथ ही ऐसे ही लोग नीतिशास्त्र के उच्चतम आदर्शों को सत्य घोषित करते हैं। वे क्षण भर के लिए भी यह नहीं सोचते कि नैतिकता का समग्र क्षेत्र, ध्येय और विषय व्यक्ति का उच्छेदन है, न कि उसका निर्माण।

उपयोगितावाद मनुष्य के नैतिक सम्बन्धों की व्याख्या नहीं कर सकता; क्योंकि पहली बात तो यह है कि उपयोगिता के आधार पर हम किसी भी नैतिक नियम पर नहीं पहुँच सकते। कोई भी नीतिशास्त्र तब तक नहीं टिक सकता, जब तक उसके नियमों का आधार अलौकिकता न हो, या जैसा मैं कहना अधिक ठीक समझता हूँ— जब तक उसके नियम अतीन्द्रिय ज्ञान पर आधारित न हों। असीम के प्रति संग्राम के बिना कोई आदर्श नहीं हो सकता। ऐसा कोई भी सिद्धान्त नैतिक नियमों की व्याख्या नहीं कर सकता, जो मनुष्य को सामाजिक स्तर तक ही सीमित रखना चाहता हो। उपयोगितावादी हमसे 'असीम'—अतीन्द्रिय गंतव्य स्थल—के प्रति संग्राम का त्याग चाहते हैं, क्योंकि अतीन्द्रियता अव्यावहारिक है, निरर्थक है। पर साथ ही वे यह भी कहते हैं कि नैतिक नियमों का पालन करो, समाज का कल्याण करो। आखिर हम क्यों किसीका कल्याण करें? भलाई करने की बात तो गौण है, प्रधान तो है—एक आदर्श। नीतिशास्त्र स्वयं साध्य नहीं है, प्रत्युत साध्य को पाने का साधन है। यदि उद्देश्य नहीं है, तो हम क्यों नैतिक बनें? हम क्यों दूसरों की भलाई करें? क्यों हम लोगों को सतायें नहीं? अगर आनन्द ही मानव जीवन का चरम उद्देश्य है, तो क्यों न मैं दूसरों को कष्ट पहुँचाकर भी स्वयं सुखी रहूँ? ऐसा करने से मुझे रोकता कौन है? दूसरी बात यह है कि उपयोगिता का आधार अत्यन्त संकीर्ण है। सारे प्रचलित, सामाजिक नियमों की रचना तो, समाज की तात्कालिक

स्थिति को दृष्टि में रखकर की गयी है। किन्तु उपयोगितावादियों को यह सोचने का क्या अधिकार है कि यह समाज शाश्वत है। कभी ऐसा भी समय था जब समाज नहीं था, और ऐसा भी समय आयगा, जब यह नहीं रहेगा। यह तो शायद मनुष्य की प्रगति के क्रम में एक ऐसा स्थल है, जिससे होकर उसे विकास के उच्चतर स्तरों तक जाना है। और इस तरह कोई भी नियम जो मात्र समाज पर आधारित है, शाश्वत नहीं हो सकता, मानव-प्रकृति को पूर्णरूपेण आच्छादित नहीं कर सकता। अधिक से अधिक यह उपयोगितावादी नियम समाज की वर्तमान स्थिति में काम कर सकता है। इसके आगे इसकी कोई उपयोगिता नहीं रह जाती। किन्तु धर्म तथा आध्यात्मिकता पर आधारित नीतिशास्त्र का क्षेत्र असीम मनुष्य है। वह व्यक्ति को लेता है, पर उसके संबंध असीम हैं। वह समाज को भी लेता है, क्योंकि समाज व्यक्तियों के समूह का ही नाम है; इसलिए जिस प्रकार यह नियम व्यक्ति और उसके शाश्वत संबंधों पर लागू होता है, ठीक उसी प्रकार समाज पर भी लागू होता है,—समाज की स्थिति या दशा किसी समय-विशेष में जो भी हो। इस तरह हम देखते हैं कि मनुष्य को सदैव आध्यात्मिक धर्म की आवश्यकता पड़ती रहेगी। वह हमेशा भौतिक जगत् में ही लिप्त नहीं रह सकता, उसे कितना भी आनन्ददायक क्यों न लगे।

ऐसा कहा जाता है कि अधिक आध्यात्मिक होने पर सांसारिक व्यवहारों में कठिनाइयाँ हो सकती हैं। कन्फ्यूशस के युग में ही कहा गया था कि 'पहले हम इस संसार की चिंता करें और जब इससे छुट्टी मिले, तो दूसरे लोकों की चर्चा करें।' इस लोक की चिंता करना बड़ा अच्छा है। पर अगर अधिक आध्यात्मिकता से हमारे लोकाचार में थोड़ी गड़बड़ी होती है, तो सांसारिकता पर अत्यधिक ध्यान देने से तो इहलोक और परलोक दोनों बिगड़ जायँगे। सांसारिकता हमें पूर्णतः भौतिकवादी बनाकर छोड़ेगी। मनुष्य का उद्देश्य 'प्रकृति' नहीं है,—वरन् कुछ उससे ऊपर की वस्तु है।

'मनुष्य तभी तक मनुष्य कहा जा सकता है, जब तक वह प्रकृति से ऊपर उठने के लिए संग्राम करता है।' और यह प्रकृति बाह्य और आन्तरिक दोनों है। इस प्रकृति के भीतर केवल वे ही नियम नहीं हैं, जिनसे हमारे शरीर के तथा उसके बाहर के परमाणु नियंत्रित होते हैं, वरन् ऐसे सूक्ष्म नियम भी हैं, जो वस्तुतः बाह्य प्रकृति को संचालित करनेवाली अंतःस्थ प्रकृति का नियमन करते हैं। बाह्य प्रकृति को जीत लेना कितना अच्छा है, कितना भव्य है। पर उससे असंख्य गुना अच्छा और भव्य है अभ्यंतर प्रकृति पर विजय पाना। ग्रहों और नक्षत्रों का नियंत्रण करनेवाले नियमों को जान लेना बहुत अच्छा और गरिमामय है; उससे अनन्त गुना अच्छा और

भव्य है, उन नियमों को जानना, जिनसे मनुष्य के मनोवेग, भावनाएँ और इच्छाएँ नियंत्रित होती हैं। इस आन्तरिक मनुष्य पर विजय पाना, मानव मन की जटिल सूक्ष्म क्रियाओं के रहस्य को समझना, पूर्णतया धर्म के अन्तर्गत आता है। मनुष्य का स्वभाव––साधारण मनुष्य-स्वभाव––है कि वह बृहत् भौतिक तथ्यों का अवलोकन करना चाहता है। साधारण मनुष्य किसी-सूक्ष्म वस्तु को नहीं समझ सकता। ठीक ही कहा गया है कि संसार तो उस सिंह का आदर करता है, जो हज़ारों मेमनों का वध करता है। लोगों को यह समझने का अवकाश कहाँ है कि सिंह की इस क्षणिक विजय का अर्थ है––हज़ारों मेमनों की मृत्यु। इसका कारण यह है कि मनुष्य शारीरिक शक्ति की अभिव्यक्ति से प्रसन्न होता है। मानव जाति का यही सामान्य स्वभाव है। बाह्य वस्तुओं को ही लोग समझ सकते हैं, इन्हींमें उन्हें आनन्द मिलता है। पर हर समाज में कुछ ऐसे लोग मिलते ही हैं, जिन्हें इन्द्रियविषयक वस्तुओं में कोई आनन्द नहीं मिलता। वे इनसे ऊपर उठना चाहते हैं और यदा-कदा सूक्ष्मतर तत्त्वों की झाँकी पाकर उन्हें ही पाने के लिए सदा तत्पर रहते हैं। और जब हम विश्व-इतिहास का मनन करते हैं, तो पात ह कि जब जब किसी राष्ट्र में ऐसे लोगों की संख्या में वृद्धि हुई है, तब तब उस राष्ट्र का अभ्युदय हुआ है; तथा जब भूमा या असीम की खोज––उसे उपयोगितावादी कितनी ही अर्थहीन कहें––समाप्त हो जाती है, तो उस राष्ट्र का पतन होने लगता है। तात्पर्य यह है कि आध्यात्मिकता ही किसी भी जाति की शक्ति का प्रधान स्रोत है। जिस दिन से इसका ह्रास और भौतिकता का उत्थान होने लगता है, उसी दिन से उस राष्ट्र की मृत्यु प्रारम्भ हो जाती है।

इस तरह धर्म से ठोस सत्यों और तथ्यों को पाने के अतिरिक्त, उससे मिलनेवाली सान्त्वना के अतिरिक्त, एक विशुद्ध विज्ञान और एक अध्ययन के रूप में वह मानव-मन के लिए सर्वोत्कृष्ट और स्वस्थतम व्यायाम है। असीम की खोज करना, असीम को पाने के लिए उद्यम करना, इन्द्रियों––मानो भौतिक द्रव्यों––की सीमाओं से परे जाकर एक आध्यात्मिक मानव के रूप में विकसित होना––इन सारी चीजों के लिए दिन-रात जो प्रयत्न किया जाता है, वह अपने आप में ही मनुष्य के सभी प्रयत्नों में उदात्ततम और परम गौरवशाली है। कुछ ऐसे व्यक्ति मिलेंगे, जिन्हें भोजन में ही परम सुख मिलता है। हमें कोई अधिकार नहीं कि हम उन्हें वैसा करने से मना करें। फिर कुछ ऐसे भी व्यक्ति मिलेंगे, जिन्हें विशिष्ट वस्तुओं के स्वामित्व में आनन्द मिलता है। और हमें कोई अधिकार नहीं है कि हम कहें कि उन्हें वैसा नहीं करना चाहिए। पर किसीको आध्यात्मिक चिंतन में ही परमानन्द मिलता है, तो उसे मना करने का किसीको कोई अधिकार नहीं है। जो प्राणी

जितना ही निम्न स्तर का होगा, उसे इन्द्रियजनित सुखों में उतना ही आनन्द मिलेगा। बहुत कम मनुष्य ऐसे मिलेंगे, जिन्हें भोजन करते समय वैसा ही उल्लास होता है, जैसा किसी कुत्ते या भेड़िये को। किन्तु याद रहे कि कुत्ते और भेड़िये के सारे सुख इन्द्रियों तक ही सीमित हैं। निम्न कोटि के मनुष्यों को इन्द्रियजनित सुखों में ही आनन्द मिलता है। किन्तु जो लोग सुसंस्कृत एवं सुशिक्षित हैं, उन्हें चिंतन, दर्शन, कला और विज्ञान में आनन्द मिलता है। आध्यात्मिकता उनसे भी उच्चतर स्तर की है। विषय के असीम होने के कारण वह स्तर उच्चतम है, और जो इसे हृदयंगम कर सकते हैं, उनके लिए उस स्तर का आनन्द सर्वोत्तम है। इसलिए अगर शुद्ध उपयोगितावादी दृष्टिकोण से भी आनन्द की प्राप्ति ही मनुष्य का उद्देश्य है, तो भी धार्मिक चिंतन का अनुशीलन करना चाहिए, क्योंकि उसी में सर्वोत्तम सुख है। इस तरह मुझे तो ऐसा लगता है कि एक अध्ययन के रूप में भी धर्म अत्यन्त आवश्यक है।

अब हम इसके परिणामों पर विचार करें। मानव-मन के लिए यह सबसे बड़ी प्रेरक शक्ति है। जितनी शक्ति हममें आध्यात्मिक आदर्शों पर चलने से आती है, उतनी और किसीसे नहीं। जहाँ तक मानव-इतिहास का प्रश्न है, हम लोगों के लिए सुस्पष्ट है कि बात ऐसी ही रही है और धर्म की शक्तियाँ मृत नहीं हैं। मैं यह नहीं कहता कि केवल उपयोगितावादी आधार पर मनुष्य नैतिक और अच्छा नहीं हो सकता। केवल उपयोगिता के स्तर पर भी पूर्णतया स्वस्थ, नैतिक और अच्छे महान् पुरुष इस संसार में हुए हैं। किन्तु वैसे संसार को हिला देनेवाले लोग, जो मानो विश्व में एक महान् चुम्बकीय आकर्षण ला देते हैं, जिनकी आत्मा सैकड़ों और हजारों में कार्यशील है, जिनका जीवन आध्यात्मिक अग्नि से दूसरों को प्रज्वलित कर देता है सदा आध्यात्मिकता की पृष्ठभूमि से ही आविर्भूत होते हैं। उनकी प्रेरक शक्ति का स्रोत सदा ही धर्म रहा है। जो असीम शक्ति प्रत्येक मनुष्य का स्वभाव तथा जन्मसिद्ध अधिकार है, उसके साक्षात् के लिए धर्म सर्वश्रेष्ठ प्रेरक शक्ति है। चरित्र-निर्माण, शिव और महत् की प्राप्ति, स्वयं तथा विश्व को शांति की प्राप्ति के लिए धर्म ही सर्वोपरि प्रेरक शक्ति है। अतः उसका अध्ययन इस दृष्टि से भी होना चाहिए। धर्म का अध्ययन अब पहले की अपेक्षा अधिक व्यापक आधार पर होना चाहिए। धर्म संबंधी सभी संकीर्ण, सीमित, युद्धरत धारणाओं को नष्ट होना चाहिए। संप्रदाय, जाति या राष्ट्र की भावना पर आधारित सारे धर्मों का परित्याग करना होगा। हर जाति या राष्ट्र का अपना अपना अलग ईश्वर मानना और दूसरों को भ्रान्त कहना, एक अंधविश्वास है, उसे अतीत की वस्तु हो जाना चाहिए। ऐसे सारे विचारों से मुक्ति पाना होगा।

जैसे जैसे मानव-मन का विस्तार होता है, वैसे आध्यात्मिक सोपान भी विस्तृत होते जाते हैं। वह समय तो आ ही गया है, जब कोई व्यक्ति पृथ्वी के किसी कोने में कोई बात कहे और सारे विश्व में वह गूंज उठे। मात्र भौतिक साधनों से हमने सम्पूर्ण जगत् को एक बना डाला है। इसलिए स्वभावतः ही आनेवाले धर्म को विश्वव्यापी होना पड़ेगा।

भविष्य के धार्मिक आदर्शों को सम्पूर्ण जगत् में जो कुछ भी सुन्दर और महत्त्व-पूर्ण है, उन सबों को समेटकर चलना पड़ेगा और साथ ही भावविकास के लिए अनंत क्षेत्र प्रदान करना पड़ेगा। अतीत में जो कुछ भी सुन्दर रहा है, उसे जीवित रखना होगा, साथ ही वर्तमान के भण्डार को और भी समृद्ध बनाने के एि भविष्य का विकास-द्वार भी खुला रखना होगा। धर्म को ग्रहणशील होना चाहिए, और ईश्वर संबंधी अपने आदर्शों में भिन्नता के कारण एक दूसरे का तिरस्कार नहीं करना चाहिए। मैंने अपने जीवन में ऐसे अनेक महापुरुषों को देखा है, जो ईश्वर में एकदम विश्वास नहीं करते थे, अर्थात् हमारे और तुम्हारे ईश्वर में। किन्तु वे लोग ईश्वर को हमारी अपेक्षा अधिक अच्छी तरह समझते थे। ईश्वर सम्बन्धी सभी सिद्धान्त——सगुण, निर्गुण, अनन्त, नैतिक नियम अथवा आदर्श मानव——धर्म की परिभाषा के अन्तर्गत आने चाहिए। और जब धर्म इतने उदार बन जायँगे, तब उनकी कल्याणकारिणी शक्ति सौगुनी अधिक हो जायगी। धर्मों में अद्भुत शक्ति है; पर केवल इनकी संकीर्णताओं के कारण अक्सर इनसे कल्याण की अपेक्षा अधिक हानि ही हुई है।

यहाँ तक कि आज भी हम बहुत से संप्रदाय और समाज पाते हैं, जो प्रायः समान आदर्श के अनुगामी होते हुए भी परस्पर लड़ रहे हैं। इसका कारण यह है कि एक सम्प्रदाय अपने आदर्शों को एक दूसरे के समान हूबहू प्रतिपादित नहीं करना चाहता। अतः धर्म के उदार होने की नितान्त आवश्यकता है। धार्मिक विचारों को विस्तृत, विश्वव्यापक और असीम होना पड़ेगा, और तभी हम धर्म का पूर्ण रूप प्राप्त करेंगे, क्योंकि धर्म की शक्तियों कि वास्तविक अभिव्यक्ति तो बस अब शुरू हुई है। लोग कहते हैं——धर्म मर रहा है, आध्यात्मिकता का ह्रास हो रहा है; पर मुझे तो लगता है कि अभी अभी ये पनपने लगे हैं। एक सुसंस्कृत एवं उदार धर्म की शक्ति अभी ही तो सम्पूर्ण मानव जीवन में प्रवेश करने जा रही है। जब तक धर्म कुछ इने-गिने पण्डे-पादरियों के हाथों में रहा, तब तक इसका दायरा मन्दिर, गिरजाघर, धर्मग्रन्थों, धार्मिक नियमों, अनुष्ठानों और बाह्याचारों तक सीमित रहा। पर जब हम यथार्थ आध्यात्मिक और विश्वव्यापक धारणा पर आ उपनीत होंगे, तब और तभी धर्म यथार्थ हो उठेगा, सजीव हो उठेगा, हमारे जीवन का अंग बन जायगा, हमारी हर गति में रहेगा, समाज के रोम रोम में समा जायगा,

और तब इसकी शिवात्मक शक्ति पहले कभी भी की अपेक्षा अनन्त गुनी अधिक हो जायगी।

आज आवश्यकता इस बात की है कि सभी तरह के धर्म परस्पर बन्धुत्व का भाव रखें, क्योंकि अगर उन्हें जीना है, तो साथ साथ और मरना है, तो साथ साथ। बन्धुत्व की यह भावना पारस्परिक स्नेह और आदर पर आधारित होनी चाहिए, न कि संरक्षणशील, प्रसादस्वरूप किंचित् शुभेच्छा की कृपण अभिव्यक्ति पर, जिसे आज एक धर्म अनुग्रहपूर्ण भाव से दूसरे पर दर्शाते हुए पाया जाता है। एक ओर हैं, मानसिक व्यापारों की अध्ययनजन्य धार्मिक अभिव्यक्तियाँ, जो अभाग्यवश आज भी धर्म पर एकाधिकार का पूरा दावा रखती हैं--और दूसरी ओर हैं धर्म की वे अभिव्यक्तियाँ, जिनके मस्तिष्क तो स्वर्ग के रहस्यों में अधिक व्यस्त हैं, किंतु जिनके चरण पृथ्वी से ही चिपके हैं--मेरा तात्पर्य है तथाकथित भौतिक विज्ञानों से। अब इन दोनों के मध्य इस बन्धुत्व की भावना की सर्वोपरि आवश्यकता है।

इस सामंजस्य को लाने के लिए दोनों को ही आदान-प्रदान करना होगा, त्याग करना पड़ेगा, यही नहीं, कुछ दुःखद बातों को भी सहन करना पड़ेगा। पर इस त्याग के परिणामस्वरूप प्रत्येक व्यक्ति और भी निखर उठेगा और सत्य के सन्धान में अपने को और भी आगे पायेगा। अन्त में देश-काल की सीमाओं में बद्ध ज्ञान का महामिलन उस ज्ञान से होगा, जो इन दोनों से परे है, जो मन तथा इन्द्रियों की पहुँच से परे है--जो निरपेक्ष है, असीम है, अद्वितीय है।

आत्मा

(अमेरिका में दिया गया व्याख्यान)

तुममें से बहुतों ने मैक्स मूलर की सुप्रसिद्ध पुस्तक—वेदान्त दर्शन पर तीन व्याख्यान (Three Lectures on the Vedanta Philosophy) को पढ़ा होगा, और शायद कुछ लोगों ने इसी विषय पर प्रोफ़ेसर डॉयसन की जर्मन भाषा में लिखित पुस्तक भी पढ़ी हो। ऐसा लगता है कि पाश्चात्य देशों में भारतीय धार्मिक चिन्तन के बारे में जो कुछ लिखा या पढ़ाया जा रहा है, उसमें भारतीय दर्शन की अद्वैतवाद नामक शाखा प्रमुख स्थान रखती है। यह भारतीय धर्म का अद्वैतवादवाला पक्ष है, और कभी कभी ऐसा भी सोचा जाता है कि वेदों की सारी शिक्षाएँ इस दर्शन में सन्निहित हैं। ख़ैर, भारतीय चिन्तन-धारा के बहुत सारे पक्ष हैं; और यह अद्वैतवाद तो अन्य वादों की तुलना में सबसे कम लोगों द्वारा माना जाता है। अत्यन्त प्राचीन काल से ही भारत में अनेकानेक चिन्तन-धाराओं की परम्परा रही है, और चूँकि शाखा विशेष के अनुयायियों द्वारा अंगीकार किये जानेवाले मतों को निर्धारित करनेवाला कोई सुसंघटित या स्वीकृत धर्मसंघ अथवा कतिपय व्यक्तियों के समूह, वहाँ कभी नहीं रहे, इसलिए लोगों को सदा से ही अपने मन के अनुरूप धर्म चुनने, अपने दर्शन को चलाने तथा अपने संप्रदायों को स्थापित करने की स्वतंत्रता रही। फलस्वरूप हम पाते हैं कि चिरकाल से ही भारत में मत-मतान्तरों की बहुतायत रही है। आज भी हम कह नहीं सकते कि कितने सौ धर्म वहाँ फल रहे हैं और कितने नये धर्म हर साल उत्पन्न होते हैं। ऐसा लगता है कि उस राष्ट्र की धार्मिक उर्वरता असीम है।

भारत में प्रचलित इन विभिन्न मतों को मोटे तौर पर दो भागों में विभक्त किया जा सकता है, आस्तिक और नास्तिक। जो मत हिन्दू धर्मग्रन्थ, वेदों को सत्य का शाश्वत प्रकाश (श्रुति) मानते हैं, उन्हें आस्तिक कहते हैं, और जो वेदों को न मानकर अन्य प्रमाणों पर आधारित हैं, उन्हें भारत में नास्तिक कहते हैं। आधुनिक नास्तिक हिन्दू धर्मों में दो प्रमुख हैं: बौद्ध और जैन। आस्तिक धर्मावलम्बी कोई कोई कहते हैं कि शास्त्र हमारी बुद्धि से अधिक प्रामाणिक हैं, जब कि दूसरे मानते हैं कि शास्त्रों के केवल बौद्धिक अंश को ही स्वीकार करना चाहिए, शेष को छोड़ देना चाहिए।

आस्तिक मतों की भी फिर तीन शाखाएँ हैं : सांख्य, न्याय और मीमांसा। इनमें से पहली दो शाखाएँ किसी सम्प्रदाय की स्थापना करने में सफल न हो सकीं, यद्यपि दर्शन के रूप में उनका अस्तित्व अभी भी है। एकमात्र सम्प्रदाय जो अभी भारत में प्राय: सर्वत्र प्रचलित है, वह है उत्तर मीमांसा अथवा वेदान्त। इस दर्शन को 'वेदान्त' कहते हैं। भारतीय दर्शन की समस्त शाखाएँ वेदान्त, यानी उपनिषदों से ही निकली हैं, किन्तु अद्वैतवादियों ने यह नाम खासकर अपने लिए रख लिया, क्योंकि वे अपने सम्पूर्ण धर्म-ज्ञान तथा दर्शन को एकमात्र वेदान्त पर ही आधारित करना चाहते थे। आगे चलकर वेदान्त ने प्राधान्य प्राप्त किया। और, भारत में अब जो अनेकानेक सम्प्रदाय हैं, वे किसी न किसी रूप में उसीकी शाखाएँ हैं। फिर भी ये विभिन्न शाखाएँ अपने विचारों में एकमत नहीं हैं।

हम देखते हैं कि वेदान्तियों के तीन प्रमुख भेद हैं। पर एक विषय पर सभी सहमत हैं, वह यह कि ईश्वर के अस्तित्व में सभी विश्वास करते हैं। सभी वेदान्ती यह भी मानते हैं कि वेद शाश्वत आप्तवाक्य हैं, यद्यपि उनका ऐसा मानना उस तरह का नहीं, जिस तरह ईसाई अथवा मुसलमान लोग अपने अपने धर्मग्रन्थों के बारे में मानते हैं। वे अपने ढंग से ऐसा मानते हैं। उनका कहना है कि वेदों में ईश्वर-सम्बन्धी ज्ञान सन्निहित है और चूँकि ईश्वर चिरन्तन है, अत: उसका ज्ञान भी शाश्वत रूप से उसके साथ है। अत: वेद भी शाश्वत है। दूसरी बात जो सभी वेदान्ती मानते हैं, वह है सृष्टिसम्बन्धी चक्रीय सिद्धान्त। सब यह मानते हैं कि सृष्टि चक्रों या कल्पों में होती है। सम्पूर्ण सृष्टि का आगम और विलय होता है। आरम्भ होने के बाद सृष्टि क्रमश: स्थूलतर रूप लेती जाती है, और एक अपरिमेय अवधि के पश्चात् पुन: सूक्ष्मतर रूप में बदलना शुरू करती है तथा अन्त में विघटित होकर विलीन हो जाती है। इसके बाद विराम का समय आता है। सृष्टि का फिर उद्भव होता है और फिर इसी क्रम की आवृत्ति होती है। ये लोग दो तत्त्वों को स्वत: प्रमाणित मानते हैं : एक को 'आकाश' कहते हैं, जो वैज्ञानिकों के 'ईथर' से मिलता-जुलता है और दूसरे को 'प्राण' कहते हैं, जो एक प्रकार की शक्ति है। 'प्राण' के विषय में इनका कहना है कि इसके कम्पन से विश्व की उत्पत्ति होती है। जब सृष्टि-चक्र का विराम होता है, तो व्यक्त प्रकृति क्रमश: सूक्ष्मतर होते होते आकाश तत्त्व के रूप में विघटित हो जाती है, जिसे हम न देख सकते हैं और न अनुभव ही कर सकते हैं; किन्तु इसी से पुन: समस्त वस्तुएँ उत्पन्न होती हैं। प्रकृति में हम जितनी शक्तियाँ देखते हैं, जैसे, गुरुत्वाकर्षण, आकर्षण, विकर्षण अथवा विचार, भावना एवं स्नायविक गति––सभी अन्ततोगत्वा विघटित होकर प्राण में परिवर्तित हो जाते हैं और प्राण का स्पन्दन रुक जाता है। इस

स्थिति में वह तब तक रहता है, जब तक सृष्टि का कार्य पुनः प्रारंभ नहीं हो जाता। उसके प्रारंभ होते ही 'प्राण' में पुनः कम्पन होने लगते हैं। इस कम्पन का प्रभाव 'आकाश' पर पड़ता है और तब सभी रूप और आकार एक निश्चित क्रम में बाहर प्रक्षिप्त होते हैं।

सबसे पहले जिस दर्शन की चर्चा मैं तुमसे करूँगा, वह द्वैतवाद के नाम से प्रसिद्ध है। द्वैतवादी यह मानते हैं कि विश्व का सर्जक और शासक ईश्वर शाश्वत रूप से प्रकृति एवं जीवात्मा से पृथक् है। ईश्वर नित्य है, प्रकृति नित्य है तथा सभी आत्माएँ भी नित्य हैं। प्रकृति तथा आत्माओं की अभिव्यक्ति होती है एवं उनमें परिवर्तन होते हैं, परन्तु ईश्वर ज्यों का त्यों रहता है। द्वैतवादियों के अनुसार ईश्वर सगुण है; उसके शरीर नहीं है, पर उसमें गुण हैं। मानवीय गुण उसमें विद्यमान हैं; जैसे वह दयावान् है, वह न्यायी है, वह सर्वशक्तिमान है, वह बलवान है, उसके पास पहुँचा जा सकता है, उससे प्रार्थना की जा सकती है, उससे प्रेम किया जा सकता है, प्रेम का वह प्रतिदान देता है, आदि आदि। संक्षेप में वह मानवीय ईश्वर है– अंतर इतना है कि वह मनुष्य से अनंत गुना बड़ा है, तथा मनुष्य में जो दोष हैं वह उनसे परे है। 'वह अनंत शुभ गुणों का भाण्डार है'––ईश्वर की यही परिभाषा लोगों ने दी है। वह उपादानों के बिना सृष्टि नहीं कर सकता। प्रकृति ही वह उपादान है, जिससे वह समस्त विश्व की रचना, करता है। कुछ वेदांतेतर द्वैतवादी जिन्हें 'परमाणुवादी' कहते हैं, यह मानते हैं कि प्रकृति असंख्य परमाणुओं के सिवा और कुछ नहीं है और ईश्वर की इच्छा-शक्ति इन परमाणुओं में सक्रिय होकर सृष्टि करती है, वेदान्ती लोग इस परमाणु-सिद्धात को नहीं मानते। उनका कहना है कि यह नितान्त तर्कहीन है। अविभाज्य परमाणु रेखागणित के विन्दुओं की तरह हैं, खंड और परिमाणरहित। किन्तु ऐसी खंड और परिमाणरहित वस्तु को अगर असंख्य बार गुणित किया जाय, तो भी वह ज्यों की त्यों रहेगो। फिर, कोई वस्तु, जिसके अवयव नहीं, ऐसी वस्तु का निर्माण नहीं कर सकती, जिसके विभिन्न अवयव हों। चाहे जितने भी शून्य इकट्ठे किये जायँ, उनसे कोई पूर्ण संख्या नहीं बन सकती। इसलिए अगर ये परमाणु अविभाज्य हैं तथा परिमाणरहित हैं, तो इनसे विश्व की सृष्टि सर्वथा असम्भव है। अतएव वेदान्ती द्वैतवादी अवि-श्लिष्ट एवं अविभेद्य प्रकृति में विश्वास करते हैं, जिससे ईश्वर सृष्टि की रचना करता है। भारत में अधिकांश लोग द्वैतवादी हैं, मानव प्रकृति सामान्यतः इससे अधिक उच्च कल्पना नहीं कर सकती। हम देखते हैं कि संसार में धर्म में विश्वास रखनेवालों में नब्बे प्रतिशत लोग द्वैतवादी ही हैं। यूरोप तथा एशिया के सभी धर्म द्वैतवादी हैं, वैसा होने के लिए वे विवश हैं। कारण, सामान्य मनुष्य उस वस्तु

की कल्पना नहीं कर सकता, जो मूर्त न हो। इसलिए स्वभावत: वह उस वस्तु से चिपकना चाहता है, जो उसकी बुद्धि की पकड़ में आती है। तात्पर्य यह कि वह उच्च आध्यात्मिक भावनाओं को तभी समझ सकता है, जब वे उसके स्तर पर नीचे उतर आये। वह सूक्ष्म भावों को स्थूल रूप में ही ग्रहण कर सकता है। सम्पूर्ण विश्व में सर्वसाधारण का यही धर्म है। वे एक ऐसे ईश्वर में विश्वास करते हैं, जो उनसे पूर्णतया पृथक्, मानो एक बड़ा राजा, एक अत्यन्त बलिष्ठ सम्राट् हो। साथ ही वे उसे पृथ्वी पर के राजाओं की अपेक्षा अधिक पवित्र बना देते हैं, उसे समस्त दुर्गुणों से रहित और समस्त सद्‌गुणों से संपन्न बना देते हैं। जैसे कहीं अशुभ के बिना शुभ और अंधकार के बिना प्रकाश सम्भव हो !

सभी द्वैतवादी सिद्धान्तों के साथ पहली कठिनाई यह है कि असंख्य सद्‌गुणों के भाण्डार, न्यायी तथा दयालु ईश्वर के राज्य में इतने कष्ट कैसे हो सकते हैं ? यह प्रश्न हर द्वैतवादी धर्म के समक्ष है, पर, हिन्दुओं ने कभी भी इसे सुलझाने के लिए शैतान की कल्पना नहीं की। हिन्दुओं ने एकमत होकर मनुष्य को ही दोषी माना और उनके लिए ऐसा मानना आसान भी था। क्यों ? इसलिए कि, जैसा मैंने तुमसे अभी कहा, उन्होंने नहीं माना कि आत्मा की सृष्टि शून्य से हुई। इस जीवन में हम देखते हैं कि हम अपने भविष्य का निर्माण कर सकते हैं ; हममें से प्रत्येक हर रोज अगले दिन के निर्माण में लगा रहता है। आज हम कल के भाग्य को निश्चित करते हैं, कल परसों का, और इसी तरह यह क्रम चलता रहता है। इसलिए इस तर्क को हम यदि पीछे की ओर ले चलें, तो भी यह पूर्णत: युक्तिसंगत होगा। अगर हम अपने ही कर्मों से भविष्य को निश्चित करते हैं, तो यही तर्क हम अतीत के लिए भी क्यों न लागू करें ? अगर किसी अनन्त शृंखला की कुछ कड़ियों की पुनरावृत्ति होते हम बारंबार देखें, तो कड़ियों के इन समूहों के आधार पर हम समूची शृंखला की भी व्याख्या कर सकते हैं। इसी तरह इस अनन्त काल के कुछ भाग को लेकर अगर हम उसकी व्याख्या कर सक और समझ सकें, तो यही व्याख्या समय की समूची अनन्त शृंखला के लिए भी सत्य होगी; यदि यह सत्य हो कि प्रकृति सर्वत्र एकरूप है, तो काल की संपूर्ण शृंखला पर यही व्याख्या लागू होगी। अगर यह सत्य है कि इस छोटी सी अवधि में हम अपने भविष्य का निर्माण करते हैं, और अगर यह सत्य है कि हर कार्य के लिए कारण अपेक्षित है, तो यह भी सत्य है कि हमारा वर्तमान हमारे सम्पूर्ण अतीत का परिणाम है। इसलिए यह सिद्ध होता है कि मनुष्य के भाग्य के निर्गाण के लिए मनुष्य के सिवा और किसी की ज़रूरत नहीं है। यहाँ जो कुछ भी अशुभ दीखता है, उसके कारण तो हम ही हैं। हम लोग ही सारे पापों की जड़ हैं। और जिस तरह हम यह

देखते हैं कि पापों का परिणाम दुःखप्रद होता है, उसी तरह यह भी अनुमान किया जा सकता है कि आज जितने कष्ट देखने को मिलते हैं, उन सबके मूल में वे पाप हैं, जिन्हें मनुष्य ने अतीत में किया है। इसलिए इस सिद्धान्त के अनुसार मनुष्य ही उत्तरदायी है; ईश्वर पर दोष नहीं लगाया जा सकता। वह, जो चिरन्तन परम दयालु पिता है, दोषी नहीं माना जा सकता। 'हम जो बोते हैं, वही काटते हैं।'

द्वैतवादियों का एक दूसरा विचित्र सिद्धान्त यह है कि सभी आत्माएँ कभी न कभी मोक्ष को प्राप्त कर ही लेंगी; कोई भी छूटेगी नहीं। नाना प्रकार के उत्थान-पतन तथा सुख-दुःख के भोग के उपरान्त अन्त में ये सभी आत्माएँ मुक्त हो जायँगी। आखिर मुक्त किससे होंगी? सभी हिन्दू सम्प्रदायों का मत है कि इस संसार से मुक्त हो जाना है। न तो यह संसार, जिसे हम देखते तथा अनुभव करते हैं, और न वह जो काल्पनिक है, अच्छा, और वास्तविक हो सकता है, क्योंकि दोनों ही शुभ और अशुभ से भरे पड़े हैं। द्वैतवादियों के अनुसार इस संसार से परे एक ऐसा स्थान है, जहाँ केवल सुख और केवल शुभ ही है; जब हम उस स्थान पर पहुँच जाते हैं, तो जन्म-मरण के पाश से मुक्त हो जाते हैं। कहना न होगा कि यह कल्पना उन्हें कितनी प्रिय है। वहाँ न तो कोई व्याधि होगी और न मृत्यु; वहाँ शाश्वत सुख होगा और सदा वे ईश्वर के समक्ष रहते हुए परमानन्द का अनुभव करते रहेंगे। उनका विश्वास है कि सभी प्राणी——कीट से लेकर देवदूत और देवता तक——कभी न कभी उस लोक में पहुँचेंगे ही, जहाँ दुःख का लेश भी नहीं होगा। किन्तु अपने इस जगत् का कभी अन्त नहीं होगा; तरंग की भाँति ही सही, यह सतत चलता रहेगा। निरन्तर परिवर्तित होते रहने के बावजूद, इसका कभी अन्त नहीं होता। मोक्ष प्राप्त करनेवाली आत्माओं की संख्या अपरिमित है। उनमें से कुछ तो पौधों में हैं, कुछ पशुओं में, कुछ मनुष्यों में तथा कुछ देवताओं में। पर सबके सब——उच्चतम देवता भी——अपूर्ण हैं, बन्धन में हैं। यह बन्धन क्या है? जन्म और मरण की अपरिहार्यता। उच्चतम देवों को भी मरना पड़ता है। देवता क्या हैं? वे विशिष्ट अवस्थाओं या पदों के प्रतीक हैं। उदाहरणस्वरूप, इन्द्र जो देवताओं के राजा हैं, एक पद-विशेष के प्रतीक हैं। कोई अत्यन्त उच्च आत्मा इस कल्प में उस पद पर विराजमान है और इस कल्प के बाद वह पुनः मनुष्य के रूप में पृथ्वी पर अवतरित होगी और इस कल्प में जो दूसरी उच्चतम आत्मा होगी, वह उस पद पर जाकर आसीन होगी। ठीक यही बात अन्य सभी देवताओं के बारे में भी है। वे विशिष्ट पदों के प्रतीक हैं, जिन पर एक के बाद एक, करोड़ों आत्माओं ने काम किया है. और वहाँ से उतरकर मनष्य का जन्म लिया है। जो मनष्य फल

की आकांक्षा से इस लोक में परोपकार तथा अच्छे काम करते हैं, और स्वर्ग अथवा यश:प्राप्ति की आशा करते हैं, वे मरने पर देवता बनकर अपने किये का फल भोगते हैं। किन्तु यह मोक्ष नहीं है। मोक्ष फल की आशा रखने से नहीं मिलता। मनुष्य जिस किसी भी चीज़ की आकांक्षा करता है, ईश्वर उसे वह देता है। आदमी शक्ति चाहता है, पद चाहता है, देवताओं की भाँति सुख चाहता है; उसकी इच्छाएँ तो पूरी हो जाती हैं, पर उसके कर्म का कोई शाश्वत फल नहीं होता। एक निश्चित अवधि के बाद उसके पुण्य का प्रभाव समाप्त हो जाता है—चाहे वह अवधि कितनी ही लम्बी क्यों न हो। उसके समाप्त होने पर उसका प्रभाव समाप्त हो जायगा और तब वे देवता पुन: मनुष्य हो जायँगे और उन्हें मोक्ष-प्राप्ति का दूसरा अवसर मिलेगा। निम्न कोटि के पशु क्रमश: मनुष्यत्व की ओर बढ़ेंगे, फिर देवत्व की ओर; और तब शायद पुन: मनुष्य बनेंगे, अथवा पशु हो जायँगे। यह क्रम तब तक चलता रहेगा, जब तक वे वासना से रहित नहीं हो जाते, जीवन की तृष्णा को छोड़ नहीं देते और 'मैं और मेरा' के मोह से मुक्त नहीं हो जाते। यह 'मैं और मेरा' ही संसार में सारे पापों का मूल है। अगर तुम किसी द्वैतवादी से पूछो कि क्या तुम्हारा बच्चा तुम्हारा है? तो वह कहेगा—"यह तो ईश्वर का है; मेरी सम्पत्ति मेरी नहीं, बल्कि ईश्वर की है।" सब कुछ ईश्वर का है—ऐसा ही मानना चाहिए।

भारत में ये द्वैतवादी पक्के निरामिष तथा अहिंसावादी हैं। किन्तु उनके ये विचार बौद्ध लोगों के विचारों से भिन्न हैं। अगर तुम किसी बौद्ध से पूछो—"आप क्यों अहिंसा का उपदेश देते हैं?"—तो वह उत्तर देगा—"हमें किसी के प्राण लेने का अधिकार नहीं है।" किन्तु अगर तुम किसी द्वैतवादी से पूछो—"आप जीव-हिंसा क्यों नहीं करते?" तो वह कहेगा—"क्योंकि सभी जीव तो ईश्वर के हैं।" इस तरह द्वैतवादी मानते हैं कि 'मैं और मेरा' का प्रयोग केवल ईश्वर के सम्बन्ध में ही करना चाहिए। 'मैं' का सम्बोधन केवल वही कर सकता है, और सारी चीज़ें भी उसीकी हैं। जब मनुष्य इस स्तर पर पहुँच जाय कि 'मैं और मेरा' का भाव उसमें न रहे, सारी चीज़ों को ईश्वरीय मानने लगे, हर प्राणी से प्रेम करने लगे, और किसी पशु के लिए भी अपना जीवन देने के लिए तैयार रहे—और ये सारे भाव बिना किसी प्रतिफल की आकांक्षा से हों, तो उसका हृदय स्वत: पवित्र हो जायगा, तथा उस पवित्र हृदय में ईश्वर के प्रति प्रेम उत्पन्न होगा। ईश्वर ही सभी आत्माओं के आकर्षण का केन्द्र है। द्वैतवादी कहते हैं—"अगर कोई सुई मिट्टी से ढकी हो, तो उस पर चुम्बक का प्रभाव न होगा; पर ज्यों ही उस पर से मिट्टी को हटा दिया जायगा, त्यों ही वह चुम्बक की ओर आकृष्ट हो जायगी।" ईश्वर चुम्बक

है और मनुष्य की आत्मा सुई; पापरूपी मल इसको ढके रहता है। जैसे ही कोई आत्मा इस मल से रहित हो जाती है, वैसे ही प्राकृतिक आकर्षण से वह ईश्वर के पास चली जाती है; और सनातन रूप से उसके साथ रहने लगती है, यद्यपि उसका ईश्वर से कभी तादात्म्य नहीं होता। पूर्ण आत्मा अगर यह चाहे, कोई भी रूप ग्रहण कर सकती है। अगर यह चाहे, तो सैकड़ों शरीर धारण कर सकती है, और चाहे तो एक भी नहीं। यह लगभग सर्वशक्तिमती हो जाती है। अंतर केवल इतना रहता है कि यह सृष्टि नहीं कर सकती। सृष्टि करने की शक्ति केवल ईश्वर ही की है। चाहे कोई कितना भी पूर्ण क्यों न हो, वह विश्वनियन्ता नहीं हो सकता; वह काम केवल ईश्वर कर सकता है। किन्तु जो आत्माएँ पूर्ण हो जाती हैं, वे सभी सदा आनन्द से ईश्वर के साथ रहती हैं। द्वैतवादी लोगों की यही धारणा है।

ये द्वैतवादी एक और भी मत का प्रचार करते हैं। "प्रभु मुझे यह दो, मुझे वह दो।"---ईश्वर से इस तरह की प्रार्थना करने पर इन लोगों को आपत्ति है। ये समझते हैं कि ऐसा नहीं करना चाहिए। अगर किसी मनुष्य को जागतिक कोई वस्तु माँगनी ही है तो वह ईश्वर से निम्नतर जीवों से---इन देवताओं, देवदूतों अथवा पूर्ण आत्माओं में से किसी से माँगे। ईश्वर केवल प्रेम के लिए है। यह तो काफ़ी हद तक निन्दनीय है कि हम ईश्वर से भी 'मुझे यह दो, वह दो,' ऐसा निवेदन करते हैं। इसलिए द्वैतवादी कहते हैं कि मनुष्य अपनी वासनाओं की पूर्ति तो निम्न कोटि के देवताओं को प्रसन्न करके कर ले, पर अगर वह मोक्ष चाहता है, तो उसे ईश्वर की पूजा करनी होगी। भारतवर्ष में सर्वसाधारण का यही धर्म है।

असली वेदान्त दर्शन विशिष्टाद्वैत से प्रारम्भ होता है। इस सम्प्रदाय का कहना है कि कार्य कभी कारण से भिन्न नहीं होता। कारण ही परिवर्तित रूप में कार्य बनकर आता है। अगर सृष्टि कार्य है और ईश्वर कारण, तो ईश्वर और सृष्टि दो नहीं हैं। वे अपना तर्क इस तरह आरंभ करते हैं कि ईश्वर ही जगत् का निमित्त तथा उपादान कारण है। अर्थात् इस सृष्टि का ईश्वर ही स्वयं कर्ता है और वही स्वयं इसका उपादान भी है, जिससे सम्पूर्ण प्रकृति प्रक्षिप्त हुई है। तुम्हारी भाषा में जो 'क्रियेशन' (creation) शब्द है, वस्तुतः संस्कृत में उसका समानार्थक शब्द नहीं है, क्योंकि भारत में ऐसा कोई सम्प्रदाय नहीं, जो पाश्चात्य लोगों की तरह यह मानता हो कि प्रकृति की स्थापना शून्य से हुई है। हो सकता है कि आरंभ में कुछ लोग ऐसा मानते भी रहे हों, पर शीघ्र ही उन्हें निरुत्तर कर कर गया होगा। मेरी जानकारी में आज कोई ऐसा सम्प्रदाय नहीं है, जो इस धारणा में विश्वास करता

हो। सृष्टि से हम लोगों का तात्पर्य है, किसी ऐसी वस्तु का प्रक्षेपण, जो पहले से ही हो। इस सम्प्रदाय के अनुसार तो सारा विश्व स्वयं ईश्वर ही है। विश्व के लिए वही उपादान है। वेदों में हम पढ़ते हैं, 'जिस तरह ऊर्णनाभि (मकड़ी) अपने ही शरीर से तंतुओं को निकालता है, उसी तरह यह सारा विश्व भी ईश्वर से प्रादुर्भूत हुआ है।' मुण्डक उप० ॥ १।१।७ ॥

अब अगर कार्य कारण का ही दूसरा रूप है, तो प्रश्न उठता है कि ईश्वर, जो चेतन और शाश्वत ज्ञानस्वरूप है, किस तरह इस भौतिक, स्थूल और अचेतन जगत् का कारण हो सकता है? अगर कारण परम शुद्ध और पूर्ण हो, तो कार्य अन्यथा कैसे हो सकता है? ये विशिष्टाद्वैतवादी क्या कहते हैं? उनका एक विचित्र सिद्धान्त है। उनका कहना है कि ईश्वर, प्रकृति एवं आत्मा एक हैं। ईश्वर मानो जीव है और प्रकृति तथा आत्मा उसके शरीर हैं। जिस तरह मेरे एक शरीर है तथा एक आत्मा है, ठीक उसी तरह सम्पूर्ण विश्व एवं सारी आत्माएँ ईश्वर के शरीर हैं और ईश्वर सारी आत्माओं की आत्मा है। इस तरह ईश्वर विश्व का उपादान कारण है। शरीर परिवर्तित हो सकता है—तरुण या वृद्ध, सबल या दुर्बल हो सकता है—किन्तु इससे आत्मा पर कोई प्रभाव नहीं पड़ता। एक ही शाश्वत सत्ता शरीर के माध्यम से सदा अभिव्यक्त होती है। शरीर आता-जाता है, पर आत्मा कभी परिवर्तित नहीं होती। ठीक इसी तरह समस्त जगत् ईश्वर का शरीर है और इस दृष्टि से वह ईश्वर ही है; किन्तु जगत् में जो परिवर्तन होते हैं, उनसे ईश्वर प्रभावित नहीं होता। जगद्रूपी उपादान से वह सृष्टि करता है और हर कल्प के अन्त में उसका शरीर सूक्ष्म होता है, वह संकुचित होता है; फिर परवर्ती कल्प के प्रारम्भ में वह विस्तृत होने लगता है और उससे विभिन्न जगत् निकलते हैं।

फ़िर द्वैतवादी एवं विशिष्टाद्वैतवादी, दोनों यह मानते हैं कि आत्मा स्वभावतः पवित्र है, किन्तु अपने कर्मों से यह अपने को अपवित्र बना लेती है। विशिष्टाद्वैतवादी इसको द्वैतवादियों की अपेक्षा अधिक सुन्दर ढंग से कहते हैं। उनका कहना है कि आत्मा की पवित्रता एवं पूर्णता कभी संकुचित हो जाती है, पर फ़िर ज्यों की त्यों हो जाती है। और हमारा प्रयास यह है कि उसकी अवस्था को बदलकर पुनः उसकी पूर्णता, पवित्रता एवं शक्ति की स्वाभाविक स्थिति में ले आयें। आत्मा के अनेक गुण हैं, पर उसमें सर्वशक्तिमत्ता या सर्वज्ञता नहीं है। हर पाप कर्म उसकी प्रकृति को संकुचित कर देता है और पुण्य कर्म विस्तीर्ण। जिस तरह किसी प्रज्वलित अग्नि से उसी जैसे करोड़ों स्फुलिंग निकलते हैं, उसी तरह इस अपरिमेय सत्ता (ईश्वर) से सभी आत्माएँ निकली हैं। सबका उद्देश्य एक ही है। विशिष्टाद्वैतवादियों का ईश्वर भी साकार है, अशेष गुणों का आकर वह विश्व की हर चीज़

में व्याप्त है। यह विश्व की हर वस्तु में हर जगह अन्त:प्रविष्ट है। जब शास्त्र कहते हैं कि ईश्वर सब कुछ है, तो उनका तात्पर्य यही रहता है कि ईश्वर सबमें व्याप्त है। उदाहरणत: ईश्वर दीवाल नहीं हो जाता, बल्कि वह दीवाल में व्याप्त है। विश्व में कोई ऐसा कण नहीं, ऐसा अणु नहीं, जिसमें वह न हो। आत्माएँ सीमित हैं; वे सर्वव्यापी नहीं हैं। जब उनकी शक्तियों का विस्तार होता है और वे पूर्ण हो जाती हैं, तो जरा-मरण के चक्र से मुक्ति पा जाती हैं और सदा के लिए ईश्वर में ही वास करती हैं।

अब हम अद्वैतवाद पर आते हैं। हमारे विचार में अब तक विश्व के किसी भी देश में दर्शन एवं धर्म के क्षेत्र मे जो प्रगति हुई है, उसका चरमतम विकास एवं सुन्दरतम पुष्प अद्वैतवाद में है। यहाँ मानव-विचार अपनी अभिव्यक्ति की पराकाष्ठा प्राप्त कर लेता है और अभेद्य प्रतीत होनेवाले रहस्य के भी पार चला जाता है। यह है वेदान्त का अद्वैतवाद। अपनी दुरूहता और अतिशय उत्कृष्टता के कारण यह जनसमुदाय का धर्म नहीं बन पाया। पिछले तीन हजार वर्षों से जहाँ इसका एकछत्र शासन रहा है इसका जन्मस्थान उस भारत में भी यह सर्वसाधारण को आग्रहान्वित करने में असमर्थ ही रहा। आगे चलकर हम देखेंगे कि संसार के श्रेष्ठ विचारशील व्यक्तियों को भी इसको समझने में कठिनाई होती रही है। हमने अपने आप को इतना दुर्बल बना लिया है, इतना नीचे गिरा लिया है। हम बाते चाहे जितनी बड़ी बड़ी करें, पर सत्य तो यह है कि स्वभावत: हम किसी दूसरे का सहारा चाहते हैं। हमारी दशा उन छोटे व कमज़ोर पौधों की है, जो किसी सहारे के बिना नहीं रह सकते। कितनी बार लोगों ने मुझ से 'एक सुखकर धर्म' की माँग की। कुछ ही लोग हैं, जो सत्य की जिज्ञासा करते हैं, उससे भी कम सत्य को जानने का साहस करते हैं, और सबसे कम सत्य को जानकर हर प्रकार से उसको कार्यरूप में परिणत करते हैं। यह उनका दोष नहीं--बल्कि उनके मस्तिष्क का दोष है। हर नया विचार, ख़ासकर उच्च कोटि का, लोगों को अस्त-व्यस्त कर देता है, उनके मस्तिष्क में नया मार्ग बनाने लगता है और उनके संतुलन को नष्ट कर देता है। साधारणत: लोग अपने इर्द-गिर्द के वातावरण में रमे रहते हैं, और इससे उपर उठने के लिए उन्हें प्राचीन अंधविश्वासों, वंशानुगत अंधविश्वासों, वर्ग, नगर, देश के अन्धविश्वासों तथा इन सब की पृष्ठभूमि में स्थित मानव-प्रकृति में सन्निहित अन्धविश्वासों की विशाल राशि पर विजय प्राप्त करनी होती है। फिर भी कुछ तो ऐसे वीर लोग संसार में हैं ही, जो सत्य को जानने का साहस करते हैं, जो उसे धारण करने तथा अन्त तक उसका पालन करने का साहस करते हैं।

अद्वैतवादी लोगों का क्या कहना है ? उनका कहना है कि अगर ईश्वर है, तो वह सृष्टि का निमित्त तथा उपादान कारण, दोनों है। वह केवल स्रष्टा नहीं, अपितु सृष्टि भी है। वह स्वयं ही विश्व है। पर यह कैसे सम्भव है ? शुद्ध, चित्स्वरूप ईश्वर विश्व में परिणत हुआ है ? हाँ। ऐसा ही प्रतीत होता है। जिसे अज्ञानी लोग विश्व कहते हैं, वस्तुत: उसका अस्तित्व है ही नहीं। तब तुम और मैं और ये सारी चीज़ें, जिन्हें हम देखते हैं, क्या हैं ? मात्र आत्मसम्मोहन ; सत्ता केवल एक है और वह अनादि, अनन्त और शाश्वत शिवस्वरूप है। उस सत्ता में ही हम ये सारे सपने देखते हैं। एक आत्मा ही है, जो इन सारी चीज़ों से परे है, जो अपरिमेय है, जो ज्ञात से तथा ज्ञेय से परे है। हम उसीमें तथा उसीके माध्यम से विश्व को देखते हैं। एकमात्र सत्य वही है। वही यह मेज़ है, वही दर्शक है, वही दीवाल है, वही सब कुछ है; पर नाम और रूप से रहित। मेज़ में से नाम और रूप को हटा दो––जो बचेगा, वही वह सत्ता है। वेदान्ती उस सत्ता में लिंग-भेद नहीं मानते––लिंग तो मानव-मस्तिष्क से उत्पन्न एक कल्पना, एक भ्रम है––आत्मा का कोई लिंग नहीं। जो लोग भ्रम में हैं, जो पशु के सदृश हो गए हैं, वे पुरुष या स्त्री को देखते हैं; किन्तु जो जीते-जागते देवता हैं, वे नर या नारी में अंतर नहीं जानते। जो सारी चीज़ों से ऊपर उठ चुके हैं, उनके लिए नरनारी में भेद की भावना कैसे रह सकती है ? हर व्यक्ति, हर वस्तु शुद्ध आत्मा है, जो पवित्र है, लिंगहीन है तथा शाश्वत शिव है! नाम, रूप और शरीर ही, जो भौतिक हैं, सारी भिन्नताओं के मूल हैं। अगर तुम नाम और रूप के अंतर को हटा दो, तो सारा विश्व एक है; दो की सत्ता नहीं है, बल्कि सर्वत्र एक ही है। तुम और मैं एक हैं। न तो प्रकृति है, न ईश्वर और न विश्व– बस, एक ही अपरिमेय सत्ता है, जिससे नाम और रूप के आधार पर ये तीनों बने हैं। ज्ञाता को कैसे जाना जा सकता है ? वह नहीं जाना जा सकता। तुम अपने आपको कैसे देख सकते हो ? तुम अपने को प्रतिबिम्बित भर कर सकते हो। इस तरह यह सारा विश्व एक शाश्वत सत्ता, आत्मा की प्रतिच्छाया मात्र है। और चूँकि प्रतिच्छाया अच्छे या बुरे प्रतिफलक पर पड़ती है, इसलिए तदनुरूप अच्छे या बुरे बिम्ब बनते हैं। अगर कोई व्यक्ति हत्यारा है, तो उसमें प्रतिफलक बुरा है, न कि आत्मा। दूसरी ओर अगर कोई साधु है, तो उसमें प्रतिफलक शुद्ध है। आत्मा तो स्वरूपतः शुद्ध है। एक वही सत्ता है, जो कीट से लेकर पूर्णतया विकसित प्राणी तक में प्रतिबिम्बित है। इस तरह यह सम्पूर्ण विश्व एक एकत्व, एक सत्ता है; भौतिक, मानसिक, नैतिक, आध्यात्मिक––हर दृष्टि से। इस एक सत्ता को ही हम विभिन्न रूपों में देखते हैं, अपने मन से अनेक बिम्ब इस पर अध्यस्त

करते हैं। जिस प्राणी ने अपने को मनुष्यत्व तक ही सीमित रख लिया है, उसे ऐसा लगता है कि यह संसार मनुष्यों का है। किन्तु जो चेतना के उच्चतर स्तर पर है, उसे यह संसार स्वर्ग सा दीखता है। वस्तुतः एक ही सत्ता या आत्मा अखिल ब्रह्माण्ड में व्याप्त है। इसका न तो आना होता है, न जाना। न यह पैदा होती है, न मरती है और न पुनः अवतरित होती है। आखिर यह मर भी कैसे सकती है ? यह जाय, तो कहाँ जाय ? संसार और स्वर्ग आदि सारे स्थानों की व्यर्थ कल्पना तो हमने कर रखी है। न तो वे कभी रहे हैं, न अभी हैं और न भविष्य में कभी होंगे।

मैं सर्वव्यापी हूँ, शाश्वत हूँ। मैं जा ही कहाँ सकता हूँ ? मैं कहाँ नहीं हूँ ? मैं तो प्रकृति की पुस्तक पढ़ रहा हूँ। पृष्ठ पर पृष्ठ उलटता जा रहा हूँ और जीवन का एक एक स्वप्न समाप्त होता जा रहा है। एक पन्ना पढ़ता हूँ, एक स्वप्न समाप्त होता है; और इसी तरह यह क्रम जारी है। जब सारी पुस्तक पढ़ डालूँगा, तो उसे लेकर एक किनारे रख दूँगा– यही मेरे खेल का अन्त होगा। आखिर वेदान्तियों के इन सारे कार्यों का तात्पर्य क्या है ? आत्मा का श्रेष्ठत्व। संसार में जो देवता कभी पूजे जाते थे, या पूजे जायँगे, उन्हें निकाल बाहर कर वेदान्तियों ने उनके स्थान पर मनुष्य की आत्मा को आसीन किया, वह आत्मा, जो चंद्र, सूर्य और स्वर्ग की तो बात ही क्या, अखिल ब्रह्माण्ड से भी श्रेष्ठ है। सम्पूर्ण शास्त्र एवं विज्ञान मनुष्य के रूप में प्रकट होनेवाली इस आत्मा की महिमा की कल्पना भी नहीं कर सकते। यह समस्त ईश्वरों में श्रेष्ठ है, एकमात्र वही ईश्वर है, जिसकी सत्ता सदैव थी, सदैव है और सदैव रहेगी। इसलिए मैं किसी अन्य की नहीं, बल्कि अपनी ही पूजा करूँगा। 'मैं अपनी आत्मा की पूजा करता हूँ'— यही वेदान्ती कहता है। मैं किसे नमन करूँ ? स्वय को। मैं सहायता माँगू भी, तो किससे ? कौन मुझ एकमात्र अपरिमेय सत्ता को सहायता देनेवाला है ? ये सब केवल भ्रम और स्वप्न हैं। कब, किसने, किसकी सहायता की है ? कभी नहीं। अगर तुम द्वैतवाद में विश्वास करनेवाले किसी कमज़ोर प्राणी को गिड़गिड़ाते और स्वर्ग से सहायता की भीख माँगते देखो, तो यही समझो कि वह व्यक्ति नहीं जानता कि स्वर्ग उसके भीतर ही है। यह ठीक है कि उसकी याचना सार्थक भी होती है, उसे सहायता मिलती है– पर वह सहायता स्वर्ग से नहीं, अपितु उसके अन्दर से ही आती है। भ्रमवश वह समझ लेता है कि वह बाहर से आती है। एक उदाहरण लो। कोई रोगी है। उसे किवाड़ खटखटाने की आवाज़ सुनायी पड़ती है। वह जाकर किवाड़ खोलता है, पर उसे कोई नहीं दीखता। वह लौटकर आ जाता है। पर फिर खटखटाहट होती है और वह जाकर दरवाज़ा खोलता है। पर फिर कोई नहीं

दीखता। इस बार वह आकर सोता है, तो पाता है कि वह खटखटाहट स्वयं उसके हृदय की धड़कन है। इसी तरह आदमी भ्रमवश अपने से बाहर विभिन्न देवताओं की तलाश में रहता है, पर जब उसके अज्ञान का चक्कर समाप्त होता है, तो वह पुनः लौटकर अपनी आत्मा पर आ टिकता है। जिस ईश्वर की खोज में वह दर दर भटकता रहा, वन-प्रान्तर तथा मन्दिर-मस्जिद को छानता रहा, जिसे वह स्वर्ग में बैठकर संसार पर शासन करनेवाला मानता रहा, वह कोई अन्य नहीं, बल्कि उसकी अपनी ही आत्मा है। वह मैं है, और मैं वह। मैं ही (जो आत्मा हूँ) ब्रह्म हूँ, मेरे इस तुच्छ 'मैं' का कभी अस्तित्व नहीं रहा।

तथापि, किस प्रकार वह पूर्ण ब्रह्म भ्रमित हुआ है? वह भ्रमित नहीं हुआ। किस प्रकार पूर्ण ब्रह्म स्वप्न देख सकता है? उसने कभी स्वप्न नहीं देखा। सत्य कभी स्वप्न नहीं देखता। यह प्रश्न ही कि आत्मा को भ्रम कैसे हुआ बेतुका है। भ्रम से भ्रम की उत्पत्ति होती है। पर जैसे ही सत्य का दर्शन होता है, भ्रम दूर हो जाता है। भ्रम सदा भ्रम पर आधारित रहता है; सत्य ईश्वर तथा आत्मा कभी उसके आधार नहीं हो सकते। तुम कदापि भ्रम में नहीं हो; वही भ्रम है, जो तुममें, तुम्हारे सम्मुख है। एक बादल है; दूसरा आता है और उसे हटा देता है और उसका स्थान ले लेता है। फिर दूसरा आता है और पहले को हटा देता है। जैसे अनन्त नीले आकाश में रंगारंग बादल आते हैं, क्षण भर ठहरते हैं, और अंतर्हित हो जाते हैं। पर आकाश ज्यों का त्यों शाश्वत नील रूप से विद्यमान रहता है, वैसे ही तुम भी शाश्वत पूर्णता और शुद्धता के साथ विद्यमान हो, यद्यपि भ्रम के बादल आते-जाते रहते हैं। तुम्हीं वास्तविक विश्व-देवता हो; यहीं नहीं दो की भावना ही अयथार्थ है—एक ही तो सत्ता है। 'तुम और मैं' कहना ही गलत है, केवल 'मैं' कहो। मैं ही तो करोड़ों मुँह से खा रहा हूँ; फिर मैं भूखा कैसे रह सकता हूँ। मैं ही तो करोड़ों करों से काम कर रहा हूँ; फिर मैं निष्क्रिय कैसे हो सकता हूँ? मैं ही समस्त विश्व का जीवन जी रहा हूँ; मेरे लिए मृत्यु कहाँ है? मैं जीवन और मृत्यु के परे हूँ। मैं मुक्ति की खोज कहाँ करूँ? मैं तो स्वभाव से ही मुक्त हूँ। मुझे—इस विश्व के ईश्वर को बाँध कौन सकता है? संसार के धर्मग्रन्थ मानो छोटे-छोटे नक्शे हैं, जो मेरी महिमा को, मुझ अनन्त विस्तारी सत्ता को चित्रित करने का प्रयास करते हैं। ये पुस्तकें मेरे लिए क्या हैं? अद्वैतवादी इस प्रकार कहते हैं।

'सत्य को जान लो और क्षण भर में मुक्त हो जाओ।' सारा अज्ञान भाग जायगा। जब एक बार मनुष्य विश्व की अनन्त सत्ता से अपने को एकीभूत कर लेता है, जब विश्व की सारी पृथकता विनष्ट हो जाती है, जब सारे देवता

और देवदूत, नर-नारी, पशु और पौधे उस 'एकत्व' में विलीन हो जाते हैं--तक कोई भय नहीं रह जाता। क्या मैं अपने आपको चोट पहुँचा सकता हूँ? अपने को मार सकता हूँ? क्या मैं अपने को आघात पहुँचा सकता हूँ? डरना किससे? अपने आप से डर कैसा? जब ऐसा भाव आ जायगा, तब समस्त दुःखों का अन्त हो जायगा। मेरे दुःख का कारण क्या हो सकता है? मैं ही तो समस्त विश्व की एकमात्र सत्ता हूँ। तब किसी से ईर्ष्या नहीं रह जायगी; क्योंकि ईर्ष्या किससे? स्वयं से? तब समस्त अशुभ भावनाएँ समाप्त हो जायँगी। किसके विपक्ष में मैं अशुभ भावना रख सकता हूँ? स्वयं के विरुद्ध? विश्व में मेरे सिवा और है कौन? और वेदान्ती कहता है कि ज्ञान-प्राप्ति का यही एकमात्र मार्ग है। विभेद के भाव को विनष्ट कर डालो, यह अंधविश्वास कि विविधता का अस्तित्व है, समाप्त कर डालो। "जो अनेकता में एकता का दर्शन करता है, जो इस अचेतन जड़ पिंड में एक ही चेतना का अनुभव करता है, एवं जो छायाओं के जगत् में 'सत्य' को ग्रहण कर पाता है, केवल उसी मनुष्य को शाश्वत शान्ति मिल सकती है, और किसीको नहीं, और किसीको नहीं।"*

ईश्वर के सम्बन्ध में भारतीय दर्शन ने जो तीन कदम उठाये, उनकी ये ही प्रमुख विशेषताएँ हैं। हमने देखा कि इसका प्रारम्भ ऐसे ईश्वर की कल्पना से हुआ, जो सगुण वैयक्तिक है तथा विश्व से परे है। यह दर्शन बृहद् ब्रह्मांड से सूक्ष्म ब्रह्मांड--ईश्वर--तक आया, जिसे विश्व में अन्तर्व्याप्त माना गया। और, अन्त में आत्मा ही को परमात्मा मान कर सम्पूर्ण विश्व में एक सत्ता की अभिव्यक्ति को स्वीकार किया गया। वेदों की यही चरम शिक्षा है। इस तरह यह दर्शन द्वैतवाद से प्रारम्भ होकर विशिष्टाद्वैत से होता हुआ शुद्ध अद्वैतवाद में विकसित होता है। हम जानते हैं कि संसार में बहुत कम लोग ही इस अन्तिम अवस्था तक आ सकते हैं या इसमें विश्वास करने का साहस ही रख सकते हैं, और इसे व्यवहार में लानेवाले तो उनसे भी विरल हैं। फिर भी इतना तो स्पष्ट है कि सम्पूर्ण नीतिशास्त्र और आध्यात्मिकता का रहस्य यही है। क्यों सब लोग कहते हैं--"दूसरे की भलाई करो?" इसका कारण कहाँ है? क्यों सभी महान् व्यक्ति मानव जाति में विश्व-बन्धुत्व की शिक्षा देते हैं और महत्तर व्यक्ति समस्त प्राणियों में? कारण यह है कि चाहे वे जानें या न जानें, पर उनकी हर धारणा, उनके हर तर्कहीन एवं वैयक्तिक अंधविश्वास के मूल में निहित एक आत्मा का शाश्वत प्रकाश बार बार अपनी अनन्त व्यापकता को प्रकट करता है, अनेक रूपों में विद्यमान अपनी एक सत्ता का प्रतिपादन करता है।

---

* कठोपनिषद् ॥२।२।१३॥

फ़िर भारतीय दर्शन अपनी चरमावस्था पर पहुँचकर विश्व की यों व्याख्या करता है : विश्व एक ही है, पर इन्द्रियों को यह भौतिक लगता है, बुद्धि को आत्माओं का संग्रह दिखता है और आध्यात्मिक दृष्टि से ईश्वर के रूप में प्रकट होता है। उस व्यक्ति को, जो अपने ऊपर पापों का परदा डाले रहता है, यह गर्हित लगेगा; किन्तु जो सतत आनन्द की खोज में है, उसे यह स्वर्ग सा लगेगा और जो आध्यात्मिक रूप से पूर्णतः विकसित है, उसके लिए ये सब अन्तर्हित हो जायगा, उसे केवल अपनी ही आत्मा का विस्तार प्रतीत होगा।

अभी वर्तमान समय में समाज की जैसी स्थिति है, उसमें दर्शन की इन तीनों अवस्थाओं की नितान्त आवश्यकता है; ये अवस्थाएँ परस्पर विरोधी नहीं, बल्कि एक दूसरे की पूरक हैं। अद्वैतवादी अथवा विशिष्टाद्वैतवादी यह नहीं कहते कि द्वैतवाद ग़लत है। वे कहते हैं कि द्वैतवाद भी ठीक ही है, पर कुछ निम्न स्तर का। यह भी सत्य ही की ओर ले जाता है। इसलिए हर व्यक्ति को अपना अपना जीवन-दर्शन अपने विचारों के अनुसार निश्चित करने की स्वतन्त्रता है। तुम किसी को आघात मत पहुँचाओ, किसीकी स्थिति को अस्वीकार मत करो; जिस स्थिति में वह है, स्वीकार करो और यदि तुम कर सकते हो, तो उसे अपने हाथों का सहारा दो और उसे एक उच्चतर स्तर पर ले जाओ, पर उसे हानि न पहुँचाओ और उसे विनष्ट मत करो। अन्त में तो सबको सत्य को पाना ही है। 'जब सारी वासनाओं का अन्त हो जायगा, तब यह नश्वर मानव ही अमर बनेगा'*––तब यह मानव ही ईश्वर बन जायगा।

* कठ उप० ॥२।३।१४॥

आत्मा : उसके बन्धन तथा मुक्ति

(अमेरिका में दिया हुआ व्याख्यान)

अद्वैत दर्शन के अनुसार विश्व में केवल एक ही वस्तु सत्य है, और वह है ब्रह्म। ब्रह्मेतर समस्त वस्तुएँ मिथ्या हैं, ब्रह्म ही उन्हें माया के योग से बनाता एवं अभिव्यक्त करता है। उस ब्रह्म की पुनःप्राप्ति ही हमारा उद्देश्य है। हम, हममें से प्रत्येक वही ब्रह्म है, वही परम तत्त्व है, पर माया से युक्त। अगर हम इस माया अथवा अज्ञान से मुक्त हो सकें, तो हम अपने असली स्वरूप को पहचान लेंगे। इस दर्शन के अनुसार, प्रत्येक व्यक्ति तीन तत्त्वों से बना है : देह, अन्तरिन्द्रिय अथवा मन, और आत्मा, जो इन सबके पीछे है। शरीर आत्मा का बाहरी आवरण है और मन भीतरी। यह आत्मा ही वस्तुतः द्रष्टा और भोक्ता है तथा शरीर में बैठी बैठी मन के द्वारा शरीर को संचालित करती रहती है।

मानव-शरीर में आत्मा का ही एकमात्र अस्तित्व है और यह आत्मा चेतन है। चूँकि यह चेतन है, इसलिए यह (यौगिक) नहीं हो सकती। और चूँकि यह यौगिक नहीं है, इसलिए इस पर कार्य-कारण का नियम नहीं लागू हो सकता। अतः यह अमर है। जो अमर है, उसका कोई आदि नहीं हो सकता; क्योंकि जिस वस्तु का आदि होता है, उसका अन्त भी सम्भव है। इससे यह भी सिद्ध होता है कि उसका कोई रूपाकार नहीं है; कोई रूप भौतिक द्रव्यों के बिना सम्भव नहीं। जिस वस्तु का कोई रूपाकार होगा, उसका आदि और अन्त भी होगा ही। हम लोगों में से किसीने कभी ऐसी वस्तु नहीं देखी, जिसका आकार तो हो, पर आदि और अन्त न हो। रूपाकार की सृष्टि शक्ति एवं भौतिक द्रव्य के संयोग से होती है। इस कुर्सी का एक विशिष्ट आकार है अर्थात् एक निश्चित परिमाणवाले भौतिक द्रव्य पर कुछ शक्तियों ने इस प्रकार काम किया कि इसका यह रूप बन गया है। आकार शक्ति एवं भौतिक द्रव्य के संयोग का परिणाम है। पर कोई भी संयोग अनन्त नहीं होता। कभी न कभी उसका विघटन होता ही है। इस तरह यह सिद्ध होता है कि हर रूप का आदि और अन्त है। हम जानते हैं कि हमारा यह शरीर एक न एक दिन नष्ट होगा। इसका जन्म हुआ है, इसलिए मरण भी होगा ही। किन्तु आत्मा का कोई रूप नहीं है, इसलिए वह आदि और अन्त से परे है। इसका अस्तित्व

अनादि काल से है। जैसे काल शाश्वत है, वैसे ही मनुष्य की आत्मा भी शाश्वत है। फ़िर, यह अवश्य ही सर्वव्यापक होगी। केवल उन्हीं वस्तुओं का विस्तार सीमित होता है, जिनका कोई रूप होता है। जिसका कोई रूप ही नहीं, उसके विस्तार की क्या सीमा है? इसलिए अद्वैत वेदान्त के अनुसार आत्मा, जो मुझमें, तुममें, सबमें है, सर्वव्यापक है। और जब ऐसी ही बात है, तब तो सूर्य में, पृथ्वी पर, अमेरिका में, इंग्लैण्ड में हर जगह तुम सामान्य रूप से वर्तमान हो। किन्तु आत्मा, शरीर और मन के माध्यम से ही काम करती है। अतः जहाँ शरीर और मन है, वहीं उसका कार्य दृष्टिगोचर होता है।

हमारा हर कार्य, जो हम करते हैं, हर विचार, जो हम सोचते हैं, मन पर एक छाप छोड़ जाता है, जिसे संस्कृत में 'संस्कार' कहते हैं। ये सभी संस्कार मिल-जुलकर एक ऐसी महती शक्ति का रूप लेते हैं, जिसे 'चरित्र' कहते हैं। उसने अपने आप के लिए जिसका निर्माण किया है, वही उस मनुष्य का चरित्र है; यह मानसिक एवं दैहिक क्रियाओं का परिणाम है, जिन्हें उसने अपने जीवन में किया है। संस्कारों की समष्टि वह शक्ति है, जिससे यह निश्चित होता है कि मृत्यु के बाद मनुष्य किस दिशा में जायगा। मनुष्य के मरने पर उसका शरीर तत्त्वों में मिल जाता है। किन्तु संस्कार मन में संलग्न रहते हैं और चूँकि मन शरीर की अपेक्षा अधिक सूक्ष्म तत्त्वों से बना होता है, इसलिए विघटित नहीं होता। क्योंकि भौतिक द्रव्य जितना ही सूक्ष्मतर होता है, उतना ही दृढ़तर होता है। अगत्या मन भी विघटित होता है। हम सभी उसी विघटन की स्थिति के लिए प्रयत्न कर रहे हैं। इस संबंध में सबसे अच्छा उदाहरण, जो मेरे मन में अभी आ रहा है, चक्रवात का है। विभिन्न वायु-तरंगें विभिन्न दिशाओं से आकर मिलती हैं और एकाकार होकर मिलन-बिन्दु में वे संघटित हो जाती हैं तथा चक्र बनाती जाती हैं। चक्राकार स्थिति में वे धूलि-कण, कागज के टुकड़े आदि नाना पदार्थों का एक रूप बना लेती हैं, जिन्हें बाद में वे गिराकर पुनः किसी दूसरे स्थान पर जाकर वही क्रम फिर रचती हैं। ठीक, इसी प्रकार वे शक्तियाँ, जिन्हें संस्कृत में 'प्राण' कहते हैं, परस्पर मिलकर भौतिक पदार्थों के संयोग से मन तथा शरीर की रचना करते हैं। चक्रवात की तरह ही वे कुछ समय में इन पदार्थों को गिराकर अन्यत्र यही कार्य पुनः करते हुए आगे बढ़ते जाते हैं। किन्तु पदार्थ के बिना शक्ति की कोई गति नहीं, इसलिए जब शरीर छूट जाता है, मन-स्तत्त्व रह जाता है, और इस में संस्कारों के रूप में प्राण कार्य करते हैं। किसी दूसरे बिन्दु पर जाकर ये पुनः नये पदार्थों का चक्र खड़ा करते हैं। इस तरह ये तब तक भ्रमण करते रहते हैं, जब तक संस्काररूपी शक्तियों का पूर्णतः क्षय नहीं हो जाता।

सम्पूर्ण संस्कारों के साथ जब मन का पूर्णतः क्षय हो जायगा, तब हम मुक्त हो जायँगे। इसके पहले हम बन्धन में हैं। हमारी आत्मा मन के चक्रवात से ढकी रहती है और सोचती है कि वह एक स्थान से दूसरे स्थान में ले जायी जाती है। जब चक्रवात समाप्त हो जाता है, तब वह अपने को सर्वत्र व्याप्त पाती है। उसे तब अनुभव होता है कि वह तो स्वेच्छा से कहीं भी जा सकती है, वह पूर्णतः स्वतंत्र है और चाहे तो अनेकानेक शरीर और मन की रचना कर सकती है। किन्तु जब तक चक्रवात की समाप्ति नहीं होती, उसे उसके साथ ही चलना पड़ेगा। हम सभी इस चक्रवात से मुक्ति के लक्ष्य की ओर बढ़ रहे हैं।

मान लो कि इस कमरे में एक गेंद है, और हम सबके हाथ में एक एक बल्ला है। सैकड़ों बार हम उसे मारते हुए इधर से उधर करते रहते हैं, जब तक कि वह कमरे से बाहर नहीं चला जाता। किस वेग से एवं किस दिशा में वह बाहर जायगा? यह इस बात पर निर्भर करेगा कि जब वह कमरे में था, तो उस पर कितनी शक्तियाँ कार्य कर रही थीं। उसके ऊपर जितनी शक्तियों का प्रयोग किया गया, उन सबका प्रभाव उस पर पड़ेगा। हमारी मानसिक और शारीरिक क्रियाएँ ऐसे ही आघात हैं। मानव मन वह गेंद है, जिस पर आघात किया जाता है। यह संसार मानो एक कमरा है, जिसमें मनरूपी गेंद के ऊपर हमारे नाना कार्य-कलापों का प्रभाव पड़ता है एवं इसके बाहर जाने की दिशा एवं गति इन सारी शक्तियों के ऊपर निर्भर होता है। इस तरह इस संसार में हम जो भी कार्य करते हैं, उन्हीं के आधार पर हमारा भविष्य जीवन निश्चित होता है। इसलिए हमारा वर्तमान जीवन हमारे विगत जीवन का परिणाम है। एक उदाहरण लो : मान लो, मैं तुमको एक ऐसी शृंखला देता हूँ, जिसका आदि-अन्त नहीं है। उस शृंखला में हर सफेद कड़ी के बाद एक काली कड़ी है। और वह भी आदि-अन्तहीन है। अब मैं तुमसे पूछता हूँ कि वह शृंखला किस प्रकृति की है? पहले तो इसकी प्रकृति बतलाने में तुमको कठिनाई होगी, क्योंकि यह शृंखला तो अनन्त है। पर शीघ्र ही तुमको पता चलेगा कि यह तो एक ऐसी शृंखला है, जिसकी रचना काली और सफेद कड़ियों को पूर्वापर-क्रम में जोड़ने से हुई है। और इतना भर जान लेने से ही तुमको सम्पूर्ण शृंखला की प्रकृति का ज्ञान हो जाता है, क्योंकि यह एक पूर्ण आकृति है। बार बार जन्म लेकर हम एक ऐसी ही अनन्त शृंखला की रचना करते हैं, जिसमें हर जीवन एक कड़ी है। और इस कड़ी का आदि है जन्म, और अन्त है मरण। अभी जो हम हैं, और जो हम करते हैं, किंचित् परिवर्तन के साथ उसीकी आवृत्ति बार बार होती रहती है। इस तरह अगर हम जन्म और मरण इन दो कड़ियों को समझ लें, तो हम उस सम्पूर्ण मार्ग को समझ ले सकते हैं, जिससे होकर हमें गुज़रना है। हम

देखते हैं कि हमारे वर्तमान जीवन को तो हमारे पूर्व जीवन के कार्य-कलापों ने ही निश्चित कर दिया था। जिस प्रकार हमारे वर्तमान जीवन के कार्य-कलापों का प्रभाव आनेवाले जीवन पर पड़ेगा, उसी प्रकार हमारे पूर्व जीवन के कर्मों का प्रभाव भी हमारे वर्तमान जीवन पर पड़ रहा है। कौन हमें ले आता है? हमारे प्रारब्ध कर्म। कौन हमें ले जाता है? हमारे क्रियमाण कर्म। और इसी प्रकार हम आते और जाते हैं। जैसे लार्वा अपने ही भीतर के पदार्थों से बने तन्तुओं को मुँह से निकाल निकालकर अपने चारों तरफ कोया बना लेता है और उसमें अपने को बाँध लेता है, वैसे ही हम भी अपने ही कर्मों के जाल में स्वयं बद्ध हो जाते हैं। कार्य-कारण-नियम के इस जाल में हम एक बार उलझ क्या जाते हैं कि इससे बाहर निकलना मुश्किल हो जाता है। एक बार हमने यह चक्र चला दिया और अब इसीमें पिस रहे हैं। इस तरह यह दर्शन बतलाता है कि मनुष्य अपने ही अच्छे-बुरे कर्मों से बँधता चला जाता है।

आत्मा न कभी आती है, न जाती है; यह न तो कभी जन्म लेती है और न कभी मरती है। प्रकृति ही आत्मा के सम्मुख गतिशील है और इस गति की छाया आत्मा पर पड़ती रहती है। भ्रमवश आत्मा सोचती है कि प्रकृति नहीं, बल्कि वही गतिशील है। जब तक आत्मा ऐसा सोचती रहती है, तब तक वह बन्धन में रहती है; किन्तु जब उसे यह पता चल जाता है कि वह सर्वव्यापक है, तो वह मुक्ति का अनुभव करती है। जब तक आत्मा बन्धन में रहती है, तब तक उसे जीव कहते हैं। इस तरह तुमने देखा कि समझने की सुविधा के लिए ही हम ऐसा कहते हैं कि आत्मा आती है और जाती है, ठीक वैसे ही, जैसे खगोलशास्त्र में सुविधा के लिए यह कल्पना करने के लिए कहा जाता है कि सूर्य पृथ्वी के चारों तरफ घूमता है, यद्यपि वस्तुतः बात वैसी नहीं है। तो जीव, अर्थात् आत्मा, ऊँचे या नीचे स्तर पर आता-जाता रहता है। यही सुप्रसिद्ध पुनर्जन्मवाद का नियम है; सृष्टि इसी नियम से बद्ध है।

इस देश में लोगों को यह बात विचित्र लगती है कि आदमी पशु के स्तर से आया है। क्यों? अगर ऐसा न हो, तो इन करोड़ों पशुओं की क्या गति होगी? क्या उनका कोई अस्तित्व नहीं है? अगर हमारे अन्दर आत्मा का निवास है, तो उनके अन्दर भी है और अगर उनके अन्दर नहीं है, तो हमारे अन्दर भी नहीं है। यह कहना कि केवल मनुष्यों में ही आत्मा होती है, पशुओं में नहीं, बिल्कुल बेतुका है। मैंने पशु से भी गये-गुजरे मनुष्यों को देखा है।

मानवात्मा ने ऊँचे तथा नीचे, विभिन्न स्तरों पर निवास किया है। संस्कारों के चलते यह एक से दूसरा रूप बदलती रहती है। किन्तु जब यह मनुष्य के रूप

में उच्चतम स्तर पर रहती है, तभी उसे मुक्ति मिल पाती है। इस तरह मनुष्यत्व का स्तर सबसे उन्नत स्तर है, देवत्व से भी उन्नत। क्योंकि मनुष्यत्व के स्तर पर ही आत्मा को मुक्ति मिल सकती है

यह सम्पूर्ण विश्व कभी ब्रह्म में ही था। ब्रह्म से यह मानो निकल आया है और तब से सतत भ्रमण करता हुआ यह पुनः अपने उद्गम स्थान पर वापस जाना चाहता है। यह सारा क्रम कुछ ऐसा ही है, जैसे डाइनेमो से बिजली का निकलना और विभिन्न धाराओं से चक्कर काटकर पुनः उसीमें चला जाना। आत्मा ब्रह्म से प्रक्षेपित होकर विभिन्न रूपों---वनस्पति तथा पशुलोकों---से होती हुई मनुष्य के रूप में आविर्भूत होती है। मनुष्य ब्रह्म के सबसे अधिक समीप है। वस्तुतः जीवन का सारा संग्राम इसीलिए है कि पुनः आत्मा ब्रह्म में मिल जाय। लोग इस बात को समझते हैं या नहीं---यह उतना महत्त्व नहीं रखता। विश्व भर में द्रव्यों, वनस्पतियों अथवा पशुओं में जो कुछ भी गति दीख पड़ती है, वह इसीलिए है कि आत्मा अपने मौलिक केन्द्र पर चली जाय और शान्ति लाभ करे। प्रारम्भ में साम्यावस्था रही, पर वह नष्ट हो गयी; और अब सारे अणुपरमाणु इसी प्रयास में है कि पुनः वह साम्यावस्था आ जाय। इस प्रयास में ये अनेक बार एक दूसरे से मिलते और नये नये रूप धारण करते हैं, जिसके परिणामस्वरूप प्रकृति में विभिन्न दृश्य देखने को मिलते हैं। वनस्पतियों में, पशुओं में तथा सर्वत्र ही जो प्रतिद्वंद्विता, जो संग्राम, जो सामाजिक तनाव और युद्ध होते हैं, वे सभी उसी शाश्वत संग्राम को अभिव्यक्तियाँ हैं, जो मौलिक साम्यावस्था की प्राप्ति के लिए हो रही हैं।

जन्म से मृत्य तक की इस यात्रा को संस्कृत में 'संसार' कहते हैं, जिसका शाब्दिक अर्थ है, जन्म-मरण का चक्र। इस चक्र से गुज़रती हुई सारी सृष्टि ही कभी न कभी मोक्ष को प्राप्त करेगी। अब प्रश्न हो सकता है कि जब सबको मोक्ष-प्राप्ति होगी ही, तब प्रयास की क्या आवश्यकता है? जब सब लोग मुक्त हो ही जायँगे, तो क्यों न हम चुपचाप बैठकर इसकी प्रतीक्षा करें? इतना तो सत्य अवश्य है कि कभी न कभी सभी जीव मुक्त हो जायँगे; कोई नहीं रह जायगा। किसीका भी विनाश नहीं होगा, सबका उद्धार हो जायगा। अगर ऐसा हो, तो प्रयत्न करने से क्या लाभ? पहली बात तो यह है कि प्रयत्न करने से ही हम मौलिक केन्द्र पर पहुँच पायेंगे; दूसरी बात यह है कि हम स्वयं नहीं जानते कि हम प्रयत्न क्यों करते हैं। हमें प्रयत्न करते रहना है, बस। 'सहस्रों लोगों में कुछ ही लोग यह जानते हैं कि वे मुक्त हो जायँगे।' संसार के असंख्य लोग अपने भौतिक कार्य-कलापों से ही सन्तुष्ट हैं। पर कुछ ऐसे लोग भी अवश्य मिलेंगे, जो जाग्रत हैं और जो

संसार-चक्र से ऊब गये हैं। वे अपनी मौलिक साम्यावस्था में पहुँचना चाहते हैं। ऐसे विशिष्ट लोग जान-बूझकर मुक्ति के लिए प्रयत्न करते हैं, जब कि आम लोग अनजाने ही उसमें रत रहते हैं।

वेदान्त दर्शन का आदि-अंत है––'संसार त्याग दो'––असत्य को छोड़कर सत्य की खोज करो। जिन्हें संसार से आसक्ति है, वे पूछ सकते हैं––"क्यों हम संसार से विमुख होने का प्रयास करें? क्यों हम मौलिक केन्द्र पर लौट चलने के लिए प्रयत्न करें? माना कि हम सभी ईश्वर के यहाँ से आये हैं; पर हम इस संसार को पर्याप्त आनन्दप्रद पाते हैं, हम क्यों न संसार का अधिकाधिक उपभोग करें? इससे विमुख होने के लिए प्रयास ही क्यों करें?" वे कहते हैं––देखो, संसार में कितना विकास हो रहा है, आनन्द के कितने प्रसाधन निकाले जा रहे हैं। यह सब कुछ तो आनन्दोपभोग के लिए ही न है! हम क्यों इन सारी चीज़ों से मुँह मोड़कर उस वस्तु के लिए तपस्या करें, जो इन सब से भिन्न है? इन सारी बातों के लिए जवाब यह है कि इस संसार का निश्चय ही अन्त होगा, यह खण्ड खण्ड होकर विनष्ट हो जायगा। इन सारे आनन्दों को हम कई जन्मों में भोग चुके हैं। जिन चीज़ों को अभी हम देख रहे हैं, उनका आविर्भाव कई बार पहले भी हो चुका है। मैं यहाँ कई बार आ चुका हूँ और कई बार तुम सबसे पहले भी बातें कर चुका हूँ। जिन शब्दों को तुम अभी सुन रहे हो, उन्हें इसके पहले भी अनेक बार सुन चुके हो और अभी और भी कितनी बार सुनोगे। हमारे शरीर बदलते रहते हैं, पर आत्माएँ तो एक ही रहती हैं। दूसरी बात यह है कि जिन चीज़ों को तुम अभी देख रहे हो, वे कालान्तर से आती ही रहती हैं। यह इस उदाहरण से स्पष्ट हो जायगा। मान लो कि तीन-चार पासे हैं और जब तुम उन्हें फेंकते हो, तो किसीमें पाँच, किसी में चार, किसी में तीन और किसी में दो अंक निकल आते हैं। अगर तुम उन्हें बार बार फेंकते रहो, तो निश्चय ही ये अंक दुहराये जायँगे। हाँ, यह नहीं कहा जा सकता कि कितनी बार फेंकने से ऐसा होगा; वह तो संयोग पर निर्भर करता है। ठीक यही बात आत्माओं तथा उनसे सम्बद्ध वस्तुओं के सम्बन्ध में भी कही जा सकती है। एक बार जो रचनाएँ हुईं, और उनके विघटन हुए, उन्हीं की आवृत्ति बार बार होगी, चाहे इन आवृत्तियों के बीच जितना भी समय लगे। पैदा होना, खाना-पीना और फिर मर जाना––जीवन का यह क्रम न जाने कितनी बार आता-जाता रहेगा। कुछ लोग तो ऐसे हैं, जो सांसारिक भोग से ऊपर उठ ही नहीं सकते। पर वे लोग जो ऊपर उठना चाहते हैं, यह अनुभव करते हैं कि ये आनन्द पारमार्थिक नहीं हैं, वरन् नगण्य हैं।

हम ऐसा कह सकते हैं कि कीट से लेकर मनुष्य तक जितने स्वरूप दीख पड़ते हैं, सभी 'शिकागो हिंडोले' (Ferris Wheel) के डिब्बों की तरह हैं जो हमेशा घूमता रहता है, पर उसके डिब्बों में बैठनेवाले बदलते रहते हैं। कोई मनुष्य किसी डिब्बे में घुसता है, हिंडोले के साथ घूमता है और फिर बाहर निकल आता है। किन्तु हिंडोला घूमता ही रहता है। इसी प्रकार कोई जीव किसी शरीर में प्रवेश करता है, उसमें कुछ समय के लिए निवास करता है फिर उसे छोड़कर दूसरे शरीर को धारण करता है और उसे भी छोड़कर फिर अन्य शरीर में प्रवेश कर जाता है। यह चक्र तब तक चलता रहता है, जब तक जीव इस चक्र से बाहर आकर मुक्त नहीं हो जाता।

हर देश में हर समय मनुष्य के भूत-भविष्य को जान लेने की विस्मयकर शक्ति का परिचय मिलता है। किन्तु इसकी व्याख्या यह है कि जब तक आत्मा कार्य-कारण की परिधि में रहती है--यद्यपि उसकी अन्तर्निहित स्वतंत्रता तब भी बनी रहती है और वह अपनी इस शक्ति का प्रयोग भी कर सकती है, जिसके द्वारा कुछ लोग आवागमन के चक्र से मुक्त हो जाते हैं--तब तक इसके क्रिया-कलापों पर कार्य-कारण-नियम का बड़ा प्रभाव रहता है, और इस तरह वे कार्यकारण-परम्परा को समझनेवाली अन्तर्दृष्टि-सम्पन्न व्यक्तियों के लिए भूत-भविष्य बता देना सम्भव कर देते हैं।

जब तक मनुष्य में वासना बनी रहेगी, तब तक उसकी अपूर्णता स्वतः प्रमाणित होती रहेगी। एक पूर्ण एवं मुक्त प्राणी कभी किसी चीज़ की आकांक्षा नहीं करता। ईश्वर कुछ चाहता नहीं है। अगर उसके भीतर भी इच्छाएँ जगें, तो वह ईश्वर नहीं रह जायगा--वह अपूर्ण हो जायगा। इसलिए यह कहना कि ईश्वर यह चाहता है, वह चाहता है, वह क्रमशः क्रुद्ध एवं प्रसन्न होता है--महज़ बच्चों का नर्क है, जिसका कोई अर्थ नहीं। इसलिए सभी आचार्यों ने कहा है, "वासना को छोड़ो, कभी कोई आकांक्षा न रखो और पूर्णतः सन्तुष्ट रहो।"

बच्चा जब संसार में आता है, उसे दाँत नहीं रहते और वह घुटने के बल चलता है– जब वृद्ध होकर आदमी संसार से विदा लेने लगता है, तब भी उसके दाँत नहीं रहते और उसे भी घुटने के बल चलना पड़ता है। दोनों ही अतियाँ एक सी हैं; पर एक ओर जहाँ जीवन का कोई अनुभव नहीं रहता, वहाँ दूसरी ओर व्यक्ति जीवन के सारे अनुभवों को देख चुका होता है। इसी तरह जब ईथर की तरंगों के कम्पन धीमे रहते हैं तो हम प्रकाश नहीं देखते, अन्धकार रहता है, पर जब ये कम्पन अत्यन्त तेज हो जाते हैं, तब भी अन्धकार हो जाता है। इससे तो यही सिद्ध होता है कि दो अतियों की स्थिति समान होती है, पर उनमें आकाश-पाताल

का अन्तर रहता है। दीवाल की कोई वासना नहीं होती और पूर्ण व्यक्ति की भी कोई वासना नहीं रहती। पर दीवाल को किसी चीज़ की कामना के लिए चेतना ही नहीं है, जब कि पूर्ण व्यक्ति को किसी चीज़ की कामना ही शेष नहीं रह जाती। ऐसे भी मूर्ख मिलेंगे ही, जो अपनी अज्ञता के कारण किसी तरह की आकांक्षा नहीं रखते, साथ ही पूर्णत्व की स्थिति में भी कोई आकांक्षा नहीं रह जाती। पर जीवन की इन दोनों स्थितियों में आकाश-पाताल का अन्तर है; एक जहाँ पशुत्व के समीप है, वहाँ दूसरा ईश्वर के।

व्याख्यान, प्रवचन एवं कक्षालाप–२

(धर्म : सामान्य)

आत्मा, ईश्वर और धर्म

अतीत की वीथियों से आता हुआ शताब्दियों का स्वर हमारे कानों में गूंज रहा है। यह स्वर हिमालय के ऋषियों और वनवासी तपस्वियों का है ! यह वही स्वर है, जिसे सेमेटिक जातियों ने सुना था। यह वही स्वर है, जो बुद्ध तथा अन्य आध्यात्मिक दिग्गजों की वाणी हुआ था ! यह स्वर उन महापुरुषों से आ रहा है, जो उस शाश्वत प्रकाश में निवास करते हैं जो पृथ्वी के प्रारम्भ से ही मनुष्य के साथ रहा है और वह कहीं भी जाता है या रहता है यह सदा प्रकाशित रहता है। आज भी हमारे पास वही स्वर पहुंच रहा है। यह स्वर पर्वत से प्रवाहित उन लघु धाराओं की तरह है, जो कभी तो विलुप्त हो जातीं और कभी प्रबल वेग से बहतीं हुईं एक होकर महान् जलप्लावन उपस्थित कर देती हैं। सभी देशों तथा सभी सम्प्रदायों के पैगम्बरों एवं पवित्र स्त्री-पुरुषों के उपदेश समवेत स्वर में अतीत के गर्भ से डंके की चोट हमसे कह रहे हैं, "तुम्हें तथा समस्त धर्मों को शान्ति मिले।" यह सन्देश विरोध का नहीं– प्रत्युत एकीभूत धर्म का है।

पहले हम इस सन्देश पर ही विचार करें। इस शताब्दी के प्रारम्भ में ऐसा भय था कि धर्म कहीं विनष्ट न हो जाय। वैज्ञानिक अनुसन्धानों के हथौड़ों के प्रबल प्रहारों से पुराने अन्धविश्वास चीनी मिट्टी के ढेरों की तरह चकनाचूर हो रहे थे। जिनके लिए धर्म केवल कुछ मतवादों और निरर्थक अनुष्ठानों का पुंज मात्र था, उनकी हालत नाज़ुक थीं, उनकी समझ में कुछ आ ही नहीं रहा था। सब कुछ जैसे उनके हाथों से खिसकता जा रहा था। कुछ समय के लिए तो ऐसा लगा कि अज्ञेयवाद और भौतिकवाद के उमड़ते ज्वार में सब कुछ विलीन हो जायगा। कुछ लोग ऐसे थे, जिन्हें अपने विचारों को कहने का साहस नहीं होता था। साथ ही कुछ लोग ऐसा सोचने लगे थे कि धर्म में कुछ रह नहीं गया, यह सदा के लिए सो गया। किन्तु समय ने पलटा खाया और इसके उद्धार के लिए आया—क्या ? तुलनात्मक धर्माध्ययन। विभिन्न धर्मों का अध्ययन करने से हम देखते हैं कि मूलतः वे एक ही हैं। जब मैं लड़का था, तो इस संशयवाद से मेरा परिचय हुआ और कुछ समय के लिए ऐसा लगा, जैसे धर्म सम्बन्धी सारी आशाओं को मैं छोड़ ही दूं। किन्तु सौभाग्य से मैंने ईसाई, इस्लाम, बौद्ध तथा अन्य धर्मों का अध्ययन

किया और यह जानकर मुझे आश्चर्य हुआ कि जो मौलिक सिद्धान्त हमारे धर्म में सिखाये जाते हैं; वे ही अन्य धर्मों में भी। इसका ज्ञान हमें यों हुआ : मैंने पूछा—सत्य क्या है ? क्या यह जगत् सत्य है ? हाँ। क्योंकि मैं इसे देखता हूँ। क्या यह मधुर ध्वनि (कण्ठ या वाद्य संगीत), जिसे हमने अभी सुना, सत्य है ? हाँ। क्योंकि हमने उसे सुना। हम जानते हैं कि मनुष्य के एक शरीर है, आँखें हैं, कान हैं तथा उसका एक आध्यात्मिक पक्ष है, जिसे हम देख नहीं सकते। अपने आध्यात्मिक सामर्थ्य से वह विभिन्न धर्मों का अध्ययन करके जान सकता है कि सभी धर्म तत्त्वतः एक हैं, चाहे वे भारतवर्ष के जंगलों में सिखाये जाते हों, चाहे ईसाई-भूमि में। इससे तो यही पता चलता है कि धर्म मानव-मन की एक अपरिहार्य आवश्यकता है। इस तरह किसी एक धर्म का सत्य होना अन्य सभी धर्मों के सत्य होने के ऊपर निर्भर करता है। उदाहरण-स्वरूप, अगर मेरे छः अंगुलियाँ हैं और किसी दूसरे व्यक्ति के नहीं हैं, तो तुम कह सकते हो कि मेरे छः अंगुलियों का होना असामान्य है। यही बात इस तर्क के सम्बन्ध में भी कही जा सकती है कि कोई एक धर्म सत्य है और अन्य सभी झूठे हैं। किसी एक ही धर्म का सत्य होना वैसा ही अस्वाभाविक है, जैसा संसार में किसी एक ही व्यक्ति के छः अँगुलियों का होना। इस तरह हम देखते हैं कि अगर कोई एक धर्म सत्य है, तो अन्य सभी धर्म भी सत्य हैं। उनके असारभूत तत्त्वों में अन्तर पड़ सकता है, पर तत्त्वतः सभी एक हैं। अगर मेरी पाँच अँगुलियाँ सत्य हैं, तो वे सिद्ध करती हैं कि तुम्हारी पाँच अँगुलियाँ भी सत्य हैं। मनुष्य जहाँ भी हो, कोई न कोई आस्था विकसित कर ही लेता है, अपनी धार्मिक प्रकृति का विकास कर ही लेता है।

विभिन्न धर्मों के अध्ययन से जो दूसरी बात मुझे मालूम हुई, वह यह है कि आत्मा और ईश्वर सम्बन्धी विचारों की तीन भिन्न अवस्थाएँ हैं। पहले तो सभी धर्म यह स्वीकार करते हैं कि इस नश्वर शरीर से परे हमारा कोई ऐसा भी अंश है, अथवा कुछ ऐसा भी है, जो शरीर की तरह परिवर्तित नहीं होता। वह अंश अपरिवर्तनशील है, शाश्वत है, अमर है। पर बाद के कुछ धर्मों का कहना है कि हमारे उस अपरिवर्तनशील अंश का अन्त तो नहीं है, पर आदि अवश्य है। किन्तु जिस किसी भी वस्तु का आदि है, उसका अन्त भी होगा ही। हमारा—हमारे सारभूत तत्त्व का—कोई आदि नहीं और न हमारा कभी अन्त होगा। और हम सब से परे, इस शाश्वत प्रकृति से परे, एक दूसरी शाश्वत सत्ता है, जिसका कभी विनाश नहीं होता—वह है ईश्वर। लोग विश्व की रचना तथा मानव-सृष्टि के प्रारम्भ की चर्चा करते हैं। यहाँ 'प्रारम्भ' शब्द का तात्पर्य किसी कल्प के प्रारम्भ से है। इसका अर्थ यह कदापि नहीं कि इस ब्रह्माण्ड (cosmos) का

कभी प्रारम्भ हुआ है। यह हो नहीं सकता कि सृष्टि का कभी प्रारम्भ हुआ हो। तुममें से कोई भी प्रारम्भ-काल की कल्पना नहीं कर सकता! जिसका प्रारम्भ होता है, उसका अन्त भी निश्चित है। 'कोई भी समय ऐसा नहीं था, जब मैं नहीं था, अथवा तुम नहीं थे– और न कोई ऐसा समय होगा, जब हममें से कोई न रहेगा।'––ऐसा भगवद्गीता कहती है। जहाँ कहीं भी सृष्टि के प्रारम्भ का ज़िक्र किया गया है– वहाँ उसका तात्पर्य किसी कल्प के प्रारम्भ से है। तुम्हारा शरीर मृत्यु का शिकार हो सकता है, पर तुम्हारी आत्मा नहीं।

आत्मा सम्बन्धी इन विचारों के साथ साथ आत्मा की पूर्णता से सम्बद्ध एक दूसरे विचार-समूह को भी हम पाते हैं। आत्मा अपने आपमें पूर्ण है। यहूदी लोगों का 'नव व्यवस्थान' प्रारम्भ से ही मनुष्य को पूर्ण मानता है। मनुष्य ने अपने कर्मों द्वारा अपने को अपवित्र बना डाला। किन्तु उसे अपने मौलिक स्वरूप को पुनः पाना है, जो पवित्र है। कुछ लोग इसी बात को रूपकों, कथाओं और प्रतीकों के माध्यम से कहते हैं। किन्तु जब हम इन कथनों की व्याख्या करने लगते हैं, तो पाते हैं कि इन सब की शिक्षा यही है कि आत्मा स्वरूप से ही पूर्ण है और मनुष्य को अपनी मौलिक पवित्रता को पाना है। कैसे? ईश्वर को जानकर। ठीक वैसे ही, जैसे यहूदी लोगों की बाइबिल कहती है––'पुत्र (ईसा) को अपनाये बिना कोई ईश्वर को देख नहीं सकता।' इसका क्या तात्पर्य? ईश्वर को पाना ही जीवन का चरम उद्देश्य है। इसके पहले कि हम परम पिता से एकाकार हो सकें, 'पुत्रत्व' का आना आवश्यक है। याद रखो कि मनुष्य ने अपनी पवित्रता अपने ही कर्मों से खो दी है। अगर हम कष्ट झेलते हैं, तो वह हमारे कर्मों का ही परिणाम है; ईश्वर इसके लिए दोषी नहीं।

इन विचारों से अत्यन्त सन्निकट एक दूसरा भी सिद्धान्त है, जो यूरोपीय लोगों द्वारा विकृत होने के पूर्व विश्वजनीन था,––वह है पुनर्जन्म का सिद्धान्त। तुममें से कुछ लोगों ने इसके बारे में सुना अवश्य होगा, पर ध्यान नहीं दिया होगा। यह पुनर्जन्म का सिद्धान्त मानवात्मा के अमरत्व सम्बन्धी दूसरे सिद्धान्त के साथ ही साथ ही चलता है। कोई भी वस्तु ऐसी नहीं, जिसका किसी एक बिन्दु पर अन्त तो होता हो, पर वह अनादि हो और न कोई ऐसी ही वस्तु है, जिसका किसी एक बिन्दु पर प्रारम्भ हो, पर उसका अन्त न हो। हम इस विकट असम्भाव्यता में कदापि विश्वास नहीं कर सकते कि 'मानवात्मा' का कोई आदि है। पुनर्जन्म का सिद्धान्त आत्मा की स्वतंत्रता को प्रतिपादित करता है। अगर तुम किसी निराधार आरम्भ की कल्पना करते हो, तो स्वभावतः ही मनुष्य की सारी अपवित्रताओं का

भार ईश्वर पर चला जाता है। किंतु क्या परम दयामय परम पिता कहीं संसार के पापों के लिए उत्तरदायी हो सकता है? अगर पाप इसी प्रकार उत्पन्न हुआ है, तो एक मनुष्य दूसरे से अधिक दुःख क्यों झेलता है? अगर सर्वक्षमाशील प्रभु से ही पापों का प्रादुर्भाव हुआ, तो ऐसा पक्षपात क्यों? करोड़ों लोग क्यों पैरों तले रौंद दिये जाते हैं? क्यों अनगिनत लोग भुखमरी के शिकार हो जाते हैं, यद्यपि वे इसके लिए रंच मात्र भी उत्तरदायी नहीं? कौन जवाबदेह है तब? अगर मनुष्य का इसमें तनिक भी हाथ नहीं, तो निस्संदेह ईश्वर सबका भागी है। पर इससे अच्छी व्याख्या तो यह होगी कि व्यक्ति स्वयं अपने कष्टों के लिए उत्तरदायी है। अगर मैं चक्र को एक बार चला दूँ, तो उसके परिणामों के लिए मैं जवाबदेह हूँ। और अगर मैं कष्टों का निर्माता हूँ, तो मैं उन्हें रोक भी सकता हूँ। इस तरह निष्कर्ष निकलता है कि मैं स्वतंत्र हूँ। दैव या भाग्य नाम की कोई चीज़ नहीं। कोई भी ऐसी चीज़ नहीं, जो हमें बाध्य करे। जो हमने किया है, उसका हम निराकरण भी कर सकते हैं।

इस सिद्धान्त के सम्बन्ध में दिए गये एक तर्क की ओर हम तुम्हारा ध्यान विशेष रूप से आकृष्ट करेंगे। कारण, यह थोड़ा जटिल है। हम अपना समस्त ज्ञान अनुभव के द्वारा प्राप्त करते हैं और जिन्हें हम अनुभव कहते हैं, वे चेतना के स्तर पर ही होते हैं। उदाहरणतः कोई मनुष्य पियानो पर कोई धुन बजाता है। वह प्रत्येक सुर पर अपनी अँगुली जान-बूझकर रखता है। इस क्रम की आवृत्ति वह तब तक करता जाता है, जब तक उसकी अँगुलियाँ अभ्यस्त नहीं हो जातीं। अभ्यस्त होने पर प्रत्येक सुर पर बिना विशेष ध्यान दिए ही वह उस धुन को बजाता है। ठीक उसी तरह हम अपने बारे में भी देखते हैं कि हमारी प्रवृत्तियाँ हमारे अतीत के संचित कर्मों के ही परिणामस्वरूप हैं। कोई भी बच्चा कुछ ख़ास प्रवृत्तियों के साथ पैदा होता है। वे कहाँ से आती हैं? कोई भी बच्चा अनुत्कीर्ण फलक (tabula rasa)—सादे पन्ने की तरह कोरा मन लेकर पैदा नहीं होता। उसके मनरूपी पन्ने पर पहले से ही कुछ लिखा रहता है। यूनान और मिस्र के प्राचीन दार्शनिकों ने बताया है कि कोई भी बच्चा शून्य मन लेकर नहीं आता। प्रत्येक बच्चा अपने पूर्वकृत कर्मों से उत्पन्न सैकड़ों प्रवृत्तियों के साथ उत्पन्न होता है। इस जन्म में तो उसने उन्हें पाया नहीं। तब हम यह मानने के लिए बाध्य हो जाते हैं कि अवश्य ही वे उसके पिछले जन्म की हैं। परले सिरे के भौतिकवादी को भी यह मानना पड़ता है कि वे प्रवृत्तियाँ पिछले कर्मों के परिणामस्वरूप हैं। हाँ, इतना वे अवश्य जोड़ देते हैं कि वे वंशानुगत हैं। आनुवंशिकता के इस नियम के अनुसार हमारे पिता, पितामह, प्रपितामहों की परम्परा हम तक

आती है। अब अगर इन्हें वंशानुगत कहने से ही व्याख्या पूरी हो जाती है, तो आत्मा में विश्वास करने की कोई आवश्यकता नहीं; क्योंकि शरीर ही सबकी व्याख्या कर देता है। ख़ैर हमें भौतिकवाद और आत्मवाद के तर्कों में उलझना नहीं है। जो वैयक्तिक आत्मा में विश्वास करते हैं, उनके लिए यहाँ तक रास्ता साफ़ है। इस तरह हम देखते हैं कि किसी समुचित निष्कर्ष पर पहुँचने के लिए यह मानना ज़रूरी हो जाता है कि हमारे पिछले जीवन भी रहे हैं। अतीत और वर्तमान के महान् दार्शनिकों एवं महर्षियों का यही विश्वास है। यहूदियों में एक ऐसा ही सिद्धान्त प्रचलित था। ईसा मसीह इसको मानते थे। उन्होंने बाइबिल में कहा है—"अब्राहम के पहले से ही मैं हूँ।" और अन्यत्र कहा गया है—"ये एलिया ही आये हैं।"

विभिन्न जातियों में विभिन्न परिस्थितियों के बीच विकसित हुए विश्व के सभी धर्म मूलतः एशिया से ही निकले हैं; और एशियावासी उन्हें अच्छी तरह समझते हैं। जब वे अपनी जन्मभूमि से बाहर आये, तो अनेकानेक दोष उनमें घुल-मिल गये। ईसाई धर्म के सबसे गम्भीर तथा उदात्त विचार यूरोप में कभी समझे नहीं गये, क्योंकि बाइबिल में उल्लिखित चिन्तन तथा कल्पनाएँ उनके लिए विजातीय थीं। दृष्टान्त के लिए 'मैडोना' के चित्रों को लो। हर कलाकार अपने मैडोना चित्र को अपनी पूर्व निश्चित धारणाओं के अनुकूल गढ़ता है। मैंने ईसा मसीह के अन्तिम नैशभोज के सैकड़ों चित्र देखे। सबमें उन्हें मेज़ पर भोजन करते दिखाया गया है। किन्तु ईसा ने कभी मेज़ पर बैठना नहीं जाना। वे तो दूसरों के साथ जमीन पर पल्थी मारकर बैठते और एक ही कटोरे में सब अपनी अपनी रोटियाँ डुबोते। उनकी रोटी वैसी नहीं थी, जैसी आजकल तुम लोग खाते हो। किसी भी राष्ट्र के लिए अपरिचित परम्पराओं को समझना मुश्किल होता है। शताब्दियों के परिवर्तन एवं ग्रीक, रोमन तथा अन्य जातियों से संवर्द्धन के पश्चात् यूरोपवासियों के लिए तो यहूदियों की परम्पराओं को समझना और भी कठिन था। पौराणिक कथाओं एवं देवोपाख्यानों से परिवेष्टित ईसा मसीह के सुन्दर धर्म को अगर लोग बहुत ही थोड़ा समझ पाते हैं, तो इसमें आश्चर्य नहीं! फ़िर यदि लोगों ने उसे बाजारू रूप दे दिया, तो इसमें भी आश्चर्य नहीं।

अब हम अपने विषय पर आ जायँ। हम देखते हैं कि सभी धर्म कहते हैं कि आत्मा शाश्वत है और उसकी ज्योति धुँधली पड़ गयी है। किन्तु ईश्वरानुभूति के द्वारा उसकी मौलिक पवित्रता को पुनः प्राप्त करना है। आख़िर इन विभिन्न धर्मों में ईश्वर के सम्बन्ध में धारणा क्या है? प्रारम्भिक अवस्था में ईश्वर के सम्बन्ध में बहुत ही अस्पष्ट धारणा थी। सबसे प्राचीन राष्ट्र अनेक देवताओं

को मानते थे—जैसे सूर्य, पृथ्वी, अग्नि, जल। प्राचीन यहूदियों में हम ऐसे अनेक देवताओं का ज़िक्र पाते हैं, जो प्राय: आपस में भयानक रूप से लड़ा करते थे। इसके बाद हमें एलोहिम (Elohim) का वर्णन मिलता है, जिसे यहूदी तथा बेबिलोनियानिवासी पूजते थे। तदुपरान्त सभी देवताओं के ऊपर एक देवाधिदेव की कल्पना की गयी। किन्तु यह धारणा भी भिन्न भिन्न जातियों में भिन्न भिन्न रूप में थी। प्रत्येक जाति अपने ईश्वर को सबसे बड़ा मानती थी। और यह सिद्ध करने के लिए वे आपस में लड़ा करती थीं। जो जाति लड़ने में सबसे अधिक कुशल होती, उसीका देवता श्रेष्ठ माना जाता। ये जातियाँ न्यूनाधिक रूप में बर्बर थीं। किन्तु समयानुसार अच्छे से अच्छे विचार पुरानी रूढ़ियों के स्थान लेते गये। फलस्वरूप अब सारी पुरानी धारणाएँ या तो ख़त्म हो चुकी हैं, या ख़त्म हो रही हैं। किन्तु इस बात को नहीं भुलाया जा सकता कि इन सारे धर्मों का प्रादुर्भाव शताब्दियों के क्रमिक विकास से हुआ है। इनमें से कोई भी आसमान से नहीं टपका। प्रत्येक को तिल तिल करके गढ़ा गया है। विकास की इस अवस्था के बाद एकेश्वरवाद की अवस्था आती है। एकेश्वरवाद एक ईश्वर में विश्वास करता है, जो सर्वशक्तिमान है, सर्वज्ञ है तथा विश्व का एकमात्र प्रभु है। ऐसा माना जाता है कि ईश्वर विश्वातीत है; वह स्वर्ग में रहता है। इस ईश्वर के चिन्तकों ने अपनी स्थूल धारणाओं के अनुकूल उसका स्वरूप-निरूपण किया; जैसे ईश्वर के दायें और बायें पक्ष का होना उसके हाथ में एक चिड़िया का रहना, आदि आदि। किन्तु एक बात मार्के की यह है कि जंगली जातियों के सभी देवता सदा के लिए विलुप्त हो गये और देवाधिदेव एक ईश्वर ने उनकी जगह ले ली। यह एक ईश्वर विश्व से परे है और उसे पाया नहीं जा सकता– उसके पास कोई पहुँच नहीं सकता। पर धीरे धीरे यह विचार भी बदलता गया और विकास की अपनी अवस्था आयी, जिसमें ईश्वर को प्रकृति में व्याप्त माना गया।

नव व्यवस्थान में कहा गया है—'हमारे पिता जो स्वर्ग में हैं।'—यह ऐसे ईश्वर की कल्पना है, जो लोगों से दूर स्वर्ग में रहता है। हम धरती पर रहते हैं और वह स्वर्ग में। आगे चलकर यह उपदेश मिलता है कि ईश्वर प्रकृति में व्याप्त है। यह केवल स्वर्ग में ही नहीं, प्रत्युत पृथ्वी पर भी है। वह हमारे भीतर भी है। हिन्दू दर्शन में ईश्वर और व्यक्ति के सान्निध्य की यह अवस्था देखने को मिलती है; किन्तु हम लोग यहीं नहीं रुकते। इसके आगे हम अद्वैतावस्था की भी कल्पना करते हैं, जिसमें आराधक यह अनुभव करता है कि उसका ईश्वर केवल स्वर्ग और पथ्वी का परम पिता ही नहीं है, अपितु—वह यह भी अनुभव करता है कि

'मैं और मेरे परम पिता एक ही हैं।' वह अपनी अन्तरात्मा में अनुभव करता है कि वह स्वयं ईश्वर है, अन्तर इतना ही है कि वह ईश्वर की निम्नतर अभिव्यक्ति है। मेरे भीतर जो भी सत्य है, वह ईश्वर है और ईश्वर के भीतर जो सत्य है, वह मैं हूँ। इस तरह ईश्वर और व्यक्ति के बीच की खाई पट जाती है। इस तरह हम देखते हैं कि ईश्वर-ज्ञान के द्वारा हम स्वर्ग के साम्राज्य को अपने अन्दर ही पा लेते हैं।

पहली अवस्था में, अर्थात् द्वैतावस्था में, मनुष्य समझता है कि वह लघु जीवात्मा मात्र है—जैसे वह जॉन है, जेम्स है अथवा टॉम है। वह कहता है—"मैं सदा जॉन, जेम्स या टॉम ही बना रहूँगा, कभी बदलूँगा नहीं।" यह कहना कुछ वैसा ही है, जैसे कि कोई हत्यारा आकर कहने लगे—"मैं सदा हत्यारा ही बना रहूँगा।" किन्तु जैसे जैसे समय बीतता जाता है, टॉम का स्वरूप बदलता है और अन्त में तो वह शुद्ध 'आदम' रूप में लौट जाता है।

'वे धन्य हैं, जिनका हृदय पवित्र है; क्योंकि वे ईश्वर का दर्शन करेंगे।' क्या हम ईश्वर को देख सकते हैं? निस्संदेह नहीं। अगर ईश्वर को जाना जा सकता है, तो वह ईश्वर नहीं रह जायगा। क्योंकि किसी भी वस्तु का ज्ञान होना उसके सीमित होने को सिद्ध करता है। किन्तु ऐसा कहा जा सकता है कि 'मैं और मेरे पिता एक हैं।' 'मैं अपनी आत्मा में ही परम तत्त्व को पाता हूँ।' ये विचार कुछ धर्मों में स्पष्टतः कहे गए हैं, जब कि दूसरे धर्मों में इनकी ओर संकेत मात्र है। पर कुछ ऐसे भी धर्म हैं, जिनमें से इस विचार को निर्वासित ही कर दिया गया है। सच पूछो तो, इस देश में अब ईसा मसीह के धर्म को बहुत कम ही समझा जाता है। और अगर तुम क्षमा करो, तो मैं यह भी कहूँगा कि कभी भी इस धर्म को यहाँ अच्छी तरह समझा नहीं गया।

वस्तुतः विकास की जो भिन्न भिन्न अवस्थाएँ हैं, वे पवित्रता एवं पूर्णता की प्राप्ति के लिए परमावश्यक हैं। मूलतः तो सभी धर्म एक ही धारणा पर आधारित हैं। ईसा मसीह एक जगह कहते हैं—"स्वर्ग का राज्य तो तुम्हारे अन्दर है।" वे दूसरी जगह कहते हैं—"हमारे परम पिता, जो स्वर्ग में रहते हैं।" इन दोनों कथनों में तुम किस तरह सामंजस्य कर पाते हो? वह ऐसे हो सकता है—जब उन्होंने दूसरे कथन को कहा, तो वे उन लोगों से बातें कर रहे थे, जो धर्म के मामले में बिल्कुल अज्ञ थे। यह ज़रूरी था कि वे उनसे उन्हीं की भाषा में बोलते। आम लोग तो ठोस विचार चाहते हैं, कुछ इस तरह का ठोस विचार, जिसे वे अपनी इन्द्रियों से सहज ही पकड़ सकें। कोई आदमी बड़ा से बड़ा दार्शनिक होकर भी धर्म के क्षेत्र में निरा बच्चा हो सकता है। जब मनुष्य आध्यात्मिकता की काफ़ी

ऊँचाई प्राप्त कर लेता है, तभी वह समझ सकता है कि वस्तुतः स्वर्ग का राज्य उसके अन्दर है, वही मन का सच्चा साम्राज्य है। इस तरह हम देखते हैं कि प्रत्येक धर्म की आपात-दृष्टि की असंगतियाँ व उलझनें उसके विकास की ही अवस्थाओं का बोध कराती हैं। और इसलिए हमें किसीको उसके धर्म के लिए दोष देने का अधिकार नहीं है। विकास की कुछ ऐसी अवस्थाएँ होती हैं, जिनमें आकार एवं प्रतीकों का प्रयोग आवश्यक होता है, क्योंकि उन अवस्थाओं में आत्मा इसी तरह की भाषा समझ सकती है।

दूसरा विचार, जिसे मैं तुम लोगों के समक्ष रखना चाहता हूँ, वह यह है कि धर्म केवल सिद्धान्त और मत की बात नहीं है। तुम क्या पढ़ते हो अथवा किस मत में विश्वास करते हो, यह उतना महत्त्व नहीं रखता। असल चीज़ तो यह है कि तुम क्या अनुभव करते हो। कहा गया है—"वे धन्य हैं, जो हृदय से पवित्र हैं, क्योंकि वे ही ईश्वर का दर्शन करेंगे।" जी हाँ, और इसी जीवन में। यही मोक्ष है। कुछ ऐसे भी लोग हैं, जो कहते हैं कि कुछ शब्दों के बुदबुदाने मात्र से मुक्ति मिल जायगी पर किसी भी महान् गुरु ने यह नहीं बताया कि बाह्याचार मोक्ष पाने के लिए आवश्यक है। इसे पाने की क्षमता तो हमारे भीतर है। वस्तुतः हम सदा ईश्वर में ही रमण और भ्रमण करते हैं। मतों और सम्प्रदायों का अपना महत्त्व है– पर वे बच्चों के लिए हैं– वे अल्प काल के लिए हैं। हमें इस बात को भूलना नहीं चाहिए कि ग्रन्थ कभी भी धर्म को नहीं गढ़ते, धर्म ही ग्रन्थों को गढ़ते हैं। कभी किसी ग्रन्थ ने ईश्वर की सृष्टि नहीं की– परन्तु हर महान् ग्रन्थ की सृष्टि की मूलभूत प्रेरणा अवश्य ही ईश्वर है। इसी तरह हमें यह भी न भूलना चाहिए कि किसी पुस्तक ने आत्मा की सृष्टि नहीं की। हर धर्म का परम उद्देश्य यही है कि आत्मा में ही परमात्मा का दर्शन किया जाय। यही एकमात्र सार्वभौतिक धर्म है। अगर सभी धर्मों में कोई एक सर्वव्यापी सत्य है, तो मैं कहूँगा कि वह है ईश्वर को पाना। आदर्श और साधन भिन्न भिन्न हो सकते हैं, पर मौलिक तथ्य यही है। त्रिज्याएँ हज़ारों हो सकती हैं, पर वे सभी आकर एक केन्द्र-विन्दु पर मिलती हैं। और वह केन्द्र है—ईश्वर-प्राप्ति, जो हमारी इन्द्रियों की दुनिया से परे है—खाने-पीने और निरर्थक बकवास की दुनिया से तथा झूठी विडम्बनाओं एवं स्वार्थ की दुनिया से परे है। वह—अपने आपमें ईश्वर का दर्शन—एक ऐसी चीज़ है, जो पुस्तकों से परे है, मत-मतान्तरों से परे है तथा संसार की विडम्बनाओं से परे है। कोई आदमी संसार के सारे सम्प्रदायों में विश्वास करता हो, समस्त धर्मग्रन्थों का ज्ञान वहन करता हो अथवा संसार की सभी पवित्र नदियों में स्नान कर पुण्य कमा चुका हो, पर यदि उसे ईश्वर का साक्षात्कार नहीं हुआ है, तो मैं उसे परले सिरे का नास्तिक

मानूँगा। और यदि कोई कभी किसी गिरजाघर या मस्जिद में न गया हो, न उसने कभी कोई पूजादि कर्म किया हो, फिर भी अपने भीतर ईश्वर को अनुभव करता हो और इस तरह संसार के आडम्बरों से ऊपर उठ चुका हो, तो वह वस्तुतः सच्चा साधु है, चाहे तुम उसे जो भी कहो। जब कोई आदमी खड़ा होकर कहने लगता है कि केवल वही ठीक रास्ते पर है अथवा केवल उसीका सम्प्रदाय सच्चा है और अन्य सभी ग़लत हैं, तब वह अपने को ही सर्वथा ग़लत ठहराता है। उसे पता नहीं कि दूसरों के अस्तित्व को सिद्ध करने पर ही उसके अपने अस्तित्व की सिद्धि निर्भर करती है। मानव मात्र के लिए स्नेह और दया ही सच्ची धार्मिकता की परख है। मेरा मतलब उस भावुकतापूर्ण कथन से नहीं है—'सभी मनुष्य भाई भाई हैं'—परन्तु मनुष्यजीवनकी एकत्वानुभूति की आवश्यकता से है। मैं समझता हूँ कि जब तक वे दूसरों का अस्वीकार नहीं करते, सभी मत एवं सम्प्रदाय मेरे अपने हैं, और सभी भव्य हैं। वे सभी मनुष्य को सच्चे धर्म की ओर उन्मुख करने में सहायक होते हैं। मैं तो और भी कहूँगा कि किसी सम्प्रदाय में पैदा होना अच्छा है, पर उसकी सीमाओं के भीतर ही मर जाना बुरा है। बच्चा पैदा होना अच्छा है, पर सदा के लिए बच्चा ही रह जाना बुरा है। सम्प्रदाय, नियम और प्रतीक तो बच्चों के लिए ठीक हैं, पर जब बच्चा सयाना हो जाय, तो उसे चाहिए कि या तो वह सम्प्रदाय ही को अतिशय विस्तृत बना दे या स्वयं उससे बाहर चला आये। हमें सदा शिशु ही नहीं रहना है। यह बात तो कुछ इस ढंग की लगती है, जैसे बचपन के कोट को ही हर अवस्था में पहनने की कोशिश की जाय। ऐसा कहकर मैं किसी धर्म की निन्दा नहीं करता। मैं तो चाहता हूँ कि ईश्वर करे, दो करोड़ संप्रदाय और बढ़ जायँ। क्योंकि जितने ही अधिक धर्म रहेंगे, चुनने के लिए उतना ही अधिक अवसर रहेगा। जिस बात पर मुझे आपत्ति है, वह है एक ही धर्म को सबके लिए ठीक समझा जाना। यद्यपि मूलतः सभी धर्म एक ही हैं, तो भी विभिन्न देशों की विभिन्न परिस्थितियों के कारण उनके बाह्य रूप में भिन्नता आ ही जाती है। और जहाँ तक बाह्य स्वरूप का सम्बन्ध है, हममें से प्रत्येक को अपना अपना व्यक्तिगत धर्म चुनना आवश्यक है।

बहुत वर्ष पूर्व मैंने अपने ही देश के एक बहुत बड़े महात्मा के दर्शन किये। हम लोगों ने अपने श्रुति-ग्रन्थ वेदों तथा क़ुरान, बाइबिल आदि अन्य कई धर्मग्रन्थों की चर्चा की। जब बातें खत्म हुईं, तो महात्मा ने मुझे मेज़ पर से एक किताब उठा लाने को कहा। उस किताब में अन्यान्य बातों के साथ यह भी लिखा था कि उस साल कितनी वर्षा होनेवाली थी। उस महात्मा ने कहा—इसे पढ़ो और मैंने पढ़ा कि कितनी वर्षा होने को है। उन्होंने कहा—किताब लो और इसे

निचोड़ो। मैंने वैसा ही किया। तब उन्होंने कहा—जब तक पानी नहीं गिरता, यह किताब कोरी किताब ही है, मात्र किताब। उसी तरह जब तक तुम्हारा धर्म ईश्वर-प्राप्ति नहीं करा देता, तब तक वह निरर्थक है। जो व्यक्ति धर्म के लिए केवल किताबें पढ़ता है, उसकी हालत तो गल्पवाले उस गदहे की है, जो पीठ पर चीनी का भारी बोझ ढोता हुआ भी उसकी मिठास को नहीं जान पाता।

क्या लोगों से हमारा यह कहना उचित होगा कि घुटने टेककर चिल्लाओ कि हम इतने बड़े पापी हैं? नहीं, नहीं, बल्कि हम उन्हें उनकी दैवी प्रकृति की याद दिला दें। मैं तुमसे एक कहानी कहूँगा। एक सिंहनी शिकार की टोह में भेड़ों के किसी गिरोह के पास आयी। पर ज्यों ही वह अपने शिकार पर झपटी कि उसे बच्चाहो गया और वह वहीं मर गयी। वह सिंह-शावक भेड़ों के बीच ही पाला-पोसा गया। वह घास खाता और भेड़ों की तरह ही में-में करके बोलता, क्योंकि उसे कभी यह ज्ञान ही नहीं हुआ कि वह सिंह है। एक दिन एक दूसरा सिंह उधर से निकला। एक भीमकाय सिंह को भेड़ों के बीच घास खाते और भेड़ों की तरह ही में-में करते देख उसे बहुत आश्चर्य हुआ। इस नये सिंह को देख सभी भेड़ें भाग खड़ी हुई और उनके साथ वह सिंह-भेड़ भी। किन्तु सिंह मौके की ताक में रहने लगा और एक दिन उसने सिंह-भेड़ को अकेला सोते पाया। उसने उसे जगाया और कहा, "तुम सिंह हो।" दूसरे सिंह ने जवाब दिया—"नहीं", और यह कहकर वह भेड़ों की तरह मिमियानें लगा। इस पर वह नया सिंह उसके साथ एक झील के पास गया और कहा—"तुम पानी में देखो और बताओ कि क्या तुम्हारा चेहरा मुझसे मिलता-जुलता नहीं है?" उसने वैसा ही किया और देखकर स्वीकार किया कि हाँ, ठीक है। तब उस नये सिंह ने गरजना शुरू किया और उससे कहा कि तुम भी ऐसा करो। सिंह-भेड़ ने अपनी आवाज आज़मायी और फिर तो वह नये सिंह की ही भाँति विकराल रूप से गरजने लगा। और तब से उसका भेड़पन जाता रहा।

मेरे मित्रों, मैं तो तुमसे यही कहूँगा कि तुम सभी बलशाली सिंह हो।

अगर तुम्हारे कमरे में अँधेरा है, तो तुम छाती पीट पीटकर यह तो नहीं चिल्लाते कि हाय, अँधेरा है, अँधेरा है, अँधेरा है। अगर तुम उजाला चाहते हो, तो एक ही रास्ता है, तुम दिया जलाओ और अंधेरा अपने ही आप ख़त्म हो जायगा। तुम्हारे ऊपर जो प्रकाश है, उसे पाने का एक ही साधन है—तुम अपने भीतर का आध्यात्मिक प्रदीप जलाओ, पाप और अपवित्रता का तमिस्र स्वयं भाग जायगा। तुम अपनी आत्मा के उदात्त रूप का चिन्तन करो, गर्हित रूप का नहीं।

धर्म : उसकी विधियाँ और प्रयोजन

विश्व के धर्मों के अध्ययन से हमें साधारणतया धार्मिक प्रवृत्ति की दो विधियों का पता चलता है। एक है ईश्वर से मनुष्य की ओर। जैसे धर्मों के सेमिटिक वर्ग में ईश्वर का ज्ञान सर्वप्रथम आता है, पर आश्चर्य की बात यह है कि इसके साथ आत्मा की कोई चर्चा भी नहीं आती। यहूदी लोगों की यह विशेषता रही है कि अपने इतिहास के अर्वाचीनकाल तक उन लोगों ने मानवात्मा सम्बन्धी ज्ञान का कोई विकास ही नहीं किया था। उनके अनुसार मनुष्य, मन तथा भौतिक पदार्थों के संयोग से बना है, बस। मृत्यु के साथ सब कुछ का अन्त हो जाता है। दूसरी ओर इन्हीं जातियों ने ईश्वरसम्बन्धी अत्यन्त आश्चर्यजनक धारणा का विकास किया था। यह धार्मिक प्रक्रिया की एक विधि है। दूसरी विधि है मनुष्य से ईश्वर की ओर की। यह दूसरी विधि ख़ासकर आर्यों में पायी जाती है, जब कि पहली सेमिटिक लोगों में। आर्यों ने पहले-पहल आत्मा सम्बन्धी धारणा का विकास किया। ईश्वर-सम्बन्धी इनकी धारणा अस्पष्ट, अविकसित तथा धूमिल थी। पर जैसे जैसे उन्हें मानवात्मा का स्पष्ट ज्ञान होता गया, वैसे वैसे ईश्वर का ज्ञान भी उसी अनुपात में स्पष्ट होता गया। इस तरह वेदों की जिज्ञासा आत्मा से ही शुरू हुई है। आर्यों ने ईश्वर-सम्बन्धी जो कुछ ज्ञान लाभ किया, वह सब मानवात्मा के ज्ञान के माध्यम से ही; और इसलिए उनके सम्पूर्ण दर्शनों पर जो एक विशिष्ट छाप देखने को मिलती है वह है ईश्वरसम्बन्धी अन्तर्मुखी जिज्ञासा। आर्य लोग सदैव अपनी आत्मा में ही ब्रह्म को खोजते रहे हैं। कालान्तर में उन लोगों की यह स्वाभाविक विशेषता बन गयी। और यह विशेषता उनकी कलाओं तथा उनके सामान्यतम व्यवहारों में भी अभिव्यंजित हुई। आज भी जब हम धार्मिक मुद्रा में बैठे किसी व्यक्ति का यूरोपीय चित्र देखते हैं, तो पाते हैं कि चित्रकार ने उसकी आँखों को ऊर्ध्वोन्मुख दिखाया है, मानो वह प्रकृति से बाहर, आकाश की ओर ईश्वर की खोज के लिए देख रहा हो। पर दूसरी ओर भारतवर्ष में धार्मिक प्रवृत्ति को साधक की बन्द आँखों के द्वारा अभिव्यक्त किया जाता है, मानो वह अपने भीतर देख रहा हो।

वस्तुतः मनुष्य के अध्ययन के ये ही दो विषय हैं : बाह्य प्रकृति तथा आन्तरिक प्रकृति। वैसे तो ये दोनों विषय परस्पर विरोधी प्रतीत होते हैं, पर साधारण मनुष्य यही सोचता है कि बाह्य प्रकृति पूर्णतया आन्तरिक प्रकृति---विचार-जगत् द्वाराही

निर्मित हुई है। संसार के अधिकांश दर्शन, खासकर पाश्चात्य दर्शन, ऐसा मानते हैं कि ये दोनों—जड़ और चेतन (मन)—विरोधी तत्त्व हैं। किन्तु अन्ततः यह देखा जाता है कि ये दोनों तत्त्व परस्पर आकृष्ट होते हैं और अन्त में संघटित होकर एक ही अनन्त सत्ता का निर्माण करते हैं। मेरे इस विश्लेषण का यह क़तई अर्थ नहीं कि मैं इन दोनों दृष्टियों में से एक को उच्च और दूसरी को निम्न बताना चाहता हूँ। मेरा मतलब यह कदापि नहीं है कि जो लोग बाह्य प्रकृति के माध्यम से सत्य का संधान कर रहे हैं, वे ग़लत रास्ते पर हैं—अथवा, जो आन्तरिक प्रकृति के माध्यम से ही सत्य को पाना चाहते हैं, वे अपेक्षाकृत उच्चतर कोटि के हैं। ये तो सत्य के साधन की दो विधियाँ हैं। दोनों ही को अवश्य ही रहना है, दोनों ही का अध्ययन करना चाहिए और अन्त में यह देखा जायगा कि दोनों एक में मिल जाती हैं। हम देखेंगे कि न तो शरीर मन का विरोधी है न मन शरीर का, यद्यपि ऐसे कुछ लोग मिलेंगे, जो सोचते हैं कि यह शरीर तो कुछ नहीं है। प्राचीन काल में हर देश में कुछ लोग ऐसे मिलते थे, जो इस शरीर को सिर्फ़ एक रोग, एक पाप अथवा ऐसा ही कुछ और मानते थे। ख़ैर, बाद में यह अनुभव किया गया, जैसा कि वेदों में उल्लिखित है, कि शरीर मन में तथा मन शरीर में विलीन हो जाता है।

तुमको सभी वेदों में समान रूप से उपदिष्ट वचन अवश्य याद होगा, 'जिस प्रकार मिट्टी के एक ढेले को जानने से हमें संसार भर की सम्पूर्ण मिट्टी का ज्ञान हो जाता है, उसी प्रकार वह कौन सी वस्तु है, जिसे जानकर हमें सम्पूर्ण वस्तुओं का ज्ञान हो जायगा?' वस्तुतः सम्पूर्ण मानव ज्ञान का यही आशय है। यह उस एकत्व की खोज है, जिसकी ओर हम सभी अग्रसर हो रहे हैं। हमारे सभी कार्य—चाहे वे अत्यन्त भौतिक हों, चाहे वे स्थूलतम और सूक्ष्मतम हों, चाहे वे उच्चतम या एक ही परम आध्यात्मिक—समानरूपेण इस एक आदर्श की ओर उन्मुख हैं—वह है, एकत्व की प्राप्ति। मनुष्य पहले अकेला रहता है। फिर वह विवाह करता है। ऊपर से देखने में भले ही इसमें उसका स्वार्थ झलके, पर इसके मूल में एक ही इच्छा—प्रेरक शक्ति है—ऐक्य की प्राप्ति। उसकी सन्तानें हैं, मित्र हैं, वह देशप्रेमी है, विश्वप्रेमी है और सम्पूर्ण विश्वप्रेम में उसकी परिसमाप्ति होती है। मानो कोई अदम्य शक्ति है, जो हमें पूर्णता की उस स्थिति में जाने के लिए बाध्य करती है, जिसमें हम अपने तुच्छ व्यक्तित्व को समाप्त कर अधिकाधिक उदार बन जाते हैं। यही वह ध्येय है, जिसकी ओर सम्पूर्ण विश्व धावमान है। हर परमाणु एक दूसरे से मिलना चाहता है। परमाणु पर परमाणु मिलते जाते हैं और इस तरह पृथ्वी, सूर्य, चन्द्र, नक्षत्र तथा ग्रहों का निर्माण होता है। फ़िर

वे भी एक दूसरे की ओर खिंचे जा रहे हैं और अन्ततः हम जानते हैं कि सम्पूर्ण विश्व––भौतिक तथा चेतन––एक अभिन्न सत्ता में अंगीभूत हो जाता है।

जो विधान बृहत् ब्रह्मांड में बड़े पैमाने पर काम कर रहा है, वही विधान सूक्ष्म ब्रह्मांड में भी छोटे पैमाने पर काम कर रहा है। जिस तरह विविधता तथा पृथकता में विश्व का अस्तित्व है, और यह सदा एक अभिन्नता और एकता की ओर अग्रसर हो रहा है, उसी तरह अपने इस छोटे जगत् में भी प्रत्येक आत्मा मानो अन्य सभी वस्तुओं से पृथक् सत्ता के रूप में जन्म लेती है। जो प्राणि जितना ही अज्ञानी है, जितना ही अप्रबुद्ध है, वह उतना ही अधिक अपने को विश्व की अन्य वस्तुओं से भिन्न समझता है। जो जितना ही अज्ञानी है, वह उतना ही अधिक सोचता है कि वह मर जायगा अथवा जन्म लेगा––और यह विचार ही विश्व से उसकी पृथकता का द्योतक है। पर हम यह भी देखते हैं कि आदमी जैसे जैसे विकसित होता है और ज्ञान लाभ करता है, वैसे वैसे उसमें नैतिकता का विकास होता है और अपृथकता की भावना का प्रादुर्भाव होता है। चाहे लोग इसे समझें या नहीं, उनके पीछे की यही शक्ति उन्हें निःस्वार्थता की ओर प्रेरित करती रहती है। और सारी नैतिकता की भित्ति यही है। यही सारे नीतिशास्त्रों का मूल तत्व है, चाहे वे किसी भी भाषा में, किसी भी धर्म में अथवा किसी भी आचार्य द्वारा उपदिष्ट हों। 'तू निःस्वार्थ बन' "मैं नहीं, वरन् 'तू' "––यह भाव ही सारे नीतिशास्त्र की पृष्ठभूमि है। और इसका तात्पर्य है, व्यक्तित्व के अभाव की स्वीकृति––इस भाव का आना कि तुम मेरे अंग हो और मैं तुम्हारा, तुमको चोट लगने से मुझे चोट लगेगी और तुम्हारी सहायता करके मैं स्वयं की सहायता करूँगा, जब तक तुम जीवित हो, मेरी मृत्यु नहीं हो सकती। जब तक इस विश्व में एक कीट भी जीवित रहेगा, मेरी मृत्यु कैसे हो सकती है? क्योंकि उस कीट के जीवन में भी तो मेरा जीवन है! साथ ही यह भाव यह भी सिखाता है कि हम अपने किसी भी सहजीवी प्राणी की सहायता किये बिना नहीं रह सकते, क्योंकि उसके हित में ही हमारा भी हित सन्निहित है।

यही वेदान्त तथा अन्य सभी धर्मों का सार-तत्त्व है। तुम जानते हो कि धर्मों की साधारणतः तीन अवस्थाएँ होती हैं। पहली अवस्था है दर्शन की, सार-तत्त्व की, मूलभूत सिद्धान्त की। इन सिद्धान्तों की अभिव्यक्ति पुराणों में होती है–– ये पुराण महात्माओं तथा महापुरुषों, देवों अथवा दैवी आत्माओं से सम्बद्ध हो सकते हैं––और इन सारे पुराणों में शक्ति की भावना अन्तर्निहित रहती है। निम्न कोटि के पुराणों में––जैसे आदिम काल के पुराणों में––इस शक्ति की अभिव्यक्ति

शारीरिक शक्ति के रूप में होती थी, उनके नायक महान् शक्तिशाली तथा दैत्याकार होते थे। एक ही कथा-नायक सम्पूर्ण संसार पर विजय प्राप्त कर लेता था। जैसे जैसे मनुष्य का विकास होता जाता है, वैसे वैसे वह शक्ति की अभिव्यक्ति शारीरिक स्तर से उच्चतर स्तर पर देखना चाहता है और इसलिए मनुष्य के आदर्श नायक भी उच्च स्तर के होते जाते हैं। उच्च कोटि के पुराणों के नायक महान् नैतिक पुरुष हैं। उनकी शक्ति का प्रकाश नैतिकता और पवित्रता के ही रूप में होता है। वे स्वयं समर्थ हैं, अकेले ही अनैतिकता और स्वार्थ के उमड़ते ज्वार को पीछे ढकेल देने की क्षमता होती है उनमें। धर्म की तीसरी अवस्था है प्रतीक, जिसे तुम कर्मकांड और बाह्याचार कहते हो। पुराणों और आदर्श पुरुषों के जीवन भी कुछ लोगों के लिए पर्याप्त नहीं हैं। इससे भी निम्न कोटि के लोग होते हैं, जो बच्चों की भाँति खिलौने के माध्यम से ही धर्म को समझ सकते हैं। और इस तरह ऐसे प्रतीकों का विकास हुआ, जिन्हें वे विशिष्ट उदाहरण के रूप में इस तरह देख सकते हैं तथा अनुभव कर सकते हैं, जैसे वे ठोस पदार्थ हों।

इस तरह तुमने देखा कि हर धर्म में तीन अवस्थाएँ होती हैं : दर्शन, पुराण तथा कर्मकांड। सौभाग्य से भारतवर्ष में वेदान्त धर्म में इन तीनों अवस्थाओं का विभाजन अत्यन्त स्पष्ट ढंग से हुआ है। अन्य धर्मों में सिद्धान्त तथा पुराण इस तरह मिले-जुले हैं कि उन्हें अलग अलग करके समझना अत्यन्त दुष्कर है। पुराण इतने प्रभावशाली होते हैं कि वे सिद्धान्तों को निगल जाते हैं और शताब्दियों के पश्चात् ये सिद्धान्त ओझल ही हो जाते हैं। उनकी व्याख्या और उनके उदाहरण ही सिद्धान्तों को निगल जाते हैं और लोग केवल व्याख्या तथा उदाहरण—आदर्श पुरुषों के जीवन—यही देखते रह जाते हैं, जब कि उनके मूलभूत सिद्धान्त प्रायः तिरोहित हो जाते हैं। यह बात इस हद तक पहुँच जाती है कि अगर आज कोई ईसा मसीह के जीवन से अलग ईसाई धर्म के सिद्धान्तों की चर्चा करे, तो लोग उस पर आक्रमण करेंगे, उसे ग़लत समझेंगे तथा मानेंगे कि वह ईसाई धर्म का खण्डन कर रहा है। इसी तरह अगर कोई इस्लाम के सिद्धान्तों की चर्चा करे, तो मुसलमान लोग ठीक उसी तरह बुरा मानेंगे। कारण यह है कि इन धर्मों में मूर्त विचारों ने—महापुरुषों तथा पैग़म्बरों की जीवनियों ने मौलिक सिद्धान्तों को पूर्णतः आच्छादित कर लिया है।

वेदान्त के साथ बड़ी सुविधा यह है कि यह किसी एक व्यक्ति पर आधारित नहीं रहा और इसलिए स्वभावतः ही ईसाई, इस्लाम अथवा बौद्ध धर्मों की भाँति इसके सिद्धान्तों को धर्माचार्यों की जीवनियों ने ग्रास या आवृत नहीं कर लिया। वेदान्त में सिद्धान्त ही जीवित हैं और पैग़म्बरों के जीवन मानो वेदान्त के लिए

अज्ञात हैं और गौण हैं। उपनिषदों में किसी ख़ास पैग़म्बर की चर्चा नहीं है, प्रत्युत अनेक स्त्री एवं पुरुष पैग़म्बरों की चर्चा है। प्राचीन हिब्रू लोगों में भी ये विचार थे अवश्य, पर हम देखते हैं कि हिब्रू साहित्य का अधिकांश मूसा ही अधिकृत किये हुए हैं। मेरा मतलब यह कदापि नहीं कि इन पैग़म्बरों का किसी राष्ट्र की धार्मिक चेतना पर छा जाना बुरा है, परन्तु यदि मौलिक सिद्धान्त सर्वथा ओझल हो जायँ, तो अवश्य ही यह हानिकारक है। जहाँ तक सिद्धान्तों की बात है, हम काफ़ी हद तक सहमत हो सकते हैं, पर व्यक्तियों के बारे में भी सहमत हों, ऐसा नहीं हो सकता। व्यक्तियों का प्रभाव हमारे संवेगों पर पड़ता है, पर सिद्धान्त हमें इससे उच्चतर स्तर पर प्रभावित करते हैं—वे हमारी सुस्थिर विचार-शक्ति को प्रभावित करते हैं। अन्ततोगत्वा सिद्धान्तों की ही विजय होगी, क्योंकि मनुष्य का मनुष्यत्व इसीमें है। संवेग तो अनेक बार हमें पशुओं की श्रेणी तक खींचकर ले आते हैं। संवेगों का सम्बन्ध बुद्धि से अधिक इन्द्रियों से है। और इसलिए सिद्धान्त जब पूर्णतः तिरोहित हो जाते हैं और संवेगों का ही बोल-बाला रह जाता है, तब धर्म का अधःपतन धर्मान्धता तथा साम्प्रदायिक कट्टरता के रूप में होता है। वैसी स्थिति में वे राजनीतिक दलबन्दियाँ ही रह जाते हैं। अत्यंत उग्र भ्रांत धारणाएँ अपनाई जाती हैं व उनके नाम पर हज़ारों अपने बन्धु-बान्धवों की गर्दन काटने के लिए तैयार हो जाते हैं। यही वजह है कि यद्यपि ये महापुरुष तथा पैग़म्बर मानवता के कल्याण के महान् प्रेरक हैं, फिर भी इनके जीवन तब अत्यन्त अहितकर साबित होते हैं, जब वे अपने आधारभूत सिद्धान्तों के ही प्रतिकूल जन-समुदायों को ले चलने लगते हैं। इससे सदा धर्मान्धता का सूत्रपात हुआ है तथा संसार रक्त से आप्लावित होता रहा है। वेदान्त ऐसी कठिनाइयों से बच सकता है, क्योंकि इसका कोई एक विशेष पैग़म्बर नहीं। इसके अनेकों द्रष्टाएँ हुए हैं, जो ऋषि कहे जाते हैं। ये द्रष्टा इसलिए कहे जाते हैं कि इन्होंने सत्य का—मंत्रों का दर्शन किया।

मंत्र शब्द का अर्थ है, 'सुविचारित', जिसका चिन्तन किया गया है और ऋषि इन विचारों का द्रष्टा होता है। इस तरह ये मंत्र किन्हीं विशेष व्यक्तियों की सम्पत्ति नहीं हैं। चाहे कोई कितना भी महान् हो, पर उसका इन पर एकाधिपत्य नहीं हो सकता। और न तो ये विचार बुद्ध और ईसा जैसे महापुरुषों की ही एकमात्र सम्पत्ति हो सकते हैं। ये विचार तो निम्न से निम्न प्राणी के भी उतने ही हैं, जितने बुद्ध के– नन्हें से नन्हें कीटाणु का भी इन पर उतना ही आधिपत्य है, जितना ईसा का। कारण, ये सिद्धान्त तो सार्वभौम हैं। कभी इनकी रचना नहीं होती। ये तो सदैव ही रहे हैं और सदैव रहेंगे। ये स्वयम्भू हैं—आज विज्ञान

जिन नियमों को बताता है, उनसे इनकी रचना की व्याख्या नहीं हो सकती। प्रकृति में शाश्वत रूप से ये विद्यमान हैं। वे आवृत रहते हैं और फिर अनावृत–आविष्कृत—हो जाते हैं। यदि न्यूटन का जन्म न भी होता, तो भी गुरुत्वाकर्षण का सिद्धान्त रहता ही, और अपनी स्वाभाविक गति से काम करता ही जाता। हाँ, न्यूटन की प्रतिभा ने अवश्य इसको सूत्रबद्ध किया, उसका आविष्कार किया, परिचय कराया, उसे मनुष्य जाति के ज्ञान का एक अंग बना दिया। ठीक ऐसी ही बात इन धार्मिक सिद्धान्तों—महान् आध्यात्मिक सत्यों—के सम्बन्ध में भी है। ये शाश्वत रूप से काम करते आ रहे हैं। अगर वेद, बाइबिल तथा क़ुरान न भी होते, अगर ऋषि तथा पैग़म्बर न भी पैदा हुए होते, तो भी ये नियम रहते ही। यही होता कि कुछ काल के लिए ये अनाविष्कृत रहते। पर धीरे धीरे ये मानव जाति की उन्नति के लिए, मानव प्रकृति के विकास के लिए काम करते ही जाते। पैग़म्बर तथा ऋषि वे होते हैं, जो इन नियमों का आविष्कार करते हैं—आध्यात्मिक क्षेत्र में ये पैग़म्बर आविष्कारक ही तो हैं। जैसे न्यूटन और गैलीलियो भौतिक विज्ञान के क्षेत्र में पैग़म्बर हैं, वैसे ही ये आध्यात्मिक क्षेत्र में। और ये लोग इन आविष्कृत नियमों पर अपना एकाधिपत्य नहीं साबित कर सकते, ये तो प्रकृति मात्र की सार्वजनिक सम्पत्ति हैं।

जैसा कि हिन्दू लोग मानते हैं, वेद शाश्वत हैं। अब हम समझने लगे हैं कि उनके शाश्वत कहने का तात्पर्य क्या है। शाश्वत का तात्पर्य है कि इन नियमों का न तो आदि है, न अन्त, जैसे प्रकृति का न आदि है, न अन्त। एक पृथ्वी के बाद दूसरी पृथ्वी, एक सिद्धान्त के बाद दूसरा सिद्धान्त बनेगा और कुछ समय तक चलकर पुनः विघटित होकर प्रलय में विलीन हो जायगा–किन्तु विश्व ज्यों का त्यों बना ही रहेगा। कोटि कोटि सिद्धान्त बनते हैं और करोड़ों विनष्ट होते हैं, पर विश्व ज्यों का त्यों बना रहता है। किसी ख़ास ग्रह के संदर्भ में काल के आदि अथवा अन्त के विषय में कुछ कहा जा सकता है। पर जहाँ तक विश्व का प्रश्न है, काल का कुछ भी अर्थ नहीं है। ठीक यही बात भौतिक, मानसिक तथा आध्यात्मिक सिद्धान्तों के बारे में भी है। उनका न आदि है, न अन्त और अपेक्षाकृत हाल ही में, अधिक से अधिक कुछ हज़ार वर्ष पहले, मनुष्य ने इन्हें प्रकाश में लाने की कोशिश शुरू की। अभी तो अनन्त राशि हमारे सामने पड़ी है। इसलिए वेदों से एक महान् प्रारम्भिक शिक्षा हमें मिलती है कि धर्म का अभी आरम्भ ही हुआ है। आध्यात्मिक सत्य का अनन्त समुद्र हमारे सामने पड़ा है, जिसका हमें आविष्कार करना है तथा जिसे हमें अपने जीवन में उतारना है। दुनिया ने हज़ारों पैग़म्बरों को देखा है, पर उसे अभी और भी करोड़ों को देखना है।

प्राचीन काल में हर समाज में अनेक पैग़म्बर हुआ करते थे– अब ऐसा समय आयेगा कि दुनिया के हर शहर की हर गली में पैग़म्बर घूमेंगे। प्राचीन काल में समाज के कुछ विशिष्ट नियमों के अनुसार ख़ास ख़ास व्यक्ति ही पैग़म्बर माने जा सकते थे। अब तो ऐसा समय आनेवाला है, जब समझा जाने लगेगा कि धार्मिक होना पैग़म्बर होना ही है और तब तक कोई धार्मिक नहीं होता, जब तक वह पैग़म्बर नहीं बन जाता। तब हम लोग समझेंगे कि कतिपय विचारों को समझ लेना तथा उन्हें अभिव्यक्त करना ही धार्मिकता का रहस्य नहीं है, वरन् जैसा कि वेद कहते हैं आध्यात्मिक तत्त्वों की अनुभूति करनी होगी तथा और भी उच्च और अनाविष्कृत तथ्यों का सन्धान करना होगा, उन्हें समाज के लिए सुलभ करना होगा। धर्माध्ययन ऐसे धर्माचार्यों के निर्माण की कुन्जी है। विद्यालयों तथा महाविद्यालयों को पैग़म्बर बनाने के लिए प्रशिक्षण-केन्द्र होना चाहिए। सम्पूर्ण विश्व को पैग़म्बरों से भर देना होगा– और जब तक कोई पैग़म्बर नहीं बनता, तब तक तो धर्म उसके लिए तुच्छ और महज़ मज़ाक का विषय रहेगा। जिस अर्थ में हम दीवाल को देखते हैं, उसकी अपेक्षा हज़ार गुने प्रखर रूप में हमें धर्म को देखना, उसे अनुभव करना होगा।

किन्तु धर्म की विभिन्न अभिव्यक्तियों का मूल एक ही तत्त्व है और वह हमारे लिए बहुत पहले निश्चित किया जा चुका है। हर विज्ञान उस बिन्दु पर आकर रुक जाता है, जहाँ उसे एक एकत्व का पता चल जाता है। उस अन्तिम एकत्व के ज्ञान के बाद उस विज्ञान को और भी नूतन सिद्धान्तों के आविष्कार की कोई आवश्यकता नहीं रह जाती। धार्मिक क्षेत्र में उस मौलिक एकत्व का ज्ञान तो बहुत पहले हो चुका है। अब धर्मों के समक्ष जो काम है, वह है उस इकाई की विभिन्न अभिव्यक्तियों का पता लगाना। उदाहरण के लिए हम किसी भी विज्ञान को लें, जैसे रसायनशास्त्र को। मान लो कि ऐसे तत्त्व का पता चल जाय, जिससे सभी तत्त्वों का निर्माण हो सकता है। तब तो रसायनशास्त्र अपने चरम विकास पर पहुँच जायगा और उसके सामने बस इतना ही काम शेष रह जायगा कि वह देखे कि उस मौलिक तत्त्व की कितनी अभिव्यक्तियाँ हैं और जीवन में उनका क्या उपयोग है। ठीक यही बात धर्म के मामले में भी है। युगों पूर्व धर्म के विराट् मौलिक तत्त्वों का पता चल गया, उसके क्षेत्र तथा उसकी योजना का ज्ञान प्राप्त हो गया। यह सब तभी हो गया, जब मनुष्य ने वेदों में उल्लिखित तथाकथित 'अन्तिम शब्द'––सोऽहम्––को पा लिया अर्थात् इस सत्य को समझ लिया कि जड़-चेतनमय विश्व में एक ही सत्ता व्याप्त है, चाहे उसे आप 'गॉड' कहें अथवा ब्रह्म, अल्लाह कहें अथवा जिहोवा। मनुष्य

इस सत्य की अनुभूति के आगे नहीं जा सकता। सौभाग्य से हमारे लिए इस सिद्धान्त का आविष्कार पहले ही हो चुका है और हमारे लिए बस इतना ही शेष है कि इसका अपने जीवन में उपयोग करें। हमें वह काम करना है, जिससे प्रत्येक मनुष्य द्रष्टा बन जाय। सचमुच हमारे सामने एक महान् कार्य है।

पहले जमाने में लोगों को यह पता ही नहीं था कि पैग़म्बर का मतलब क्या होता है। वे सोचते थे कि संयोग ही से कोई व्यक्ति दैवी कृपा अथवा असाधारण प्रतिभा का भागी बनता है और उसके बल पर उत्कृष्ट ज्ञान प्राप्त कर लेता है। आज तो हम यह सिद्ध करने के लिए तैयार हैं कि प्रत्येक व्यक्ति को इस उत्कृष्ट ज्ञान को प्राप्त करने का जन्मसिद्ध अधिकार है– इस विश्व में मात्र संयोग से कुछ नहीं होता। जिस व्यक्ति के बारे में हम सोचते हैं कि संयोग से उसने अमुक चीज़ प्राप्त कर ली है, वह व्यक्ति वस्तुत: युगों से उसकी प्राप्ति के लिए सतत प्रयत्न करता रहा है। इस तरह सारी समस्या का रूप यह हो जाता है : क्या हम सचमुच पैग़म्बर बनना चाहते हैं?' अगर हाँ, तो हम बनकर रहेंगे।

इस तरह पैग़म्बर बनाने का महान् कार्य हमारे सम्मुख पड़ा है। सभी महत्त्वपूर्ण धर्म जाने-अनजाने इसी उद्देश्य की ओर अग्रसर हो रहे हैं। हाँ, अपवादस्वरूप कुछ ऐसे धर्म अवश्य मिल जायँगे, जो मानते हैं कि आध्यात्मिकता का प्रत्यक्षीकरण इस जन्म में सम्भव नहीं है। वे मानते हैं कि मनुष्य मरेगा और इतर जन्म में कभी उसे आध्यात्मिक तत्त्वों के दर्शन होंगे– और तभी उसे उन सत्यों की प्रत्यक्षानुभूति होगी, जिनमें वह अभी केवल विश्वास करता है। किन्तु ऐसा माननेवालों से वेदान्त पूछेगा कि तब तुम कैसे जानते हो कि आध्यात्मिकता नाम की कोई चीज़ है भी? तब उनको यही उत्तर देना पड़ेगा कि ऐसे असाधारण पुरुष सदा होते रहे हैं, जिन्हें इसी जन्म में साधारणत: अज्ञात और अज्ञेय माने जानेवाले सत्यों की झलक मिली है।

किन्तु इसमें एक कठिनाई है। यदि ये द्रष्टा लोग कुछ विचित्र प्रकार के व्यक्ति थे और उन्हें इस प्रकार की शक्ति संयोग से प्राप्त हो गयी थी, तो हमें उनकी बातों में विश्वास करने का कोई अधिकार नहीं है। किसी भी संयोगजनित वस्तु में विश्वास करना पाप होगा, क्योंकि हम उस वस्तु को साधारणत: जान तो सकते नहीं। आखिर ज्ञान का अर्थ क्या है? अपवादिता का विनाश! मान लो, कोई लड़का किसी गली अथवा ऐसे स्थान में जाता है, जहाँ जंगली पशुओं को रखा गया हो और वहाँ वह एक विचित्र रूपवाले पशु को देखता है। उसे पता नहीं कि वह क्या है। बाद में वह किसी ऐसे देश में जाता है, जहाँ उसे उस तरह के सैंकड़ों पशु दिखायी पड़ते हैं और तब वह समझ जाता है कि पहलेवाला

पशु किस जाति का प्राणी है। अनुभूत तथ्यों में किसी सिद्धान्त का दर्शन ही ज्ञान है। अपवाद का भाव अज्ञान का द्योतक है। जब ज्ञात सिद्धान्त से परे एक या कुछ ऐसे उदाहरण मिलें, जो उस सिद्धान्त से मेल न खाते हों, तो मानना चाहिए कि उनके विषय में हम अन्धकार में हैं। अब अगर वे इक्के-दुक्के पैग़म्बर, जैसा लोग कहते हैं, असाधारण पुरुष थे और केवल उन्हें ही परम तत्त्वों की झलक पाने का अधिकार प्राप्त था, अन्य किसी को नहीं, तब हमें उनमें विश्वास नहीं करना चाहिए; क्योंकि वे किसी सर्वसाधारण सिद्धान्त से असंबद्ध अपवादी दृष्टांत हैं। हम तभी उनमें विश्वास कर सकते हैं, जब स्वयं वैसे पैगम्बर हो जायँ।

अख़बारों में निकलनेवाले समुद्री साँपों सम्बन्धी मजाकों से तुम सभी परिचित होगे। आख़िर ऐसे मज़ाक क्यों किये जाते हैं? इसलिए कि कुछ लोग समय समय पर आकर सामुद्रिक सर्प की कहानियाँ कह जाते हैं, जब कि दूसरे लोग उस सर्प को कभी देखते नहीं हैं। चूँकि इनका कोई विशिष्ट सिद्धान्त नहीं है, इसलिए दुनिया इनमें विश्वास नहीं करती। अगर कोई आदमी आकर हमसे कहने लगे कि अमुक पैग़म्बर हवा में अन्तर्धान होकर चले गये, तो हमें इतना अधिकार है कि इन चीज़ों को प्रत्यक्ष देख सकें। मैं उस व्यक्ति से पूछूँगा, "क्या तुम्हारे पिता और पितामह ने भी इस बात को देखा था?" जवाब मिलेगा, "नहीं। पर पाँच हजार वर्ष पूर्व ऐसी घटना हुई थी।" और अगर मैं इसमें विश्वास न करूँ, तो मुझे शाश्वत ज्वाला में जलना पड़ेगा!

कैसा घोर अंधविश्वास है! इसका परिणाम है, मनुष्य का देवत्व से पशुत्व की ओर पतन। अगर हमें यों ही विश्वास कर लेना होता, तो बुद्धि किसलिए मिली? बुद्धि के विपरीत विश्वास करना क्या महान् कलंक की बात नहीं है? ईश्वर ने जो शक्ति हमें दी है, उसका उपयोग न करने का हमारा क्या अधिकार है? मुझे विश्वास है कि ईश्वर उस व्यक्ति को तो क्षमा कर दे सकता है, जो अपनी बुद्धि का प्रयोग करता है और आस्था नहीं रखता, किन्तु वह उसे नहीं क्षमा करेगा जो उसकी दी हुई शक्ति का उपयोग किये बिना ही विश्वास कर लेता है। ऐसे व्यक्ति का स्वभावतः पाशविकता की ओर पतन होता है। उसकी इन्द्रियों का ह्रास होता और अन्त में उसकी मृत्यु हो जाती है। हमें तर्क अवश्य करना चाहिए, और जब ये पैग़म्बर और महापुरुष, जिनकी चर्चा सभी देशों की प्राचीन पुस्तकों में है, तर्क की कसौटी पर खरे उतरें, तभी इनमें विश्वास किया जाना चाहिए। जब हम अपने बीच ऐसे पैग़म्बरों को देख लेंगे, तब अनायास ही हम उनमें विश्वास करने लगेंगे। तब हम समझ जायँगे कि वे पैग़म्बर विलक्षण

पुरुष नहीं थे, प्रत्युत एक विशिष्ट तत्त्व की साकार प्रतिमा थे। उनके जीवन के माध्यम से इन तत्त्वों ने अपने को अभिव्यक्त किया था, और अगर हम भी उन्हें अपने जीवन में प्रकाशित करना चाहते हैं, तो हमें उसके लिए साधना करनी होगी। जब हम स्वयं पैग़म्बर बन जायँगे, तो स्वतः उनमें हमारा विश्वास जम जायगा। वे तो दैवी तथ्यों के द्रष्टा थे। वे इन्द्रियातीत तथ्यों की झाँकी पा सकते थे। किन्तु इन बातों में हमारा विश्वास तभी हो सकेगा, जब हम स्वय भी वैसा कर सकेंगे; अन्यथा नहीं।

वेदान्त का यही एकमात्र सिद्धान्त है। वह मानता है कि धर्म तो वर्तमान में ही अनुभूत होनेवाला विषय है, क्योंकि उसके अनुसार यह जन्म और वह जन्म, जन्म और मरण, इहलोक और परलोक, ये सारी बातें अन्धविश्वास तथा पूर्व धारणाओं पर आधारित हैं। काल के प्रवाह में कभी विराम नहीं होता, हाँ, अपनी धारणाओं से हम भले ही उसमें विराम मान लें। चाहे दस बजा हो या बारह, काल में कोई अन्तर तो नहीं पड़ता! हाँ, प्रकृति में कुछ परिवर्तन भले ही दीख पड़ते हैं। समय का प्रवाह तो अविच्छिन्न रूप से सतत जारी रहता है। तब फिर इस जन्म और उस जन्म का क्या अभिप्राय है? यह तो केवल समय का प्रश्न है और जो काम पिछले समय में न किया जा सका हो, उसे गति को तीव्रतर करके अब पूरा किया जा सकता है। इस तरह वेदान्त का कहना है कि धर्म की अनुभूति तो यहीं हो सकती है। और तुम्हारे धार्मिक होने का अर्थ है कि तुम किसी धर्म की शरण में गए बिना ही आरम्भ करो और अपनी साधना से ही धर्म की अनुभूति करो। जब तुम ऐसा कर सकोगे, तभी तुम्हारा कोई धर्म होगा। उसके पहले तुम नास्तिक ही नहीं—बल्कि उससे भी बुरे हो—क्योंकि जो नास्तिक है, वह कम से कम सच्चा तो है, वह कहता है, "मुझे इन सारी चीज़ों का कोई ज्ञान नहीं", जब कि दूसरे लोग ज्ञान न रखते हुए भी संसार भर में ढिंढोरा पीटते चलते हैं, "हम बड़े धार्मिक हैं।" उनका धर्म क्या है, यह कोई नहीं जानता। उन लोगों ने तो जैसे कुछ दादी की कहानियों को रट लिया है और पण्डे-पुरोहितों ने उनसे उनमें विश्वास करने के लिए कह दिया है, बस। अगर कोई उसमें विश्वास नहीं करता, तो उसे तरह तरह की धमकियाँ दी जाती हैं। ऐसे ही तो सारी चीज़ें दुनिया में चल रही हैं।

धर्म का साक्षात्कार ही एकमात्र मार्ग है। हममें से प्रत्येक को स्वयं साक्षात्कार करना चाहिए। आख़िर संसार की इन बाइबिलों, इन धर्मग्रन्थों की क्या उपयोगिता है? ये उतने ही उपयोगी हैं, जितने किसी देश के मानचित्र। यहाँ आने के पहले मैंने इंग्लैण्ड का मानचित्र सैकड़ों बार देखा था और इस देश के

सम्बन्ध में एक धारणा बनाने में उनसे काफ़ी सहायता मिली थी। फ़िर भी जब मैं यहाँ आया, तो लगा कि मानचित्र और असली देश में कितना फ़र्क है! ठीक ऐसा ही अन्तर धार्मिक ग्रन्थों तथा धार्मिक अनुभव में भी है। ये पुस्तकें मात्र मानचित्र हैं। ये अतीत के उन महापुरुषों के अनुभवों के भण्डार हैं, जिनसे हमें प्रेरणा मिलती है कि ऐसे अनुभव प्राप्त करने के लिए हमें भी साहस और प्रयत्न करना चाहिए और अगर हम उनसे ऊपर न उठ सकें, तो कम से कम अपनी साधना से उनके बराबर तो पहुँच ही जायँ।

वेदान्त का पहला सिद्धान्त यही है कि आत्मज्ञान ही धर्म है और जिसे उसकी उपलब्धि हो चुकी है, वही धार्मिक है। जब तक इसकी सिद्धि नहीं हो जाती, तब तक कोई व्यक्ति उस व्यक्ति से कदापि अच्छा नहीं, जो कहता है, "मैं कुछ नहीं जानता"– बल्कि वह उससे भी गया-गुज़रा है, क्योंकि जब कोई यह कहता है कि मैं कुछ नहीं जानता, तो उतनी दूर तक वह ईमानदार तो है। आत्मज्ञान के मार्ग में फिर हमें इन धर्मग्रन्थों से अत्यन्त सहायता मिलती है। वे न केवल मार्ग-प्रदर्शन करते हैं, अपितु सम्यक् निर्देशन तथा अभ्यास कराने में भी सहायक होते हैं। कारण, हर विज्ञान में अनुसन्धान का अपना एक तरीक़ा होता है। दुनिया में तुमको ऐसे अनेक लोग मिलेंगे, जो कहते फिरते हैं, "मैं धार्मिक बनना चाहता था, सिद्धि प्राप्त करना चाहता था, पर वैसा न कर सका; इसलिए मैं अब किसी चीज़ में विश्वास नहीं करता।" शिक्षित लोगों में भी ऐसा कहने-वाले लोग मिलेंगे ही। अनेक लोग कहेंगे, "मैंने आजीवन धार्मिक बनने का प्रयास किया, पर इसमें कुछ नहीं रखा है।" दूसरी ओर तुम यह दृश्य भी पाओगे : मान लो, कोई रसायनशास्त्री है, जिससे तुम कहते हो, "मैं जीवन भर रसायन-शास्त्री बनने का प्रयास करता रहा और देखा कि उसमें कुछ नहीं रखा है। इस-लिए मैं रसायनशास्त्र में विश्वास नहीं करता।" वह तुरन्त तुमसे पूछेगा–– "तुमने कब इसके लिए प्रयास किया?" तुम कहोगे, मैं नित्य ही सोजाने से पहले कहता रहा––ओ रसायनशास्त्र, मेरे पास आ जाओ! और वह कभी न आया। तुम्हारे प्रयास ही कुछ इसी ढंग के रहे। वह रसायनशास्त्री तुम पर हँसेगा और कहेगा––"भाई, तरीक़ा यह नहीं है। क्यों न तुमने किसी प्रयोगशाला में जाकर रसायनों से कभी अपने हाथ को जलाया? उसीसे तुम कुछ सीख गये होते।" क्या धर्म के क्षेत्र में भी तुम ऐसा ही प्रयत्न करते हो? हर विज्ञान में सीखने का एक विशिष्ट तरीक़ा होता है, और धर्म के साथ भी यही बात है। इसके भी अपने विशिष्ट ढंग हैं। और इस मामले में विश्व के प्रत्येक सिद्ध पैग़म्बर से हम कुछ सीख सकते हैं। वे हमें उन तरीक़ों को सिखा सकते हैं, जिनसे ही हम धार्मिक तथ्यों

का सन्धान कर सकते हैं। उन्होंने जीवन भर संघर्ष करके मन को सुसंस्कृत करने के कुछ उपायों का अनुसन्धान किया है और ऐसी मानसिक स्थितियों का पता लगाया है, जिनमें सूक्ष्मातिसूक्ष्म प्रत्यक्षीकरण सम्भव है। इन्हीं स्थितियों में अपने को लाकर उन्होंने धार्मिक तथ्यों का अनुभव किया। धार्मिक बनने के लिए, धर्म का प्रत्यक्षीकरण करने के लिए तथा पैग़म्बर बनने के लिए हमें इन उपायों को अपनाकर साधना करनी पड़ेगी। और वैसा करने पर भी अगर हमारे हाथ कुछ नहीं लगता, तब हमें यह कहने का अधिकार होगा कि धर्म में कुछ नहीं रखा है, क्योंकि मैंने प्रयास करके देखा है कि कुछ हाथ नहीं आता।

सभी धर्मों का यह व्यावहारिक पक्ष है। संसार के हर धर्मग्रन्थ में तुम इसे पाओगे। वहाँ केवल सिद्धान्त की ही चर्चा नहीं रहती, बल्कि सन्तों के जीवन-चरित के माध्यम से साधना का भी वर्णन रहता है। अगर वे स्पष्टरूपेण कुछ विशिष्ट नियमों का ज़िक्र नहीं भी करते, तो भी महात्माओं की जीवनियों में कुछ विशिष्ट नियमों का निर्वाह तो देखा ही जाता है। इन नियमों के पालन से ही वे अपने को जनसाधारण से विशिष्ट कर लेते हैं और इसीसे वे उच्च सिद्धियाँ प्राप्त करते तथा ब्रह्म का दर्शन करते हैं। अगर हम भी ऐसे दर्शन की इच्छा रखते हैं, तो हमें भी वैसी साधना करनी पड़ेगी। साधना ही हमें ऊपर उठायेगी। इसलिए वेदान्त के सामने यही योजना है : पहले सिद्धान्तों का निरूपण, लक्ष्य का सन्धान और फ़िर वैसी साधना की शिक्षा, जिससे लक्ष्य की सिद्धि हो सके, धर्म का ज्ञान हो सके, उसकी वास्तविक अनुभूति हो सके।

फ़िर, साधना कई प्रकार की हो सकती है। चूँकि हमारे स्वभाव भिन्न भिन्न तरह के हैं, इसलिए शायद ही कोई एक साधना दो व्यक्तियों के लिए सम्यक् उपयोगी सिद्ध होगी। हममें से प्रत्येक की अपनी अपनी विलक्षण मनोवृत्ति होती है, अतः साधनाएँ भी भिन्न भिन्न तरह की होंगी ही। कुछ लोग भावुक होते हैं, तो कुछ लोग चिन्तनशील– फ़िर कुछ लोग ऐसे होते हैं, जो धार्मिक संस्कारों से ही चिपके रहते हैं, मानो उन्हें ठोस बातें ही पसन्द आती हैं। पर तुमको ऐसा भी व्यक्ति मिलेगा, जो धार्मिक संस्कार अथवा औपचारिकता पर ध्यान नहीं देता, मानो उसके लिए उनका कोई अर्थ नहीं। फिर, ऐसा भी व्यक्ति मिलता है, जो अपने बदन पर तावीज़ो का बोझ लादे फिरता है, क्योंकि उन प्रतीकों में उसका अटूट विश्वास रहता है। जो व्यक्ति भावुक है, वह सर्वत्र अपनी दानशीलता प्रदर्शित करता चलता है– वह रोता है, हँसता है, आदि आदि। ये विभिन्न स्वभाव-वाले व्यक्ति एक ही प्रकार की साधना नहीं कर सकते। अगर परम तत्त्व को पाने के लिए एक ही प्रकार की साधना होती, तो निस्संदेह उन सभी व्यक्तियों

की मृत्यु हो जाती, जो उस साधना के अनुकूल नहीं बने हैं। अतः साधना की विभिन्न विधियों का अनुसन्धान किया गया है। वेदान्त इस तथ्य को अच्छी तरह समझता है; इसीलिए यह आत्मज्ञान की विभिन्न विधियों को विश्व के समक्ष रखता है। तुम अपनी इच्छा से चाहे जिस किसी भी विधि को अपनाओ। और अगर वह तुम्हारे अनुकूल न सिद्ध हो, तो किसी दूसरी विधि को अपनाओ। इस दृष्टि से देखने पर लगता है कि यह कितने महत्त्व की बात है कि विश्व में अनेक धर्म उपलब्ध हैं, अनेक धर्माचार्य उपलब्ध हैं! यद्यपि कुछ लोग चाहते ज़रूर हैं कि संसार भर में एक ही धर्म होता, एक ही धर्माचार्य होते। मुसलमान चाहते हैं कि सारा विश्व मुसलमान ही होता, ईसाई चाहते हैं कि सारा विश्व ईसाई धर्म ही मानता और बौद्ध चाहते हैं कि बौद्ध धर्म ही विश्व-धर्म बनता। परन्तु वेदान्त कहता है कि विश्व के प्रत्येक व्यक्ति को अगर वह चाहता है, तो अलग रहने दो; सबकी मूलभूत एकता तो बनी ही रहेगी। जितने धर्माचार्य आयेंगे, जितने धर्मग्रन्थ बनेंगे, जितने द्रष्टा आयेंगे, जितनी विधियाँ बनेंगी, विश्व का उतना ही अधिक कल्याण होगा। जिस प्रकार सामाजिक जीवन में जितने अधिक प्रकार की जीविकाएँ रहेंगी, समाज को उतना ही अधिक लाभ होगा, लोगों को जीविका चुनने की उतनी ही अधिक स्वतंत्रता रहेगी, उसी प्रकार दर्शन और धर्म के क्षेत्र में भी वैसी ही बात है। यह कितनी अच्छी बात है कि आज हमारे सामने विज्ञान की विभिन्न शाखाएँ हैं और लोगों को अपने मनोनुकूल शिक्षा पाने की सुविधाएँ प्राप्त हैं। इस तरह भौतिक स्तर पर भी अनेक प्रकार की वस्तुओं की उपलब्धि से हमारी सुविधाएँ बढ़ गयी हैं। क्योंकि अपने मनोनुकूल वस्तु का हम चुनाव कर पाते हैं। ठीक यही बात धर्म के मामले में भी है। ईश्वर की यह सबसे बड़ी कृपा है कि संसार में अनेक धर्मों का सृजन हुआ है। और मैं तो ईश्वर से प्रार्थना करूँगा कि नित्य ही इनकी और भी वृद्धि होती रहे, जबतक प्रत्येक व्यक्ति का अपना अपना धर्म न हो जाय।

वेदान्त इस बात को मानता है और इसीलिए यह एक विशिष्ट सिद्धान्त का उपदेश देते हुए विविध साधन-विधियों को मान्यता देता है। इसे किसी के ख़िलाफ़ कुछ भी कहना नहीं है, चाहे तुम ईसाई हो, बौद्ध हो, यहूदी हो या हिन्दू हो, तुम चाहे जिस किसी भी धार्मिक उपाख्यान में विश्वास करते हो, तुम चाहे नाज़रथ के पैग़म्बर को मानते हो अथवा मक्का के अथवा हिन्दुस्तान के अथवा अन्य किसी भी स्थान के, चाहे तुम स्वयं ही कोई पैग़म्बर हो—इन बातों से वेदान्त का कोई विरोध नहीं। यह तो केवल उस सिद्धान्त का उपदेश देता है, जो सारे धर्मों की पृष्ठभूमि है और सारे पैग़म्बर तथा संत और द्रष्टा जिसके दृष्टान्त-

स्वरूप और अभिव्यक्तिस्वरूप हैं। तुम्हारे पैग़म्बर चाहे जितने अधिक हों, इसमें कोई आपत्ति नहीं। यह तो केवल सिद्धान्त की बात करता है, साधना की विधि तो तुमको चुननी है। तुम चाहे जो भी मार्ग अंगीकार करो, जिस किसी भी धर्मगुरु को मानो, पर इतना ध्यान रखो कि वह मार्ग तुम्हारे स्वभाव के अनुकूल हो, क्योंकि तभी तुम्हारा विकास हो सकेगा।

धर्म एवं विज्ञान

अनुभव ही ज्ञान का एकमात्र साधन है। संसार में, केवल धर्म ही ऐसा विज्ञान है जिसमें निश्चयत्व का अभाव है, क्योंकि अनुभव पर आश्रित विज्ञान के रूप में उसकी शिक्षा नहीं दी जाती। ऐसा नहीं होना चाहिए परन्तु कुछ ऐसे लोगों का एक छोटा समूह भी सर्वदा विद्यमान रहता है, जो धर्म की शिक्षा अनुभव के माध्यम से देते हैं। ये लोग रहस्यवादी कहलाते हैं और वे हरेक धर्म में, एक ही वाणी बोलते हैं और एक ही सत्य की शिक्षा देते हैं। यही धर्म का यथार्थ विज्ञान है। जैसे गणितशास्त्र विश्व के किसी भी भाग में भिन्न भिन्न नहीं होता, उसी प्रकार रहस्यवाद भी एक दूसरे से विभिन्न नहीं होते। वे सभी एक ही प्रकार के होते हैं तथा उनकी स्थिति भी एक ही होती है। उन लोगों का अनुभव भी एक ही है और यही अनुभव धर्म का रूप धारण कर लेता है।

धर्मार्थी व्यक्ति पहले किसी धर्म-संघ (संप्रदाय) में धार्मिक शिक्षा ग्रहण करता है और तब उसका अभ्यास करता है। वह अनुभव को अपने विश्वास का आधार नहीं बनाता। परन्तु रहस्यवादी साधक सत्य का अन्वेषण आरम्भ करता है, पहले उसका अनुभव करता है, और तब अपने मत को सूत्रबद्ध करता है। धर्म-संघ दूसरों के अनुभव को अपनाता है, परन्तु रहस्यवादी का अनुभव अपना ही होता है। धर्म-संघ बाहर से भीतर की ओर जाता है, रहस्यवादी भीतर से बाहर आता है।

धर्म तात्त्विक (आध्यात्मिक) जगत् के सत्यों से उसी प्रकार सम्बन्धित है, जिस प्रकार रसायनशास्त्र तथा दूसरे भौतिक विज्ञान भौतिक जगत् के सत्यों से। रसायनशास्त्र पढ़ने के लिए प्रकृति की पुस्तक पढ़ने की आवश्यकता है। धर्म की शिक्षा प्राप्त करने के लिए तुम्हारी पुस्तक अपनी बुद्धि तथा हृदय है। संत लोग प्रायः भौतिक विज्ञान से अनभिज्ञ ही रहते हैं, क्योंकि वे एक भिन्न पुस्तक, अर्थात् आन्तरिक पुस्तक पढ़ा करते हैं, और वैज्ञानिक लोग भी प्रायः धर्म के विषय में अनभिज्ञ ही रहते हैं, क्योंकि वे भी एक भिन्न पुस्तक अर्थात् बाह्य पुस्तक के पढ़नेवाले हैं।

सभी विज्ञानों की अपनी विशेष पद्धतियाँ होती हैं, धर्म-विज्ञान की भी हैं। उसकी पद्धतियों की संख्या तो और भी अधिक है, क्योंकि उसकी विषय-सामग्री

भी अधिक होती हैं। मानव-बुद्धि बाह्य जगत् की भाँति समरूप नहीं है। प्रकृतियों की भिन्नता के अनुसार प्रणालियाँ भी भिन्न होनी चाहिए। जैसे किसी मनुष्य में कोई एक विशेष इंद्रिय प्रधान होती है--एक देखता अधिक है, दूसरा सुनता अधिक है--वैसे ही एक प्रधान मानसिक संवेदन भी होता है; और उसीके द्वार से होकर मनुष्य को अपने मन तक पहुँचना आवश्यक है। फ़िर भी सभी मानसों के अभ्यन्तर में एक प्रकार की एकता विद्यमान रहती है और एक ऐसा भी विज्ञान है, जिसे सभी पर लागू किया जा सकता है। यह धर्मरूपी विज्ञान जीवात्मा के विश्लेषण पर आधारित है। उसका कोई संप्रदाय नहीं है।

धर्म का कोई एक स्वरूप सभी के लिए उपयुक्त नहीं होगा। सभी धर्म एक सूत्र में पिरोये मोतियों के समान हैं। हम लोगों को अन्य सब बातों को अलग रखते हुए सभी में व्यक्तित्व को खोजने की चेष्टा करनी चाहिए। मनुष्य किसी धर्म में जन्म नहीं लेता, उसका धर्म तो उसकी आत्मा में ही सन्निहित होता है। कोई पद्धति, जिससे व्यक्तिगत विशेषता का नाश होता है, वह अंततोगत्वा विनाशक सिद्ध होती है। हर जीवन में एक धारा प्रवाहित हो रही है, और वही उसे अंत में ईश्वर को प्राप्त करा देगी। हरेक धर्म का लक्ष्य तथा साध्य भगवत्प्राप्ति ही है। सभी शिक्षाओं से बड़ी शिक्षा केवल भगवान् की ही आराधना करने की है। यदि हर मनुष्य अपना आदर्श चुन ले और उसको अपनाये रहे, तो सभी धार्मिक वाद-विवाद मिट जायेंगे।

भगवत्प्राप्ति ही धर्म है

मनुष्य के द्वारा दिये गये ईश्वर के नामों में श्रेष्ठ नाम सत्य है। सत्य भगवत्प्राप्ति का फल है; अतः उसे आत्मा के भीतर खोजो। सभी पुस्तकों और औपचारिकताओं से परे हो जाओ और अपनी आत्मा को अपना स्वरूप देखने दो। श्रीकृष्ण ने कहा है कि 'पुस्तकें' हमें विक्षिप्त तथा विमूढ़ बनाती हैं। प्रकृति के द्वन्द्वों से परे हो जाओ। जिस क्षण तुम संप्रदाय, औपचारिकता तथा कर्मकांड को ही सर्वस्व समझ लेते हो, उसी क्षण तुम बन्धन में बँध जाते हो। दूसरों की सहायता के लिए इनका उपयोग करो, परन्तु इस बात से सावधान रहो कि ये सब बन्धन न बन जायँ। धर्म एक ही है, परन्तु इसकी साधना में अनेकता होनी ही चाहिए। अतएव, सभी अपना अपना धार्मिक संदेश तो दें, परन्तु दूसरे धर्मों में कोई त्रुटि न देखें। यदि उस प्रकाश का दर्शन चाहते हो, तो औपचारिकता से परे जाना होगा। भगवान् के ज्ञानामृत को खूब छककर पियो। जो मनुष्य यह जान लेता है कि 'मैं वही हूँ', वह चिथड़ों में लिपटे रहने पर भी सुखी रहता है। उस शाश्वत तत्त्व में प्रवेश करो और शाश्वत शक्ति के साथ वापस आ जाओ। दास सत्य का अन्वेषण करने जाता है और स्वतंत्र होकर लौटता है।

स्वार्थोन्मूलन ही धर्म है

विश्व के अधिकारों का विभाजन कोई नहीं कर सकता। अधिकार के विषय में बात करने का अर्थ है, सीमित होना। यह 'अधिकार' नहीं, 'उत्तरदायित्व' है। विश्व में कहीं भी कोई अशुभ हो, उसके लिए प्रत्येक उत्तरदायी है। अपने भाई से कोई अपने को पृथक् नहीं कर सकता। जो क्रियाएँ विश्व से एकत्व स्थापित करें, वे पुण्य हैं और जो विभेद स्थापित करें, वे पाप हैं। तुम उस अनंत के ही एक अंश हो। यही तुम्हारा स्वभाव है। अतः तुम अपने भाई के रक्षक हो।

जीवन का प्रथम लक्ष्य है ज्ञान तथा दूसरा लक्ष्य है सुख। ज्ञान तथा सुख मुक्ति की ओर ले जाते हैं। परन्तु जब तक हर प्राणी (चींटी या कुत्ता भी) मुक्ति नहीं प्राप्त कर लेता, तब तक कोई भी मुक्ति नहीं प्राप्त कर सकता। जब तक सभी सुखी नहीं हो जाते, कोई भी सुखी नहीं हो सकता। जब तुम किसीको क्षति पहुँचाते हो, तो अपने आपको ही क्षति पहुँचाते हो, क्योंकि तुम और तुम्हारा भाई एक ही हैं। सचमुच में वही योगी है, जो अपने को संपूर्ण विश्व में, और संपूर्ण विश्व को अपने में देखता है। आत्म-प्रतिष्ठा नहीं, आत्मत्याग ही सर्वोच्च लोक का धर्म है। यह दुनिया इसीलिए इतनी बुरी है, क्योंकि--'अशुभ का विरोध न करो'—ईसा के इस उपदेश पर चलने का प्रयत्न कभी नहीं किया गया। समस्या का हल निःस्वार्थता से ही हो सकता है। धर्म की उत्पत्ति प्रखर आत्मत्याग से ही होती है। अपने लिए कुछ भी मत चाहो। सब दूसरों के लिए करो। यही ईश्वर में निवास करना, उन्हीं में विचरण करना और अपने अपनेपन को उन्हीं में प्रतिष्ठित पाना है।

धर्म का प्रमाण

धर्म के विषय में एक महत्वपूर्ण प्रश्न है : 'यह इतना अवैज्ञानिक क्यों है ?' यदि धर्म विज्ञान है, तो अन्य विज्ञानों की तरह यह सुनिश्चित क्यों नहीं है ? ईश्वर तथा स्वर्ग इत्यादि में सभी प्रकार के विश्वास केवल कल्पना, केवल अंधश्रद्धा हैं। इन सबके विषय में कोई निश्चित धारणा प्रतीत नहीं होती। धर्मविषयक हमारे विचार सर्वदा बदलते रहते हैं। मन हमेशा प्रवहमान रहता है।

क्या मनुष्य एक अपरिवर्तनशील तत्त्व अर्थात् आत्मा है, या वह सदा बदलता रहनेवाला कोई पदार्थ है ? आदि बौद्ध धर्म को छोड़कर, सभी धर्मों की मान्यता है कि मनुष्य एक आत्मा है, अद्वय है, एक अविनाशी और अमर तत्त्व है।

आदि बौद्ध धर्म के अनुयायी यह मानते हैं कि मनुष्य परिमाणतः सदा परिवर्तनशील है; उसकी चेतना अकल्पनीय शीघ्रता से होनेवाले परिवर्तनों का प्रायः अनन्त अनुक्रम है। और हरेक परिवर्तन मानो एक दूसरे से असंबद्ध तथा स्वयंनिष्ठ होता है, और इस प्रकार अनुक्रम अथवा कारणता के सिद्धान्त को वे लोग अग्राह्य समझते हैं।

यदि किसी इकाई का अस्तित्व है, तो वह सत् पदार्थ भी होगा। इकाई सदा अमिश्र होती है। अमिश्र तत्त्व किसी वस्तु का मिश्रण नहीं होता। यह किसी अन्य वस्तु पर निर्भर नहीं रहता है। यह स्वनिष्ठ तथा अमर तत्त्व है।

आदि बौद्धों की मान्यता है कि हरेक वस्तु असम्बद्ध है; कोई वस्तु इकाई नहीं है; तथा मनुष्य के इकाई (अमिश्र) होने का सिद्धान्त केवल विश्वास मात्र है, जो प्रमाणित नहीं किया जा सकता।

अतः महत्त्वपूर्ण प्रश्न यह है कि क्या मनुष्य एक इकाई है, या एक सदा परिवर्तनशील वस्तु है ?

इस प्रश्न को सिद्ध करने एवं इसका उत्तर देने का एक ही मार्ग है। मन की वृत्तियों को निरुद्ध कर दो, और तब यह बात सिद्ध हो जायगी कि मनुष्य एक इकाई है, मौलिक है। सभी परिवर्तन मुझमें हैं, मेरे बुद्धि-तत्त्व अर्थात् चित्त में हैं। मैं परिवर्तन नहीं हूं। यदि मैं ऐसा होता, तो उनको रोक नहीं सकता था।

हरेक मनुष्य अपने को और दूसरों को विश्वास दिलाने का प्रयत्न करता है कि यह दुनिया बहुत अच्छी है तथा वह पूर्णरूपेण सुखी है। परन्तु जब उसे अपने

जीवन के उद्देश्यों के बारे में प्रश्न करने का अवसर मिलता है वह देखता है कि इसे या उसे प्राप्त करने का उसका यह संग्राम इसलिए है कि वह ऐसा करने को बाध्य है। उसे अनिवार्यतः गतिशील होना है। वह रुक नहीं सकता, अतः अपने को यह समझाने का प्रयत्न करता है कि वह सचमुच ही इस वस्तु या उस वस्तु को चाहता है। जो मनुष्य अपने को यह विश्वास दिलाने में सफल हो जाता है कि उसकी ज़िन्दगी बड़े मज़े में कट रही है, वह बढ़िया शारीरिक स्वास्थ्यवाला होता है। ऐसा मनुष्य अपनी इच्छाओं को, बिना किसी प्रश्न के, तत्काल ही पूरा कर लेता है। वह अपनी उस आंतरिक शक्ति की प्रेरणा से संचालित होता है, जो उसे बिना संकल्प के ही कार्य करने के लिए इस तरह प्रेरित करती रहती है कि जैसे वह कार्य इसलिए करता है कि वह उसे करना चाहता है। परन्तु जब वह प्रकृति की ठोकरें प्रचुर परिमाण में खा चुका होता है, तथा जब वह काफ़ी चोट और घाव सह चुका होता है, तब वह इन सबका अर्थ जानने के लिए प्रश्न करने लगता है; और जैसे जैसे उसको अधिक पीड़ा मिलती है और वह अधिक विचार करता है, वैसे ही वैसे वह समझने लगता है कि वह अपने नियंत्रण से परे किसी अन्य शक्ति से संचालित है, और वह कोई कार्य इसलिए करता है कि उसे करने के लिए वह बाध्य है। तब वह विद्रोह करना शुरू कर देता है और युद्ध का प्रारम्भ हो जाता है।

परन्तु, इन समस्त कष्टों से यदि छुटकारा पाने का रास्ता है, तो वह हमारे अन्दर है। हम सत्य की प्राप्ति के लिए सदा प्रयत्नशील रहते हैं। हमलोग निसर्गतः ही यह प्रयत्न करते रहते हैं। मानवात्मा की आभ्यंतरिक सृष्टि ही ईश्वर को आच्छादित कर देती है, इसीलिए ईश्वर के आदर्शों में इतनी विभिन्नताएँ हैं। जब यह सृष्टि रुक जाती है, तभी हम ब्रह्म को प्राप्त कर लेते हैं। यह ब्रह्म आत्मा में है, सृष्टि में नहीं। अतः सृष्टि को निरुद्ध करके ही हम ब्रह्म को जान सकते हैं। जब हम अपने विषय में सोचते हैं, तो देह के विषय में सोचते हैं, और जब ईश्वर के विषय में सोचते हैं, तो उसकी भी कल्पना देहधारी के रूप में ही करते हैं। चित्त-वृत्तियों का निरोध, जिससे आत्मा प्रकट हो जाय, यही कर्तव्य है। इसकी साधना देह से ही आरम्भ होती है। प्राणायाम शरीर को प्रशिक्षित करता है, तथा उसको समन्वित कर देता है। प्राणायाम का लक्ष्य ध्यान तथा एकाग्रता की प्राप्ति है। यदि तुम एक क्षण के लिए भी पूर्णतया निश्चल हो सको, तो तुम लक्ष्य तक पहुँच गये। इसके बाद भी बुद्धि काम करती रहेगी, परन्तु वह वही पुरानी बुद्धि नहीं रह जायगी। तुम, अपने को उसी रूप में जान लोगे, जो तुम हो—अर्थात् अपनी यथार्थ आत्मा। एक क्षण के लिए अपनी चित्तवृत्ति का निरोध कर लो, तब तुम्हारे यथार्थ

स्वरूप की सत्यता तुम्हारे हृदय में झलक उठेगी; तब मुक्ति हस्तगत हो जाती है और इसके बाद बन्धन नहीं रहता। यह इस सिद्धान्त से प्रमाणित होता है कि काल के एक क्षण को जान लेने से समग्र काल का ज्ञान हो जाता है, क्योंकि समग्र काल एक क्षण का ही त्वरित अनुक्रमण है। एक पर अधिकार कर लो—एक क्षण को पूर्णतया जान लो—और मुक्ति मिल जायगी।

आदि बौद्धों को छोड़कर, सभी धर्म ईश्वर तथा आत्मा को मानते हैं। अर्वाचीन बौद्ध ईश्वर तथा आत्मा में विश्वास करते हैं। बर्मी, स्यामी, चीनी इत्यादि आदि बौद्ध हैं।

ऑर्नल्ड कृत 'एशिया की ज्योति' (Light of Asia) बौद्ध धर्म की अपेक्षा वेदान्त का प्रतिनिधित्व अधिक करती है।

धर्म का सार-तत्त्व

(अमेरिका में दिये गये एक भाषण का विवरण)

फ्रांस के निवासियों का बहुत काल तक नारा 'मानव का अधिकार' था; अमेरिका में 'नारियों के अधिकार' अभी भी जनता के कानों को आकृष्ट करते हैं; भारत में हम लोग सदा देवताओं के अधिकारों की ही चिन्ता करते आये हैं।

वेदान्त के अन्तर्गत सभी संप्रदाय आ जाते हैं। भारत में हम लोगों का एक विशिष्ट दृष्टिकोण है। मान लो मेरा एक लड़का होता; मैं उसे किसी धर्म की शिक्षा नहीं देता, परन्तु उसे मन को एकाग्र करने की कोई साधना और प्रार्थना की कोई एक पंक्ति बताया होता। प्रार्थना से तुम लोग जैसा समझते हो, वैसी प्रार्थना नहीं, परन्तु ऐसी कि 'मैं उसका ध्यान करता हूँ, जो कि विश्वस्त्रष्टा है। वह मेरी बुद्धि को निर्मल करे।' फ़िर जब वह पर्याप्त बड़ा हो जाता है, तब वह विभिन्न दर्शनों और उपदेशों को सुनता है; और फ़िर जिसे वह सत्य समझता है, अंततः उस शिक्षा को वह ग्रहण कर लेता है। तब वह उस गुरु का, उस सत्य का उपदेश करनेवाले गुरु का शिष्य हो जाता है। वह ईसा, बुद्ध या मुहम्मद किसी की पूजा कर सकता है। हम इनमें से सभी के अधिकारों को तथा हरेक जीव को अपने इष्ट देवता या चुने हुए मार्ग को अपनाने का अधिकार मानते हैं। अतः यह नितान्त सम्भव है कि आपसी विद्वेष से पूर्णतः मुक्त रहते हुए एक ही समय मेरा पुत्र बौद्ध धर्मानुयायी हो, मेरी पत्नी ईसाई हो तथा मैं मुसलमान होऊँ।

हम लोग यह स्मरण कर प्रसन्न होते हैं कि सभी मार्ग ईश्वर की ओर ले जाते हैं तथा विश्व का सुधार इस पर निर्भर नहीं करता कि ईश्वर को सभी हमारी ही आँखों से देखें। हम लोगों का आधारभूत विचार यह है कि तुम्हारा सिद्धान्त मेरा नहीं हो सकता और न मेरा तुम्हारा। मैं अपना संप्रदाय आप ही हूँ। यह सच है कि हम लोगों ने भारत में एक धार्मिक पद्धति स्थापित की है, जिसके विषय में हम विश्वास करते हैं कि संसार में केवल वही एकमात्र बुद्धिसंगत धार्मिक पद्धति है। परन्तु हम लोगों का उसकी बुद्धिसंगतता पर विश्वास, उसके सभी ईश्वरान्वेषकों को अपने में अन्तर्भुक्त करने, सभी प्रकार की उपासनाओं के प्रति उदार भाव रखने, तथा विश्व के ईश्वर के प्रति विकासशील भावों को सदैव ग्रहण करने

के सामर्थ्य के कारण है। हम लोग अपनी पद्धति की अपूर्णता स्वीकार करते हैं, क्योंकि सत्य सभी पद्धतियों से अतीत है, और इसे स्वीकार करने में ही चिरन्तन प्रगति की संभावना एवं विकास सन्निहित हैं। संप्रदाय, पूजा-पद्धतियाँ तथा धार्मिक पुस्तकें, जहाँ तक मनुष्य के अपने स्वरूप की प्राप्ति में साधनों का काम करती हैं, ठीक हैं। परन्तु जब मनुष्य वह ज्ञान प्राप्त कर लेता है, तो वह इन सभी वस्तुओं को त्याग देता है। 'मैंने वेदों को अस्वीकार किया', ये वेदान्त दर्शन के अन्तिम शब्द हैं। कर्मकांड, भजन तथा धर्मग्रंथ, जिनके अन्तर्गत चल-कर उसने मुक्ति प्राप्त की, वे सभी उसके लिए अंतर्धान हो जाते हैं। सोऽहम्, सोऽहम्—'मैं वह हूँ'—शब्द उसके ओठों से फूट पड़ता है। उसके लिए ईश्वर को 'तू' कहना ईश-तिरस्कार है, क्योंकि वह 'पिता में एकत्व' प्राप्त कर लेता है।

व्यक्तिगत रूप से मैं वेदों से उतना ही ग्रहण करता हूँ, जितना बुद्धिसम्मत है। वेदों के अनेक अंश प्रतीयमानतः विरोधात्मक हैं। पश्चिम में जिस अर्थ में समझा जाता है, उस अर्थ में वे अन्तःस्फुरित नहीं हैं, परन्तु उन्हें ईश्वर तथा सर्वज्ञता संबंधी हमारे समस्त ज्ञान की समष्टि माना जाता है। परन्तु यह कहना कि केवल वेद नामक ग्रंथों में ही यह ज्ञान सीमित है, निरा कूटतर्क होगा। हम जानते हैं, कि प्रत्येक संप्रदाय के धर्मग्रंथों में यह ज्ञान विभिन्न अंशों में प्रतिपादित है। मनु का कहना है कि वेदों के बुद्धिसंगत अंश ही वेद हैं। हमारे बहुत से दार्शनिकों ने भी इस दृष्टिकोण को स्वीकार किया है। दुनिया के सभी धर्मग्रंथों में केवल वेद ही ऐसे हैं, जो घोषणा करते हैं कि वेदों का अध्ययन गौण है।

वास्तविक अध्ययन वह है जिसके द्वारा हम लोग शाश्वत को प्राप्त करते हैं, और वह न अध्ययन से प्राप्त होता है, न विश्वास से, न तर्क से, अपितु अति-चेतन प्रत्यक्ष तथा समाधि से प्राप्त होता है। जब मनुष्य इस पूर्णावस्था को प्राप्त कर लेता है, तब वह सगुण ईश्वर की अवस्थावाला हो जाता है—'मैं और मेरे पिता एक हैं।' वह उस नित्य ब्रह्म के साथ अपनी एकरूपता अनुभव करता है, तथा स्वयं का सगुण ईश्वर सदृश प्रक्षेप करता है। माया अर्थात् अज्ञान के कुहरे द्वारा देखा गया ब्रह्म ही सगुण ईश्वर है।

जब हम उस ब्रह्म के पास पंचेन्द्रियों द्वारा पहुँचते हैं, तब हम सगुण ईश्वर के रूप में ही उसका दर्शन कर सकते हैं। भाव यह है कि आत्मा का विषयीकरण नहीं किया जा सकता। ज्ञाता स्वयं अपने आपको कैसे जान सकता है? परन्तु वह अपनी एक छाया जैसी तो डाल ही सकता है, और उस छाया का महानतम स्वरूप तथा आत्मा के विषयीकरण का प्रयत्न ही सगुण ईश्वर है। आत्मा तो नित्य विषयी है और हम लोग नित्य ही उसको विषय बनाने के लिए संघर्षरत

हैं। उस संघर्ष का फल यह दृश्य-जगत् है, जिसे हम जड़ कहते हैं। परन्तु ये सब तुच्छ प्रयत्न हैं, मनुष्य के द्वारा संभव आत्मा का जो सर्वोच्च विषयीकरण है, वह है सगुण ईश्वर।

तुम्हारे एक पाश्चात्य विचारक का कहना है कि 'एक सत् ईश्वर, मनुष्य की सबसे महान् कृति है।' जैसा मनुष्य, वैसा ही परमेश्वर। मनुष्य ईश्वर को मानवीय अभिव्यक्तियों के बिना नहीं देख सकता है। जो चाहे कह लो, जो चाहे प्रयत्न कर लो, परन्तु तुम ईश्वर की धारणा मनुष्यवत् करने के अतिरिक्त और कुछ कर ही नहीं सकते; और जैसे तुम हो, वैसे ही ईश्वर। एक अज्ञानी मनुष्य से शिव की मूर्ति बनाने को कहा गया। बहुत दिनों के कठिन श्रम के उपरान्त वह एक बन्दर की मूर्ति ही गढ़ सका। अतः जब हम लोग ईश्वर के संबंध में, उसकी परिपूर्णता की अवस्था में विचार करते हैं, तो हमें घोर असफलता प्राप्त होती है, क्योंकि हम लोग अपनी वर्तमान प्रकृति के द्वारा ईश्वर को मनुष्यवत् ही जानने के लिए विवश हैं। यदि भैंसें ईश-पूजन करना चाहें, तो वे अपनी प्रकृति के अनुसार ईश्वर को महामहिष के रूप ही में देखेंगे। यदि एक मछली ईश-पूजन करना चाहे, तो ईश्वर के प्रति उसकी धारणा अनिवार्यतः एक महामत्स्य की होगी, और इसी तरह मनुष्य भी ईश्वर को मनुष्य ही जैसा समझता है। कल्पना करो कि मनुष्य, महिष तथा मत्स्य विभिन्न प्रकार के बरतन हैं और ये बरतन समुद्ररूपी ईश्वर में अपने आकार तथा पात्रता के अनुसार भरने को जाते हैं। मनुष्य में वह जल मनुष्य का रूप धारण करेगा, महिष में महिष का रूप तथा मत्स्य में मत्स्य का रूप धारण करेगा, परन्तु इन सभी बरतनों में उसी समुद्ररूपी ईश्वर का जल होगा।

ईश्वर को सगुण रूप में दो ही प्रकार के लोग नहीं पूजते हैं—एक नरपशु जिसका कोई धर्म नहीं है तथा अपनी मानवीय प्रकृति के बन्धनों को अतिक्रमण कर चुकनेवाला परमहंस। उसके लिए तो समस्त जगत् ही उसका स्वरूप है। केवल ऐसा ही मनुष्य (परमहंस) ईश्वर की पूजा, जैसा कि ईश्वर तत्त्वतः है, कर सकता है; एक नरपशु इसलिए पूजा नहीं करता कि वह अज्ञानी है और एक जीवन्मुक्त इसलिए पूजा नहीं करता कि वह स्वयं अपने आपमें ईश्वर का साक्षात्कार कर चुकता है। वह **सोऽहम् सोऽहम्**—'मैं वहीं हूँ'—ऐसा कहता है, तब वह किस प्रकार अपने आपकी पूजा करेगा ?

मैं तुमको एक छोटी सी कथा सुनाता हूँ। एक सिंह का बच्चा था, जिसकी माँ ने मरते समय उसे कुछ भेड़ों में छोड़ दिया था। भेड़ों ने उसे खिलाया पिलाया तथा आश्रय दिया। वह सिंह शीघ्र ही बड़ा हो गया, और जब कभी भेड़ें में-में

चिल्लातीं, तो वह भी में-में चिल्लाता था। एक दिन एक अन्य सिंह वहाँ पहुँचा। उस सिंहरूपी भेड़ को अन्य भेड़ों के साथ मिमियाते देख उसने आश्चर्यचकित होकर पूछा––"तुम यहाँ क्या कर रहे हो ?" उसने कहा––'में-में', मैं एक क्षुद्र भेड़ हूँ, एक क्षुद्र भेड़ा हूँ, मुझे डर लगता है।" पहले सिंह ने गरजकर कहा, "मूर्ख ! मेरे साथ चल, मैं तुझे दिखलाऊँगा।" वह उसे एक शांत जल-स्रोत के पास ले गया, और उसने उसका प्रतिबिम्ब उसे दिखाया और कहा, "तुम सिंह हो। मुझे देखो, भेड़ों को देखो, अपने आपको देखो।" तब उस 'भेड़-सिंह' ने देखा और कहा–– "में-में' मैं तो भेड़े के जैसा नहीं लगता––मैं तो सचमुच ही सिंह हूँ !" और इतना कहकर उसने गर्जन किया, जिससे पहाड़ियाँ भीतर तक काँप गयीं।

यही बात है। हम लोग भेड़ों के स्वभाव का आवरण धारण किए हुए सिंह हैं। हम लोग अपने आसपास के आवरण के द्वारा सम्मोहित कर शक्तिहीन बना दिये गये हैं। वेदान्त का क्षेत्र स्वयं को विसम्मोहित करना है। मुक्ति हमारा ध्येय है। मैं इस सिद्धान्त से असहमत हूँ कि प्रकृति के नियमों का पालन ही मुक्ति है। मैं नहीं समझता कि इसका क्या अर्थ हो सकता है। मनुष्य की प्रगति के इतिहास के अनुसार, प्रकृति के उल्लंघन से ही उस प्रगति का निर्माण हुआ है। यह भले ही कहा जा सकता है कि निम्नतर नियमों पर उच्चतर नियमों द्वारा विजय प्राप्त हुई, परन्तु वहाँ भी विजेता मन मुक्ति का अन्वेषण कर रहा था। जैसे ही उसने देखा कि वह संघर्ष नियमों के कारण ही था, उसने उस नियम को भी जीतना चाहा। इस प्रकार लक्ष्य सदा ही मुक्ति है। वृक्ष कभी प्राकृतिक नियमों का उल्लंघन नहीं करते। मैंने कभी किसी गाय को चोरी करते हुए नहीं देखा, कोई घोंघा कभी झूठ नहीं बोलता। फ़िर भी वे मनुष्य से बड़े नहीं हैं।

समाज, राजनीति, धर्म––किसी भी क्षेत्र में नियमों के अनुवर्तन के फल-स्वरूप हम केवल जड़पदार्थ में ही परिणत हो जायँगे। यह जीवन स्वतन्त्रता का एक उत्कट आग्रह है। नियमों के आधिक्य का अर्थ है मृत्यु। कोई जाति हिन्दुओं के समान इतने सारे नियमों का पालन नहीं करता, जिसका फल हुआ जातीय मृत्यु। परन्तु हिन्दुओं का एक विशिष्ट विचार भी था। उन लोगोंने धर्म में किसी नियमों या जड़ सिद्धान्त की स्थापना नहीं की, जिससे धर्म की उच्चतम प्रगति हुई, धर्म के विषय में हम लोग व्यावहारिक हैं, परन्तु तुम लोग नहीं।

अमेरिका में कुछ लोग इकट्ठे होते हैं और कहते हैं, "हम लोग एक स्टॉक कम्पनी बनायेंगे।" पाँच मिनटों में यह बन जाता है। भारत में बीस मनुष्य इतने ही सप्ताह तक स्टॉक कम्पनी पर बहस कर सकते हैं, फिर भी वह स्थापित नहीं होती,

परन्तु यदि कोई यह विश्वास करे कि अपना हाथ चालीस वर्षों तक हवा में ऊपर उठाये रखने पर वह ज्ञान प्राप्त हो जायगा, तो वह ऐसा ही करेगा ! अतः हम लोग अपने मार्ग में और तुम लोग अपने मार्ग में व्यावहारिक हो।

परन्तु आत्मज्ञान की प्राप्ति के मार्गों में श्रेष्ठ मार्ग प्रेमका है। जब कोई प्रभु से प्रेम करता है, तब संपूर्ण जगत् उसका प्यारा हो जाता है, क्योंकि वह उसीका है। भक्त कहता है—"सभी उसके हैं, और वह प्रेमी है; मैं उससे प्यार करता हूँ।" इसी प्रकार सभी वस्तुएँ भक्त के लिए पवित्र हो जाते हैं, क्योंकि सभी वस्तुएँ उसीकी हैं। तब हम किसी और को चोट कैसे पहुँचा सकते हैं? तब हम दूसरों से प्रेम किये बिना रह कैसे सकते हैं? ईश्वरप्रेम के साथ, इसके फलस्वरूप, अन्त में सभी से प्रेम उत्पन्न हो जायगा। हम भगवान् के जितना ही निकट पहुँचते हैं, उतना ही अधिक हम देखते हैं कि सभी वस्तुएँ उन्हींमें स्थित हैं तथा हमारा हृदय प्रेम का अविरल झरना बन जाता है। इस प्रेम के प्रकाश के सान्निध्य में मनुष्य का परिवर्तन हो जाता है और वह अन्त में इस सुन्दर तथा प्रेरणादायक सत्य का अनुभव करता है कि प्रेम, प्रेमिका तथा प्रेमास्पद सचमुच एक ही हैं।

धर्म के दावे

(रविवार, ५ जनवरी)

तुममें से अधिकांश को यह स्मरण है कि बचपन में उदीयमान सूर्य के भव्य सौन्दर्य को देखकर तुम्हारा मन किस तरह आनन्द से थिरक उठता था; वैसे ही तुम सब अपने जीवन में अस्तमित सूर्य की महिमा को देखकर स्तम्भित रह जाते हो और कल्पना में ही सही, असीम को भेदने का प्रयत्न करते हो। वस्तुतः अखिल विश्व के मूल में यही भावना है—असीम से आविर्भूत होना और फ़िर असीम में ही विलीन हो जाना। यह सारा विश्व अज्ञात से निकलकर अज्ञात में ही समाहित हो जाता है। घुटने के बल चलनेवाले शिशु की तरह यह एक रहस्यमय अंधकार से आविर्भूत होता है और फ़िर घिसटते हुए वृद्ध की भाँति रहस्यमय अंधकार में ही विलीन हो जाता है।

(हमारा यह संसार—इन्द्रियों, बुद्धि और युक्ति का संसार—दोनों ही ओर अनन्त, अज्ञेय और अज्ञात से परिसीमित है। यह अनन्तता ही हमारी खोज है, इसीमें अनुसन्धान के विषय हैं; इसीमें तथ्य हैं; और इसीसे प्राप्त होनेवाले प्रकाश को संसार धर्म कहता है। कुछ भी हो धर्म मूलतः इन्द्रियातीत भूमि की वस्तु है, ऐन्द्रिय भूमि की नहीं। यह समस्त तर्क के परे है, तथा यह बुद्धि के स्तर का विषय नहीं। यह एक अलौकिक दिव्य दर्शन है, एक अन्तःप्रेरणा है; यह अज्ञात और अज्ञेय में डूबना है, जिससे ज्ञानातीत ज्ञात से अधिक ज्ञात हो जाता है, क्योंकि वह कभी 'ज्ञात' नहीं जा सकता। जैसा कि मेरा विश्वास है, यह खोज मानवता के आदि काल से ही जारी है। विश्व के इतिहास में ऐसा समय कभी नहीं हुआ, जब मनुष्य की बुद्धि इस संघर्ष, अनन्त की इस खोज में व्यस्त न रही हो। हमारे मन का जो नन्हा सा संसार है, उसमें हम विचारों को उठते हुए पाते हैं। ये विचार कहाँ से आते हैं और कहाँ चले जाते हैं, हम नहीं कह सकते।

---

१. इस व्याख्यान के कुछ अंश चतुर्थ खंड में प्रकाशित हुए हैं। प्रकाशित अंशों को यहाँ बड़े कोष्ठक में रखा गया है। यह व्याख्यान किस वर्ष दिया गया था, यह ज्ञात नहीं हो सका है। सं०

बृहत् ब्रह्मांड और यह क्षुद्र जगत् मानो एक ही लीक में हैं, एक ही अवस्थाओं को पार करते हैं, एक ही ग्राम में स्पंदित होते हैं।

अब मैं तुम्हारे समक्ष हिन्दुओं के इस सिद्धान्त को रखने की चेष्टा करूंगा कि धर्म कहीं बाहर से नहीं आता, बल्कि व्यक्ति के अभ्यन्तर से ही। मेरी यह आस्था है कि धार्मिक विचार मनुष्य की रचना में ही सन्निहित हैं, और यह बात यहाँ तक सत्य है कि मनुष्य धर्म का त्याग तब तक नहीं कर सकता, जब तक उसका शरीर है, मन है, मस्तिष्क है, जीवन है। जब तक मनुष्य में सोचने की शक्ति रहेगी, तब तक यह संग्राम चलता ही रहेगा और तब तक धर्म किसी न किसी रूप में रहेगा ही। इस तरह विश्व में हमें धर्म के विभिन्न रूप मिलते हैं। बात कुछ विकट जरूर लगती है; पर ऐसा नहीं कहा जा सकता, जैसा कुछ लोग कहते हैं कि यह सब निरर्थक परिकल्पना है। इस अव्यवस्था में एक सामञ्जस्य भी है; इस समस्त विस्वर ध्वनियों में समस्वरता का भी एक स्वर है, और जो सुनना चाहे, वह उसे सुन सकता है।

वर्तमान काल में सबसे बड़ा प्रश्न है : अगर ज्ञात और ज्ञेय जगत् का आदि और अन्त अज्ञात तथा अनंत अज्ञेय द्वारा सीमाबद्ध है, तो उस अज्ञात के लिए हम प्रयास ही क्यों करें? क्यों न हम ज्ञात जगत् में ही सन्तुष्ट रहें? क्यों न हम खाने, पीने और संसार की किंचित् भलाई करने में ही सन्तुष्ट रहें? ये प्रश्न अक्सर सुनने को मिलते हैं। विद्वान् प्राध्यापक से लेकर तुतलाते बच्चे तक हमसे कहते हैं, "संसार की भलाई करो; यही सारा धर्म है; इसके परे क्या है, इससे संबंधित प्रश्नों से व्यर्थ अपने को परेशान मत करो।" यह बात इतनी चल पड़ी है कि इसने एक स्थिर सिद्धांत का रूप ले लिया है।

किन्तु सौभाग्यवश हम अनन्त के बारे में जिज्ञासा किये बिना नहीं रह सकते। यह जो वर्तमान है, व्यक्त है, यह अव्यक्त का एक अंश मात्र है। इन्द्रियों की चेतना के स्तर पर जो अनन्त आध्यात्मिक जगत् प्रक्षेपित है, यह इन्द्रिय-जगत् उसका एक नन्हा सा अंश है। ऐसी स्थिति में उस अनन्त विस्तार को समझे बिना यह नन्हा सा प्रक्षेपित भाग कैसे समझा जा सकता है? सुक़रात के बारे में ऐसा कहा जाता है कि एक बार एथेन्स में भाषण करते समय उससे एक ब्राह्मण की मुलाक़ात हुई। वह ब्राह्मण यूनान की सैर कर चुका था। सुक़रात ने उससे कहा कि मनुष्य के अध्ययन का सबसे महत्त्वपूर्ण विषय मनुष्य ही है। इस पर ब्राह्मण ने तुरन्त उत्तर दिया, "ईश्वर को जाने बिना तुम मनुष्य को कैसे जान सकते हो?" यह ईश्वर, वह शाश्वत अज्ञेय सत्ता, यह ब्रह्म, यह अनन्त अथवा अनाम—चाहे तुम जिस किसी भी नाम से उसे पुकारो—ज्ञात और ज्ञेय जगत् का, वर्तमान

जीवन का आधार है, उसकी एकमात्र व्याख्या है, उसका निमित्त है। तुम अपने सामने की किसी भी वस्तु को ले लो, कोई भी अत्यन्त भौतिक वस्तु—इन भौतिक विज्ञानोंमें से ही किसीको ले लो, चाहे रसायनशास्त्र अथवा भौतिक शास्त्र, चाहे नक्षत्र-विज्ञान अथवा जीव-विज्ञान—उसको लेकर उसका अध्ययन करो। उत्तरोत्तर स्थूल से सूक्ष्म तथा सूक्ष्म से भी सूक्ष्मतर तत्त्वों की ओर बढ़ते बढ़ते तुम एक ऐसे बिन्दु पर आ जाओगे, जहाँ से आगे बढ़ने के लिए तुमको भौतिक से अभौतिक पर चला आना पड़ेगा। ज्ञान के हर क्षेत्र में स्थूल सूक्ष्म में समाहित हो जाता है और भौतिक तात्त्विक में।]

और यह बात यहाँ की हर चीज़ में लागू है, चाहे वह समाज हो, हमारे पारस्परिक सम्बन्ध हों, हमारा धर्म हो अथवा नीतिशास्त्र हो। कुछ लोगों ने मात्र उपयोगिता के नाम पर ही नीतिशास्त्र की स्थापना करने का प्रयास किया है। मैं उस व्यक्ति को चुनौती देता हूँ, जो इस आधार पर किसी युक्तिसंगत नीतिशास्त्र की स्थापना करने का दावा करता है। दूसरों की भलाई करो पर क्यों? क्योंकि इससे अधिकतम उपयोगिता मिलेगी। मान लो, कोई व्यक्ति कहता है, "मैं उपयोगिता की परवाह नहीं करता; मैं धनी बनने के लिए दूसरों को क़त्ल भी कर सकता हूँ।" इस पर तुम क्या कहोगे? यह तो हेरोड की नृशंसता को भी पार कर जाना कहलायेगा। पर मेरे विश्व की भलाई करने की उपयोगिता ही क्या है? क्या मैं बेवकूफ हूँ, जो जीवन भर इसलिए खटता रहूँ कि दूसरें सुख से रहें? मैं स्वयं ही सुख से क्यों न रहूँ, अगर समाज के परे कोई शक्ति नहीं है, अगर इन्द्रियों की दुनिया के परे कुछ नहीं है? अगर मैं अपने को पुलिस के हाथों से बचा सकूँ और सुखी रह सकूँ, तो फिर अपने भाइयों के गले काटने से भी मुझे कौन रोकनेवाला है? इस बात का तुम क्या जवाब दोगे? तुम तो किसी न किसी तरह की उपयोगिता साबित करने के लिए बाध्य हो। इसलिए परास्त हो जाने पर भी तुम कहोगे, "मेरे बन्धु, भलाई करना ही अच्छा है।" मानव-मन की वह कौन सी शक्ति है, जो कहती है, "भलाई करना ही अच्छा है," जो आत्मा की महत्ता को इतने शानदार ढंग से हमारे सम्मुख रखती है, जो शुभ की मनोज्ञता, उसके आकर्षक तथा उसकी अनन्त शक्ति को दर्शाती है? इसे ही हम ईश्वर कहते हैं। है न?

अब मैं तनिक और अधिक सूक्ष्म बात कहने जा रहा हूँ। इस सिलसिले में मैं तुम्हारा ध्यान विशेष रूप से आकृष्ट करना चाहूँगा और निवेदन करूँगा कि जो मैं कहूँ, उससे झटपट कोई निष्कर्ष न निकाल बैठो। बात यह है कि हम लोग संसार का कोई विशेष उपकार नहीं कर सकते। संसार का उपकार करना तो

अच्छी बात है, पर वस्तुतः हम इसका उपकार कर भी सकते हैं क्या ? शताब्दियों से जो प्रयास हम करते आ रहे हैं, क्या हमने सचमुच उससे विश्व की कुछ भलाई की है ? क्या हम इन करोड़ों लोगों के सुख में किञ्चित् भी वृद्धि कर सकते हैं ? सैकड़ों, हज़ारों वर्षों से नित्य ही सुख के हज़ारों साधन निर्मित किये जा रहे हैं। मैं तुमसे पूछता हूँ कि सौ वर्ष पहले जितना सुख था, क्या उसमें तनिक भी वृद्धि हुई है ? यह हो नहीं सकता। समुद्र में कोई भी लहर उठती है, तो उसकी प्रतिक्रिया से जल कहीं न कहीं गहरा हो ही जाता है। अगर कोई राष्ट्र धनी और शक्तिशाली बन जाता है, तो इसका अर्थ है कि कहीं किसी राष्ट्र को क्षति पहुँची ही होगी। हर मशीन के आविष्कार से अगर बीस व्यक्ति धनी बनते हैं, तो बीस हज़ार व्यक्ति ग़रीब। सर्वत्र ही प्रतिद्वंद्विता का यही सिद्धान्त है। अभिव्यक्त ऊर्जा का परिमाण तो सदैव वही रहता है। इसलिए सुख की वृद्धि का प्रयास भी मूर्खतापूर्ण ही है। यह कहना कि दुःख से रहित सुख की प्राप्ति हो सकती है, बिल्कुल निराधार है। सुख के साधनों को बढ़ाकर तुम लोगों की आवश्यकताओं को बढ़ा देते हो और आवश्यकताओं के बढ़ने का अर्थ है, उस पिपासा का जन्म, जो कभी शान्त नहीं होने की। किस चीज़ से इस पिपासा को शान्त करोगे तुम ? और जब तक यह पिपासा बनी रहेगी, तब तक अशान्ति रहेगी ही। जीवन का यह स्वभाव ही है कि इसमें सुख और दुःख दोनों ही बारी बारी से आते रहते हैं। क्या इतना समझने पर भी तुमको लगता है कि तुम संसार की भलाई कर सकोगे ? क्या इस विश्व में और कोई सत्ता काम नहीं कर रही है ? क्या वह ईश्वर, जो शाश्वत है, सर्वशक्तिशाली है, अत्यन्त कृपालु है, जो सबके सो जाने पर भी कभी पलकें नहीं गिराता, वह इस विश्व को हमारे-तुम्हारे मत्थे छोड़कर सदा के लिए मर-मिट गया ? यह अनन्त आकाश मानो उसका विस्फारित नयन है ! कैसे कहें कि वह मर गया ? क्या वह विश्व में व्याप्त नहीं है ? नहीं, नहीं, वह अवश्य है। तुमको घबराने तथा जान-बूझकर अपने को परेशान करने की ज़रूरत नहीं है।

(स्वामी जी ने इसके बाद एक ऐसे आदमी की कहानी कही, जो एक प्रेत अपनी सेवा करने के लिए चाहता था। पर जब प्रेत मिला, तो उसे व्यस्त रखने के लिए एक झबरीले कुत्ते की दुम सीधी करने का काम देना पड़ा)।

विश्व का उपकार करने का हमारा जो प्रयास है, वह कुछ इसी ढंग का है। मेरे बन्धुओं, शताब्दियों से हम बस कुत्ते की दुम ही सीधी करते रहे हैं। यह तो जैसे गठिये की बीमारी है; पैर से दर्द हटाओ, तो सिर में चला जाता है और फिर सिर से हटाओ, तो किसी दूसरे अंग में चला जाता है।

तुममें से कुछ लोगों को लगेगा कि यह तो घोर निराशावादी दृष्टिकोण है। पर बात वैसी नहीं है। निराशावाद और आशावाद, दोनों ही ग़लत हैं। दोनों ही अतिवादी दृष्टिकोण हैं। जब तक व्यक्ति को खाने-पीने की प्रचुरता रहती है, पहनने के लिए भरपूर कपड़े मिलते रहते हैं, तब तक वह आशावादी रहता है। किन्तु वही आदमी जब सब कुछ खो देता है, तो घोर निराशावादी बन बैठता है। आदमी जब अपनी सारी सम्पत्ति गँवाकर नितान्त दरिद्र बन जाता है, तभी उसे विश्व-बन्धुत्व की भावना सूझती है। यही दुनिया है। और जितना ही अधिक मैं देश-भ्रमण करता हूँ और संसार को देखता हूँ तथा मेरी आयु जितनी ही बढ़ती जाती है, उतना ही अधिक मैं इन दोनों अतिवादी दृष्टिकोणों––आशावाद तथा निराशावाद––से परे रहने का प्रयास करता हूँ। यह संसार न तो अच्छा है, न बुरा। यह तो प्रभु का संसार है। अच्छाई और बुराई से परे यह अपने आपमें पूर्ण है। एक परमात्मा की इच्छा अनादि काल से विभिन्न रूपों में अपने आपको अभिव्यक्त कर रही है और अनन्त काल तक यह वैसा ही करती चली जायगी। यह विश्व एक विशाल व्यायामागार है, जिसमें हम और तुम जैसे लाखों जीव आकर व्यायाम करते तथा बलवान एवं पूर्ण होकर बाहर निकलते हैं। इस विश्व का प्रयोजन ही यही है। यह बात नहीं है कि ईश्वर पूर्ण विश्व का निर्माण नहीं कर सकता था, दुःखरहित विश्व की रचना नहीं कर सकता था। एक नवयुवती तथा एक पादरी की वह कहानी तुमको याद होगी, जो दूरबीन से चन्द्रमा पर के काले धब्बों को देख रहे थे। और पुजारी ने कहा, "वे एक गिरजाघर के शिखर हैं," जिस पर उस युवती ने जवाब दिया था, "चुप भी रहो, वे दो तरुण प्रेमी होंगे, जो एक दूसरे को चूम रहे हैं।" इस विश्व के साथ भी हम लोग कुछ इसी तरह पेश आ रहे हैं। जब हम भीतर रहते हैं तो सोचते हैं कि हम भीतर देख रहे हैं। वस्तुतः अस्तित्व के जिस स्तर पर हम हैं, उसी स्तर से हम विश्व को देख रहे हैं। रसोईघर की आग न तो बुरी है, न अच्छी। जब यह तुम्हारा भोजन पकाती है, तो तुम इसकी प्रशंसा करते हो और कहते हो, "यह कितनी अच्छी चीज़ है।" पर जब इससे तुम्हारी अंगुली जल जाती है, तो तुम चिल्ला उठते हो, "कहाँ की बला है यह!" इसी तरह यह कहना भी उतना ही उचित और युक्तिसंगत है कि यह विश्व न तो बुरा है, न अच्छा। विश्व तो विश्व है और हमेशा विश्व ही रहेगा। जब हम अपने को ऐसी परिस्थिति में रखते हैं कि इसके कार्य-कलाप से हमारा लाभ होता है, तो इसे हम भला कहते हैं; परन्तु जब हम ऐसी परिस्थिति में होते हैं कि इससे हमें पीड़ा होती है, तो हम इसे बुरा कहते हैं। इसलिए तुम देखोगे कि बच्चे, जो

बिल्कुल निर्दोष होते हैं तथा किसीकी भी बुराई करने की बात नहीं सोचते, हमेशा खुश रहते, नितान्त आशावादी बने रहते हैं। हमेशा वे सुनहले सपने देखते रहते हैं। पर वृद्ध लोग, जो वासना की प्यास तो सँजोये रहते हैं, पर उसे तृप्त करने के साधन नहीं जुटा पाते, और विशेषकर वे लोग, जो संसार में अनेक बार ठोकरें खा चुके होते हैं, घोर निराशावादी बन जाते हैं। धर्म सत्य की खोज करता है। और पहली चीज, जिसका इसने अनुसन्धान किया है, वह यह है कि जब तक परम सत्य का ज्ञान नहीं हो जाता, तब तक जीवन व्यर्थ है।

[अगर हम इस जगत् के परे के तत्त्व को न जानें, तो जीवन रेगिस्तान बन जायगा; मानव जीवन निस्सार हो जायगा। यह कहना तो बड़ा अच्छा है कि प्रस्तुत क्षण की वस्तुओं से ही सन्तुष्ट रहो। गाय और कुत्ते तो वैसे सन्तुष्ट हैं ही; सभी जानवर ही उस तरह सन्तुष्ट हैं, और यही उन्हें जानवर बनाये हुए हैं। तो फिर मनुष्य भी अगर अनन्त की खोज से मुँह मोड़कर वर्तमान जीवन में ही सन्तुष्ट रहने लगे, तो मानव जाति को एक बार फिर पशुत्व के स्तर पर जाना पड़ेगा। यह धर्म ही है, परे की खोज ही है, जो मनुष्य और पशु में भेद करती है। ठीक ही तो कहा गया है कि मनुष्य ही एक ऐसा प्राणी है, जो स्वभावतः ऊपर की ओर देखता है, अन्य सभी प्राणी स्वभावतः नीचे की ओर देखते हैं। ऊपर की ओर देखना, ऊपर उठना तथा पूर्णता की खोज करना--- इसे ही मोक्ष कहते हैं। जितनी जल्दी कोई मनुष्य ऊपर उठने लगता है, उतनी ही जल्दी वह मोक्ष की ओर उन्मुख होता है। यह बात इस पर नहीं निर्भर करती कि तुम्हारे पास कितने पैसे हैं, तुम कौन सी पोशाक पहनते हो, अथवा तुम कैसे मकान में रहते हो, बल्कि यह इस पर निर्भर है कि तुम्हारे मन में कितनी बड़ी आध्यात्मिक निधि है। यही मानव को उन्नति की ओर ले जाती है, यही भौतिक और बौद्धिक प्रगति का मूल-स्रोत है, तथा यही मानवता को सदैव आगे बढ़ाने-वाला उत्साह, और पृष्ठभूमि में रहनेवाली प्रेरक शक्ति है।]

आखिर मानवता का लक्ष्य क्या है? आनन्द? इन्द्रिय-सुख? प्राचीन काल में लोग कहा करते थे कि स्वर्ग में लोग तुरही बजाते तथा एक सिंहासन के चारों ओर रहते हैं। आधुनिक युग में स्वर्ग का यह आदर्श लोगों को फीका जँचता है। इसलिए इसके स्थान में वे कहते हैं कि स्वर्ग में लोग विवाहादि सुखों के साथ रहते हैं। अगर दूसरे आदर्श में पहले की अपेक्षा कुछ सुधार दीखता है, तो यह सुधार और भी ख़राब है। स्वर्ग के सम्बन्ध में जो विभिन्न कल्पनाएँ सुनने को मिलती हैं, वे सभी हमारे मन की कमज़ोरियों की प्रतीक हैं। और वे कमज़ो-रियाँ इन वजहों से हैं: पहले तो लोग इन्द्रिय-सुख को ही जीवन का लक्ष्य मानते हैं।

दूसरे, पाँचों इन्द्रियों से परे किसी चीज़ की लोग कल्पना तक नहीं कर सकते। ये लोग उतने ही अविवेकी हैं, जितने अविवेकी उपयोगितावादी हैं। पर इतना होने पर भी ये लोग उन नास्तिक उपयोगितावादियों से तो अच्छे हैं ही। उपयोगितावादिता तो निरी नादानी है। तुमको यह कहने का क्या अधिकार है, "यही मेरा मापदंड है और सारे विश्व को इसी मापदंड से नापा जाना चाहिए"? तुमको क्या अधिकार है, सारे विश्व को अपने मूल्यों से मापने का? और वह भी तब जब तुम रोटी, रुपया और वस्त्र को ही ईश्वर मान रहे हो!

[धर्म रोटी में नहीं है, मकान में नहीं है। बार बार लोग प्रश्न करते हैं: धर्म से आख़िर कौन सी भलाई होगी? क्या यह ग़रीबों की दरिद्रता दूर कर सकेगा और उनके लिए वस्त्रों का प्रबन्ध कर सकेगा?" मान लो कि धर्म यह सब नहीं कर सकता। तो क्या इससे धर्म की असत्यता सिद्ध हो जायगी? मान लो, तुम ज्योतिष के किसी सिद्धान्त की चर्चा कर रहे हो और कोई बच्चा आकर कहने लगे, "क्या यह मीठी रोटी ला देगा?" तुम कहोगे, "नहीं, यह नहीं लानेवाला है।" इस पर बच्चा कहेगा, "तब तो यह बेकार है।" विश्व को देखने का बच्चों का अपना दृष्टिकोण है—वही रोटी ला देनेवाला। और ठीक ऐसी ही बातें संसार के ये नादान बच्चे भी करते हैं।]

यह दु:ख की बात है कि उन्नीसवीं शताब्दी के उत्तरार्द्ध में इस तरह की बातें विद्वत्ता, विवेक और बौद्धिकता की निशानी मानी जाती हैं।

[हमें उच्चस्तर की वस्तुओं को अपने निम्नस्तरीय मापदंड से नहीं मापना चाहिए। हर चीज़ को उसके अपने पैमाने से नापना उचित है, तथा अनन्त को अनन्त के पैमाने से। धर्म सम्पूर्ण मानव जीवन में परिव्याप्त है, न केवल वर्तमान में, अपितु भूत और भविष्य में भी। अत: इस शाश्वत आत्मा का शाश्वत ब्रह्म के साथ शाश्वत सम्बन्ध है। मानव-जीवन के पाँच मिनटों पर इसके प्रभाव को देखकर इसका मूल्यांकन करना क्या न्यायसंगत है? कभी नहीं। पर ये सभी तर्क तो नकारात्मक हैं।

अब प्रश्न आता है कि क्या धर्म सचमुच कुछ कर सकता है? कर सकता है।]

क्या धर्म रोटी और कपड़े का प्रबन्ध कर सकता है? हाँ, कर सकता है। यह हमेशा ही ऐसा करता है। और इतना ही क्यों, यह इससे असंख्य गुना अधिक काम करता है—यह मनुष्य को शाश्वत जीवन प्रदान करता है। आज मनुष्य जिस स्थिति में है, वह धर्म ही की बदौलत है और धर्म ही इस मानव पशु को एक ईश्वर बना देगा। यह है धर्म की क्षमता। मानव समाज से धर्म को निकाल

दो, फ़िर शेष क्या बचेगा ? पशुओं से भरे जंगल के अतिरिक्त कुछ भी नहीं। जैसा कि मैं अभी कह चुका हूँ, इन्द्रिय-सुख को मानवता का चरम लक्ष्य मानना महज़ मूर्खता है; मानव जीवन का लक्ष्य ज्ञान है। मैंने तुम्हें यह दिखलाने का प्रयास किया है कि हज़ारों वर्षों से सत्य की हमारी खोज और मानवता के कल्याण के लिए हमारे प्रयत्नों के बावजूद हम मुश्किल से कोई प्रगति कर पाये हैं। किन्तु मनुष्य ने ज्ञान के क्षेत्र में अद्भुत सफलता पायी है। इस सम्पूर्ण ज्ञानराशि का उपयोग मानव की सुख-सुविधा के लिए नहीं, अपितु मानव को पशुत्व की श्रेणी से उठाकर देवत्व की श्रेणी में लाने के लिए होना चाहिए। वैसा होने पर स्वभावतः ही ज्ञान से आनन्द की प्राप्ति होगी। बच्चे सोचते हैं कि इन्द्रिय-सुख ही सर्वस्व है। पर तुम जानते हो कि इन्द्रिय-सुख से बौद्धिक सुख सूक्ष्मतर होता है। जितना आनन्द कुत्ते को खाने में आता है, उतना किसी आदमी को नहीं आ सकता। तुम इस बात की परीक्षा कर सकते हो। तब आदमी को आनन्द आता किसमें है ? मैं उस आनन्द की बात नहीं करता, जो किसी कुत्ते अथवा सूअर को भोजन करते वक़्त मिलता है। सोचो तो भला, सूअर किस तन्मयता से खाता है ! वह इतना विभोर होकर खाता है कि उस समय सम्पूर्ण विश्व को भूल जाता है। इसकी सारी सत्ता इसके भोजन द्वारा अभिभूत हो गई है। जब इसके पास भोजन है इसे परवाह नहीं अगर यह मार भी डाला जाता है। इसके सुख की तीव्रता का ख़्याल करो किसी मनुष्य को ऐसा नहीं होता। मनुष्य का भोजनजनित वह आनन्द तब कहाँ चला गया ? मनुष्य ने उसे बौद्धिक आनन्द में परिवर्तित कर लिया है। सूअर धार्मिक उपदेशों में आनन्द नहीं ले सकता। इस बौद्धिक आनन्द से भी एक कदम ऊँचा और तीव्रतर आध्यात्मिक आनन्द है, जो मस्तिष्क और बुद्धि की सीमाओं के पार की वस्तु है। किन्तु उसे पाने के लिए हमें इन्द्रियजनित सारे सुखों को छोड़ना पड़ेगा। यही उपयोगिता का चरम विन्दु है। उपयोगिता वही है, जिसका मैं उपभोग करूँ, प्रत्येक आदमी उपभोग करे; और उसी उपयोगिता की हमें तलाश है !

[हम देखते हैं कि एक पशु जितना आनन्द अपनी इन्द्रियों के माध्यम से पाता है, उससे अधिक आनन्द मनुष्य अपनी बुद्धि के माध्यम से अनुभव करता है। साथ ही हम यह भी देखते हैं कि मनुष्य आध्यात्मिक प्रकृति का बौद्धिक प्रकृति से भी अधिक आनन्द प्राप्त करते हैं। इसलिए मनुष्य का परम ज्ञान आध्यात्मिक ज्ञान ही है। इस ज्ञान के होते ही परमानन्द की प्राप्ति होती है। संसार की सारी चीज़ें मिथ्या, छाया मात्र हैं, वे परम ज्ञान और आनन्द की तृतीय या चतुर्थ स्तर की अभिव्यक्तियाँ हैं।]

यह वह आनन्द है, जो मानव मात्र को प्रेम करने से मिलता है। इस आध्यात्मिक आनन्द की छाया मानव-प्रेम में देखने को मिलती है। किन्तु इसे ही वह आनन्द नहीं मान लेना चाहिए। यहीं हम भयंकर भूल कर बैठते हैं : हम अपने क्षुद्र प्रेम को—शारीरिक मानव प्रेम को, कणों के प्रति सम्मोह को, समाज में रहनेवाले प्राणियों के पारस्परिक उत्तेजक आकर्षण को—परमानन्द मान बैठते हैं, जो वह नहीं होता। चूँकि अंग्रेज़ी में इस अभिप्राय का कोई दूसरा शब्द नहीं मिलता, इसलिए मैं इसे 'ब्लिस' (Bliss) कहूँगा, जो शाश्वत ज्ञान के समकक्ष है तथा जो हमारा लक्ष्य है। विश्व में जितने धर्म स्थापित हुए हैं तथा होंगे, उन सबका मूल स्रोत एक रहा है तथा एक ही रहेगा, भले ही विभिन्न देशों में उसे विभिन्न नामों से पुकारा जाय। पाश्चात्य देशों में तुम उसे अंतःस्फुरण (inspiration) कहते हो। यह अंतःस्फुरण क्या है? अंतःस्फुरण ही समस्त आध्यात्मिक ज्ञान का मूल है। हम लोगों ने देखा कि धर्म मूलतः इन्द्रियातीत स्तर का विषय है। उस स्तर पर 'आँखें काम नहीं करतीं और न कान ही; मन के द्वारा वह चिन्त्य नहीं है और न वाणी के द्वारा प्रकाश्य।' यही धर्म का क्षेत्र है, यही उसका लक्ष्य है; और यहीं से प्रेरणा आती है। इस तरह यह स्वतःसिद्ध होता है कि इन्द्रियों के परे जाने के भी उपाय अवश्य हैं। यह पूर्णतः सिद्ध है कि हमारी बुद्धि इन्द्रियों के परे नहीं जा सकती। हमारा सारा चिन्तन इन्द्रियों की सीमाओं में ही होता है। और जिसे हम बुद्धि कहते हैं, वह इन्द्रियों द्वारा संगृहीत तथ्यों पर ही आधारित है। मनुष्य तब इन्द्रियों के परे जा भी सकता है क्या? जो अज्ञेय है, उसे क्या हम जान भी सकते हैं? इसी प्रश्न का उत्तर धर्म के अस्तित्व को निर्धारित करेगा तथा करता रहा है। अति प्राचीन काल से ही मनुष्य यह अनुभव करता आ रहा है कि उसकी इन्द्रियों के समक्ष एक अभेद्य दीवाल खड़ी है और असंख्य नर-नारी इसे भेदने के लिए इससे टकराते रहे हैं। करोड़ों को निराशा हाथ लगी, पर करोड़ों को सफलता भी मिली। यही तो विश्व का इतिहास है। करोड़ों लोग इस बात में विश्वास नहीं करते कि कभी कोई मनुष्य इस प्रयास में सफल भी हो सका है। ये हैं आजकल के संशयवादी लोग। अगर मनुष्य प्रयत्न करे, तो वह इस प्राचीर के पार जा सकता है। मनुष्य के पास केवल बुद्धि ही नहीं है, केवल इन्द्रियाँ ही नहीं हैं; उसके पास बहुत कुछ ऐसा भी है, जो इन्द्रियों की पहुँच के परे है। मैं यहाँ उसकी तनिक व्याख्या करूँगा और मैं आशा करता हूँ कि तुम भी उसको अपने भीतर अनुभव करोगे।

मैं अपना हाथ हिलाता हूँ और अनुभव करता हूँ तथा समझता हूँ कि मैं अपना हाथ हिला रहा हूँ। मैं इसे चेतना कहता हूँ। मुझे इस बात की चेतना है कि मैं

अपना हाथ हिला रहा हूँ। किन्तु मेरा हृदय भी तो क्रियाशील है। मुझे इसकी चेतना नहीं है। फिर भी वह कौन है, जो हृदय को क्रियाशील कर रहा है? वह भी यही सत्ता होगी। इस तरह हम देखते हैं कि यह सत्ता, जो हाथ हिला लेती है, बोल लेती है अर्थात् सचेत होकर क्रियाएँ करती है, वह अचेतन काम भी करती है। इसलिए हम पाते हैं कि यह सत्ता चेतन और अचेतन, दो स्तरों पर काम कर सकती है। अचेतन से जो प्रेरणाएँ हमें मिलती हैं, उन्हें जन्मजात-प्रवृत्ति कहते हैं और जो प्रेरणाएँ चेतन से प्राप्त होती हैं, उन्हें बुद्धि कहते हैं। किन्तु इन दोनों स्तरों से भी ऊँचा एक स्तर है, जिसे हम अतिचेतन कहते हैं। आपाततः यह स्तर भी अचेतन का स्तर ही माना जा सकता है, क्योंकि यह भी तो चेतनावस्था से परे है। किन्तु यह चेतनावस्था से ऊपर का स्तर है न कि उसके नीचे का। यह जन्मजात-प्रवृत्ति नहीं, बल्कि अंतःस्फुरण का स्तर है। इसका प्रमाण है। तुम विश्व के बड़े बड़े पैग़म्बरों और महर्षियों को लो। उनके जीवन में अनेक क्षण ऐसे आते थे, जब उन्हें बाह्य जगत् का कोई ज्ञान नहीं रहता था, पर उसी स्थिति में उन्हें वह परम ज्ञान मिला, जिसका उपदेश उन्होंने दिया है। सुक़रात के बारे में कहा जाता है कि एक बार सेना के साथ जाते हुए उसने एक भव्य सूर्योदय देखा, और इससे उसके मन में अनेक विचार जाग्रत हो उठे। वह दो दिनों तक वहीं धूप में अचेत खड़ा रहा। ऐसे ही क्षणों में सुक़रात को वह ज्ञान मिला, जिसे दुनिया जानती है। सभी धर्म-गुरुओं एवं पैग़म्बरों के सम्बन्ध में भी यही बात कही जा सकती है। उनके जीवन में ऐसे क्षण आते हैं, जब वे मानो चेतना के स्तर से ऊपर उठ जाते हैं और जब एक दिव्य प्रकाश के साथ चेतना के स्तर पर लौटते हैं, तो उस प्रकाश से प्रदीप्त होकर वे उस पार से दिव्य सन्देश लाते हैं, और वे ही विश्व के दिव्य प्रेरित द्रष्टा हैं!

किन्तु एक बहुत बड़ा ख़तरा भी है। कोई भी व्यक्ति कह सकता है कि उसे दैवी प्रेरणा मिली है; बहुत बार वे ऐसा कहते हैं। इसकी कसौटी क्या है? निद्रावस्था में हम अचेतन हो जाते हैं। एक मूर्ख तीन घण्टे तक घोर निद्रा में सोकर जब जगता है तो, यदि और भी अधिक निकम्मा नहीं, तो पहले जैसा मूर्ख ही रहता है। किन्तु दिव्यांतर (transfiguration) के बाद जब नाज़रथ के जीसस लौटते हैं, तो जीसस क्राइस्ट हो जाते हैं। यही अंतर है। एक दिव्य स्फुरण है और दूसरी जन्मजात-प्रवृत्ति। एक निरा बच्चा है, तो दूसरा अनुभवी वयोवृद्ध पुरुष। यह दिव्यस्फुरण हममें से प्रत्येक को मिल सकता है। सारे धर्मों का स्रोत यही है, सारे उच्चस्तरीय ज्ञान का स्रोत यही है और रहेगा। फ़िर भी यह मार्ग ख़तरे से खाली नहीं है। कभी कभी धूर्त व्यक्ति अपने को संसार के ऊपर हावी करने से बाज नहीं आते। और आजकल तो यह काम और भी चल पड़ा है।

मेरे एक मित्र के पास एक बड़ा सुंदर चित्र था। एक दूसरे सज्जन की, जो कुछ धार्मिक प्रकृति के थे और जो काफ़ी धनी थे, आँखें उस तस्वीर पर गड़ गयीं। किन्तु मेरा मित्र उसे बेचने के लिए तैयार न था। एक दिन वे सज्जन आये और कहने लगे, "मुझे प्रेरणा मिली है, ईश्वर से एक सन्देश मिला है।" मेरे मित्र ने पूछा, "कौन सी दिव्य प्रेरणा है वह !" तब उन्होंने कहा, "आप उस चित्र को मुझे अवश्य दे दें।" इस पर मेरे मित्र ने तुरन्त कहा, "अहा, कितनी सुन्दर बात है ! मुझे भी ठीक यही दिव्य प्रेरणा मिली है कि मुझे वह तस्वीर आपको दे देनी होगी। क्या आप चेक लाये हैं ?" "चेक ? कैसा चेक ?" तब मेरे मित्र ने कहा, "तब मैं नहीं मानता कि आपको ठीक ठीक दिव्य प्रेरणा मिली है। मुझे तो यह सन्देश मिला कि जो कोई भी १००००० डालर का चेक लेकर आये, उसे वह तस्वीर दे दूं। इसलिए पहले आप चेक ले आइए।" इस पर उस व्यक्ति को लगा कि वह पकड़ा गया। और तब से उसने फिर कभी दिव्य प्रेरणा मिलने की बात नहीं की। ये ही सब खतरे हैं। बोस्टन में एक सज्जन मेरे पास आये और कहने लगे, "स्वप्न में मुझसे हिन्दू लोगों की भाषा में बातें की गयी हैं।" मैंने कहा कि जो तुमसे कहा गया है, उसे सुनूं भी तो भला। किन्तु उन्होंने बहुत सारे निरर्थक अक्षर लिख डाले। मैंने उसे समझने की भरसक चेष्टा की, पर व्यर्थ। मैंने उनसे कहा कि जहाँ तक मुझे ज्ञान है, ऐसी भाषा हिन्दुस्तान में न तो कभी रही है और न कभी होगी। हिन्दुस्तान के लोग अभी इतने सभ्य नहीं हुए हैं कि ऐसी भाषा का प्रयोग कर सकें। उस सज्जन ने सोचा होगा कि मैं पक्का दुष्ट और संशयवादी आदमी हूँ और उसने अपनी राह ली। इसके बाद मुझे यह सुनकर आश्चर्य न होता कि वह आदमी पागलखाने में था। ये ही दो तरह के ख़तरे दुनिया में हैं। एक तो धूर्तों से और दूसरा मूर्खों से। पर इससे हमें हताश न होना चाहिए, क्योंकि दुनिया की हर बड़ी चीज़ के मार्ग में ख़तरे रहते ही हैं। किन्तु हमें सावधानी अवश्य बरतनी होगी। कभी कभी ऐसे लोगों से हमारी भेंट होती है, जो किसी चीज़ को तर्क की कसौटी पर कसने के लिए एकदम तैयार नहीं होते। कोई भी व्यक्ति आकर क़ह सकता है—मुझे अमुक देवता का सन्देश मिला है। क्या तुम इसे अस्वीकार करोगे ? क्या यह सम्भव नहीं कि अमुक देवता हैं और अपना सन्देश भेज सकते हैं ? नब्बे प्रतिशत मूर्ख उसकी बातों को मान लेंगे। बातों को मान भर लेना उनका काम है। किन्तु एक बात ज़रूर है, कोई भी घटना घट सकती है; अगले साल लुब्धक नक्षत्र के संयोग से पृथ्वी टुकड़े टुकड़े हो जा सकती है। किन्तु जब मैं ऐसा कहता हूँ, तो तुमको पूरा अधिकार है कि मुझसे कहो कि मैं अपने कथन को सिद्ध करके दिखा दूं। जिसे वकील लोग *Onus probandi*

अर्थात्—सिद्ध करने का दायित्व, कहते हैं, वह उस व्यक्ति पर आता है, जो किसी कथन को कहता है। जब मैं कहता हूँ कि मुझे अमुक देवता की दिव्य प्रेरणा मिली है, तो तुम्हारा नहीं, बल्कि मेरा दायित्व होता है कि उसे सिद्ध करके दिखा दूं, क्योंकि कथन तो मेरा ही है। अगर मैं इसे सिद्ध नहीं कर सकता, तो मेरा चुप रहना ही श्रेयस्कर है। अगर तुम इन दो तरह के ख़तरों से बच सको, तो तुम संसार में कहीं भी विचरण कर सकते हो। हममें से बहुतों को यह आभास होता है कि किसी देवता की प्रेरणा हमें मिली है। जब तक उस दिव्य प्रेरणा का सम्बन्ध अपने आपसे रहे, तब तक तो उससे कोई ख़तरा नहीं है; पर जब उसका प्रभाव हमारे सामाजिक सम्बन्धों एवं व्यवहारों पर पड़ने लगे, तो उसके बारे में हज़ार बार सोचकर कदम उठाओ; तभी तुम सुरक्षित रह सकोगे।

हम देखते हैं कि यह अन्तःस्फुरण ही धर्म का एकमात्र मूल स्रोत है; फिर भी इसमें भी सदा ख़तरे की सम्भावना रहती है। और सबसे बड़ा ख़तरा है दावे का अतिरेक। कुछ लोग आकर कहने लगते हैं कि उन्हें ईश्वर का साक्षात्कार हुआ है, वे सर्वशक्तिमान ईश्वर के प्रवक्ता हैं तथा उनके सिवा किसी और को यह अधिकार नहीं मिला है। आपाततः यह कथन ही अनुचित है। अगर विश्व में ऐसी कोई चीज़ है, तो वह सर्वव्यापक है। ऐसी कोई भी क्रिया नहीं, जो विश्व में सर्वत्र नहीं हो सकती, क्योंकि विश्व तो नियमबद्ध है; सर्वत्र ही इसमें नियमितता तथा सामंजस्य है। इसलिए अगर कोई चीज़ एक जगह है, तो वह हर जगह भी है। जिस नियम से एक परमाणु बना है, उसी नियम से बड़े बड़े नक्षत्र और ग्रह भी बने हैं। अगर कभी किसी एक व्यक्ति को दैवी प्रेरणा मिली है, तो विश्व के हर व्यक्ति को प्रेरणा मिलने की सम्भावना है। और यही धर्म है। तुम इन सारे ख़तरों तथा भ्रमों से अलग हटकर धार्मिक तत्त्वों के संसर्ग में आओ और धर्म के विज्ञान का साक्षात्कार करो। बहुत सारे सिद्धान्तों में विश्वास करने, बड़े बड़े ग्रन्थ पढ़ने तथा मन्दिर-मस्जिद में जाने में ही धार्मिकता नहीं सन्निहित है। क्या तुमने ईश्वर का दर्शन किया है? तुमने आत्मा की अनुभूति की है? अगर नहीं, तो क्या तुम इसके लिए साधना कर रहे हो? ये सब बातें वर्तमान जीवन में ही अनुभव करने की हैं। इनके लिए चिरकाल तक प्रतीक्षा करने की ज़रूरत नहीं। भविष्य क्या है? असीमित वर्तमान ही भविष्य है! काल क्या है? एक क्षण का पुनः पुनः दुहराया जाना ही तो है। धर्म इसी जीवन की वस्तु है, इसी वर्तमान जीवन की।

[एक प्रश्न और : लक्ष्य क्या है? आजकल लोग कहते हैं कि मनुष्य दिन दूनी रात चौगुनी प्रगति कर रहा है, किन्तु उसके समक्ष कोई ऐसा विन्दु नहीं, जिसे

वह अपने पूर्णतम विकास का प्रतीक मान ले। सतत आगे बढ़ते जाओ, पर पहुँचो कहीं नहीं। इसका जो भी अर्थ हो, जितना ही अदभुत यह क्यों न हो, किंतु है एकदम अनर्गल। क्या कोई भी गति सीधी रेखा में होती है? और यदि सीधी रेखा अनंत दूरी तक बढ़ायी जाय, तो वह एक वृत्त बना देती है, और आदि विन्दु पर लौट आती है। जहाँ से तुमने प्रारम्भ किया था, वहीं लौटकर आना पड़ेगा। अगर तुमने ईश्वर से प्रारम्भ किया है, तो अन्ततः ईश्वर ही के पास आना पड़ेगा। तब शेष क्या रह जायगा? तुम्हारा स्फुट कार्य। अनन्त काल तक तुमको स्फुट कार्य करते रहना पड़ेगा।'

एक दूसरा प्रश्न भी है : क्या प्रगति के पथ में हम नये धार्मिक सत्यों का भी अनुसन्धान कर सकते हैं? हाँ, और नहीं भी। पहले तो हम धर्म के बारे में इससे अधिक अब नहीं जान सकते। जो ज्ञेय था, वह ज्ञात हो चुका। संसार के सभी धर्म घोषित करते ह कि हम सब में एकता का कोई न कोई सूत्र है। अगर हम उस दैवी सत्ता से एक हो चुके, तो इस अर्थ में आगे और प्रगति नहीं हो सकती। ज्ञान का अर्थ है, विविधता में इस एकता की उपलब्धि। मैं तुम लोगों के बीच स्त्री और पुरुष देखता हूँ——यह हुई विविधता। यदि मैं तुम सब लोगों को एक ही वर्ग में रखकर मानव कहूँ, तो यह वैज्ञानिक ज्ञान कहा जायगा। दृष्टान्त के लिए रसायनशास्त्र को लो। सभी ज्ञात पदार्थों को रसायनशास्त्री उनके मौलिक तत्त्वों में विश्लेषित करना और यदि संभव हो तो, उस एक तत्व को खोज लेना चाहते हैं, जिससे यह सब उद्भूत हुए हैं। ऐसा समय आ सकता है, जब वे इस एक तत्त्व को जान लेंगे। उसका पता चल जाने पर वे और आगे नहीं जा सकेंगे, रसायनशास्त्र पूर्ण हो जायगा। ठीक यही बात आध्यात्मिक विज्ञान के साथ भी है। यदि हम इस मौलिक एकता को जान लेते हैं, तो और आगे प्रगति नहीं हो सकती।]

जिस दिन यह पता चल गया, 'मैं और मेरे पिता एक ही हैं', उसी दिन धार्मिक ज्ञान का अन्तिम शब्द कह दिया गया। इसके बाद तो उसका विवरण करना ही शेष रहा। सच्चे धर्म में अन्धविश्वास जैसा विश्वास या आस्था नहीं होती। किसी भी महान् धर्मगुरु ने ऐसा उपदेश नहीं दिया है। मूर्ख लोग इस और उस आध्यात्मिक महापुरुष के अनुयायी होने का दम्भ भरते हैं, और भले ही उनमें कोई शक्ति न हो, सारी मानवता को आँखें बंद करके विश्वास करने का उपदेश देते फिरते हैं। आख़िर विश्वास किसमें किया जाय? बिना सोचे-विचारे विश्वास करना तो आत्मा का पतन है। तुम नास्तिक भले ही हो जाओ, परन्तु बिना सोचे-विचारे किसी चीज़ में विश्वास न करो। तुम क्यों अपनी आत्मा को पशुओं के स्तर में ले

आओ ? ऐसा करके तुम केवल अपने को ही हानि नहीं पहुँचाते, बल्कि समाज तथा आनेवाली पीढ़ी को भी। तनकर खड़े हो, अन्धविश्वास छोड़कर तर्क करो। धर्म मान्यताओं का नहीं, होने तथा बन जाने का विषय है। यही धर्म है और अगर तुम इसका अनुभव कर लोगे, तो धार्मिक कहे जाओगे। इसके पहले तुम पशुओं से भिन्न नहीं हो। बुद्ध ने कहा है--"जो तुमने सुना है, उसमें विश्वास न कर लो; न इसीलिए विश्वास कर लो कि ये सिद्धान्त तुम्हें पिछली पीढ़ियों से प्राप्त हुए हैं; किसी बात में इसलिए विश्वास न कर लो कि उसे लोग अन्धों की तरह मानते हैं; न इसलिए विश्वास करो कि कोई वृद्ध महर्षि कुछ कह रहे हैं; न उन सत्यों में विश्वास कर लो, जिनसे अभ्यासवश तुम्हारा सम्बन्ध हो गया है; और न अपने गुरुओं अथवा वृद्ध जनों के प्रमाण मात्र पर विश्वास कर लो। अपने आप सोचो, विश्लेषण करो, और तब यदि निष्कर्ष तुम्हें बुद्धिसंगत तथा सबके लिए हितकर लगे, तो उसमें विश्वास करो और उसे अपने जीवन में ढाल लो।"

तर्क और धर्म

(इंग्लैण्ड में दिया गया भाषण)

सत्य के विषय में शिक्षा पाने के लिए नारद नामक एक ऋषि दूसरे एक ऋषि सनत्कुमार के पास गये। सनत्कुमार ने उनसे पूछा कि आपने अभी तक क्या क्या अध्ययन किया है। नारद ने उत्तर दिया कि उन्होंने वेद, ज्योतिष और इतर शास्त्र भी पढ़ लिया, पर तब भी उन्हें तृप्ति न मिली। तब दोनों में वार्तालाप शुरू हुआ, जिसके मध्य सनत्कुमार ने कहा कि वेद, ज्योतिष, दर्शन आदि गौण— अपरा विद्याएँ हैं, अन्य विज्ञान भी गौण हैं। जिसके द्वारा हम ब्रह्म का साक्षात्कार करते हैं, वही सर्वोच्च ज्ञान है, परा विद्या है। प्रत्येक धर्म में हम यही भाव पाते हैं और यही कारण है कि धर्म सदा परम ज्ञान होने का दावा करता है। विज्ञानों का ज्ञान जीवन के मानो कुछ ही अंशों पर प्रकाश डालता है। परन्तु धर्म जो ज्ञान हमें प्रदान करता है, शाश्वत है और वह धर्म द्वारा उपदिष्ट सत्य की ही भाँति असीम है। दुर्भाग्यवश अपनी इसी श्रेष्ठता के दावे के कारण धर्म लौकिक ज्ञान को प्रायः हेय दृष्टि से देखता है– यही नहीं, बल्कि उसने लौकिक ज्ञान की सहायता द्वारा अपने को युक्तिसंगत सिद्ध करना अनेक बार अस्वीकार किया है। फलतः संसार भर में धार्मिक तथा लौकिक ज्ञान में युद्ध होता रहा है। धर्म भ्रमातीत आप्त-प्रमाण को अपना निर्देशक होने का दावा करता है और इस विषय पर लौकिक ज्ञान को जो कुछ कहना है, उसे सुनना नहीं चाहता तथा विज्ञान तर्क के अपने पैने शस्त्र द्वारा, धर्म जो कुछ करता है, उसके टुकड़े टुकड़े कर डालना चाहता है। प्रत्येक देश में यह युद्ध होता रहा है और इस समय भी हो रहा है। धर्म बारंबार पराजित और लगभग उच्छिन्न होते रहे हैं। फ्रांस की क्रान्ति के समय बुद्धि की देवी की आराधना ही मानवता के इतिहास में इस व्यापार की प्रथम अभिव्यक्ति नहीं थी, वह तो जो प्राचीन काल में होता रहा है, उसी की पुनरावृत्ति मात्र थी, केवल आधुनिक युग में उसने बृहत्तर रूप ग्रहण कर लिया है। भौतिक विज्ञान पहले की अपेक्षा अब अधिक सुसज्जित है और धर्म अधिकाधिक निरस्त्र होते गये हैं। सारी नींव ही विध्वस्त हो गयी है; और आधुनिक मनुष्य, चाहे लोगों के बीच वह जो कुछ भी कहे, अपने हृदय के एकान्त में यह जानता है कि

अब वह 'विश्वास' नहीं कर सकता। कतिपय बातों में इसलिए विश्वास करना कि पुरोहितों की कोई संगठित संस्था विश्वास करने के लिए कहती है, या ऐसा किसी ग्रंथ में लिखा है, या इसलिए विश्वास करना कि उसका समाज चाहता है––आधुनिक मनुष्य जानता है कि ऐसा कर पाना उसके लिए असंभव है। कुछ लोग ऐसे अवश्य हैं, जो तथाकथित लोकप्रिय धर्म से संतोष कर लेते हैं, किन्तु हम अच्छी तरह जानते हैं कि वे कुछ सोचते-विचारते नहीं हैं। उनकी 'आस्था' की धारणा को 'चिन्तनशून्य प्रमाद' ही कहा जा सकता है। धर्म के प्रासाद के चूर चूर हुए बिना यह युद्ध और आगे नहीं चल सकता।

अब प्रश्न उठता है, क्या बचने का कोई उपाय है? इस प्रश्न को और भी अच्छे ढंग से रखा जा सकता है : क्या धर्म को भी स्वयं को उस बुद्धि के आविष्कारों द्वारा सत्य प्रमाणित करना है, जिसकी सहायता से अन्य सभी विज्ञान अपने को सत्य सिद्ध करते हैं? बाह्य ज्ञान-विज्ञान के क्षेत्र में जिन अन्वेषण-पद्धतियों का प्रयोग होता है, क्या उन्हें धर्म-विज्ञान के क्षेत्र में भी प्रयुक्त किया जा सकता है? मेरा विचार है कि ऐसा अवश्य होना चाहिए और मेरा अपना विश्वास भी है कि यह कार्य जितना शीघ्र हो, उतना ही अच्छा। यदि कोई धर्म इन अन्वेषणों के द्वारा ध्वंसप्राप्त हो जाय, तो वह सदा से निरर्थक धर्म था,––कोरे अंधविश्वास का, एवं वह जितनी जल्दी दूर हो जाय, उतना ही अच्छा। मेरी अपनी दृढ़ धारणा है कि ऐसे धर्म का लोप होना एक सर्वश्रेष्ठ घटना होगी। सारा मैल धुल ज़रूर जायगा, पर इस अनुसन्धान के फलस्वरूप धर्म के शाश्वत तत्त्व विजयी होकर निकल आयेंगे। वह केवल विज्ञानसम्मत ही नहीं होगा––कम से कम उतना ही वैज्ञानिक जितनी कि भौतिकी या रसायनशास्त्र की उपलब्धियाँ हैं––प्रत्युत् और भी अधिक सशक्त हो उठेगा; क्योंकि भौतिक या रसायनशास्त्र के पास अपने सत्यों को सिद्ध करने का अंतःसाक्ष्य नहीं है, जो धर्म को उपलब्ध है।

जो लोग धर्म के क्षेत्र में बौद्धिक अन्वेषण की उपयोगिता मानने को प्रस्तुत नहीं हैं, वे मुझे कुछ कुछ स्वविरोधी प्रतीत होते हैं। उदाहरणार्थ ईसाई दावा करता है कि उसका धर्म ही सत्य है; क्योंकि वह अमुक में प्रकाशित हुआ था। मुसलमान अपने धर्म के लिए यही दावा करता है; क्योंकि वह अमुक में प्रकाशित हुआ था। परन्तु ईसाई मुसलमान से कहता है, "तुम्हारे आचार-शास्त्र का कुछ अंश निर्दोष नहीं प्रतीत होता। उदाहरणस्वरूप, ऐ मेरे मुसलमान दोस्त, तुम्हारे ग्रंथ कहते हैं, काफ़िर को बलपूर्वक इस्लाम धर्म में दीक्षित कर लो, और अगर वह इस्लाम धर्म को इनकार करे, तो उसका क़त्ल किया जा सकता है। काफ़िर को मारनेवाला कोई भी मुसलमान बहिश्त में ज़रूर प्रवेश कर पायेगा—

उसके पाप और दुष्कर्म जो भी रहे हों।" मुसलमान इसका मुँहतोड़ जवाब देता है कि "ऐसा करना मेरे लिए ठीक है, क्योंकि मेरे धर्मग्रंथों की यही हिदायत है। मुझसे ग़लती तब होती, जब मैं ऐसा न करता।" ईसाई कहता है, "परन्तु मेरी बाइबिल तो ऐसा निर्देश नहीं करती है!" मुसलमान का उत्तर होता है, "मैं कुछ नहीं जानता, तुम्हारे धर्मग्रंथ मेरे लिए आप्त वाक्य नहीं हैं; मेरे धर्मग्रंथ का निर्देश है, सारे काफ़िरों का वध कर दो। सही-ग़लत की पहचान तुम्हें कैसे हो? मेरे धर्मग्रंथ में लिखी बातें ही सही हैं। और तुम्हारे धर्मग्रंथ का यह निर्देश 'प्राण न लो' ग़लत है। मेरे ईसाई दोस्त, तुम भी तो यही कहते हो; तुम्हारा कथन है कि जिहोवा ने यहूदियों से जो कुछ करने को कहा, वह ठीक है, जिसका उन्होंने निषेध किया, वह ग़लत है। यही मेरा भी कहना है, मेरे ग्रंथ में अल्लाह की घोषणा है कि कुछ चीज़ें की जानी चाहिए और कुछ नहीं, और यही सही-ग़लत की कसौटी है।" इतने पर भी ईसाई सन्तुष्ट नहीं। वह नैतिक आदर्श की दृष्टि से 'शैलोपदेश' की तुलना 'क़ुरान शरीफ़ की आयतों' से करने का हठ करता है। इसका फैसला कैसे हो? ग्रंथ-प्रमाण से तो यह सम्भव नहीं, क्योंकि आपस में झगड़नेवाले धर्मग्रंथ निष्पक्ष निर्णायक नहीं हो सकते हैं। अतः हमें निश्चय ही स्वीकार करना होगा कि इन ग्रंथों से परे कोई ऐसा तत्त्व है, जो अधिक सार्वभौमिक है, जो संसार में प्रचलित नीति-संहिताओं से भी अधिक उदात्त है, जो विविध राष्ट्रों के अंतःस्फुरणों के बलाबल का निर्णय करने में समर्थ है। भले ही उसे हम साहस एवं स्पष्टता के साथ घोषित करें या न करें, किन्तु इतना तो स्पष्ट है कि यहाँ हम बुद्धि का ही सहारा लेते हैं।

अब प्रश्न उठता है कि क्या बुद्धि का आलोक विभिन्न अंतःस्फुरणों की यथार्थता का निर्णय करने में समर्थ है, क्या वह पैग़म्बरों के झगड़े की मध्यस्थता करते समय अपने आदर्श की रक्षा कर पायेगी, क्या धर्म के तत्त्वों की परख करनेवाली शक्ति उसमें है? अगर उसमें ये योग्यताएँ नहीं हैं, तो युग युग से धर्मग्रंथों और धर्मदूतों के मध्य होते आये निरर्थक विवादों का निर्णय कदापि सम्भव नहीं; क्योंकि इसका निष्कर्ष यही है कि समस्त धर्म मिथ्या हैं, और कोरे परस्पर विरोधी हैं; जिनके पास आचरण सम्बन्धी कोई भी नियत सिद्धान्त नहीं हैं। धर्म का प्रमाण किसी ग्रंथ पर नहीं, मनुष्य की रचना की सत्यता पर निर्भर है। ग्रंथ तो मनुष्य की रचना के बहिर्गमन हैं, परिणाम हैं; मनुष्य ही इन ग्रंथों के प्रणेता हैं। मनुष्य का निर्माण कर सकनेवाले ग्रंथों के दर्शन अभी हमें करना है। बुद्धि भी उसी सामान्य कारण, मानव की संरचना का ही परिणाम है; और वही हमें न्याय की याचना के लिए जाना पड़ेगा। और चूँकि केवल बुद्धि का ही इस संरचना से सीधा सम्बन्ध है,

इसलिए जब तक वह उसका अनुगमन करती रहती है, तब तक उसीकी शरण में हमें जाना पड़ेगा। बुद्धि से मेरा आशय क्या है? मेरा आशय वही है, जो आज का हर शिक्षित स्त्री या पुरुष करना चाहता है, अर्थात् लौकिक ज्ञान के आविष्कारों को धर्मक्षेत्र में प्रयुक्त करना। बुद्धि का आदि तत्त्व है, विशेष की सामान्य से, सामान्य की अधिक सामान्य से, अंततः सार्वभौम सामान्य प्राप्त होने तक व्याख्या करना। उदाहरणार्थ हममें विधान या नियम की धारणा है। यदि कहीं कुछ घटित हो और हमें यह विश्वास हो जाय कि यह घटना किसी नियम का परिणाम है, तो हम सन्तुष्ट हो जाते हैं; यह हमारे लिए उसकी व्याख्या है। इस व्याख्या से हमारा यह आशय सिद्ध हो गया कि यह एक परिणाम, जिससे पहले हमें असन्तोष था, नियम कही जानेवाली घटनाओं की सामान्य राशि की एक विशेष घटना मात्र है। जब एक सेब गिरा, न्यूटन असन्तुष्ट हो गया; परन्तु जब उसने देखा कि सभी सेब नीचे गिरते हैं, क्योंकि गुरुत्वाकर्षण का सिद्धान्त ही ऐसा है, तो उसको सन्तोष मिला। यह मानवीय ज्ञान का एक सिद्धान्त है। मैं सड़क पर एक विशेष प्राणी, एक मानव प्राणी विशेष को देखता हूँ। उसे एक बृहत्तर धारणा 'मानव' में न्यस्त करता हूँ, और मैं सन्तुष्ट हो जाता हूँ। मैं उसे अधिक सामान्य धारणा से न्यस्त करके यह जानता हूँ कि वह मानव है। विशेष को सामान्य से, सामान्य को अधिक सामान्य से, और अन्त में सबको सार्वभौम सामान्य से, अन्तिम सामान्य प्रत्यय, जो हमारे पास है, ऐसी व्यापकतम धारणा—सत्ता की धारणा—से सम्बद्ध करना है। सत्ता की धारणा ही महत्तम व्यापक धारणा है।

हम सभी मानव हैं; अर्थात् हम प्रत्येक मानो एक सामान्य धारणा—मानवता का विशिष्ट अंग हैं। मानव, बिल्ली, कुत्ता आदि सभी प्राणी हैं। ये विशिष्ट उदाहरण मानव, बिल्ली, कुत्ता आदि एक बृहत्तर और अति व्यापक धारणा—प्राणी—के अंग हैं। मानव, बिल्ली, कुत्ता, पौधा, पेड़ आदि एक और व्यापक धारणा 'जीवन' के अन्तर्गत आते हैं। फिर, ये समस्त जड़, चेतन, उस विराट् 'सत्' के अन्तर्गत हैं, क्योंकि हम सब उसी सत् में अवस्थित हैं। इस व्याख्या का इतना ही प्रयोजन है कि विशेष को उच्चतर सामान्य के द्वारा, उसके समानधर्मी अनेक के द्वारा सम्बद्ध किया जाय। मन ने एक प्रकार से ऐसे सामान्यों के बहुसंख्यक वर्गों को संचित कर रखा है। वह दरबों से भरा हुआ जैसा है, जहाँ यह समस्त प्रत्यय एक साथ वर्गीकृत हैं और जब कभी कोई नयी चीज़ दिखायी पड़ती है, तो मन तत्काल ही दरबों में से उसकी समानधर्मी वस्तु को खोजने का प्रयत्न करता है। यदि हमें यह वस्तु मिल गयी, तो हम इस नये प्रत्यय को वहीं रख देते हैं

और हमें संतोष प्राप्त हो जाता है। तब यह कहा जाता है कि हमें तद्विषयक जानकारी हो गयी। यही ज्ञान का अर्थ है, इससे अधिक कुछ नहीं। यदि हमें मस्तिष्क की इन निधियों में समानधर्मी कोई वस्तु नहीं मिलती, तो हम असन्तुष्ट हो जाते हैं, और हम तब तक प्रतीक्षा करते हैं, जब तक मस्तिष्क में विद्यमान कोई नया वर्गीकरण न प्राप्त हो जाय। इसलिए, जैसा पहले कहा गया है, ज्ञान कमोबेश वर्गीकरण का पर्याय है। इसके अतिरिक्त भी कुछ और है। ज्ञान की एक दूसरी व्याख्या है, जिसमें किसी वस्तु या विचार की व्याख्या बाहर से न होकर भीतर से प्राप्त होती है। ऐसा विश्वास किया जाता था कि जब आदमी पत्थर ऊपर फेंकता है, तो एक दैत्य उसे नीचे खींच लेता है। अनेक घटनाओं को, जो यथार्थत: प्राकृतिक हैं, लोग अप्राकृतिक शक्तियों द्वारा घटित मानते हैं। पत्थर नीचे गिरानेवाला कोई दैत्य था, यह एक ऐसी व्याख्या थी, जो वस्तुगत नहीं थी, इसकी व्याख्या बाह्यारोपित है। गुरुत्वाकर्षण की दूसरी व्याख्या पत्थर के सहज धर्म पर आधारित है, वह भीतर से प्राप्त होती है। समस्त आधुनिक चिन्तन-धारा में तुम्हें यही प्रवृत्ति दिखायी पड़ेगी। संक्षेप में, विज्ञान का अभिप्राय है कि किसी वस्तु की व्याख्या स्वयं उसकी प्रकृति में निहित है और सृष्टि में घटित होनेवाली घटनाओं की व्याख्या किसी बाह्य सत्ता या शक्तियों पर आश्रित नहीं है। रसायनशास्त्री को अपने तथ्य निरूपण में किसी दैत्य, भूत, प्रेत आदि की आवश्यकता नहीं है। भौतिकशास्त्री या अन्य वैज्ञानिक अपने तत्त्व-प्रतिपादन में इस प्रकार की वस्तुओं पर निर्भर नहीं हैं। और विज्ञान का एक यही विशेष अंग है, जिसे मैं धर्मक्षेत्र में प्रयुक्त करना चाहता हूँ। इस वैशिष्ट्य से वंचित रहने से ही धर्म जीर्ण-शीर्ण हो रहे हैं। प्रत्येक विज्ञान अपनी व्याख्या को भीतर से प्राप्त करना---वस्तुधर्मी बनाना---चाहता है और धर्म ऐसा करने में असमर्थ है। विश्व से पूर्णतया पृथक् व्यक्तिविशेष ईश्वर की सत्ता एक प्राचीन मत है, जो अति आदि काल से ही स्वीकृत होता आया है। इसके समर्थन में युक्तियों की पुनरावृत्ति बराबर होती रही है, किस प्रकार यह आवश्यक है कि एक ऐसे ईश्वर की सत्ता स्वीकार की जाय, जो विश्व से पृथक् है, जो विश्व की व्याप्ति से परे है, जिसने अपनी इच्छा से विश्व का सृजन किया है, जिसकी कल्पना धर्म शासक के रूप में करता है। इन सब तर्कों के बावजूद हम देखते हैं कि सर्वशक्तिनिधान ईश्वर करुणा-निधान संज्ञा से भूषित है, और साथ ही साथ संसार की विषमताएँ भी बनी हुई हैं। दार्शनिक को इन सब चीजों से कोई सरोकार नहीं, परन्तु वह कहता है कि यह सिद्धान्त मूलत: ग़लत है, यह व्याख्या वस्तु की अपनी प्रकृति पर आश्रित न होकर बाह्याधारित है। विश्व का मूल कारण क्या है? इससे परे

कोई शक्ति है, कोई सत्ता जो इस विश्व का संचालन कर रही है ! जिस प्रकार पत्थर गिरने के तथ्य की व्याख्या युक्तियुक्त प्रतीत नहीं हुई, उसी प्रकार धर्म की उनकी यह व्याख्या भी संतोषजनक नहीं हो सकी। और धर्म इससे अधिक अच्छी व्याख्या देने में असमर्थ होने के कारण ढहे जा रहे हैं।

इसीसे सम्बन्धित एक और विचारधारा है—आधुनिक विकासवाद का सिद्धान्त जो इसी सिद्धान्त का दूसरा पक्ष है कि वस्तु की व्याख्या अपनी प्रकृति पर आधारित है। विकासवाद का सार यही है कि वस्तु-प्रकृति की पुनरावृत्ति होती है, कार्य कारण का ही दूसरा रूप है, कारण में ही कार्य की सारी सम्भावनाएँ विद्यमान हैं, सारी सृष्टि विकास का परिणाम है, सृजन का नहीं। अर्थात् हर कार्य पूर्ववर्ती कारण की आवृत्ति मात्र है, परिस्थितिवश रूप-परिवर्तन होता है, और सम्पूर्ण सृष्टि में यही सिद्धान्त लागू है। यह प्रत्यक्ष है, एवं हमें इन परिवर्तनों के कारण की खोज में सृष्टि के बाहर जाने की जरूरत नहीं : कार्य में ही कारण-शृंखला विद्यमान है। बाहर किसी कारण की खोज करना अनावश्यक है। यह भी धर्म की आधारशिला को धक्का देनेवाला हुआ। धर्म शक्तिहीन पड़ रहे हैं, इससे मेरा इतना ही आशय है कि जो धर्म सृष्टि से परे किसी देवी-देवता की धारणा से चिपके हुए हैं, और जो यह मानते हैं कि यह एक महा मानव है, और कुछ नहीं, वे धर्म अब अपने पैरों पर खड़े नहीं रह सकते, वे मानो आधारहीन से हो गये हैं।

क्या ऐसा भी कोई धर्म हो सकता है, जो इन दोनों तत्त्वों से मंडित हो ? मेरा तो विश्वास है कि वैसा धर्म हो सकता है। हम देख चुके हैं कि पहले हमें उस सामान्यीकरण के सिद्धान्त को सन्तुष्ट करना होगा। विकासवाद के सिद्धान्त के साथ भी सामान्यीकरण के सिद्धान्त को संगत होना चाहिए। हमें अन्त में एक चरम सामान्यीकरण के सिद्धान्त की शरण में जाना पड़ेगा, जो केवल अन्य सभी सामान्यों में सबसे अधिक सर्वव्यापक न होगा, बल्कि जिससे अन्य सभी कुछ निकला होगा। वह निम्नतम कार्य या परिणाम की ही प्रकृति का होगा। कारण—उच्चतम, अंतिम आदिम कारण और उसके निम्नतम और अति दूरवर्ती परिणाम–अविकासों की शृंखला, दोनों ही समान होगा। वेदान्त प्रतिपाद्य ब्रह्म इस शर्त को पूर्ण करता है, क्योंकि जिस अंतिम सामान्यीकरण में हम पहुँच सकते हैं, वह ब्रह्म ही हो सकता है। वह गुणातीत है, किन्तु, सत्, चित्, आनन्दस्वरूप —निरपेक्ष है। मानवीय चेतना की पहुँच जिस अन्तिम सामान्यीकरण तक हो सकती है, वह यही 'सत्' है। 'चित्' सामान्य ज्ञान नहीं, किन्तु उस तत्त्व का मूल है, जो अपने को विकास-क्रम के अनुसार प्राणियों एवं मानवों में ज्ञान के रूप में अभिव्यक्त कर रहा है। उस ज्ञान के सार को यदि चेतना से भी परे एक

अन्तिम तथ्य कहा जाय, तो भी अनुचित न होगा। ज्ञान का असली आशय यही है, एवं सृष्टि में वस्तुओं के मूलभूत एकत्व के रूप में हम इसीको पाते हैं। मेरी समझ में आधुनिक विज्ञान जिस तथ्य का बार बार पुष्टीकरण कर रहे हैं, वह यह है कि हम सब 'एक' हैं—मन, देह, आत्मा, तीनों में। यह भ्रामक विचार है कि हम देह-रचना की दृष्टि से पृथक् हैं। तर्क करने के लिए मान लिया कि हम जड़वादी हैं, फिर भी हमें, मानना पड़ेगा कि सम्पूर्ण सृष्टि केवल जड़सागर है, हम और तुम सब जिसकी छोटी छोटी भँवरें हैं। जड़-पुंज हर भँवर में आ मिलते हैं, भँवर का रूप धारण करते हैं और पुनः जड़ के रूप में निकलते रहते हैं। यह हो सकता है कि मेरी देह का जड़ पदार्थ कुछ वर्षों पूर्व तुम्हारी देह में या सूर्य में या किसी पौधे में या अन्य किसी में सदा परिवर्तनशील अवस्था में रहा होगा। मेरी देह और तुम्हारी देह—इसका तात्पर्य क्या है? यह तो देह का एकत्व मात्र है। विचार का भी यही हाल है। यह विचार-सागर है, एक असीम राशि है, जिसमें मेरा और तुम्हारा मन उसकी भँवरों के समान हैं। क्या अभी भी उसका प्रभाव तुम्हें विदित नहीं हो रहा है, कैसे मेरे विचार तुम्हारे मन और तुम्हारे विचार मेरे मन में प्रविष्ट हो रहे हैं? हमारा सम्पूर्ण जीवन एक है, हम सब एक हैं, विचार की दृष्टि से भी। इससे भी व्यापक स्तर पर सामान्यीकरण करने से ज्ञात होता है कि जड़ पदार्थ और विचार का सार उनमें अंतर्भूत आत्मा है; यही वह एकत्व है, जहाँ से सबका उद्भव हुआ है और वह अनिवार्यतः एक होनी चाहिए। हम पूर्णतया एक हैं, हम भौतिक रूप से एक हैं, मानसिक रूप से एक हैं, और स्पष्टतः आत्मिक दृष्टि से एक तो हैं ही—बशर्ते कि आत्मा में हमारी आस्था हो। यही एकत्व वह तथ्य है, जिसे आधुनिक विज्ञान दिनानुदिन प्रमाणित कर रहा है। गर्वित मनुष्य से कहा जाता है कि तुम वही हो, जो एक साधारण कीट है। यह न सोचो कि तुम उससे पूर्णतया भिन्न हो; तुम वही हो। पिछले जन्म में तुम वही रहे हो और कीट ही रेंगते रेंगते इस नर-देह को प्राप्त कर गया है, जिस पर तुम्हें इतना गर्व है। इस सर्व समभाव का उपदेश सृष्टि के जड़-चेतन एवं हमारे बीच एकात्मता की यह पुष्टि अवश्य ही महती उपलब्धि है, जिससे बहुत कुछ सीखा जा सकता है, क्योंकि हममें से अधिकांश अपने से महत्तर के प्राणियों के साथ एक हो जाने पर बड़े हर्ष का अनुभव करते हैं, किन्तु कोई भी निम्नतर प्राणियों के साथ एकात्मता की आकांक्षा नहीं करता। मानवीय अज्ञानता ऐसी है कि हममें से हर कोई अपने को उन्हीं पूर्वजों की सन्तान बताने का प्रयत्न करता है, जिन्हें सामाजिक सम्मान प्राप्त रहा हो, भले ही वे उजड्ड लुटेरे या लुटेरों के सरदार ही क्यों न रहे हों, किन्तु हममें से कोई भी

अपने को उन पुरखों की सन्तान नहीं मानना चाहेगा, जो ग़रीब, लेकिन ईमानदार सत्पुरुष रहे हों। किन्तु हमारी आँखें खुलने लगी हैं, सत्य अपने को अधिकाधिक अभिव्यक्त करने लगा है, और धर्म के क्षेत्र में यह सचमुच एक महान् लाभ है। अद्वैत का भी लक्ष्य बिल्कुल यही है, जो आज मेरे प्रवचन का विषय है। आत्मा इस जगत् का सार-तत्त्व है, समस्त जीवों का केन्द्र-स्थल है, 'वह' तुम्हारे अपने जीवन का सार है, इतना ही नहीं, तुम 'वही' हो, **तत्त्वमसि**। तुम इस विश्व के साथ एक हो। जो अपने को दूसरों से ज़रा भी, बाल की नोक के बराबर भी अलग मानता है, वह तत्काल ही दुःखी हो जाता है। जो इस एकत्व भाव का, सृष्टि से एकत्व का अनुभव करता है; वही सुख का अधिकारी होता है।

इस प्रकार स्पष्ट है कि सामान्यीकरण की चरम परिणति और विकासवाद के सिद्धान्त को निर्दिष्ट करते हुए वेदान्त धर्म विज्ञान-जगत् की माँगों को पूरा कर सकता है। वस्तु की व्याख्या उसकी प्रकृति में निहित है, इस सिद्धान्त को वेदान्त पूर्णरूपेण प्रतिपादित करता है। ब्रह्म के या वेदान्त के ईश्वर के बाहर कुछ नहीं है—बिल्कुल कुछ नहीं। यह सब 'वही' है : विश्व में उसकी ही सत्ता है। 'वह' स्वयं विश्व ही है। 'तू ही पुरुष है, तू स्त्री है, यौवन-मद में विचरण करते हुए तू ही युवा पुरुष है, पग पग पर लड़खड़ाता हुआ वह वृद्ध पुरुष भी तू ही है।'[1] 'वह' यहाँ है। 'उसे' हम देखते अनुभव करते हैं : 'उसीमें' हमारा जीवन, हमारी गति और सत्ता है। बाइबिल के नव व्यवस्थान (New Testament) में उल्लिखित धारणा भी यही है। विश्व में अन्तर्व्याप्त ईश्वर की समस्त वस्तु का सार-तत्त्व एवं सर्वान्तर्यामी होने का भी यह भाव है। 'वह' मानो अपने को ज़गत् में अभिव्यक्त करता है। मैं और तुम उसी असीम सच्चिदानन्द-सागर के क्षुद्र अंश हैं, क्षुद्र बिन्दु हैं, क्षुद्र धाराएँ हैं, क्षुद्र अभिव्यक्तियाँ हैं और उसीमें हमारा निवास है। व्यक्ति व्यक्ति, देव-मानव, मानव-पशु, पशु-पौधे, पौधे-शिलाएँ आदि में जो भेद है, वह तत्त्वतः नहीं है, परिमाणतः है, क्योंकि महत्तम देव से लेकर जड़ के क्षुद्रातिक्षुद्र कण तक सभी उसी असीम सागर की अभिव्यक्तियाँ हैं। हो सकता है कि मैं एक क्षुद्र अभिव्यक्ति हूँ और तुम उच्च। किन्तु दोनों में उपादान एक ही है। हम दोनों एक ही स्रोत—ईश्वर की दो धाराएँ हैं। इसीलिए हमारी-तुम्हारी प्रकृति ईश्वरीय है। जन्मसिद्ध अधिकार से तुम स्वरूपतः ईश्वर हो, वैसा

---

१. त्वं स्त्री त्वं पुमानसि, त्वं कुमार उत वा कुमारी। त्वं जीर्णो दंडेन वंचसि, त्वं जातो भवसि विश्वतोमुखः॥ श्वेताश्वतरोपनिषद् ॥४।३॥

ही मैं भी हूँ। हो सकता है तुम पवित्रता के दिव्य प्रतीक हो और मैं दैत्यों में सबसे क्रूर हूँ; फ़िर भी उस अनन्त सच्चिदानन्द-सागर पर मेरा जन्मसिद्ध अधिकार है; इसी प्रकार तुम्हारा भी। आज तुम ने अपने आप को अधिक अभिव्यक्त किया है। किन्तु ठहरो, मैं अपने को और भी अधिक अभिव्यक्त करूँगा, क्योंकि यह सब मुझमें ही है। किसी बाह्य व्याख्या की आवश्यकता नहीं है; ऐसी व्याख्या की कोई मांग भी नहीं। चराचर विश्व की समष्टि ईश्वर ही है। तो क्या ईश्वर जड़ है? नहीं, कदापि नहीं। जड़ वह ईश्वर है, जो पाँचों इन्द्रियों द्वारा ग्राह्य है; बुद्धि के माध्यम से जाना हुया ईश्वर मन है; और जब आत्मा उसे प्रत्यक्ष करती है, तो वह आत्मा के रूप में ही दृष्ट होता है। वह जड़ नहीं, अपितु जड़ में निहित यथार्थ सार-तत्त्व है। इस कुर्सी का यथार्थ स्वरूप वही है, क्योंकि कुर्सी की रचना के लिए दो चीज़ें आवश्यक हैं। कुछ बाहरी तत्त्व थे, जिनका बोध मुझे इन्द्रियों द्वारा हुआ, और इस बोध में मन का भी कुछ अंश शामिल हुआ और इन दोनों के योग से ही कुर्सी की सत्ता बनी। जो शाश्वत 'सत्' है, इन्द्रियों और बुद्धि से परे, वह स्वयं ईश्वर ही है। उसी सत् स्वरूप ईश्वर पर इन्द्रियाँ कुर्सी, मेज़, कमरे, घर, लोक, चन्द्रमा, सूर्य, नक्षत्र आदि का चित्र बना रही हैं। ऐसी दशा में क्या कारण है कि हम सब यहीं एक कुर्सी देखते हैं और ईश्वर अर्थात् सच्चिदानन्द पर विविध वस्तुओं को हम समान रूप से चित्रित कर रहे हैं? यह ज़रूरी नहीं कि हर कोई एक सा रंग-रूप दे, लेकिन जो एक सा रंग-रूप देते हैं, वे सभी अस्तित्व के एक ही स्तर पर हैं और इसलिए वे एक दूसरे को तथा एक दूसरे के चित्र भी देखते हैं। ऐसे लाखों प्राणी हमारे तुम्हारे बीच होंगे, जो एक ढंग से ईश्वर को चित्रित नहीं करते, और हम उनके चित्रों को एवं उन्हें देख नहीं पाते हैं।

इसके विपरीत, जैसा कि तुम सब जानते हो, आधुनिक भौतिक अन्वेषकों की प्रवृत्ति अधिकाधिक यही प्रमाणित करने की ओर है कि जो सत् है, वह सूक्ष्म ही है; स्थूल केवल आभास है। इसका जो भी प्रयोजन हो, हमें तो स्पष्ट हो गया है कि आधुनिक तर्क-पद्धति की कसौटी पर खरा उतरनेवाला अगर कोई धर्म-सिद्धान्त हो सकता है, तो वह अद्वैत ही है, क्योंकि यही इसकी दोनों आवश्यक मान्यताओं को पूरा करता है। यह चरम सामान्यीकरण है, जो व्यक्तित्व से भी परे है, और प्रत्येक प्राणी में सामान्य रूप से विद्यमान है। वह सामान्यीकरण जिसका अन्त साकार ईश्वर में होता है, कभी भी सर्वव्यापक नहीं हो सकता, क्योंकि ईश्वर की धारणा के लिए पहले यह मानना होगा कि वह दयामय, मंगलमय आदि है। लेकिन यह संसार तो शुभ और अशुभ का एक मिश्रण है। हम इसमें से

एक अंश को पृथक् कर लेते हैं, और साकार ईश्वर के रूप में सामान्यीकरण करते हैं! जैसे तुम कहते हो कि सगुण ईश्वर 'यह' है, 'वह' है, वैसे ही तुम्हें यह भी कहना पड़ेगा कि वह 'यह' नहीं है, 'वह' नहीं है। इस तरह तुम यह सदा देखोगे कि साकार ईश्वर की भावना अपने साथ-साथ साकार एक शैतान की भी भावना लिए होगी। इस तरह हमें यह स्पष्ट है कि साकार ईश्वर की धारणा यथार्थ सामान्यीकरण नहीं है। अतः हमें उससे परे निराकार तक जाना पड़ेगा। उसी में समस्त सुख-दुःख के साथ सृष्टि की सत्ता है, क्योंकि उसमें जो कुछ है, वह सब निराकार से ही आया है। वह ईश्वर कैसा हो सकता है, जिस पर हमें अमंगल आदि का आरोप करना पड़े? वस्तुतः बात यह है कि शुभ और अशुभ, एक ही सत्ता के दो भिन्न पक्ष या अभिव्यक्तियाँ हैं। इन दोनों के स्वतन्त्र अस्तित्व की स्वीकृति आरम्भ से ही भ्रामक सिद्ध हुई। यह भावना कि न्याय व अन्याय परस्पर स्वतन्त्र दो पूर्णतः भिन्न वस्तुएँ हैं और यह कि शुभ व अशुभ दो सतत-विच्छेद्य व सतत-विच्छिन्न वस्तुएँ हैं--हमारे इस संसार में अत्यधिक दुःख के कारण हुए हैं। मुझे किसी एक ऐसे सज्जन से मिलकर बड़ी प्रसन्नता होती, जो मुझे कोई ऐसी वस्तु दिखा सकते जो या तो सदा शुभ हो या सदा अशुभ। जैसे कोई उठ खड़े होकर हमारे इस जीवन की कुछ घटनाओं को दृढ़ता के साथ केवल शुभ ही कहकर और कुछ को केवल अशुभ ही कहकर चिह्नित कर सकता हो। आज जो शुभ है, कल वही अशुभ हो सकता है। आज जो बुरा दिखता है, कल वही भला दिख सकता है। मेरे लिए जो शुभ है, वह तुम्हारे लिए अशुभ हो सकता है। सिद्धान्त यह है कि अन्य वस्तुओं की तरह शुभ-अशुभ में भी विकास की एक परम्परा है। कुछ ऐसी वस्तुएँ हैं, जिन्हें हम उनकी विकास-परम्परा के एक स्थल पर शुभ एवं दूसरे स्थल पर अशुभ कहते हैं। वह तूफ़ान जो मेरे मित्र की मृत्यु का कारण बना, मेरे लिए बुरा है, लेकिन हवा के विषैले कीटाणुओं के संहार द्वारा लाखों नर-नारियों की प्राण-रक्षा का कारण भी वही रहा होगा। उनकी दृष्टि से वह भला है, लेकिन मैं उसे बुरा कहता हूँ। अतः शुभ-अशुभ, दोनों सापेक्ष जगत् के---व्यक्त विश्व के ही अन्तर्गत हैं। हम जिस निराकार तत्त्व का प्रतिपादन कर रहे हैं, वह सापेक्ष ईश्वर नहीं है। इसलिए यह नहीं कहा जा सकता है कि वह शुभ है या अशुभ है, बल्कि वह दोनों से परे है, क्योंकि न तो वह शुभ ही है और न अशुभ ही। हाँ, शुभ, अशुभ की अपेक्षा 'उसकी' निकटतर अभिव्यक्ति है।

ऐसी निर्गुण या निर्विशेष सत्ता या निर्गुण ईश्वर को स्वीकार करने का परिणाम क्या है? हमें क्या लाभ होगा? क्या धर्म मानव-जीवन का एक अंग

बन सकेगा, क्या यह हमें कोई सान्त्वना या सहायता दे सकेगा ? किसी सत्ता से सहायता के लिए प्रार्थना करने की मानव-हृदय की उस आकांक्षा का क्या होगा ? यह सब ही बना रहेगा। साकार ईश्वर भी रहेगा, किन्तु एक दृढ़तर आधारशिला पर। निराकार उसे बल प्रदान करेगा। हमने देखा कि निराकार के बिना साकार नहीं रह सकता। यदि तुम्हारा तात्पर्य एक ऐसी सत्ता से है जो इस संसार से पूर्णतया पृथक् है और जिसने अपनी इच्छा द्वारा शून्य से विश्व की सृष्टि की है, तो यह सिद्ध नहीं किया जा सकता। इस प्रकार की स्थिति असम्भव है। लेकिन यदि हमें निर्विशेष का बोध हो जाय, तो सविशेष, साकार की धारणा भी बनी रह सकती है। यह नाम-रूपात्मक जगत् अपने विविध रूपों में उसी 'निर्विशेष' का विविध पाठ है। जब हम पंचेन्द्रियों के सहारे उसका पाठ करते हैं, तब उसे हम भौतिक जगत् कहते हैं। यदि पाँच से अधिक इन्द्रियोंवाला कोई हो, तो यह निर्विशेष उसे किसी और रूप में भासित होगा। यदि हममें से कोई विद्युत् की संवेदनशीलता प्राप्त कर ले, तो उसे जगत् का बोध सर्वथा भिन्न होगा। 'एकत्व' के विविध व्यक्त रूप होते हैं। इन विविध लोकों की कल्पनाएँ भी उसीके विविध पाठ मात्र हैं, और सगुण ईश्वर ही निर्विशेष या निर्गुण का वह चरम पाठ है जहाँ मानव बुद्धि पहुँच सकती है। अतः जिस अर्थ में यह कुर्सी सत्य है, यह लोक सत्य है, उसी अर्थ में सगुण ईश्वर भी सत्य है, इससे अधिक उसका कोई अर्थ नहीं। वह चरम सत्य नहीं है। अर्थात् सगुण ईश्वर वही निर्गुण ब्रह्म ही है, और उसी अर्थ में सत्य है, जिस अर्थ में एक ही साथ मानव के रूप में मैं सत्य भी हूँ और सत्य नहीं भी। तुम मुझे जिस रूप में देख रहे हो, मैं वह नहीं हूँ; तुम इस विषय में अपनी विचार-बुद्धि को परितृप्त कर सकते हो। क्योंकि तुम्हारी दृष्टि में मेरा जो रूप है, वह प्रकाश, वायुमण्डल के विविध कम्पन तथा अवस्थाएँ, मेरे अपने अन्दर की बहुविध गतियाँ—इन सब के संयोग के फलस्वरूप है। यदि उक्त अवस्थायों में एक भी बदल जाय, तो मैं कुछ और हो जाऊँगा। प्रकाश की विभिन्न अवस्थाओं में एक ही व्यक्ति का फोटो खींचकर तुम्हें इस विषय पर सन्तोष हो जायगा। अतः तुम्हारी इन्द्रियों के माध्यम से मैं जिस प्रकार प्रतीत होता हूँ, वही मैं हूँ। किंतु इन सारे तथ्यों के बावजूद मुझमें अपरिवर्तनशील एक ऐसा कुछ तत्त्व है, ये सारे जिसके अस्तित्व की विभिन्न अवस्थाएँ हैं, यह वह निर्व्यक्तिक 'मैं' है, हजारों 'मैं' जिसके विभिन्न व्यक्तिरूप हैं। मैं शिशु था, युवा था और अब वृद्ध होता जा रहा हूँ। जीवन में प्रतिदिन मेरा शरीर और मेरे विचार बदल रहे हैं, लेकिन इन सब परिवर्तनों के बावजूद उनकी समष्टि का परिमाण सदा एक ही है। वही निर्व्यक्तिक 'मैं' हूँ। ये सारी अभिव्यक्तियाँ जिसके मानो अंश हैं।

इसी प्रकार हमें विदित है कि विश्व का समष्टि-रूप अचल है, लेकिन इस विश्व की सभी वस्तुएँ गतिमान हैं, प्रत्येक वस्तु सतत परिवर्तन की अवस्था में है; सब कुछ सदा बदल रहा है, गतिमान है। साथ ही हम यह भी देखते हैं कि यह ब्रह्माण्ड अपने समग्र रूप में अचल है, क्योंकि गति एक सापेक्ष पद है। गतिहीन एक कुर्सी की अपेक्षा में मैं गतिशील हूँ। गति को सम्भव बनाने के लिए कम से कम दो चीज़ें आवश्यक हैं। यदि सारे ब्रह्माण्ड को एक इकाई मान लिया जाय, तो गति नहीं है; किस की अपेक्षा में यह गतिमान होगा? इसलिए वह निरपेक्ष सत्ता अपरिवर्तनीय है, गतिहीन है और सारी गतिशीलता, सारे परिवर्तन ससीम, इन्द्रिय-गोचर जगत् में ही हैं। वह अखण्ड सत्ता निर्व्यक्तिक है, और निम्नतम अणु से लेकर ईश्वर——सगुण ईश्वर, सृष्टिकर्ता, जगन्नियंता, जिससे हम प्रार्थना करते हैं, जिसके सम्मुख हम नतजानु होते हैं, आदि तक——ये सभी विविध व्यक्तिरूप उसी निर्व्यक्तिक सत्ता के अन्तर्गत हैं। ऐसे एक साकार ईश्वर का प्रतिपादन अनेक युक्ति-प्रमाणों के आधार पर किया जा सकता है। ऐसा सविशेष ईश्वर निर्विशेष ब्रह्म की चरम अभिव्यक्ति के रूप में सहज बोधगम्य है। हम और तुम इसकी निम्नतम अभिव्यक्ति हैं और साकार ईश्वर उच्चतम, जिसकी हम कल्पना कर सकते हैं। न तुम वह सगुण ईश्वर बन सकते हो, न मैं ही। जब वेदान्त कहता है कि हम और तुम ईश्वर हैं, तो उसका आशय सविशेष ईश्वर से नहीं होता। उदाहरणार्थ, एक ही चिकनी मिट्टी से एक चुहिया और एक विशालकाय हाथी दोनों बनाये जाते हैं। क्या मिट्टी की चुहिया कभी मिट्टी का हाथी बन सकेगी? लेकिन दोनों को पानी में डुबाओ, दोनों मिट्टी मात्र रह जाते हैं। मिट्टी के नाते दोनों एक हैं, किन्तु एक चुहिया और एक हाथी के नाते दोनों में शाश्वत भिन्नता है। अनंत, निर्विशेष, उदाहृत मिट्टी के समान है। हम और जगन्नियन्ता अभिन्न हैं, एक हैं, लेकिन उसकी अभिव्यक्ति के रूप में——मानव रूप में हम सर्वदा उसके दास हैं, उपासक हैं। इस तरह हम देखते हैं कि सविशेष ईश्वर बना ही रहता है। इस सापेक्ष संसार का और सब कुछ ही बना रहता है। और धर्म पहले की अपेक्षा एक दृढ़तर आधारशिला पर प्रतिष्ठित हो जाता है। इसलिए सविशेष की जानकारी के लिए पहले हमें निर्विशेष का बोध होना आवश्यक है।

जैसा कि हम देख चुके हैं, तर्कशास्त्र का यह सिद्धान्त है कि सामान्य के सहारे ही विशेष का ज्ञान सम्भव है। इसलिए मनुष्य से ईश्वर तक सभी विशेष पदार्थों का बोध केवल——निर्विशेष——सर्वोच्च सामान्यीकरण के माध्यम से सम्भव है। प्रार्थनाएँ बनीं रहेंगी, अन्तर इतना ही होगा कि वे और अधिक अर्थवती हो जायँगी। प्रार्थना की उन सभी निरर्थक धारणाओं को, निम्न स्तर

की उन प्रार्थनाओं को, जिनका अर्थ केवल हमारे मन की सारी निरर्थक कामनाओं को व्यक्त करना होता है, उन्हें शायद विदा होना पड़ेगा। सभी यथार्थ धर्म-सम्प्रदायों में 'ईश्वर' से प्रार्थना करने नहीं दिया जाता है; उनमें देवताओं से प्रार्थना अनुमोदित है। यह स्वाभाविक भी है। रोमन कैथलिक लोग अपने संत-महात्माओं से प्रार्थना किया करते हैं। यह अच्छी बात है। किन्तु ईश्वर से प्रार्थना करना अर्थहीन है। ईश्वर से साँस भर की हवा मांगना, अपने बगीचे में फल उगाने के लिए पानी की याचना करना आदि यह सब बड़ा अस्वाभाविक है। वे संत-महात्मा, जो हमारे सदृश क्षुद्र जीव थे, हमारी सहायता कर भी सकते हैं। लेकिन जगन्नियंन्ता के सामने जीवन के हर छोटे-छोटे प्रयोजनों के लिए गुहार लगाना और बचपन से यह रट लगाया करना कि 'प्रभु! मुझे सर-दर्द है, उसे दूर करो', यह हास्यास्पद है। इस संसार में लाखों व्यक्तिओं ने शरीरत याग दिया है और वे सारे यहीं विद्यमान हैं। वे देवता या देवदूत हो गये हैं। वे तुम्हारी सहायता करें। लेकिन ईश्वर! यह नहीं हो सकता। उसके समीप हमें श्रेष्ठतर वस्तुओं के लिए ही जाना चाहिए। वह निश्चित ही मूर्ख होगा जो गंगा के किनारे रहकर भी पानी के लिए कुआँ खोदने लगे। वह भी मूर्ख है, जो हीरे की खान के पास रहकर काँच के टुकड़ों लिए ज़मीन खोदे।

वास्तव में परमप्रेममय एवं कृपानिधान ईश्वरके पास तुच्छ सांसारिक वस्तुओं के लिए जाना हमारी मूर्खता होगी। अत: हम उसके पास प्रकाश, बल एवं प्रेम के लिए जायँगे। लेकिन जब तक हम लोगों में दुर्बलता है, दाससुलभ निर्भरता की इच्छा है, तब तक ये क्षुद्र प्रार्थनाएँ, ईश्वर की उपासना की धारणाएँ बनी रहेंगी। किन्तु जो पहुँचे हुए साधक हैं, वे इन साधारण वरदानों के मुँहताज नहीं होते, वे तो अपने लिए कुछ माँगने की बात ही भूल गये होते हैं, अपनी कोई चाह उनमें नहीं होती। उनमें 'मैं नहीं, तू मेरे भाई'—यह भाव ही प्रधान होता है। ऐसे ही लोग निर्विशेष ईश्वर की उपासना के योग्य अधिकारी हैं। और निर्विशेष की यह उपासना क्या है? ऐसी उपासना में दासता की भावना लुप्त है—'प्रभु! मैं कुछ नहीं हूँ, मुझ पर दया करो।' तुम्हें पुरानी फ़ारसी कविता का अंग्रेजी रूपान्तर मालूम होगा: "मैं अपने प्रियतम से मिलने आया। दरवाज़े बंद थे। मैंने दरवाज़ा खटखटाया और भीतर से एक आवाज़ आयी, 'तू कौन?' 'मैं अमुक हूँ।' किवाड़ नहीं खुले। दुबारा मैं आया और खटखटाया। वही प्रश्न दुहराया गया और मैंने भी वही उत्तर दिया। किवाड़ खुले नहीं। मैं तीसरी बार आया और फ़िर वहीं प्रश्न। मैंने जवाब दिया, 'प्रियतम! मैं तुम ही हूँ।'

और दरवाज़ा खुल गया।" निराकार की उपासना का माध्यम सत्य है। सत्य क्या है? यही कि मैं वही हूँ, सोऽहम्। यदि मैं कहूँ कि मैं 'तू' नहीं हूँ, तो यह असत्य है। यदि मैं मुझे तुमसे अलग कहूँ, तो यह असत्य होगा, भयानक भूल होगी। मैं सृष्टि के साथ एकरूप हूँ, जन्मना एक हूँ। मेरी इन्द्रियों के निकट यह स्वत:सिद्ध है कि मैं सृष्टि के साथ अभिन्न हूँ। मैं सर्वत्र व्याप्त वायु, ताप, प्रकाश से अभिन्न हूँ, सनातन काल से विश्वात्मा से अभिन्न हूं। उसी को विराट् विश्व कहा जाता है, भूल से निखिल सृष्टिरूप में ग्रहण किया जाता है, क्योंकि यह वही है, और कुछ नहीं, हृदयस्थ यह वही शाश्वत कर्त्ता है, जो प्रत्येक हृदय में कहता है, 'मैं हूं'––जो मृत्युहीन, निद्राहीन, सदा जाग्रत, अमर है। उसकी महिमा का कभी अंत नहीं होता, उसकी शक्ति अमोघ है। मैं उसके साथ एक हूँ।

यही निर्विशेष की उपासना है––इसका फल क्या होगा? मानव-जीवन में आमूल परिवर्तन हो जायगा। शक्ति, शक्ति ही वह वस्तु है जिसकी हमें जीवन में इतनी आवश्यकता है। कारण, हम जिसे पाप या दु:ख मान बैठे हैं, उसके मूल में हमारी दुर्बलता ही है। दुर्बलता अज्ञान का और अज्ञान दु:ख का जनक हैं। यह उपासना ही हमें शक्ति देगी। फलत: दु:ख हमारे लिए उपहासास्पद होगा, हिंसकों की हिंसा की हम हँसी उड़ायेंगे और खूँख़ार चीता अपनी हिंसक प्रवृत्ति के भीतर मेरी अपनी आत्मा को ही अभिव्यक्त करने लगेगा। यही इस उपासना का फल होगा। परमात्मा से एकीभूत जीवात्मा ही शक्तिमान है, और कोई शक्तिमान नहीं। तुम्हारी बाइबिल में ही क्या तुम्हें मालूम है कि नाज़रथ के ईसा मसीह की अद्भुत शक्ति का रहस्य क्या था? वही अमित, अनन्त शक्ति, जिसने हत्यारों की हँसी उड़ायी और उनको आशीर्वाद दिया, जो उनकी जान लेना चाहते थे। वह यह था कि 'मैं तथा मेरे पिता, एक हैं।' यह वही प्रार्थना थी कि 'परम पिता! जिस प्रकार मैं तुझसे एक हूँ, उसी प्रकार उन सबको मुझसे एक कर दे।' यही निर्विशेष की उपासना है। विश्व से एकात्म हो जाओ, 'उससे' अभिन्न बनो। इस निर्विशेष के लिए किसी प्रदर्शन, किसी प्रमाण की आवश्यकता नहीं है। यह हमारी इन्द्रियों से भी हमारे कहीं अधिक समीप है, हमारी चिन्ताओं से भी अधिक अपना है, उसीके माध्यम से और उसीमें हम देखते-सोचते हैं। कुछ भी देखने के पहले हमें उसे देखना होगा। यह दीवार देखने के लिए भी पहले मुझे उसे देखना होगा और फ़िर दीवार देखनी होगी, क्योंकि वही सनातन कर्त्ता है। कौन किसे देख रहा है? वह हमारे हृदय के अन्तरतम प्रदेश में विराजमान है। देह, मन आदि परिवर्तनशील हैं; शोक, हर्ष, शुभ-अशुभ आते-जाते रहते हैं; दिन और वर्ष बीतते जाते हैं; जीवन का आना-जाना लगा है; किन्तु वह मृत्यु-

ञ्जय है। 'मैं हूं, मैं हूं',—यही वह स्वर शाश्वत है, अपरिवर्तनशील है। उसमें और उसीके माध्यम से ही हम सब कुछ ज्ञात होते हैं। उसी में और उसी के माध्यम से हम सब कुछ देखते हैं। उसी में और उसी के माध्यम से हम अनुभव करते हैं, सोचते हैं, जीते हैं, विद्यमान हैं। वह 'अहं', जिसे हम क्षुद्र 'मैं' मान बैठे हैं, सीमित समझ बैठे हैं, वह केवल मेरा 'अहं' नहीं, बल्कि तुम्हारा है, यह सबका अहं है—जीवों का, देवदूतों का, निम्न से निम्नतम का 'अहं' है। खूनी एवं संत, अमीर एवं ग़रीब, स्त्री एवं पुरुष, नर एवं पशु आदि सबमें समान रूप से वही 'अहं' निवास करता है। एक निम्नतम अमीबा से लेकर महत्तम देवदूत तक में सर्वत्र वह निवास करता है और सतत घोषित करता है : 'सोऽहं', 'सोऽहं'। जब हम सतत विद्यमान इस नाद को समझ लेंगे, जब हम यह पाठ पढ़ लेंगे, तब सम्पूर्ण सृष्टि का रहस्य हमारे लिए खुल जायगा और कुछ भी ज्ञातव्य नहीं रह जायगा। अतः सभी धर्म-सम्प्रदाय जिस सत्य की खोज में लगे हैं, वह हमें प्रत्यक्ष हो जायगा, और हम समझ जायँगे कि भौतिक विज्ञान की ये सारी उपलब्धियाँ गौण हैं। केवल वही वास्तविक ज्ञान है, जो विश्वात्मा के साथ हमें एक बनाता है।

धर्म क्या है ?

रेलवे लाइन पर एक भीमकाय इंजन तेजी से जा रहा था। एक छोटा सा कीड़ा लाइन पर रेंग रहा था। इंजन आ रहा है, यह देखकर धीरे से लाइन से उतरकर उसने अपने प्राण बचाये। फिर भी क्षुद्र नगण्य कीट जो इंजन से दबकर किसी भी क्षण मर जा सकता है, एक जीवित पदार्थ है,और इंजन इतना बृहत्, इतना विशाल होने पर भी केवल एक यंत्र है, एक इंजन ही है। तुम कहोगे, एक में जीवन है और दूसरा केवल जड़ पदार्थ है––उसकी चाहे जितनी शक्ति हो, उसकी गति और वेग जितना ही प्रबल हो, वह जीवनहीन एक जड़ यंत्र के सिवा और कुछ भी नहीं। और वह क्षुद्र कीट, जो लाइन के ऊपर चल रहा था, इंजन के स्पर्श मात्र से जिसकी मृत्यु निश्चित थी, वह उस भीमकाय इंजन की तुलना में श्रेष्ठ और महिमा-सम्पन्न है। वह अनन्त का एक क्षुद्र अंश है, और इसी कारण वह उस शक्तिशाली इंजन से श्रेष्ठ है। उसका यह श्रेष्ठत्व क्यों है ? जीवित प्राणी से निर्जीव जड़ पदार्थ की भिन्नता हम कैसे समझते हैं ? यंत्र के निर्माता ने उसे जिस प्रकार परिचालित करने की इच्छा से उसका निर्माण किया वह यंत्र केवल उतना ही कार्य यन्त्रवत् करता है, उसके कार्य जीवित प्राणी की भाँति नहीं होते। तो फ़िर जीवित और मृत का भेद किस प्रकार किया जाय ? जीवित प्राणी में स्वाधीनता है, बुद्धि है, और निर्जीव जड़ पदार्थ में स्वाधीनता नहीं है; कारण, उसके बुद्धि नहीं है, वह कुछ जड़ नियमों की सीमा में बद्ध है। जो स्वाधीनता हमें यंत्रों से पृथक करती है––उसी की प्राप्ति के लिए ही हम तत्पर हैं। हमारी सभी चेष्टाओं का उद्देश्य उत्तरोत्तर स्वाधीन होना है। कारण, पूर्ण स्वाधीनता पाने पर ही हम पूर्णत्व पा सकते हैं। हमें इस बात का ज्ञान हो या न हो, स्वाधीनता पाने की यह चेष्टा ही सभी प्रकार की उपासना-प्रणालियों की भित्ति है।

संसार में जितने प्रकार की उपासना-प्रणालियाँ प्रचलित हैं, उन सबका यदि हम विश्लेषण करें, तो हमें मालूम होगा कि नितांत असभ्य जातियाँ भूत-प्रेत, दानव, पूर्वजों की आत्माओं की उपासना, सर्प-पूजा, जातीय देव-विशेष की, तथा मृत व्यक्तियों की उपासना करते हैं। ऐसा वे क्यों करते हैं ? कारण यह है कि लोग यह समझते हैं कि किसी अज्ञात रूप से ये देवादि पुरुष उनकी अपेक्षा बड़े हैं, बहुत शक्तिशाली हैं और वे उसकी स्वाधीनता में बाधा डालते हैं। इसी

कारण इन सब पुरुषों को वे सन्तुष्ट करने की चेष्टा करते हैं, जिससे वे उनका किसी प्रकार अनिष्ट न कर सकें, अर्थात् जिससे वे अधिकतर स्वाधीनता लाभ कर सकें। इन सब श्रेष्ठ पुरुषों को सन्तुष्ट करके वरस्वरूप उनसे ऐसी वस्तुएँ लाभ करना चाहते हैं जिन सब को उन्हें अपने प्रयत्न से लाभ करना उचित है।

जो भी हो,इससे यह प्रकट होता है कि समग्र संसार एक चमत्कार की आशा कर रहा है। यह आशा हमें कभी नहीं छोड़ती और हम चाहे जितनी चेष्टा क्यों न करें, हम सब केवल अद्भुत और चमत्कार की ओर दौड़ रहे हैं। जीवन का अर्थ और उसके रहस्य के अविराम अनुसन्धान को छोड़ मन का और क्या अर्थ है ? हम कहेंगे कि असभ्य लोग ही ऐसी बातों के पीछे दौड़ रहे हैं, परन्तु फ़िर भी प्रश्न रहता है कि ऐसा क्यों है ? यहूदी लोग भी एक चमत्कार की याचना कर रहे थे। केवल यहूदी ही क्यों, समग्र जगत् ही हजारों वर्षों से ऐसी प्रत्याशा करता आ रहा है। और समग्र जगत् में सबके भीतर ही एक असन्तोष का भाव दिखायी पड़ता है। हमने एक आदर्श को ग्रहण किया जीवन का एक लक्ष्य स्थिर किया— परन्तु उसकी ओर अग्रसर होकर आधे रास्ते तक पहुँचते ही एक नया आदर्श अपना लिया। एक निर्दिष्ट लक्ष्य की प्राप्ति के लिए हमने कठिन चेष्टाएँ कीं, परन्तु उसके बाद देखते हैं कि हम उसे नहीं चाहते। बारम्बार हमलोगों में ऐसा असन्तोष आता रहता है, किन्तु यदि असन्तोष ही बना रहे, तो हमारे मन में क्या है ? इस सार्वजनीन असन्तोष का अर्थ क्या है ? इसका अर्थ यह है कि स्वाधीनता ही मानव का चरम लक्ष्य है—जब तक वह स्वाधीनता की प्राप्ति नहीं करता, तब तक किसी तरह भी उसका असन्तोष दूर नहीं हो सकता। मनुष्य सर्वदा ही स्वाधीनता का अनुसन्धान कर रहा है, मनुष्य का समग्र जीवन ही केवल इस स्वाधीनता-प्राप्ति की चेष्टा है। शिशु जन्म ग्रहण करते ही नियम के विरुद्ध विद्रोही हो जाता है। उसकी पहली आवाज़ रुदन की होती है, जो अपने बंधनों के प्रति उसका विरोध होता है। स्वाधीनता की यह आकांक्षा ही पूर्णतः स्वतंत्र एक सत्ता की भावना को जन्म देती है। ईश्वर की धारणा मनुष्य की प्रकृति का एक मूल उपादान है। वेदान्त के अनुसार मानव मन की सर्वोच्च ईश्वर-धारणा सच्चिदानन्द है। वह चिद्‌घन और स्वभावतः आनन्दस्वरूप है। हम बहुत दिनों से उसकी वाणी को दबा रखने की चेष्टा करते आये हैं। नियम का अनुसरण करने की इच्छा से हम अपनी स्वाभाविक प्रकृति में बाधा डालने का प्रयास कर रहे हैं, किन्तु हमारा आभ्यन्तरीण मानव-स्वभावसुलभ सहज संस्कार, प्रकृति की नियमावली के विरुद्ध हमें विद्रोह करने के लिए प्रवृत्त कर रहा है। हम इसका अर्थ चाहे न समझें, परन्तु अचेतन रूप से हमारे मानवीय भाव के साथ आध्या-

त्मिक भाव का, निम्न स्तर के मन के साथ उच्चतर मन का, संघर्ष चल रहा है, और यह संघर्ष अपने पृथक् अस्तित्व को जिसे हम 'व्यक्तित्व' कहते हैं—सुरक्षित रखने का प्रयत्न करता है।

यहाँ तक कि नरकों का अस्तित्व भी इस बात को सिद्ध करता है कि हम जन्मसिद्ध विद्रोही हैं। हम जीवन के प्रथम तथ्य, स्वयं जीवन के अन्तर्प्रवाह के विरुद्ध भी विद्रोह करते हैं और चिल्ला उठते हैं, "हमारे लिए कोई नियम नहीं हो सकता।" जब तक हम प्रकृति की नियमावली को मानकर चलते हैं, तब तक हम यंत्र की तरह हैं—तब तक जगत्-प्रवाह अपनी गति से चलता रहता है—उसकी श्रृंखला हम तोड़ नहीं सकते। नियम का पालन ही मनुष्य की प्रकृति हो जाती है। परन्तु जब हमारे भीतर प्रकृति का यह बन्धन तोड़कर मुक्त होने की चेष्टा उत्पन्न होती है, तभी उच्च स्तर के जीवन का प्रथम उन्मेष होना समझना चाहिए। मुक्ति —ओ मुक्ति, मुक्ति—ओ मुक्ति! यही—आत्मा का गीत है। किन्तु हाय! प्रकृति की सैकड़ों श्रृंखलाओं में बद्ध होना ही उसकी नियति है!

चमत्कार-लाभ के लिए यह नाग-पूजा, या भूत-प्रेत की उपासना या दानव-पूजा तथा विभिन्न धर्ममत और साधना क्यों होने चाहिए? किसी भी वस्तु में जीवन है, उसके भीतर एक यथार्थ सत्ता है, यह बात हम क्यों कहते हैं? अवश्य ही इन सब अनुसन्धानों का, जीवन को समझने की, यथार्थ सत्ता की व्याख्या करने की चेष्टा का, कोई अर्थ होगा। यह निरर्थक या व्यर्थ नहीं है। यह मानव की मुक्ति-लाभ की अविराम चेष्टा है। अब हम जिस विद्या को विज्ञान कहते हैं, हज़ारों वर्षों से वह स्वाधीनता-लाभ की चेष्टा करती आ रही है, और लोग स्वाधीनता चाहते रहे हैं। परन्तु प्रकृति में स्वाधीनता नहीं है। यह नियम ही नियम है, तथापि यह चेष्टा चल रही है। यही नहीं, सूर्य से लेकर क्षुद्र परमाणु तक सम्पूर्ण प्रकृति ही नियमाधीन है—यहाँ तक कि मनुष्य को भी स्वाधीनता नहीं है। परन्तु हम इस बात को नहीं मानते; हम आदि काल से ही नियमों का अध्ययन करते आ रहे हैं, परन्तु मनुष्य भी नियम के अधीन है—इस बात को हम नहीं मानते और न मानेंगे ही। आत्मा सदैव चीत्कार करती रहती है, 'मुक्ति! मुक्ति! स्वाधीनता! स्वाधीनता!' पूर्णतः स्वाधीन ईश्वर की धारणा लाभ करने के पश्चात् मनुष्य अनन्त काल तक इस बन्धन में नहीं रह सकता। उसे उच्च से उच्चतर पथ पर अग्रसर होना ही पड़ेगा होगा और उसकी यह चेष्टा यदि उसके अपने लिए न होती तो इसे वह बड़ा ही कष्टदायक समझता। मनुष्य अपनी ओर देखकर कहा करता है, "मैं जन्म

से ही प्रकृति का दास हूँ—बद्ध हूँ; फ़िर भी एक ऐसा पुरुष है जो प्रकृति के नियम में बद्ध नहीं है—जो नित्य मुक्त और प्रकृति का भी प्रभु है।"

इसलिए ईश्वर की धारणा, बन्धन की धारणा के ही सदृश हमारे मन का आवश्यक मौलिक अंशस्वरूप है। दोनों ही स्वाधीनता की इस भावना से उत्पन्न हुई हैं। स्वाधीनता की भावना न रहने पर पौधे में भी जीवन नहीं रह सकता। पौधे अथवा कीट में जीवन को व्यक्तित्व की धारणा तक ऊपर उठना पड़ता है। अज्ञात भाव से जीवन उनमें कार्य कर रहा है—पौधा अपने विशेषत्व, अपने विशेष रूप. अपने निजत्व को बनाये रखने के लिए जी रहा है, प्रकृति को नहीं। प्रकृति ही हमारी उन्नति के प्रत्येक पदक्षेप को नियमित कर रही है, यह धारणा स्वाधीनता की भावना का विरोध करती है। इन दो धारणाओं का लगातार संग्राम चल रहा है। हम विभिन्न धर्ममतों व सम्प्रदायों के झगड़ों की बात सुनते हैं, परन्तु विभिन्न मतों या सम्प्रदायों का होना उचित ही है—वे अवश्य रहेंगे। श्रृंखला जितनी दीर्घ हो रही है, द्वन्द्व स्वभावतः उतना ही बढ़ रहा है; परन्तु यदि हम यह समझ लें कि हम सब उस एक लक्ष्य की ओर पहुँचने की चेष्टा कर रहे हैं, तो विवाद का प्रयोजन फ़िर नहीं रहेगा।

मुक्ति या स्वाधीनता के इस मूर्त विग्रहस्वरूप, प्रकृति के प्रभु को ही हम ईश्वर कहते हैं। तुम उसको अस्वीकार नहीं कर सकते। इसका कारण यह है कि इस स्वाधीनता के भाव के बिना तुम चल-फिर नहीं सकते, जीवन धारण नहीं कर सकते। यदि तुम अपने आपको स्वाधीन नहीं मानते, तो तुम क्या कभी यहाँ आते? सम्भव है कि प्राणितत्त्वविद् मुक्त होने की इस निरन्तर चेष्टा की व्याख्या दे सकते हैं और देंगे भी। यह सब मान लेने पर भी स्वाधीनता का भाव रह ही जाता है। जैसे हम प्रकृति के अधीन हैं, प्रकृति के बन्धन को किसी प्रकार काट नहीं सकते, ये भाव सदा हमारे भीतर वर्तमान हैं, वैसे ही स्वाधीनता का भाव भी हमारे भीतर सदा वर्तमान है।

बन्धन और मुक्ति, प्रकाश और छाया, शुभ और अशुभ—सर्वत्र हैं। किन्तु जहाँ भी किसी प्रकार का बन्धन है, उसके पीछे मुक्ति भी गुप्त भाव से विद्यमान है। यदि एक सत्य हो, तो दूसरा भी अवश्य सत्य होगा। सर्वत्र ही इस मुक्ति की धारणा अवश्य रहेगी। एक असभ्य व्यक्ति के बन्धन की धारणा को यद्यपि उसकी मुक्ति की चेष्टा कहकर अभी हम न समझें, तथापि वह उसमें मौजूद है। असभ्य जंगली मनुष्य के मन में पाप और अपवित्रता के बन्धन की धारणा बहुत कम है। कारण, उसकी प्रकृति पशुस्वभाव से अधिक उन्नत नहीं है। वह भौतिक प्रकृति के बन्धन के, भौतिक परितोष के अभाव के विरुद्ध संग्राम

करता रहता है; किन्तु इस निम्नतर धारणा से धीरे धीरे उसमें मानसिक और नैतिक बन्धन की धारणा और आध्यात्मिक स्वाधीनता की आकांक्षा जाग उठती है। यहाँ हम ईश्वरीय भाव को अज्ञानावरण के भीतर से मृदुमंद प्रकाशित देखते हैं। पहले-पहल यह आवरण बड़ा घना रहता है और हो सकता है कि वह ज्योति उसके द्वारा प्रायः ढकी हो, परन्तु वास्तव में मुक्ति और पूर्णता की वह उज्ज्वल अग्नि सदा पवित्र और अनाच्छादित भाव से ही वर्तमान रहती है। मनुष्य उसे ब्रह्माण्ड का नियन्ता—एकमात्र मुक्त पुरुष कहकर उसीमें व्यक्ति-धर्म का आरोप करता है। वह अभी नहीं जानता कि समग्र ब्रह्माण्ड एक अखण्ड वस्तु है—प्रभेद है केवल परिमाण में—विचार में।

समग्र प्रकृति ईश्वर की उपासना है। जहाँ कहीं भी जीवन है, वहीं मुक्ति का अनुसन्धान है और वह मुक्ति ही ईश्वरस्वरूप है। इस मुक्ति के द्वारा निश्चय ही समग्र प्रकृति पर हमें आधिपत्य लाभ होता है और ज्ञान के बिना मुक्ति असंभव है। हम जितने अधिक ज्ञानसम्पन्न होते हैं, उतना ही हम प्रकृति पर आधिपत्य पाते हैं। और प्रकृति जितनी ही हमारे वशीभूत होती जाती है, उतना ही हम अधिकतर शक्तिसम्पन्न, अधिकतर ओजस्वी होते जाते हैं, और यदि ऐसा कोई पुरुष हो, जो पूर्णतः मुक्त हो और प्रकृति का प्रभु हो, तो उसे अवश्य ही प्रकृति का पूर्ण ज्ञान होगा, वह सर्वव्यापी और सर्वज्ञ होगा। मुक्ति के साथ साथ ये अवश्य रहेंगे, और जो व्यक्ति उनको प्राप्त कर लेगा, केवल वही प्रकृति के पार जाने में समर्थ होगा।

वह सम्पूर्णतः स्वतन्त्र अवस्था, जहाँ कोई बन्धन नहीं, कोई परिवर्तन नहीं, प्रकृति नहीं, कुछ ऐसा भी नहीं जो उसमें कोई परिणाम उत्पन्न कर सके—वेदान्त के ईश्वर-सम्बन्धी इन धारणाओं की जड़ में पूर्ण स्वतन्त्रता से उत्पन्न आनन्द व चिरशक्ति के धर्म की यह धारणा सर्वोच्च है। यह स्वातंत्र्य तुम्हारे भीतर है, मेरे भीतर है और यही एकमात्र यथार्थ स्वातंत्र्य है।

ईश्वर स्थिर है, महिमामय अपने अपरिणामी स्वरूप पर प्रतिष्ठित है। तुम और हम उसके साथ एक होने की चेष्टा करते हैं, किन्तु इधर बन्धन की कारणीभूत प्रकृति पर, दैनन्दिन जीवन की छोटी छोटी बातें, धन, नाम, यश, मानवप्रेम प्रभृति प्राकृतिक विषयों पर निर्भर होते हैं। परन्तु यह जो समग्र प्रकृति प्रकाश पा रही है, उसका प्रकाश किस पर निर्भर है? ईश्वर पर, सूर्य, चन्द्र, तारों पर नहीं। जहाँ कहीं कुछ प्रकाशित होता है, चाहे वह सूर्य का प्रकाश हो या हमारी चेतना का, वहाँ उसी का प्रकाश होता है; उसके प्रकाशमान होने से ही सब कुछ प्रकाशित होता है।

हमने देखा कि यह ईश्वर स्वत:सिद्ध है, निर्गुण है, सर्वज्ञ है, प्रकृति का ज्ञाता और प्रभु है, सबका प्रभु है। सब उपासनाओं के पीछे वह विद्यमान है, हम चाहे समझें या न समझें, उसीकी उपासना हो रही है। मैं ज़रा और भी आगे बढ़कर कहना चाहता हूँ, और इस बात को सुनकर सभी आश्चर्यचकित होंगे कि जिसको अशुभ कहा जाता है, वह भी उसीकी उपासना है। वह भी मुक्ति का ही एक खंड है। यही नहीं, मैं इससे भी भीषण एक बात कहूँगा कि जब तुम कोई अशुभ कार्य करते हो, तो वहाँ भी मुक्ति की अदम्य आकांक्षा ही विद्यमान रहती है। यह पथभ्रष्ट और भ्रांत हो सकती है, परन्तु वह विद्यमान होती है। उस मुक्ति की ––स्वाधीनता की––प्रेरणा न रहने से किसी प्रकार के जीवन या किसी प्रकार की प्रेरणा नहीं रह सकती। विश्व का स्पन्दन स्वतन्त्रता का ही प्रकाश है। सब के हृदय में यदि एकत्व न होता, तो हम विविधता को समझ ही नहीं सकते थे। उपनिषद् में ईश्वर की धारणा इसी प्रकार की है। कभी कभी यह धारणा और भी सूक्ष्म हो जाती है और हमारे सामने एक ऐसे आदर्श की स्थापना करती है, जिससे पहले-पहल तो हमें स्तम्भित हो जाना पड़ता है। वह आदर्श यह है कि स्वरूपत: हम ईश्वर से अभिन्न हैं। वह, जो तितली का विचित्र वर्ण है, और वह, जो गुलाब की कली का खिलना है, वही तितली और पौधे की शक्ति है। जिसने हमें जीवन दिया है, वही हम लोगों में शक्तिरूप में विराजमान है। उसकी अग्नि से जीवन का आविर्भाव और उसीकी शक्ति से कठोरतम मृत्यु होती है। मृत्यु जिसकी छाया है अमृतत्व उसीकी छाया है। एक और उच्चतर धारणा लो। जो कुछ भी भीषण है, देखो उससे हम सभी किस तरह बहेलिये द्वारा खदेड़े हुए खरगोश की भाँति भागते हैं, उसीकी भाँति मुँह को छिपाकर अपने को निरापद मानते हैं। ऐसे ही जो कुछ यह समग्र संसार भीषण देखता है, देखो यह कैसे उससे भागने की चेष्टा करता है। एक बार मैं काशी में किसी जगह से गुज़र रहा था, उस जगह एक तरफ़ एक भारी जलाशय और दूसरी तरफ़ एक ऊँची दीवाल थी। उस स्थान पर बहुत से बन्दर थे। काशी के बन्दर अतिकाय होते हैं और कभी-कभी बड़े दुष्ट भी। अब उन्होंने मुझे उस रास्ते पर से न जाने देने का निश्चय किया। वे विकट चीत्कार करने लगे और झट आकर मेरे पैरों से चिपकने लगे। उनको देखकर मैं भागने लगा, किन्तु मैं जितनी तेज़ दौड़ने लगा, वे उससे अधिक तेज़ी से आकर मुझे काटने लगे। उनके हाथ से छुटकारा पाना असम्भव प्रतीत हुआ––ठीक ऐसे ही समय एक अपरिचित मनुष्य ने आकर मुझे आवाज़ दी, "बन्दरों का सामना करो"; मैं भी जैसे ही पलटकर उनके सामने खड़ा हुआ, वैसे ही वे पीछे हटकर भाग गये। जीवन में हमको यह शिक्षा लेनी

होगी--जो कुछ भी भयानक है, उसका सामना करना पड़ेगा, साहसपूर्वक उसके सामने खड़ा होना पड़ेगा। जैसे बन्दरों के सामने से न भागकर उनका सामना करने पर वे भाग गये, उसी प्रकार हमारे जीवन में जो कुछ कष्टप्रद बातें हैं, उनका सामना करने पर ही वे भाग जाती हैं। यदि हमें कभी भी स्वाधीनता लाभ करना हो, तो प्रकृति को जीत कर ही हम उसे पायेंगे, प्रकृति से भाग-कर नहीं। कापुरुष कभी जययुक्त नहीं हो सकता। हमें भय, कष्ट और अज्ञान के साथ संग्राम करना होगा, तभी वे हमारे सामने से भाग जायँगे।

मृत्यु क्या है? आतंक क्या हैं? उन सबमें क्या तुम्हें प्रभु का आनन दिखायी नहीं देता? दुःख, कष्ट और आतंक से दूर भागकर देखो--वे तुम्हारा पीछा करेंगे। उनके सामने खड़े हो जाओ, वे भाग जायँगे। सारा संसार सुख और आराम का उपासक है; जो कष्टप्रद है, उसकी उपासना करने का साहस बहुत कम लोग करते हैं। इन दोनों का अतिक्रमण ही मुक्ति है। इस द्वार से होकर गुज़रे बिना मनुष्य मुक्त नहीं हो सकता। हम सबको इनका सामना करना पड़ेगा। हम ईश्वर.की उपासना करने की चेष्टा करते हैं, किन्तु प्रकृति और हमारी देह उसके और हमारे बीच में पड़कर हमारी दृष्टि को अन्धी कर देती है। हमें यह सीखना आवश्यक है कि कैसे वज्र में, लज्जा में, कष्ट में, पाप में उसकी पूजा करें, उससे प्रेम करें। समग्र संसार मंगलमय ईश्वर का प्रचार चिरकाल से करता आ रहा है। मैं एक ऐसे ईश्वर का प्रचार करता हूँ, जो एक ही साथ पुण्य और पाप दोनों का आश्रय है; यदि साहस हो, तो इस ईश्वर को ग्रहण करो--यही मुक्ति का एकमात्र उपाय है। इसके द्वारा ही तुम उस एकत्वरूप चरम सत्य में पहुँच सकोगे। तभी यह धारणा नष्ट होगी कि एक दूसरे से बड़ा है। जितना ही हम मुक्ति के इस नियम के पास जाते हैं, उतना ही हम ईश्वर के आश्रय में आते हैं, और हमारा दुःख-कष्ट दूर होता है। तब हम नरक के द्वार को स्वर्ग-द्वार से पृथक् नहीं समझेंगे, तब हम मनुष्य मनुष्य में भेद-बुद्धि कर यह नहीं कहेंगे कि जगत् के किसी भी प्राणी से मैं श्रेष्ठ हूँ। जब तक हमारी अवस्था ऐसी नहीं होती कि हम संसार में उस प्रभु के सिवा किसी और को न देखें, तब तक हम इन दुःख-कष्टों से घिरे रहेंगे, तब हम सबमें भेद देखते रहेंगे, क्योंकि, हम उस भगवान् में--उस आत्मा में ही अभिन्न हैं और जब तक हम ईश्वर को सर्वत्र नहीं देखेंगे, तब तक हम इस एकत्व का अनुभव नहीं कर सकेंगे।

एक ही वृक्ष पर सुन्दर पंखवाले अभिन्नसखा दो पक्षी हैं--उनमें से एक वृक्ष के ऊपरवाले भाग पर और दूसरा नीचेवाले भाग पर बैठा है। नीचे का सुन्दर पक्षी वृक्ष के मीठे और कड़ुवे फलों को खाता है--एक बार मीठे फल को और उसके बाद

ही कड़ुवे फल को खाता है। जब उसने कड़ुवे फल को खाया, उसको कष्ट हुआ; कुछ क्षणों के बाद ही उसने एक और फल खाया और जब वह भी कड़ुवा लगा, तब उसने ऊपर की ओर देखा। ऊपर उसको दूसरा पक्षी दिखायी दिया, जो मीठे या कड़ुवे किसी भी फल को खाता नहीं था और अपनी महिमा में मग्न हो स्थिर और धीर भाव से बैठा था। किन्तु उसे देखकर भी फ़िर भूल से वह फल खाने लगा–– अन्त में उसने एक ऐसा फल खाया, जो बड़ा ही कड़ुवा था, और तब फल खाने से विरक्त होकर फ़िर वह उस ऊपरवाले महिमामय पक्षी को देखने लगा। धीरे-धीरे वह उस ऊपरवाले पक्षी की ओर अग्रसर होने लगा। जब वह उसके एकदम निकट पहुँचा, तब उस ऊपरवाले पक्षी की अंग-ज्योति उसके ऊपर पड़ी और धीरे-धीरे उस ज्योति ने उसको वेष्टित कर लिया, और उसने देखा कि वह उस ऊपरवाले पक्षी में परिणत हो गया है! वह शान्त, महिमामय और मुक्त हो गया और उसे मालूम हुआ कि वृक्ष पर दो पक्षी कभी थे ही नहीं––केवल एक ही पक्षी था। नीचेवाला पक्षी ऊपरवाले पक्षी की केवल छाया भर था[1]। इसी प्रकार वास्तव में हम ईश्वर से अभिन्न हैं; परन्तु प्रतिफलन के कारण ही हम बहु मालूम पड़ते हैं जिस प्रकार एक सूर्य लाखों ओस-बिन्दुओं पर प्रतिबिम्बित होकर लाखों छोटे-छोटे सूर्यों सा प्रतीत होता है। यदि हम अपने प्रकृत दिव्यस्वरूप के साथ अभिन्न होना चाहते हैं, तो प्रतिबिम्ब को दूर करना आवश्यक है। यह विश्व कदापि हमारे सन्तोष की सीमा नहीं हो सकता। इसीलिए कृपण अर्थ-संचय करता रहता है, चोर चोरी करता है, पापी पापाचरण करता है, और तुम दर्शन-शास्त्र की शिक्षा लेते हो। इन सबका एक ही उद्देश्य है। मुक्ति-लाभ को छोड़कर हमारे जीवन का और कोई उद्देश्य नहीं है। ज्ञान से हो अथवा अज्ञान से, हम सब पूर्णता पाने की चेष्टा कर रहे हैं। प्रत्येक जीवसत्ता उसे एक न एक दिन अवश्य ही प्राप्त करेगी।

जो व्यक्ति पापों में, दु:खो में मग्न है, जिसने नरक का पथ अपनाया है, वह भी इस पूर्णता को प्राप्त होगा, परन्तु उसको कुछ विलम्ब होगा। हम उसका उद्धार नहीं कर सकते। जब उस पथ पर चलते चलते वह कुछ कठिन चोटें खायेगा, तब वे ही उसे भगवान् की ओर प्रेरित करेंगी। धर्म, पवित्रता, नि:स्वार्थ-परता और आध्यात्मिकता के पथ का परिचय सब के अन्त में मिलता है। सब लोग जो अनजान में कर रहे हैं, उसी काम को हम ज्ञानत: अनुसरण कर रहे हैं। सेन्ट पॉल ने इस भाव को प्रगट किया है, "तुम जिस ईश्वर की अज्ञान में

१. द्र० मुण्डकोपनिषद् ।।३।१-२।।

उपासना कर रहे हो, उसीकी मैं तुम्हारे निकट घोषणा कर रहा हूँ।" समग्र जगत् को यही शिक्षा ग्रहण करनी होगी। सब दर्शनशास्त्रों और प्रकृति के सम्बन्ध में इन सब मतवादों को लेकर क्या होगा, यदि वे जीवन के इस लक्ष्य पर पहुँचने में सहायता न कर सकें? आओ, हम सार्विक एकत्व की चेतना को प्राप्त हों, सर्वत्र अभेद का दर्शन करें——मनुष्य अपने को सब वस्तुओं में देखना सीखे। हम अब ईश्वर सम्बन्धी संकीर्ण धारणाविशिष्ट धर्ममत और सम्प्रदाय-समूहों के उपासक न रहकर, संसार में सभी के भीतर उनका दर्शन करें। तुम लोग यदि ब्रह्मज्ञ हो, तो तुम अपने हृदय की पूजा को ही सर्वत्र देखने में समर्थ होगे।

पहले सब संकीर्ण धारणाओं का त्याग करो, और हर व्यक्ति में ईश्वर का दर्शन करो——वे सब हाथों से काम कर रहे हैं, सब पैरों से चल रहे हैं, सब मुखों से भोजन कर रहे हैं! हर व्यक्ति में वे निवास करते हैं, सब मनों से वे सोचते हैं। वे स्वतःप्रमाण हैं——वे हमसे भी हमारे अधिक निकटवर्ती हैं। इसे जानना ही धर्म है——यही विश्वास है; प्रभु हमें यह विश्वास दे। जब हम समग्र संसार में इस एकत्व का अनुभव करेंगे, तब हम अमर हो जायँगे। भौतिक दृष्टि से देखने पर भी हम अमर हैं, सारे संसार के साथ एक हैं। जब तक एक व्यक्ति भी इस संसार में श्वास ले रहा है, मैं उसके भीतर जीवित हूँ। मैं यह संकीर्ण क्षुद्र व्यष्टि जीव नहीं हूँ, मैं समष्टिस्वरूप हूँ। अतीत काल में जितने प्राणी हो गये हैं, मैं उन सभी का जीवन हूँ; मैं ही बुद्ध, ईसा और मुहम्मद की आत्मा हूँ। मैं सब आचार्य-गणों की आत्मा हूँ, मैं ही लूटनेवाले लुटेरों का दल हूँ और फाँसी पर लटकाये गये सारे हत्याकारी मैं ही हूँ। मैं सर्वमय हूँ। अतएव उठो——यही श्रेष्ठ पूजा है। तुम स्वयं समग्र जगत् के साथ अभिन्न हो। यही यथार्थ विनय है——घुटने टेककर 'मैं पापी हूँ, मैं पापी हूँ' कहकर चिल्लाने का नाम विनय नहीं है। जब इस भेद का आवरण छिन्न विच्छिन्न हो जाता है, तभी सर्वोच्च उन्नति समझनी होगी। समस्त जगत् का एकत्व——यही श्रेष्ठ धर्ममत है। मैं अमुक हूँ——व्यक्ति-विशेष–यह बहुत ही संकीर्ण भाव है, यथार्थ 'अहम्' के लिए यह सत्य नहीं है। मैं विश्वव्यापक हूँ——इस धारणा पर प्रतिष्ठित हो जाओ——और श्रेष्ठ की उपासना सदा श्रेष्ठ रूप में करो; कारण, ईश्वर चैतन्य-स्वरूप है, आत्मस्वरूप है, चैतन्य एवं सत्य में ही उसकी उपासना करनी होगी। उपासना की निम्नतर प्रणालियों द्वारा उपासना करते करते स्थूल सांसारिक चिन्ताओं से मनुष्य आध्यात्मिक उपासना के राज्य में उन्नीत होता है, और तभी अन्त में आत्मा के माध्यम से आत्मा में उस अखण्ड, अनन्त सर्वव्यापी ईश्वर की उपासना सम्भव

होती है। जो कुछ सान्त है, वह जड़ है। चैतन्य ही केवल अनन्तस्वरूप है। ईश्वर चैतन्यस्वरूप है, वह अनन्त है; मानव चैतन्यस्वरूप है और इसलिए मानव भी अनन्त है और केवल अनन्त ही अनन्त की उपासना में समर्थ है। हम अनन्त की उपासना करेंगे; वही सर्वोच्च आध्यात्मिक उपासना है। इन सब भावों की सुमहान अनुभूति, कितना कठिन है! मैं स्वमत की प्रतिष्ठा के लिए दार्शनिक विचार करता हूँ, कितनी बातें करता हूँ; इतने में कोई मेरे प्रतिकूल घटना घटती है—मैं अनजाने ही क्रुद्ध हो उठता हूँ, भूल जाता हूँ कि—इस विश्व में क्षुद्र ससीम मेरे इस अस्तित्व को छोड़ और भी कुछ है। मैं कहना भूल जाता हूँ, "मैं चैतन्य-स्वरूप हूँ—इस अकिंचित्कर बात से मेरा क्या बिगड़ता है—मैं तो चैतन्यस्वरूप हूँ", मैं भूल जाता हूँ कि यह सब मेरी ही लीला है; मैं ईश्वर को भूल जाता हूँ, मैं मुक्ति की बात भी भूल जाता हूँ।

ऋषियों ने बार बार घोषणा की है—**क्षुरस्य धारा निशिता दुरत्यया दुर्गं पथस्तत कवयो वदन्ति**[1]—मुक्ति का पथ उस्तरे की धार की भाँति तीक्ष्ण, दीर्घ और कठिन है—इसे अतिक्रमण करना कठिन है। किन्तु इन दुर्बलताओं और विफलताओं से अपने को बँधने न दो। उपनिषदों की घोषणा है—**उत्तिष्ठत जाग्रत प्राप्य वरान् निबोधत**[2]—'उठो, जागो, जब तक उस लक्ष्य पर नहीं पहुँचते, रुको नहीं'। यद्यपि वह पथ उस्तरे की धार की तरह तीक्ष्ण है—यद्यपि वह पथ दीर्घ है, दूरवर्ती और कठिन है, किन्तु हम उस पथ का अवश्य ही अतिक्रमण करेंगे। मनुष्य देवताओं और असुरों का प्रभु होता है। हमारे दुःखों के लिए स्वयं हमारे सिवा और कोई उत्तरदायी नहीं है। क्या तुम समझते हो कि यदि मनुष्य अमृत की चेष्टा करे, तो उसे उसके बदले में सिर्फ़ विषपूर्ण प्याला ही मिलेगा? नहीं, अमृत है और है उसकी प्राप्ति के निमित्त प्रयत्नशील प्रत्येक मनुष्य के लिए। प्रभु ने स्वयं कहा है—

सर्वधर्मान् परित्यज्य मामेकं शरणं व्रज।
अहं त्वा सर्वपापेभ्यो मोक्षयिष्यामि मा शुचः॥

—'इन सभी धर्मों का, सभी उद्यमों का परित्याग कर एक मेरी शरण में आ। मैं तुझे समस्त पापों के पार लगा दूँगा। भय न कर।'[3] हम जगत् के सभी

---

१. कठोपनिषद् ॥१।३।१४॥
२. वही।
३. गीता ॥१८।६६॥

शास्त्रों में इसी वाणी की घोषणा सुनते हैं। यह वाणी ही हमसे यह कहने की शिक्षा देती है—'स्वर्गलोक के सदृश इस पृथ्वी पर भी तेरी इच्छा ही पूर्ण हो।' कारण, 'सर्वत्र तेरा ही राज्य है, तेरी ही शक्ति और तेरी ही महिमा है।' कठिन, बडी कठिन बात है। अभी कहा—"हे प्रभु, मैंने अभी तेरी शरण ली—प्रेममय ! तेरे प्रेम पर सर्वस्व समर्पण किया—तेरी वेदी पर, जो कुछ भी भला है, जो कुछ भी पुण्यमय है, सभी कुछ स्थापन किया। मेरे पाप-ताप, भले-बुरे कार्य सब कुछ तेरे ही चरणों पर मैं समर्पण करता हूँ—तू सब ग्रहण कर—मैं अब तुझे कभी न भूलूँगा।" अभी कहा—"तेरी इच्छा पूर्ण हो।" पर दूसरे मुहूर्त में ही जब एक परीक्षा में पड़ गया—तब मैं क्रोध से उछल पड़ा। सब धर्मों का एक ही लक्ष्य है, परन्तु विभिन्न आचार्य विभिन्न भाषाओं का व्यवहार करते रहते हैं। सबकी चेष्टा इस झूठे 'अहम्' या कच्चे 'अहम्' का विनाश करना है। जिसके फलस्वरूप इस सच्चे 'अहम्' का एकमात्र इस प्रभु का ही राज्य होगा। हिब्रू धर्मशास्त्रों में कहा गया है—'मैं, तेरा प्रभु, तेरा ईश्वर एक ईर्ष्यालु ईश्वर हूँ। मेरे सिवा तू किसी अन्य ईश्वर को नहीं रख सकता।' केवल ईश्वर ही रह जाना चाहिए। हमें कहना होगा, "मैं नहीं, तू।" और उस प्रभु के सिवा हमें सर्वस्व त्यागना होगा; केवल वे ही राज्य करेंगे। मानों हमने खूब कठोर साधना की—परन्तु दूसरे मुहूर्त में ही हमारा पैर फिसल गया—और तब हमने माँ की ओर हाथ बढ़ाने की चेष्टा की—समझ गया कि अपनी चेष्टा से हम खड़े नहीं रह सकते। जीवन अनंत है, जिसका एक अध्याय—'तेरी इच्छा पूर्ण हो' है। यदि हम उस जीवनग्रंथ के सब अध्यायों का मर्म ग्रहण न करें, तो समुदय जीवन का अनुभव नहीं कर सकते। 'तेरी इच्छा पूर्ण हो'—प्रति मुहूर्त विश्वासघाती मन इन भावों का विरोध करता है, परन्तु हमें यदि इस कच्चे 'अहम्' को जीतना हो, तो बार बार इस बात की आवृत्ति करनी होगी। हम एक विश्वासघाती की सेवा करें और परित्राण पा जायँ—यह कभी हो नहीं सकता। सबका परित्राण है, केवल विश्वासघाती का परित्राण नहीं है—और हम विश्वासघाती के रूप में एकदम निन्दित हैं। जब हम अपनी आत्मा की ध्वनि की अवज्ञा करते हैं, तब हम अपनी आत्मा के विरुद्ध विश्वासघात करते हैं, हम उस जगन्माता की महिमा के विरुद्ध विश्वासघात करते हैं। अतएव चाहे जो कुछ भी हो, हमें अपने तन और मन को उस परम इच्छामय की इच्छा में मिला देना पड़ेगा। किसी हिन्दू दार्शनिक ने ठीक कहा है कि यदि मनुष्य—'तेरी इच्छा पूर्ण हो', यह बात दो बार उच्चारण करे, तो वह पाप करता है। 'तेरी इच्छा पूर्ण हो।' बस, और क्या प्रयोजन है? इसे दो बार कहने की आवश्यकता ही क्या है? जो अच्छा है, वह तो अच्छा है ही।

एक बार जब कह दिया, 'तेरी इच्छा पूर्ण हो', तब तो वह बात लौटायी नहीं जा सकती। 'स्वर्ग की भाँति मृत्युलोक में भी तेरी इच्छा पूर्ण हो, क्योंकि राज्य तो तेरा ही है, शक्ति और महिमा भी सदा तेरी ही है।'

पत्रावली–२

पत्रावली-२

(श्रीमती टेनाट ऊड्स को लिखित)

शिकागो,
१० अक्तूबर, १८९३

प्रिय श्रीमती टेनाट ऊड्स,

आपका पत्र मुझे कल प्राप्त हुआ। अभी मैं शिकागो में भाषण दे रहा हूँ और मेरा विचार है, भाषण अच्छे चल रहे हैं। मुझे एक भाषण के तीस से अस्सी डालर तक मिल जाते हैं। और यहाँ की धर्म-महासभा ने शिकागो में मुफ़्त ही मेरा इतना अधिक विज्ञापन कर दिया है कि तत्काल इस क्षेत्र को छोड़ देना ठीक नहीं होगा। मेरा विश्वास है आप भी इससे सहमत होंगी। जो भी हो, शीघ्र ही मेरे बोस्टन आने की सम्भावना है, लेकिन कब, यह नहीं कह सकता। कल मैं स्ट्रेटर से लौटा, वहाँ मुझे एक व्याख्यान के ८७ डालर प्राप्त हुए। इस सप्ताह में तो मैं बिल्कुल व्यस्त ही हूँ। शायद सप्ताह के अन्त तक और भी कार्य मिल जाय। श्री ऊड्स को मेरा स्नेह तथा हमारे सभी मित्रों को शुभ कामनाएँ—

आपका,
विवेकानन्द

(प्रोफेसर जॉन हेनरी राइट को लिखित)

द्वारा जे० लायन्,
२६२, मिशिगन एवेन्यू, शिकागो,
२६ अक्तूबर, १८९३

प्रिय अध्यापक जी,

आपको यह जानकर प्रसन्नता होगी कि मैं यहाँ सकुशल हूँ और कुछ घोर पुराणपंथियों के अतिरिक्त सभी लोग मेरे प्रति अतिशय कृपालु हैं। दूर देशों से यहाँ आकर बसे लोगों की अपनी योजनाएँ, विचार एवं जीवन-व्रत हैं, जिन्हें वे पूरा करना चाहते हैं; और यह अमेरिका ही एक ऐसी जगह है, जहाँ हर चीज़ की सफलता की संभावना है। किंतु मैंने इसी को उचित समझ कर अपनी योजना

पर भाषण देना एकदम समाप्त कर दिया है, क्योंकि मुझे दृढ़ विश्वास हो गया है कि यह विधर्मी अपनी योजना से अधिक आकर्षक प्रतिपन्न हो रहा है। अत-एव, मैं अपनी योजना को पृष्ठभूमि में ही रखकर, अन्य सभी वक्ताओं के सदृश काम करते हुए, अपनी योजना के निमित्त अध्यवसायपूर्वक कार्य करना चाहता हूँ।

जो मुझे यहाँ लाया है, और जिसने अब तक मेरा साथ नहीं छोड़ा है, जब तक मैं यहाँ रहूँगा, तब तक वह मेरा साथ कभी नहीं छोड़ेगा। आप यह जानकर खुश ही होंगे कि मैं अपने कार्य में बहुत सफलता प्राप्त कर रहा हूँ और जहाँ तक धन की बात है, तो उसमें और अधिक सफल होने की आशा है। यद्यपि इस ढंग के व्यवसाय में मैं एकदम अनुभवहीन हूँ, फ़िर भी शीघ्र ही सीख जाऊँगा। शिकागो में तो मैं बहुत लोकप्रिय हूँ। इसलिए मैं और कुछ दिन ठहरना और धन-संग्रह करना चाहता हूँ।

कल मैं महिलाओं के पाक्षिक क्लब में बौद्ध धर्म पर भाषण दूँगा। शहर में यह सर्वाधिक प्रभावशाली क्लब है। मेरे मित्र, किस प्रकार मैं आपको धन्यवाद दूँ या उस परम पिता को, जिन्होंने मुझे आप तक पहुँचाया, क्योंकि मेरे विचार से योजना का साफल्य सम्भव है, और आप ही ने, उसे संभव किया है।

विश्व में आपकी प्रगति का हर पग आनंद एवं मंगल से स्नात हो! आपके बच्चों के लिए मेरा प्यार एवं आशीर्वाद!

आपका चिरस्नेही,
विवेकानन्द

(श्री आलासिंगा पेरुमल को लिखित)

शिकागो,
२ नवम्बर, १८९३

प्रिय आलासिंगा,

कल तुम्हारा पत्र मिला। मुझे खेद है कि मेरी एक क्षणिक कमजोरी के कारण तुम्हें इतना कष्ट हुआ। उस समय मैं ख़र्चे से तंग था। उसके बाद प्रभु की प्रेरणा से मुझे बहुत से मित्र मिल गये। बोस्टन के निकट एक गाँव में हार्वर्ड विश्व-विद्यालय के यूनानी भाषा के प्रोफ़ेसर डॉ० राइट से मेरी जान-पहचान हो गयी। उन्होंने मेरे प्रति बहुत सहानुभूति दिखायी और इस बात पर ज़ोर दिया कि मैं धर्म-महासभा में अवश्य जाऊँ, क्योंकि उनके विचार से उसके द्वारा मेरा परिचय सम्पूर्ण अमेरिका से हो जायगा। चूँकि वहाँ किसीसे मेरी जान-पहचान न थी.

इसलिए प्रोफ़ेसर साहब ने मेरे लिए सब बन्दोबस्त करने का भार अपने ऊपर लिया और उसके बाद मैं फ़िर शिकागो आ गया। यहाँ धर्म-महासभा में आये हुए पूर्वी और पश्चिमी देशों के प्रतिनिधियों के साथ एक सज्जन के मकान में मेरे ठहरने की व्यवस्था हो गयी है।

महासभा के उद्घाटन के दिन सुबह हम लोग 'आर्ट पैलेस' नामक एक भवन में एकत्र हुए, जहाँ एक बड़ा और कुछ छोटे छोटे हॉल सभा के अधिवेशनों के लिए अस्थायी रूप से निर्मित किये गये थे। सभी राष्ट्रों के लोग वहाँ थे। भारत से ब्राह्म समाज के प्रतापचन्द्र मजूमदार थे, बम्बई से नगरकर, जैन धर्म के प्रतिनिधि वीरचन्द गांधी थे, थियोसॉफ़ी के प्रतिनिधि श्रीमती एनी बेसेन्ट तथा चक्रवर्ती थे। इन सबमें मजूमदार मेरे पुराने मित्र थे और चक्रवर्ती मेरे नाम से परिचित थे। शानदार जुलूस के बाद हम सब लोग मंच पर बैठाये गये। कल्पना करो, नीचे एक बड़ा हॉल और ऊपर एक बहुत बड़ी गैलरी, दोनों में छः-सात हजार स्त्री-पुरुष जो इस देश की सर्वोत्कृष्ट संस्कृति के प्रतिनिधि हैं, खचाखच भरे हैं तथा मंच पर संसार की सभी जातियों के बड़े बड़े विद्वान् एकत्र हैं। और मुझे, जिसने अब तक कभी किसी सार्वजनिक सभा में भाषण नहीं दिया, इस विराट् जन-समुदाय के समक्ष भाषण देना होगा!! उसका उद्घाटन बड़े समारोह से संगीत और भाषणों द्वारा हुआ। तदुपरान्त आये हुए प्रतिनिधियों का एक एक करके परिचय दिया गया और वे सामने आ आकर अपना भाषण देने लगे। निःसन्देह मेरा हृदय धड़क रहा था और ज़बान प्रायः सूख गयी थी। मैं इतना घबड़ाया हुआ था कि सबेरे बोलने की हिम्मत न हुई। मजूमदार की वक्तृता सुन्दर रही। चक्रवर्ती की तो उससे भी सुन्दर। दोनों के भाषणों के समय ख़ूब करतल-ध्वनि हुई। वे सब अपने अपने भाषण तैयार करके आये थे। मैं अबोध था और बिना किसी प्रकार की तैयारी के था। किन्तु मैं देवी सरस्वती को प्रणाम करके सामने आया और डॉ० बरोज़ ने मेरा परिचय दिया। मैंने एक छोटा सा भाषण दिया। मैंने इस प्रकार सम्बोधन किया, "अमेरिकानिवासी बहनों और भाइयों!" इसके बाद ही दो मिनट तक ऐसी घोर करतल-ध्वनि हुई कि कान में अँगुली देते ही बनी। फ़िर मैंने आरम्भ किया। और जब अपना भाषण समाप्त कर बैठा, तो भावावेग से मानो मैं अवश हो गया था। दूसरे दिन सब समाचार-पत्रों में छपा कि मेरी ही वक्तृता उस दिन सबसे अधिक सफल थी। पूरा अमेरिका मुझे जान गया। महान् टीकाकार श्रीधर ने ठीक ही कहा है, **मूकं करोति वाचालं,** अर्थात् जिसकी कृपा मूक को भी धाराप्रवाह वक्ता बना देती है, वह प्रभु धन्य है! उस दिन से मैं विख्यात हो गया और जिस दिन मैंने हिन्दू धर्म पर अपनी

वक्तृता पढ़ी, उस दिन तो हॉल में इतनी अधिक भीड़ थी, जितनी पहले कभी न थी। एक समाचारपत्र का कुछ अंश उद्‌धृत करता हूँ--'केवल महिलाएँ ही महिलाएँ, कोने कोने में, जहाँ देखो, वहाँ ठसाठस भरी हुई दिखायी देती थीं। अन्य सब वक्तृताओं के समाप्त होते तक वे किसी प्रकार धैर्य धारण कर विवेकानन्द की वक्तृता की बाट जोहती रहीं', इत्यादि। तुम्हारे पास यदि मैं समाचारपत्रों की कतरनें भेजूँ, तो तुम आश्चर्यचकित हो जाओगे। परन्तु तुम जानते ही हो कि मैं नाम-यश से घृणा करता हूँ। इतना ही कहना पर्याप्त होगा कि जब कभी मैं मंच पर आया, तो बहरा कर देनेवाली करतल-ध्वनि से मेरा स्वागत किया गया। प्रायः सभी पत्रों न मेरी प्रशंसा के पुल बाँध दिये और उनमें जो बड़े कट्टर थे, उन्हें भी स्वीकार करना पड़ा कि 'यह मनुष्य अपनी सुन्दर आकृति, आकर्षक व्यक्तित्व और आश्चर्यजनक वक्तृत्व के कारण सम्मेलन में सबसे प्रमुख व्यक्ति है' --इत्यादि, इत्यादि। तुम्हें इतना ही जान लेना पर्याप्त होगा कि किसी प्राच्य व्यक्ति ने अमेरिकी समाज पर इतना गहरा प्रभाव इसके पूर्व कभी नहीं डाला।

अमेरिकावासियों की दया का बखान मैं कैसे करूँ? मुझे अब किसी वस्तु का अभाव नहीं। मैं बहुत अच्छी तरह हूँ। यूरोप जाने के लिए आवश्यक धन मुझे यहाँ से मिल जायगा। इसलिए तुम लोगों को कष्ट सहन कर रुपये भेजने की आवश्यकता नहीं। एक बात पूछनी है--क्या तुम लोगों ने ८०० रुपये एक ही साथ भेजे थे? कुक कम्पनी से मुझे केवल ३० पौंड ही मिले हैं। तुमने और महाराज ने अगर अलग अलग रुपये भेजे हैं, तो अभी तक कुछ रकम मुझे नहीं मिली है। यदि एक साथ ही भेजे हैं, तो एक बार पूछ-ताछ करना। नरसिंहाचार्य नाम का एक युवक हमारे बीच आ उपस्थित हुआ है। पिछले तीन सालों से वह इस शहर में इधर-उधर घूमता रहा। घूमता रहा हो या न हो, वह मुझे अच्छा लगता है। पर यदि तुम उसे जानते हो, तो उसका पूर्व वृत्तान्त विस्तार के साथ लिखो। वह तुमको जानता है। जिस वर्ष पेरिस में प्रदर्शनी हुई थी, उस वर्ष वह यूरोप आया।....

मुझे अब कुछ भी अभाव नहीं रहा। शहर के कई अच्छे से अच्छे घरों में मेरा प्रवेश हो गया है। मैं सदैव किसी न किसीका अतिथि होकर रहता हूँ। जैसी जिज्ञासा इस देश के लोगों में है, वैसी अन्यत्र नहीं। प्रत्येक वस्तुका ज्ञान प्राप्त करना इन्हें सदैव अभीष्ट रहता है और इनकी महिलाएँ तो संसार में सबसे अधिक उन्नत हैं। सामान्यतः अमेरिकी पुरुषों की अपेक्षा अमेरिकी महिलाएँ बहुत अधिक सुसंस्कृत हैं। पुरुष तो धन कमाने के लिए आजीवन दासत्व की शृंखला में बँधे रहते हैं, परन्तु नारियाँ अपनी उन्नति के प्रत्येक अवसर से लाभ उठाती हैं। ये लोग बड़े

दयालुहृदय और स्पष्टवादी हैं। जिस किसी को अपने किसी सनक का प्रचार करना होता है, वह यहाँ चला आता है और मुझे खेद है कि इनमें से बहुतेरे अधकचरे निकलते हैं। अमेरिकनों में दोष भी हैं और दोष किस जाति में नहीं हैं? परन्तु मेरा निष्कर्ष यह है—एशिया ने सभ्यता की नींव डाली, यूरोप ने पुरुषों की उन्नति की, और अमेरिका महिलाओं और जनसाधारण की उन्नति कर रहा है। यह महिलाओं और श्रमजीवियों का स्वर्ग है। अब अमेरिकी लोक-समाज तथा नारियों की तुलना अपने देश के लोगों से करो—भेद तुरन्त स्पष्ट हो जायगा। अमेरिकी लोग द्रुत गति से उदारमना होते जा रहे हैं। उनकी तुलना उन 'कट्टर' (यह उन्हींका शब्द है) ईसाई मिशनरियों से न करो, जो तुम्हें भारतवर्ष में दिखायी देते हैं। यहाँ भी वैसे लोग हैं, पर उनकी संख्या दिनोंदिन तेज़ी से कम होती जा रही है। और यह महान् राष्ट्र शीघ्रता से उस आध्यात्मिकता की ओर अग्रसर होता जा रहा है, जिसका हिन्दुओं को गौरवपूर्ण अभिमान है।

हिन्दुओं को अपना धर्म छोड़ने की आवश्यकता नहीं। किन्तु उन्हें चाहिए कि धर्म को एक उचित मर्यादा के भीतर सीमित रखें और समाज को उन्नतिशील होने के लिए स्वाधीनता दे दें। भारत के सभी समाज-सुधारकों ने पुरोहितों के अत्याचारों और अवनति का उत्तरदायित्व धर्म के मत्थे मढ़ने की एक भयंकर भूल की और एक अभेद्य गढ़ को ढहाने का प्रयत्न किया। नतीजा क्या हुआ? असफलता! बुद्धदेव से लेकर राममोहन राय तक सबने जाति-भेद को धर्म का एक अंग माना और जाति-भेद के साथ ही धर्म पर भी पूरा आघात किया और असफल रहे। पुरोहितगण चाहे कुछ भी बकें, वर्ण-व्यवस्था केवल एक सामाजिक विधान ही है, जिसका काम हो चुका, अब तो वह भारतीय वायुमण्डल में दुर्गन्ध फैलाने के अतिरिक्त कुछ नहीं करती। यह तभी हटेगी, जब लोगों को उनका खोया हुआ सामाजिक व्यक्तित्व पुनः प्राप्त हो जायगा। इस देश में जन्म लेनेवाला प्रत्येक व्यक्ति अपने को एक 'मनुष्य' समझता है। भारत में जन्म लेनेवाला प्रत्येक व्यक्ति समझता है कि वह समाज का एक दास है। उन्नति का एकमात्र सहायक स्वाधीनता है। उसके अभाव में अवनति अवश्यम्भावी है। देखो, आधुनिक प्रतिस्पर्धा के युग में जाति-भेद अपने आप कैसे नष्ट होता जा रहा है। उसका नाश करने के लिए किसी धर्म की आवश्यकता नहीं। उत्तर भारत में दूकानदारी, जूतों का धन्धा और शराब बनाने का काम करनेवाले ब्राह्मण देखने में आते हैं। इसका कारण?—प्रतिद्वन्द्विता। वर्तमान राज-शासन में किसी भी मनुष्य पर इच्छानुसार कोई भी व्यवसाय करने की रोक-टोक नहीं। फलतः ज़बरदस्त प्रतियोगिता उत्पन्न हो

गयी है। इस प्रकार हज़ारों लोग नीचे पड़े रहकर जड़ता प्राप्त होने की जगह उन ऊँचे से ऊँचे पदों को प्राप्त करने के लिए प्रयत्नशील हैं और प्राप्त भी कर रहे हैं, जिनके लिए उन्होंने जन्म ग्रहण किया है।

कम से कम जाड़े भर मुझे इस देश में रहना ही है। फ़िर यूरोप जाऊँगा। मेरे लिए प्रभु सब प्रबन्ध कर देंगे। तुम उसकी चिन्ता न करो। तुम्हारे प्रेम के लिए कृतज्ञता प्रकट करना मेरे लिए असम्भव है।

प्रतिदिन मुझे ऐसा प्रतीत होता है कि प्रभु मेरे साथ हैं और मैं उनके आदेशानुसार चल रहा हूँ। उनकी इच्छा पूर्ण हो।...हम लोग संसार के लिए बड़े महत्त्वपूर्ण कार्य करेंगे और वे सब निःस्वार्थ भाव से किए जाएँगे, नाम अथवा यश के लिए नहीं।

प्रश्न करने का हमें कोई अधिकार नहीं; हमें तो अपना कार्य करते करते प्राण छोड़ने हैं (Ours not to reason why, ours but to do and die); साहस रखो और इस बात का विश्वास रखो कि प्रभु ने बड़े-बड़े कार्य करने के लिए हमलोगों को चुना है और हम उन्हें करके ही रहेंगे। उसके लिए तैयार रहो, अर्थात् पवित्र, विशुद्ध एवं निःस्वार्थ--प्रेमसम्पन्न बनो। दरिद्रों, दुःखियों और दलितों से प्रेम करो, प्रभु तुम्हारा कल्याण करेंगे।

रामनाड़ के राजा और अन्य बन्धुओं से प्रायः मिलते रहो और उनसे आग्रह करो कि वे भारत के साधारण लोगों के प्रति सहानुभूति रखें। उन्हें बतलाओ कि वे किस प्रकार गरीबों की गर्दनों पर सवार हैं और यह कि यदि वे प्रजा की उन्नति के लिए प्रयत्न न करें, तो वे मनुष्य कहलाने योग्य नहीं। निर्भय हो जाओ। प्रभु तुम्हारे साथ हैं और वे भारत के करोड़ों भूखों और अशिक्षितों का उद्धार करेंगे। यहाँ का रेलवे का कुली तुम्हारे यहाँ के बहुत से युवकों और राजाओं से अधिक सुशिक्षित है। जिस शिक्षा की हिन्दू ललनाएँ कल्पना तक न कर सकती होंगी, उससे कहीं अधिक शिक्षा यहाँ प्रत्येक अमेरिकी महिला को प्राप्त है। हमें वैसी शिक्षा क्यों न प्राप्त हो? वह हमारे लिए आवश्यक है।

अपने को निर्धन मत समझो। धन बल नहीं; साधुता एवं पवित्रता ही बल हैं। आओ, देखो, सारे संसार में यह बात कितनी सही उतरती है।

आशीर्वादक,
विवेकानन्द

पुनश्च--तुम्हारे चाचा का लेख एक अद्‌भुत चीज़ थी, जो मेरे देखने में आयी। वह तो एक व्यापारी के चिट्ठे की भाँति थी और वह धर्म-महासभा में पढ़े जाने के योग्य नहीं समझा गया। अतएव नरसिंहाचार्य ने उसमें से कुछ

उद्धरण एक ओर के एक हॉल में पढ़ सुनाये और किसीने उसके एक शब्द का भी अर्थ न समझा। उनसे यह बात न कहना। बहुत सा विचार थोड़े शब्दों में व्यक्त करना एक महती कला है। यहाँ तक कि मणिलाल द्विवेदी के लेख में भी बहुत काटछाँट करनी पड़ी। एक हज़ार से अधिक निबंध पढ़े गये थे और इस प्रकार के व्यर्थ वाग्जाल के सुनने के लिए समय न था। सब के लिए सामान्यत: जो आधे घण्टे का समय निश्चित था, उससे भी अधिक समय मुझे मिला था, क्योंकि सर्व-प्रिय वक्ता आख़िर में बोलने के लिए रखे जाते थे, ताकि श्रोतृमण्डली प्रतीक्षा में बैठी रहे। प्रभु उनका कल्याण करें; क्या ग़ज़ब की सहानुभूति और क्या ग़ज़ब का धैर्य है उनमें! सुबह दस बजे से लेकर रात के दस बजे तक बैठे रहते थे। बीच में केवल आधे घण्टे का अवकाश भोजन के लिए मिलता था। एक एक करके सभी प्रबन्ध पढ़े गये। उनमें से अधिकांश ही बहुत साधारण थे, पर लोग अपने प्रिय वक्ताओं के लिए धैर्यपूर्वक बाट जोहते रहे।

लंका के धर्मपाल ऐसे ही प्रिय वक्ताओं में से थे। किन्तु दुर्भाग्य से वे सुवक्ता नहीं थे, श्रोताओं के सम्मुख कहने के लिए उनके पास सिर्फ़ मैक्स मूलर एवं रिस् डेविड्स की कुछ उक्तियाँ ही थीं। किन्तु वे बहुत ही मधुर स्वभाववाले हैं। महासभा की बैठकों के दिनों में हम दोनों में ख़ूब घनिष्ठता हो गयी।

पूना की एक ईसाई महिला कुमारी सोराब जी और जैन प्रतिनिधि श्री गांधी इस देश में ठहरकर जगह जगह व्याख्यान देंगे। आशा है, वे सफल होंगे। व्याख्यान देना इस देश में एक बड़ा लाभजनक व्यवसाय है और कभी कभी उससे ख़ूब धन भी प्राप्त होता है। श्री इंगरसोल को प्रति व्याख्यान पाँच सौ से लेकर छ: सौ डालर तक मिलते हैं। इस देश में वे बड़े प्रसिद्ध वक्ता हैं। इस पत्र को प्रकाशित मत करना। पढ़ने के बाद इसे (खेतड़ी के) महाराजा के पास भेज देना। मैंने उनके पास अमेरिका में लिया गया अपना चित्र भेजा है।

वि०

(श्रीमती टेनाट ऊड्स को लिखित)

५४१, डियरबोर्न एवेन्यू, शिकागो,
१९ नवम्बर, १८९३

प्रिय श्रीमती ऊड्स,

आपके पत्र का उत्तर देने में देर हुई, क्षमा करेंगी। पता नहीं, मैं फ़िर कब आपसे मिल सकूँगा। कल मैं मैडिसन और मीनियापोलिस के लिए प्रस्थान करूँगा। जिन अंग्रेज सज्जन का आपने उल्लेख किया है, वह लंदन के डॉ० मोमेरी हैं। लंदन

की ग़रीब जनता के बीच वे एक प्रसिद्ध कार्यकर्त्ता हैं और अत्यन्त मधुर व्यक्ति हैं। आप शायद नहीं जानती होंगी कि संसार भर के धर्मों में केवल आंग्ल धर्म-संघ ही ऐसा है, जिसने हमारे मध्य अपना प्रतिनिधि नहीं भेजा। पर डॉ० मोमेरी धर्म-महासभा में आये, यद्यपि कैन्टरबेरी के आर्कबिशप महासभा (Parliament of Religions) की भर्त्सना कर चुके थे। आप तथा आपके सुन्दर पुत्र के प्रति मेरा प्यार सदा एक सा ही बना रहता है, चाहे मैं आपको पत्र शीघ्र लिख सकूँ या नहीं।

क्या आप मेरी पुस्तकों एवं पत्रों को श्री हेल के पते पर एक्सप्रेस द्वारा भेज देंगी? मुझे उनकी आवश्यकता है। डाक-व्यय यहाँ दे दिया जायगा।

आप सभी पर ईश्वर की अनुकम्पा बनी रहे, यही मेरी आकांक्षा है।

आपका अभिन्न मित्र,
विवेकानन्द

पुनश्च—यदि आप कुमारी सैनबोर्न एवं पूर्वांचल के हमारे अन्य मित्रों को लिखें, तो कृपया मेरी अगाध श्रद्धा सूचित कर दें।

आपका,
विवेकानन्द

(श्री हरिपद मित्र को लिखित)

ॐ नमो भगवते रामकृष्णाय

द्वारा जॉर्ज डब्ल्यू० हेल,
५४१, डियरबोर्न एवेन्यू, शिकागो,
२८ दिसम्बर, १८९३

प्रिय हरिपद,

तुम्हारा पत्र कल मिला। तुम लोग अभी तक मुझे भूले नहीं, यह जानकर मुझे परम आनन्द हुआ। यह बहुत ही आश्चर्य की बात है कि मेरे शिकागो के व्याख्यानों का समाचार भारतीय समाचारपत्रों में निकल चुका है; क्योंकि जो कुछ मैं करता हूँ, उसमें लोक-प्रसिद्धि से बचने का भरसक प्रयत्न अवश्य करता हूँ। मुझे कई बातें यहाँ विचित्र जान पड़ती हैं। यह कहने में कुछ अत्युक्ति न होगी कि इस देश में दरिद्रता बिल्कुल नहीं है। मैंने इस देश की जैसी महिलाएँ ओर कहीं नहीं देखीं। हमारे देश में सज्जन हैं, परन्तु इस देश की महिलाओं की जैसी महिलाएँ बहुत ही थोड़ी हैं। यह सही बात है कि सुकृती पुरुषों के घर में

भगवती स्वयं श्रीरूप में निवास करती हैं—**या श्रीः स्वयं सुकृतिनां भवनेषु**[1]। मैंने यहाँ हज़ारों महिलाएँ देखीं, जिनके हृदय हिम के समान पवित्र और निर्मल हैं। अहा! वे कैसी स्वतंत्र होती हैं! सामाजिक और नागरिक कार्यों का वे ही नियन्त्रण करती हैं। पाठशालाएँ और विद्यालय महिलाओं से भरे हैं और हमारे देश में महिलाओं के लिए राह चलना भी निरापद नहीं! और ये कितनी दयालु हैं! जब से मैं यहाँ आया हूँ, इन्होंने अपने घरों में मुझे स्थान दिया है, मेरे भोजन का प्रबन्ध करती हैं, व्याख्यानों का प्रबन्ध करती हैं, मुझे बाज़ार ले जाती हैं और मेरे आराम और सुविधा के लिए क्या नहीं करतीं—मैं किस प्रकार वर्णन करूँ। हज़ारों जन्मों में इनकी सेवा करने पर भी मैं इनके ऋण से मुक्त नहीं हो सकता।

क्या तुम जानते हो कि शाक्त शब्द का अर्थ क्या है? शाक्त होने का अर्थ शराब, भंग का सेवन नहीं। जो ईश्वर को समग्र जगत् में महाशक्ति के रूप में जानता है और जो स्त्रियों में इस शक्ति का प्रकाश मानता है, वही शाक्त है। यहाँ लोग स्त्रियों को इसी रूप में देखते हैं। मनु महाराज ने भी कहा है कि जिन परिवारों में स्त्रियों से अच्छा व्यवहार किया जाता है और वे सुखी हैं, उन पर देवताओं का आशीर्वाद रहता है—**यत्र नार्यस्तु पूज्यन्ते रमन्ते तत्र देवताः**[2]। यहाँ के पुरुष ऐसा ही करते हैं और इसीलिए ये सुखी, विद्वान्, स्वतन्त्र और उद्योगी हैं। और हम लोग स्त्री-जाति को नीच, अधम, महा हेय एवं अपवित्र कहते हैं। फल हुआ—हम लोग पशु, दास, उद्यमहीन एवं दरिद्र हो गये।

इस देश के धन के बारे में क्या कहूँ? पृथ्वी में इनके समान धनी अन्य कोई जाति नहीं। अंग्रेज़ लोग धनी हैं, किन्तु उनमें अनेक ग़रीब भी हैं। इस देश में ग़रीब नहीं के समान हैं। एक नौकर रखने पर खाने-पीने के सिवा प्रतिदिन छः रुपये देने पड़ते हैं। इंग्लैण्ड में प्रतिदिन एक रुपया देना पड़ता है। एक मज़दूर छः रुपये रोज़ से कम काम नहीं करता। किन्तु ख़र्च भी वैसा ही है। चार आने से कम क़ीमत में एक रद्दी चुरुट भी नहीं मिलेगा। चौबीस रुपये में एक जोड़ा मज़बूत जूता मिलेगा। जैसी कमाई, वैसा ही ख़र्च। ये लोग जिस तरह कमाते हैं, ख़र्च भी उसी प्रकार करते हैं।

और यहाँ की नारियाँ कैसी पवित्र हैं! २५ या ३० वर्ष की आयु के पहले

---

१. **चण्डी ॥४।५॥**

२. **म० ॥३।५६॥**

किसी का विवाह नहीं होता। गगनचारी पक्षी की भाँति ये स्वतन्त्र हैं। हाट-बाज़ार, रोज़गार, दूकान, कॉलेज, प्रोफ़ेसर—सर्वत्र सब काम करती हैं, फ़िर भी कितनी पवित्र हैं! जिनके पास पैसे हैं, वे रात्रदिन ग़रीबों की भलाई में तत्पर रहती हैं। और हम क्या कर रहे हैं? ११ वर्ष की आयु में विवाह न होने पर मेरी लड़की ख़राब हो जायगी! हमारे मनु जी हमें क्या आज्ञा दे गये हैं? 'पुत्रियों का भी इसी तरह अत्यंत यत्न के साथ पालन और शिक्षण होना चाहिए' **—कन्याप्येवं पालनीया शिक्षणीयातियत्नतः**। जैसे ३० वर्ष तक ब्रह्मचर्य-पालन-पूर्वक पुत्रों की शिक्षा होनी चाहिए, इसी तरह पुत्रियों की भी शिक्षा होनी चाहिए। परन्तु हम कर क्या रहे हैं? क्या तुम अपने देश की महिलाओं की अवस्था सुधार सकते हो? तभी तुम्हारे कुशल की आशा की जा सकती है, नहीं तो तुम ऐसे ही पिछड़े पड़े रहोगे।

अगर हमारे देश में कोई नीच जाति में जन्म लेता है, तो वह हमेशा के लिए गया-बीता समझा जाता है; उसके लिए कोई आशा-भरोसा नहीं। यह भी क्या कम अत्याचार है! इस देश में हर व्यक्ति के लिए आशा है, भरोसा है एवं सुविधाएँ हैं। आज जो ग़रीब है, वह कल धनी हो सकता है, विद्वान और लोकमान्य बन सकता है। यहाँ सभी लोग ग़रीब की सहायता करने में व्यस्त रहते हैं। भारतवासियों की औसत मासिक आय २ रुपये हैं। यह रोना-धोना मचा है कि हम बड़े ग़रीब हैं, परन्तु ग़रीबों की सहायता के लिए कितनी दान-शील संस्थाएँ हैं? भारत के लाख लाख अनाथों के लिए कितने लोग रोते हैं? हे भगवान! क्या हम मनुष्य हैं? तुम लोगों के घरों के चारों तरफ़ पशुवत् जो भंगी-डोम हैं, उनकी उन्नति के लिए क्या कर रहे हो? उनके मुख में एक ग्रास अन्न देने के लिए क्या करते हो? बताओ न। उन्हें छूते भी नहीं और उन्हें 'दूर', 'दूर' कहकर भगा देते हो! क्या हम मनुष्य हैं? वे हज़ारों साधु-ब्राह्मण—भारत की नीच, दलित, दरिद्र जनता के लिए क्या कर रहे हैं? 'मत छू', 'मत छू', बस, यही रट लगाते हैं! ऐसे सनातन धर्म को क्या कर डाला है! अब धर्म कहाँ है? केवल छुआछूत में—मुझे छुओ नहीं, छुओ नहीं।

मैं इस देश में कुतूहलवश नहीं आया, न नाम के लिए, न यश के लिए; परन्तु भारत के दरिद्रों की उन्नति करने का उपाय ढूँढ़ने आया। यदि परमात्मा सहायक हुए, तो धीरे धीरे तुम्हें वे उपाय मालूम हो जायँगे।

जहाँ तक आध्यात्मिकता का प्रश्न है अमेरिका के लोग हमसे अत्यंत निम्न स्तर पर हैं, परन्तु इनका समाज हमारे समाज की अपेक्षा अत्यंत उन्नत है। हम इन्हें आध्यात्मिकता सिखायेंगे और इनके समाज के गुणों को स्वयं ग्रहण करेंगे।

कब वापस लौटूँगा, मुझे मालूम नहीं; हरी इच्छा गरीयसी। तुम सभी को मेरा आशीर्वाद। इति।

विवेकानन्द

(खेतड़ी के महाराज को लिखित)

अमेरिका,
१८९४

प्रिय महाराज,

. . .संस्कृत के किसी कवि ने कहा है, **न गृहं गृहमित्याहुर्गृहिणी गृहमुच्यते**-- अर्थात् 'ईंट-पत्थर की इमारत से घर नहीं बनता, गृहिणी के होने से बनता है।' यह कितना सत्य है! घर की छत जो गर्मी-जाड़े तथा वर्षा से तुम्हारी रक्षा करती है, उसके गुण-दोषों का विचार उन खम्भों से, जिनके सहारे कि वह खड़ी हुई है, नहीं हो सकता, चाहे वे कितने ही सुन्दर, शिल्पमय 'कोरिन्थियन्' खम्भे क्यों न हों। उसका निर्णय होगा नारी से, जो वास्तविक मर्म-स्तम्भ है, सबका केन्द्र है, घर का वास्तविक अवलम्बन है। उस आदर्श के अनुसार विचार करने पर अमेरिका का पारिवारिक जीवन जगत् के अन्य किसी स्थान के पारिवारिक जीवन से न्यून न होगा।

अमेरिका के पारिवारिक जीवन के सम्बन्ध में मुझे अनेक निरर्थक कहानियाँ सुनने को मिली।--जैसे वहाँ स्वाधीनता स्वेच्छाचार तक पहुँच जाती है, वहाँ की धर्मवर्जित स्त्रियाँ स्वाधीनता के अपने उन्माद नृत्य में अपने पारिवारिक जीवन की सुख-शान्ति को पददलित कर चूर्ण-विचूर्ण कर देती हैं एवं इसी तरह की और भी सारी बकवास। किन्तु अब एक वर्ष के बाद अमेरिकी परिवार तथा अमेरिका को स्त्रियों के सम्बन्ध में मुझे जो अनुभव प्राप्त हुआ है, उससे यह स्पष्ट प्रतीत हो रहा है कि उक्त प्रकार की धारणाएँ कितनी भ्रान्त तथा निर्मूल हैं। अमेरिकी महिलाओं! सौ जन्म में भी मैं तुमसे उऋण न हो सकूंगा। मेरे पास तुम्हारे प्रति कृतज्ञता प्रकाश करने की भाषा नहीं है। 'प्राच्य अतिशयोक्ति' ही प्राच्यवासी मानवों की कृतज्ञता की गभीरता को प्रकट करने की एकमात्र भाषा है: 'यदि समुद्र मसि-पात्र हो, हिमालय पर्वत लेखनी, पृथ्वी पत्र तथा महाकाल स्वयं लेखक, फ़िर भी तुम्हारे प्रति मेरी कृतज्ञता प्रकट

करने में ये सब समर्थ न हो सकेंगे।"[1]

गत वर्ष ग्रीष्म में दूर देश से नाम-यश-धन-विद्याविहीन, बन्धुरहित, असहाय दशा में प्राय: खाली हाथ जब मैं एक पारिव्राजक प्रचारक के रूप में इस देश में आया, उस समय अमेरिका की महिलाओं ने ही मेरी सहायता की, मेरे ठहरने तथा भोजन की व्यवस्था की, मुझे अपने घर ले गयीं तथा मेरे साथ अपने पुत्र तथा सहोदर जैसा बर्ताव किया। जब उनके पुरोहितों ने इस 'भयानक विधर्मी' को त्याग देने के लिए उन्हें बाध्य करना चाहा, जब उनके सबसे अंतरंग बन्धु 'इस संदिग्ध भयानक चरित्र के अपरिचित विदेशी व्यक्ति' का संग छोड़ने के लिए उपदेश देने लगे, तब भी वे मेरे मित्र बनी रहीं। किन्तु ये महिलाएँ ही मानव-चरित्र तथा मानव-प्रकृति की सच्ची निर्णायिकाएँ हैं—क्योंकि स्वच्छ दर्पण में ही प्रतिबिम्ब स्पष्ट पड़ता है।

कितने ही सुन्दर पारिवारिक जीवन मैंने यहाँ देखे हैं, कितनी ही ऐसी माताओं को देखा है, जिनके निर्मल चरित्र तथा नि:स्वार्थ सन्तान-स्नेह का वर्णन भाषा के द्वारा नहीं किया जा सकता। कितनी दुहिताएँ तथा पवित्र कन्याएँ—देवी डायाना के मन्दिर पर की तुषारकणिकाओं के समान पवित्र—तदुपरांत उनकी वैसी संस्कृति, वैसी शिक्षा और वैसी सर्वोच्चकोटि की आध्यात्मिकता! तब क्या अमेरिका की सभी नारियाँ देवीस्वरूपा हैं? यह बात नहीं, भले-बुरे सभी स्थानों में होते हैं। किन्तु दुर्बल व्यक्तियों द्वारा, जिन्हें हम दुष्टों के नाम से अभिहित करते हैं, किसी जाति के बारे में किसी प्रकार की धारणा नहीं बनायी जा सकती, क्योंकि वे तो व्यर्थ के कूड़े-करकट की तरह पीछे रह जाते हैं; जो लोग सत्, उदार तथा पवित्र होते हैं, उनके द्वारा ही जातीय जीवन का निर्मल तथा प्रबल प्रवाह सूचित होता है।

किसी सेव के पेड़ तथा उसके फलों के गुण-दोषों का विचार करने के लिए क्या तुम उसके कच्चे, अविकसित तथा कीटग्रस्त फलों का सहारा लोगे, जो धरती पर जहाँ-तहाँ बिखरे हुए पड़े रहते हैं और जो कभी कभी संख्या में भी अधिक ही होते हैं? यदि कोई सुपक्व तथा पुष्ट फल मिले, तो उस एक से ही उस सेव

---

१. असितगिरिसमं स्यात् कज्जलं सिन्धुपात्रे।
सुरतरुवरशाखा लेखनी पत्रमूर्वी॥
लिखति यदि गृहीत्वा सारदा सर्वकालम्।
तदपि तव गुणानामीश पारं न याति॥ शिवमहिम्नस्तोत्र॥३२॥
पर आधारित।

के वृक्ष की शक्ति, सम्भावना तथा उद्देश्य का अनुमान किया जाता है, उन असंख्य अपक्व फलों से नहीं।

अमेरिका की आधुनिक महिलाओं के विशाल और उदार मन की मैं प्रशंसा करता हूँ। मैंने इस देश में अनेक उदार पुरुषों को भी देखा है, उनमें से कोई कोई तो अत्यन्त संकीर्ण मनोवृत्तिवाले सम्प्रदायों के अन्तर्गत हैं। भेद इतना ही है कि पुरुषों के विषय में यह आशंका बनी रहती है कि उदार बनने के लिए वे अपना धर्म, अपनी आध्यात्मिक विशिष्टता खो सकते हैं, परन्तु महिलाएँ कहीं भी भलाई देखती हैं, उसे सहानुभूतिपूर्वक, उदारता से अपने धर्म से तनिक भी विचलित हुए बिना ग्रहण करती हैं। सहज रूप से ही वे यह अनुभव करती हैं कि यह एक भाव का विषय है, अभाव का नहीं, संयोजन का विषय है, वियोग का नहीं। दिनोंदिन वे इस विषय में सचेतन होती जा रही हैं कि हर वस्तु का स्वीकारात्मक व इतिवाचक भाग ही संचित होता रहेगा तथा स्वीकारात्मक व इतिवाचक इन भावों के, और इसलिए प्रकृति की आध्यात्मिक शक्तियों के, संचय करने का कार्य ही संसार के नेतिवाचक व ध्वंसात्मक तत्वों का नाश करता है।

शिकागो का वह विश्व-मेला कितना अद्भुत काम था! और वह अद्भुत धर्म-महासभा भी, जिसमें पृथ्वी के सभी देशों के लोगों ने एकत्र होकर अपने अपने विचार व्यक्त किये थे! डॉ० बैरोज़ तथा श्री बॉनी के अनुग्रह से मुझे भी अपने विचारों को सबके समक्ष रखने का अवसर प्राप्त हुआ था। श्री बॉनी कितने अद्भुत व्यक्ति हैं! ज़रा उनकी कल्पनाशक्ति के बारे में सोचो, जिन्होंने इतने विशाल आयोजन की कल्पना की और उसे सफलतापूर्वक कार्य में परिणत किया! और उल्लेखनीय बात यह है कि वे कोई पादरी नहीं थे; एक साधारण वकील होकर भी उन्होंने समस्त धर्म-सम्प्रदायों के परिचालकों का नेतृत्व ग्रहण किया था। उनका स्वभाव अत्यंत मधुर है एवं वे एक विद्वान् तथा धीर व्यक्ति हैं——उनकी हृदयस्थ भावनाओं का प्रकाश उनके उज्ज्वल नेत्रों से ही होता था..!

तुम्हारा,
विवेकानन्द

(मद्रासी शिष्यों को लिखित)

द्वारा जार्ज डब्ल्यू० हेल,
५४१, डियरबोर्न एवेन्यू, शिकागो,
२४ जनवरी, १८९४

प्रिय मित्रों,

मुझे तुम्हारे पत्र मिले। मुझे यह जानकर आश्चर्य हुआ कि मेरे सम्बन्ध में इतनी अधिक बातें तुम लोगों तक पहुँच गयीं। 'इन्टीरियर' पत्रिका की आलोचना

के बारे में तुम लोगों ने जो उल्लेख किया है, उसे अमेरिकी जनता का रुख न समझ बैठना। इस पत्रिका के बारे में यहाँ के लोगों को प्राय: कुछ नहीं मालूम, और वे इसे 'नील नाकवाले प्रेसबिटेरियनों' की पत्रिका कहते हैं। यह बहुत ही कट्टर सम्प्रदाय है। किन्तु ये 'नील नाकवाले' सभी लोग दुर्जन हैं, ऐसी बात नहीं। अमेरिका के लोग एवं पादरियों में भी बहुत से लोग मेरा बहुत सम्मान करते हैं। लोग जिसे आसमान पर चढ़ा रहे हैं, उस पर कीचड़ उछालकर प्रसिद्धि लाभ करने के इरादे से ही इस पत्र ने ऐसा लिखा था। ऐसे छल को यहाँ के लोग खूब समझते हैं; एवं इसे यहाँ कोई महत्त्व नहीं देता, किन्तु भारत के पादरी अवश्य ही इस आलोचना का लाभ उठाने का प्रयत्न करेंगे। यदि वे ऐसा करें, तो उन्हें कहना—'हे यहूदी, याद रखो, तुम पर ईश्वर का न्याय घोषित हुआ है।' उन लोगों की पुरानी इमारत की नींव भी ढह रही है; पागलों के समान उनके चीत्कार करते रहने के बावजूद उसका नाश अवश्यम्भावी है। उन पर मुझे दया आती है कि यहाँ प्राच्य धर्मों के समावेश के कारण भारत में आराम से जीवन बिताने के उनके साधन कहीं क्षीण न हो जायँ। किंतु इनके प्रधान पादरियों में से एक भी मेरा विरोधी नहीं। ख़ैर, जो भी हो, जब तालाब में उतरा हूँ, अच्छी तरह से स्नान करूँगा ही।

उन लोगों के समक्ष हमारे धर्म का जो संक्षिप्त विवरण मैंने पढ़ा था, उसे एक समाचारपत्र से काटकर भेज रहा हूँ। मेरे अधिकांश भाषण बिना तैयारी के होते हैं। आशा है, इस देश से वापस जाने के पहले उन्हें पुस्तक का आकार दे सकूँगा। भारत से किसी प्रकार की सहायता की मुझे आवश्यकता नहीं, सहायता यहाँ मुझे प्रचुर मात्रा में प्राप्त है। तुम लोगों के पास जो धन है, उससे इस संक्षिप्त भाषण को छपवाकर प्रकाशित करो, एवं देश की भाषाओं में अनुवाद कराकर चारों तरफ़ इसका प्रचार करो। यह हमें जनमानस के सामने रखेगा। साथ ही एक केन्द्रीय महाविद्यालय एवं उससे भारत की चारों दिशाओं में शाखाएँ स्थापित करने की हमारी योजना को न भूलना। सहायता लाभ करने के लिए यहाँ मैं प्राणपण से प्रयत्न कर रहा हूँ, तुम लोग भी वहाँ प्रयत्न करो। ख़ूब मेहनत से कार्य करो।...

जहाँ तक अमेरिकी महिलाओं का प्रश्न है, उनकी कृपा के लिए अपनी कृतज्ञता प्रकट करने में मैं असमर्थ हूँ। प्रभु उनका भला करें। इस देश के प्रत्येक आन्दोलन की जान महिलाएँ हैं और वे राष्ट्र की समस्त संस्कृति का प्रतिनिधित्व करती हैं, क्योंकि पुरुष तो अपने ही शिक्षा-लाभ में अत्यधिक व्यस्त रहते हैं।

किडी के पत्र मिले। जातियाँ रहेंगी या जायँगी, इस प्रश्न से मेरा कोई मतलब नहीं। मेरा विचार है कि भारत और भारत के बाहर मनुष्य-जाति में जिन उदार भावों का विकास हुआ है, उनकी शिक्षा ग़रीब से ग़रीब और हीन से हीन को दी जाय और फ़िर उन्हें स्वयं विचार करने का अवसर दिया जाय। जात-पाँत रहनी चाहिए या नहीं, महिलाओं को पूर्ण स्वतंत्रता मिलनी चाहिए या नहीं, मुझे इनसे कोई वास्ता नहीं। 'विचार और कार्य की स्वतंत्रता ही जीवन, उन्नति और कुशल-क्षेम का एकमेव साधन है।' जहाँ यह स्वतंत्रता नहीं है, वहाँ व्यक्ति, जाति, राष्ट्र की अवनति निश्चय होगी।

जात-पाँत रहे या न रहे, सम्प्रदाय रहे या न रहे, परन्तु जो मनुष्य या वर्ग, जाति, राष्ट्र या संस्था किसी व्यक्ति के स्वतंत्र विचार या कर्म पर प्रतिबन्ध लगाती है--भले ही उससे दूसरों को क्षति न पहुँचे, तब भी--वह आसुरी है और उसका नाश अवश्य होगा।

जीवन में मेरी एकमात्र अभिलाषा यही है कि एक ऐसे चक्र का प्रवर्तन कर दूँ, जो उच्च एवं श्रेष्ठ विचारों को सबके द्वारों तक पहुँचा दे और फ़िर स्त्री-पुरुष अपने भाग्य का निर्णय स्वयं कर लें। हमारे पूर्वजों तथा अन्य देशों ने भी जीवन के महत्त्वपूर्ण प्रश्नों पर क्या विचार किया है, यह सर्वसाधारण को जानने दो। विशेषकर उन्हें यह देखने दो कि और लोग इस समय क्या कर रहे हैं और तब उन्हें अपना निर्णय करने दो। रासायनिक द्रव्य इकट्ठे कर दो और प्रकृति के नियमानुसार वे कोई विशेष आकार धारण कर लेंगे। परिश्रम करो, अटल रहो और भगवान् पर श्रद्धा रखो। काम शुरू कर दो। देर-सबेर मैं आ ही रहा हूँ। 'धर्म को बिना हानि पहुँचाये जनता की उन्नति'--इसे अपना आदर्श-वाक्य बना लो।

याद रखो कि राष्ट्र झोपड़ी में बसा हुआ है; परन्तु शोक! उन लोगों के लिए कभी किसीने कुछ किया नहीं। हमारे आधुनिक सुधारक विधवाओं के पुनर्विवाह कराने में बड़े व्यस्त हैं। निश्चय ही मुझे प्रत्येक सुधार से सहानुभूति है; परन्तु राष्ट्र की भावी उन्नति उसकी विधवाओं को मिले पति की संख्या पर निर्भर नहीं, वरन् 'आम जनता की अवस्था' पर निर्भर है। क्या तुम जनता की उन्नति कर सकते हो? क्या उनका खोया हुआ व्यक्तित्व, बिना उनकी स्वाभाविक आध्यात्मिक वृत्ति को नष्ट किये, उन्हें वापस दिला सकते हो? क्या समता, स्वतंत्रता, कार्य-कौशल, पौरुष में तुम पाश्चात्यों के भी गुरु बन सकते हो? क्या तुम उसीके साथ-साथ स्वाभाविक आध्यात्मिक अंतःप्रेरणा व अध्यात्म-साधनाओं में एक कट्टर सनातनी हिन्दू हो सकते हो? यह काम करना है और हम इसे करेंगे ही। तुम

सबने इसीके लिए जन्म लिया है। अपने आप पर विश्वास रखो। दृढ़ धारणाएँ महत् कार्यों की जननी हैं। हमेशा बढ़ते चलो। मरते दम तक ग़रीबों और पददलितों के लिए सहानुभूति––यही हमारा मंत्र है। वीर युवकों! बढ़े चलो!

शुभाकांक्षी

विवेकानन्द

पुनश्च––इस पत्र को प्रकाशित न करना– परन्तु एक केन्द्रीय महाविद्यालय खोलकर साधारण लोगों की उन्नति के विचार का प्रचार करने में कोई हर्ज नहीं। इस महाविद्यालय के शिक्षित प्रचारकों द्वारा ग़रीबों की कुटियों में जाकर उनमें शिक्षा एवं धर्म का प्रचार करना होगा। सभी लोग इस कार्य में दिलचस्पी रखें––ऐसा प्रयत्न करो।

तुम लोगों के पास मैं यहाँ के कुछ सर्वोत्तम तथा प्रसिद्ध अख़बारों की कुछ कतरनें भेज रहा हूँ। इन सभी में डॉ० टॉमस का लेख विशेष मूल्यवान है, क्योंकि वे चाहे सर्वाग्रणी न हों पर यहाँ के श्रेष्ठ पादरियों में से एक हैं। 'इन्टीरियर' पत्रिका की कट्टरता एवं मुझे गाली देकर ख़ुद की प्रसिद्धि लाभ करने के प्रयत्न के बावजूद उसे यह स्वीकार करना पड़ा कि मैं सर्वप्रिय वक्ता था। उसमें का भी कुछ अंश मैं काटकर भेज रहा हूँ।

वि०

(श्री हरिदास बिहारीदास देसाई को लिखित)

शिकागो

२९ जनवरी, १८९४

प्रिय दीवान जी साहब,

आपका पिछला पत्र मुझे कुछ दिन पहले मिला। आप मेरी दुःखिनी माँ एवं भाइयों से मिलने गये थे, यह जानकर मुझे प्रसन्नता हुई। किन्तु आपने मेरे हृदय के एकमात्र कोमल स्थान को स्पर्श किया है। दीवान जी, आपको यह जानना चाहिए कि मैं कोई पाषाणहृदय पशु नहीं हूँ। यदि सारे संसार में मैं किसी से प्रेम करता हूँ, तो वह हैं मेरी माँ। फ़िर भी मेरा विश्वास था और अब भी है कि यदि मैं संसार-त्याग न करता, तो जिस महान् आदर्श का, मेरे गुरुदेव श्री रामकृष्ण परमहंस उपदेश करने आये थे, उसका प्रकाश न होता; और वे नवयवक कहाँ होते, जो आजकल के भौतिकवाद और भोग-विलास की उत्ताल तरंगों को परकोटे की तरह रोक रहे हैं? उन्होंने भारत का बहुत कल्याण किया है, विशेषतः बंगाल का, और अभी तो काम आरम्भ ही हुआ है। प्रभु की कृपा से ये लोग ऐसा काम करेंगे, जिसके लिए सारा संसार युग युग तक इन्हें आशीर्वाद देगा।

इसीलिए मेरे सामने एक ओर तो हैं भारत एव सारे संसार के धर्मों के विषय में मेरी परिकल्पना और उन लाखों नरनारियों के प्रति मेरा प्रेम, जो युगों से डूबते जा रहे हैं, और कोई उनकी सहायता करनेवाला नहीं है—यही नहीं, उनकी ओर तो कोई ध्यान भी नहीं देता—और दूसरी ओर है अपने निकटस्थ और प्रियजनों को दु:खी करना। मैंने पहला पक्ष चुना, 'शेष सब प्रभु करेंगे।' यदि मुझे किसी बात का विश्वास है, तो वह यह कि प्रभु मेरे साथ हैं। जब तक मैं निकष्पट हूँ, तब तक मेरा विरोध कोई नहीं कर सकता, क्योंकि प्रभु ही मेरे सहायक हैं। भारत में अनेकानेक व्यक्ति मुझे समझ न सके, और वे बेचारे समझते भी कैसे, क्योंकि भोजनादि नित्यक्रिया को छोड़कर उनका ध्यान कभी बाहर आया ही नहीं। आप जैसे कोई कोई उदार हृदयवाले मनुष्य मेरा मान करते हैं, यह मैं जानता हूँ। प्रभु आपका भला करें। परन्तु मान हो या न हो, मैंने तो इन नवयुवकों को संगठित करने के लिए ही जन्म लिया है। यहीं नहीं, प्रत्येक नगर में सैकड़ों और मेरे साथ सम्मिलित होने को तैयार हैं, और मैं चाहता हूँ कि इन्हें अप्रतिहत गतिशील तरंगों की भाँति भारत में सब ओर भेजूँ, ताकि वे दीनहीनों एवं पददलितों के द्वार पर सुख, नैतिकता, धर्म एवं शिक्षा पहुँचावें। और इसे मैं करूँगा, या मर जाऊँगा।

हमारे देश के लोगों में न विचार है, न गुणग्राहकता। इसके विपरीत एक सहस्र वर्ष के दासत्व के स्वाभाविक परिणामस्वरूप उनमें भीषण ईर्ष्या है और उनकी प्रकृति सन्देहशील है, जिसके कारण वे प्रत्येक नये विचार का विरोध करते हैं। फ़िर भी प्रभु महान् हैं।

आरती,तथा अन्य विषय, जिनका आपने उल्लेख किया है—भारत के सभी मठों में सब जगह प्रचलित हैं, और वेदों में गुरू की पूजा पहला कर्तव्य कहा गया है। इसमें गुण और दोष, दोनों ही पक्ष हैं, परन्तु आपको याद रखना चाहिए कि हमारा यह एक अनुपम संघ है, और हममें से किसीको भी यह अधिकार नहीं है कि वह अपने विश्वास का दूसरों पर बलपूर्वक आरोप करे। हममें से बहुत से लोग किसी प्रकार की मूर्ति-पूजा में विश्वास नहीं रखते, परन्तु उन्हें दूसरों की मूर्ति-पूजा का खण्डन करने का कोई अधिकार नहीं, क्योंकि ऐसा करने से हमारे धर्ममत का पहला ही सिद्धान्त टूटता है। फ़िर ईश्वर भी मनुष्य के रूप में, और मनुष्य के द्वारा ही जाना जा सकता है। प्रकाश का स्फुरण सब स्थानों में होता है—अँधेरे से अँधेरे कोने में भी—परन्तु वह दीपक के रूप में ही मनुष्य के सामने प्रत्यक्ष दिखायी देता है। इसी तरह यद्यपि ईश्वर सर्वत्र है, परन्तु हम एक विराट् मनुष्य के रूप में ही उसकी कल्पना कर सकते हैं। ईश्वर-सम्बन्धी जितनी भावनाएँ हैं—जैसे कि

दयालु पालक, सहायक, रक्षक---ये सब मानवीय भावनाएँ हैं और साथ ही किसी मानवविशेष में ही इनका विकास होना है, चाहे उसे गुरु मानिए, चाहे ईश्वरीय दूत या अवतार। मनुष्य अपनी प्रकृति से बाहर नहीं जा सकता, जैसे आप अपने शरीर में से उछलकर बाहर नहीं आ सकते। यदि कुछ लोग अपने गुरु की उपासना करें, तो इसमें क्या हानि है, विशेषतः जब कि वह गुरु ऐतिहासिक पैग़म्बरों तक सभी की सम्मिलित पवित्रता से सौगुना अधिक पवित्र हो? यदि ईसा मसीह, कृष्ण और बुद्ध की पूजा करने में कोई हानि नहीं है, तो इस मनुष्य को पूजने में क्या हानि हो सकती है, जिसके विचार या कर्म को अपवित्रता कभी छू तक नहीं गयो, जिसकी अन्तर्दृष्टिप्रसूत बुद्धि से अन्य पैग़म्बरों, जिनमें से सभी एकदेशदर्शी रहे हैं, की बुद्धि में आकाश पाताल का अंतर है? दर्शन, विज्ञान या अन्य किसी भी विद्या की सहायता न लेकर इसी महापुरुष ने जगत् के इतिहास में सर्वप्रथम सत्य का सभी धर्मों में निहित होने की ही नहीं, सभी धर्मों के सत्य होने की इस भावना का जगत् में प्रचार किया एवं यही सत्य वर्तमान समय में संसार में सर्वत्र प्रतिष्ठा लाभ कर रहा है।

परन्तु यह भी अनिवार्य नहीं है; और संघ के भाइयों में से आपसे किसीने यह नहीं कहा कि सभी उसके गुरु की पूजा करें। नहीं, नहीं, नहीं। परन्तु उसके साथ ही हममें से किसीको भी अधिकार नहीं कि वह किसी दूसरे को पूजा करने से रोके। क्यों? क्योंकि ऐसा करने से इस अद्वितीय संगठन का---जो संसार में पहले कभी देखने में नहीं आया---पतन हो जायगा। दस मत और दस विचार के दस मनुष्य परस्पर ख़ूब घुल-मिलकर रह रहे हैं। थोड़ा धीरज धरिए, दीवान जो, प्रभु दयालु और महान् हैं, अभी आप बहुत कुछ देखेंगे।

हम केवल सब धर्मों के प्रति सहिष्णुता ही नहीं रखते, वरन् उन्हें स्वीकार भी करते हैं, एवं प्रभु की सहायता से सारे संसार में इसका प्रचार करने का प्रयत्न भी मैं कर रहा हूँ।

प्रत्येक मनुष्य एवं प्रत्येक राष्ट्र को महान् बनाने के लिए तीन बातें आवश्यक हैं---

१. सदाचार की शक्ति में विश्वास।

२. ईर्ष्या और सन्देह का परित्याग।

३. जो सत् बनने या सत् कर्म करने के लिए यत्नवान हों, उनकी सहायता करना।

क्या कारण है कि हिन्दू राष्ट्र अपनी अद्भुत बुद्धि एवं अन्यान्य गुणों के रहते हुए भी टुकड़े टुकड़े हो गया? मेरा उत्तर होगा---ईर्ष्या। कभी भी कोई

जाति इस मन्दभाग्य हिन्दूजाति की तरह इतनी नीचता के साथ एक दूसरे से ईर्ष्या करनेवाली, एक दूसरे के सुयश से ऐसी डाह करनेवाली न हुई, और यदि आप कभी पश्चिमी देशों में आयें, तो पश्चिमी राष्ट्रों में इसके अभाव का अनुभव सबसे पहले करेंगे।

भारत में तीन मनुष्य एक साथ मिलकर पाँच मिनट के लिए भी कोई काम नहीं कर सकते। हर एक मनुष्य अधिकार प्राप्त करने के लिए प्रयास करता है और अन्त में संगठन की दुरवस्था हो जाती है। भगवान्! भगवान्! कब हम ईर्ष्या करना छोड़ेंगे? ऐसे देश में, विशेषतः बंगाल में, ऐसे व्यक्तियों के एक संगठन का निर्माण करना जो परस्पर मतभेद रखते हुए भी अटल प्रेमसूत्र से बँधे हुए हों, क्या एक आश्चर्यजनक बात नहीं है? यह संघ बढ़ता रहेगा।

अनन्त शक्ति व अभ्युदय के साथ-साथ उदारता की यह भावना अवश्य ही सारे देश में फैल जायगी तथा गुलामों की हमारी इस जाति का उत्तराधिकार सूत्र से प्राप्त इस उत्कट अज्ञता, द्वेष, जातिभेद, प्राचीन अन्धविश्वास व ईर्ष्या के बावजूद यह हमारे देश के रोम रोम में समा जायगी तथा उसे विद्युत संचार द्वारा उद्बोधित करेगी।

सर्वव्यापी निस्तरंग इस महासागर के जल में आप ही जैसे दो-चार सच्चरित्र पुरुष हैं जो कठिन शिलाखण्ड की भाँति अविचलित खड़े हैं। प्रभु आपका सदा-सर्वदा कल्याण करें। इति।

सदैव आपका शुभचिन्तक,
विवेकानन्द

(किडी या सिंगारावेलु मुदालियर को लिखित)

५४१, डियरबोर्न एवेन्यू, शिकागो,
३ मार्च, १८९४

प्रिय किडी,

मुझे तुम्हारा पत्र मिला था, परन्तु मैं निश्चय न कर सका कि इसका क्या जवाब दूं। तुम्हारे पिछले पत्र से कुछ आश्वासन मिला।...मैं तुमसे यहाँ तक सहमत हूँ कि विश्वास से एक अद्भुत अन्तर्दृष्टि मिलती है और केवल विश्वास से ही मनुष्य मुक्ति प्राप्त कर सकता है; पर उससे धर्मान्धता उत्पन्न होकर उन्नति में बाधा पड़ने की आशंका रहती है।

ज्ञानमार्ग अच्छा है, परन्तु उसके शुष्क तर्क में परिणत हो जाने का डर रहता है। प्रेम बड़ी ही उच्च वस्तु है, पर निरर्थक भावुकता में परिणत होकर उसके विनष्ट होने का भय रहता है।

हमें इन सभी का समन्वय ही अभीष्ट है। श्री रामकृष्ण का जीवन ऐसा ही समन्वयपूर्ण था। ऐसे महापुरुष जगत् में बहुत ही कम आते हैं, परन्तु हम उनके जीवन और उपदेशों को आदर्श के रूप में सामने रखकर आगे बढ़ सकते हैं। यदि हममें से प्रत्येक उस आदर्श की पूर्णता को व्यक्तिगत रूप में प्राप्त न कर सके, तो भी हम उसे सामूहिक रूप में परस्पर एक दूसरे के परिमार्जन, सन्तुलन, आदान-प्रदान से एवं सहायक बनकर प्राप्त कर सकते हैं। यह समन्वय कई एक व्यक्तियों के द्वारा साधित होगा और यह अन्य सभी प्रचलित धर्ममतों की अपेक्षा श्रेष्ठ होगा।

किसी धर्म को कारगर बनाने के लिए उत्साह आवश्यक है। साथ ही नये नये सम्प्रदायों की संख्या में वृद्धि के ख़तरे से सावधान रहना चाहिए।

एक असाम्प्रदायिक सम्प्रदाय बनकर हम इस भय से अपनी रक्षा कर सकते हैं। इसमें एक सम्प्रदाय के सभी गुणावलि होते हुए एक सार्वजनिक धर्म की व्याप्ति भी होती है।

यद्यपि ईश्वर सर्वत्र है, तो भी उसको हम केवल मनुष्य चरित्र में और उसके द्वारा ही जान सकते हैं। श्री रामकृष्ण के जैसा पूर्ण चरित्र कभी किसी महापुरुष का नही हुआ और इसलिए हमें उन्हींको केन्द्र बनाकर संगठित होना पड़ेगा। हाँ, हर एक आदमी उनको अपनी-अपनी भावना के अनुसार ग्रहण करे, इसमें कोई बाधा नहीं डालनी चाहिए। चाहे कोई उन्हें ईश्वर माने, चाहे परित्राता या आचार्य, या आदर्श पुरुष अथवा महापुरुष——जो जैसा चाहे। हम न तो सामाजिक समता का प्रचार करते हैं. न विषमता का। पर इतना कहते हैं कि सबको समान अधिकार है, और हम इस पर ज़ोर देते हैं कि हर व्यक्ति को, क्या उसके विचारों में, क्या कार्य में, पूरी स्वतन्त्रता रहे।

हम किसी भी मतावलम्बी को——चाहे वह ईश्वरवादी हो, चाहे सर्वेश्वरवादी, चाहे अद्वैतवादी हो, चाहे बहुईश्वरवादी, चाहे अज्ञेयवादी हो, चाहे अनीश्वरवादी—— त्यागना नहीं चाहते। पर यदि वह शिष्य होना चाहे, तो उसे केवल इतना ही करना होगा कि वह अपना चरित्र ऐसा बनाये, कि वह जैसा उदार हो, वैसा ही गम्भीर भी। चरित्र-गठन के बारे में भी हम किसी विशेष नैतिक मत को ही ग्रहण करने के लिए नहीं कहते और न खान-पान के सम्बन्ध में ही सभी को एक निर्दिष्ट नियम पर चलने को कहते हैं। हाँ, हम उन कामों को करने से लोगों को मना करते हैं, जिनसे औरों को हानि पहुँचे।

धर्माधर्म का इतना ही लक्षण बताकर आगे हम लोगों को अपने ही विचारों पर निर्भर रहने का उपदेश देते हैं। पाप या अधर्म वही है, जो उन्नति में बाधा

डालता हो, या पतन में सहायता करता हो; और धर्म वही है, जिससे अभ्युदय और निःश्रेयस की सिद्धि में सहारा मिले।

इसके बाद कौन सा मार्ग उपयोगी है, जिससे अपना लाभ होगा, यह प्रत्येक व्यक्ति स्वयं सोच और चुन ले और उसी मार्ग से चले– इस विषय में हम सभी को स्वाधीनता देते हैं। एक के लिए शायद मांस खाना अनुकूल हो, और दूसरे के लिए फल-मूल पथ्य हो। जो जिसका भाव हो, वह उसी राह पर चले। किन्तु जिन आचरणों का पालन उसके अपने लिए हानिकारक है उन आचरणों के अनुयायियों को अपने मार्ग पर लाने का हठ करना तो दूर रहा, उन आचरणों की निन्दा करने का भी उसे कोई अधिकार नहीं। हो सकता है कि कुछ मनुष्यों के लिए विवाह उनके इस उन्नति के मार्ग में सहायक हो, परन्तु वही दूसरों के लिए विशेष हानिकारक हो सकता है। किन्तु इस कारण अविवाहित व्यक्ति को कोई अधिकार नहीं कि वह विवाहित शिष्य से कहे कि वह ग़लत राह पर है, फ़िर उस भाई को अपने नैतिक आदर्श पर ज़बरदस्ती लाने की बात तो अलग रही।

हमें विश्वास है कि सभी जीव ब्रह्म हैं। प्रत्येक आत्मा मानो अज्ञान के बादल से ढके हुए सूर्य के समान है और एक मनुष्य से दूसरे का अन्तर केवल यही है कि कहीं सूर्य के ऊपर बादलों का घना आवरण है और कहीं कुछ पतला। हमें विश्वास है कि यही सब धर्मों की नींव है, चाहे कोई उसे जाने या न जाने। और मनुष्य की भौतिक, बौद्धिक अथवा आध्यात्मिक उन्नति के सारे इतिहास की व्याख्या यही है कि एक ही आत्मा भिन्न भिन्न स्तरों में से होकर अपने को अभिव्यक्त करती है।

हमें विश्वास है कि यही वेदों का सार है।

हमें विश्वास है कि हर एक मनुष्य को चाहिए कि वह दूसरे मनुष्य को इसी तरह, अर्थात् ईश्वर समझकर, सोचे और उससे उसी तरह अर्थात् ईश्वर-दृष्टि से बर्ताव करे; उससे घृणा न करे, उसे कलंकित न करे और न उसकी निन्दा ही करे। किसी भी तरह से उसे हानि पहुँचाने की चेष्टा भी न करे। यह केवल संन्यासी का ही नहीं; वरन् सभी नर-नारियों का कर्तव्य है।

आत्मा में लिंग या जाति-भेद नहीं है, न उसमें अपूर्णता ही है।

हमें विश्वास है कि सम्पूर्ण वेद, दर्शन, पुराण और तन्त्र में कहीं भी यह बात नहीं है कि आत्मा में लिंग, वर्ण या जाति-भेद है। इसलिए हम उन लोगों से सहमत हैं, जो कहते हैं कि धर्म से समाज-सुधार का क्या सरोकार है? फ़िर उन्हें भी हमारी इस बात को मानना होगा कि उसी कारण धर्म को भी किसी प्रकार का

सामाजिक विधान देने या सब जीवों के बीच वैषम्य के प्रचार करने का कोई अधिकार नहीं, क्योंकि इस कल्पित और भयानक विषमता को बिल्कुल मिटा देना ही धर्म का लक्ष्य है।

अगर कोई कहे कि इस विषमता में से गुज़रकर ही हम अन्त में समत्व और एकत्व को प्राप्त कर लेंगे, तो हमारा उत्तर यह है जिस धर्म की दुहाई देकर ये बातें कही जाती हैं, वही बारम्बार कहता है कि कीचड़ से कीचड़ नहीं धुल सकता। मानों अनैतिकता से कोई नैतिक या सच्चरित्र बन सकता है!

सामाजिक विधानों की रचना समाज की अर्थनैतिक अवस्थाओं द्वारा धर्म का अनुमोदन लेकर हुई। धर्म ने यह भारी भूल की कि उसने सामाजिक विषयों में हस्तक्षेप किया। किन्तु उसका अपनी ही बातों का खंडन करता हुआ यह कथन कितना पाखंडपूर्ण है कि, 'समाज-सुधार से धर्म का क्या मतलब?' हाँ, अब हमें इस बात की आवश्यकता हो रही है कि धर्म समाज-सुधारक न बने, और इसीलिए हम यह भी कह देते हैं कि धर्म समाज का व्यवस्थापक न बने। हस्तक्षेप मत करो! अपनी सीमा के भीतर रहो और सब ठीक हो जायगा।

शिक्षा का अर्थ है, उस पूर्णता की अभिव्यक्ति, जो सब मनुष्यों में पहले ही से विद्यमान है।

धर्म का अर्थ है, उस ब्रह्मत्व की अभिव्यक्ति, जो सब मनुष्यों में पहले ही से विद्यमान है।

अतः दोनों स्थलों पर शिक्षक का कार्य केवल रास्ते से सब रुकावट हटा देना ही है। जैसा मैं सर्वदा कहा करता हूँ—हस्तक्षेप बंद करो! सब ठीक हो जायगा। अर्थात् हमारा कर्तव्य है, रास्ता साफ़ कर देना—शेष सब भगवान् ही करते हैं।

इसलिए तुम्हें ये बातें विशेषकर याद रखनी चाहिए कि धर्म का केवल आत्मा से ही काम है, सामाजिक विषयों में उसके हस्तक्षेप का प्रयोजन नहीं। तुम्हें यह भी याद रखना चाहिए कि जो अनिष्ट पहले ही हो चुका है, उस पर भी यही बात पूर्ण रूप से लागू होती है। अब धर्म को समाज से अलग करने की चेष्टा ऐसी ही है जैसे एक आदमी ज़बरदस्ती किसी दूसरे आदमी की जमीन छीन लेता है और उसके उसकी अपनी जमीन वापस लेने की कोशिश करने पर रोने-धोने लगता है, और मानवीय अधिकार के सिद्धान्तों की पवित्रता की बातें करने लगता है!

पुरोहितों को समाज की प्रत्येक छोटी छोटी बात में दस्तन्दाज़ी करने (जो लाखों मनुष्यों के लिए दुःखदायी हो) की क्या आवश्यकता थी?

तुमने मांसभोजी क्षत्रियों की बात उठायी है। क्षत्रिय लोग चाहे मांस खायँ या न खायँ, वे ही हिन्दू धर्म की उन सब वस्तुओं के जन्मदाता हैं, जिनको तुम महत्

और सुन्दर देखते हो। उपनिषद् किन्होंने लिखी थी? राम कौन थे? कृष्ण कौन थे? बुद्ध कौन थे? जैनों के तीर्थंकर कौन थे? जब कभी क्षत्रियों ने धर्म का उपदेश दिया, उन्होंने सभी को धर्म पर अधिकार दिया। और जब कभी ब्राह्मणोंने कुछ लिखा, उन्होंने औरों को सब प्रकार के अधिकारों से वंचित करने की चेष्टा की। गीता और व्याससूत्र पढ़ो, या किसीसे सुन लो। गीता में भक्ति की राह पर सभी नर-नारियों, सभी जातियों और सभी वर्णों को अधिकार दिया गया है, परन्तु व्यास ग़रीब शूद्रों को वंचित करने के लिए वेद की मनमानी व्याख्या करने की चेष्टा करते हैं। क्या ईश्वर तुम जैसा मूर्ख है कि एक टुकड़े मांस से उसकी दयारूपी नदी के प्रवाह में बाधा खड़ी हो जायगी? अगर वह ऐसा ही है, तो उसका मोल एक फूटी कौड़ी भी नहीं!

मुझसे कुछ आशा मत करना, किन्तु जैसा कि मैं तुमको पहले ही लिख चुका हूँ और कह भी चुका हूँ कि मुझे दृढ़ विश्वास है कि मद्रासियों के द्वारा ही भारत की उन्नति होगी। इसीलिए कहता हूँ कि हे मद्रास के युवक वृन्द, सोचो क्या तुममें से कुछ लोग भी इस नूतन भगवान रामकृष्ण को केन्द्र बनाकर इस नये आदर्श के कट्टर अनुयायी बन सकते हो? सामग्री इकट्ठी कर श्री रामकृष्ण की एक छोटी-सी जीवनी लिखो। सचेत रहना कि उसमें अलौकिक घटनाओं का समावेश न होने पाये, अर्थात् वह जीवनी इस ढंग से लिखी जाय कि वह उनके उपदेशों का एक दृष्टान्त बन जाय। केवल उनकी ही बातें उसमें रहें। ख़बरदार, मुझे या किसी और जीवित व्यक्ति को उसमें मत लाना। तुम्हारा मुख्य उद्देश्य होगा उनकी शिक्षाओं को जगत् में फैलाना, और वह जीवनी उन्हींका एक दृष्टान्त होगा। यद्यपि मैं ख़ुद अयोग्य हूँ, तथापि मेरे जिम्मे एक यह विशेष काम था कि जो रत्न की पेटी मुझे सौंपी गयी थी, मैं उसे मद्रास में ले आकर तुम्हारे हाथों में दे दूँ। और तुम्हें ही क्यों? क्योंकि जो लोग पाखंडी, द्वेषपूर्ण, ग़ुलाम-स्वभाववाले और कापुरुष हैं और जिन्हें केवल जड़ वस्तुओं पर विश्वास है, वे कभी कुछ नहीं कर सकते। दाससुलभ ईर्ष्या ही हमारे जातीय चरित्र का धब्बा है। इस ईर्ष्या के कारण स्वयं सर्वशक्तिमान् प्रभु भी कुछ करने में असमर्थ हैं। मेरे बारे में यह समझो कि मुझे जो कुछ करना था, वह सब मैं कर चुका—समझो कि अब मैं मर गया; यही समझो कि सब कामों का भार तुम्हीं पर है। मद्रास के युवकों, समझो कि तुम्हीं इस काम के लिए विधाता द्वारा भेजे हुए हो। काम में लग जाओ, प्रभु तुम्हारा भला करें। मुझे छोड़ दो, मुझे भूल जाओ। केवल इस नये आदर्श, नये सिद्धान्त और नये जीवन का प्रचार करो। किसी के या किसी रीति-रिवाज के विरुद्ध कुछ मत कहना। जाति-भेद के पक्ष या विपक्ष में कुछ मत कहना, और न किसी सामाजिक

कुरीति के विरुद्ध हीं कुछ कहने की आवश्यकता है। केवल लोगों से 'यही' कहो कि 'हस्तक्षेप मत करो'—बस, सब ठीक हो जायगा।

मेरे वीर, दृढ़ और प्रेमिक आत्मीय जनों! तुम्हें आशीर्वाद।

तुम्हारा,
विवेकानन्द

(हेल बहनों को लिखित)

डिट्रॉएट,
१२ मार्च, १८९४

प्रिय बहनों,

इस समय मैं श्री पामर के साथ रह रहा हूँ। ये बड़े ही सज्जन हैं। उन्होंने परसों रात अपने पुराने मित्रों को एक भोज दिया था, जिनमें से हरेक ६० वर्ष से ऊपर का था, और इस मण्डली को वे 'पुरातन सतीर्थगोष्ठी' कहा करते हैं। एक नाटचशाला में मैंने ढाई घंटे तक व्याख्यान दिया। लोग बहुत प्रसन्न हुए। मैं न्यूयार्क और बोस्टन जा रहा हूँ। मुझे अपने ख़र्च के लिए वहाँ पर्याप्त मिल जायगा। मैं फ़्लैग एवं प्रोफ़ेसर राइट, दोनों के पते भूल गया हूँ। मैं मिशिगन भाषण देने नहीं जा रहा हूँ। श्री होल्डेन ने आज सुबह मुझे मिशिगन में भाषण देने के लिए मनाने की चेष्टा की, लेकिन मैं बोस्टन एवं न्यूयार्क को थोड़ा देख लेने के लिए एकदम निश्चय कर लिया हूँ। वास्तव में ज्यों ज्यों मुझे लोकप्रियता मिलती जा रही है और बोलने में आसानी होती जा रही है, त्यों त्यों मैं ऊबता जा रहा हूँ। मेरे सभी व्याख्यानों में मेरा पिछला व्याख्यान ही सबसे अच्छा था। श्री पामर तो आनंदविभोर थे और श्रोतागण ऐसे मन्त्रमुग्ध बैठे रहे कि व्याख्यान के अन्त में ही चलकर मैं समझ सका कि मैं इतनी देर तक बोलता रहा। वक्ता को सदा ही श्रोताओं की अस्थिरता और ध्यानाभाव का एहसास हो जाता है। प्रभु मुझे इन व्यर्थ की बातों से बचायें, मैं इनसे ऊब चुका हूँ। अगर प्रभु को मंजूर होगा, तो मैं बोस्टन या न्यूयार्क में विश्राम करूँगा। तुम सबको मेरा प्यार। सतत प्रसन्न रहो।

तुम्हारा स्नेहशील भाई,
विवेकानन्द

(हेल बहनों को लिखित)

डिट्रॉएट,
१५ मार्च, १८९४

प्रिय बच्चियों,

मैं बूढ़े पामर के साथ सानन्द हूँ। वे बड़े प्रसन्नचित वृद्ध हैं। पिछले व्याख्यान से मुझे केवल १२७ डालर प्राप्त हुए। मैं सोमवार को फ़िर डिट्रॉएट में

व्याख्यान देनेवाला हूँ। तुम्हारी माता ने मुझसे लिन की एक महिला को पत्र लिखने के लिए कहा था। मैंने पहले कभी उन्हें नहीं देखा। बिना किसी परिचय के किसी को पत्र लिखना क्या शिष्टाचार है? कृपया इस महिला के बारे में मुझ और कुछ अधिक जानकारी भेजो। लिन है कहाँ? मेरे विषय में यहाँ के एक समाचारपत्र ने सबसे अजीब बात यह लिखी है, वह "तूफ़ानी हिन्दू" यहाँ आ धमका है और श्री पामर का अतिथि है। श्री पामर हिन्दू हो गये हैं और भारत जा रहे हैं; बस, उनका आग्रह यही है कि दो सुधार हो जाने चाहिए—प्रथम यह कि जगन्नाथ जी के रथ में श्री पामर के लाग-हाउस फ़ार्म में पले 'पर्चेरान' नस्ल के घोड़े जोत दिये जाँय, और द्वितीय यह कि हिन्दुओं के पवित्र गोवंश में जरसी नस्ल की गायों को भी सम्मिलित कर लिया जाय।" श्री पामर पर्चेरान घोड़ों और जरसी गायों के दिली शौक़ीन हैं और उनके लागहाउस फ़ार्म में दोनों का बाहुल्य है।

प्रथम व्याख्यान के लिए समुचित व्यवस्था नहीं हुई थी। हॉल का किराया १५० डालर था। मैंने होल्डेन को विदा कर दिया। एक दूसरा व्यक्ति मिल गया है; देखना है, वह उसकी अपेक्षा अच्छी व्यवस्था करता है या नहीं। श्री पामर मुझे दिन भर हँसाते रहते हैं। कल एक और भोज होने जा रहा है। अभी तक सब कुछ ठीक है; परन्तु जब से यहाँ आया हूँ, पता नहीं क्यों, मन बड़ा शोकाकुल रहता है—कारण मुझे नहीं मालूम।

व्याख्यान देते देते और इस प्रकार के निरर्थक वाद से मैं थक गया हूँ। सैकड़ों प्रकार के मानवीय पशुओं से मिलते मिलते मेरा मन अशांत हो गया है। मैं तुम्हें मेरी अपनी रुचि की बात बतला रहा हूँ। मैं लिख नहीं सकता, मैं बोल नहीं सकता, परन्तु मैं गंभीर विचार कर सकता हूँ, और उत्तेजित होने पर अग्न्युद्गार कर सकता हूँ। परन्तु ऐसा कुछ चुने हुए, बहुत ही थोड़े से चुने हुए लोगों के सामने ही होना उचित है। वे यदि चाहें, तो मेरे विचारों का चारों ओर प्रचार करें। मुझसे कुछ नहीं होता। श्रम का यही उचित विभाजन है; एक ही व्यक्ति सोचने में और साथ ही अपने उन विचारों के प्रसार करने में कभी भी सफल नहीं हुआ। ऐसे विचार मूल्यहीन होते हैं। मनुष्य को विचार करने की स्वाधीनता होनी चाहिए, विशेषतः जब कि वे विचार आध्यात्मिक हों।

स्वाधीनता का यह दावा ही, 'मनुष्य मशीन नहीं है' इस बात की प्रतिष्ठा ही चूँकि सारे आध्यात्मिक विचारों का सार है, इसी कारण ऐसे विषयों पर एक यंत्र की तरह नियमित रूप से विचार करना असम्भव है। हर चीज़ को यंत्र के स्तर पर लाने की यह प्रवणता ही पाश्चात्यों की अद्भुत समृद्धि का कारण है। और इसी ने धर्म को उनके द्वार से हटा दिया है। जो थोड़ा सा बचा है, उसे भी पाश्चात्यों ने एक सुव्यवस्थित व्यायाम भर में पर्यवसित कर दिया है।

मैं वास्तव में 'तूफ़ानी' क़तई नहीं हूँ, प्रत्युत इसका उल्टा हूँ। जिस वस्तु को मैं चाहता हूँ, वह यहाँ नहीं है, और मैं इस 'तूफ़ानी' वातावरण को और अधिक काल तक सहन करने में असमर्थ हूँ। पूर्णता का मार्ग यह है कि स्वयं पूर्णता को प्राप्त होना, तथा कुछ थोड़े से स्त्री-पुरुषों को पूर्णता को प्राप्त कराना। लोककल्याण के सम्पर्क में मेरी अपनी धारणा के अनुसार मैं चाहता हूँ कि कुछ असाधारण योग्यता के मनुष्यों का विकास करूँ, न कि 'भैंस के आगे बीन बजाकर समय, स्वास्थ्य और शक्ति का अपव्यय करूँ।'

अभी अभी फ़्लैग का एक पत्र मिला। मेरे व्याख्यान के कार्य में वह मदद नहीं कर सकता। वह कहता है, 'पहले बोस्टन जाइए।' पर जान लो, अब और व्याख्यान देने की मुझे परवाह नहीं। किसी व्यक्ति अथवा श्रोतृमंडली की सनक के अनुसार मुझे परिचालित कराने का यह प्रयास बड़ा ही नैराश्यजनक है। फ़िर भी इस देश से बाहर जाने के पहले मैं कम से कम दो-एक रोज़ के लिए शिकागो वापस जाऊँगा। प्रभु, तुम सबका कल्याण करें।

चिर कृतज्ञ तुम्हारा भाई,
विवेकानन्द

(कुमारी ईसाबेल मैक्किंडली को लिखित)

डिट्रॉएट,
१७ मार्च, १८९४

प्रिय बहन,

तुम्हारा पैकेट मुझे कल मिला। तुमने मोज़े नाहक़ भेजे, मैं यहाँ स्वयं ही दो चार जुटा लेता। पर हर्ष की यह बात है कि यह तुम्हारे स्नेह का द्योतक है। मेरा थैला ठसाठस भर गया है। समझ में नहीं आता कि अब मैं कैसे उसे लिए फिरता रहूँ।

आज मैं श्रीमती बैग्ली के यहाँ लौट आया। श्री पामर के यहाँ अधिक दिन रुकने की वजह से वह नाराज़ थीं। पामर के घर पर दिन बड़े ही आराम से कटे। वे बहुत ही मौज़ी और सादादिल आदमी हैं, और उन्हें अपने सुखभोगों में और अपने 'कड़ुवे स्काच्' में अत्यधिक रुचि है। लेकिन हैं वह एकदम अकलंक और बच्चों जैसे सरल।

मेरे चले आने से वे बहुत दु:खी थे, लेकिन मैं विवश था। यहाँ एक सुन्दरी तरुणी से मैं दो बार मिला। नाम मैं उसका भूल रहा हूँ। लेकिन इतनी तेज़, सुन्दर, आध्यात्मिक एवं असांसारिक! प्रभु उस पर कृपा रखें। आज सबेरे वह श्रीमती मैक्ड्यूवेल के साथ आयी और इतनी सुन्दरता और

आध्यात्मिक गंभीरता से उसने बातें कीं कि मैं तो चकित रह गया। वह योगियों के बारे में सब कुछ जानती है और साधना में काफ़ी आगे बढ़ चुकी है ! !

'तेरा पथ खोज से परे है।' प्रभु उस सीधी-सादी, पवित्र और निर्मल लड़की पर कृपा करें ! यह मेरे कठोर और कष्टप्रद जीवन का श्रेष्ठ पुरस्कार है कि समय समय पर तुम जैसी पवित्र और आनन्दित लोगों के दर्शन मुझे हो जाया करते हैं। बौद्धों की एक उदार प्रार्थना है--'पृथ्वी के सभी पवित्र मनुष्यों के समक्ष मैं नतमस्तक हूँ।' जब भी मैं किसी ऐसी आकृति को देखता हूँ, जिस पर प्रभु अपनी अँगुली से 'मेरा'--यह शब्द स्पष्ट रूप से अंकित कर दिये होते हैं तब ही मुझे इस प्रार्थना के सही अर्थ का बोध होने लगता है। तुम अभी जिस प्रकार सुखी हो, कृपाधन्य हो, सत्स्वभाव हो, पवित्र हो, उसी प्रकार सदा बने रहो। इस भयानक संसार के कर्दम व धूलि से तुम्हारे पैरों का कभी स्पर्श न हो। फूलों के से तुम्हारे जन्म की ही भाँति तुम्हारा जीवन और तुम्हारा प्रयाण भी फूलों के से ही हों। निरन्तर तुम्हारे अग्रज की यही प्रार्थना है।

विवेकानन्द

(कुमारी मेरी हेल को लिखित)

डिट्राएट,
१८ मार्च, १८९४

प्रिय बहन मेरी,

कलकत्ता के पत्र को मेरे पास भेजने के लिए तुम्हें मेरा हार्दिक धन्यवाद। यह कलकत्ता के मेरे गुरुभाइयों द्वारा भेजा गया था और यह मेरे गुरुदेव के जन्म-महोत्सव को मनाने के लिए व्यक्तिगत निमन्त्रण के अवसर पर लिखा गया था-- जिनके विषय में तुमने मुझसे बहुत कुछ सुना है, अतः इस पत्र को फ़िर से तुम्हारे पास लौटा रहा हूँ। पत्र में लिखा है कि मजूमदार कलकत्ता लौट आया है और यह प्रचार कर रहा है कि विवेकानन्द अमेरिका में विश्व के समस्त पाप कर रहा है। ...यही तुम्हारे अमेरिका का 'अद्भुत आध्यात्मिक पुरुष' है ! यह उनका दोष नहीं है; जब तक कोई वास्तव में आध्यात्मिक न हो जाय, अर्थात् जब तक किसीको आत्मस्वरूप में वास्तविक अंतर्दृष्टि नहीं प्राप्त हो जाती और आत्मा के जगत् की एक झाँकी नहीं मिल जाती, तब तक वह बीज को भूसे से, गहराई को थोथी बातों से पृथक् नहीं कर सकता। मुझे बेचारे मजूमदार के लिए अफ़सोस है कि वह इतना नीचे उतर आया। प्रभु उसका भला करें।

पत्र के भीतर का पता अंग्रेज़ी में है, और उसमें मेरा पुराना नाम है, जिसे मेरी बाल्यावस्था के एक मित्र ने लिखा है, जिसने संन्यास ले लिया है। यह एक

कवित्वमय नाम है। पत्र में लिखा हुआ नाम संक्षिप्त रूप में है, पूरा नाम नरेन्द्र है, जिसका अर्थ है 'मनुष्यों का स्वामी' ('नर' का अर्थ होता है मनुष्य, और 'इन्द्र' का तात्पर्य शासक, स्वामी से है)। यह बहुत ही हास्यकर है, है न? लेकिन मेरे देश में ऐसे ही नाम होते हैं; हम विवश हैं; लेकिन मुझे खुशी है कि मैंने इसे छोड़ दिया।

मैं ठीक हूँ, आशा है, तुम ठीक होगी।

तुम्हारा भाई,
विवेकानन्द

(स्वामी रामकृष्णानन्द को लिखित)

ॐ नमो भगवते रामकृष्णाय

द्वारा जार्ज डब्ल्यू० हेल,
५४१, डियरबोर्न एवेन्यू, शिकागो,
१९ मार्च, १८९४

प्रिय शशि,

इस देश में आने के बाद मैंने तुम्हें कोई पत्र नहीं लिखा। पर हरिदास भाई[१] के पत्र से सब समाचार मालूम हुए। गिरिशचन्द्र घोष[२] और तुम सबने हरिदास भाई की अच्छी खातिर की, यह ठीक ही हुआ।

इस देश में मुझे किसी वस्तु का अभाव नहीं है। पर यहाँ भिक्षा का रिवाज नहीं। मुझे परिश्रम करना पड़ता है, यानी स्थान स्थान पर उपदेश देना पड़ता है। यहाँ जैसी गर्मी है, जाड़ा भी वैसा ही। गर्मी कलकत्ते से तनिक भी कम नहीं। जाड़े की बात क्या कहूँ? समूचा देश दो-तीन हाथ, कहीं कहीं चार-पाँच हाथ गहरी बर्फ़ से ढक जाता है। दक्षिण की ओर बर्फ़ नहीं पड़ती। पर बर्फ़ तो छोटी चीज़ हुई। जब पारा ३२ डिग्री पर रहता है, तब बर्फ़ गिरती है। कलकत्ते में पारा ६० डिग्री से नीचे बहुत ही कम उतरता है। इंग्लैंड में कभी कभी शून्य तक भी जाता है। परन्तु यहाँ पारा शून्य से ४०-५० डिग्री तक नीचे चला जाता है। उत्तरी हिस्से में, कनाडा में, पारा जम जाता है। उस समय मद्यसार का तापमापक यंत्र काम में

१. जूनागढ़ के भूतपूर्व दीवान। अमेरिका के लिए प्रस्थान करने के पहले स्वामी जी इन से घनिष्ट रूप से परिचित हुए थे। इन्होंने देशीय राजाओं से स्वामीजी का परिचय करा दिया था।

२. भगवान् श्री रामकृष्ण के अन्तरंग अनुगत गृही शिष्य; बंगाल के प्रसिद्ध नाट्यकार और अभिनेता।

लाया जाता है। जब बहुत ही ठण्डक होती है, अर्थात् जब पारा २० डिग्री के नीचे रहता है, तब बर्फ़ नहीं गिरती। मेरी धारणा थी कि बर्फ़ गिरी कि ठण्डक की हद हो गयी। ऐसी बात नहीं, बर्फ़ ज़रा कम ठण्डे दिनों में गिरती है। अत्यधिक ठण्डक में एक तरह का नशा सा हो जाता है। गाड़ियाँ उस समय नहीं चलतीं; केवल बिना पहिये का स्लेज ज़मीन पर फिसलकर चलता है। सब कुछ जमकर सख्त हो जाता है—नदी, नाले और झील पर से हाथी भी चल सकता है। नियाग्रा का प्रचण्ड प्रवाहवाला विशाल निर्झर जमकर पत्थर हो गया है! परन्तु मैं अच्छी तरह हूँ। पहले थोड़ा डर मालूम होता था, फ़िर तो गरज़ के मारे, रेल से एक दिन कनाडा के समीप, दूसरे दिन अमेरिका के दक्षिण भाग में व्याख्यान देता फिर रहा हूँ। रहने के कमरों की तरह गाड़ियाँ भी भाप के नलों से ख़ूब गरम रखी जाती हैं और बाहर चारों ओर अमल धवल तुषार के समूह हैं—कैसी अनोखी छटा है!

बड़ा डर था कि मेरी नाक और कान गिर जायँगे, पर आज तक कुछ नहीं हुआ। हाँ, बाहर जाते समय राशीकृत गर्म कपड़े, उन पर समूर का कोट, जूते, फ़िर उन पर ऊनी जूते, इन सब से आवृत होकर निकलना पड़ता है। साँस निकलते ही दाढ़ी में जम जाती है! उस पर तमाशा तो यह है कि घर के भीतर, बिना एक डली बर्फ़ दिये ये लोग पानी नहीं पीते। घर के अन्दर की गरमी के कारण वे ऐसा करते हैं। हर एक कमरा और सीढ़ी भाप के नलों से गरम रखी जाती है। ये लोग कला-कौशल में अद्वितीय हैं, भोग-विलास में अद्वितीय हैं, धन कमाने में अद्वितीय हैं, और ख़र्च करने में भी अद्वितीय हैं। एक कुली की रोज़ाना आय ६ रु० हैं– नौकर की भी वही। ३ रु० से नीचे किराये की गाड़ी नहीं मिलती। चार आने से कम का चुरुट नहीं है। २४ रु० में मध्यम दर्जे का एक जोड़ा जूता मिल सकता है। ५०० रु० में एक पोशाक बनती है। जैसा कमाते हैं, ख़र्च भी वैसा ही करते हैं। एक एक व्याख्यान में २०० रु० से ३००० रु० तक मिल सकते हैं। मुझे १५०० रु० तक मिले हैं। हाँ, अब तो मेरा भाग्य खुल गया है। ये मुझे प्यार करते हैं और हज़ारों आदमी मेरे व्याख्यान सुनने आया करते हैं।

प्रभु की इच्छा से मजूमदार महाशय से मेरी यहाँ भेंट हुई। पहले तो बड़ी प्रीति थी, पर जब सारे शिकागो शहर के नर-नारी मेरे पास झुण्ड के झुण्ड आने

---

१. एक लेक्चर ब्यूरो की बातों में आकर पहले-पहल स्वामी जी ने इसकी ओर से कुछ व्याख्यान दिये। परन्तु भेद खुल जाने पर उन्होंने इससे नाता तोड़ लिया और पहले के मिले हुए धन का बहुत सा हिस्सा भारत में अनेक सत्कार्यों में लगा दिया।

लगे, तब मजूमदार भैया के मन में आग लग गई। मैं तो देख-सुनकर दंग रह गया! . . .मेरे जैसा उनका न हुआ, इसमें मेरा क्या दोष ? . . .और मजूमदार ने धर्म-महासभा के पादरियों के पास मेरी यथेष्ट निन्दा की। 'वह कोई नहीं; वह ठग है, ढोंगी है; वह तुम्हारे देश में कहता है कि "मैं साधु हूँ"'—आदि कहकर उनके मन में मेरे बारे में ग़लत धारणा पैदा कर दी। प्रेसिडेन्ट बरोज़ को ऐसे बिगाड़ा कि वे मुझसे अब अच्छी तरह बातचीत भी नहीं करते। उनके पुस्तकों एवं पुस्तिकाओं में मुझे दबाने का भरसक प्रयत्न देखने को मिलता है किन्तु गुरुदेव मेरे साथ हैं। दूसरे लोग क्या कर सकते हैं? सारा अमेरिका मेरा आदर करता है, मुझे भक्ति करता है, पैसे देता है, गुरु जैसा मानता है—मज़ूमदार बेचारा क्या करे? पादरी इत्यादि भी मेरा क्या कर सकते हैं? और ये लोग भी तो विद्वान् हैं। यहाँ सिर्फ़ इतना ही कहने से नहीं बनता कि 'हम लोग हमारी विधवाओं की शादी करते हैं,' 'हम लोग मूर्ति-पूजा नहीं करते,' इत्यादि, इत्यादि। केवल पादरियों के यहाँ ये बातें चलती हैं। भाई, ये लोग तत्वज्ञान सीखना चाहते हैं, विद्या चाहते हैं; कोरी बातों से अब और नहीं चलेगा।

धर्मपाल बड़ा अच्छा लड़का है। ज्यादा पढ़ा-लिखा नहीं है, किन्तु भला आदमी है। इस देश में वह काफ़ी लोकप्रिय हुआ था।

भाई, मजूमदार को देखकर मेरी बुद्धि ठिकाने आ गयी। भर्तृहरि ने ठीक ही कहा है—**ये निघ्नन्ति निरर्थकं परहितं ते के न जानीमहे** (जो नाहक़ औरों के हित के बाधक होते हैं, वे कैसे हैं, यह हमें नहीं मालूम)। भाई, सब दुर्गुण मिट जाते हैं, पर वह अभागी ईर्ष्या नहीं मिटती..! हमारी जाति का वही दोष है—केवल परनिन्दा और ईर्ष्या। वे सोचते हैं कि हमहीं बड़े हैं—दूसरा कोई बड़ा न होने पावे।

इस देश की सी महिलाएँ दुनिया भर में नहीं हैं। वे कैसी पवित्र, स्वावलम्बिनी और दयावती हैं। महिलाएँ ही यहाँ की सब कुछ हैं। शिक्षा, संस्कृति सभी उन्हीं में केन्द्रित हैं। **या श्रीः स्वयं सुकृतिनां भवनेषु** (जो पुण्यात्माओं के घरों में स्वयं लक्ष्मीरूपिणी हैं) इसी देश पर लागू है, **पापात्मनां अलक्ष्मीः** (पापियों के हृदय में अलक्ष्मीरूपिणी हैं) हमारे देश पर—बस्, यही समझ लो। राम राम! यहाँ की महिलाओं को देखकर तो मेरे होश उड़ गये। **त्वं श्रीस्त्वमीश्वरी त्वं ह्रीः** (तुम्हीं लक्ष्मी हो, तुम्हीं ईश्वरी हो, तुम्हीं लज्जारूपिणी हो) इत्यादि। **या देवी सर्वभूतेषु शक्तिरूपेण संस्थिता** (जो देवी सब प्राणियों में शक्तिरूप से विराजती हैं)। यह सब यहाँ से सम्पर्कित है। यहाँ की बर्फ़ जैसी सफ़ेद है, वैसी शुद्ध मनवाली हज़ारों नारियाँ यहाँ हैं। फ़िर अपने देश की दस वर्ष की उम्र में बच्चों को जन्म देनेवाली

बालिकाएँ ! ! ! प्रभु, मैं अब समझ रहा हूँ। अरे भाई, **यत्र नार्यस्तु पूज्यन्ते रमन्ते तत्र देवताः** (जहाँ नारियों की पूजा होती है, वहाँ देवता प्रसन्न रहते हैं)——बूढ़े मनु ने कहा है। हम महापापी हैं; स्त्रियों को 'घृणित कीट', 'नरक के द्वार' आदि कहकर हम अधःपतित हुए हैं। बाप रे बाप ! कैसा आकाश-पाताल का अन्तर है। **याथातथ्यतोऽर्थान् व्यदधात्**। (जहाँ जैसा उचित हो, ईश्वर वहाँ वैसा कर्मफल का विधान करते हैं।——ईशोपनिषद्)। क्या प्रभु झूठी गप्प से भूलनेवाले हैं ? प्रभु ने कहा है, **त्वं स्त्री त्वं पुमानसि त्वं कुमार उत वा कुमारी** (तुम्हीं स्त्री हो और तुम्हीं पुरुष; तुम्हीं कुमार हो और तुम्हीं कुमारी।——श्वेताश्वतरोपनिषद्) इत्यादि; और हम कह रहे हैं, **दूरमपसर रे चाण्डाल** (ऐ चाण्डाल, दूर हट), **केनैषा निर्मिता नारी मोहिनी** (किसने इस मोहिनी नारी को बनाया है ?) इत्यादि। दक्षिण भारत में उच्च जातियों का नीच जातियों पर क्या ही अत्याचार मैंने देखा है ! मन्दिरों में देव-दासियों के नृत्य की ही धूम मची है ! जो धर्म ग़रीबों का दुःख नहीं मिटाता, मनुष्य को देवता नहीं बनाता, क्या वह धर्म है ? क्या हमारा धर्म धर्म कहलाने योग्य है ? हमारा तो छूतमार्ग है—सिर्फ़ 'मुझे मत छुओ, 'मुझे मत छुओ'। हे हरि ! जिस देश के बड़े बड़े शीर्षस्थानीय नेता आज दो हज़ार वर्षों से सिर्फ़ यही विचार कर रहे हैं कि दाहिने हाथ से खायें या बायें हाथ से ; पानी दाहिनी ओर से लें या बायीं ओर से और जो लोग फट् फट् स्वाहा, क्रां क्रूं हुं हुं करते हैं, उनकी अधोगति न होगी, तो किसकी होगी ? **कालः सुप्तेषु जागर्ति कालो हि दुरतिक्रमः**। (काल सभी के सो जाने पर भी जागता ही रहता है, काल का अतिक्रमण करना बहुत कठिन है। महाभारत, आदि पर्व——१-२५०) वे जान रहे हैं, भला उनकी आँखों में धूल कौन झोंक सकता है ?

जिस देश में करोड़ों मनुष्य महुआ खाकर दिन गुज़ारते हैं, और दस-बीस लाख साधु और दस-बारह करोड़ ब्राह्मण उन ग़रीबों का ख़ून चूसकर पीते हैं और उनकी उन्नति के लिए कोई चेष्टा नहीं करते, क्या वह देश है या नरक ? क्या वह धर्म है या पिशाच का नृत्य ? भाई, इस बात को ग़ौर से समझो—मैं भारतवर्ष को घूम घूमकर देख चुका हूँ और इस देश को भी देखा हूँ——क्या बिना कारण के कहीं कोई कार्य होता है ? क्या बिना पाप के कहीं सज़ा मिल सकती है ?

सर्वशास्त्रपुराणेषु व्यासस्य वचनद्वयम्।
परोपकारस्तु पुण्याय पापाय परपीडनम्।।

——'सब शास्त्रों और पुराणों में व्यास के ये दो वचन हैं——परोपकार से पुण्य होता है और परपीड़ा से पाप।'

क्या यह सच नहीं है ?

भाई, यह सब देखकर—ख़ासकर देश के दारिद्रय और अज्ञता को देखकर—मुझे नींद नहीं आती। कन्याकुमारी में माता कुमारी के मन्दिर में बैठकर, भारत की अन्तिम चट्टान पर बैठकर, मैंने एक योजना सोच निकाली। हम जो इतने संन्यासी घूमते फिरते हैं और लोगों को दर्शनशास्त्र की शिक्षा दे रहे हैं, यह सब निरा पागलपन है। क्या हमारे गुरुदेव कहा नहीं करते थे ख़ाली पेट में धर्म नहीं होता? वे ग़रीब लोग जानवरों का सा जो जीवन बिता रहे हैं, उसका कारण अज्ञान है। पाजियों ने चारों युगों में उनका ख़ून चूसकर पीया है और उन्हें पैरों तले कुचला है।

सोचो, गाँव गाँव में कितने ही संन्यासी घूमते फिरते हैं, वे क्या काम करते हैं? यदि कोई निःस्वार्थ परोपकारी संन्यासी गाँव गाँव विद्यादान करता फिरे और भाँति भाँति के उपायों से मानचित्र, कैमरा, भू-गोलक आदि के सहारे चाण्डाल तक सबकी उन्नति के लिए घूमता फिरे तो क्या इससे समय पर मंगल होगा या नहीं? ये सभी योजनाएँ मैं इतने छोटे से पत्र में नहीं लिख सकता। बात यह है कि 'यदि पहाड़ मुहम्मद के पास न आये, तो मुहम्मद ही पहाड़ के पास जायगा।' (अर्थात् यदि ग़रीब के लड़के विद्यालयों में न आ सकें, तो उनके घर पर जाकर उन्हें शिक्षा देनी होगी।) ग़रीब लोग इतने बेहाल हैं कि वे स्कूलों और पाठशालाओं में नहीं आ सकते। और कविता आदि पढ़कर उन्हें कोई लाभ नहीं। एक जाति की हैसियत से हमने अपनी जातीय विशेषता को खो दिया है और यही सारे अनर्थ का कारण है। हमें हमारी इन जाति को उसकी खोयी हुई जातीय विशेषता को वापस ला देना है और अनुन्नत लोगों को उठाना है। हिन्दू, मुसलमान, ईसाई सभी ने उन्हें पैरों तले रौंदा है। उनको उठानेवाली शक्ति भी अन्दर से अर्थात् धर्मनिष्ठ हिन्दुओं से ही लानी पड़ेगी। प्रत्येक देश में बुराइयाँ धर्म के कारण नहीं, बल्कि धर्म को न मानने के कारण ही विद्यमान हैं। अतः धर्म का कोई दोष नहीं, दोष मनुष्यों का है।

इसे करने के लिए पहले मनुष्य चाहिए, फ़िर धन। गुरु की कृपा से मुझे हर एक शहर में दस-पन्द्रह आदमी मिल जायँगे। मैं धन की चेष्टा में घूमा, पर भारतवर्ष के लोग भला धन देंगे!!! मूर्ख, मतिभ्रष्ट और स्वार्थपरता की मूर्ति, भला वे धन देंगे! इसीलिए मैं अमेरिका आया हूँ; स्वयं धन कमाऊँगा, और तब देश लौटकर अपने जीवन के इस एकमात्र ध्येय की सिद्धि के लिए अपना जीवन निछावर कर दूंगा।

जैसे हमारे देश में सामाजिक गुणों का अभाव है, वैसे यहाँ आध्यात्मिकता का

अभाव है। मैं इन्हें आध्यात्मिकता प्रदान कर रहा हूँ और ये मुझे धन दे रहे हैं। मैं कितने दिनों में कृतकार्य हूँगा, यह नहीं जानता, हमारे समान ये लोग पाखण्डी नहीं और इनमें ईर्ष्या बिल्कुल नहीं है। मैं किसी भी भारतवासी के भरोसे नहीं हूँ। स्वयं प्राणपण चेष्टा से अर्थ-संग्रह करके अपना उद्देश्य सफल करूँगा, अथवा उसीके लिए मर मिटूँगा। **सन्निमित्ते वरं त्यागो विनाशे नियते सति।** (जब मृत्यु निश्चित है, तो किसी सत्कार्य के लिए मरना ही श्रेयस्कर है।)

शायद तुम सोचोगे कि क्या असम्भव बातें कर रहा है! तुम्हें नहीं मालूम मेरे भीतर क्या है। यदि मेरे उद्देश्य की सफलता के लिए तुममें से कोई मेरी सहायता करे, तो अच्छा ही है, नहीं तो गुरुदेव मुझे पथ दिखायेंगे। इति। श्री श्री माता जी को मेरा कोटि कोटि साष्टांग प्रणाम कहना। उनके आशीर्वाद से मेरा सर्वत्र मंगल है। बाहरी लोगों के सम्मुख इस पत्र को पढ़ने की आवश्यकता नहीं। यह बात सभी से कहना, सभी से पूछना—क्या सभी लोग ईर्ष्या त्यागकर एकत्र रह सकेंगे या नहीं? यदि नहीं, तो जो ईर्ष्या किये बिना नहीं रह सकता, उसके लिए घर वापस चले जाना ही अच्छा होगा, और इससे सभी का भला होगा। और वही हमारा जातिगत दोष है! इस देश (अमेरिका) में वह नहीं है, इसीसे ये इतने बड़े हैं।

हम जैसे कूपमण्डूक दुनिया भर में नहीं हैं। कोई भी नयी चीज़ किसी देश से आये, तो अमेरिका उसे सबसे पहले अपनायेगा। और हम? अजी, हमारे ऐसे ऊँचे ख़ानदानवाले दुनिया मैं और हैं ही नहीं! हम 'आर्यवंशी' जो ठहरे!! वंश कहाँ है, यह नहीं मालूम!

...एक लाख लोगों के दबाने से तीस करोड़ लोग कुत्तों के समान घूमते हैं, और वे 'आर्यवंशी' हैं!!! किमधिकमिति—

विवेकानन्द

(रेवरेण्ड आर० ए० ह्यूम[1] को लिखित)

डिट्रॉएट,
२० मार्च, १८९४

प्रिय भाई,

आपका पत्र मुझे यहाँ अभी अभी मिला। मैं जल्दी में हूँ, अतः मुझे क्षमा करें, मैं कुछ ही बातों के सम्बन्ध में आपकी ग़लतफ़हमी दूर करना चाहता हूँ।

---

१. रेवरेंड आर० ए० ह्यूम, भारत के एक ईसाई मिशन के निर्देशक, जिन्होंने स्वामी जी को ऑबर्नडेल, मासाचुसेट्स्, से २१ मार्च, १८९४ को, उन्हें एक सार्वजनिक विवाद में घसीट लाने के स्पष्ट उद्देश्य से लिखा था। श्री ह्यूम का

सर्वप्रथम, विश्व के किसी भी धर्म या धर्मसंस्थापक के विरुद्ध मैं एक शब्द भी नहीं कहता, आप हमारे धर्म के बारे में चाहे जो सोचें। सभी धर्म मेरे लिए पवित्र हैं। दूसरी बात यह है कि मिशनरी हमारी भाषाएँ नहीं सीखते, ऐसा मैंने नहीं कहा। पर अभी भी मेरा अभिमत यह है कि संस्कृत की ओर दो-एक को छोड़कर कोई भी ध्यान नहीं देता। यह सच नहीं है कि मैंने किसी धार्मिक संस्था के विरुद्ध कुछ कहा है। मैंने तो इस बात पर ज़ोर दिया था कि भारत को कभी भी ईसाई धर्म में धर्मान्तरित नहीं किया जा सकता। मैं इसको अस्वीकार करता हूँ कि ईसाई धर्म स्वीकार कर लेने से निम्न वर्गों की स्थिति में कोई सुधार हो जाता है। इस सम्बन्ध में मैं यह भी कहना चाहता हूँ कि दक्षिण भारत के अधिकांश ईसाई सिर्फ़ कैथोलिक ही नहीं हैं, वे अपने को ईसाई जातियाँ कहते हैं। अर्थात् वे अपनी अपनी जाति को अब भी मानते हैं। और मुझे यह पूर्ण विश्वास है कि हिन्दू समाज यदि अपनी संकीर्ण मनोवृत्ति त्याग दे, तो उनमें से नब्बे प्रतिशत लोग हिन्दू धर्म को पुनः स्वीकार कर लेंगे, उसमें चाहे कितने ही दुर्गुण क्यों न हों।

अन्त में आपको मैं हृदय से धन्यवाद देता हूँ कि आपने मुझे अपना सहदेशवासी कहकर सम्बोधित किया है। यह पहला ही अवसर है, जब भारत में जन्मे किसी यूरोपियन विदेशी ने—वह मिशनरी हो या न हो—गर्हित अपने एक देशवासी को इस प्रकार सम्बोधित किया हो। क्या आप भारत में भी मुझे इसी प्रकार पुकारने का साहस करेंगे? आपके जो मिशनरी भारत में जन्मे हैं, उनसे कहिए कि भारतवासियों को यही कहकर पुकारें, और जो भारत में नहीं जन्मे हैं, उनसे कहिए कि वे उनके साथ मानवोचित व्यवहार करें। अन्य बातों का जहाँ तक सम्पर्क है यदि मैं यह स्वीकार कर लूँ कि मेरे धर्म या समाज का विचार भू-पर्यटकों एवं कहानीकारों के वृत्तान्तों के आधार पर निर्भर है, तो आप स्वयं ही मुझे मूर्ख कहेंगे।

मेरे भाई, क्षमा करें! भारत में जन्म होने पर भी मेरे धर्म या समाज के बारे में आप क्या जानते हैं? यह सर्वथा असंभव है, समाज इतना रक्षणशील है, और सर्वोपरि हर व्यक्ति अपनी पूर्वधारणाओं के आधार पर ही किसी जाति व

जन्म भारत में हुआ था और उन्होंने अपने पत्र का आरंभ 'स्वामी विवेकानन्द, भारत के मेरे सहदेशवासी' से किया था। उनकी मान्यता यह थी कि ईसाई मिशनरी भारत में जो कुछ करते हैं, या विदेश में भारत के विषय में जो कुछ कहते हैं, सब ठीक है; और स्वामी जी ही डिट्रॉएट तथा अमेरिका में भारत तथा ईसाई मिशनरियों को ग़लत ढंग से प्रस्तुत कर रहे हैं। स०

धर्म के बारे में अपना निर्णय करता है। क्या बात ऐसी ही नहीं है? आपने मुझे अपना देशवासी कहकर सम्बोधित किया है, इसके लिए प्रभु आपका मंगल करें। पूर्व और पश्चिम में बन्धुत्व और सौहार्द का उदय अब भी हो सकता है।

आपका भाई,
विवेकानन्द

(कुमारी मेरी हेल को लिखित)

डिट्रॉएट,
३० मार्च, १८९४

प्रिय बहन,

अभी अभी तुम्हारा तथा मदर चर्च का पत्र साथ ही मिला जिसमें रुपये की प्राप्ति की सूचना थी। खेतड़ी का पत्र जिसे मैं तुम्हें तुम्हारे पढ़ने के लिए वापस भेज रहा हूँ, पाकर मैं बहुत खुश हूँ। इस पत्र से तुम्हें मालूम होगा कि वे समाचारपत्रों की कुछ कतरनें चाहते हैं। डिट्रॉएट के पत्रों की कतरनों के अतिरिक्त मेरे पास और कुछ नहीं है। इन्हें मैं उनके पास भेज दूँगा। अगर तुम्हें अन्य पत्रों से कुछ मिल सका, तो अगर आसानी से हो सका तो उन्हें भेज देना। तुम उनका पता जानती हो—महाराज, खेतड़ी, राजपूताना, भारत। हाँ, यह पत्र केवल पवित्र परिवार के पढ़ने के लिए ही है। पहले तो श्रीमती ब्रीड ने मेरे पास एक कड़ा पत्र लिख भेजा था, फ़िर आज मुझे उनका एक तार मिला, जिसमें उन्होंने मुझे एक सप्ताह के लिए अपना अतिथि बनने का निमन्त्रण दिया है। इसके पूर्व मुझे न्यूयार्क की श्रीमती स्मिथ का एक पत्र मिला, जिसे उन्होंने अपनी तथा कुमारी हेलेन गूल्ड तथा एक अन्य डॉक्टर (नाम भूल रहा हूँ) की ओर से मुझे न्यूयार्क बुलाने के लिए भेजा है। चूँकि लिन क्लब अगले महीने की १० ता० को मुझे चाहता है, इसलिए मैं पहले न्यूयार्क जा रहा हूँ और फ़िर उनकी सभा के लिए समय पर लिन आ जाऊँगा।

अगर आगामी ग्रीष्म में मैं चला नहीं जाता, तो जैसा कि श्रीमती बैग्ली का आग्रह है, मैं एनिसक्वाम जा सकता हूँ, जहाँ श्रीमती बैग्ली ने एक सुन्दर मकान ले रखा है। श्रीमती बैग्ली बड़ी आध्यात्मिक महिला हैं। और श्री पामर एक सुरासक्त व्यक्ति हैं लेकिन हैं बहुत ही अच्छे। अब अधिक क्या लिखूँ? शारीरिक तथा मानसिक, दोनों प्रकार से मैं स्वस्थ हूँ। प्रिय बहनों, तुम सबको सतत आनन्द की प्राप्ति हो। हाँ, श्रीमती शर्मन ने मुझे अनेक वस्तुएँ भेंट में दी हैं, जैसे 'लेटर होल्डर', नेल-सेट, एक छोटा सा थैला आदि। यद्यपि मैंने आपत्ति की, विशेषतया नेल-सेट को लेने से, जिसका सीप का मूँठ बहुत तड़क-

भड़कवाला है, परन्तु उन्होंने आग्रह किया और मुझे लेना पड़ा। हालाँकि मेरी समझ में नहीं आता कि यह ब्रश करनेवाला यंत्र मेरे किस काम आयेगा। प्रभु उन सबका कल्याण करें! उन्होंने मुझे एक परामर्श दिया---इस अफ़्रीकी पोशाक को शिष्टसमाज में कभी न पहनूँ। अब मैं समाज के उच्चवर्गों का एक सभ्य हो गया हूँ! हे प्रभु अब आगे क्या होनेवाला है? दीर्घ जीवन में कितने विचित्र अनुभव होते हैं। मेरा अमित स्नेह तुम सब---मेरे पवित्र परिवार---के लिए।

तुम्हारा भाई,
विवेकानन्द

(श्री आलासिंगा पेरुमल को लिखित)

न्यूयार्क
९ अप्रैल, १८९४

प्रिय आलासिंगा,

मुझे तुम्हारा आखिरी पत्र कुछ दिन पहले मिला। मुझे यहाँ इतना अधिक व्यस्त रहना पड़ता है, और प्रतिदिन इतने अधिक पत्र लिखने पड़ते हैं कि तुम्हारे लिये मुझसे हमेशा पत्र पाने की आशा करना ठीक नहीं। ख़ैर, जो भी हो, यहाँ जो कुछ भी हो रहा है, उसे तुम्हें बतलाने का मैं भरसक प्रयत्न करता हूँ। धर्म-महासभा के सम्बन्ध में एक पुस्तक भेजने के लिए शिकागो में मैंने एक व्यक्ति को लिखा है। इस बीच तुम्हें मेरे दो छोटे व्याख्यान अवश्य ही मिले होंगे।

सेक्रेटरी साहब लिखते हैं कि मुझे भारत वापस आना चाहिए, क्योंकि मेरा क्षेत्र वहीं है। इसमें कोई सन्देह नहीं। किन्तु मेरे भाई, हम लोग एक ऐसा दीपक जलानेवाले हैं, जिसकी ज्योति से समस्त भारत में प्रकाश होगा। इसलिए हमें जल्दी नहीं करनी चाहिए। प्रभु की कृपा से सब काम हो जायँगे। मैंने अमेरिका के बहुत से बड़े शहरों में व्याख्यान दिये हैं, एवं यहाँ के बेहद ज्यादे ख़र्चों को चुकता करने के बाद भी भारत वापस लौटने के लिए मेरे पास काफ़ी धन है। मेरे यहाँ बहुत से मित्र हैं, जिनमें से कई बहुत प्रभावशाली हैं। निस्सन्देह कट्टर पादरी मेरे विरुद्ध हैं और मुझसे लड़ना कठिन होगा जानकर हर प्रकार से वे मेरी निन्दा करते हैं और मुझे बदनाम करने एवं मेरा विरोध करने में भी नहीं हिचकिचाते। और इसमें मजूमदार उनकी सहायता कर रहे हैं। वह द्वेष के मारे पागल हो गया लगता है। उसने उन लोगों से कहा है कि मैं बहुत बड़ा धोखेबाज़ और धूर्त हूँ। और इधर वह कलकत्ते में कहता फिर रहा है कि मैं अमेरिका में अत्यन्त पापपूर्ण एवं लम्पट जीवन व्यतीत कर रहा हूँ। प्रभु उसका कल्याण करें। मेरे भाई, बिना विरोध के कोई भी अच्छा काम नहीं हो सकता। जो अन्त तक

प्रयत्न करते हैं, उन्हें ही सफलता प्राप्त होती है।...मेरा विश्वास है कि जब एक जाति, एक वेद तथा शान्ति एवं एकता होगी, तभी सत्ययुग (स्वर्णयुग) आयेगा। सत्ययुग का यह विचार ही भारत को पुनरुज्जीवित करेगा। विश्वास रखो। यदि तुम कर सको, तो एक काम करना है। क्या तुम मद्रास में रामनाड़ या अन्य किसी बड़े आदमी की अध्यक्षता में एक ऐसी सभा आयोजित कर सकते हो, जिसमें मेरे यहाँ हिन्दू धर्म का प्रतिनिधित्व करने के प्रति पूर्णतया समर्थन एवं सन्तोष प्रकट किया जाय और फ़िर उस पारित प्रस्ताव को क्या यहाँ के 'शिकागो हेरल्ड', 'इण्टर ओशन' तथा 'न्यूयार्क सन' और डिट्रॉएट (मिशिगन) के 'कमर्शियल एडवर्टाइजर' को भेज सकते हो? शिकागो इलनॉइज़ में है। 'न्यूयार्क सन' के लिए किसी विशेष विवरण की आवश्यकता नहीं है। डिट्रॉएट मिशिगन राज्य-प्रान्त में है। उसकी प्रतियाँ डॉ० बरोज़ को, चेयरमैन, धर्म-महासभा, शिकागो के पते पर भेजो। मैं उनका मकान नं० भूल गया हूँ, किन्तु मुहल्ले का नाम इण्डियाना एवेन्यू है। उसकी एक प्रति श्रीमती जे० जे० बैग्ली, डिट्रॉएट, वाशिंगटन एवेन्यू के पते पर भी भेजो।

इस सभा को जितना अधिक बड़ा बना सकते हो, बनाओ। धर्म एवं देश के नाम पर सभी बड़े आदमियों से उसमें भाग लेने के लिए आग्रह करो। मैसूर के महाराजा तथा दीवान से इस सभा और उसके उद्देश्यों के समर्थन में पत्र प्राप्त करने की चेष्टा करो। ऐसा ही पत्र खेतड़ी से भी प्राप्त करो। मतलब यह कि यथासम्भव विशाल उत्साहपूर्ण जनसमूह को सभा में एकत्रित करने का प्रयत्न करो।

बच्चों, उठो, काम में लग जाओ। यदि तुम यह कर सके, तो मुझे आशा है कि भविष्य में हम बहुत कुछ कर सकेंगे। प्रस्ताव कुछ इस प्रकार के आशय का होगा कि मद्रास की हिन्दू जनता मेरे यहाँ के कामों के प्रति अपना पूर्ण सन्तोष व्यक्त करती है, आदि।

यदि सम्भव हो, तो यह सब करो। कोई बहुत ज्यादा काम नहीं है। इसके अतिरिक्त देश के सभी भागों से समर्थन-पत्र प्राप्त करो और उनकी प्रतिलिपि अमेरिका के पत्रों को भेज दो। इसमें जितनी जल्दी हो, उतना ही अच्छा। इसका बहुत व्यापक परिणाम होगा, मेरे भाई। ब्राह्म समाज के लोग यहाँ मेरे विरुद्ध हर तरह की बकवास कर रहे हैं। जितना शीघ्र हो सके, हमें उनका मुँह बन्द करना होगा। चिरकाल तक सनातन धर्म का डंका बजेगा। सभी झूठों एवं धूर्तों का नाश हो! उठो, उठो, मेरे बच्चों! हमारी विजय निश्चित है।

जहाँ तक मेरे पत्रों को प्रकाशित करने का प्रश्न है, उनके प्रकाश करने योग्य अंशों को हमारे मित्रों के लिए तब तक छापा जा सकता है, जब तक मैं वापस

न आ जाऊँ। जब हम एक बार काम आरम्भ कर लेंगे, तब बड़ी भारी धूम मचेगी, परन्तु मैं काम किये बिना बात नहीं करना चाहता। मैं ठीक नहीं जानता, लेकिन गिरीशचन्द्र घोष और श्री मित्र मेरे गुरुदेव के सभी प्रेमियों को एकत्र कर ऐसा ही काम कलकत्ते में भी कर सकते हैं। अगर वे ऐसा कर सकें, तो और भी अच्छा है। यदि वे कर सकें, तो उनसे भी ऐसा ही एक प्रस्ताव पास करने को कहो। कलकत्ता में ऐसे हज़ारों हैं, जो हमारे आन्दोलन के प्रति सहानुभूति रखते हैं। ख़ैर, जो भी हो, मुझे उनसे अधिक तुम पर विश्वास है।

अब और कुछ नहीं लिखना है।

सभी मित्रों से मेरा अभिवादन कहना। उनके लिए मैं सतत प्रार्थना करता रहता हूँ।

साशीर्वाद तुम्हारा,
विवेकानन्द

(प्रो० जॉन हेनरी राइट को लिखित)

न्यूयार्क,
२५ अप्रैल, १८९४

प्रिय प्रोफ़ेसर,

आपके आमन्त्रण के लिए मैं बहुत ही आभारी हूँ, एवं ७ मई को आऊँगा। जहाँ तक शय्या का प्रश्न है——मेरे मित्र, आपका स्नेह एवं उदार हृदय पत्थर को भी कोमलता में परिणत कर देंगे।

मुझे दुःख है कि ग्रंथकारों के प्रातराश में सम्मिलित होने सेलम नहीं जा रहा हूँ।

मैं ७ मई तक घर आ रहा हूँ।

आपका ही
विवेकानन्द

(कुमारी ईसाबेल मैक्किंडली को लिखित)

न्यूयार्क,
२६ अप्रैल, १८९४

प्रिय बहन,

तुम्हारा पत्र कल मिला। तुम पूर्णतः ठीक थीं——मुझे उस पागल इण्टीरियर ('शिकागो इण्टीरियर'——एक प्रेसबिटेरियन अख़बार, जो स्वामी जी के विरुद्ध लिखता था) का मज़ाक पसन्द आया। किन्तु भारत से आयी डाक, जो मुझे तुमने कल भेजी है, सचमुच ही जैसा 'मदर चर्च' ने अपने पत्र में लिखा है, दीर्घ काल के बाद मिला एक शुभ संवाद है। दीवान जी का एक बहुत सुन्दर पत्र आया है।

उस वयोवृद्ध सज्जन ने हमेशा की तरह मदद का प्रस्ताव किया है। प्रभु उनका भला करें। फ़िर कलकत्ता में प्रकाशित मेरे बारे में एक पुस्तिका है---स्पष्ट है कि मेरे जीवन काल में ही कम से कम एक बार इस पैग़म्बर को अपने देश में ही सम्मान प्राप्त हुआ। भारतीय एवं अमेरिकन अख़बारों और पत्रों में मेरे बारे में प्रकाशित सामग्री के उद्धरण हैं। कलकत्ते के पत्रों में प्रकाशित उद्धरण तो विशेषकर सन्तोषप्रद हैं, पर इनकी अतिशयोक्तिपूर्ण लेखन शैली कारण मैं इन्हें तुम्हारे पास न भेजूँगा। उनमें मुझे विशिष्ट, अद्भुत और इसी ढंग की बेकार की बातों से विभूषित किया गया है, परन्तु उन्होंने मुझे समग्र जाति की कृतज्ञता भी भेजी है। अब सिर्फ़ एक बात के सिवा मुझे कोई चिन्ता नहीं है कि मेरे देशवासी या अन्य लोग मेरे बारे में क्या कहते हैं। मेरी बूढ़ी माँ हैं। वे ज़िन्दगी भर यातना सहती रहीं और इन कष्टों के बीच भी मुझे ईश्वर और मानव के सेवार्थ अर्पण कर सकीं। किन्तु यह संवाद कि उन्होंने अपने सबसे प्यारे का, अपनी आशा का त्याग किया---दूर देश में घोर अनैतिक पाशविक जीवन बिताने के लिए---जैसा कि मजूमदार कलकत्ते में प्रचारित कर रहे हैं, उनका प्राण हर लेगा। पर प्रभु महान् हैं; उनकी सन्तान को कोई चोट नहीं पहुँचा सकता।

मेरे किसी प्रयास के बिना ही भेद खुल गया। क्या तुम जानती हो कि हमारे अन्यतम प्रधान पत्र का, जो मेरी इतनी प्रशंसा करता है, सम्पादक कौन है? और ईश्वर को धन्यवाद देता है कि मैं हिन्दुत्व का प्रतिनिधित्व करने अमेरिका आया? वह मजूमदार का चचेरा भाई है!! बेचारा मजूमदार! ईर्ष्यावश उसने झूठ बोलकर अपना ही अहित किया है। ईश्वर जानता है, मैंने अपनी सफ़ाई देने का कोई प्रयास नहीं किया।

'फोरम' में मैंने श्री गांधी का लेख इसके पूर्व ही पढ़ लिया था।

अगर तुम्हारे पास गत मास का 'रिव्यू ऑफ रिव्यूज़' हो, तो उसमें से भारत की अफ़ीम समस्या पर भारत के एक सर्वोच्च अंग्रेज़ अधिकारी का दिया हुआ हिन्दुओं के सम्बन्ध में विवरण माँ को पढ़कर सुना देना। उसने हिन्दुओं की तुलना अंग्रेज़ों से की है और हिन्दुओं को आसमान पर चढ़ा दिया है। सर् लेपेल ग्रिफ़िन हमारी जाति के कट्टर शत्रु थे, पता नहीं, मोर्चे में यह परिवर्तन कैसे हुआ?

बोस्टन में श्रीमती ब्रीड के यहाँ समय बहुत अच्छा बीता और प्रोफ़ेसर राइट से मुलाक़ात हुई। मैं बोस्टन फ़िर जा रहा हूँ। दर्ज़ी मेरा नया गाउन बना रहा है---केम्ब्रिज यूनिवर्सिटी (हार्वर्ड) में मेरा व्याख्यान होगा और मैं वहाँ प्रो० राइट का मेहमान रहूँगा। बोस्टन के पत्रों में मेरे स्वागत में वे लोग ख़ूब लिख रहे हैं।

अब इन वाहियात कामों से मैं थक गया हूँ। मई के उत्तरार्ध में शिकागो जाऊँगा। और कुछ दिन ठहरने के बाद मैं पुनः पूर्व की ओर वापस चला आऊँगा।

मैंने पिछली रात को वाल्डोर्फ़ होटल में व्याख्यान दिया था। श्रीमती स्मिथ ने दो डालर प्रति टिकट बेचे। यद्यपि हॉल पूरा भरा हुआ था, लेकिन था छोटा ही। अभी तक वह रक़म मुझे नहीं मिली है। आशा है, आज दिनभर में मिल जायगी।

लिन में मुझे सौ डालर प्राप्त हुए। उनको मैं भेज नहीं रहा हूँ, क्योंकि मुझे नया गाउन तथा दूसरी ऊटपटाँग चीज़ें लेनी है।

बोस्टन में मैं रुपये कमाने की आशा नहीं करता। फ़िर भी अमेरिका के मस्तिष्क को स्पर्श तो मुझे करना ही है और मुझसे अगर हो सका, तो उसे और उद्वेलित भी करना है।

तुम्हारा प्यारा भाई,
विवेकानन्द

(कुमारी ईसाबेल मैक्किंडली को लिखित)

न्यूयार्क
२ (वास्तव में पहली) मई, '९४

प्रिय बहन,

मैं विवश हूँ, अभी तत्काल तुमको पुस्तिका नहीं भेज सकूँगा। अख़बार की कुछ कतरनें भारत से आयी हैं, उन्हें तुम्हारे पास भेज रहा हूँ। पढ़ने के पश्चात् उन्हें श्रीमती बैग्ली के पास भेज देना। इस पत्र के सम्पादक मजूमदार के सम्बन्धी हैं। मैं बेचारे मजूमदार के लिए दुःखी हूँ ! !

मुझे यहाँ अपने कोट के लिए अभीष्ट नारंगी रंग नहीं मिल सका, अतः जो सबसे अधिक उस जैसा मिला—पीलेपन की अधिकता लिये हुये गहरा लाल रंग—उसीसे सन्तोष करना पड़ा।

कुछ दिनों में कोट तैयार हो जायगा।

अभी उस दिन वाल्डोर्फ़ में व्याख्यान से मुझे ७० डालर प्राप्त हुए। कल के व्याख्यान से आशा है, कुछ अधिक ही प्राप्त होंगे।

७ ता० से १९ ता० तक बोस्टन में कार्यक्रम है, पर वे लोग बहुत कम देते हैं।

कल मैंने एक पाइप १३ डालर का ख़रीदा है—कृपया 'फ़ादर पोप' से इसका ज़िक्र न करना। कोट में ३० डालर लगेंगे। मुझे खाना ठीक मिल रहा है. . .और पर्याप्त रुपये भी। आगामी लेक्चर के बाद बैंक में कुछ जमा करवा सकूँगा।

. . .शाम को मैं एक निरामिष भोज में बोलने जा रहा हूँ।

हाँ, मैं निरामिष हूँ . . ., क्योंकि जब वैसा खाना मिल जाता है, तो मैं उसे ही अधिक पसन्द करता हूँ। परसों लीमन एबॉट के यहाँ एक और मध्याह्न भोज का निमन्त्रण है। मेरा समय बहुत अच्छा बीत रहा है, बोस्टन में भी बहुत अच्छा बीतेगा---सिर्फ़ उस गर्हित लेक्चरबाज़ी को छोड़कर! जैसे ही १९ वीं तारीख़ बीतेगी---बोस्टन से शिकागो, एक छलांग. . .और फ़िर आराम और विश्राम की एक लम्बी साँस, दो-तीन हफ़्ते तक विश्राम। बस, बैठा रहूँगा और बातें करूँगा, बातें और धूम्रपान।

हाँ, तुम्हारे न्यूयार्क के लोग बड़े भले हैं, सिर्फ़ बुद्धि की अपेक्षा उनके पास धन अधिक है।

मैं हार्वर्ड विश्वविद्यालय के विद्यार्थियों के बीच व्याख्यान देने जा रहा हूँ। श्रीमती ब्रीड ने बोस्टन और हार्वर्ड में तीन तीन व्याख्यान आयोजित किये हैं। कुछ के आयोजन लोग यहाँ भी कर रहे हैं, जिससे शिकागो जाते समय मैं न्यूयार्क एक बार फ़िर आऊँगा और उन्हें दो चार ज़ोरदार बातें सुनाकर पैसे जेब में भर लूंगा और शिकागो उड़ जाऊँगा।

न्यूयार्क या बोस्टन से यदि तुम्हें कुछ ऐसा मँगाना हो, जो शिकागो में न मिलता हो, तो जल्दी ही लिख देना। अब मेरे पास ढेर से डालर हैं। तुम जो चाहोगी क्षण भर में भेज दूँगा। यह न सोचना कि इसमें कुछ अशोभन होगा---मेरे सम्बन्ध में कोई पाखण्ड नहीं। यदि मैं भाई हूँ, तो भाई हूँ---दुनिया में अगर किसी बात से मुझे नफ़रत करता है, तो पाखण्ड से।

तुम्हारा स्नेही भाई,
विवेकानन्द

(प्रोफ़ेसर जॉन हेनरी राइट को लिखित)

न्यूयार्क,
४ मई, १८९४

प्रिय अध्यापक जी,

मुझे अभी अभी आपका पत्र मिला और यह कहना अनावश्यक है कि मुझे आपके कथनानुसार कार्य करने में प्रसन्नता होगी।

कर्नल हिगिन्सन के पत्र भी मुझे प्राप्त हुए हैं। मैं उनको जवाब दे दूँगा।

रविवार (६ मई) को मैं बोस्टन में रहूँगा। और सोमवार को श्रीमती हाउ के महिला क्लब में मेरा व्याख्यान होगा।

आपका चिर विश्वासी,
विवेकानन्द

(स्वामी अभेदानन्द को लिखित)

संयुक्त राज्य अमेरिका
१८९४

प्रिय काली,

तुम्हारे पत्र से मैं सब समाचार ज्ञात हुआ, जिस तार के बारे में तुमने लिखा है, उसके 'ट्रिब्यून' में निकलने की मुझे कोई सूचना नहीं मिली। छः महीने हुए, मैंने शिकागो छोड़ा था और अभी तक मुझे वहाँ लौटने का समय नहीं मिला है। इसलिए मैं वहाँ के हाल की बराबर ख़बर न रख सका। तुमने बड़ा कष्ट उठाया है, उसके लिए तुम्हें मैं किस प्रकार धन्यवाद दूँ? तुम सबने काम करने की एक अद्भुत योग्यता दिखाई है। श्री रामकृष्ण के वचन मिथ्या कैसे हो सकते हैं? तुम लोगों में अद्भुत तेज है। शशि सान्याल के विषय में मैंने पहले ही लिखा है। श्री रामकृष्ण की कृपा से कुछ भी छिपा नहीं रहता। अगर वे चाहें तो सम्प्रदायस्थापना आदि करें, इसमें क्या हानि है? **शिवा वः सन्तु पन्थानः**--'तुम्हारा पथ कल्याणमय हो।' दूसरी बात यह कि तुम्हारे पत्र का अभिप्राय मैं नहीं समझ सका। अपने सबके लिए मठ बनाने को मैं स्वयं चन्दा जमा करूँगा, और यदि इस बात के लिए लोग मेरी निन्दा करें, तो इसमें मेरा कुछ घटता बढ़ता नहीं है। तुम लोगों की बुद्धि कूटस्थ बुद्धि है, तुम्हें कोई हानि न पहुँचेगी। तुम लोगों का आपस में अत्यन्त प्रेम-भाव हो, जनता की टीका-टिप्पणी के प्रति उदासीनता का भाव हो, इतना ही पर्याप्त है। कालीकृष्ण बाबू को हमारे उद्देश्यों के प्रति अगाध प्रेम है और वे महान् पुरुष हैं। उन्हें विशेष रूप से मेरा स्नेह कहना। जब तक तुम लोगों में भेद-भाव न हो, प्रभु की कृपा से **रणे वने पर्वतमस्तके वा**--चाहे रण में, चाहे वन में, चाहे पर्वत के शिखर पर, तुम्हारे लिए कोई भी भय नहीं रहेगा। **श्रेयांसि बहु विघ्नानि**--'श्रेष्ठ कार्य में अनेक विघ्न होते हैं।' यह तो स्वाभाविक ही है। अति गम्भीर बुद्धि धारण करो। बालबुद्धि जीव कौन क्या कह रहा है, उस पर तनिक भी ध्यान न दो। उदासीनता! उदासीनता! उदासीनता! मैं शशि (रामकृष्णानन्द) को विस्तारपूर्वक लिख चुका हूँ। कृपा करके समाचारपत्र और पुस्तकें अब न भेजना। 'ढेंकी स्वर्ग में भी जाकर धान ही कूटता है'। देश में भी दर-दर भटकता फिरना और यहाँ भी वही। बोझा ढोना ऊपर से। बोलो, इस देश में किस तरह औरों की पुस्तकों के खरीदार जुटाऊँ? एक साधारण से व्यक्ति के सिवा और तो कुछ मैं हूँ नहीं। यहाँ के समाचारपत्र आदि मेरे विषय में जो

कुछ भी लिखते हैं, उसे मैं अग्निदेव को समर्पित करता हूँ। तुम भी वही करो, वही वाजिब तरीक़ा है।

गुरुदेव के काम के लिए जनता में कुछ प्रचार-प्रदर्शन की आवश्यकता थी। वह हो गया, अच्छा हुआ। अब तुमलोग ऐरेग़ैरे लोगों की बकवास पर बिलकुल ध्यान न देना। चाहे मैं धन एकत्र करूँ या और कुछ करूँ, क्या ऐरेग़ैरे मनुष्यों का मतामत प्रभु के कार्य में रुकावट डाल सकता है? भाई, तुम अभी बालक हो और मेरे तो बाल सफ़ेद हुए जा रहे हैं। ऐसे लोगों की बातों और मतामत पर मेरी श्रद्धा का अंदाज़ तुम इसी से लगा लो। चाहे सारा संसार एक होकर भी हमारे विरुद्ध खड़ा हो जाय, जब तक तुम लोग कमर कसकर मेरे पीछे हो, हमें किसी बात का डर नहीं। मैं इतना समझ गया हूँ कि मुझे बहुत ही ऊँचा आसन लेना पड़ेगा। तुम लोगों के सिवाय और किसी को पत्र नहीं लिखूँगा। गुणनिधि कहाँ है? उसे ढूँढ़कर यत्नपूर्वक मठ में लाने की चेष्टा करना। वह बड़ा विद्वान् और सच्चा मनुष्य है। तुम ज़मीन के दो प्लाट लेने की व्यवस्था करो, लोग चाहे जो कहें, कहने दो। मेरे पक्ष या विपक्ष में समाचारपत्रों में कौन क्या लिखता है लिखने दो, तुम उसकी बिलकुल परवाह न करो। और भाई, मैं बार बार तुमसे बिनती करता हूँ कि टोकरे भर-भर कर समाचारपत्र मुझे न भेजा करो। इस समय विश्राम की बात तुम कैसे कर सकते हो? जब हम इस शरीर को त्यागेंगे, तभी कुछ दिनों के लिए विश्राम करेंगे। भाई, तुम्हारे उस प्रचण्ड तेज से एकबार ज़ोरदार महोत्सव कर दिखाओ। चारों ओर धूम मच जाये! वाह बहादुर! शाबाश! प्रेम का प्रचण्ड प्रवाह परिहास करनेवालों के समूह को बहा देगा। तुम हाथी हो, चींटी के काटने से तुम्हें क्या डर है?

वह अभिनन्दन-पत्र जो तुमने मुझे भेजा था, वह बहुत पहले ही मुझे मिल गया था। उसका उत्तर भी मैंने प्यारीमोहन बाबू को भेज दिया है।

हमेशा याद रखो—आँखें दो होती हैं और कान भी दो, परन्तु मुख एक ही होता है। उदासीनता, उदासीनता, उदासीनता। **न हि कल्याणकृत् कश्चित् दुर्गतिं तात गच्छति** (श्रीमद्भगवद्गीता ६-४०)—हे तात, सुकर्म करनेवाला दुर्गति को कभी प्राप्त नहीं होता।' डर किसका! किनका भय रे भाई? यहाँ, मिशनरी-विशनरी सभी चिल्ला-चिल्लाकर अब मौन हो गये हैं और दुनिया भी ऐसा ही करेगी।

निन्दन्तु नीतिनिपुणा यदि वा स्तुवन्तु
लक्ष्मीः समाविशतु गच्छतु वा यथेष्टम्।

अद्यैव वा मरणमस्तु युगान्तरे वा
न्याय्यात्पथः प्रविचलन्ति पदं न धीराः ।।

—'नीति में निपुण लोग चाहे प्रशंसा करें या निन्दा, लक्ष्मी चाहे अनुकूल हों या अपने मनमाने मार्ग पर जायँ, चाहे मृत्यु आज आये या सैकड़ों वर्षों बाद, धैर्यवान व्यक्ति कभी न्याय के पथ से विचलित नहीं होते।'[1]

ऐरेग़ैरों से मिलने की कोई आवश्यकता नहीं है, न उनसे कुछ माँगने की। प्रभु सब जुटा रहे हैं और भविष्य में भी जुटायँगे। भय किस बात का है मेरे भाई? सभी बड़े-बड़े कार्य प्रबल विघ्नों के मध्य ही हुये होते हैं। **हे वीर, स्मर पौरुषमात्मनः, उपेक्षितव्याः जनाः सुकृपणाः कामकांचनवशगाः**—'हे वीर, अपने पौरुष का स्मरण करो, कामकांचनसक्त दयनीय लोगों की उपेक्षा ही उचित है।' अब इस देश में मैं दृढ़प्रतिष्ठ हो गया हूँ, इसलिए मुझे सहायता की आवश्यकता नहीं है। परन्तु तुम सब लोगों से मेरी एक यही प्रार्थना है कि मेरी सहायता करने की उत्सुकता में भ्रातृप्रेम के कारण तुम लोगों में जो क्रियात्मक पुरुषार्थ उत्पन्न हो गया है, उसे प्रभु के कार्य में लगाओ। जब तक तुम निश्चित रूप से न जान लो कि वह हितकर होगा, तब तक अपने मन का भेद न खोलो। बड़े से बड़े शत्रु के प्रति भी प्रिय और कल्याणकारी शब्दों का व्यवहार करो।

नाम, यश और धन के भोग की इच्छा स्वतः ही जीव में है उससे अगर दोनों पक्षों का काम चले तो सभी आग्रही होते हैं। **परगुणपरमाणुं पर्वतीकृत्य, अपि च त्रिभुवन** के उपकार मात्र की इच्छा केवल महापुरुषों को ही होती है।[2] इसलिए विमूढ़मति, अनात्म-दर्शी, तमसाच्छन्न-बुद्धि जीव को उसकी अपनी बालचेष्टा करने दो। गरम महसूस होने पर स्वयं ही भाग जायँगे। चाँद पर थूकने की चेष्टा करें—'शुभं भवतु तेषाम्' (उनका मंगल हो)। अगर उनमें माल हो तो उनके साफल्य में बाधा कौन डाल सकता है? लेकिन अगर ईर्ष्या के वश में होकर केवल आस्फालन भर करें तो सब निष्फल हो जायगा। हरमोहन ने जप-मालाएँ भेजी हैं। बहुत अच्छा। परन्तु तुम्हें यह जानना चाहिए कि उस प्रकार का धर्म, जो हमारे देश में प्रचलित है, यहाँ नहीं चल सकता। उसे लोगों की रुचि के अनुकूल बनाना होगा। यदि तुम उनसे हिन्दू बनने को कहोगे, तो वे तुमसे दूर भागेंगे और तुमसे द्वेष करेंगे, जैसे कि हम ईसाई धर्मोपदेशकों से करते हैं। उन्हें हिन्दू शास्त्रों के कुछ विचार प्रिय लगते हैं, बस, इतनी ही बात है, इससे अधिक कुछ नहीं।

---

१. भर्तृहरि नीतिशतकम्। २. वही।

अधिकांश पुरुष धर्म के लिए माथापच्ची नहीं करते। महिलाओं को कुछ रुचि है, किन्तु अधिक मात्रा में नहीं। दो-चार हज़ार व्यक्तियों को अद्वैत मत में श्रद्धा है। परन्तु पोथी, जात-पाँत, स्त्रियों की निन्दा आदि की बातें करो, तो वे तुमसे किनारा काटेंगे। सभी काम धीरे धीरे होते हैं। धैर्य, पवित्रता एवं अध्यवसाय।

तुम्हारा,
विवेकानन्द

(प्रोफेसर हेनरी राइट को लिखित)

१७, बेकन स्ट्रीट, बोस्टन,
मई, १८९४

प्रिय अध्यापक जी,

अब तक आपको पुस्तिका एवं पत्र मिल गये होंगे। अगर आप चाहें, तो मैं शिकागो से भारतीय राजाओं एवं मंत्रियों के कुछ पत्रों को आपके पास भिजवाऊँ। उनमें से एक मंत्री तो अफ़ीम कमीशन के सदस्य भी रह चुके हैं, जो शाही कमीशन के अधीन बैठा था। अगर आप चाहेंगे, तो मैं उनसे मेरे एक प्रतारक न होने का विश्वास दिलाते हुए आपको पत्र लिखवा दूंगा। पर भाई, हमारे जीवन का आदर्श तो गोपनीयता, दमन व वर्जन का है।

हम लोग त्यागने के लिए हैं, ग्रहण करने के लिए नहीं। अगर मेरे सिर पर यह धुन सवार न होती, तो मैं यहाँ कभी आता ही नहीं। मैं इसी आशा से यहाँ आया था कि धर्म-महासभा में सम्मिलित होने से मेरे कार्य को सहायता मिलेगी; अन्यथा जब भी मेरे अपने लोग मुझे यहाँ भेंजना चाहते, तब मैं हमेशा उन्हें मना करता रहा। मैं उनसे यही कहकर आया हूँ, "अगर आप मुझे भेजना चाहें, तो भेजें, किंतु महासभा में सम्मिलित होना न होना मेरे ऊपर निर्भर करता है।" उन्होंने मुझे स्वतंत्रता देकर ही यहाँ भेजा है।

शेष कार्य आपके द्वारा सम्पन्न हुआ।

मेरे कृपालु मित्र, मैं नैतिक रूप से बाध्य हूँ कि मैं आपको पूर्णरूपेण संतुष्ट रखूँ। लेकिन बाक़ी दुनिया की मैं चिन्ता नहीं करता कि वह मेरे बारे में क्या कहती है। संन्यासी को आत्म-रक्षा की चिंता नहीं करनी चाहिए। अतः मैं आपसे विनती करता हूँ कि आप उस पुस्तिका एवं उन पत्रों को न तो प्रकाशित हीं करें और न किसी अन्य को ही दिखायें। पुरानी मिशनरी की कोशिशों की मैं चिंता नहीं करता, पर ईर्ष्या के जिस ज्वर का शिकार मजूमदार हुए थे, उसे देखकर मुझे बड़ा आघात लगा, और मैं प्रार्थना करता हूँ कि उन्हें सद्बुद्धि प्राप्त हो, क्योंकि वे एक महान् और उत्तम व्यक्ति हैं, जिन्होंने अपना सारा जीवन सत्कार्य में ही

लगाया है। इससे मेरे गुरुदेव का यह कथन सिद्ध हो जाता है कि 'काजल की कोठरी में कैसा ही सयाना क्यों न जाय, काजल की एक रेख लगेगी, लगेगी।'[1] इसलिए कोई कितना भी पवित्र और सदाशय बनने की चेष्टा क्यों न करे, जब तक वह इस संसार में है, उसकी प्रकृति का कुछ न कुछ अंश निम्नगामी हो ही जाता है!

ईश्वर का पथ संसार के पथ का विपरीत है। ईश्वर और कुबेर की साथ-साथ सिद्धि बहुत कम लोगों को होती है।

मैं कभी मिशनरी नहीं रहा, और न कभी बनूँगा! मेरा स्थान तो हिमालय में है। अब तक मैंने अपने को संतुष्ट रखा है और पूर्ण संतोष के साथ मैं कह सकता हूँ, "मेरे प्रभु! मैंने अपने भाइयों को भयानक दु:ख के बीच देखा; मैंने इससे उनकी मुक्ति का मार्ग खोज निकाला,—मैंने उस उपाय के प्रयोग करने का पूरा यत्न किया, पर असफल रहा। अब तुम्हारी इच्छा पूर्ण हो।"

आप लोगों पर प्रभु की कृपा सर्वदा बनी रहे।

आपका स्नेही,
विवेकानन्द

५४१, डियरबोर्न एवेन्यू, शिकागो,
कल या परसों मैं शिकागो चला जाऊँगा।

आपका ही,
वि०

(स्वामी सारदानन्द को लिखित)

संयुक्त राज्य अमेरिका,
२० मई, १८९४

प्रिय शरत्,

तुम्हारा पत्र मिला और यह जानकर मुझे खुशी हुई कि शशि ने आरोग्य-लाभ किया है। मैं तुम्हें एक अद्भुत बात बता रहा हूँ—जब कभी तुम लोगों में से कोई अस्वस्थ हो जाय, तब वह स्वयं ही अथवा तुम लोगों में कोई उसे मानसनेत्र से प्रत्यक्ष करो। इस तरह देखते देखते मन में सोचो और दृढ़तापूर्वक कल्पना करो कि वह पूर्णरूपेण स्वस्थ हो गया है। इस से वह शीघ्र ही आरोग्य-लाभ करेगा। अस्वस्थ व्यक्ति को सूचित किये बिना भी तुम ऐसा कर सकते हो। और, हज़ारों कोस दूर से भी यह क्रिया की जा सकती है। इसे सदा याद रखो और कभी

---

१. **काजल की कोठरी में, कैसो हू सयानो जाय।**
काजल की एक लीक, लागिहै पै लागिहै॥

अस्वस्थ मत होओ। यदि तुम लोग चाहो तो मैंने मठ के लिए जो रक़म भेजी है, उसमें से ३०० रु० गोपाल को दे देना। फ़िलहाल मेरे पास इतने पैसे नहीं कि भेज सकूँ। अब मुझे मद्रास का देखभाल करना है।

सान्याल अपनी लड़कियों की शादी कराने के लिए इतना अस्थिर क्यों हो गया है, समझ में नहीं आता। आख़िर, बात तो यह है कि जिस गृहस्थी के पंक से वह स्वयं भागना चाहता है, उसीमें वह अपनी बेटियों को घसीटना चाहता है! इस सम्बन्ध में मेरा बस एक ही सिद्धान्त हो सकता है—यह नितान्त निंदनीय है! बेटा-बेटी किसी का भी हो; विवाह के नाम से मैं घृणा करता हूँ। अहमकों! तुम क्या यह कहना चाहते हो कि मैं किसी को बंधन में डालने में सहायता करूँ? यदि मेरा भाई महिन विवाह कर ले, तो मैं उसे दूर कर दूंगा। इस सम्बन्ध में मैं दृढ़संकल्प हूँ।...

सप्रेम तुम्हारा,
विवेकानन्द

(प्रोफ़ेसर जॉन हेनरी राइट को लिखित)

५४१, डियरबोर्न एवेन्यू, शिकागो,
२४ मई, १८९४

प्रिय अध्यापक जी,

मैं खेतड़ी के महाराजा का एक पत्र आपके पास भेज रहा हूँ जो राजपूताना के वर्तमान सत्तारुढ़ राजाओं में अन्यतम हैं। दूसरा पत्र वर्तमान अफ़ीम कमिश्नर से है जो भारत के बड़े राज्यों में से एक जूनागढ़ के भूतपूर्व दीवान रहे हैं और जिन्हें भारत का ग्लैडस्टोन कहा जाता है। इनसे, मैं आशा करता हूँ आपको विश्वास हो जायगा कि मैं प्रतारक नहीं हूँ।

एक बात मैं आपको बताना भूल गया। मैंने श्री मजूमदार के दल के प्रमुख[1] के साथ कभी घनिष्ठ सम्बन्ध नहीं स्थापित किया था। अगर वे ऐसा कहते हैं, तो वे सत्य नहीं कहते।

आशा है आप कृपया सुविधानुसार पत्रों को देखने के पश्चात् मुझे लौटा देंगे। पुस्तिका की मुझे कोई आवश्यकता नहीं है, मैं उसका कोई मूल्य नहीं देता।

मेरे प्रिय मित्र, मैं इस बात के लिए आपको हर प्रकार से संतुष्ट करने के लिए बाध्य हूँ कि मैं एक सच्चा संन्यासी हूँ, लेकिन सिर्फ़ आपको ही। लोग मेरे बारे में क्या कहते और सोचते हैं, इसकी चिंता मुझे नहीं है।

"कोई तुम्हें संत कहेगा, कोई चांडाल, कोई पागल कहेगा और कोई दानव!

---

१. प्रत्यक्षतः, केशवचन्द्र सेन।

अतः सबकी अनसुनी करके सीधे अपना कार्य करते रहो।" यह भारत के एक प्राचीन संन्यासी, राजा भर्तृहरि का कथन है, जिन्होंने प्राचीन काल में संन्यास ग्रहण किया था।

प्रभु आपको सदा प्रसन्न रखें। बच्चों के लिए मेरा प्यार एवं आपकी महीयसी धर्मपत्नी के लिए मेरी श्रद्धा।

आपका चिरंतन मित्र,
विवेकानन्द

पुनश्च---पंडित शिवनाथ शास्त्री के दल से मेरा संबंध था---केवल सामाजिक सुधार की कुछ बातों को लेकर। एम०---औरसी०---एस०---को मैंने कभी सच्चा नहीं माना और कोई कारण नहीं है कि मैं अपनी राय अब भी बदलूँ। धार्मिक बातों में मेरा अपने मित्र पंडित जी से काफ़ी मतभेद रहा। मतभेद की मुख्य बात यह थी कि मैं संन्यास (संसार का त्याग) को सर्वोच्च आदर्श कहता था, और वे उसे पाप मानते थे। इस प्रकार ब्राह्म समाजी संन्यासी होना पाप मानते हैं!!

आपका ही,
वि०

ब्राह्म समाज का प्रचार, आपके देश के ईसाई विज्ञान (Christian Science) की तरह, कुछ समय तक कलकत्ते में हुआ, लेकिन बाद में समाप्त हो गया। इसकी समाप्ति पर न तो मुझे हर्ष ही है और न विषाद ही। इसने अपना कार्य किया---समाज-सुधार का कार्य। उसका धर्म एक कौड़ी का भी नहीं था और वह मरता ही। अगर एम०---यह सोचते हैं कि उसकी मृत्यु का कारण मैं हूँ, तो वह उनकी भूल है। उन सुधारों के प्रति तो मेरी अभी भी पूर्ण सहानुभूति है; पर प्राचीन 'वेदान्त' के आगे यह मूढ़ धर्म ठहर नहीं सका। मैं क्या कर सकूँगा? इसमें मेरा दोष क्या है? एम०---अपनी वृद्धावस्था में बच्चे हो गये हैं, और जो ढंग उन्होंने अपनाया है, वह ठीक वैसा ही है, जैसा आपके कुछ मिशनरी लोग अपनाते हैं। प्रभु उनका कल्याण करें और उन्हें सन्मार्ग दिखलायें।

आपका ही,
विवेकानन्द

आप एनिस्क्वाम कब जा रहे हैं? बाइम और ऑस्टिन को मेरा प्यार। आपकी पत्नी को मेरा अभिवादन, और आपके प्रति मेरा प्रेम एवं आभार तो अकथनीय है।

आपका चिर स्नेही,
विवेकानन्द

(आलासिंगा पेरुमल को लिखित)

शिकागो,
२८ मई, १८९४

प्रिय आलासिंगा,

मैं तुम्हारे पत्र का जवाब इसके पहले नहीं दे सका; क्योंकि मैं न्यूयार्क से बोस्टन तक विभिन्न स्थानों में लगातार घूमता रहा था और मैं नरसिंह के पत्र की प्रतीक्षा भी कर रहा था। मैं नहीं जानता कि मैं भारत कब लौटूँगा। उन्हीं के हाथों में सब कुछ छोड़ देना अच्छा है, मेरे पीछे रहकर जो मुझे चला रहे हैं। मेरे बिना ही कार्य करने का प्रयत्न करो, समझ लो, मैं कभी था ही नहीं। किसी व्यक्ति या किसी वस्तु की कभी अपेक्षा मत करो। जितना कुछ कर सकते हो, करो। किसीके ऊपर अपनी आशा का महल न खड़ा करो। अपने सम्बन्ध में कुछ लिखने के पूर्व मैं तुमसे नरसिह के विषय में कुछ कहूँगा। उसने सभी को निराश कर दिया है। कुछ दुष्ट चरित्र स्त्री-पुरुषों के साथ उठने बैठने से अब उसे कोई अपने पास तक फटकने नहीं देता। ख़ैर, अधोगति की अन्तिम सीमा तक पहुँचकर उसने मुझको सहायता के लिए लिख भेजा। मैं भी यथाशक्ति उसकी सहायता करूँगा। फ़िर भी तुम उसके रिश्तेदारों से कहना कि वे उसके देश लौटने के लिए जल्दी ख़र्च भेजें। वे 'कुक' कम्पनी के पते पर रुपया भेज सकते हैं। वे उसे नक़द रुपये न देकर भारत के लिए एक टिकट दे देंगे। मेरा ख्याल है कि मार्ग में यात्रा स्थगित कर देने की कहीं कोई प्ररोचना न होने के कारण उसके लिए प्रशान्त महासागर होकर लौटना ही अच्छा रहेगा। बेचारा बड़ी मुसीबत में पड़ा हुआ है। अवश्य ही मैं इस बात का ख्याल रखूँगा कि वह भूखों न मरे। फ़ोटोग्राफ़ के बारे में मुझे यही कहना है कि इस समय मेरे पास एक भी नहीं है—कई एक भेजने के लिए आर्डर दे दूँगा। महाराज खेतड़ी को मैंने कई एक भेजे थे और उन्होंने उनमें से कुछ छपवाये भी थे; इस बीच तुम उन्हे उनमें से कुछ को तुम्हें भेज देने के लिए लिख सकते हो।

मैंने यहाँ बहुत से व्याख्यान दिये हैं। धर्मपाल ने जो तुमसे कहा था कि मैं इस देश से चाहे जितना रुपया जमा कर सकता हूँ, यह बात ठीक नहीं है। इस वर्ष इस देश में बड़ा ही अकाल पड़ा हुआ है—ये अपने यहाँ के ग़रीबों के ही सब अभाव दूर नहीं कर सकते हैं। जो हो, मैं इसलिए उनको धन्यवाद देता हूँ कि मैं ऐसे समय में भी उनके अपने वक्ताओं की अपेक्षा अधिक सुविधाएँ पा रहा हूँ। परन्तु यहाँ ख़र्च बहुत होता है। यद्यपि प्रायः सदा ही और सब कहीं श्रेष्ठ और सुन्दरतम गृहों में मेरा सत्कार किया गया है, तो भी रुपया मानो उड़ ही जाता है।

मैं कह नहीं सकता कि आगामी गर्मियों में यहाँ से चला जाऊँगा या नहीं—शायद नहीं। इस बीच तुम लोग संघबद्ध होने और हमारी योजनाओं को अग्रसर करने का प्रयत्न करो। विश्वास रखो कि तुम सब कुछ कर सकते हो। याद रखो कि प्रभु हमारे साथ हैं, और इसलिए ऐ बहादुरों! आगे बढ़ते रहो।

मेरे अपने देश ने मेरा बहुत आदर किया है। आदर हो या न हो, तुम लोग सो मत जाओ, प्रयत्न में शिथिलता न आने दो। याद रखो कि हमारी योजनाओं का अभी तिल भर भी कार्यरूप में परिणत नहीं हुआ है।

शिक्षित युवकों को प्रभावित करो, उन्हें एकत्रित करो और संघबद्ध करो। बड़े बड़े काम केवल बड़े बड़े स्वार्थत्यागों से ही हो सकते हैं। स्वार्थपरता की आवश्यकता नहीं, नाम की भी नहीं, यश की भी नहीं—तुम्हारे नहीं, मेरे नहीं, मेरे प्रभु के भी नहीं। काम करो, भावनाओं को, योजनाओं को कार्यान्वित करो, मेरे बालकों, मेरे वीरों, सर्वोत्तम, साधुस्वभाव मेरे प्रियजनों, पहिये पर जा लगो, उस पर अपने कन्धे लगा दो। नाम, यश अथवा अन्य तुच्छ विषयों के लिए पीछे मत देखो। स्वार्थ को उखाड़ फेंको और काम करो। याद रखना—**तृणैर्गुणत्वमापन्नैर्बध्यन्ते मत्तदन्तिनः**—'बहुत से तिनकों को एकत्र करने से जो रस्सी बनती है, उससे मतवाला हाथी भी बँध सकता है।' तुम सब पर प्रभु का आशीर्वाद बरसे। उनकी शक्ति तुम सबके भीतर आये। मुझे विश्वास है कि उनकी शक्ति तुममें वर्तमान ही है। वेद कहते हैं, **उत्तिष्ठत जाग्रत प्राप्य वरान् निबोधत**—'उठो, जागो, लक्ष्यस्थल पर पहुँच जाने के पहले रुको नहीं।' उठो, उठो, लम्बी रात बीत रही है, सूर्योदय का प्रकाश दिखायी दे रहा है। तरंग ऊँची उठ चुकी है, उस प्रचण्ड जलोच्छ्वास का कुछ भी प्रतिरोध न कर सकेगा। यदि मुझे तुम्हारे पत्रों का उत्तर देने में देर हो जाय, तो दुःखी या निराश न होना। लिखना आदि सब इस संसार में निरर्थक हैं। उत्साह, मेरे बच्चों, उत्साह! प्रेम, मेरे बच्चों, प्रेम। विश्वास और श्रद्धा। और, डरो नहीं। भय ही सबसे बड़ा पाप है।

सबको मेरा आशीर्वाद। मद्रास के उन सभी महाशय व्यक्तियों को जिन्होंने हमारे कार्य में सहायता की थी, कहना कि मैं उन्हें अपनी अनन्त कृतज्ञता और अनन्त प्रेम भेज रहा हूँ। परन्तु मेरी उनसे यही प्रार्थना है कि वे काम में शिथिलता न आने दें। चारों ओर विचारों को फैलाते रहो। घमंडी न होना। किसी भी हठधर्मितावाली बात पर बल न दो। किसी का विरुद्धाचरण भी मत करना। हमारा काम केवल यही है कि हम अलग अलग रासायनिक पदार्थों को एक साथ रख दें। प्रभु ही जानते हैं कि किस तरह और कब वे मिलकर दाने बन जायँगे। सर्वोपरि, मेरी या अपनी सफलता से फूलकर कुप्पा न हो जाना, अभी हमें बड़े-

बड़े काम करने बाक़ी हैं। भविष्य में आनेवाली सिद्धि की तुलना में यह तुच्छ साफल्य क्या है? विश्वास रखो, विश्वास रखो--प्रभु की आज्ञा है कि भारत की उन्नति अवश्य ही होगी और साधारण तथा ग़रीब लोगों को सुखी करना होगा। अपने आप को धन्य मानो कि प्रभु के हाथों में तुम निर्वाचित यंत्र हो। आध्यात्मिकता की बाढ़ आ गयी है। निर्बाध, नि:सीम, सर्वग्रासी उस प्लावन को मैं भूपृष्ठ पर आवर्तित होता देख रहा हूँ। तुम सभी आगे बढ़ो, सबकी शुभेच्छाएँ उसकी शक्ति में सम्मिलित हों, सभी हाथ उसके मार्ग की बाधाएँ हटा दें। प्रभु की जय हो।

श्री सुब्रह्मण्य अय्यर, कृष्णस्वामी अय्यर, भट्टाचार्य और अन्य मित्रों को मेरा आन्तरिक प्रेम और श्रद्धा कहना। उनसे कहना कि यद्यपि अवकाश न मिलने से मैं उनको कुछ लिख नहीं सकता, फ़िर भी मेरा हृदय उनके प्रति बहुत ही आकृष्ट है। मैं उनका ऋण कभी नहीं चुका सकूँगा। प्रभु उन सबको आशीर्वाद करें।

मुझे किसी प्रकार की सहायता की आवश्यकता नहीं है। तुम लोग कुछ धन इकट्ठा कर एक कोष बनाने का प्रयत्न करो। शहर में जहाँ ग़रीब से ग़रीब लोग रहते हैं, वहाँ एक मिट्टी का घर और एक हॉल बनाओ। कुछ मैजिक लैन्टर्न, थोड़े से मानचित्र, भूगोलक और रासायनिक पदार्थ इकट्ठा करो। हर शाम को वहाँ ग़रीबों को--यहाँ तक कि चाण्डालों को भी--एकत्र करो। पहले उनको धर्म के उपदेश दो, फ़िर मैजिक लैन्टर्न और दूसरी वस्तुओं के सहारे ज्योतिष, भूगोल आदि बोलचाल की भाषा में सिखाओ। तेजस्वी युवकों का दल गठन करो और अपनी उत्साहाग्नि उनमें प्रज्वलित करो। और क्रमश: इसकी परिधि का विस्तार करते करते इस संघ को बढ़ाते रहो। तुम लोगों से जितना हो सके, करो। जब नदी में कुछ पानी नहीं रहेगा, तभी पार होंगे, ऐसा सोचकर बैठे मत रहो! समाचार-पत्र और मासिक पत्र आदि चलाना निस्संदेह ठीक है, पर अनन्त काल तक चिल्लाने और कलम घिसने की अपेक्षा कण मात्र भी सच्चा काम कहीं बढ़कर है। भट्टाचार्य के घर पर एक सभा बुलाओ और कुछ धन जमाकर ऊपर कही हुई चीज़ें ख़रीदो। एक कुटिया किराये पर लो और काम में लग जाओ! यही मुख्य काम है, पत्रिका आदि गौण हैं। जिस किसी भी तरह हो सके, सर्व साधारण में अवश्य ही हमें अपना प्रभाव डालना है। कार्य के अल्पारम्भ को देखकर डरो मत; बड़ी चीज़ें आगे आयेंगी। साहस रखो। अपने भाइयों का नेता बनने की कोशिश मत करो, बल्कि उनकी सेवा करते रहो। नेता बनने की इस पाशविक प्रवृत्ति ने जीवनरूपी समुद्र में अनेक बड़े बड़े जहाजों को डुबा दिया है। इस विषय में सावधान रहना, अर्थात्

मृत्यु तक को तुच्छ समझकर निःस्वार्थ हो जाओ और काम करते रहो। मुझे जो कुछ कहना था, सब तुमको लिख नहीं सका। किन्तु मेरे तेजस्वी बालकों, प्रभु तुम्हें सब कुछ समझने की शक्ति देंगे। मेरे बच्चों, काम में लग जाओ। प्रभु की जय हो। किडी को मेरा प्रेम कहना। मुझे सेक्रेटरी साहब का पत्र मिल गया है।

सस्नेह,
विवेकानन्द

(प्रोफेसर जॉन हेनरी राइट को लिखित)

५४१, डियरबोर्न एवेन्यू,
१८ जून, '९४

प्रिय अध्यापक जी,

अन्य पत्रों को भेजने में देर हुई, क्षमा करेंगे। वे मुझे पहले नहीं मिल सके। एक सप्ताह में मैं न्यूयार्क जाऊँगा।

मैं एनिस्क्वाम जाऊँगा या नहीं, नहीं कह सकता। जब तक मैं पुनः आपको न लिखूँ, आप उन पत्रों को मुझे न भेजें। बोस्टन के पत्र के मेरे विरोधी उस लेख से श्रीमती बैग्ली विचलित सी हो गयीं लगती हैं।[1] डिट्रॉएट से उन्होंने मुझे उसकी एक प्रति भेज दी और मुझसे पत्राचार बन्द कर दिया। उनपर प्रभु का आशीर्वाद हो। वह मेरे प्रति अत्यंत कृपालु रही हैं।

मेरे भाई, आप जैसे वीरहृदय सब नहीं होते! हम लोगों का यह संसार एक बड़ा विलक्षण स्थान है। लेकिन मुझे—मुझ जैसे एक निरे अजनवी को, जिसके पास कोई परिचयपत्र भी न था—इस देश के लोगों से जितनी सहृदयता मिली है, उसके लिये मैं प्रभु का अत्यंत आभारी हूँ। सब कुछ ही अंततः मंगलमय ही होता है।

आपका चिर आभारी,
विवेकानन्द

पुनश्च—बच्चों के लिए ईस्ट इंडिया कम्पनी के डाक टिकट भेज रहा हूँ अगर उन्हें पसन्द हों।

वि०

---

१. स्वामी जी को बोस्टन के पत्र में प्रकाशित लेख भेजने के उपरान्त श्रीमती बैग्ली के मौन का अर्थ स्वामी जी ने अन्यथा लगाया, किन्तु सत्य यह है कि चारों ओर से घिर जाने पर उन्होंने सोचा कि श्रीमती बैग्ली का उन पर विश्वास नहीं रहा, और इससे उन्हें काफी क्लेश हुआ होगा। स०

(स्वामी शिवानन्द को लिखित)

संयुक्त राज्य अमेरिका,
१८९४

प्रिय शिवानन्द,

तुम्हारा पत्र अभी मिला। तुम्हें मेरे पहले के पत्र मिल चुके होंगे और मालूम हो गया होगा कि अमेरिका में और कुछ भी भेजने की आवश्यकता नहीं है। **अति सर्वत्र वर्जयेत्।** समाचारपत्रों के इस हो-हल्ले ने निःसन्देह मुझे प्रसिद्ध कर दिया है, परन्तु इसका प्रभाव यहाँ की अपेक्षा भारत में अधिक है। इसके विपरीत समाचारपत्रों की निरन्तर गर्मबाज़ारी से यहाँ के ऊँचे वर्गों के मनुष्यों के मन में एक अरुचि सी पैदा हो जाती है। अतः जितना हुआ, वही पर्याप्त है। अब तुम लोग भारत में इन सभाओं के ढंग पर अपने आपको संगठित करने की चेष्टा करो। इस देश में तुम्हें और कुछ भेजने की आवश्यकता नहीं। धन के विषय में बात यह है कि मैंने सर्वप्रथम परमपूजनीया माताजी के लिए एक जगह बनाने का संकल्प कर लिया है, क्योंकि महिलाओं को उसकी पहले आवश्यकता है . . . माँ के स्थानके लिए मैं लगभग ७००० रुपये भेज सकता हूँ। यदि वह पहले हो जाय, तो फ़िर मुझे किसी बात की चिन्ता नहीं। मुझे आशा है कि इस देश से जाने के बाद भी मुझे १६०० रुपये प्रतिवर्ष मिलते रहेंगे। वह रुपया मैं महिलाओं के स्थान के लिए दे दूंगा, और फ़िर वह बढ़ता जायगा। मैंने तुम्हें एक जगह ठीक करने के बारे में पहले ही लिखा है . . .

मैं इससे पहले ही भारत लौट आता, परन्तु भारत में धन नहीं है। सहस्रों लोग रामकृष्ण परमहंस का आदर करते हैं, परन्तु कोई एक फूटी कौड़ी भी नहीं देता——यह है भारत! यहाँ लोगों के पास धन है, और वे लोग दान भी करते हैं। अगले जाड़े तक मैं भारत आ जाऊँगा। तब तक तुम लोग मिल-जुलकर रहो।

संसार सिद्धान्तों की कुछ भी परवाह नहीं करता। यहां लोग व्यक्तियों को ही मानते हैं। जो व्यक्ति उन्हें प्रिय होगा, उसके वचन वे शान्ति से सुनेंगे, चाहे वे कैसे ही निरर्थक हों– परन्तु जो मनुष्य उन्हें अप्रिय होगा, उसके वचन नहीं सुनेंगे। इस पर विचार करो और अपने आचरण में तदनुसार परिवर्तन करो। सब कुछ ठीक हो जायगा। यदि तुम शासक बनना चाहते हो, तो सबके दास बनो। यही सच्चा रहस्य है। तुम्हारे वचन यदि कठोर भी होंगे, तब भी तुम्हारा प्रेम अपना प्रभाव दिखायेगा। मनुष्य प्रेम को पहचानता है, चाहे वह किसी भी भाषा में व्यक्त हुआ हो।

मेरे भाई, रामकृष्ण परमहंस ईश्वर के बाप थे, इसमें मुझे तनिक भी सन्देह नहीं है। परन्तु उनकी शिक्षाओं की सत्यता लोगों को स्वयं देखने दो,—ये चीज़ें तुम उन पर थोप नहीं सकते—और यही मेरी आपत्ति है।

लोगों को अपना मत प्रकट करने दो। हम इसमें क्यों आपत्ति करें? रामकृष्ण परमहंस का अध्ययन किये बिना वेद-वेदान्त, भागवत और अन्य पुराणों में क्या है यह समझना असम्भव है। उनका जीवन भारतीय धार्मिक विचार-समूह के लिए एक अनन्त शक्तिसम्पन्न सर्चलाइट है। वेदों के और वेदान्त के वे जीवित भाष्य थे। भारत के जातीय धार्मिक जीवन का एक समग्र कल्प उन्होंने एक जीवन में पूरा कर दिया था।

भगवान् श्री कृष्ण का कभी जन्म हुआ था या नहीं, यह मुझे नहीं मालूम, और बुद्ध, चैतन्य आदि अवतार एकदेशीय हैं; पर रामकृष्ण परमहंस सर्वाधुनिक हैं और सबसे पूर्ण हैं—ज्ञान, भक्ति, वैराग्य, उदारता और लोकहितचिकीर्षा के मूर्तिमान स्वरूप हैं। किसी दूसरे के साथ क्या उनकी तुलना हो सकती है? जो उन्हें समझ नहीं सकता है, उसका जीवन व्यर्थ है। मैं परम भाग्यवान हूँ कि मैं जन्म-जन्मान्तर से उनका दास रहा हूँ। उनका एक शब्द भी वेद-वेदान्त से अधिक मूल्यवान है। **तस्य दासदासदासोऽहम्**—मैं उनके दासों के दासों का दास हूँ! किन्तु वैचित्र्यहीन कट्टरता उनकी भावधारा का परिपन्थी है, उसीसे मैं चिढ़ता हूँ। उनका नाम भले ही डूब जाय, परन्तु उनकी शिक्षा फलप्रद हो! क्या वे नाम के दास थे? भाई, चंद मछुओं और मल्लाहों ने ईसा मसीह को ईश्वर कहा था, परन्तु पण्डितों ने उन्हें मार डाला; बुद्ध को उनके जीवन-काल में बनियों-चरवाहों ने मान लिया था परन्तु रामकृष्ण को उनके जीवन-काल में उन्नीसवीं शताब्दी के अन्त में विश्वविद्यालय के भूत ब्रह्मदैत्यों ने ईश्वर कहकर पूजा की . . . (कृष्ण, बुद्ध, ईसा आदि) के विषय में केवल दो चार ही बातें पोथी-पुराणों में हैं। 'जिसके साथ हम कभी नहीं रहे हैं, वह अवश्य ही बड़ी घरनी होगी।' यहाँ तो जन्मावधि रातदिन संग करने के बावजूद वे उन सब ही से अधिक बड़े प्रतीत होते हैं—क्या इस बात का अंदाज लगा सकते हो, भाई?

'माँ' का स्वरूप तत्वतः क्या है तुम लोग अभी नहीं समझ सके हो—तुममें से एक भी नहीं। किन्तु धीरे धीरे तुम जानोगे। भाई, शक्ति के बिना जगत् का उद्धार नहीं हो सकता। क्या कारण है कि संसार के सब देशों में हमारा देश ही सबसे अधम है, शक्तिहीन है, पिछड़ा हुआ है? इसका कारण यही है कि वहाँ शक्ति की अवमानना होती है। उस महाशक्ति को भारत में पुनः जाग्रत करने के लिए माँ का

आविर्भाव हुआ है, और उन्हें केन्द्र बनाकर फ़िर से जगत् में गार्गी और मैत्रेयी जैसी नारियों का जन्म होगा। भाई, अभी तुम क्या देख रहे हो, धीरे धीरे सब समझ जाओगे। इसलिए उनके मठ का होना पहले आवश्यक है... रामकृष्ण परमहंस भले ही न रहें, मैं भीत नहीं हूँ। माँ के न रहने से सर्वनाश हो जायगा। शक्ति की कृपा के बिना कुछ भी प्राप्त नहीं हो सकता। अमेरिका और यूरोप में क्या देख रहा हूँ?—शक्ति की उपासना। परन्तु वे उसकी उपासना अज्ञानवश करते हैं इन्द्रिय-भोग द्वारा करते हैं। फ़िर जो पवित्रतापूर्वक सात्त्विक भाव द्वारा उसे पूजेंगे, उनका कितना कल्याण होगा! दिन पर दिन सब समझता जा रहा हूँ। मेरी आँखें खुलती जा रही हैं। इसलिए माँ का मठ पहले बनाना पड़ेगा। पहले माँ और उनकी पुत्रियाँ, फ़िर पिता और उनके पुत्र—क्या तुम यह समझ सकते हो? सभी अच्छे हैं, सबको आशीर्वाद दो। भाई दुनियाभर में एक उनके यहाँ के अलावा हर जगह भावादर्श में तथा उसके निर्वाह में कमी होती है। भाई, नाराज़ न होना, तुम सब में से किसी ने भी अभीतक माँ को समझ नहीं पाया है। माँ की कृपा मुझ पर बाप की कृपा से लाखगुनी है। माँ की कृपा, माँ का आशीष मेरे लिए सर्वोपरि है।... कृपया मुझे क्षमा करो, मैं माँ के विषय में कुछ कट्टर हूँ। माँ की आज्ञा होने पर वीरभद्र भूतप्रेत कुछ भी काम कर सकते हैं। तारक भाई, अमेरिका के लिए प्रस्थान करने से पहले मैंने माँ को लिखा था कि वे मुझे आशीर्वाद दें। उनका आशीर्वाद आया और एक ही छलाँग में मैंने समुद्र पार कर लिया। इसीसे समझलो! इस विकट शीतकाल में मैं स्थान स्थान में भाषण कर रहा हूँ और विषम बाधाओं से लड़ रहा हूँ, जिससे कि माँ के मठ के लिए कुछ धन एकत्र हो सके। बुढ़ापे में बाबूराम की माँ का बुद्धिलोप हुआ है। जीती जागती दुर्गा को छोड़कर मिट्टी की दुर्गा पूजने चली है। भाई, विश्वास अनमोल धन है। भाई, जीती जागती दुर्गा की पूजा कर दिखाऊँगा, तब मेरा नाम लेना। ज़मीन ख़रीद कर जीती जागती दुर्गा हमारी माँ को जब ले जाकर बिठा दोगे, उस दिन मैं दम लूँगा। उसके पहले मैं देश नहीं लौट रहा हूँ। जितनी ज़ल्दी कर सको—। अगर रुपये भेज सकूँ तो दम लेकर सुस्ताऊँ। तुमलोग साज़ो-सामान जुटाकर मेरा यह दुर्गोत्सव सम्पन्न कर दो, मैं देखूँ। गिरीश घोष माँ की ख़ूब पूजा कर रहा है, वह धन्य है, उसका कुल धन्य है। भाई, माँ का स्मरण होने पर समय समय पर कहता हूँ, 'को रामः?' भाई, वही जो कह रहा हूँ, वहीं मेरी कट्टरता है। निरंजन लट्ठबाज़ी करता है, परन्तु माँ के लिए उसके मन में बड़ी भक्ति है। लाठी हजम हो जाती है। निरंजन ऐसा कार्य कर रहा है कि तुम सुनोगे तो तुम्हें अचरंज होगा। मैं सब ख़बर रखता हूँ। और तुमने भी मद्रासियों के

साथ सहयोग करके बहुत अच्छा किया। भाई, मुझे तुम पर बड़ा भरोसा है। सबको साथ लेकर काम करने के लिए संचालित करो। तुमने माँ के लिए ज़मीन ली और मैं भी सीधा आ ही गया। ज़मीन बड़ी चाहिए। शुरू में मिट्टी का घर ही ठीक रहेगा, धीरे-धीरे पक्का मकान उठाऊँगा चिन्ता न करो।

मलेरिया का मुख्य कारण पानी है। क्यों नहीं तुम दो तीन फ़िल्टर बना लेते? पानी को उबाल कर छान लेने से कोई भय नहीं रहता। हरीश के बारे में तो मुझे कुछ भी सुनने को नहीं मिलता। और दक्षराजा कैसा है? सभी का विशेष समाचार भेजना। हमारे मठ की कोई चिन्ता नहीं। मैं स्वदेश लौट-कर सब ठीकठाक करूँगा? दो बड़े 'पस्तूर' के फ़िल्टर मोल ले लो, जो कीटाणुओं से सुरक्षित हों। उसी पानी में खाना पकाओ और उसे पीने के काम में लाओ, मलेरिया का कभी नाम भी न सुनायी पड़ेगा।...आगे बढ़ो, आगे बढ़ो; काम, काम, काम––अभी यह तो आरम्भ ही है।

सदैव तुम्हारा,
विवेकानन्द

(स्वामी ब्रह्मानन्द को लिखित)

ॐ नमो भगवते श्री रामकृष्णाय

संयुक्त राज्य अमेरिका,
१८९४

प्राणाधिकेषु,

तारक दादा और हरि का पहला पत्र अब मिला। उससे मालूम हुआ कि वे लोग कलकत्ता आ रहे हैं। मेरे पूर्व पत्र से सभी ज्ञात हुए हो। रामदयाल बाबू का भी पत्र मिला, तदनुसार फ़ोटो भेजूंगा। माता जी के लिए ज़मीन खरीदना होगा। फ़िलहाल मिट्टी का ही मकान हो, बाद में देखा जायगा। लेकिन ज़मीन बड़ी होनी चाहिए। किस तरह किसको रुपया भेजूंगा, लिखना। तुममें से कोई विषय-कर्म का भार सँभालो।...विमला (कालीकृष्ण ठाकुर के दामाद) ने एक लम्बी चिट्ठी भेजी है कि उन्हें हिन्दू धर्म में बहुत ज्ञान प्राप्त हो गया है। प्रतिष्ठा से बचने के लिए मुझे बहुत सारे सुन्दर उपदेश दिया है और अपने गुरु शशि बाबू की आर्थिक दुर्दशाके बारेमें लिखा है। शिव! शिव!...विमला ने शशि बाबू की लिखी एक पुस्तक भेजी है; उसमें सूक्ष्म तत्त्व की वैज्ञानिक व्याख्या की गयी है। विमला की इच्छा है कि इस देश से पुस्तक छपाने की सहायता मिल जाय। इसका मेरे पास कोई उपाय नहीं। क्योंकि ये लोग बंगला बिल्कुल नहीं जानते। फ़िर ईसाई लोग हिंदू धर्म की सहायता क्यों करेंगे? अब विमला को सहज ब्रह्मज्ञान प्राप्त

हुआ है: पृथ्वी में हिन्दू श्रेष्ठ हैं और उनमें भी ब्राह्मण ! और इन ब्राह्मणों में भी विमला और शशि––इन दोनों के अलावा दूसरे कोई धर्म-लाभ नहीं कर सकते। धर्म क्या अभी भारत में रह गया है, भाई ?. ज्ञान मार्ग, भक्ति मार्ग, योग मार्ग, सबका पलायन। और अब बचा है केवल छुआछूत-मार्ग––'मुझे मत छुओ', 'मुझे मत छुओ'। सारा संसार अपवित्र है, मैं ही केवल शुद्ध हूँ ! सहज ब्रह्मज्ञान ! वाह ! हे भगवान् ! आजकल ब्रह्म न तो हृदय-कन्दर में है, न गोलोक में और न सब जीवों में—अब वह भातकी हाँड़ी में है ! पहले महत् का लक्षण था––**त्रिभुवनमुपकारश्रेणिभिः प्रीयमाणः**––'सेवा के अनेक कामों से तीनों लोकों को प्रसन्न रखना', परन्तु अब है––मैं पवित्र हूँ और सब संसार अपवित्र,––रुपये लाओ, धरो मेरे पैरों के नीचे। . . .जिन महापुरुष ने मुझसे अपने कर्मकोलाहल बन्द करके घर लौटने के लिए लिखा है उनसे कहना कि कुत्ते की तरह किसीके पैर चाटना मेरा स्वभाव नहीं है। उससे कहो कि अगर वह मर्द है, तो मठ बनाकर फिर मुझे बुलाये। अन्यथा मैं किसके घर में लौट आऊँ ? यह देश ही मेरा घर है—भारत में क्या रखा है ? वहाँ धर्म का आदर कौन करता है ? विद्या का सम्मान कौन करता है ? घर वापस आओ !!! घर कहाँ है ?

इसबार ऐसा महोत्सव करो कि जैसे पहले कभी न हुआ हो। मैं एक 'परमहंस महाशय का जीवन चरित' लिख भेजूँगा। उसे छपवा कर तथा अनुवाद कराकर बेचोगे। मुफ़्त वितरण करने पर लोग पढ़ते नहीं हैं, कुछ दाम लेना। कोलाहल का अन्त !!! अभी तो आरम्भ ही हुआ है। मुझे मुक्ति और भक्ति की चाह नहीं। लाखों नरकों में जाना मुझे स्वीकार है, **वसन्तवल्लोकहितं चरन्तः**––('वसन्त की तरह लोक का हित करते हुए')––यही मेरा धर्म है। मैं आलसी, निष्ठुर, निर्दय और स्वार्थी मनुष्यों से कोई सम्बन्ध नहीं रखना चाहता। जिसके भाग्य में होगा, वह इस महाकार्य में सहायता कर सकता है।. . .सावधान ! सावधान ! यह सब क्या बच्चों का खेल है ? सपना है ? . . .भाई, एक बार कमर कसके काम में जुट जाओ।. . .तुम लोग मनुष्य बनो।. . .समाचारपत्र भेजने की अब आवश्यकता नहीं। यहाँ ढेर लग गया है। तुममें से किसीमें संगठन-शक्ति नहीं है। बड़े दुःख की बात है। सबको मेरा प्यार कहना, मैं सबकी सहायता चाहता हूँ, ख़बरदार ! किसीसे झगड़ा न करना। याद रखो कि न धन का कोई मूल्य है, न नाम का, न यश का, न विद्या का–केवल चरित्र ही कठिनाईयों के दुर्भेद्य पत्थर की दीवारों में से गुज़र सकता है। लोगों के मतामत की अवहेलना न करना उससे वे बड़े ही क्रुद्ध हो जाते हैं। स्थान स्थान पर केन्द्र स्थापित करना होगा। यह तो बड़ा आसान है। जहाँ जहाँ तुम लोग जाओगे,

वहीं वहीं एक केन्द्र स्थापित कर दोगे। इसी तरह काम होगा। जहाँ भी पाँच लोग उन्हें मानते हों, वहीं एक डेरा बनाओ। ऐसे ही करते रहो और सभी से पत्र-व्यवहार बनाये रखो।

सस्नेह तुम्हारा,
विवेकानन्द

(श्री हरिदास बिहारीदास देसाई को लिखित)

शिकागो,
२० जून, १८९४

प्रिय दीवान जी

आज आपका कृपा-पत्र मिला। मुझे बहुत दुःख है कि आप जैसे महामना व्यक्ति को मैंने अपने विवेचनाहीन कठोर शब्दों से चोट पहुँचायी। आपके मृदु सुधारों के आगे मैं नतमस्तक हूँ। 'मैं आपका पुत्र हूँ, मुझ नतमस्तक को शिक्षा दीजिये।' —गीता। परन्तु दीवान जी साहब, आप यह अच्छी तरह जानते हैं कि मेरे स्नेह ने ही मुझे ऐसा कहने के लिए प्रेरित किया। आपको यह बताना चाहता हूँ कि पीठ-पीछे मेरी निन्दा करनेवालों ने परोक्ष रूप से मुझे कोई लाभ नहीं पहुँचाया, बल्कि इस दृष्टि से मेरा घोर अपकार ही किया है कि हमारे हिंदू भाइयों ने अमेरिकनों को यह बतलाने के लिए अपनी अँगुली भी नहीं हिलायी कि मैं उनका प्रतिनिधि हूँ। मेरे प्रति अमेरिकनों की सहृदयता के निमित्त, काश, हमारी जनता उनके लिए धन्यवाद के कुछ शब्द प्रेषित कर पाती और यह बताती कि मैं उनका प्रतिनिधित्व कर रहा हूँ। श्री मजूमदार, बम्बई से आगत नागरकर नाम का एक व्यक्ति तथा पूना से आगत सोराबजी नाम की एक ईसाई लड़की अमेरिकनों से कह रहे हैं कि मैंने अमेरिका में ही संन्यासियों के वस्त्र धारण किये हैं, और मैं एक धूर्त हूँ। जहाँ तक मेरे स्वागत का प्रश्न है, इसका अमेरिकी जनता पर कोई प्रभाव नहीं पड़ा; परन्तु जहाँ तक धन द्वारा मेरी सहायता का प्रश्न है, इसका बहुत बुरा प्रभाव पड़ा, क्योंकि उन्होंने मेरी ऐसी सहायता करने से अपने हाथ खींच लिये। मैं यहाँ एक वर्ष से हूँ, किंतु किसी भी ख्यातिमान भारतीय ने अमेरिकनों को यह बताना उचित नहीं समझा कि मैं प्रवंचक नहीं हूँ। फ़िर यहाँ मिशनरी लोग सदा मेरे विरुद्ध कही गयी बातों की ताक में रहते हैं, और भारत के ईसाई पत्रों द्वारा मेरे विरुद्ध लिखी गयी बातों को खोजने और उनको यहाँ प्रकाशित कराने में सदा व्यस्त रहते हैं। आपको यह विदित होना चाहिए कि यहाँ के लोग भारत में ईसाई एवं हिन्दू में अंतर के बारे में बहुत कम जानते हैं।

मेरे यहाँ आने का मुख्य प्रयोजन अपनी एक योजना के लिए धन एकत्र करना ही था। मैं आपसे ये बातें फ़िर कह रहा हूँ।

पूर्व एवं पश्चिम में सारा अंतर यह है कि उनमें जातीयता की भावना है, हमलोगों में नहीं, अर्थात् सभ्यता एवं शिक्षा का प्रसार यहाँ व्यापक है, सर्वसाधारण में व्याप्त है। उच्च वर्ग के लोग भारत और अमेरिका में समान हैं, लेकिन दोनों देशों के निम्न वर्गों में ज़मीन-आसमान का फ़र्क है। अंग्रेज़ों के लिए भारत को जीतना इतना आसान क्यों सिद्ध हुआ ? यह इसलिए कि वे एक जाति हैं, हम नहीं। जब हमारा कोई महापुरुष चल बसता है, तो एक और के लिए हमें सैकड़ों वर्ष बैठे रहना पड़ता है; और ये उनका सर्जन उसी अनुपात में कर सकते हैं, जिस अनुपात में उनकी मृत्यु होती है। जब हमारे दीवान जी साहब नहीं रहेंगे, (जिसे हमारे देश के कल्याण के लिए प्रभु दीर्घ काल तक स्थगित रखें), तो उनके स्थान की पूर्ति के लिए जो कठिनाई होगी, उसका अनुभव देश को तत्काल ही हो जायगा। कठिनाई तो इसी बात से प्रत्यक्ष हो जाती है कि आपकी सेवाओं के बिना लोगों का काम नहीं चलता है। यह महापुरुषों का अभाव है। ऐसा क्यों? क्योंकि महापुरुषों के चुनाव के लिए उनके पास बहुत बड़ा क्षेत्र है, जब कि हमारे पास, बहुत ही छोटा। तीन, चार या छह करोड़ की जातियों की तुलना में तीस करोड़ की जातिके पास अपने महा-पुरुषों के चुनाव के लिए क्षेत्र सबसे छोटा है। क्योंकि शिक्षित पुरुषों एवं स्त्रियों की संख्या उन जातियों में बहुत अधिक है। आप मेरे विवेचक मित्र हैं, मुझे ग़लत न समझें, यही हमारे देश का बहुत बड़ा दोष है और इसे दूर करना ही होगा।

सर्वसाधारण को शिक्षित बनाइए एवं उन्नत कीजिए। इसी तरह एक जाति का निर्माण होता है। हमारे सुधारकों को यही नहीं मालूम कि कहाँ चोट है, और वे विधवाओं का विवाह कराके देश का उद्धार करना चाहते हैं; क्या आप यह मानते हैं कि किसी देश का उद्धार इस बात पर निर्भर है कि उसकी विधवाओं के लिए कितने पति प्राप्त होते हैं? और न इसके लिए धर्म को ही दोषी ठहराया जा सकता है; क्योंकि सिर्फ़ मूर्ति-पूजा से यों कोई अंतर नहीं पड़ता। सारा दोष यहाँ है : यथार्थ राष्ट्र जो कि झोपड़ियों में बसता है, अपना मनुष्यत्व विस्मृत हो चुका है, अपना व्यक्तित्व खो चुका है। हिन्दू, मुसलमान, ईसाई,––हरेक के पैरों तले कुचले गये वे लोग यह समझने लगे हैं कि जिस किसी के पास पर्याप्त धन है, उसीके पैरों तले कुचले जाने के लिए ही उनका जन्म हुआ है। उन्हें उनका खोया हुआ व्यक्तित्व वापस करना होगा। उन्हें शिक्षित करना होगा। मूर्तियाँ रहें या न रहें, विधवाओं के लिए पतियों की पर्याप्त संख्या हो या न हो, जाति-प्रथा दोषपूर्ण है या नहीं, ऐसी बातों से मैं अपने को परेशान नहीं करता। प्रत्येक व्यक्ति

को अपना उद्धार अपने आप ही करना पड़ेगा। हमारा कर्तव्य केवल रासायनिक पदार्थों को एकत्र कर देना है, ईश्वरीय विधान से रवे अपने आप जम जायँगे। हमें केवल उनके मस्तिष्क में विचारों को भर देना है, शेष सब वे अपने आप कर लेंगे। इसका अर्थ हुआ सर्वसाधारण को शिक्षित करना। यहाँ ये कठिनाइयाँ हैं। एक अकिंचन सरकार कभी कुछ नहीं कर सकती है, न करेगी; अतः उस दिशा से किसी सहायता की कोई आशा नहीं।

अगर यह भी मान लिया जाय कि प्रत्येक गाँव में हम लोग निःशुल्क पाठशाला खोलने में समर्थ हैं, तब भी ग़रीब लड़के पाठशालाओं में आने की अपेक्षा अपने जीविकोपार्जन हेतु हल चलाने जायँगे। न तो हमारे पास धन है और न हम उनको शिक्षा के लिए बुला ही सकते हैं। समस्या निराशाजनक प्रतीत होती है। मैंने एक रास्ता ढूँढ़ निकाला है। वह यह है। अगर पहाड़ मुहम्मद के पास नहीं आता, तो मुहम्मद को पहाड़ के पास जाना पड़ेगा। यदि ग़रीब शिक्षा के निकट नहीं आ सकते, तो शिक्षा को ही उनके पास हल पर, कारखाने में और हर जगह पहुँचना होगा। यह कैसे? आपने मेरे गुरुभाइयों को देखा है। मुझे सारे भारत से ऐसे निःस्वार्थ, अच्छे एवं शिक्षित सैकड़ों नवयुवक मिल सकते हैं। दरवाज़े दरवाज़े पर धर्म को ही नहीं, शिक्षा को भी पहुँचाने के लिए इन लोगों को गाँव गाँव घूमने दीजिए, इसलिए विधवाओं को भी हमारी महिलाओं की शिक्षिकाओं के रूप में संगठित करने के लिए मैंने एक छोटे से दल का आयोजन किया है।

अब मान लीजिए कि ग्रामीण अपना दिन भर का काम करके अपने गाँव लौट आये हैं और किसी पेड़ के नीचे या कहीं भी बैठकर हुक्का पीते गप लड़ाते समय बिता रहे हैं। मान लीजिए दो शिक्षित संन्यासी वहाँ उन्हें लेकर कैमरे से ग्रह नक्षत्रों के या भिन्न भिन्न देशों के या ऐतिहासिक दृश्यों के चित्र उन्हें दिखाने लगें। इस प्रकार ग्लोब, नक्शे आदि के द्वारा जबानी ही कितना काम हो सकता है, दीवान जी साहब? केवल आँख ही ज्ञान का एकमात्र द्वार नहीं है, कान से भी यह काम हो सकता है। इस प्रकार नये नये विचारों से, नीति से उनका परिचय होगा एवं वे उन्नततर जीवन की आशा करने लगेंगे। यहाँ हमारा काम खत्म हो जाता है। शेष उन पर छोड़ देना होगा। संन्यासियों को त्याग के इतने बड़े इस कार्य के लिए प्रेरणा कहाँ से मिलेगी? धार्मिक उत्साह से। धर्म के हर नये तरंग के लिए एक केन्द्र की आवश्यकता होती है। पुराने धर्म को केवल एक नया केन्द्र ही पुनरुज्जीवित कर सकता है। अपनी रूढ़ियों एवं पुराने सिद्धान्तों को सूली पर चढ़ा दीजिए, उनसे कोई लाभ नहीं होता। एक चरित्र, एक जीवन, एक केन्द्र, एक ईश्व-

रीय पुरुष ही मार्गदर्शन करेंगे। इसी केन्द्र के चारों ओर अन्य सभी उपादान एकत्र हो जायँगे एवं एक प्रलयंकर महातरंग की तरह समाज पर जा गिरेंगे तथा सबको बहा कर ले जाते हुए उनकी अपवित्रताओं का भी नाश करेंगे। फ़िर, जैसे लकड़ी को उसके रेशे की दिशा में ही चीरने में आसानी होती है, वैसे ही पुराने हिन्दू धर्म का संस्कार हिन्दू धर्म से ही हो सकता है, नये नये संस्कार-आन्दोलनों के द्वारा नहीं। साथ ही साथ इन सुधारकों को अपने में पूर्व एवं पश्चिम, दोनों संस्कृतियों का मिलन कराना होगा। क्या आपको यह नहीं मालूम पड़ता कि आपने ऐसे महान आन्दोलन के केन्द्र को प्रत्यक्ष किया है? उस बढ़ते हुए प्लावन की अस्पष्ट गम्भीर गर्जना को सुना है? वह केन्द्र, मार्गदर्शक उस देवमानव का जन्म भारत ही में हुआ। वे थे महान श्री रामकृष्ण परमहंस। उन्हीं को केन्द्र मानकर यह दल धीरे धीरे बड़ा हो रहा है। इन्हीं लोगों से यह काम होगा।

दीवान जी महाराज अब इसके लिए एक संगठन की आवश्यकता है, रुपयों की ज़रूरत है—भले ही थोड़े से की, जिससे काम शुरू किया जा सके। भारत में हमें धन कौन देता? इसीलिए, दीवान जी महाराज, मैं अमेरिका चला आया। आपको यह बात शायद याद हो कि मैंने सारा धन ग़रीबों से माँगा था, और धनियों के दान को मैं इसलिए अस्वीकार कर देता था कि मेरी भावनाओं को वे नहीं समझ पाते। इस देश में पूरे साल भर तक व्याख्यान देते रहने पर भी मुझे अपने कार्य के आरंभ के लिए धनार्जन की अपनी योजना में ज़रा सी भी सफलता नहीं मिली (निश्चय ही मुझे अपने लिए कोई अभाव नहीं हुआ)। पहली बात यह है कि यह साल अमेरिका के लिए बहुत बुरा है; हज़ारों ग़रीब बेरोज़गार हैं। दूसरी, मिशनरी तथा... मेरी योजनाओं में बाधा डालने का प्रयत्न कर रहे हैं। तीसरी बात यह है, एक साल गुज़र गया और हमारे देशवासी मेरे लिए इतना ही नहीं कर सके कि अमेरिका के लोगों से वे कहते कि मैं एक वंचक नहीं हूँ, बल्कि एक यथार्थ संन्यासी हूँ, कि मैं हिन्दू धर्म का प्रतिनिधित्व कर रहा हूँ। इतना भी, इन थोड़े से शब्दों का व्यय भी, वे नहीं कर सके। शाबाश, मेरे देशवासियों! दीवान जी, मैं उनको प्यार करता हूँ। मानवीय सहायता को मैं लात मारता हूँ। मुझे आशा है कि वे जो सदा पर्वतों एवं उपत्यकाओं में, मरुस्थलों एवं वनों में मेरे साथ रहे हैं, मेरे साथ रहेंगे; अगर और ऐसा न हुआ तो फ़िर भारत में कभी मुझसे भी कहीं अधिक योग्यता-सम्पन्न किसी और वीर का उदय होगा जो इस कार्य को सम्पन्न करेगा। आज मैं आपको सभी कुछ कह गया। दीवान जी, मेरे लम्बे पत्र के लिए मुझे क्षमा करें। आप मेरे अच्छे मित्र हैं, उन बहुत थोड़ों में से एक, जो मेरे प्रति सहानुभूति रखते हैं, जो मेरे ऊपर यथार्थ

में कृपालु हैं। आप यह सोच सकते हैं कि मैं एक स्वप्नविलासी हूँ या एक कल्पनाप्रिय व्यक्ति हूँ; लेकिन आप कम से कम इतना विश्वास रखें कि मैं पूर्णतः ईमानदार हूँ, और मुझमें सबसे बड़ा दोष यही है कि मुझे अपने देश के प्रति अधिक, बहुत अधिक प्रेम है। मेरे प्रिय मित्र, आप और आपके सम्बन्धी जन सदा ही कल्याण के भागी हों। जो आपके प्रिय हों, उन सब पर भगवान् की दया-दृष्टि सदा बनी रहे। मैं आपके प्रति चिरंतन कृतज्ञ हूँ। आपके प्रति मैं अत्यधिक ऋणी हूँ, केवल इसीलिए नहीं कि आप मेरे मित्र हैं, बल्कि इसलिए भी कि आपने इतनी अच्छी तरह अपनी मातृभूमि की एवं प्रभु की ज़िन्दगी भर सेवा की है।

आपका सतत कृतज्ञ

विवेकानन्द

(मैसूर के महाराज को लिखित)

शिकागो,
२३ जून, १८९४

महाराज,

श्री नारायण आपका और आपके कुटुम्ब का मंगल करें। आपकी उदार सहायता से ही मेरा इस देश में आना सम्भव हो सका। यहाँ आने के बाद से यहाँ के लोग मुझे खूब जान गये हैं और इस देश के अतिथिपरायण अधिवासियों ने मेरे सब अभाव दूर कर दिये हैं। यह एक अद्भुत देश है और यह जाति भी कई बातों में एक अद्भुत जाति है। कोई और जाति अपने दैनन्दिन जीवन में इतने कलपुर्जों का व्यवहार नहीं करती, जितने कि यहाँ के लोग। यहाँ सब कुछ ही मशीन है। फ़िर देखिए, ये लोग सारे संसार की जनसंख्या के पाँच प्रतिशत मात्र हैं। फ़िर भी संसार के कुल सम्पद के पूरे षष्ठांश के ये मालिक हैं। इनके धन सम्पद तथा विलास की सामग्रियों का कोई ठिकाना नहीं है। फ़िर भी यहाँ सभी चीजें बहुत महँगी हैं। मज़दूरों की मज़दूरी यहाँ दुनिया में सब जगहों से ज्यादा है, पर मज़दूरों और पूंजीपतियों के बीच झगड़ा सदा ही चलता रहता है।

अमेरिका की महिलाओं को जितने अधिकार प्राप्त हैं, उतने दुनिया भर में और कहीं की महिलाओं को नहीं। धीरे धीरे वे सब कुछ अपने अधिकार में करती जा रही हैं, और आश्चर्य की बात तो यह है कि शिक्षित पुरुषों की अपेक्षा यहाँ शिक्षित स्त्रियों की संख्या कहीं अधिक है। हाँ, उच्चतर प्रतिभाओं में अधिकांश पुरुष ही हैं। पाश्चात्यवासी हमारे जाति-भेद की चाहे जितनी कड़ी समालोचना करें, पर उनके भी बीच एक ऐसा जाति-भेद है, जो हमारे यहाँ से भी बुरा है—और वह है, अर्थगत जाति-भेद। अमेरिकानिवासियों के अनुसार सर्वशक्तिमान डालर यहाँ सब कुछ कर सकता है।

संसार के अन्य किसी देश में इतने क़ानून नहीं हैं, जितने कि यहाँ। पर यहाँ उनकी जितनी कम परवाह की जाती है, उतनी अन्य किसी भी देश में नहीं। सब ओर से देखने पर हमारे ग़रीब हिन्दू लोग किसी भी पाश्चात्य देशवासी से लाखों गुने अधिक नैतिक हैं। धर्म के विषय में यहाँ के लोग या तो कपटी होते हैं या मतान्ध। विचारशील लोग अपने कुसंस्कारपूर्ण धर्मों से ऊब गये हैं और नये प्रकाश के लिए भारत की ओर देख रहे हैं। महाराज, आप स्वयं इस बात को बिना प्रत्यक्ष किये नहीं समझ पायेंगे कि आधुनिक विज्ञान के प्रचण्ड आक्रमणों के सम्मुख अप्रतिहत रहकर उसका प्रतिरोध करनेवाले पवित्र वेदराशियोंके उदार विचारसमूहों के किञ्चिन्मात्र अंश को ये लोग किस आग्रह के साथ ग्रहण करते हैं। शून्य से सृष्टि का होना, आत्मा का एक सृष्ट पदार्थ होना, स्वर्ग नामक स्थान में सिंहासन पर बैठे हुए एक अत्याचारी ईश्वर तथा अनन्त नरकाग्नि का होना—ये सब जो इन लोगों के मत हैं, उनसे सभी शिक्षित लोगों का जी ऊब गया है और सृष्टि और आत्मा के अनादित्व तथा परमात्मा की हमारी अपनी आत्मा में अवस्थिति सम्बन्धी वेदों के उदात्त भावों को वे शीघ्र ही किसी न किसी रूप में ग्रहण कर रहे हैं। पचास वर्ष के भीतर ही संसार के सभी शिक्षित लोग आत्मा और सृष्टि, दोनों के अनादित्व पर विश्वास करने लगेंगे और ईश्वर को हमारा ही उच्चतम और सम्पूर्ण रूप मानने लगेंगे, जैसा कि हमारे पवित्र वेदों की शिक्षा है। अभी से ही उनके विद्वान् पादरियों ने बाइबिल की उस प्रकार की व्याख्या करनी आरम्भ कर दी है। मेरा निष्कर्ष यह है कि उन्हें और भी धार्मिक शिक्षा की आवश्यकता है और हमें और भी अधिक ऐहिक एवं भौतिक शिक्षा की।

भारतवर्ष के सभी अनर्थों की जड़ है—ग़रीबों की दुर्दशा। पाश्चात्य देशों के ग़रीब तो निरे दानव हैं, उनकी तुलना में हमारे यहाँ के ग़रीब देवता हैं। इसीलिए हमारे ग़रीबों की उन्नति करना सहज है। अपने निम्न वर्ग के लोगों के प्रति हमारा एकमात्र कर्त्तव्य है—उनको शिक्षा देना, उनमें उनकी खोई हुई जातीय विशिष्टता का विकास करना। हमारे जनसाधारण और देशी राजाओं के सम्मुख यही एक बहुत बड़ा काम पड़ा हुआ है। अब तक इस दिशा में कुछ भी काम नहीं हुआ। पुरोहितों की शक्ति और विदेशी विजेतागण सदियों से उन्हें कुचलते रहे हैं, जिसके फलस्वरूप भारत के ग़रीब बेचारे भूल गये हैं कि वे भी मनुष्य हैं। उनमें तरह तरह के विचार पैदा करने होंगे। उनके चारों ओर दुनिया में कहाँ क्या हो रहा है, इस सम्बन्ध में उनकी आँखें खोल देनी होंगी; इसके बाद फ़िर वे अपना उद्धार अपने आप कर लेंगे। प्रत्येक जाति, प्रत्येक पुरुष और प्रत्येक

स्त्री को अपना उद्धार अपने आप ही करना पड़ेगा। उनमें विचार उत्पन्न कर दो—उन्हें उसी एक सहायता की ज़रूरत है, इसके फलस्वरूप बाक़ी सब कुछ आप ही हो जायगा। हमें केवल रासायनिक पदार्थों को इकट्ठा भर कर देना है, रवा बँध जाना तो प्राकृतिक नियमों से ही साधित होगा। हमारा कर्तव्य है, उनके दिमागों में विचार भर देना—बाक़ी वे स्वयं कर लेंगे। भारत में बस यही करना है। बहुत समय से यह विचार मेरे मन में काम कर रहा है। भारत में इसे मैं कार्य रूप में परिणत न कर सका, और यही कारण था कि मैं इस देश में आया। ग़रीबों को शिक्षा देने में मुख्य बाधा यह है—मान लीजिए महाराज, आपने हर एक गाँव में एक निःशुल्क पाठशाला खोल दी, तो भी इससे कुछ काम न होगा, क्योंकि भारत में ग़रीबी ऐसी है कि ग़रीब लड़के पाठशाला में आने के बजाय खेतों में अपने माता-पिता को मदद देने या किसी दूसरे उपाय से रोटी कमाने जायँगे। इसलिए अगर पहाड़ मुहम्मद के पास न आये, तो मुहम्मद को ही पहाड़ के पास जाना पड़ेगा। अगर ग़रीब लड़का शिक्षा ग्रहण करने के लिए न आ सके, तो शिक्षा को ही उसके पास जाना पड़ेगा।

हमारे देश में हज़ारों एकनिष्ठ और त्यागी साधु हैं, जो गाँव गाँव धर्म की शिक्षा देते फिरते हैं। यदि उनमें से कुछ लोगों को सांसारिक विषयों के शिक्षकों के रूप में भी संगठित किया जा सके तो गाँव गाँव, दरवाज़े दरवाज़े पर जाकर वे केवल धर्मशिक्षा ही नहीं देंगे, बल्कि ऐहिक शिक्षा भी दिया करेंगे। कल्पना कीजिए कि इनमें से दो व्यक्ति शाम को साथ में एक मैजिक लैन्टर्न, एक ग्लोब और कुछ नक्शे आदि लेकर किसी गाँव में जाते हैं। वे अपढ़ लोगों को गणित, ज्योतिष और भूगोल की बहुत कुछ शिक्षा दे सकते हैं। वे ग़रीब पुस्तकों से जीवन भर में जितनी जानकारी न पा सकेंगे, उससे सौगुनी अधिक वे उन्हें बातचीत के माध्यम से विभिन्न देशों के बारे में कहानियाँ सुनाकर दे सकते हैं। इसके लिए एक संगठन की आवश्यकता है, जो पुनः धन पर निर्भर करता है। इस योजना को कार्यरूप में परिणत करने के लिए भारत में मनुष्य तो बहुत हैं, पर हाय! वे निर्धन हैं। एक चक्र को चलाना बड़ा कठिन काम है, पर अगर एक बार वह गतिशील हुआ कि वह क्रमशः अधिकाधिक वेग से चलने लगता है। अपने देश में सहायता पाने का प्रयत्न करने के बाद जब मैंने धनिकों से कुछ भी सहानुभूति न पायी, तब मैं, महाराज, आपकी सहायता से इस देश में आ गया। अमेरिका-वासियों को इस बात की कुछ भी परवाह नहीं कि भारत के ग़रीब जियें या मरें। और भला वे परवाह भी क्यों करने लगे, जब कि हमारे अपने देशवासी सिवाय अपने स्वार्थ की बातों के और किसी की चिन्ता नहीं करते?

महामना राजन्, यह जीवन क्षणस्थायी है, संसार के भोग-विलास की सामग्रियाँ भी क्षणभंगुर हैं। वे ही यथार्थ में जीवित हैं, जो दूसरों के लिए जीवन धारण करते हैं। बाकी लोगों का जीना तो मरने ही के बराबर है। महाराज, आप जैसे एक उन्नत, महामना राजपुत्र भारत को फ़िर से अपने पैरों पर खड़ा कर देने के लिए बहुत कुछ कर सकते हैं। और इस तरह भावी वंशजों के लिए एक ऐसा नाम छोड़ जा सकते हैं, जिसकी वे पूजा करें।

प्रभु आपके महान् हृदय में भारत के उन लाखों नर-नारियों के लिए गहरी संवेदना पैदा कर दें, जो अज्ञता में गड़े हुए दुःख झेल रहे हैं—यही मेरी प्रार्थना है।

भवदीय,
विवेकानन्द

(राव बहादुर नरसिंहाचारियर को लिखित)

शिकागो,
२३ जून, १८९४

प्रिय महोदय,

चूँकि आप मुझ पर सदैव अनुग्रह करते रहते हैं, अतः मैं आपसे एक विशेष अनुरोध करना चाहता हूँ। श्रीमती पॉटर पामर संयुक्त राज्य (अमेरिका) की एक नेतृस्थानीया महिला हैं। वे 'महामेला' की सभानेत्री थीं। समस्त संसार के नारी समाज की दशा को उन्नत बनाने के लिए वे विशेष उत्साही हैं तथा महिलाओं की एक बड़ी संस्था की वे प्रधान कार्यकर्त्री हैं। लेडी डफ़रिन की वे घनिष्ठ मित्र हैं एवं अपनी धन-सम्पत्ति तथा पद-मर्यादा के कारण यूरोपीय राजपरिवारों से उनको बहुत सम्मान मिला है। यहाँ पर उन्होंने मेरे साथ अत्यन्त सदय व्यवहार किया है। वे इस समय चीन, जापान, स्याम तथा भारत भ्रमण करने जा रही हैं। इसमें कोई सन्देह नहीं कि भारत के गवर्नर तथा उच्च वर्ग उनकी यथोचित आदर-अभ्यर्थना करेंगे। किन्तु अंग्रेज राजकर्मचारियों की सहायता लिये बिना वे हमारे समाज को देखने के लिए विशेष उत्सुक हैं। मैंने भारतीय महिलाओं की दशा सुधारने के लिए आपके महांन् प्रयास तथा मैसूर स्थित आपके अद्भुत कॉलेज का उल्लेख उनसे कई बार किया है। हमारे देशवासी जब अमेरिका आते हैं, तब यहाँ के लोग जिस प्रकार उनका आदर-सत्कार करते हैं, उसके प्रतिदानस्वरूप ऐसे व्यक्तियों की कुछ आवभगत करना मैं उचित समझता हूँ। मैं आशा करता हूँ कि आप लोग इनकी आदर-अभ्यर्थना करेंगे तथा हमारे देश की स्त्री जाति की वास्तविक दशा का जिससे थोड़ा-बहुत भी परिचय इनको मिल

सके, इसकी व्यवस्था करेंगे। वे मिशनरी नहीं हैं, या उस प्रकार के कट्टर ईसाई भी नहीं—आप उसकी चिन्ता न करें। धर्मविषयक मतभेदों से दूर रहकर वे समस्त संसार की नारी जाति की दशा सुधारने के लिए काम करना चाहती हैं। उनके कार्य में सहायता प्रदान करने का अर्थ इस देश में मुझे भी बहुत कुछ सहायता पहुँचाना है। प्रभु आपको आशीर्वाद प्रदान करें।

चिर स्नेहास्पद आपका,
विवेकानन्द

(कुमारी मेरी हेल तथा कुमारी हेरियट हेल को लिखित)

द्वारा श्री जार्ज० डब्ल्यू० हेल,
५४१, डियरबोर्न एवेन्यू, शिकागो,
२६ जून, १८९४

प्रिय बहनों,

हिन्दी के महाकवि तुलसीदास ने अपने रामायण के स्वस्ति-वाचन में लिखा है—'मैं साधु तथा असाधु दोनों की ही चरणवन्दना करता हूँ, किन्तु हाय, मेरे लिए दोनों ही समान रूप से दुःखदायी हैं। असाधु व्यक्ति मेरे समीप आकर मुझे अत्यन्त दुःख पहुँचाते हैं और साधु व्यक्ति जब मुझे छोड़ जाते हैं, तब वे अपने साथ ही मेरे प्राणों को हर ले जाते हैं।'[1]

मैं इस बात को मानता हूँ। जिन भगवत्प्रिय साधु जनों के प्रति प्रेम तथा जिनकी सेवा ही मेरे लिए इस संसार में सुख व प्रेम का एकमात्र अवलंबन है, उनका विरह मेरे लिए मृत्यु यंत्रणा के समान है। किन्तु ये सब आवश्यक हैं। हे मेरे प्रियतम के वेणु-संगीत, मुझे ले चलो—मैं तुम्हारा ही अनुसरण कर रहा हूँ। उदारमना, मधुर-प्रकृति, सहृदय, तुम जैसे पवित्र लोगों से वियुक्त होकर मुझे जो कष्ट हो रहा है, जो यातनाएँ मिल रही हैं, उसे व्यक्त करना मेरे लिए असम्भव है। हाय, यदि मैं स्टोइक (Stoic) दार्शनिकों की तरह सुख-दुःख में निर्विकार रह सकता!

आशा है, तुम लोग सुन्दर ग्रामीण दृश्यों का आनन्द ले रही होगी।

या निशा सर्वभूतानां तस्यां जागर्ति संयमी।
यस्यां जाग्रति भूतानि सा निशा पश्यतो मुनेः॥

—'समस्त प्राणियों के लिए जो रात्रि है, संयमी पुरुष उसमें जागते रहते

---

१. **बन्दौं सन्त असन्तन चरना। दुखप्रद उभय बीच कछु बरना॥**
बिछुरत एक प्रान हर लेईं। मिलत एक दारुन दुख देईं॥

हैं और जब प्राणिसमूह जगते रहते हैं, आत्मज्ञानी मुनि के लिए तब वह रात्रि-स्वरूप है ।[1]

इस जगत् की धूल तक भी तुम्हारा स्पर्श न कर सके, क्योंकि कवियों का ही कहना है कि यह जगत् फूल-मालाओं से ढका हुआ एक सड़ा मुर्दा है । यदि तुमसे हो सके, तो इसका स्पर्श तक न करना । तुम तो स्वर्गस्थ विहंगमों के शिशु शावक हो––इससे पहले कि तुम्हारे पैर इस दूषित पंकराशि को, इस संसार को स्पर्श करें, चले आओ, उड़कर आकाश की ओर चले आओ ।

'ओ तुम, जो जाग रहे हो, फ़िर से मत सो जाना ।'

'जागतिक प्राणियों के लिए प्रेम करने की अनेक वस्तुएँ हैं––उनको उनसे प्रेम करने दो । हमारे प्रेमास्पद तो एक ही हैं––और वे हैं हमारे प्रभु । वे क्या क्या कहते हैं, इसकी हमें कोई परवाह नहीं । किन्तु जब वे हमारे प्रेमास्पद पर विकट विशेषणों का आरोप कर उन्हें रंगना चाहते हैं, हमें भय लगता है । उनलोगों की जो मर्जी हो करते रहें, हमारे लिए तो वे केवल प्रेमास्पद ही हैं––मेरे प्रियतम, प्रियतम, प्रियतम, और कुछ भी नहीं ।'

'यह कौन जानना चाहता है कि उनमें कितनी शक्ति तथा कितने गुण हैं और हमारी भलाई करने का कितना सामर्थ्य उनमें विद्यमान है ? हम निश्चित रूप से यही कहेंगे कि उनसे हमारा प्रेम धन के लिए नहीं है । हम अपने प्रेम का विक्रय नहीं करते । हमें इसकी आवश्यकता नहीं है । हम तो उसका वितरण करते हैं ।'

'हे दार्शनिक ! क्या तुम हमसे उनके स्वरूप की, उनके ऐश्वर्य तथा गुण की बातें करना चाहते हो ? मूर्ख ! उनके अधर के एक चुम्बन मात्र के लिए यहाँ हमारे प्राण निकल रहे हैं । तुम अपनी उन व्यर्थ की वस्तुओं को अपने घर वापस ले जाओ और मेरे लिए मेरे प्रियतम का एक चुम्बन भेज दो––क्या तुम यह कर सकते हो ?'

'मूर्ख ! किसके सम्मुख भय तथा आतंक से तुम अपने लड़खड़ाते घुटने टेक रहे हो ? मैंने अपने गले के हार को उनके गले में डाल दिया है तथा उस में एक धागा बाँधकर उनको मैं अपने साथ लिवा ले जा रही हूँ––इस डर से कि कहीं क्षण भर के लिए भी वे मुझे छोड़कर अन्यत्र न चले जायँ । वह हार प्रेम का हार है और वह धागा प्रेमोल्लास का धागा है । मूर्ख, तुम इस रहस्य को नहीं जानते कि वह असीम मेरे प्रेम के बन्धन में बँधकर मेरी मुट्ठी भर में आ जाता

---

१. गीता ।।२।६९।।

है। क्या तुम्हें यह नहीं मालूम कि विश्व के वे नियन्ता वृन्दावन की गोपियों की नूपुर-ध्वनि के साथ साथ नाचते फिरते थे ?

उन्मत्त की तरह यह जो कुछ मैं लिख गया, उसे क्षमा कर देना। अव्यक्त को व्यक्त करने के प्रयास की मेरी इस धृष्टता को माफ़ कर देना---वह सिर्फ़ अनुभव का ही विषय है। सदा मेरा शुभाशीर्वाद लेना।

तुम्हारा भाई,
विवेकानन्द

(एक मद्रासी शिष्य को लिखित)

५४१, डियरबोर्न एवेन्यू, शिकागो,
२८ जून, १८९४

प्रिय—,

उस दिन मैसूर के जी० जी० का एक पत्र मिला। मुझे दुःख है कि जी० जी० की दृष्टि में मैं सर्वज्ञ बन चुका हूँ, नहीं तो वह पत्र में अपने कन्नड़-पते को और भी स्पष्ट रूप से लिखता। इसके अलावा शिकागो के सिवाय और किसी पते पर मुझे पत्र लिखना बहुत भारी भूल है। हालाँकि यह भूल पहले मुझसे ही हुई, क्योंकि मुझे हमारे मित्रों की बुद्धि की सूक्ष्मता के बारे में विचार कर लेना चाहिए था, जो मेरे पत्रों के ऊपर लिखे हुए जिस किसी भी पते को देखकर मुझे पत्र भेजा करते हैं। मेरे मद्रासी बृहस्पतियों (अर्थात् अक्लमन्दों) से कहना कि उनको यह तो अच्छी ही तरह से मालूम है कि उनके पत्रों के पहुँचने से पहले ही मैं वहाँ से हज़ारों मील की दूरी पर पहुँच जाता हूँ, क्योंकि मैं तो बराबर घूम ही रहा हूँ। शिकागो में मेरे एक मित्र हैं, उनका मकान ही मेरा प्रधान केन्द्र है।

जहाँ तक यहाँ मेरे कार्य के प्रसार का प्रश्न है, इसकी आशा अब नहीं के बराबर है। यद्यपि मेरा उद्देश्य सबसे अच्छा था, किन्तु निम्नलिखित कारणों से उसके कार्यान्वित होने की संभावना को नष्ट कर दिया गया है।

भारत के जो समाचार मुझे मिलते रहते हैं, वे मद्रास से प्राप्त पत्रों से ही मिलते हैं। तुम लोगों के पत्रों से मुझे यह समाचार बराबर मिल रहा है कि भारत में सभी लोग मेरी प्रशंसा कर रहे हैं। किन्तु यह तो हमारे और तुम्हारे सिवा किसी और को मालूम न होगा, क्योंकि आलासिंगा के भेजे हुए एक समाचार पत्र के तीन वर्ग इंच अंश को छोड़कर अन्य किसी भी भारतीय पत्र में मेरे बारे में

कभी कुछ प्रकाशित हुआ है, ऐसा मुझे देखने को नहीं मिला। दूसरी ओर मिशनरी लोग भारत में ईसाइयों के वक्तव्यों को यत्नपूर्वक संगृहीत कर नियमित रूप से प्रकाशित कर रहे हैं, तथा घर घर जाकर यह प्रयास कर रहे हैं, कि मेरे मित्र मुझे त्याग दें। वे अपने उद्देश्य में पूर्णतया सफल हो चुके हैं, क्योंकि भारत से मेरे समर्थन में एक शब्द भी आया नहीं है। भारत की हिन्दू पत्रिकाएँ अत्यन्त बढ़ा-चढ़ाकर मेरी प्रशंसा की होंगी, किन्तु उनकी एक भी बात अमेरिका नहीं पहुँची। इसलिए यहाँ बहुत से लोग मुझे एक ठग समझ रहे हैं। एक तो मिशनरी लोग मेरे पीछे पड़े हुए हैं, साथ ही यहाँ के हिन्दू भी ईर्ष्या के कारण उनका साथ दे रहे हैं। ऐसी दशा में उनको जवाब देने के लिए मेरे पास एक शब्द भी नहीं है। अब तो मेरी यह धारणा बनती जा रही है कि मद्रास के कुछ एक छोकरों के आग्रह के ही बल पर धर्मसभा में योगदान करना मेरे लिए मूर्खता हुई। क्योंकि आखिर तो वे छोकरे ही ठहरे। उन लोगों के प्रति मेरी कृतज्ञता अपार है, किन्तु फ़िर भी वे कुछ उत्साही, पर कार्यक्षमताविहीन युवक मात्र ही तो हैं। मैं अपने साथ कोई परिचय-पत्र नहीं लाया हूँ। मिशनरी तथा ब्राह्म समाजियों के सम्मुख यह बात कैसे प्रमाणित करूँ कि मैं एक प्रवंचक नहीं हूँ? मैंने सोचा था कि दो चार शब्द लिख भेजना बड़ा आसान होगा। मेरी धारणा थी कि मद्रास तथा कलकत्ते में कुछ भद्र पुरुषों की एक सभा आयोजित करना तथा उसमें मुझे तथा अमेरिकावासियों को मेरे प्रति किये गये उनके सद्व्यवहार के लिए धन्यवादसूचक एक प्रस्ताव स्वीकृत कराकर, उसकी एक एक प्रतिलिपि आधिकारिक ढंग से अर्थात् उन सभाओं के मंत्रियों द्वारा अमेरिका में डॉ० बरोज़ के समीप भेजकर उनसे विभिन्न पत्रिकाओं में उन्हें प्रकाशित कराने के लिए प्रार्थना करना तथा उसी प्रकार बोस्टन, न्यूयार्क तथा शिकागो की विभिन्न पत्रिकाओं में भेजना बड़ा आसान होगा। किन्तु अब मैं देख रहा हूँ कि भारत के लिए यह कार्य अत्यन्त कष्टसाध्य तथा कठिन है। वर्ष भर में मेरे समर्थन में एक भी स्वर सुनने में न आया। सभी मेरे विरोध ही में उच्चारित हुए क्योंकि तुम अपने अपने घर पर बैठकर मेरे बारे में कुछ भी क्यों न कहो, यहाँ उसके बारे में किसी को क्या मालूम? आलासिंगा को मैंने इस बारे में लिखा था। इस बात को दो महीने से भी अधिक समय हो गया, किन्तु उसने मेरे पत्र का जवाब तक नहीं दिया। मुझे लगता है कि उसका उत्साह धीमा पड़ गया है। इसीलिए पहले इस विषय पर तुम स्वयं विचार-विमर्श कर लो और उसके बाद फ़िर मद्रासियों को यह पत्र दिखाना। इधर मेरे गुरुभाई लोग नासमझों की तरह केशव सेन के बारे में बकवास कर रहे हैं और मद्रासी लोग भी, थियोसॉफ़िस्टों के बारे में मैं जो कुछ उनको

लिखता हूँ, उसे उनके सामने रखकर शत्रुओं की संख्या बढ़ा रहे हैं। ...हाय! यदि भारत में मेरी सहायता करने के लिए एक भी अल्पाधिक वास्तविक योग्यता-सम्पन्न बुद्धिमान व्यक्ति मुझे मिलता! किन्तु प्रभु की इच्छा ही पूर्ण हो--मैं तो इस देश में एक ठग ही साबित हुआ। यह मेरी मूर्खता हुई कि कोई परिचय-पत्र लिए बिना मैं धर्मसभा में शामिल हो गया। आशा थी कि यहाँ मुझे बहुत सारे मिल जायँगे। किन्तु अब मुझे अकेला ही धीरे धीरे कार्य करना पड़ेगा।

अमेरिका के लोग हिन्दुओं से लाखों गुने अच्छे हैं और अकृतज्ञ तथा हृदय-हीनों के देश की अपेक्षा यहाँ पर मैं कहीं अधिक कार्य कर सकता हूँ। आखिरकार कर्म के अनुष्ठान के द्वारा मुझे अपना प्रारब्ध-क्षय करना होगा। जहाँ तक मेरी आर्थिक स्थिति का सवाल है, वह ठीक है और ठीक ही रहेगी। पिछली जनगणना के अनुसार थियोसॉफ़िस्टों की संख्या समग्र अमेरिका में ६२५ थी, उनके साथ उठने बैठने से मुझे सहायता मिलनी तो दूर रही, क्षण भर में मेरा तमाम काम चौपट हो जायगा। आलासिंगा ने मुझे लंदन जाकर श्री ओल्ड वगैरह के साथ भेंट करने के लिए लिखा है। इस बकवास का क्या मतलब है? उन मूर्ख बालकों को यही नहीं मालूम कि उनकी अपनी बातों का क्या अर्थ है। इन मद्रासी शिशुओं में किसी बात को अपने पेट में छिपाने तक का सामर्थ्य नहीं है! दिन भर व्यर्थ की बातें करते रहते हैं, और जब काम करने का समय आता है, तब, कहीं किसीका पता नहीं चलता! पचास-साठ व्यक्तियों की दो-चार सभाएँ करके अभी तक जो मेरी सहायता के लिए दो-चार फ़ालतू शब्द तक नहीं भिजवा सके, वे मूर्ख समस्त संसार को प्रभावित करने की लम्बी-चौड़ी बातें करते हैं!

मैंने तुमको फ़ोनोग्राफ के बारे में लिखा है। यहाँ पर एक प्रकार का बिजली का पंखा है, जिसका मूल्य २० डालर है और वह बहुत अच्छी तरह काम करता है। उसकी बैटरी १०० घंटे तक बराबर काम करती रहती है। उसके बाद किसी भी विद्युत्-यंत्र से उसे फ़िर भरा जा सकता है।

विदा! मैंने हिन्दुओं को काफ़ी हद तक देख लिया है। अब जो कुछ प्रभु की इच्छा है, वही होगा। मेरे अपने कर्म के आगे नतमस्तक होकर मैं सब कुछ मान लेने के लिए प्रस्तुत हूँ। मुझे अकृतज्ञ न समझना,

मद्रासियों ने मेरे लिए जो कुछ किया है, मैं उसके योग्य नहीं था और वह उनकी अपनी क्षमता से बाहर था। यह मेरी ही मूर्खता थी--क्षण भर का यह विस्मरण कि हम हिन्दू लोग अभी आदमी नहीं बन पाये हैं, और अपनी आत्म-निर्भरता को छोड़कर उन हिन्दुओं पर निर्भर

होना—इसीलिए मुझे इतना कष्ट उठाना पड़ा। प्रतिक्षण मैं यही आशा लगाये बैठा रहा कि भारत से मुझे कुछ सहायता अवश्य मिलेगी। किन्तु वह कभी नहीं मिली। खासकर पिछले दो महीनों से हर घड़ी मैंने चरम यंत्रणा का अनुभव किया—भारत से एक भी समाचारपत्र मुझे नहीं मिला! मेरे मित्रों ने प्रतीक्षा किया—महीनों तक प्रतीक्षा करते रहे, कुछ नहीं आया। एक आवाज़ तक भी नहीं। इसके फलस्वरूप बहुतों का उत्साह भंग हो गया और उन लोगों ने अंत में मुझे त्याग दिया। मनुष्यों पर, पशुओं पर निर्भर रहने का यह दण्ड मुझे मिला—क्योंकि मेरे देशवासियों में अभी तक मनुष्यता का विकास नहीं हुआ है। अपनी प्रशंसा सुनने के लिए वे अत्यन्त उत्सुक रहते हैं, पर जब दूसरों की सहायता के लिए कुछ कहने का अवसर आता है, तब उनका पता नहीं चलता।

मद्रासी युवकों को मैं असंख्य धन्यवाद देता हूँ—प्रभु उनका सदैव कल्याण करें। किसी मतवाद का प्रचार करने के लिए अमेरिका विश्व में सबसे उपयुक्त स्थान है, अतः शीघ्र अमेरिका छोड़ने का मेरा कोई इरादा नहीं है। और छोड़ा ही क्यों जाय? यहाँ मुझे खाने तथा पहनने को मिल रहा है, सभी सदय व्यवहार कर रहे हैं, और यह सब मुझे सिर्फ दो-चार अच्छी बातें कहने के बदले में मिल रहा है। ऐसी सहृदय जाति को छोड़कर पशु-प्रकृति, अकृतज्ञ, बुद्धिहीन, अनन्त काल से कुसंस्कार में फँसे हुए, दयाहीन, ममतारहित भाग्यहीनों के देश में मैं क्यों जाने लगा? अतः पुनः कहता हूँ, विदा! अच्छी तरह से विचार-विमर्श कर लेने के बाद यदि चाहो, तो इस पत्र को दूसरों को दिखा सकते हो। मद्रासियों ने, यहाँ तक कि आलासिंगा ने भी, जिस पर कि मेरी इतनी आशा थी, बुद्धिमत्ता से काम नहीं किया। क्या तुम मजूमदार के लिखे हुए, रामकृष्ण परमहंस के संक्षिप्त जीवन-चरित्र की कुछ प्रतियाँ शिकागो भेज सकते हो? कलकत्ते में बहुत-सारे हैं। ५४१, डियरबोर्न एवेन्यू (स्ट्रीट नहीं), शिकागो, अथवा द्वारा टॉमस् कुक, शिकागो, मेरे इन दोनों पतों को न भूलना। अन्य किसी पते पर भेजने से बड़ी देर तथा गड़बड़ी होगी, क्योंकि अब मैं बराबर भ्रमण कर रहा हूँ और शिकागो ही मेरा प्रधान केन्द्र है। किन्तु यह बात मेरे मद्रासी बन्धुओं के दिमाग में नहीं समायी। कृपया जी. जी., आलासिंगा, सेक्रेटरी तथा अन्य सभी व्यक्तियों से मेरा चिर आशीर्वाद कहना। मैं उन लोगों की मंगल-कामना कर रहा हूँ। उन पर मैं बिलकुल असन्तुष्ट नहीं हूँ, मुझे अपने पर ही असन्तोष है। अपने जीवन में पहली बार मैंने दूसरों की सहायता पर निर्भर रहने की भयानक भूल की और उसी का फल मैं भगत रहा हूँ। यह दोष

मेरा ही है, उन लोगों का नहीं। प्रभु सभी मद्रासियों का कल्याण करें। उनका हृदय बंगालियों की अपेक्षा अधिक उन्नत है। बंगाली तो निरे मूर्ख हैं, उनके पास न कोई हृदय है, न ही कोई दृढ़ता। विदा! विदा! मैंने अपनी नाव को खोल दिया है—जो कुछ होना हो, होने दो। मेरी कठोर आलोचना के लिए मुझे क्षमा करना। वास्तव में ऐसा करने का मुझे कोई अधिकार नहीं है। मुझे जितना मिलना चाहिए था, उससे कहीं अधिक तुम लोगों ने मेरे लिए किया है। जैसा मेरा भाग्य है, उसके अनुसार ही मुझे फल मिलेगा, बाकी सब कुछ मुझे चुपचाप सहन करना ही पड़ेगा। प्रभु तुम सब लोगों का मंगल करें।

तुम्हारा,
विवेकानन्द

पुनश्च—शायद आलासिंगा के कॉलेज की छुट्टी हो गयी होगी, किन्तु मुझे उसकी कोई सूचना नहीं मिली और अपने घर का पता भी उसने मुझे नहीं लिखा है।

वि०

मुझे आशंका है कि किडी ने सब छोड़छाड़ दिया है।

वि०

(श्रीमती जार्ज डब्ल्यू० हेल को लिखित)

द्वारा डॉ० ई० गर्नज़ी,
फिश्किल लैन्डिग, एन० वाई०
जुलाई, १८९४

प्रिय माँ,

मैं कल यहाँ आ गया, और कुछ दिन यहाँ रुकूँगा। न्यूयार्क में मुझे आपका एक पत्र मिला, परन्तु 'इंटीरियर' की कोई प्रति नहीं मिली, इसके लिए मैं खुश ही हूँ। क्योंकि अभी तक मैं पूर्ण नहीं हूँ, और यह जानते हुए कि 'प्रेसबिटेरियन' पुरोहित, विशेषतया 'इंटीरियर', 'मेरे लिए', कितना निःस्वार्थ स्नेह रखते हैं, मैं इन 'मधुर स्वभाव ईसाई सज्जनों' के ख़िलाफ अपने हृदय में कोई दुर्भाव पैदा करना नहीं चाहता। मेरा धर्म यह उपदेश देता है कि क्रोध, यदि यह न्यायोचित भी हो, एक जघन्य पाप है। अपने अपने धर्म का अनुगमन करना ही सभी का कर्त्तव्य है। मैं कभी भी 'धार्मिक क्रोध' एवं 'सामान्य क्रोध', 'धार्मिक हत्या' और 'सामान्य हत्या', 'धार्मिक निन्दा' एवं 'अधार्मिक निन्दा' के बीच किये गये भेद को नहीं समझ सका। और मेरे देश के नीतिशास्त्र में भगवान् करे, ऐसा कोई

'सूक्ष्म' नैतिक भेद कभी भी प्रविष्ट न होने पाये। मदर चर्च, हँसी-मजाक की बात अलग, मैं इन लोगों द्वारा मुझ पर किये गये आरोपों की किंचिन्मात्र भी परवाह नहीं करता, क्योंकि मैं जानता हूँ कि पाखण्ड, छल एव नाम तथा यश की कामना ही इन लोगों की एकमात्र प्रेरणा है।

जहाँ तक छायाचित्रों का प्रश्न है, पहली बार बच्चियों को कुछ प्रतियाँ मिली थीं, दूसरी बार आप कुछ प्रतियाँ लायीं; आपको मालूम है, सब मिलाकर वे ५० तस्वीरें देनेवाले हैं। बहन ईसाबेल मुझसे ज्यादा जानती है।

आपके एवं फ़ादर पोप के लिए वास्तविक स्नेह एवं श्रद्धा के साथ,

भवदीय,
विवेकानन्द

पुनश्च—आप गर्मी का कैसा आनन्द ले रही हैं? मैं बहुत अच्छी तरह से ही यहाँ की गर्मी सह ले रहा हूँ। समुद्री तटवर्ती स्वाम्पस्कॉट जाने के लिए एक धनी महिला का, जिनसे पिछले जाड़े में न्यूयार्क में परिचय हुआ, निमन्त्रण मुझे मिला था। परन्तु मैंने उन्हें धन्यवाद देकर उसे अस्वीकार कर दिया। मैं यहाँ किसीकी, विशेषतया धनियों की आतिथेयता स्वीकार करने में बहुत सावधानी बरत रहा हूँ। मुझे यहाँ के कुछ बहुत धनाढ्य व्यक्तियों के और भी निमन्त्रण मिले थे। मैंने अस्वीकार कर दिया है। मैंने अब इस धन्धे को अच्छी तरह समझ लिया है। मदर चर्च, आपकी सच्चाई के लिए प्रभु आपको सब के साथ सुखी रखें। ओह, संसार में सच्चाई कितनी दुर्लभ है।

सस्नेह आपका,
वि०

(हेल बहनों को कलकत्ता में ४ सितम्बर, १८९४ को
आयोजित सभा के संबंध में लिखित)

न्यूयार्क,
९ जुलाई (सितम्बर?),
१८९४

मेरी बहनों,

जगदम्बा की जय हो! मुझे आशातीत उपलब्धि हुई है। हमारे पैग़म्बर सम्मानित किये गए हैं, और वह भी अत्यधिक उत्साह के साथ। उनकी दया पर मैं शिशुवत् रो रहा हूँ। बहनों, वे कभी अपने सेवक को नहीं छोड़ते। इस पत्र से, जिसे मैं तुम्हें भेज रहा हूँ, सब कुछ की व्याख्या हो जायगी, और प्रकाशित सामग्री

अमेरिका के लोगों के लिए आ रही है। उनमें जिन व्यक्तियों के नाम हैं, वे हमारे देश के रत्न हैं। सभापति कलकत्ते के मुख्य अभिजात पुरुष हैं और दूसरे सज्जन महेशचन्द्र न्यायरत्न संस्कृत कॉलेज के प्रधानाचार्य हैं और सम्पूर्ण भारत के ब्राह्मणश्रेष्ठ हैं और सरकार द्वारा इसी रूप में माने जाते हैं। पत्र तुम्हें सब कुछ बता देगा। बहनों ! मैं कितना श्रद्धारहित हूँ कि इस प्रकार की कृपाओं के बावजूद कभी कभी मेरी आस्था विचलित हो जाती है। यह प्रतिक्षण जानते हुए भी कि मैं उनके हाथों में हूँ, मन कभी कभी निराश हो उठता है। बहनों, एक ऐसा ईश्वर है—एक पिता—एक माता, जो कभी भी अपने बच्चों को नहीं छोड़ता है, कभी नहीं, कभी नहीं, कभी नहीं। अलौकिक सिद्धान्तों को एक ओर रख दो और शिशुवत् भगवान् का शरण लो। मैं अधिक नहीं लिख सकता—एक अबला की भाँति मैं रो रहा हूँ।

प्रभु की, मेरी अन्तरात्मा की जय हो।

सस्नेह तुम्हारा,
विवेकानन्द

(श्री आलासिंगा पेरुमल को लिखित)

संयुक्त राज्य अमेरिका,
११ जुलाई, १८९४

प्रिय आलासिंगा,

५४१, डियरबोर्न एवेन्यू, शिकागो के अलावा और कहीं भी तुम मुझे कभी भी पत्र न भेजना। तुम्हारा आखिरी पत्र सारे देश का चक्कर लगाकर फ़िर मेरे पांस पहुँचा और वह भी इसलिए कि यहाँ पर सभी लोग मुझे अ़च्छी तरह जानते हैं। सभा के प्रस्ताव की कुछ प्रतिलिपियाँ डॉ० बरोज़ को भेजना, साथ ही मेरे प्रति किये गये सदय व्यवहार के लिए उन्हें धन्यवाद देकर एक पत्र भी लिखना तथा अमेरिका की पत्रिकाओं में यह समाचार प्रकाशित करने के लिए उनसे अनुरोध करना; इससे मिशनरी लोग मुझ पर यह जो मिथ्या लांछन लगा रहे हैं कि मैं किसीका प्रतिनिधि नहीं हूँ, उसका समुचित खंडन हो जायगा। मेरे बच्चे, कार्य किस तरह करना चाहिए, इस बात की शिक्षा ग्रहण करो ! अभी हमें बड़े बड़े काम करने हैं। गत वर्ष मैंने केवल बीज बोया था, इस वर्ष मैं फसल काटना चाहता हूँ। इस अरसे में भारत में जहाँ तक हो सके, उत्साह की भावना को शिथिल न होने दो। किडी को उसके अपने रास्ते पर चलने दो, समय आने पर वह ठीक रास्ते पर आ जायगा। मैंने उसका जिम्मा ले रखा है। अपने रास्ते पर चलने की

उसे पूर्ण स्वतन्त्रता है। उससे पत्रिका में लिखने के लिए कहो, इससे उसका मन ठीक रहेगा। उससे मेरा आशीर्वाद कहना।

पत्रिका का शुभारम्भ करो—मैं बीच बीच में लेखादि भेजता रहूँगा। बोस्टन के हार्वर्ड विश्वविद्यालय के अध्यापक जे० एच० राइट को प्रस्ताव की एक प्रतिलिपि भेजना, साथ ही पत्र में इस बात का उल्लेख कर उन्हें धन्यवाद देना कि वे ही अमेरिका में सर्वप्रथम व्यक्ति हैं, जिन्होंने मुझे मित्र के रूप में ग्रहण किया था तथा उनसे यह समाचार पत्रिकाओं में प्रकाशित करने के लिए भी अनुरोध करना। इससे मिशनरी झूठे साबित हो जायँगे। डिट्रॉएट के भाषण में मुझे ९०० डालर अर्थात् २७०० रुपये मिले हैं। अन्य भाषणों में से एक में एक घंटे के अन्दर मैंने २५०० डालर अर्थात् ७५०० रुपये कमाये, परन्तु मुझे सिर्फ़ २०० डालर ही मिले। एक दग़ाबाज भाषण कम्पनी ने मुझे धोखा दिया था। अब मैंने उनका साथ छोड़ दिया है। यहाँ पर मैंने बहुत सारा खर्च किया है। सिर्फ़ ३००० डालर के लगभग बचे हैं।

आगामी वर्ष मुझे बहुत कुछ छपवाना है। अब मेरा विचार नियमित रूप से कार्य करने का है। कलकत्ते में यह लिख देना कि मेरे तथा मेरे कार्य के बारे में वहाँ की पत्रिकाओं में जो भी कुछ प्रकाशित हो, उसे वे लोग यहाँ भेजते रहें। तुम भी एक आन्दोलन जारी रखो। एकमात्र 'इच्छा-शक्ति' के द्वारा सब कुछ हो जायगा। पत्रिका प्रकाशन के तथा अन्य खर्चों के लिए तुम लोगों को बीच बीच में पैसे भेजने की मैं चेष्टा करूँगा। एक समिति को संगठित करो, जिसके अधिवेशन नियमित रूप से होते रहें। और जहाँ तक हो सके, इसके बारे में मुझे लिखते रहो। मैं भी नियमित रूप से कार्य करने का प्रयास कर रहा हूँ। इस वर्ष अर्थात् आगामी जाड़े में मुझे काफ़ी रुपये जुटाने ही पड़ेंगे—इसलिए तब तक मैं इंतजार करूंगा। तुम आगे बढ़ते रहो। श्री पॉल केरस को भी एक पत्र देना, यद्यपि वे मेरे मित्र ही हैं, फ़िर भी हम लोगों के लिए उनसे काम कराने की चेष्टा करना। वस्तुत: तुम से जितना हो सके आन्दोलन शुरू कर दो। सिर्फ़ झूठ से बचो। काम में लग जाओ, मेरे बच्चों, उत्साहाग्नि तुममें स्वयं प्रज्वलित हो उठेगी। श्रीमती जी० डब्ल्यू० हेल मेरी परम हितैषिणी हैं—मैं उनको माता तथा उनकी कन्याओं को भगिनी कहता हूँ। उनको भी प्रस्ताव की एक प्रतिलिपि भेज देना तथा अपनी ओर से एक पत्र लिखकर उन्हें धन्यवाद देना। संगठन की शक्ति का हमारी प्रकृति में पूर्णतया अभाव है, उसका विकास करना होगा। इसका सबसे बड़ा रहस्य है—ईर्ष्या का अभाव होना। अपने भाइयों के विचारों को मान लेने के लिए सदैव प्रस्तुत रहो और उनसे हमेशा मेल बनाये

रखने की कोशिश करो। यही सारा रहस्य है। बहादुरी से लड़ते रहो। जीवन क्षणस्थायी है। इसे एक महान् उद्देश्य के लिए समर्पित कर दो।

नरसिंह के सम्बन्ध में तुम मुझे कुछ भी लिखते क्यों नहीं हो? वह तो क़रीब क़रीब भूखों ही मर रहा है। मैंने उसे कुछ दिया था, फ़िर वह कहीं चला गया, न मालूम कहाँ, और वह पत्र भी नहीं लिखता। अक्षय एक अच्छा लड़का है, उसके प्रति मेरा विशेष स्नेह है। थियोसॉफ़िस्टों के साथ विवाद करने की कोई आवश्यकता नहीं। मैं तुम्हें जो कुछ लिखता हूँ, उनसे जाकर न कहना। मूर्ख, क्या तुम्हें मालूम है कि थियोसॉफ़िस्ट् ही हमारे पथिकृत हैं? जार्ज[1] हिन्दू हैं और कर्नल ऑल्कट बौद्ध हैं। जार्ज यहाँ के योग्यतम व्यक्ति हैं। हिन्दू थियोसॉफ़िस्टों से जार्ज का समर्थन करने के लिए कहना। तुम उन्हें एक सम-धर्मावलम्बी होने के नाते हिन्दू धर्म को अमेरिका के लोगों के आगे उपस्थापित करने के लिए धन्यवाद देकर एक पत्र भी लिखोगे तो उनका हृदय प्रफुल्लित हो उठेगा। किसी सम्प्रदायविशेष में हम सम्मिलित नहीं होंगे लेकिन प्रत्येक सम्प्रदाय के प्रति हमारी सहानुभूति रहेगी तथा हम सबके साथ मिल-जुलकर काम करेंगे।

यह स्मरण रखना कि मैं इस समय बराबर भ्रमण कर रहा हूँ इसलिये ५४१ डियरबोर्न एवेन्यू, शिकागो मेरा प्रधान केन्द्र है। सदा इसी पते पर मुझे पत्र लिखना तथा भारत में जो कुछ हो रहा है, उसका पूरा पूरा विवरण मुझे भेजते रहना, साथ ही पत्रिकाओं में हम लोगों के सम्बन्ध में जो भी कुछ प्रकाशित हो उसका कोई भी अंश, चाहे वह कितना ही छोटा क्यों न हो, मुझे भेजने में किसी प्रकार की भूल न करना। जी० जी० का एक सुन्दर पत्र मुझे मिला है—प्रभु ऐसे सुन्दर, सच्चरित्र युवकों का कल्याण करें। बालाजी, सेक्रेटरी तथा हमारे अन्य बन्धुओं से मेरा प्यार कहना। निरन्तर कार्य करते रहो, अपने प्रेम के द्वारा सब पर विजय प्राप्त करो। मैंने मैसूर के राजा साहब को एक पत्र लिखा है तथा कुछ फ़ोटो भेजे हैं। आशा है, अब तक तुम लोगों को मेरे भेजे हुए फ़ोटो मिल गये होंगे। रामनाड के राजा को एक उपहार में दे देना। उन्हें प्रभावित करने का जहाँ तक हो सके, प्रयास करते रहना। खेतड़ी के साथ सदा पत्र-व्यवहार करते रहना। कार्य-क्षेत्र के विस्तार के लिए प्रयत्न करते रहो। यह ध्यान रखना कि गति तथा उन्नति ही जीवन के चिह्न हैं।

---

१. थियोसॉफ़िकल सोसाइटी, अमेरिका के ये अध्यक्ष थे।

तुम्हारा पत्र मिलने में विलम्ब होने के कारण मैं प्राय: निराश हो चुका था, अब पता चला कि तुम्हारी निर्बुद्धिता ही इसका एकमात्र कारण है। बात यह है कि मैं बराबर भ्रमण कर रहा हूँ, इसलिए चिट्ठियों को मुझे ढूँढ़ निकालना पड़ता है। फ़िर याद रखो कि सभी कार्य आधिकारिक ढंग पर होना आवश्यक है। जो प्रस्ताव सभा में स्वीकृत हो चुके हों, उनको शिकागो धर्म-महासभा के सभापति, डॉ० जे० एच० बरोज़ को अवश्य भेजो तथा उनसे इसे, तथा उन पेपरों और चिट्ठियों को समाचार-पत्रों में प्रकाशनार्थ अनुरोध करो।

डॉ० बरोज़ से तथा डॉ० पॉल केरस से भी, ये अनुरोध अधिकारिक होंगे। विश्व-महामेला के सभापति मिशिगन के डेट्रायट शहर के सेनेटर पामर को भी प्रस्तावों की एक प्रतिलिपि भेजो—मुझ पर उनकी बड़ी दया रही है। इस प्रकार का एक पत्र तथा प्रस्ताव की प्रतिलिपि डेट्रायट के वाशिंगटन एवेन्यू की श्रीमती जे० जे० बैग्ली के पते पर भेजो तथा उनसे भी उसे पत्रिकाओंमें प्रकाशित करने के लिए अनुरोध करो। पत्रिकाओं में प्रकाशनार्थ भेज देना कोई बड़ी बात नहीं है, असलियत यह है कि उन्हें बाक़ायदे डॉ० बरोज़ जैसे आधिकारिक व्यक्तियों के माध्यम से आने चाहिए। तभी वे प्रामाणिक माने जायँगे। डा० बरोज़ के पास उन्हें भेज देना तथा उनसे उन्हें समाचार-पत्रादि में छपवाने के लिए अनुरोध करना यही सबसे आधिकारिक तरीक़ा है। मैं यह सब इसलिए लिख रहा हूँ कि मेरा ख्याल है विदेशी राष्ट्रों की कार्यप्रणाली से तुम परिचित नहीं हो। अब अगर कलकत्ते के बड़े बड़े लोगों के नामों के साथ ऐसे प्रस्तावादि आने लगें, तो फ़िर मुझे, जैसे अमेरिका के लोग कहते हैं, 'बूम' (boom) मिलने लगेगा और इससे मुझे अत्यधिक सहायता मिलने लगेगी। तब यहाँ के लोगों को भी यह विश्वास हो जायगा कि मैं यथार्थ में हिन्दुओं का ही प्रतिनिधि हूँ और तभी वे अपनी गाँठ से पैसे निकालेंगे। धैर्य के साथ लगे रहो। अब तक हम लोगों ने बड़ा ही अद्भुत कार्य किया है। वीरों, बढ़े चलो, निश्चित हम विजयी होंगे। मद्रास की पत्रिका का क्या हुआ? संगठित होकर सभा-समिति स्थापित करते रहो—काम में जा लगो—यही एकमात्र उपाय है। किडी से लेख लिखाओ, इसीसे उसका मिज़ाज ठीक रहेगा। इस समय भाषण अधिक नहीं देना है, अत: अब मैं लिखना शुरू करूँगा यद्यपि सर्वदा ही मुझे कठिन कार्यों में लगा रहना पड़ेगा, किन्तु जाड़े की ॠतु आने पर लोग जब अपने घर लौटेंगे, तब पुन: मैं भाषण देना शुरू करूँगा तथा इस बार सभा-समिति स्थापित करने में जुट जाऊँगा।

खूब परिश्रम करते रहो तथा पवित्र एवं शुद्ध बनो---उत्साहाग्नि स्वतः ही प्रज्वलित हो उठेगी।

शुभाकांक्षी,
विवेकानन्द

पुनश्च---सबको मेरा प्यार तथा आशीर्वाद कहना। मैं किसी को कभी भूलता नहीं हूँ, सिर्फ़ बड़ा कर्मव्यस्त हूँ। तुम मुझे अपना ट्रिप्लिकेन का पता अथवा यदि कोई सभा-समिति स्थापित की हो, तो उसका पता लिखना।

वि०

(हेल बहनों को लिखित)

स्वाम्पस्कॉट,
२६ जुलाई, १८९४

प्यारी बच्चियों,

मेरे पत्रों को अपने लोगों से बाहर न जाने देना। मुझे बहन 'मेरी' से एक सुन्दर पत्र प्राप्त हुआ। देखती जाओ, मैं किस तरह दौड़ लगा रहा हूँ, जेनी बहन मुझे यह सब सिखा रही है। वह एक दानव की तरह उछल-कूद कर सकती है, दौड़ सकती है, खेल खेल सकती है तथा कसम खा सकती है, और साथ ही एक मिनट में ५०० की रफ़्तार से ग्राम्य शब्दों का प्रयोग कर सकती है। केवल धर्म के विषय में अधिक चिंता नहीं करती, बस थोड़ी बहुत कर लेती है। वह आज घर चली गयी, और मैं ग्रीनेकर जा रहा हूँ। मैं श्रीमती ब्रीड से मिलने गया था। श्रीमती स्टोन वहाँ थीं, जिनके साथ श्रीमती पुलमैन और सभी शानदार लोग, जो इस इलाके में मेरे पुराने मित्र हैं, रह रहे हैं। ये लोग यथापूर्व सहृदय हैं। श्रीमती बैग्ली से भेंट करने के लिए ग्रीनेकर से लौटते हुए मैं कुछ दिनों के लिए एनिस्क्वाम जा रहा हूँ। राम! राम! मैं तो सब कुछ भूल ही जाता हूँ। मछली की तरह मैंने समुद्र में ग़ोते लगाये। मैं पूरी तरह इसके मजे ले रहा हूँ। हैरिएट ने मुझे दाँ ला प्लैन (dans la plaine) वाला गाना किस वाहियात ढंग से सिखाया; हरे राम! मैंने उसे एक फ्रांसीसी विद्वान् को सुनाया और वह तो मेरा अद्‌भुत अनुवाद सुनकर इतना हँसता रहा कि शायद फूल कर फट ही जाता। तुम मुझे इसी तरह फ्रेंच पढ़ायी

होगी ! तुम लोग निहायत बेबकूफ़ों और काफ़िरों की एक टोली हो, यकीन मानो। क्या तुम तट पर फँसी एक बड़ी भारी मछली की भाँति हाँफ रही हो ? मुझे खुशी हो रही है कि तुम लोग कुढ़ रही हो। ओहो ! यहाँ कितनी ठंड है, और क्या मज़ा है, और यह सौगुना हो जाता है, जब मैं चार हाँफती, कुढ़ती, उबलती, भुनती अनूढ़ाओं के बारे में सोचने लगता हूँ। और मैं यहाँ यह किस मज़े में हूँ ! क्या ठंड है ! हू ऊ ऊ ऊ ऊ ऊ ऊ !

न्यूयार्क प्रदेश में कहीं पर कुमारी फ़िलिप्स के पास एक बहुत सुन्दर स्थान है---पर्वत, झील, नदी, एवं वन सब कुछ साथ हैं---और भला क्या चाहिए ? मैं वहाँ एक 'हिमालय' बनाने जा रहा हूँ और मेरा अपना जीवित होना जितना निश्चित है, उसी निश्चयता से मैं वहाँ एक मठ की स्थापना करूंगा। मैं अमेरिका के शोर मचाते, लड़ते-झगड़ते, शिकायत करते धर्म के इस कोलाहल में एक और विरोध की सृष्टि किये बिना इस देश से नहीं जाता। प्रिय अनूढ़ाओं, सुनो, कभी तुम्हें झील की एक झलक मिल जाया करे तो हर रोज़ दोपहर की गरमी में सोचा करो कि उसके नीचे, नीचे, बिल्कुल नीचे, जहाँ ठंढ बहुत मज़ेदार है, चली गई हो और वहाँ अपने ऊपर की, चारों ओर की उस ठंडक में समाकर उस झील के फ़र्श पर स्थिर, शान्त, निस्तब्ध, निःशब्द लेटी रहकर ऊँघ रही हो---नहीं, निद्रा नहीं, स्वप्निल, तन्द्राच्छन्न, अर्धचेतन अवस्था का सा सुख---बहुत कुछ अफ़ीम का जैसा---इसमें बड़ा आनन्द है, और साथ ही ढेर सा बर्फ़ीला पानी पी रही हो। प्रभु की मुझ पर कृपा बनी रहे---मेरे हाथ पैरों में तो कईबार ऐसी ऐंठन लगी कि अगर एक हाथी को लगती तो वह मर ही जाता। इस ठंडे पानी से उम्मीद है अब दूर ही रहूँगा।

प्रिय आधुनिकाओं, सर्वदा मेरी यही प्रार्थना है कि तुम सब ख़ुश रहो।

विवेकानन्द

(कुमारी मेरी हेल तथा कुमारी हैरियट हेल को लिखित)

ग्रीनेकर सराय, इलियट, मेन,
३१ जुलाई, १८९४

प्रिय बहनों,

बहुत दिनों से तुम लोगों को मैंने कोई पत्र नहीं लिखा, लिखने लायक कोई ख़ास समाचार भी नहीं था। यह एक बड़ी सराय तथा खेत-घर है। यहाँ पर

ईसाई वैज्ञानिकों की[1] समिति की एक बैठक हो रही है। इस बैठक की संयोज़िका ने गत वसन्त ऋतु में, जब मैं न्यूयार्क में था, मुझे यहाँ आने के लिए निमन्त्रित किया था, और इसीलिए मैं यहाँ पर आया हूँ। निःसन्देह यह स्थान सुन्दर तथा ठंडा है और शिकागो के मेरे अनेक पुराने मित्र भी यहाँ उपस्थित हैं। श्रीमती मिल्स तथा कुमारी स्टॉकहम तुम्हें याद होंगी, कुछ और स्त्री-पुरुषों के साथ वे नदी के किनारे की खुली जगह में तम्बू लगाकर रह रही हैं। उनका समय बहुत आनन्दपूर्वक बीत रहा है तथा कभी कभी सभी लोग दिन भर, तुम जिसे वैज्ञानिक पोशाक कहती हो, पहने रहते हैं। भाषण प्रायः प्रतिदिन होते हैं। बोस्टन से श्री कॉलविल नाम के एक सज्जन आये हुए हैं। वे अपना प्रतिदिन का भाषण कहा जाता है कि प्रेताविष्ट होकर देते हैं। 'यूनिवर्सल ट्रूथ्' की सम्पादिका (?) जो जिमि मिल्स नामक भवन की ऊपरी मंजिल पर रहती थीं, यहाँ आकर बस गयी हैं। वे धार्मिक उपासना की परिचालना कर रही हैं तथा मानसिक शक्ति के द्वारा सब प्रकार की बीमारियों को दूर करने की शिक्षा भी दे रही हैं; मुझे तो ऐसा प्रतीत होता है कि शीघ्र ही ये लोग अन्धों को नेत्रदान तथा इसी प्रकार के अन्य कार्य भी करने लगेंगे। यह एक अजीब सम्मेलन है। सामाजिक विधि-निषेधों की इन्हें विशेष कोई परवाह नहीं, ये लोग काफ़ी स्वच्छन्द तथा खुश हैं। श्रीमती मिल्स एक अच्छी-खासी प्रतिभाशालिनी महिला हैं। ऐसी और भी अनेक महिलाएँ हैं। श्रीमती च्यापन नामक एक महिला को मैंने विधवा समझा था किन्तु अब पता चला है कि उनके पति जीवित हैं। वे अत्यन्त रूपवती हैं। डिट्रॉएट की रहनेवाली एक दूसरी अत्यन्त शिक्षित एवं सुन्दर, काली आँखों तथा लम्बे केशोंवाली महिला मुझे समुद्रतट से १५ मील की दूरी पर एक द्वीप में ले जा रही हैं। आशा है, वहाँ हम लोगों का समय अच्छा बीतेगा। कुमारी आर्थर स्मिथ भी यहीं पर हैं। कुमारी गर्नज़ी स्वाम्पस्कॉट से घर गयी हैं। यहाँ से मेरी एनिसक्वाम जाने की सम्भावना है। यह स्थान अत्यन्त सुन्दर तथा मनोरम है, नहाने की यहाँ बड़ी सुविधा है। कोरा स्टॉकहम ने मेरे लिए नहाने की एक पोशाक ला दिया है और मैं बत्तख की तरह जल का आनन्द ले रहा हूँ— यह स्थान बड़ा ही सुन्दर है यहाँ तक कि मड्‌व्हिल (Mudville) में रहने वालों के लिये भी।

---

१. ईसाई वैज्ञानिक(Christian Scientist) **अमेरिका का एक सम्प्रदाय विशेष है। उनका यह दवा है कि ईसा की तरह अलौकिक उपायों के द्वारा ये लोग भी रोग दूर कर सकते हैं। स०**

और विशेष कुछ लिखने का मुझे अवसर नहीं, मैं इस समय इतना अधिक व्यस्त हूँ कि मदर चर्च को पृथक् पत्र लिखने तक का मुझे समय नहीं है। कुमारी हाउ से मेरा प्यार तथा श्रद्धा निवेदन करना।

बोस्टन के श्री वुड भी यहीं हैं, जो तुम्हारे सम्प्रदाय के एक प्रधान ज्योतिष्क हैं। किन्तु श्रीमती व्हर्लपूल[१] के सम्प्रदाय में सम्मिलित होने में उन्हें घोर आपत्ति है। वे इसलिए अपने को दार्शनिक-रासायनिक-भौतिक-आध्यात्मिक आदि और भी न जाने कितनी व्याधियों के मानसिक चिकित्सक के रूप में परिचित करना चाहते हैं। कल यहाँ एक भीषण चक्रवात आया था, फलस्वरूप तम्बुओं की अच्छी 'चिकित्सा' हुई है। जिस बड़े तम्बू के नीचे उन लोगों के भाषण हो रहे थे, उस 'चिकित्सा' के फलस्वरूप उसकी आध्यात्मिकता इतनी बढ़ गयी कि वह मर्त्य आँखों से एकदम अन्तर्हित हो गया और उस आध्यात्मिकता से विभोर होकर प्रायः दो सौ कुर्सियाँ ज़मीन पर नृत्य करने लगीं! मिल्स कम्पनी की श्रीमती फ़िग्स प्रतिदिन सुबह नियमित रूप से प्रवचन करती हैं, और श्रीमती मिल्स अत्यन्त व्यस्तता के साथ सब जगह उछल-कूद रही हैं—वे सभी लोग अत्यन्त आनन्द में मस्त हैं। मैं विशेषकर 'कोरा' को देखकर अत्यन्त आनन्दित हूँ, क्योंकि पिछले जाड़े में उन लोगों को विशेष कष्ट उठाना पड़ा था और थोड़ा आनन्द उसके लिए लाभकर ही होगा। वे लोग तम्बुओं में किस प्रकार की स्वाधीनता उपभोग करते हैं यह सुनकर तुम्हें आश्चर्य होगा, किन्तु ये लोग सभी बड़े सज्जन तथा शुद्धात्मा हैं—कुछ मनचले अवश्य हैं, और कुछ नहीं।

मैं आगामी शनिवार तक यहाँ रहूँगा, अतः इस पत्र के मिलते ही यदि तुम इसका जवाब दो, तो यहाँ से रवाना हो जाने के पहले मुझे वह मिल सकता है।

एक युवक यहाँ प्रतिदिन गाता है—वह पेशेवर गवैया है; अपनी वाग्दत्ता वधू तथा बहन के साथ वह यहाँ है। उसकी भावी पत्नी भी अच्छा गाती है तथा देखने में अत्यन्त सुन्दर है। अभी उस रात छावनी के सभी लोग एक पेड़ के नीचे सोये थे, जिसके नीचे मैं हर रोज़ प्रातःकाल हिन्दू-रीति से बैठकर इन लोगों को उपदेश देता हूँ। मैं भी उन लोगों के साथ गया था—तारों के नीचे धरती माता की गोद में सोये हुये हमलोगों ने एक अच्छी रात बितायी, खासकर मैंने

---

१. ईसाई वैज्ञानिक सम्प्रदाय की स्थापना करनेवाली श्रीमती एडी को स्वामी जी परिहासपूर्वक Mrs. Whirlpool **(आवर्त) कहते थे, क्योंकि** Eddy **तथा** Whirlpool **पर्यायवाचक शब्द हैं। स०**

तो हर घड़ी उसका पूरा पूरा आनन्द लिया। धरती पर सोना, जंगल में पेड़ के नीचे बैठकर ध्यान लगाना, मेरे एकवर्ष के कठोर जीवन के बाद उस रात के आनन्द का मैं वर्णन नहीं कर सकता। सराय में रहनेवाले लोग कमोबेश अच्छी स्थिति के हैं और जो लोग तम्बू में रहते हैं, वे सभी स्वस्थ, सबल, शुद्ध तथा सरल प्रकृति के हैं। मैं उन्हें 'शिवोऽहम्' 'शिवोऽहम्' सिखाता हूँ और वे लोग उसे दुहराते रहते हैं; सभी सरल तथा पवित्र हैं, एवं बिल्कुल निर्भीक। अतः मैं अत्यन्त आनन्दित हूँ, कृतार्थ हूँ। मैं ईश्वर का आभारी हूँ कि उन्होंने मुझे धन नहीं दिया और इन तम्बुओं में रहनेवाले इन बच्चों को गरीब बनाया। तुनक-मिजाज़, ऐशपसन्द स्त्री-पुरुष होटल में ठहरे हुये हैं, किन्तु वज्रदेही, वज्रहृदय, पावकसम उत्साह-सम्पन्न लोग तम्बुओं में हैं। कल जब मुसलाधार वर्षा हो रही थी और चक्रवात सब कुछ उलट-पलट रहा था, उस समय ये निडर वीरहृदय लोग आत्मा की महिमा में प्रतिष्ठित होकर तम्बुओं को उड़ा ले जाने से रोकने के लिए उनकी रस्सियों को पकड़कर ऐसे झूल रहे थे कि यदि तुम उस दृश्य को देखतीं, तो तुम्हें प्रसन्नता होती। मैं ऐसे लोगों को देखने के लिए सौ मील चलने को तैयार हूँ। प्रभु इनका कल्याण करें। आशा है, तुम लोग अपने सुन्दर ग्राम्य जीवन का आनन्द ले रही होगी। मेरे लिए तुम किंचिन्मात्र भी चिन्तित न होना——मेरी देख-भाल हो जायगी, और अगर होती नहीं है तो मैं समझूंगा कि मेरा जाने का समय आ चुका है और मैं चल दूंगा।

'हे माधव, लोग तुम्हें बहुत कुछ भेंट करते हैं——मैं ग़रीब हूँ किंतु मेरे पास मेरा शरीर, मन तथा आत्मा है——ये सब कुछ तुम्हारे पादपद्मों में समर्पित कर रहा हूँ। हे जगन्नाथ इन्हें तुम अंगीकार कर लो, अस्वीकार न करो।' इस प्रकार मैं चिरकाल के लिए अपना सब कुछ समर्पित कर चुका हूँ। एक बात और। यहाँ के लोग कुछ शुष्क प्रकृति के हैं; सारे जगत् में ऐसे लोगों की संख्या बहुत ही कम है, जो शुष्क न हों। वे लोग 'माधव' को नहीं समझ पाते। या तो वे ज्ञानार्जन भर करना चाहते हैं अथवा झाड़-फूंक से बीमारी दूर करना, टेबिल पर भूत उतारना, डाकिनी विद्या इत्यादि में प्रवृत्त होते हैं। इस देश में 'प्रेम, जीवन, स्वाधीनता' की जितनी बातें सुनायी देती हैं, उतनी मुझे और कहीं भी नहीं सुनायी दीं, परन्तु इन विषयों में यहाँ के लोगों की धारणा जितनी कम है, उतनी और कहीं नहीं है। यहाँ ईश्वर या तो भय का प्रतीक है या रोग दूर करने-वाली एक शक्ति अथवा किसी प्रकार का स्पन्दन आदि। प्रभु इनका मंगल

करें ! और फ़िर भी ये लोग दिन-रात तोते की तरह 'प्रेम', 'प्रेम', 'प्रेम' की रट लगाते रहते हैं।

अच्छे सपनों, अच्छी भावनाओं के लिये मेरी शुभकामनायें सदा तुम्हारे साथ हों। तुम अच्छी हो, उदार हो। चेतन को जड़ में परिणत करने के बजाय अर्थात् आध्यात्मिक सत्ता को साधारण लोगों की भाँति स्थूल, भौतिक स्तर पर ले आने के बजाय जड़ को चैतन्य में बदल डालो, हर रोज़ सुन्दरता, शान्ति तथा पवित्रता के उस जगत की कम से कम एक झलक तो देख ही लिया करो और रात दिन उसी में डूबे रहने की चेष्टा करती रहो। किसी अतिप्राकृत वस्तु को पाने की कभी चेष्टा न करो, पैर की अँगुलियों से भी ऐसी वस्तुओं का स्पर्श न करो। तुम्हारे मन सर्वदा अविच्छिन्न तैलधारावत् तुम्हारे हृदय-सिंहासननिवासी उस प्रियतम के पादपद्मों में दिनरात रत हो और उसके सिवाय देह आदि की ओर तुम्हारा ध्यान न जाय।

जीवन क्षणस्थायी है, एक क्षणिक स्वप्न; यौवन तथा सौन्दर्य नश्वर हैं। दिन-रात यही जपती रहो—'तुम्हीं मेरे पिता हो, माता हो, पति हो, प्रिय हो, प्रभु हो तथा ईश्वर हो—मैं तुम्हारे सिवाय और कुछ भी नहीं चाहती, कुछ भी नहीं चाहती, कुछ भी नहीं चाहती। तुम मुझमें हो, मैं तुममें हूँ—तुममें और मुझमें कोई अन्तर नहीं।' धन नष्ट हो जाता है, सौन्दर्य विलीन हो जाता है, जीवन तेजी से समाप्त हो जाता है तथा शक्ति लुप्त हो जाती है, किन्तु प्रभु चिरकाल विद्यमान रहते हैं, प्रेम निरन्तर बना रहता है। यदि इस देहयन्त्र को बनाये रखने में किसो प्रकार का गौरव माना जाय, तो दैहिक कष्टों से आत्मा को पृथक् रखना उससे कहीं अधिक गौरव की बात है। जड़ के साथ किसी प्रकार का सपर्क न रखना ही इस बात का एकमात्र प्रमाण है कि तुम जड़ नहीं हो।

ईश्वरासक्त हो जाओ। देह का या कुछ और का क्या हो उस की क्या परवाह ? पाप की विभीषिका में यही कहो कि हे मेरे भगवन् ! हे मेरे प्रिय ! मृत्युकालीन यातना में भी यही कहो कि हे मेरे भगवन् ! हे मेरे प्रिय ! संसार के सभी पापों में भी यही कहती रहो कि हे मेरे भगवन् ! हे मेरे प्रिय ! तुम यहीं हो, मैं तुम्हें देख रही हूँ। तुम मेरे साथ हो, मैं तुम्हारा अनुभव कर रही हूँ। मैं तुम्हारी हूँ, मुझे ग्रहण करो। मैं इस जगत् की नहीं हूँ, मैं तो तुम्हारी हूँ, अतः मुझे न त्यागो। इस हीरे की खान को छोड़कर काँच के टुकड़ों को ढूँढ़ने में प्रवृत्त न हो। यह जीवन एक महान् सुयोग है—क्या, तुम इसकी अवहेलना कर सांसारिक सुख में फँसना चाहती हो ? वे निखिल आनन्द के मूल स्रोतस्वरूप हैं, उस परम श्रेयस्

का अनुसन्धान करो, उस परम श्रेयस् को ही तुम्हारे जीवन का लक्ष्य बनाओ और तुम परम श्रेयस् को प्राप्त हो जाओगी।

साशीर्वाद तुम्हारा,
विवेकानन्द

(हेल बहनों को लिखित)

ग्रीनेकर,
११ अगस्त, १८९४

प्रिय बहनों,

मैं इन दिनों ग्रीनेकर में रहा। मैंने इस स्थान का बड़ा आनन्द उठाया। वे सभी मेरे प्रति बड़े दयालु रहे। शिकागो के केनिलवर्थ की एक महिला श्रीमती प्रैट मुझे ५०० डालर देना चाहती थीं; वह मुझ में इतनी दिलचस्पी लेने लगीं किन्तु मैंने अस्वीकार कर दिया। उन्होंने मुझसे वादा करा लिया है कि जब भी मुझे धन की आवश्यकता होगी, तब मैं कहला भेजूँगा, आशा है कि प्रभु मुझे कभी ऐसी स्थिति में नहीं डालेंगे। 'उनकी' सहायता ही मेरे लिए पर्याप्त है। मुझे तुम लोगों से या माँ से कोई खबर नहीं मिली। मुझे भारत से भी 'फ़ोनोग्राफ' की पहुँच के बारे में कोई समाचार नहीं मिला।

तुम लोगों के पास भेजे मेरे पत्र में यदि कोई चोट लगनेवाली बात रही हो, तो मुझे आशा है तुम सब जानती हो कि मैंने वह सब प्रेमवश ही कहा है। तुम लोगों के प्रति तुम्हारे बर्ताव के लिये अपनी कृतज्ञता व्यक्त करना अनावश्यक है। प्रभु तुम लोगों का मंगल करें और तुम लोगों पर तथा जिन्हें तुम लोग प्यार करती हो, अपने आशिष की वर्षा करें। तुम्हारे परिवार का मैं सदा-सर्वदा कृतज्ञ हूँ। तुम इसे जानती हो। तुम इसे अनुभव करती हो। मैं इसे व्यक्त नहीं कर सकता। रविवार को मैं प्लिमथ में कर्नल हिगिंसन की 'धर्मों की सहानुभूति' सभा में भाषण करने जा रहा हूँ। साथ में मैं उस पेड़ के नीचे कोरा स्टाक्हम का लिया हमारे दल का एक 'फ़ोटो' भेज रहा हूँ, यह केवल 'प्रूफ़' है और 'एक्सपोज़र' से विवर्ण हो जायगा, किन्तु मुझे अब इससे अच्छा कुछ और नहीं मिला।

कृपया मेरा हार्दिक प्यार और आभार कुमारी हाउ से कहो। वह हमारे प्रति बहुत बहुत दयालु रही हैं। मुझे सम्प्रति किसी वस्तु की आवश्यकता नहीं है। आवश्यकता पड़ी, तो तुम लोगों से सहर्ष बताऊँगा। मैं प्लिमथ से फ़िश्किल जाने का विचार

कर रहा हूँ, जहाँ सिर्फ़ एक-दो दिन रहूँगा। मैं तुम लोगों को फ़िश्किल से पुनः पत्र लिखूँगा। आशा है कि तुम लोग प्रसन्न होगी, वस्तुतः मैं जानता हूँ कि तुम लोग प्रसन्न होगी। पवित्र और अच्छे लोग कभी भी अप्रसन्न नहीं रहते। चन्द सप्ताह यहाँ जो रहूँगा, अच्छी तरह बीतेगा। मैं आगामी शरद् ऋतु में न्यूयार्क में होऊँगा। न्यूयार्क एक शानदार अच्छी जगह है। न्यूयार्क के लोगों में अपने उद्देश्य के प्रति एक दृढ़ता है, जो अन्य शहरों के लोगों में नहीं दिखायी पड़ती। मुझे श्रीमती पॉटर पामर से एक पत्र प्राप्त हुआ था, जिसमें उन्होंने मुझको अगस्त में उनसे (श्रीमती पामर) मिलने को कहा था। वे बड़ी भद्र और दयालु महिला हैं। मुझे ज्यादा कुछ कहना नहीं है। यहाँ मेरे एक मित्र 'एथिकल कल्चर सोसाइटी' के अध्यक्ष न्यूयार्क के डॉ० जेन्स हैं, जिन्होंने अपना भाषण प्रारम्भ कर दिया है। मुझे उनका भाषण सुनने जाना चाहिए। मुझमें और उनमें बड़ी सहमति है। तुम लोग सदैव प्रसन्न रहो!

तुम्हारा सर्वदा शुभचिन्तक भाई,
विवेकानन्द

(ईसाबेल मैक्किंड्ली को लिखित)

एनिस्क्वाम,
२० अगस्त, १८९४

प्रिय बहन,

तुम्हारा कृपा-पत्र मुझे समय से एनिस्क्वाम में मिल गया। मैं फ़िर एक बार बैग्ली-परिवार के साथ हूँ। वे सदा की भाँति दयालु हैं। प्रो० राइट यहाँ नहीं थे। लेकिन परसों वे आये और हम लोग एक साथ बहुत आनन्दपूर्ण समय काट रहे हैं। एवॉन्स्टन के श्रीयुत् ब्रैड्ली, जिनसे तुम एवॉन्स्टन में मिल चुकी हो यहाँ आये थे। उनकी साली ने कई दिनों तक मुझे एक तस्वीर के लिए बैठाया, और उसने मेरी एक तस्वीर बनायी। मैंने नौका-विहार का आनन्द उठाया; एक शाम को नाव उलट गयी थी, और मेरे कपड़े वग़ैरह सब भीग गये थे।

ग्रीनेकर में मेरा समय बड़ा ही अच्छा बीता। वहाँ के लोग कितने दयालु एवं निष्कपट थे। लगता है, फ़ैनी हार्ट्ली एवं श्रीमती मिल्स अब तक घर वापस चली गयी होंगी।

यहाँ से शायद मैं न्यूयार्क वापस जाऊँगा। अथवा मैं बोस्टन में श्रीमती ओलि बुल के यहाँ जा सकता हूँ। शायद तुमने यहाँ के प्रसिद्ध वायलिनवादक श्री ओलि बुल का नाम सुना है। ये उन्हीं की विधवा पत्नी हैं। ये बहुत ही आध्यात्मिक महिला हैं। वे केम्ब्रिज में रहती हैं और भारत से मंगाये गये लकड़ी की शिल्पकृतियों से

बनी उनकी बैठक प्रशस्त तथा सुन्दर है। वे चाहती हैं कि मैं जब चाहूँ उनके पास चले आऊँ तथा व्याख्यान के लिये उनकी बैठक का इस्तेमाल करूँ। बोस्टन वास्तव में किसी भी काम के लिए एक बड़ा अच्छा क्षेत्र है। लेकिन बोस्टन के लोग किसी वस्तु को जिस शीघ्रता के साथ ग्रहण करते हैं, उसी शीघ्रता से उसका परित्याग भी करते हैं; जब कि न्यूयार्क के लोग कुछ धीमी चाल के हैं, परन्तु वे जब किसी चीज़ को ग्रहण करते हैं, आमृत्यु उसका परित्याग नहीं करते।

मैंने इन दिनों अपना स्वास्थ्य ठीक रखा और भविष्य में भी ऐसा ही रखने की आशा करता हूँ। अभी भी मुझे अपनी संचित राशि से कुछ निकालने का अवसर नहीं मिला, फ़िर भी मेरे पास अभी अपर्याप्त धन है। मैंने सारी अर्थकरी योजनाओं का परित्याग कर दिया है और एक टुकड़े रोटी एवं एक झोपड़ी से ही पूर्णतः सन्तुष्ट रहूँगा तथा कर्म करता रहूँगा।

मुझे आशा है कि तुम अपना ग्रीष्मावकाश आनन्द से व्यतीत कर रही हो। कृपया कुमारी हाउ एवं श्री फ़्रैंक हाउ को मेरा अभिवादन एवं प्रेम सूचित करना।

शायद अपने अन्तिम पत्र में तुमसे यह नहीं बता पाया कि मैं कैसे पेड़ों के नीचे सोया रहा, उपदेश दिया और कम से कम कुछ दिनों के लिये अपने को फ़िर एक बार एक स्वर्गीय वातावरण में पाया।

उम्मीद है कि आगामी शीतकाल में मैं न्यूयार्क को अपना केन्द्र बनाऊँगा, एवं इस सम्पर्क में कुछ निश्चय कर लेने पर मैं तुम्हें सूचित करूँगा। मैं अभी यह भी निश्चित नहीं कर पाया हूँ कि मुझे इस देश में अभी और रहना है या नहीं। इस प्रकार का कोई निष्कर्ष मुझसे नहीं निकलता। मुझे अवसर की प्रतीक्षा करनी है। तुम्हारे चिर-स्नेही भाई की सदा-सर्वदा यह प्रार्थना है कि प्रभु तुम्हें सदा आशीर्वाद दें।

विवेकानन्द

(श्री आलासिंगा पेरुमल को लिखित)

संयुक्त राज्य अमेरिका,
३१ अगस्त, १८९४

प्रिय आलासिंगा,

अभी मैंने 'बोस्टन ट्रान्सक्रिप्ट' में मद्रास की सभा के प्रस्तावों के आधार पर लिखा अपने ऊपर एक सम्पादकीय देखा। उन प्रस्तावों की प्रतिलिपि आदि मुझे कुछ भी नहीं मिली है। यदि तुम लोगों ने भेज दिया है, तो शीघ्र ही मिल जायगी।

अभी तक तुमने अद्‌भुत कार्य किया है मेरे बच्चे! कभी कभी घबराकर मैं जो कुछ लिख देता हूँ, उसका कुछ ख्याल न करना। अपने देश से पन्द्रह हजार मील की दूरी पर अकेला रहने और कट्टरपंथी शत्रुभावापन्न ईसाइयों के साथ एक एक इंच ज़मीन के लिए लड़ते रहने पर कभी कभी घबरा उठना स्वाभाविक है। मेरे वीर बालक, तुम्हें इन बातों को ध्यान में रखकर ही कार्य करते रहना चाहिए। शायद भट्टाचार्य से तुमको यह समाचार मिल गया होगा कि जी० जी० का एक सुन्दर पत्र मुझे मिला था। उसने अपना पता इस प्रकार घसीटकर लिखा था कि मैं बिल्कुल नहीं समझ सका। इसलिए उसके पत्र का जवाब भी मैं उसे सीधे नहीं दे सका। फ़िर भी उसके अभिप्रायानुसार मैंने सब कुछ किया है—मैं मैसूर के राजा साहब को अपने फ़ोटो भेज चुका हूँ तथा पत्र भी लिखा है। खेतड़ी के राजा साहब को भी मैंने एक फ़ोटो भेजा है, परन्तु अभी तक उसके पहुँचने का समाचार मुझे नहीं मिला। उसका पता लगाना। कुक एन्ड सन्स, रैम्पार्ट रो, बम्बई के पते पर मैंने उसे भेजा है। इस बारे में सब समाचार पूछकर राजा साहब को एक पत्र लिखना। ८ जून का लिखा हुआ उनका एक पत्र मुझे मिला है। यदि उसके बाद उन्होंने कुछ लिखा हो, तो वह अभी तक मुझे नहीं मिला।

भारतीय समाचारपत्रों में मेरे सम्बन्ध में जो कुछ प्रकाशित हो, उन्हें तुम मेरे पास यहाँ भेज देना। मैं उन पत्रों में ही उन समाचारों को पढ़ना चाहता हूँ, समझे? और अन्त में चारुचन्द्र बाबू का, जिन्होंने मेरे साथ अत्यन्त सहृदयतापूर्ण व्यवहार किया है, विस्तृत समाचार लिखना। उन्हें मेरा आन्तरिक धन्यवाद कहना। मुझे उनके बारे में कुछ भी याद नहीं (यह हमारे तुम्हारे आपस की बात है)। क्या तुम मुझे उनका विस्तृत विवरण भेज सकते हो?

थियोसॉफ़िस्ट लोग अब मुझे चाह तो रहे हैं, किन्तु यहाँ पर उनकी कुल संख्या सिर्फ ६५० है! इसके अलावा ईसाई वैज्ञानिक (Christian Scientists) हैं, वे सभी मुझे पसन्द करते हैं। उनकी संख्या लगभग दस लाख होगी। यद्यपि मैं दोनों दलों के साथ काम करता हूँ, फिर भी मैं किसी में शामिल नहीं हूँ, और यदि भगवत्कृपा हुई, तो दोनों ही दलों को मैं ठीक रास्ते पर ला सकूँगा, क्योंकि वे लोग तो सिर्फ़ कुछ अर्ध-सत्यों को ही दुहराते रहते हैं।

आशा है कि यह पत्र तुम्हारे पास पहुँचने तक नरसिंह को रुपया पैसा मिल जायगा।

मुझे 'कैट' का एक पत्र मिला है, किन्तु उसके तमाम प्रश्नों का उत्तर देना तो एक पुस्तक लिखना है, अतः तुम्हारे पत्र के द्वारा ही मैं उसे आशीर्वाद भेज रहा हूँ। तु मउसे यह याद दिला देना कि हम दोनों की विचारधाराएँ भिन्न

होने पर भी हम एक दूसरे के विचारों में निहित सामंजस्य को देख सकते हैं। अतः वह चाहे जिस चीज़ में भी विश्वास करे, इसमें कोई हानि नहीं है, उसे काम करते रहना चाहिए।

बालाजी, जी० जी०, किडी, डॉक्टर तथा हमारे उन सभी मित्रों तथा महदाशय, देशव्रती व्यक्तियों को मेरा प्यार कहना जिन्होंने अपने देश के निमित्त अपने सारे मतभेदों को भूलकर साहस तथा महत्ता का परिचय प्रदान किया है।

एक छोटी सी समिति की स्थापना करो और उसके मुखपत्रस्वरूप एक नियतकालिक पत्रिका निकालो——तुम उसकेसम्पादक बनो। पत्रिका प्रकाशन तथा प्रारम्भिक कार्य के लिए कम से कम कितना व्यय होगा, इसका विवरण मुझे भेजो तथा समिति का नाम एवं पता भी लिखना। इस कार्य के लिए न केवल मैं स्वयं सहायता करूँगा, वरन् यहाँ के और लोगों से भी अधिक से अधिक वार्षिक चन्दा भिजवाने की व्यवस्था करूँगा। कलकत्ते में भी इस प्रकार की व्यवस्था करने के लिए लिखो। मुझे धर्मपाल का पता भेजो। वे बहुत ही शानदार, बड़े अच्छे आदमी हैं। हमलोगों के साथ मिलकर वे बहुत ही अच्छी तरह से कार्य करेंगे। यह ख्याल रखना कि इन सारे कार्यों की देख-भाल तुमको ही करनी होगी ——'नेता' बनकर नहीं, सेवक बनकर। क्या तुम्हें मालूम है कि नेतृत्व की भावना के किंचितमात्र प्रकाश लोगों में ईर्ष्या की भावना को जगा कर सारा काम बिगाड़ देता है? सबकी सब बातें मान लेने को तैयार रहो, बस, इतना ख्याल रखो कि मेरे सब मित्र एकत्र रहें। इसे समझ रहे हो न? धीरे धीरे कार्य में अग्रसर होकर उसकी उन्नति की चेष्टा करते रहो। जी० जी० तथा अन्य लोगों को, जिनको अभी अभी अर्थार्जन करने की किसी प्रकार की आवश्यकता नहीं है, जो कुछ कर रहे हैं, करने दो, यानी वे चारों ओर विचारों का प्रसार करते रहें। जी० जी० मैसूर में बहुत अच्छा कार्य कर रहा है। काम करने का यही ढंग है। मैसूर किसी दिन हम लोगों का एक बहुत बड़ा गढ़ बन जायगा।

मैं अब अपने विचारों को पुस्तकाकार में प्रकाशित करने जा रहा हूँ और आनेवाले जाड़े में सारे देश में घूम घूमकर मैं समितियाँ संगठित करूँगा। यह देश एक बृहत् कार्यक्षेत्र है और यहाँ पर जितना ही कार्य होगा, उतना ही इंग्लैण्ड के लोग उसको ग्रहण करने के लिए प्रस्तुत होंगे। अब तक तुमने सचमुच बड़ी अच्छी तरह कार्य किया है, मेरे बहादुर बच्चे! प्रभु तुममें पूर्ण शक्ति का संचार करेंगे।

इस समय मेरे पास ९००० रुपये हैं, जिसका एक अंश मैं तुम्हें संगठन के लिए भेज दूंगा तथा यहाँ लोगों से वार्षिक, अर्द्धवार्षिक तथा मासिक तौर पर

मद्रास में तुम्हारे पास धन भिजवाने की व्यवस्था करूँगा। तुम अब एक समिति का तथा एक पत्रिका का और आवश्यक परिचालन-यन्त्र का शुभारम्भ कर दो। इस बात को कुछ ही लोगों में रहने दो। लेकिन साथ ही साथ मद्रास में एक मन्दिर की स्थापना के लिए मैसूर तथा अन्य स्थानों से अर्थ-संग्रह करने का प्रयास करो, जिसमें एक पुस्तकालय हो तथा आफ़िस के लिए और प्रचारकों के लिये अर्थात् अगर कोई संन्यासी या वैरागी आ पहुँचें, उनके लिए कुछ कमरे हों। इस प्रकार हम धीरे धीरे कार्य में अग्रसर होंगे। मेरे कार्य के लिए यह एक महान् क्षेत्र है, और यहाँ जो कुछ किया जाता है, इंग्लैण्ड के कार्य के लिए मार्ग प्रशस्त करता है।...

तुम्हें मालूम ही है कि रुपया रखना, यहाँ तक कि उसे छूना भी मेरे लिए सबसे अधिक कठिन है। यह अत्यन्त अरुचिकर है और मन को अधोगामी बना देता है। अतः कार्य-संचालन तथा आर्थिक मामलों की व्यवस्था के लिए एक समिति का गठन करो। यहाँ पर मेरे कुछ मित्र हैं, जो मेरे आर्थिक मामलों की व्यवस्था करते हैं। समझ रहे हो ? अर्थ-विषयक इस भयानक झंझट से मुक्ति पा जाने पर मैं सुख की साँस ले सकूँगा। अतः तुम लोग जितने शीघ्र संगठित होकर और तुम मंत्री तथा कोषाध्यक्ष बनकर मेरे मित्रों तथा समर्थकों से स्वयं पत्र-व्यवहार कर सको, उतना ही तुम्हारे तथा मेरे लिए हितकर है। शीघ्र ही इस कार्य को सम्पन्न कर मुझे सूचित करो। समिति को एक असाम्प्रदायिक नाम दो, मैं समझता हूँ कि 'प्रबुद्ध भारत' नाम रखना अच्छा है। यह नाम हिन्दुओं के मन में किसी प्रकार का आघात न पहुँचाकर बौद्धों को भी हमारी ओर आकृष्ट करेगा। प्रबुद्ध शब्द की ध्वनि से ही (प्र+बुद्ध=बुद्ध के सहित) अर्थात् गौतम बुद्ध के साथ भारत को जोड़ने पर हिन्दू धर्म के साथ बौद्ध धर्म का सम्मिलन समझा जा सकेगा। अस्तु, इस विषय में अपने सब मित्रों के साथ विचार-विमर्श करना—वे जैसा अच्छा समझें।

मठ के गुरुभाइयों को भी इसी प्रकार का संगठन बनाने के लिये लिखो, किन्तु अर्थविषयक व्यवस्था तुमको ही करनी होगी। वे सब संन्यासी हैं, आर्थिक झंझटों में फँसना वे पसन्द नहीं करेंगे। आलासिंगा, यह निश्चित जानना कि भविष्य में तुमको अनेक महान् कार्य करने होंगे। अगर तुम उचित समझो, तो बड़े-बड़े लोगों में से कुछ ऐसे लोगों को जुटा लो समिति के कार्यकर्त्ता के रूप में जिनका नाम रहेगा भले ही काम वस्तुतः तुम्हें ही सब करना पड़े। उनके नाम से तुम्हें बड़ी सहायता मिलेगी।

तुम पर अगर कर्त्तव्यकर्मों का बोझ अत्यधिक हो और उनसे अगर तुम्हें समय

न मिले तो जी. जी. को व्यावसायिक भाग का काम सम्भालने दो। मैं आशा करता हूँ कि धीरे-धीरे मैं तुम्हें तुम्हारे कॉलेज के काम से छुड़ा ले सकूँगा जिससे सपरिवार अभुक्त न रहकर तुम जी जान से काम कर सको। अतः काम करो, मेरे बालकों, काम करो। कार्य का कठिन भाग बहुत कुछ हल हो चुका है। अब यह प्रतिवर्ष धीरे धीरे स्वयं ही अग्रसर होता जायगा और यदि तुम लोग सिर्फ़ मेरे भारत लौटने तक भलीभाँति उसकी देख-भाल कर सको, तो फ़िर अत्यन्त द्रुतता के साथ उसकी बढ़ोतरी होती रहेगी। तुम लोग इतना सब कुछ कर चुके हो, यही सोचकर आनन्द करो। यदि कभी मन में निराशा का भाव उदित हो, तो उस समय यह विचार करो कि पिछले एक वर्ष में कितना कार्य हुआ। किस तरह, नगण्यता से निकलकर आज हम देख रहे हैं कि दुनियाभर की नज़र हमलोगों पर टिकी हुई है। केवल भारत ही नहीं, बाहरी दुनिया भी हमलोगों से बड़े-बड़े कामों की उम्मीदें रखती है। मिशनरी, मजूमदार तथा निर्बोध पदाधिकारी, कोई भी सत्य, प्रेम तथा निष्कपटता को रोक नहीं सकते। क्या तुम निष्कपट हो? मरते दम तक निःस्वार्थ? और प्रेमपरायण? तब डरो नहीं, मृत्यु को भी नहीं। आगे बढ़ो। सारा संसार आलोक चाहता है। उसे बड़ी आशा है। एकमात्र भारत ही में यह आलोक है। यह रहस्यपूर्ण निरर्थक धार्मिक अनुष्ठानों में या छल कपट में नहीं है। यह उन उपदेशों में है जो यथार्थ धर्म के सारतत्त्व की महिमा की शिक्षा देती हैं—सर्वोच्च आध्यात्मिक तत्त्व की शिक्षा देती हैं। यही कारण है कि प्रभु ने इस जाति को इसके इतने सारे उतार-चढ़ावों के बावजूद आज भी सुरक्षित रखा है। अब समय आ उपस्थित हुआ है। मेरे वीर-हृदय युवकों, यह विश्वास रखो कि अनेक महान् कार्य करने के लिए तुम सब का जन्म हुआ है। कुत्तों के भूँकने से न डरो, नहीं, स्वर्ग के वज्र से भी न डरो। उठ खड़े हो जाओ। और कार्य करते चलो।

सस्नेह तुम्हारा,
विवेकानन्द

अनुक्रमणिका